指引办案思路的新型工具书

# 4

# 刑事典型疑难问题适用指导与参考

## 侵犯公民人身权利、民主权利罪卷

主编/王然 副主编/林晓萌 蓝彩箫

◎ 疑难问题汇总
◎ 典型案例参考
◎ 办案依据集成

中国检察出版社

图书在版编目（CIP）数据

刑事典型疑难问题适用指导与参考．侵犯公民人身权利、民主权利罪卷/王然主编．—北京：中国检察出版社，2013.2
ISBN 978-7-5102-0820-1

Ⅰ．①刑… Ⅱ．①王… Ⅲ．①侵犯人身权利罪-研究-中国
②侵犯民主权利罪-研究-中国 Ⅳ．①D924.04

中国版本图书馆 CIP 数据核字（2013）第 010174 号

## 刑事典型疑难问题适用指导与参考
### 侵犯公民人身权利、民主权利罪卷

主　编/王　然　　副主编/林晓萌　蓝彩箫

出版发行：中国检察出版社
社　　址：北京市石景山区鲁谷东街5号（100040）
网　　址：中国检察出版社（www.zgjccbs.com）
电　　话：（010）68630385（编辑）　68650015（发行）　68636518（门市）
经　　销：新华书店
印　　刷：三河市西华印务有限公司
开　　本：720 mm × 960 mm　16开
印　　张：33 印张
字　　数：603 千字
版　　次：2013年2月第一版　2013年2月第一次印刷
书　　号：ISBN 978-7-5102-0820-1
定　　价：78.00元

检察版图书，版权所有，侵权必究
如遇图书印装质量问题本社负责调换

# 出版说明

近十余年来，在刑事领域的司法实践中，出现了很多新情况、新问题，其中不乏具有典型性、疑难性的法律适用问题，针对这些问题，急需进行归纳总结，并得出具有参考和借鉴价值的处理和认定思路。基于上述现实需求，我们倾力组织法学专家、资深法官、检察官及律师等编撰并推出《刑事典型疑难问题适用指导与参考丛书》。

本丛书分为总则卷，危害国家安全罪、危害公共安全罪卷，破坏社会主义市场经济秩序罪卷，侵犯公民人身权利、民主权利罪卷，侵犯财产罪卷，妨害社会管理秩序罪卷，贪污贿赂罪卷，渎职罪卷共八卷。各卷紧密结合各地司法实践，归纳提炼出百余个司法典型疑难问题并作出精准解析，同时附以具有权威性的指导、参考案例对同类案件的案情、诉辩情况、裁判结果、裁判理由等核心要素加以介绍，以帮助读者寻求破解疑难问题的办案思路、标准和尺度。各卷还提供了各类型犯罪全面、准确的办案依据。《刑事典型疑难问题适用指导与参考丛书》所提炼的问题凸显典型性、疑难性，解答思路具有很强的指导、参考和专业性，参考案例具有真实性、权威性，办案依据提供了便捷查询的通道，特别适合公检法人员、律师等法律专业人士使用。

受时间和能力所限，丛书在编撰过程中难免出现不足或错漏，敬请读者批评指正，以便我们在再版时予以修订。

编　者
2013 年 1 月

#  目　　录

## 一、故意杀人罪 …………………………………………（1）

1. 行为人因吸毒后产生神智异常而实施杀人行为的，应否承担刑事责任？…………………………………………（1）
2. 对于非家庭成员负有救助职责而拒不履行救助义务，并因此导致救助对象死亡的，是构成遗弃罪还是不作为形式的故意杀人罪？…………………………………………（3）
3. 司法实践中对故意杀人罪行为人的主观故意内容应如何认定？………………………………………………………（5）
4. 如果行为人认识到危害结果的出现是必然的，此时能否认为行为人持有的是一种间接故意的心态？………………（5）
5. 如何认定故意杀人罪中的"不作为"？…………………（8）
6. 如何认定不作为形式的故意杀人罪？ …………………（10）
7. 司法实践中如何认定故意杀人罪的主观内容以及如何区分直接故意杀人与间接故意杀人？…………………………（12）
8. 在司法实践中如何区分故意杀人罪和故意伤害罪？……（15）
9. 在恋爱、婚姻矛盾激化引发的故意杀人案件中，恋爱、婚姻关系的存在能否作为量刑考量的因素？………………（18）
10. 行为人抛弃婴儿并致其死亡的，构成故意杀人罪还是遗弃罪？………………………………………………………（20）
11. 被害人为逃避行为人的进一步伤害而跳进河里，因得不到及时救助并最终溺水而死，能否将行为人的行为认定为故意杀人罪？…………………………………………（22）
12. 寻衅滋事罪与故意杀人罪区别的关键点是什么？………（26）

13. 在被害人有过错的情况下，故意杀人罪的量刑能否从轻？……（29）
14. 在故意杀人案件中，对本应判处死刑立即执行的被告人，能否因为真诚悔罪、积极赔偿被害方经济损失并取得被害方谅解而判处死缓？……（30）
15. 丈夫长期对妻子实施家庭暴力，妻子不堪忍受杀死丈夫的，应当如何量刑？……（33）
16. 行为人对被害人是否死亡存在事实认识错误的，能否影响故意杀人罪犯罪故意的认定？……（35）
17. 被害人有过错的故意杀人罪是否一律从轻处罚？……（37）
18. 已满14周岁不满16周岁的人绑架并杀害被绑架人的应当如何定性？……（41）
19. 故意杀人罪的犯罪故意如何认定以及与过失致人死亡罪中的犯罪过失如何进行区分？……（43）
20. 帮助他人自杀的，应当如何定性？……（46）
21. 行为人大义灭亲的，应当如何定罪量刑？……（47）
22. 在寻衅滋事过程中，寻衅滋事行为致人死亡的，能否转化为故意杀人罪？……（49）

办案依据集成 ……（52）

## 二、过失致人死亡罪 ……（58）

23. 在过失犯罪中如何认定行为人的注意义务？……（58）
24. 在过失犯罪中如何认定行为人的注意能力？……（58）
25. 司法实践中如何在主观罪过上区分故意杀人罪与过失致人死亡罪？……（62）
26. 意外事件与疏忽大意的过失区别是什么？……（62）
27. 刑法理论上的"犯罪故意"与一般生活意义上的"故意"的区别是什么？……（65）
28. 刑法意义上的"伤害"行为与通常意义上的"殴打"行为有什么区别？……（65）

29. 怎样判断行为人对于死亡结果的发生是否"应当预见"？ ……（65）

30. 过失致人死亡罪与意外事件的区别是什么？ ………………（67）

31. 怎样判断行为人是否能够预见？ ………………………………（68）

32. 如何从刑法角度认识行为人的行为与被害人死亡结果之间的因果关系？ …………………………………………………（70）

33. 故意伤害罪与过失致人死亡罪的区别是什么？ ……………（72）

34. 过失致人死亡罪和意外事件区别的关键点是什么？ ………（74）

35. 交通肇事罪与过失致人死亡罪如何进行区分？ ……………（79）

36. 疏忽大意过失致人死亡罪的主观罪过如何认定？ …………（80）

37. 被告人在倒车时不慎将帮助推车的人挤在车后的墙上当场死亡，是意外事件还是过失致人死亡？ ……………………（82）

■ 办案依据集成 ……………………………………………………（84）

## 三、故意伤害罪 ……………………………………………（85）

38. 盗窃行为发生后，实施盗窃的行为人已经逃离现场，将盗窃行为人推倒致其轻伤的行为，应当如何定性？ …………（85）

39. 盗窃行为人已经逃离现场，权利人追赶上后，盗窃人放弃财物意图逃跑，权利人仍然紧追不舍，盗窃行为人实施暴力的能否构成转化型抢劫？ ………………………………（86）

40. 如何区分故意伤害致人死亡与过失致人死亡？ ……………（88）

41. 行为人不知道被害人患有疾病的，殴打被害人并致其死亡，但被害人的死亡结果与其自身体质有关的，应当如何处理？ ………………………………………………………（88）

42. 监护人和医生出于非医疗目的，决定并实施切除被监护人的正常器官，是否构成犯罪？ …………………………（91）

43. 寻衅滋事过程中致人重伤、死亡的，应当如何定罪处罚？ …（96）

44. 寻衅滋事共同犯罪中，部分行为人的行为致使被害人重伤或者死亡的，对于各行为人的行为如何定罪处罚？ ……（97）

45. 故意伤害罪中的"以特别残忍手段致人重伤造成严重残疾"，应当如何认定？ ……（100）

46. 行为人发现他人盗窃自己财物，为制止盗窃行为，开枪射击并致使盗窃行为人受伤，应定性为故意杀人罪（未遂）还是故意伤害罪？ ……（102）

47. 区分故意伤害（致死）罪和过失致人死亡罪的关键是什么？ ……（105）

48. 行为人以故意伤害的故意持刀闯入他人住宅，被害人出于恐惧自行跳楼导致死伤，行为人是否仍要对重伤、死亡结果承担刑事责任？ ……（109）

49. 行为人因被被害人殴打过而心生怨念，持刀破门闯入被害人住宅，造成被害人受伤、死亡的伤害结果，应当定性为故意伤害罪、故意杀人罪还是非法闯入住宅罪？ ……（109）

50. 行为人被交警拦下停车检查过程中，因为惧怕被查处，加大油门行使致使交警不及躲避受伤，应当如何定性？ ……（111）

51. 数名行为人受他人邀约，在公共场所公开堵截特定人员（行为人与被拦截人员双方并不相识）进行伤害的行为，应当如何定性？ ……（113）

52. 过失致人重伤罪与故意伤害罪的区别是什么？ ……（117）

53. 数行为人持钢管、铁棍等工具聚众斗殴，产生重伤结果，但由于情势混乱无法判断重伤结果为何人造成，此种情形下应当如何处理？ ……（119）

54. 行为人持凶器追赶被害人，被害人为躲避跳入河中，行为人遂离开，被害人溺水而死。行为人是否需要对被害人的死亡负责？ ……（123）

55. 上述情形应当定性为不作为的故意杀人罪还是故意伤害罪？ ……（123）

56. 故意伤害罪的主观故意如何认定？……………………（126）
57. 故意伤害罪与寻衅滋事罪如何进行区分？……………（128）
58. 行为人双方故意互相伤害对方的，如何追究其刑事责任？…（129）
59. 因民间纠纷引起的故意伤害致人死亡案件，事后得到被害人亲属谅解的能否从轻处罚？………………（131）
60. 行为人为制止不法侵害，伤害他人身体但属于防卫过当的，能否构成故意伤害罪？………………………（134）
61. 强迫交易罪与故意伤害罪如何进行区分？……………（136）
62. 抢劫罪与故意伤害罪如何进行区分？…………………（138）
63. 如何区分认定故意伤害罪与意外事件？………………（142）
64. 故意伤害致人死亡与故意杀人罪如何进行区分？……（144）
65. 故意伤害罪与聚众斗殴罪之间的区别如何界定？……（147）
66. 故意伤害罪与一般殴打他人的行为如何区分？………（149）

■ 办案依据集成 ……………………………………………（154）

## 四、过失致人重伤罪 ……………………………………（169）

67. 过失犯罪中的疏忽大意过失和过于自信过失有何区别？…（169）
68. 过失致人重伤罪的主观方面如何认定？………………（171）
69. 过失致人死亡罪的客观方面如何认定？………………（172）
70. 过失致人重伤罪与意外事件致人重伤如何进行区分？…（173）
71. 过失致人重伤罪的客观方面如何认定？………………（175）

■ 办案依据集成 ……………………………………………（178）

## 五、强奸罪 ………………………………………………（179）

72. 强奸案中，被害人没有明显抗拒行为的，是否等同于自愿以及是否可以认定为违背妇女意志？………………（179）

73. 案发前有性交易的约定，但双方在发生性行为的地点与方式上发生矛盾时，是否可依据事前的约定不违背妇女意志而不予认定为强奸罪？……………………………………（179）

74. 被害人被强奸之后到阳台呼救，因为被束缚身体失去平衡坠楼身亡，可否认定为强奸罪中"致使被害人重伤、死亡或者造成其他严重后果"的加重情形？………（182）

75. 被害人被被告人挟持多日，辗转多地，其间发生多次性行为，后几次被害人被财物收买后，未明确表示反对。此种情形是否适用最高人民法院、最高人民检察院、公安部《关于当前办理强奸案件中具体应用法律若干问题的意见》中，关于"第一次违背妇女意志，但事后并未告发，后来女方又多次自愿与该男子发生性行为的，一般不宜按强奸罪论"的规定？……………………………（185）

76. 被害人因为被胁迫而与行为人定下发生性行为的约定，之后被害人"应约"发生性行为，此时可否认定为"违反妇女意志"？……………………………………………………（188）

77. 数次强奸未成年女性并阻止其告发，致使幼女精神受到严重打击、堕胎辍学，可否认定为强奸罪中的"造成其他严重后果"？……………………………………………………（190）

78. 如何认定《刑法》第236条第3款第1项规定的"强奸妇女、奸淫幼女情节恶劣"？…………………………（192）

79. 强奸罪的未遂如何认定？……………………………（194）

80. 在共同强奸案件中，一人强奸得逞，其他人未实际实施强奸行为的，对此情形应否以轮奸情节加重处罚？……（196）

81. 在强奸案件中，如何认定是否违背妇女意志？………（197）

82. 行为人准备实施轮奸行为，又自动中止犯罪的，能否依照《刑法》第236条第3款第4项规定处罚？……………（200）

83. 二人共同实施轮奸，一被告人实施奸淫行为后，另一被告人因自身生理原因奸淫行为未能得逞，该被告人的行为应认定为强奸既遂还是未遂？……………………（202）

■ 办案依据集成 ………………………………………（204）

## 六、强制猥亵、侮辱妇女罪 …………………………（210）

　　84. 强制侮辱妇女罪与强制猥亵妇女罪有何异同？………（210）

　　85. 行为人脱光被害人衣裤进行侮辱，并骑在被害人身上模仿性行为动作的行为是强制侮辱妇女还是强制猥亵妇女？…（210）

　　86. 在被害人寝室里，一人实施猥亵，二人帮助的情节是否属于《刑法》第237条第2款加重情节中所要求的"聚众"和"公共场合"？……………………………（211）

　　87. 如何处理少数民族风俗与《刑法》的关系？…………（213）

　　88. 行为人强制猥亵的行为是否符合少数民族风俗的精神、内容和形式？……………………………………（214）

　　89. 强制猥亵与一般猥亵、强制侮辱的区别是什么？……（214）

　　90. 强制猥亵、侮辱妇女罪的强制手段如何认定？………（217）

　　91. 强制猥亵妇女罪的主观罪过如何认定？………………（218）

　　92. 强制猥亵妇女罪与强奸罪如何进行区分？……………（220）

　　93. 强制猥亵、侮辱妇女罪的犯罪对象的范围？…………（221）

　　■ 办案依据集成 ………………………………………（226）

## 七、猥亵儿童罪 …………………………………………（227）

　　94. 猥亵儿童罪犯罪构成的客观方面是否要求"强制"手段，被害儿童主观上自愿提供服务并收取报酬，行为人是否构成该罪？……………………………………（227）

　　95. 介绍男性儿童给他人进行猥亵行为是否构成引诱、介绍卖淫罪？………………………………………（227）

　　96. 猥亵儿童罪的主观方面如何认定？……………………（230）

　　97. 猥亵儿童罪与奸淫幼女型强奸罪的区分？……………（231）

　　■ 办案依据集成 ………………………………………（233）

## 八、非法拘禁罪 ……（234）

98. 为索回上交传销组织的财产，控制传销组织业务经理的儿子索要"会费"的行为，应当定性为绑架罪还是非法拘禁罪？ ……（234）

99. 夫妻一方可否成为另一方绑架罪中勒索财物的对象？ ……（236）

100. 夫妻间约定共同债务中的某一确定部分由一方承担，一方出走另一方控制第三人要挟其还债的行为如何定性？ ……（237）

101. 非法限制他人人身自由中采用殴打、侮辱的行为是否构成其他罪？ ……（238）

102. 若不构成其他罪，则非法限制他人人身自由中殴打、侮辱的情节是非法拘禁罪的定罪情节还是量刑情节？ ……（239）

103. 非法拘禁罪与一般拘禁行为的界限何在？ ……（239）

104. 出租车司机发现搭乘乘客意欲挟持他人外逃并进行非法拘禁，仍然允许其搭车，在被挟持乘客死亡后又搭载挟持者弃尸，司机的行为如何定性？ ……（243）

105. 非法拘禁过程中被拘禁者死亡，但是不能查明死亡是否是由于行为人的暴力行为导致的，应当如何定性？ ……（243）

106. 刑事案件侦查人员超期羁押犯罪嫌疑人不予释放的行为，应当如何定性？ ……（248）

107. 绑架罪和非法拘禁罪的主要区别是什么？ ……（250）

108. 行为人挟持、捆绑女友亲人，要求女友家人同意女友与其继续谈恋爱的要求是否属于绑架罪主观方面所要求非法目的？ ……（250）

109. 为索取债务而扣押、拘禁债务人以外的第三人（与债务人有利害关系）的行为应如何定性？ ……（252）

110. 非法拘禁案件在量刑时主要考虑哪些情节？ ……（254）

111. 非法拘禁罪与绑架罪如何进行区分？ ……（255）

办案依据集成 ……（261）

### 九、绑架罪 ……………………………………………………（267）

112. 暴力胁迫他人写下欠条又以非法拘禁方式强迫他人还款的，能否构成索债型的非法拘禁罪？ ……………（267）
113. 行为人实施暴力指向的对象为被害人，勒索财物对象仍为被害人，但被害人身边没有钱财，让不知情第三人送来钱财的该如何定性？ ……………………………（267）
114. 行为人以非法拘禁的方式胁迫被害人当场交出财物，并同意被害人让第三人送来财物，但被害人在行为人不知情的情况下告诉该第三人自己受到胁迫，行为如何定性？ ………………………………………………………（267）
115. 行为人为索取合同债务而扣押被害人，但其索取的债务数额明显超出被害人所负债务数额，行为人的行为如何定性？ ……………………………………………………（270）
116. 《刑法》第239条第2款规定"杀害被绑架人的，处死刑"，如何理解"杀害被绑架人的"？ ……………………（273）
117. 《刑法修正案（七）》对绑架罪的法定刑设置增加了"情节较轻的，处5年以上10年以下有期徒刑，并处罚金"的规定。如何理解绑架罪的"情节较轻"的规定？ …（276）
118. 在共同实施非法扣押他人的行为时，行为人误以为其他行为人与被扣押人存在现实的债权债务关系（实际并不存在），而非法扣押他人的行为如何定性？ ……………（278）
119. 行为人为勒索财物实施绑架行为，已经实际控制了被绑架人，但尚未获得财物的，是否构成绑架罪的既遂？ ………（282）
120. 《刑法》第239条第2款"犯前款罪，致使被绑架人死亡的"如何理解？ ……………………………………（282）
121. 行为人以逼迫被绑架人建立恋爱关系为目的，非法扣押被绑架人，构成非法拘禁罪，还是绑架罪？ ……………（286）
122. 行为人采用暴力、胁迫以外的其他方法对被害人进行人身控制的，能否构成绑架罪？ ……………………………（288）
123. 勒索财物型绑架罪与敲诈勒索罪如何区分？ ……………（288）

124. 绑架罪的犯罪中止应当如何认定，行为人已经实际控制被绑架人，又在被绑架人劝说下主动将其释放的，能否构成绑架罪的犯罪中止？ (290)

125. 如何认定绑架罪中的"情节较轻"？ (292)

126. 如何认定绑架罪中"杀害被绑架人"的情形并正确适用刑罚？ (296)

127. 绑架罪的主观故意如何认定？ (298)

128. 在绑架勒索到钱财后又杀害被绑架人的，是定绑架罪和故意杀人罪，还是只定绑架罪？ (301)

129. 绑架罪与非法拘禁罪如何区分？ (303)

130. 已满14周岁不满16周岁的行为人绑架并杀害被害人的如何定罪？ (305)

### 办案依据集成 (308)

## 十、拐卖妇女、儿童罪 (309)

131. 如何认定拐卖妇女案中的主观方面？ (309)

132. 在拐卖儿童过程中放弃对患病儿童治疗，致使儿童死亡的，可否认定为拐卖儿童罪的加重情节？ (311)

133. 为他人介绍拐卖妇女儿童，但并未从中获利，可否认定为拐卖妇女、儿童罪？ (312)

134. 拐卖妇女、儿童罪的客观行为包括哪些类型？ (316)

135. 出卖自己亲生的婴儿，是否构成拐卖儿童罪？ (318)

136. 拐卖妇女、儿童罪的犯罪对象有哪些？ (319)

137. 被拐卖妇女"同意"被他人拐卖的，行为人是否可以不构成犯罪？ (321)

138. 拐卖妇女、儿童罪的主观方面如何认定？ (323)

139. 拐卖妇女罪与借介绍婚姻而索取财物如何区分？ (327)

### 办案依据集成 (329)

## 十一、诬告陷害罪 ……………………………………（341）

140. 诬告陷害罪构成要件中的"捏造事实"应当如何理解，是否包括捏造部分虚假事实的情形？……………（341）

141. 作为构成要件的"情节严重"与作为法定刑升格条件的"造成严重后果"应当如何区分？………………（341）

142. 诬告陷害罪的客观行为表现是什么？……………（343）

143. 诬告陷害罪的主观罪过如何认定？………………（345）

144. 诬告陷害罪与伪证罪如何进行区分？……………（347）

145. 诬告陷害罪与错告、检举失实如何进行区分？…（349）

**办案依据集成** ……………………………………（351）

## 十二、非法搜查罪 ……………………………………（352）

146. 行为人怀疑被害人盗窃自己钱款，强行搜查被害人人身，并夺取自己丢失钱财的，应如何定性？……（352）

147. 对冒充武警非法搜查他人身体，取得财物后随即返还的行为应如何定性？……………………………（354）

**办案依据集成** ……………………………………（357）

## 十三、非法侵入住宅罪 ………………………………（359）

148. 非法侵入住宅罪中"住宅"的法律含义是什么？…（359）

149. 司法实践中如何正确认定非法侵入住宅的行为？…（359）

150. 在司法实践中，非法侵入他人住宅的行为常常与其他犯罪结合在一起，应该怎样进行处罚？……………（360）

151. 行为人非法侵入被害人家中，以自杀方式威胁被害人，且持刀伤及被害人，但故意杀人罪证据不足的，能否以非法侵入住宅罪论处？…………………………（362）

152. 非法侵入住宅的主观罪过如何认定？……………（364）

153. 非法侵入住宅罪的客观行为表现有哪些？………（365）

**办案依据集成** ……………………………………（368）

## 十四、侮辱罪 ································ (370)

### 154. 司法实践中如何区分侮辱罪的罪与非罪？ ·············· (370)
### 155. 如何认定侮辱罪的主观方面？ ·················· (373)
### 156. 如何认定侮辱罪的情节严重？ ·················· (376)

**办案依据集成** ································ (382)

## 十五、诽谤罪 ································ (386)

### 157. 怎样认定诽谤罪的对象？ ···················· (386)
### 158. 判定行为人的行为是否属于情节严重的行为？ ·········· (386)
### 159. 侮辱罪与诽谤罪如何进行区分？ ················· (389)

**办案依据集成** ································ (393)

## 十六、刑讯逼供罪 ······························ (397)

### 160. 派出所民警在什么情况下可以成为刑讯逼供罪的主体？ ······ (397)
### 161. 《刑法》第247条规定刑讯逼供"致人伤残、死亡的，依照本法第234条、第232条规定定罪从重处罚"，如何理解适用此款规定？ ···················· (399)
### 162. 刑讯逼供罪的主观方面如何进行认定？ ·············· (404)
### 163. 刑讯逼供罪与故意伤害罪如何进行区分？ ············ (405)

**办案依据集成** ································ (408)

## 十七、虐待被监管人罪 ·························· (411)

### 164. 如何区分虐待被监管人罪与玩忽职守罪？ ············ (411)
### 165. 监狱监管人员发现被监管人绝食，劝导未果又未及时汇报，被监管人因气力不足引发死亡事故，监管人的责任如何定性？ ·························· (411)

**办案依据集成** ································ (415)

## 十八、煽动民族仇恨、民族歧视罪 ···················· (417)

166. 如何区分煽动民族仇恨、民族歧视罪与一般不良言论？……（417）

167. 怎样理解此罪中的"情节严重"？……（418）

　　📖 办案依据集成 ……（420）

## 十九、侵犯通信自由罪 ……（421）

168. QQ 号码是不是刑法意义上的财物？……（421）

169. 盗卖 QQ 号码的行为应如何定罪？……（421）

　　📖 办案依据集成 ……（424）

## 二十、侵犯公民个人信息罪 ……（427）

170. 如何认定出售、非法提供公民个人信息罪的犯罪对象？……（427）

171. 手机定位信息是否属于公民个人信息？……（427）

172. 怎样判定出售公民个人信息的情节严重？……（428）

173. 如何认定非法获取公民个人信息情节严重？……（429）

　　📖 办案依据集成 ……（432）

## 二十一、破坏选举罪 ……（433）

174. 怎样界定破坏选举罪成立的范围？……（433）

175. 如何认定破坏选举罪的客观方面？……（433）

176. 破坏选举罪的犯罪主体是否要求特殊主体？……（434）

177. 过失能否构成破坏选举罪？……（437）

178. 破坏选举在客观方面的表现与渎职行为有什么区别？……（437）

179. 破坏选举罪的主观罪过如何认定？……（440）

180. 破坏选举罪的客观行为表现有哪些？……（444）

　　📖 办案依据集成 ……（447）

## 二十二、暴力干涉婚姻自由罪 ……（449）

181. 如何理解暴力干涉婚姻自由罪所侵犯的法益？……（449）

182. 怎样看待我国少数民族地区风俗习惯中的抢婚行为？……………（449）

 📖 **办案依据集成** ………………………………………………（452）

## 二十三、重婚罪 ……………………………………………………（453）

183. 重婚罪的犯罪客体应当如何理解？………………………………（453）
184. 行为人的动机是否影响重婚罪的构成？…………………………（453）
185. 如何理解重婚罪构成要件中的重婚行为？………………………（456）
186. 怎样界定重婚行为人的主观方面？………………………………（456）
187. 重婚罪的行为表现形式有哪些？…………………………………（459）
188. 重婚罪的主观罪过如何认定？……………………………………（461）

 📖 **办案依据集成** ………………………………………………（463）

## 二十四、虐待罪 ……………………………………………………（466）

189. 如何判断虐待行为的"情节恶劣"？………………………………（466）
190. 虐待罪成立的范围是什么？………………………………………（466）
191. 将家庭成员送往精神病院治疗能否构成虐待罪？………………（468）
192. 虐待罪与遗弃罪如何进行区分？…………………………………（471）

 📖 **办案依据集成** ………………………………………………（474）

## 二十五、遗弃罪 ……………………………………………………（476）

193. 不具有法定夫妻关系的男女长期非法同居，一方遗弃另一方的行为可否构成遗弃罪？…………………………………（476）
194. 对出卖亲生子女这一行为应该怎样定性？………………………（479）
195. 怎样界定遗弃罪的主体范围？……………………………………（482）
196. 家庭困难无力抚养，而出卖亲生子女并以所得资金垫付其医药费的行为，应当如何定性？……………………………（486）
197. 遗弃罪的客观方面如何进行认定？………………………………（488）

 📖 **办案依据集成** ………………………………………………（491）

## 二十六、拐骗儿童罪 …………………………………………（493）

- 198. 拐骗儿童罪的主观方面如何认定？……………………（493）
- 199. 行为人将儿童带离其监护人但目的不明确的，应当如何定性？……………………………………………………（493）
- 200. 拐骗儿童罪的主观罪过如何认定？……………………（495）
- 201. 拐骗儿童罪的客观行为如何进行认定？………………（496）
- 202. 拐骗儿童罪与拐卖儿童罪如何进行区分？……………（498）

📖 办案依据集成 ……………………………………………（500）

## 二十七、组织残疾人、儿童乞讨罪 ……………………………（501）

- 203. 如何理解组织残疾人、儿童乞讨罪中的"组织"？……（501）
- 204. 如何认定组织残疾人、儿童乞讨罪中的"情节严重"？……（501）

📖 办案依据集成 ……………………………………………（504）

# 一、故意杀人罪

**1. 行为人因吸毒后产生神智异常而实施杀人行为的，应否承担刑事责任？**

作为一个具有完全刑事责任能力的行为人，如果明知自己吸食毒品的行为能够使自己陷入神智异常的状态，并可能会实施危害他人人身安全的行为时，仍然吸食毒品，并最终因吸食毒品导致神智失常，实施了杀人行为的，足以认定行为人具有故意杀人罪的犯罪故意。行为人基于此种故意支配下实施的杀人行为，应当承担故意杀人罪的刑事责任。

**典型疑难案件参考**

福州市人民检察院诉彭崧故意杀人案 [最高人民法院公报（2007年卷）]

**基本案情**

2005年5月5日凌晨，被告人彭崧因服食摇头丸后药性发作，在其暂住处福州市鼓楼区北江里新村6座204室内，持刀朝同室居住的被害人阮召森胸部捅刺，致阮召森抢救无效死亡。当晚9时许，彭崧到福建省宁德市公安局投案自首。福建省福州市人民检察院以被告人彭崧犯故意杀人罪，向福建省福州市中级人民法院提起公诉。被害人阮召森的父亲阮向金、母亲李凤钰作为刑事附带民事诉讼原告，向福建省福州市中级人民法院提起刑事附带民事诉讼。

**一审诉辩情况**

福建省福州市人民检察院以被告人彭崧犯故意杀人罪，向福建省福州市中级人民法院提起公诉。起诉书指控：彭崧的行为已经构成故意杀人罪，提请福州市中级人民法院依法惩处。

被告人彭崧及其辩护人辩称：彭崧是在吸食摇头丸后产生的病理性动机下作案，作案时对自身行为的辨认能力和控制能力均已丧失，属于无刑事责任能力人，故不应负刑事责任。即使彭崧的行为构成犯罪，也应以过失致人死亡罪定罪处罚。

### 一审裁判结果

福州市中级人民法院于2006年5月10日判决如下：

一、被告人彭崧犯故意杀人罪，判处无期徒刑，剥夺政治权利终身；

二、被告人彭崧赔偿刑事附带民事诉讼原告阮向金、李凤钰经济损失人民币91981.1元，扣除已经给付的人民币16000元，被告人彭崧还应当给付人民币75981.1元，并于判决生效之日起3个月内付清。

### 一审裁判理由

福州市中级人民法院一审认为：被告人彭崧故意非法剥夺他人生命，并致人死亡，虽系服食摇头丸药性发作后实施杀人行为，但依法应当承担刑事责任。因此，检察机关指控的罪名成立，彭崧的行为已构成故意杀人罪。彭崧及其辩护人关于彭崧的行为不构成故意杀人罪的辩解理由不成立。彭崧作案后能够主动投案自首，可以从轻处罚。被害人阮召森的死亡给刑事附带民事诉讼原告阮向金、李凤钰造成一定的经济损失，故被告人彭崧应赔偿相应的经济损失。

### 二审裁判结果

福建省高级人民法院经二审，确认了一审查明的事实。上诉人彭崧应对其杀人行为承担刑事责任。福建省高级人民法院根据《刑法》相关规定于2007年2月28日裁定：驳回上诉，维持原判。

### 二审裁判理由

福建省高级人民法院二审认为：

首先，根据《中华人民共和国刑法》（以下简称《刑法》）的有关规定，在以下几种情形下行为人对其实施的造成一定损害后果的行为不负刑事责任：

1. 行为人实施《刑法》规定的犯罪行为时尚未达到刑事责任年龄，即实施故意杀人、故意伤害致人重伤或者死亡、强奸、抢劫、贩卖毒品、放火、爆炸、投毒等犯罪行为时不满14周岁，实施《刑法》规定的其他犯罪行为时不满16周岁；

2. 精神病人在不能辨认或者不能控制自己行为的时候造成危害结果，经法定程序鉴定确认的；

3. 为了使国家、公共利益、本人或者他人的人身、财产和其他权利免受

正在进行的不法侵害,而采取的制止不法侵害的正当防卫行为,对不法侵害人造成损害但没有超过必要限度的;

4. 为了使国家、公共利益、本人或者他人的人身、财产和其他权利免受正在发生的危险,不得已采取的紧急避险行为,造成损害但没有超过必要限度的。

上诉人彭崧在服食摇头丸药性发作后实施杀人行为,导致被害人阮召森死亡,其行为具有严重的社会危害性,且显然不属于上述《刑法》规定的不负刑事责任的情形。

其次,上诉人彭崧并未患有任何精神病,其服食摇头丸后产生的短暂神智异常,与醉酒后的短暂神智异常在本质上是相同的。我国《刑法》第18条规定,醉酒的人犯罪,应当负刑事责任。根据该规定,因醉酒后出现短暂神智异常而犯罪的应当负刑事责任。因此,因吸毒后出现短暂神智异常而犯罪的,也应当负刑事责任。

最后,吸食包括摇头丸在内的毒品是违法行为。上诉人彭崧曾经多次服食摇头丸,并出现过服药后的幻想症状。对此彭崧自己完全清楚。案发当晚,作为一个具有正常行为能力的人,在明知自己吸食毒品后会产生短暂神智异常的情况下,彭崧仍然自愿服食摇头丸,最终导致神智异常而实施杀人行为。正是彭崧的自愿吸毒行为,使其陷于神智异常状态,并在此状态下实施犯罪行为,造成严重的危害后果。故彭崧应当对自己的行为承担刑事责任。

综上所述,上诉人彭崧应对其杀人行为承担刑事责任。

**2. 对于非家庭成员负有救助职责而拒不履行救助义务,并因此导致救助对象死亡的,是构成遗弃罪还是不作为形式的故意杀人罪?**

遗弃罪本身具有侵犯人身权利的性质,但这是指具有扶养义务的人对于受扶养人之人身权利的侵害,而不能宽泛地解释为对社会一般人的人身权利侵犯。《刑法》未明确规定遗弃罪的对象范围和该条文中"扶养"一词的含义,在语义是非单一的、不明确的情况下,应根据立法沿革进行历史解释以符合立法精神。根据语义解释,扶养包括家庭成员间的扶养和非家庭成员间的扶养。根据历史解释,遗弃罪属于妨害婚姻、家庭罪,自不应包括非家庭成员间的扶养。因此,非家庭成员间的扶养不包括在遗弃

> 罪的扶养概念中。所以，虽然《刑法》规定的遗弃罪并没有将扶养义务明文规定为是家庭成员间的扶养义务，但从立法沿革上来说，我国《刑法》中的遗弃罪自1950年《中华人民共和国刑法大纲草案》以来都是家庭成员间的遗弃，而不包括非家庭成员间的遗弃。故对于非家庭成员负有救助职责而拒不履行救助义务，并因此导致救助对象死亡的，应该认定为故意杀人罪。

## 典型疑难案件参考

### 陈其官故意杀人案

▶ **基本案情**

2005年9月13日晚，启东市公安局民警会同久隆镇民政干部黄建冬、久隆卫生院院长季鹤旗将躺在本市久隆镇久西村宁启高速公路附近的一身体极度虚弱的女子送至久隆镇敬老院，由被告人陈其官负责接收。季鹤旗向陈其官交代如该女子有发热等症状及时同医院联系。当晚，被告人陈其官帮该女子换洗了衣服并安排在一屋内休息。次日上午，被告人陈其官见该女子满身粪便，无自理能力，便让他人将其放在另一小屋内，并产生将该女子送至别处的念头。14日19时许，被告人陈其官租用了吴晓冬的三轮车将该女子送到海门市三阳镇普新村一机耕路旁。15日凌晨，该女子被当地群众发现后送至海门市三阳医院救治。经抢救无效该女子于当日9时许死亡。经鉴定，该女子系营养不良伴感染造成感染性休克而死亡。

▶ **诉辩情况**

检察机关认为：被告人陈其官将托其照顾的身体极度虚弱的妇女丢弃，明知自己的行为可能发生危害结果，且有意放任，致该女子死亡，其行为已经触犯刑律，构成故意杀人罪，依法应追究其刑事责任。

▶ **裁判结果**

江苏省启东市人民法院经审理查明上述事实属实，故判决被告人陈其官犯故意杀人罪，判处有期徒刑3年，缓刑5年。

▶ **裁判理由**

江苏省启东市人民法院根据上述事实和证据认为：被告人陈其官身为启东

市久隆镇敬老院工作人员，应有慈爱之心，照顾、服侍病弱人员更系职责所在，然其无视法律与社会公德，因厌恶被救助后托其照顾的妇女大便失禁、无生活自理能力，不顾该女子身体已经极度虚弱，选择在晚间不易被察觉的情况下，雇用车辆将该女抛弃在路边，致该女在次日凌晨始被发现，经医院抢救无效而死亡。被告人陈其官作为一个正常的成年人，明知自己的行为可能导致危害结果的发生，有意放任，具有间接故意，并致他人死亡，其行为已经触犯刑律，构成故意杀人罪。考虑被告人陈其官的犯罪情节和自愿认罪表现，对其适用缓刑确实不致再危害社会，故决定对其适用缓刑。

### 3. 司法实践中对故意杀人罪行为人的主观故意内容应如何认定？

刑法理论的通说认为，故意的内容包括认识因素与意志因素。在认识因素与意志因素这两点上，直接故意与间接故意存在明显区别：在认识因素上，直接故意要求行为人能够认识到自己的行为"会"导致危害结果的发生，此处的"会发生"应当理解为"可能发生"或者"必然发生"，而间接故意则要求行为人能够认识到自己的行为"可能发生"危害结果，应该排除行为人对危害结果发生的必然性认识；而在意志因素上，直接故意要求行为人对于危害结果的心态是希望，即积极追求、渴望，而间接故意时，行为人对于危害结果的出现持有的是放任的心态，即能容忍结果的出现，对结果的出现不刻意追求，但也不排斥。司法上对犯罪故意内容的认定，首先要以行为人的自身认识为基础，同时参考社会上一般人的认识为标准，去判断行为人对危害结果发生可能性的认识程度。若判断行为人能认识到危害结果的发生具有必然性，则该行为人的主观方面不可能为间接故意，即使危害结果没有发生，也应该认定为直接故意犯罪，系犯罪未遂。

### 4. 如果行为人认识到危害结果的出现是必然的，此时能否认为行为人持有的是一种间接故意的心态？

在认识因素与意志因素的关系中，认识因素是前提，而意志因素是关键，意志因素有限制认识因素的作用。在意志因素上，

> 间接故意强调的是行为人对危害结果出现的心态是"放任",是"听之任之",亦即存在发生也可以不发生也可以的心理态度。这种意志因素存在的前提是行为人必须认识到发生结果与不发生结果的两种可能性。换言之,间接故意的行为人根据对自身犯罪能力、犯罪对象情况、犯罪工具情况和犯罪发生的时间、地点、环境等情况的了解,认识到行为导致危害结果发生只是具有或然性、可能性,而不是必然性,在当时情况下,行为人对于危害结果是否发生,处于一种不能肯定的状态。如果行为人能认识到结果必然发生,则不可能存在放任结果发生的可能,行为人在这种情况下依然行为,则其实质是希望危害结果的发生,所以行为人的这种行为只能被评价为直接故意。因此,尽管行为人声称自己不希望结果发生,但是如果能认识到结果必然发生的,仍然是直接故意,不可能存在间接故意。如果行为人能认识到结果发生的必然性,但是因为偶然的原因导致结果没有发生,这也不能否定直接故意的存在,而只能认定为犯罪未遂。

## 典型疑难案件参考

### 李蔚故意杀人案

**基本案情**

被告人李蔚因对秦巍提出与其中断恋爱关系不满,遂于2007年6月6日19时许,在昌平区回龙观镇中关村生命科学园院内南北向的道路上驾车将从西向东横过此路的秦巍高速撞出,致使秦右侧硬膜外血肿、脑挫裂伤、外伤性蛛网膜下腔出血、双肺挫伤、双侧血胸、双侧腓骨小头骨折等多处损伤。后被告人李蔚驾车逃离现场时被抓获。经鉴定,秦巍当日损伤已构成轻伤(偏重)。

**一审诉辩情况**

北京市昌平区人民检察院指控称:被告的行为触犯了《中华人民共和国刑法》第232条之规定,应当以故意杀人罪追究被告人李蔚的刑事责任。依据《中华人民共和国刑法》第23条的规定,被告人李蔚系故意杀人未遂。

被告人李蔚对检察机关指控的事实予以否认,辩称其不是故意撞击秦巍。李蔚的辩护人的辩护意见为:被告人李蔚主观上没有犯罪的故意,并未放任自己的行为,其行为不构成故意杀人罪,只是一般的交通肇事。

▶ 一审裁判结果 ▶

北京市昌平区人民法院经公开审理查明判决：被告人李蔚犯故意杀人罪，判处有期徒刑4年。

▶ 一审裁判理由 ▶

北京市昌平区人民法院根据上述事实和证据认为：被告人李蔚驾驶机动车辆故意撞击他人，其行为已构成故意杀人罪，且致他人轻伤，依法应予惩处。北京市昌平区人民检察院指控被告人李蔚犯故意杀人罪的事实清楚，证据充分，罪名成立。被告人李蔚辩解其不是故意撞击被害人的意见及其辩护人关于李蔚主观上没有犯罪的故意，其不构成故意杀人罪的辩护意见，在案被害人陈述、证人证言证明李蔚发现秦巍后驾车逆行加速撞击秦巍，且在撞击前没有采取任何躲避措施，撞击后也未有救助行为。李蔚明知自己驾驶汽车高速撞击他人，可能造成他人死亡的危害结果，仍予以实施，其行为应构成故意杀人罪，该辩解、辩护意见，本院不予采纳。鉴于被告人李蔚系犯罪未遂，且先予执行民事赔偿，双方当事人达成和解协议，已履行完毕，依法予以减轻处罚。

▶ 二审诉辩情况 ▶

上诉人（原审被告人）李蔚辩称：一审判决与事实不符，其不构成犯罪。

其辩护人的辩护意见是：李蔚造成被害人的伤害在主观上没有故意，仅为过失，并且仅造成被害人轻伤的后果，因此李蔚的行为不构成犯罪，一审判决定性有误，请求二审法院依法改判。

▶ 二审裁判结果 ▶

北京市第一中级人民法院认定事实和证据与一审认定一致。原判决定罪和适用法律正确，量刑适当，审判程序合法，裁定如下：驳回上诉，维持原判。

▶ 二审裁判理由 ▶

北京市第一中级人民法院经审理认为：上诉人李蔚明知驾驶机动车辆撞击他人会造成致人死亡的危害后果，仍故意驾车高速撞击被害人，其行为已构成故意杀人罪，依法应予惩处。鉴于李蔚犯罪未遂，且李蔚的家属代李蔚积极赔偿被害人经济损失，附带民事部分已调解解决，故依法对其减轻处罚。对于李蔚上诉所提一审判决与事实不符，其不构成犯罪的上诉理由及李蔚的辩护人所提李蔚的行为不构成犯罪，一审判决定性有误的辩护意见。经查：上诉人李蔚因对被害人与其断绝恋爱关系不满,经常骚扰诽谤被害人,并于案发当日驾车逆行,加速行驶,并未采取任何避险措施而撞击被害人,其行为符合故意杀人罪的构成要件,故其上诉理由及其辩护人的辩护意见本院不予采纳。原审人民法院根据李蔚犯罪的事实、犯罪的性质、情节以及对社会的危害程度所作的判决,事实清楚,证据确实充分,定罪、适用法律正确,量刑及对随案物品处理适当,审判程序合法,应予维持。

### 5. 如何认定故意杀人罪中的"不作为"?

我国《刑法》所规定的危害行为归纳起来有两种形式,即作为与不作为。不作为犯罪是指犯罪人有义务实施并且能够实施某种积极行为而未实施进而符合犯罪构成的行为。认定一种不作为犯罪,需具备以下3个方面的条件:

1. 行为人负有实施某种积极行为的特定义务,这是不作为行为构成犯罪的前提。从理论上说,特定义务一般有3个来源,其中一个来源是行为人的先前行为,即由于行为人的先前行为而使刑法所保护的某种利益处于危险状态所产生的特定义务。如果行为人积极作为,履行了这一特定义务,就可以避免危害结果的发生。

2. 行为人有履行特定义务的实际可能而未履行。法律不能强求人做无能力所为的事情。如果行为人虽然有某种特定义务,但由于某种原因而不具备履行该项特定义务的实际可能性,则这种不作为不构成犯罪。

3. 不作为行为侵犯了刑法所保护的客体和对象。当被害人的健康权、生命权处于危险状态时,被告人有义务排除这种危险而没有排除导致这种危险酿成被害人死亡的结果,这样,被告人的不作为就侵犯了我国《刑法》所保护的客体和对象。

司法实践中,认定某种不作为构成犯罪,除了把握以上3个条件外,还必须把握这种不作为与危害结果之间是否存在因果关系。笔者认为,在不作为犯罪中,因果关系是客观存在的,是认定某种不作为犯罪的客观基础。不作为作为一种原因力,就在于它应该阻止而没有阻止事物向危险方向发展,以至于导致了危害

> 结果的发生。在行为人负有特定的法律义务，具有实际履行的可能而不履行，造成被害人死亡的，即可能构成不作为形式的故意杀人罪，应承担相应的刑事法律责任。

## 典型疑难案件参考

### 孙多琴故意杀人案

**基本案情**

2008年5月31日中午1时许，被告人孙多琴要去农五师83团看望儿子刘元和孙子，其丈夫（被害人）陆九斤（刘元继父）不同意，二人发生争执。在争执过程中，被告人孙多琴拿出事先用瓶装的鼠必死药液准备喝，被陆九斤夺去自己喝掉。陆九斤喝完后出现中毒反应，被告人孙多琴未予救助，陆九斤中毒死亡。之后，被告人孙多琴将陆九斤的尸体拖到自己家院门口垃圾坑内焚烧掩埋后逃往其儿子刘元处，并向其儿子刘元说明了情况。2008年6月2日被告人孙多琴在其儿子刘元的陪同下到芳草湖垦区公安局投案自首，如实供述了全部犯罪事实。经法医鉴定，被告人孙多琴行为当时出现应急相关障碍的精神病理症状，为限定责任能力。

**诉辩情况**

新疆生产建设兵团垦区人民检察院指控：被告人构成故意杀人罪，建议从轻或减轻处罚。

被告人孙多琴辩称：我没有故意杀人，而是陆九斤自己喝的药。被告人孙多琴的辩护人的意见是：本案被告人孙多琴和其丈夫陆九斤发生争执后，陆九斤从孙多琴手中夺走老鼠药自己喝下造成其中毒死亡，检察机关指控被告人不予救助，构成故意杀人罪，罪名不成立。因陆九斤喝的老鼠药中检出毒鼠强成分，该药毒性剧烈，加上孙多琴患有精神病，客观上不可能在很短的时间内实施救助行为，因此，孙多琴没有救助被害人的行为与被害人死亡之间无刑法上的因果关系，不符合故意杀人罪的主客观构成要件，故不应当以故意杀人罪处罚。

**裁判结果**

新疆生产建设兵团芳草湖垦区人民法院经公开审理查明上述事实，判决：被告人孙多琴犯故意杀人罪，判处有期徒刑4年。

**裁判理由**

芳草湖垦区人民法院认为,被告人孙多琴因家庭纠纷与被害人发生争执,准备服老鼠药自杀时被被害人夺去喝掉,其购买鼠药的自杀行为引发被害人服毒,在被害人出现中毒症状时,被告人未予救助,对其先行行为产生的救助义务没有履行。作为夫妻,被告人亦有救助义务,但其没有采取救助措施,对被害人死亡持放任态度。在被害人死亡后,被告人又焚尸,故其行为构成故意杀人罪。芳草湖垦区人民检察院对其指控罪名成立,予以支持。案发后被告人投案自首,可减轻处罚。另被告人因家庭纠纷困扰,案发时出现应急相关障碍的精神病症状,行为能力受限,为限定刑事责任能力人,依法亦可对被告人孙多琴减轻处罚。被告人孙多琴及其辩护人不构成故意杀人罪的辩护意见,证据不足,不予采纳。

### 6. 如何认定不作为形式的故意杀人罪?

不作为即指行为人消极地不实施有义务、有能力、有条件实施某种积极的行为。构成不作为的犯罪行为,必须同时具备以下4个条件:(1)行为人负有实施某种积极行为的特定义务,这是构成不作为犯罪的前提。特定义务一般来源于3个方面:一是来自法律的明文规定。二是来自职务上或业务上的要求。三是来自行为人先前行为造成的危险状态的要求。(2)行为人有履行特定义务的实际可能性,既包含行为人主体的自身能力,也包含履行义务的客观条件,二者相辅相成。(3)行为人客观上没有履行特定的义务,也就是行为人主观方面的罪过,突出表明了其行为在客观方面的消极举动。(4)行为人的不作为是造成特定结果的直接原因。一般不作为犯罪,只存在既遂状态。根据上述标准,不作为形式的故意杀人罪的认定,就要看是否存在行为人负有救助被害人义务且有能力救助,但没有救助最终导致被害人死亡的情形。

## 典型疑难案件参考

### 张永年等故意杀人案

**基本案情**

2001年5、6月间,被告人张永年与被告人戴素珍勾搭成奸。2002年6月下旬,被告人张永年将被告人戴素珍带到自家的渔船上,同与其以夫妻名义同居了17年的郭以凤3人一起居住。当月29日凌晨2时许,该船停泊在喻剩河施庄段境内,被告人张永年提出与被告人戴素珍同宿,郭以凤听后气愤地欲服呋喃丹农药自杀,被二人阻止。后郭以凤又进入船舱服下呋喃丹农药,二人发觉后即开船送郭以凤去阜宁县城抢救。当船开至县城新世纪大桥时,被告人张永年产生不将郭以凤送医院抢救的念头,遂将船继续向东开至新阜宁大桥东侧的串场河内停下。此时,被告人戴素珍告诉被告人张永年郭以凤仍活着,并问:"送不送医院?"被告人张永年说:"不送,上医院没钱看,死掉算了。"戴默许。后被告人张永年提出将郭沉入河中。被告人戴素珍将郭以凤抱在怀中,由被告人张永年将电瓶绑附在郭身上。嗣后,被告人张永年将船开至阜宁阜东大桥下,将郭以凤推入河中。同年7月3日,郭以凤的尸体被发现。经法医鉴定,郭以凤系呋喃丹农药中毒死亡。

**诉辩情况**

江苏省阜宁县人民检察院指控称:被告人张永年、戴素珍的行为已触犯《中华人民共和国刑法》第232条的规定,构成故意杀人罪,系共同犯罪,请依法判处。

被告人戴素珍辩称:其没讲"送不送医院"这句话,也未问张永年电瓶是否绑紧。

被告人戴素珍的辩护人辩护称:(1)被告人戴素珍对郭以凤不具备法律规定的必须救助的义务;(2)张永年捆绑郭以凤,并将郭沉入河中,此行为与戴素珍无关;(3)因戴素珍在郭以凤服毒后积极实施救助,故其不构成故意杀人罪;(4)起诉书指控"郭以凤气愤地喝农药"、"戴素珍问电瓶是否绑紧"等部分事实,证据不足。

**裁判结果**

阜宁县人民法院经公开审理查明:作出如下判决:
一、张永年犯故意杀人罪,判处有期徒刑6年,剥夺政治权利1年;
二、被告人戴素珍犯故意杀人罪,判处有期徒刑3年。

> **裁判理由**

阜宁县人民法院根据上述事实和证据认为：被告人张永年、戴素珍明知自己的不端行为引起郭以凤服毒自杀，却不履行救助义务，放任其死亡结果的发生，其行为已触犯刑律，均构成故意杀人罪。检察机关指控被告人张永年、戴素珍犯故意杀人罪的事实清楚，证据确实、充分，予以支持。关于被告人戴素珍的辩解，其没讲送不送医院也未问电瓶是否绑紧等，此节事实，有被告人戴素珍在侦查机关多次供述并得到了同案人张永年在侦查机关和当庭供述的印证，足可认定。其辩护人提出的被告人戴素珍不具备法定的救助义务，不构成故意杀人罪的辩护意见。经查，郭以凤服毒自杀的结果是被告人戴素珍随被告人张永年到其船上同居引起的，在郭以凤服毒后生命处于危险状态的情况下，被告人戴素珍作为共同侵害人负有与被告人张永年实施抢救郭以凤生命的特定义务，而其在完全存有可能将郭送医院抢救的情况下，没有继续履行特定的义务，导致郭以凤死亡结果的发生，其行为符合故意杀人罪的犯罪特征，应当按故意杀人罪追究其刑事责任，辩护人的此点辩护意见，理由不能成立，被告人戴素珍在郭以凤服毒后实施一定的救助行为，依法可以从轻处罚。

## 7. 司法实践中如何认定故意杀人罪的主观内容以及如何区分直接故意杀人与间接故意杀人？

故意杀人罪主观罪过包括直接故意和间接故意，即行为人明知道自己的行为会产生危害他人生命的后果，仍积极追求或放任这种结果的发生。直接故意和间接故意的认定存在以下区别：在认识因素上，对直接故意杀人与间接故意杀人行为导致被害人死亡结果发生在认识程度上有所不同。直接故意的杀人既可以是行为人明知自己的行为必然导致被害人死亡的结果，也可以是明知其行为可能导致被害人死亡的结果。间接故意杀人，只能是行为人明知自己的行为可能导致被害人死亡，不存在行为人明知自己的行为必然导致他人死亡也属于间接故意杀人的情况。司法实践中应注意，如果足以认定行为人明知自己的行为必然导致他人死亡，则可以排除行为人构成间接故意杀人的可能。在这种情况下，行为人只可能构成直接故意杀人罪。在意志因素上，直接故意杀人与间接故意杀人对他人死亡结果所持的态度存在区别。在直接故意中，行为人是希望即积极并追求他人死亡结果的发生。

> 在这种心理支配下，行为人就会想方设法，克服困难，创造条件，排除障碍，积极甚至顽强地实现非法剥夺他人生命的目的，造成他人死亡的结果。而在间接故意杀人中，行为人对他人死亡的发生则不是持希望态度，而是持放任的心理态度。放任，就是对他人死亡的危害结果的发生与否采取听之任之，任其事态发展的态度。在放任的心理支配下，行为人就不会想方设法排除障碍来积极追求或是努力争取他人死亡结果的发生。

## 典型疑难案件参考

### 徐勇鹏故意杀人案

**基本案情**

被告人徐勇鹏因侵害他人名誉权一案由云南省玉溪市中级人民法院审理，法院民庭法官俞自力任审判长。经一审后，徐勇鹏败诉。由于徐勇鹏及其亲属对判决不服，并有侮辱、殴打审判人员行为，玉溪市中级人民法院即以妨碍民事诉讼为由，行政拘留徐勇鹏的亲属。对此，徐勇鹏怀恨于审判人员俞自力。2000年7月4日，徐勇鹏携带匕首一把至玉溪市中级人民法院民庭办公室找到俞自力，提出无理要求，在遭到拒绝后，即拿出匕首对被害人俞自力连刺数刀，致俞自力脖子、胸部、肩部多处受伤，经法医鉴定为重伤。同时，玉溪市中级人民法院干警王建文、陈聪在制止徐勇鹏的犯罪行为时，被刺成轻微伤。

**一审诉辩情况**

云南省昆明市人民检察院指控称：被告人徐勇鹏的行为已触犯《中华人民共和国刑法》第232条之规定，构成故意杀人罪，请求法院予以从严惩处。

被告人徐勇鹏辩称其"没有想杀害俞自力，自己带刀去的目的是想威胁俞自力放自己的亲属"。

辩护人陈平提出"被告人徐勇鹏的行为构成故意杀人罪，但属于杀人未遂的行为，依法可从轻或减轻处罚。且其行为未造成严重后果，归案前无劣迹，归案后有认罪悔罪表现，坦白认罪，请求法庭予以从轻判处"的辩护意见。

**一审裁判结果**

云南省昆明市中级人民法院经审理判决：被告人徐勇鹏犯故意杀人罪，判处死刑，缓期 2 年执行，剥夺政治权利终身。

### 一审裁判理由

云南省昆明市中级人民法院根据上述事实和证据认为：被告人徐勇鹏为图报复而持刀行凶杀人，其行为已触犯国家法律，构成故意杀人罪。被告人徐勇鹏公然蔑视法律，对司法人员报复行凶杀人，致一人重伤，两人轻微伤，其犯罪情节特别严重，社会影响极为恶劣，应从严惩处。检察机关的指控事实清楚，证据确凿，定性准确，法院予以确认。被告人徐勇鹏的辩解及其辩护人的辩护意见法院已经注意。被告人徐勇鹏辩称"没有杀人故意"一节的辩解。本院认为，纵观全案被告人徐勇鹏在持刀行凶的过程中，主观上对被害人死亡的后果采取明显放任的心态，终因遭到被害人及司法人员的有力制止，而未酿成人员死亡的特别严重后果，故对被告人徐勇鹏的此节辩解，不予采纳。关于辩护人及公诉人均提出的本案系杀人未遂的观点，法院予以采纳。

### 二审诉辩情况

云南省昆明市中级人民法院一审判决宣判后，被告人徐勇鹏以"不是故意杀人"的理由，不服判决，上诉于云南省高级人民法院。

### 二审裁判结果

云南省高级人民法院根据所认定的事实、证据，判决如下：

一、撤销昆明市中级人民法院〔2001〕昆刑初字第 66 号刑事判决对徐勇鹏的量刑部分；

二、上诉人（原审被告人）徐勇鹏犯故意杀人罪，判处有期徒刑 15 年。

### 二审裁判理由

云南省高级人民法院认为：上诉人徐勇鹏因对法院审理其名誉权侵权纠纷民事诉讼一案所作的一审判决结果和拘留决定不满，持凶器到人民法院要求放人不成，便持刀对主办案件的审判人员行凶。徐勇鹏在作案前准备了锋利的凶器匕首，刺杀时针对人体的要害部位，所实施的行为表明被告人对于是否剥夺被害人的生命具有明显的放任态度，无论其主观心态还是客观行为，都符合我国刑法规定的故意杀人罪的构成要件，虽然由于他人对其犯罪行为的奋力制止及对被害人的及时抢救避免了致人死亡的后果，但并不能因此改变被告人犯罪行为的性质。徐勇鹏的上述行为已构成故意杀人罪。"不是故意杀人"的上诉理由和辩护意见不能成立。本案系民事诉讼过程中发生的刑事案件，且该名誉权侵权纠纷一案经云南省高级人民法院再审，已于 2002 年 2 月 25 日作出

〔2002〕云高民一再字第4号民事判决书，确定原审被告人徐勇鹏在名誉侵权纠纷中不构成名誉侵权。云南省高级人民法院认为，本案应当根据犯罪的事实、性质、相关情节和社会危害程度，决定适用与之适应的刑罚。综合考虑案件发生的前因和实际造成的危害后果，一审判决对本案的定罪准确，审判程序合法，但处刑失重。

## 8. 在司法实践中如何区分故意杀人罪和故意伤害罪？

区别故意伤害罪和故意杀人罪的关键，首先要看行为人的主观方面，就是要考察行为故意的具体内容，这是揭示两罪本质特征上的区别。故意伤害罪的本质特征在于侵犯他人身体健康权利，行为人对其行为必然或者可能对他人造成伤害是明知的，并且希望或者放任这种结果的发生，故意伤害即使造成他人死亡，死亡结果也不属于行为人希望或者放任的内容。故意杀人罪的本质特征在于侵犯他人的生命权利，行为人对其行为必然或可能造成他人死亡是明知的，而且希望或放任这种结果的发生，当死亡结果发生时，这种结果是行为人希望或放任的，当希望死亡结果发生但由于行为人意志以外的原因而致使这种结果未发生时，仍不影响行为的故意杀人之本质特征。这两种犯罪容易混淆的主要是伤害致死与故意杀人罪的既遂和伤害罪的既遂与故意杀人未遂两种情况。容易混淆的原因在于每种情况中的两种罪，都可能造成相同的结果，因此，必须准确掌握它们在理论上的区别，在此基础上结合案件事实进行认定。故意伤害致死与故意杀人既遂在客观方面都造成了被害人死亡的危害后果，但其主观罪过内容不同，前者行为人持有的是伤害故意。故意伤害罪既遂与故意杀人未遂，虽然只产生了伤害结果，但从主观罪过上分析，前者行为人具有故意伤害的故意，后者行为人具有剥夺他人生命的主观故意。如何判断行为人故意的内容，必须坚持主客观相一致的原则，既要考虑行为人的认识水平、行为能力，也要考虑作案时的客观环境，作案的全过程，并结合行为人侵犯他人身体权的行为方式以及侵犯程度等多方面因素综合认定。

## 典型疑难案件参考

徐建平故意杀人案（浙江省高级人民法院刑事裁定书〔2003〕浙刑一终字第137号）

### 基本案情

被告人徐建平于2002年5月26日晚9时许，与其妻丁退在绍兴县柯桥街道的绍兴县轻纺科技中心有限公司其卧室内，因工作琐事发生争吵。丁退打了徐建平两耳光，徐建平顿生杀人之恶念，即拿起塑料茶杯朝丁退的头部猛击数下，又使劲猛掐丁的颈部直至其窒息死亡。后徐建平将丁退尸体肢解成4块，抛入该公司地下室消防蓄水池内，并将有关物证于次日携带至江苏省南京市丢弃，于同月29日潜逃外地，直至被公安机关抓获归案。

### 一审诉辩情况

浙江省绍兴市人民检察院指控：被告人徐建平之行为已构成故意杀人罪。对其应依照《中华人民共和国刑法》第232条之规定处罚。

被告人徐建平辩解其是一时失手将丁退打死，并非故意要杀死丁退，请求对其从轻处罚。被告人徐建平的辩护人认为：第一，被告人徐建平主观上没有杀人的故意，丁退是在徐建平将丁退的脸揿在棉被上打时而闷死的，故徐建平之行为属故意伤害致人死亡，不构成故意杀人罪。第二，被告人徐建平家族有精神病史，徐建平平时有精神异常情况，故不排除徐建平作案时患有精神病之疑。对附带民事诉讼原告人提出的赔偿请求，徐建平及其代理人认为，精神损失费及其他损失费没有事实和法律依据，但愿意赔偿合理的丧葬费及适当补偿丁金荣、朱根兰的赡养费。

### 一审裁判结果

浙江省绍兴市中级人民法院依照相关法律判决如下：
被告人徐建平犯故意杀人罪，判处死刑，剥夺政治权利终身。

### 一审裁判理由

审理法院认为：被告人徐建平因与丁退发生争吵而一时怒起，将其掐死，其行为已构成故意杀人罪。绍兴市人民检察院指控的罪名正确，应予支持。被告人徐建平应当明知掐人颈部会造成窒息死亡之后果，仍积极而为之，其杀人故意显见，符合故意杀人罪构成要件。徐建平辩解其是一时失手将丁退杀死而并没有杀死丁退的故意及辩护人认为本案系故意伤害致死不是故意杀人的辩解和辩护理由，与本案事实和法律的规定不符，本院均不予采信。本案虽因家庭矛盾而引发，被告人徐建平也是因一时怒起而杀人，但其杀人后分尸灭迹，又畏罪潜逃，社会影响恶劣，情节特别严重，已不足以对其从轻处罚。徐建平请求对其从轻处罚的理由不足，本院不予采纳。由于被告人徐建平的犯罪行为造成附带民事诉讼原告人丁金荣、朱根兰的经济损失，其合理部分应依法赔偿。但丁金荣、朱根兰请求本院判令徐建平赔偿精神损失费及其他损失费没有事实和法律依据，本院不予支持。

### 二审诉辩情况

徐建平对刑事部分的判决不服，提出上诉。辩解其是一时失手将丁遐打死，并非故意要杀死丁遐，请求对其从轻处罚。

### 二审裁判结果

浙江省高级人民法院经审理查明一审认定事实正确。被告人徐建平因家庭纠纷而采用扼颈的方法杀死妻子，其行为已构成故意杀人罪，情节恶劣，后果严重，依法应予严惩。故裁定如下：驳回上诉，维持原判。

### 二审裁判理由

徐建平上诉提出，原判认定其系扼丁颈部致丁窒息死亡事实不清，证据不足；并称其用左手按住丁遐后颈部，右手对丁实施殴打时，丁因口鼻被压在棉被中无法呼吸而意外闷死，其没有杀人故意；原判采用的司法精神疾病鉴定系不符合事实和科学的错误鉴定；被害人对案件的引起有严重过错。其二审辩护人提出：公安机关尸体检验报告的结论不正确，徐建平没有杀人的动机和故意，徐的行为是故意伤害；徐建平犯罪情节一般，犯罪后果和社会危害不属最严重，还在羁押期间完成了3项专利设计，有立功表现，原判量刑畸重，要求从轻处罚。第二辩护人还要求对徐建平重作司法精神病鉴定。

经审理查明：原判认定被告人徐建平故意杀人的事实，有吴文富、潘阿娟、田国荣等人的证言，公安机关现场勘查笔录、尸体检验报告、手掌纹鉴定、提取的物证茶杯等证据证实。徐建平亦供认在案，所供与上列证据反映的情况相符。原判认定的事实清楚，证据确实、充分。

关于上诉、辩护理由。经查：（1）尸体检验报告反映，被害人丁遐的右上颈部皮下出血，甲状软骨处皮下出血，伴有表皮剥脱等多处表皮损伤，并经解剖证实丁的颈肌、皮下组织及周围组织点状出血，咽后壁出血等损伤，睑结膜、心肺等处有出血点。尸体反映的损伤情况符合扼颈窒息死亡的特征，法医据此得出被害人丁遐系遭他人扼颈致窒息死亡的结论并无不当。徐建平对扼颈致被害人死亡的事实亦有供述,所供与尸检报告证实的情况相符。故徐建平上诉称其没有扼被害人颈部,被害人系被压在棉被中意外闷死显系狡辩;其与二审辩护人提出徐没有杀人故意,原判认定事实不清,证据不足及辩护人提出公安机关尸体检验报告结论不正确,徐系故意伤害等,亦均与事实不符,不予采信。(2) 浙江省精神卫生研究院的司法精神病鉴定书所载被鉴定人概况、检查所见内容,与徐建平供述和其书写的"犯罪根源追寻"、"忏悔书"内容基本相同,徐建平称以上内容与其供述内容不一致,并称该鉴定系不符合事实和科学的错误鉴定显然不当,不予采信。徐建平作案时能够辨认和控制自己的行为,作案后潜逃至外地,逃避法律的追究,归案后能够清楚地回忆作案时的情况,且经司法精神病鉴定确认其作案时有完全责任能力。故其二审辩护人提出重作司法精神病鉴定的请求亦不予采纳。(3) 徐建平称自己是在被害人先打其两个耳光后,才心生怒气而杀人。此节仅有徐的供述而无其他证据印证,即使被害人在与徐建平争吵时一怒之下打徐耳光,亦不属重大过错。故徐建平称被害人对于案件发生有重大过错的理由不能成立,不予采信。(4) 徐建平为琐事杀害妻子,而后分尸抛尸灭迹,辩护人称徐犯罪情节、后果及社会危害不严重,与事实不符。(5) 辩护人提出徐建平在羁押期间完成3项专利设计并正在申请专利,系立功表现,并无法律依据,亦不予采信。(6) 徐建平在二审期间检举他人犯罪,经查不实,不构成立功。

## 9. 在恋爱、婚姻矛盾激化引发的故意杀人案件中,恋爱、婚姻关系的存在能否作为量刑考量的因素?

死刑案件的量刑不仅要将全案犯罪情节、行为人事后表现作为量刑考量因素,还要综合评价分析死刑判处后对社会关系恢复带来的影响。特别是在亲属之间、婚恋关系之间产生纠纷进而引发命案的,是否将这些人情关系作为量刑从重或是从轻的因素,不能进行模式化的一概而论,而是要充分考量全案情节,并充分考虑被害人一方意见进行综合分析认定。具体来说,在量刑情节的认定上,既要考量被告人犯罪手段残忍、危害后果严重等罪重情节,又应当考虑被告人是否具有自首、立功、坦白、积极赔偿被害人家属等罪轻情节。根据案件性质、犯罪情节、行为人事后表现等因素综合考量后,如果认定被告人罪行极其严重,理应判处死刑,但不必立即执行的,可以判处死刑,缓期两年执行,以

> 有效化解社会矛盾,促进社会和谐。特别是在恋爱、婚姻关系矛盾引发的故意杀人等严重暴力犯罪案件中,行为人与被害人双方间不仅仅是单纯的法律关系,还交织缠绕着亲情、经济、人身等多方面的社会关系。从积极恢复这些被犯罪行为破坏的社会关系,以实现恢复性司法价值目标而言,对此类案件判处死刑理应极为慎重。

## 典型疑难案件参考

### 王志才故意杀人案

**基本案情**

被告人王志才与被害人赵某某（女,殁年26岁）在山东省潍坊市科技职业学院同学期间建立恋爱关系。2005年,王志才毕业后参加工作,赵某某考入山东省曲阜师范大学继续专升本学习。2007年赵某某毕业参加工作后,王志才与赵某某商议结婚事宜,因赵某某家人不同意,赵某某多次提出分手,但在王志才的坚持下二人继续保持联系。2008年10月9日中午,王志才在赵某的集体宿舍再次谈及婚恋问题,因赵某某明确表示二人不可能在一起,王志才感到绝望,愤而产生杀死赵某某然后自杀的念头,即持赵某某宿舍内的一把单刃尖刀,朝赵的颈部、胸腹部、背部连续捅刺,致其失血性休克死亡。次日8时30分许,王志才服农药自杀未遂,被公安机关抓获归案。王志才平时表现较好,归案后如实供述自己罪行,并与其亲属积极赔偿,但未与被害人亲属达成赔偿协议。

**裁判结果**

山东省潍坊市中级人民法院于2009年10月14日以〔2009〕潍刑一初字第35号刑事判决,认定被告人王志才犯故意杀人罪,判处死刑,剥夺政治权利终身。宣判后,王志才提出上诉。山东省高级人民法院于2010年6月18日以〔2010〕鲁刑四终字第2号刑事裁定,驳回上诉,维持原判,并依法报请最高人民法院核准。最高人民法院根据复核确认的事实,以〔2010〕刑三复22651920号刑事裁定,不核准被告人王志才死刑,发回山东省高级人民法院重新审判。山东省高级人民法院经依法重新审理,于2011年5月3日作出〔2010〕鲁刑四终字第2-1号刑事判决,以故意杀人罪改判被告人王志才死刑,缓期2年执行,剥夺政治权利终身,同时决定对其限制减刑。

> **裁判理由**

山东省高级人民法院经重新审理认为：被告人王志才的行为已构成故意杀人罪，罪行极其严重，论罪应当判处死刑。鉴于本案系因婚恋纠纷引发，王志才求婚不成，恼怒并起意杀人，归案后坦白悔罪，积极赔偿被害方经济损失，且平时表现较好，故对其判处死刑，可不立即执行。同时考虑到王志才故意杀人手段特别残忍，被害人亲属不予谅解，要求依法从严惩处，为有效化解社会矛盾，依照《中华人民共和国刑法》第 50 条第 2 款等规定，判处被告人王志才死刑，缓期 2 年执行，同时决定对其限制减刑。

## 10. 行为人抛弃婴儿并致其死亡的，构成故意杀人罪还是遗弃罪？

故意杀人罪是明知自己的行为会发生侵害他人生命安全的危害后果，却在希望或者放任这种结果发生的主观意志支配下实施了危害他人生命安全的行为。遗弃罪是对于年老、年幼、患病或者其他没有独立生活能力的人，负有扶养义务而拒绝扶养，情节恶劣的行为。行为人将负有扶养义务的被害人抛弃，构成故意杀人罪还是遗弃罪，关键要看该抛弃行为能否使得被抛弃对象生命安全遭受重大危险。如果行为人将没有任何自我救助能力的婴儿抛弃到荒无人烟之处，被抛弃的婴儿的生命也就经受到极为紧迫的危险。行为人在明知被害人生命受到急迫危险的情况下，仍然将其抛弃，自然构成故意杀人罪。但如果被抛弃对象具有一定自我救助能力或者被抛弃的地点能够为其他人及时发现的，例如将婴儿抛弃到医院门口，就不能判定行为人具有杀人故意，而只能认定为遗弃罪。在行为人将无任何自我救助能力的被害人抛弃到荒无人烟之处时，行为人的抛弃行为直接导致了被害人的生命安全承受巨大危险，因而造成被害人死亡的，足以判定行为人的抛弃行为与被害人死亡结果存在直接的因果关系。

## 典型疑难案件参考

### 宋宏霞故意杀人案

**▶ 基本案情**

被告人宋宏霞于 2007 年 5 月外出打工期间与男友王某同居并怀孕,在宋宏霞将希望与男友继续保持恋爱关系的情况告知父母时,遭父母强烈反对,宋宏霞遂将自己怀孕一事隐瞒,并于同年 6 月底回到原籍。2007 年 10 月间,宋宏霞到斯克赛尔(天津)科技有限公司(以下简称斯克赛尔公司)打工,暂住在斯克赛尔公司员工集体宿舍,其间宋宏霞亦一直将怀孕一事对外隐瞒。2008 年 2 月 22 日凌晨 5 时许,宋宏霞在该公司员工宿舍一楼女卫生间内自然分娩产下一活体男婴后,不顾当日低温且下雪的室外环境,将该男婴扔到女卫生间窗外的空地上,最终导致该男婴死亡。

**▶ 诉辩情况**

天津市经济技术开发区人民检察院指控称:宋宏霞的行为构成故意杀人罪,但犯罪情节较轻,提请依照《中华人民共和国刑法》第 232 条的规定对宋宏霞判处刑罚。

被告人宋宏霞的辩护人的辩护意见为:被告人宋宏霞实施的杀人行为与婴儿的死亡后果之间无法确定是否存在因果关系,建议对宋宏霞从轻处罚。

**▶ 裁判结果**

天津市经技术开发区人民法院依照《中华人民共和国刑法》第 232 条、第 72 条第 1 款,作出如下判决:宋宏霞犯故意杀人罪,判处有期徒刑 3 年,缓刑 5 年。

**▶ 裁判理由**

天津市经济技术开发区人民法院经审理认为:被告人宋宏霞故意非法剥夺新生婴儿的生命,其行为已构成故意杀人罪,应当依法予以惩处。检察机关指控被告人宋宏霞犯故意杀人罪事实清楚,证据确实、充分,指控罪名成立,应予支持。

关于辩护人所持被告人宋宏霞实施的杀人行为与婴儿的死亡后果之间无法确定是否存在因果关系之辩护意见。经查,被告人宋宏霞在明知新生婴儿生命力脆弱的情况下,出于掩盖其未婚生子的事实及心存畏惧等动机,未给予该婴儿基本的存活条件,又将该婴儿弃置于无人经过的寒冷偏僻之地,导致婴儿死亡,被告人宋宏霞实施的上述行为系故意非法剥夺新生婴儿生命的行为。且有证人证言、书证、勘验、检查笔录及鉴定结论等证据予以证实，足以认定其行为与该婴儿死亡后果之间存在直接因果关系，被告人宋宏霞对此亦供认不讳，故辩护人的上述辩护意见不能成立，本院不予采纳。

在综合考虑被告人宋宏霞犯罪的动机、实施犯罪的手段、犯罪的对象、犯罪的主观方面及犯罪的社会危害性等各种因素的基础上，本院认为：被告人宋宏霞的故意杀人行为属于犯罪情节较轻，应在有期徒刑3年以上10年以下的法定刑幅度内宣告刑罚，故检察机关所持的上述量刑建议成立，本院予以采纳。被告人宋宏霞当庭自愿认罪，又确系初次犯罪，始终对所犯罪行予以供认，悔罪态度真诚，可酌情从轻处罚。故辩护人建议对被告人宋宏霞从宽处罚的辩护意见成立，本院予以采纳。

本案虽系故意杀人案件，但与其他典型的严重影响社会治安和人民群众安全感的恶性故意杀人案件在主观恶性、犯罪情节及后果等方面均有很大差别。被告人宋宏霞系来自贫困农村的外来务工人员，文化程度偏低，年龄刚满法定婚龄，涉世未深，社会认知能力较差，加之其父母对子女的教育方式简单、严厉，其本人法律观念淡薄以及固有的愚昧思想，父母对其婚姻自由的干涉等，均是导致本案发生的不可忽视的诸多主客观因素。此外，被告人宋宏霞是在主客观方面均无准备的情况下仓促分娩生产，并在茫然失措、无助无知的状态下实施的犯罪行为，被告人宋宏霞自被采取强制措施起至本案庭审过程中，均对其所犯罪行追悔莫及，真诚地认罪、悔罪。其原籍地的基层人民政府也证实其一贯品行良好，此次犯罪实属初犯、偶犯，以上情况均反映出被告人宋宏霞主观恶性小，人身危险性也较小，考虑到对被告人宋宏霞适用缓刑确实不致再危害社会，故本院决定对其宣告缓刑。

## 11. 被害人为逃避行为人的进一步伤害而跳进河里，因得不到及时救助并最终溺水而死，能否将行为人的行为认定为故意杀人罪？

被害人为逃避行为人的追赶迫不得已将自己置于严重危害人身安全的境地，行为人先前的伤害和追赶行为即构成故意杀人罪的不作为义务来源。也就是说，行为人将被害人逼迫到危险境地，行为人也就负担了救助被害人的义务。倘若因为行为人没有及时救助，导致被害人人身伤亡的，可以认定行为人构成不作为形式的故意杀人罪或者故意伤害罪。因为，被害人的生命安全陷人极度危险是行为人的伤害和追赶行为直接导致的,而行为人事后又没有及时施以援手,可以认定行为人的行为与被害人的死亡结果具有直接因果关系。

## 典型疑难案件参考

### 陈法春等故意杀人案

**基本案情**

被告人陈法春、马连静、史雪平于2007年11月23日上午因怀疑被害人潘洪发在"钓黑车",遂尾随其至本市戚墅堰区潞城街道潞城桥处。潘洪发因"钓黑车"的意图暴露,随即逃跑,被告人陈法春、马连静、史雪平、谭龙、缪龙成则追赶,殴打潘洪发,致使潘洪发跳入潞横河,后潘洪发因体力不支溺水死亡。陈法春、马连静、史雪平、谭龙、缪龙成目睹该情况均未施救即离开现场。

**诉辩情况**

江苏省常州市戚墅堰区人民检察院指控称:被告人陈法春、马连静、史雪平、谭龙、缪龙成共同追打潘洪发,致潘洪发跳入河中,明知其有生命危险,应救助而未救助,最终发生了潘洪发死亡的结果。其行为均已构成故意杀人罪,属共同犯罪,应依照《中华人民共和国刑法》第232条、第25条第1款之规定予以判处。

被告人陈法春对检察机关指控的事实无异议,但辩称自己不构成故意杀人罪。

陈法春的辩护人的辩护意见为:第一,被告人陈法春不存在剥夺被害人潘洪发生命的主观故意,其主观上属于过于自信的过失。另外被害人的死亡与陈法春的行为之间不存在必然的因果关系,故被告人陈法春的行为不构成故意杀人罪。第二,被告人陈法春具有自首情节,无前科劣迹、认罪态度较好,建议对其从轻处罚。

被告人马连静对检察机关指控的事实没有异议,但辩称自己不构成故意杀人罪。其辩护人的辩护意见为:第一,被告人马连静不具备故意杀人的主观故意,且被害人的溺水也是由其他因素导致的,故被告人马连静的行为不构成故意杀人罪,不属于共同犯罪。第二,被告人马连静具有自首情节,无前科劣迹、认罪态度较好,建议对其减轻处罚。

被告人史雪平其辩护人的辩护意见为：第一，被告人史雪平主观上不具备对被害人死亡结果的放任，而是对施救结果的过分信任。故被告人史雪平的行为不应定性为故意杀人罪，其行为应认定为过失致人死亡罪。第二，被告人史雪平在犯罪中作用较小，主观恶性不大系初犯且认罪态度较好，建议对其从轻处罚。

被告人谭龙其辩护人的辩护意见为：第一，被告人谭龙主观上没有非法剥夺他人生命的故意，客观上没有实施故意杀人的行为，且谭龙的行为与被害人的死亡没有因果关系，故被告人谭龙的行为不构成故意杀人罪，不属于共同犯罪。第二，被告人谭龙系初犯，且其由于误认被害人系小偷才上前追赶，建议对其从轻处罚。

被告人缪龙成对检察机关指控的事实没有异议，但辩称自己不构成故意杀人罪，不属于共同犯罪。其辩护人的辩护意见为：第一，被告人缪龙成在追赶潘洪发时没有杀人的故意，潘洪发的死亡与缪龙成先前的追赶行为不具有法律上的因果关系，其不是有条件施救而故意不救，故被告人缪龙成的行为不构成故意杀人罪，不属于共同犯罪。第二，被告人缪龙成具有自首情节，系初犯、偶犯，认罪态度较好，积极赔偿被害人家属的损失，建议对其适用缓刑。

### 裁判结果

在本院审理过程中，经本院主持调解，被告人陈法春、马连静、史雪平、谭龙、缪龙成与附带民事诉讼原告人蒋建菊、潘乾、潘福珍达成调解协议，5被告人共赔偿附带民事诉讼原告人蒋建菊、潘乾、潘福珍死亡赔偿金、丧葬费、被抚养人生活费、交通费等各项经济损失合计人民币388622元，目前5被告人已支付赔偿款217000元（陈法春赔偿40000元、马连静赔偿47000元、史雪平赔偿50000元、谭龙赔偿44000元、缪龙成赔偿36000元），附带民事诉讼原告人蒋建菊、潘乾、潘福珍自愿放弃向5被告人追偿余款17162元，并建议本院对5被告人从轻处罚。

据此，江苏省常州市戚墅堰区人民法院依照《中华人民共和国刑法》第232条、第25条第1款、第67条第1款、第26条第1款、第27条，作出如下判决：

一、陈法春犯故意杀人罪，判处有期徒刑2年；
二、马连静犯故意杀人罪，判处有期徒刑10个月；
三、史雪平犯故意杀人罪，判处有期徒刑10个月；
四、谭龙犯故意杀人罪，判处有期徒刑9个月；
五、缪龙成犯故意杀人罪，判处有期徒刑8个月。

### 裁判理由

江苏省常州市戚墅堰区人民法院经审理认为：被告人陈法春、马连静、史雪平、谭龙、缪龙成共同追打潘洪发,致使潘洪发跳入河中发生生命危险,5被告人在负有法定的救助义务的前提下均未实施救助,放任潘洪发死亡结果的发生,其行为均已构成故意杀人罪,属共同犯罪;但5被告人间接故意杀人,情节较轻,被告人陈法春自动投案,如实供述自己的犯罪事实,是自首,其在共同犯罪中起主要作用,是主犯。另其积极赔偿附带民事诉讼原告人的损失,对被告人陈法春减轻处罚。被告人马连静自动投案,如实供述自己的犯罪事实,是自首,其在共同犯罪中起次要作用,是从犯。另其积极赔偿附带民事诉讼原告人的损失,对被告人马连静减轻处罚。被告人史雪平在共同犯罪中起次要作用,是从犯,另其积极赔偿附带民事诉讼原告人的损失,对被告人史雪平减轻处罚。被告人谭龙在共同犯罪中起次要作用,是从犯,另其积极赔偿附带民事诉讼原告人的损失,对被告人谭龙减轻处罚。被告人缪龙成自动投案,如实供述自己的犯罪事实,是自首,其在共同犯罪中起次要作用,是从犯。另其积极赔偿附带民事诉讼原告人的损失,对被告人缪龙成减轻处罚。常州市戚墅堰区人民检察院起诉指控5被告人犯故意杀人罪的主要事实清楚,证据确实充分,但起诉未依照5被告人在共同犯罪中所起作用区分主从犯,本院对此予以纠正。关于起诉对5被告人的建议量刑意见,因5被告人系间接故意杀人,被害人的死亡由多种因素造成(其中有第三方吴文兴行为的介入),而5被告人的不作为行为只是被害人死亡的原因之一。此外,5被告人均能积极赔偿被害人家属的损失,故本院对5被告人适用故意杀人情节较轻量刑档次并适用减轻处罚,对起诉量刑建议本院不予采信。关于5被告人及其辩护人提出5被告人的行为不构成故意杀人罪的辩护意见,经查,5被告人共同实施追赶、殴打潘洪发的先前行为导致被害人潘洪发的生命发生危险,5被告人作为负有救助义务的行为人均未对被害人潘洪发进行救助。5被告人主观上具有放任被害人潘洪发死亡的间接故意。此外,虽然被害人潘洪发死亡的直接原因是溺水,但5被告人不实施救助的不作为行为没有阻止潘洪发由跳水向溺水死亡的方向发展,是引起潘洪发溺水死亡结果的客观原因之一。5被告人的不作为行为与被害人死亡结果之间存在因果关系,故5被告人的行为均符合间接故意杀人罪的构成要件,本院对该项辩护意见不予采信。关于被告人马连静的辩护人、被告人缪龙成及其辩护人提出的本案不属于共同犯罪的辩护意见。经查,5被告人共同实施了追赶、殴打被害人潘洪发的先前行为,5被告人共同的行为使被害人潘洪发处于危险状态,后又由于5被告人的放任故意及不作为行为产生了被害人潘洪发死亡的结果,故5被告人的行为构成共同犯罪,辩护人的该项辩护意见本院不予采信。关于被告人缪龙成的辩护人提出对被告人缪龙成宣告缓刑的辩护意见,因根据本案被告人缪龙成的犯罪情节不宜适用缓刑,故辩护人提出的该项辩护意见本院不予采信。本院对5被告人及其辩护人提出的其他辩护意见予以采信。

### 12. 寻衅滋事罪与故意杀人罪区别的关键点是什么？

由寻衅滋事罪所处的位置可知《刑法》保护的主要法益是社会秩序，次要法益是公民的身体健康权，法益内容的双重性不同于故意杀人罪，尽管故意杀人行为也会影响到公众的安全感，但特定受害人人身权利所受的严重侵害使其成为关注焦点，法律在保护受害人权利的同时也维护了公共秩序。具体来看，故意杀人罪表现为行为主体实施了非法剥夺他人生命的行为，行为方式包含作为与不作为，行为对象大多是特定的人，行为指向是他人的生命，行为后果包含对法益造成危险与实害。寻衅滋事罪表现为主体实施了随意殴打他人、破坏社会秩序的行为，"殴打"即通过对他人使用有形力造成其身体痛苦，只能由作为方式构成；行为对象模糊、不确定，多是与犯罪人无仇怨、被其临时随意选择的，"随意"意味着一般人即使从犯罪人角度考虑也不能理解其殴打行为；行为一定发生在公共领域，如商场、街道等公众广泛参与与关注的场所，而且行为程度"情节恶劣"的要求使之只有罪与非罪两种评价结果。故意杀人罪表现为故意，即明知行为会造成他人死亡的后果而追求或放任结果的发生，包括直接故意与间接故意。寻衅滋事罪主观上也表现为故意，但犯罪动机多是为寻求精神刺激、挑衅取乐、炫耀实力等。在主客观相统一原则下，主观方面具有重要意义，需从一般人角度来全面理解各种证据，以求准确地通过客观方面进行推定。

**典型疑难案件参考**

韩景禄故意杀人案

**基本案情**

2008年4月18日19时许，被害人曹志全与鲁瑞刚按照村委会的安排看护新修的马路，并在路口设置了"前方施工禁止通行"的指示牌。当日19时30分许，被告人韩景禄酒后不听劝阻，驾驶一辆白色捷达汽车强行通过，并扬言要驾车撞击拦阻者，后被告人驾驶的汽车右前部撞倒曹志全，并向前拖曳10米，造成曹志全左胫骨上段及外平台骨折，左胫骨内平台及腓骨小头骨挫伤，全身多处软组织损伤，左膝关节外侧副韧带损伤，左肩散在皮擦伤。经依法鉴定，曹志全身体损伤程度为轻伤。2008年7月9日，被告人韩景禄被公安机关抓获。经法院调解，被告人韩景禄与被害人曹志全就本案民事赔偿问题达成调解协议，被告人韩景禄赔偿被害人曹志全人民币35000元，被害人曹志全表示不再追究被告人韩景禄的民事责任，并对被告人韩景禄表示谅解。

▎一审诉辩情况▎

北京市海淀区人民检察院指控称：韩景禄的行为已构成寻衅滋事罪，提请法院依照《中华人民共和国刑法》第293条第1项之规定予以惩处。

被告人韩景禄辩称：其没有强行通过新修的马路，被害人曹志全的骨折不是其造成的。其辩护人的辩护意见为：对检察院的指控罪名不持异议，被害人曹志全的陈述与证人证言关于停车次数的问题上存在矛盾；被害人曹志全是如何致伤的存在疑点。

▎一审裁判结果▎

北京市海淀区人民法院依照《中华人民共和国刑法》第232条、第23条、第55条第1款、第56条第1款，作出如下判决：韩景禄犯故意杀人罪，判处有期徒刑7年，剥夺政治权利1年。

▎一审裁判理由▎

北京市海淀区人民法院经审理认为：被告人韩景禄以非法剥夺他人生命为目的，驾车故意撞击他人，致一人轻伤，其行为已构成故意杀人罪，应予惩处。北京市海淀区人民检察院对于被告人韩景禄犯罪的指控事实清楚，证据确实、充分，但指控罪名有误，本院予以纠正。对检察机关及辩护人关于将本案定性为寻衅滋事的意见。法院认为：寻衅滋事罪中的随意殴打他人，显然不能以驾车撞人的形式表现出来，而任何一个思维和心智正常的人都知道驾驶机动车撞击血肉之躯所可能产生的严重后果。但被告人韩景禄在向被害人作出死亡威胁后，断然驾车撞击他人，并将倒在车下的被害人拖曳10余米，完全置被害人的死活于不顾。其行为的主观恶性及社会危害性已远远超出了寻衅滋事罪的范畴，虽然被告人韩景禄否认其在驾车通过案发现场前曾与被害人曹志全证人鲁瑞刚发生争执，而后也没有强行通过，但是被害人曹志全的陈述与证人鲁瑞刚的证言相互印证，能够证明二人在案发前对被告人韩景禄进行过劝阻，而被告人韩景禄不听劝阻，更是扬言要驾车撞死一人。并且在撞击前曾停车再次向被害人发出死亡威胁，威胁二人要强行通过的事实，由此可见其对驾车前进方向上有人阻拦的事实是明知的。这一事实亦可从证人赵民事后对韩景禄的询问内容中得到印证。综合上述证据材料可知：被告人韩景禄作为具有完全刑事责任能力的成年人，对驾驶汽车撞击他人可能导致他人死亡的危害后果是可以预见的。其在明知被害人进行阻拦的情况下，仍驾车故意撞击被害人，并导致被害人曹志全仰面倒在汽车下并被拖曳10余米的严重后果，足以印证其主观上对于可能造成被害人曹志全死亡这一危害后果持积极追求的态度。因此无论从其主观目的、客观行为还是所侵犯的客体来说，其行为都符合故意杀人罪的犯罪构成。关于被告人韩景禄及其辩护人对被害人曹志全的伤情所提出的异议，本院认为：被害人曹志全的陈述、证人刘辉军的证言及办案说明相互印证，能够证明被害人曹志全受伤后住院治疗期间并未外出，亦未遭受其他外力侵害。故由此可以证明被害人曹志全所受轻伤系由被告人韩景禄的犯罪行为造成。对被告人韩景禄的上述异议不予支持，被告人韩景禄曾因犯诈骗罪被判处有期徒刑，现仍不思悔改，又因故意杀人行为触犯刑律，故本院对其酌情予以从重处罚。鉴于被告人韩景禄已着手实施犯罪，由于其意志以外的原因而未能得逞，属于犯罪未遂，并结合其赔偿被害人曹志全的经济损失，被害人对其表示谅解等具体情节，本院依法对其减轻处罚。

### 二审诉辩情况

上诉人（原审被告人）韩景禄诉称：其开车时没有看见被害人，其行为不构成故意杀人罪。其辩护人的辩护意见为：韩景禄的行为不构成故意杀人罪。

### 二审裁判结果

北京市第一中级人民法院经审理，确认一审法院认定的事实和证据。北京市第一中级人民法院依照《中华人民共和国刑事诉讼法》第189条第1项，作出如下裁定：驳回上诉，维持原判。

### 二审裁判理由

北京市第一中级人民法院经审理认为：上诉人韩景禄故意非法剥夺他人生命，致人轻伤，其行为已构成故意杀人罪，依法应予惩处。对于上诉人韩景禄所提上诉理由及其辩护人所辩护意见。经查：韩景禄驾车欲通过新修的马路被被害人拒绝后，扬言不躲开就撞死对方，后强行冲撞，致被害人轻伤，韩景禄主观上有杀人故意，客观上有驾车强行冲撞他人的杀人行为，故对上诉理由及辩护意见，本院均不予采纳。鉴于韩景禄犯罪系未遂，有积极赔偿表现，被害人对其表示谅解，依法对其减轻处罚，原审人民法院根据韩景禄犯罪的事实、犯罪的性质、情节和对于社会的危害程度所作出的判决，定罪、适用法律正确，量刑适当，审判程序合法，应予维持。

> **13. 在被害人有过错的情况下，故意杀人罪的量刑能否从轻？**
>
> 　　在故意杀人案件中，如果有证据能够表明被害人存在过错的，可以作为酌定量刑情节考虑对被告人进行从轻量刑。特别是在夫妻双方间，因一方存在重大过错并有自杀行为的，另一方帮助其自杀的，可以考虑适用故意杀人罪3—10年有期徒刑的法定刑幅度，以合理地实现被告人的刑事责任，保证罪责刑相适应原则得到贯彻。

## 典型疑难案件参考

陈雪巧故意杀人案（广东省河源市中级人民法院刑事判决书〔2008〕河中法刑一初字第3号）

### 基本案情

2007年6月19日15时许，被告人陈雪巧得知被害人凌快乐有外遇而双方发生争吵，争吵过程中被告人陈雪巧遭到被害人凌快乐的殴打。被告人陈雪巧被打后心感委屈，就拿了菜刀到其卧室内割脉自杀，这时，被害人凌快乐发现被告人陈雪巧要自杀，便说了一句"要死我陪你死"，然后就从被告人陈雪巧手中夺过菜刀并砍自己的头部几下，而后将刀丢掉，表情很痛苦地躺在地上。此时，被告人陈雪巧见被害人凌快乐要与自己一起死，寻思让被害人凌快乐死得快些而少受痛苦，便从地上拿起菜刀往被害人凌快乐的头部、颈部砍了数刀，致使被害人凌快乐当场死亡。经法医鉴定：死者凌快乐系由于生前颈部被锐性物体砍割致左总静脉离断、右静脉离断引起大出血而死亡。

### 诉辩情况

广东省河源市人民检察院指控认为被告人陈雪巧的行为触犯了《中华人民共和国刑法》第232条的规定，构成故意杀人罪。

被告人陈雪巧对指控的事实没有异议。辩护人的辩护意见是：被害人凌快乐因在案发前有外遇引起与被告人陈雪巧争吵、打架，本身存在重大过错，案发前被告人陈雪巧有自杀行为，说明被告人陈雪巧杀人动机不明显，其杀人手段有特别不同的地方。被告人陈雪巧一贯表现好，又是初犯，是在冲动之下导致的，且被告人陈雪巧认罪态度好，有悔罪表现，在案发后叫其大嫂邹国桃打电话叫救护车对被害人凌快乐进行抢救，请求给予被告人陈雪巧从轻或减轻处罚。

**裁判结果**

审理法院依照《中华人民共和国刑法》第232条的规定，判决如下：被告人陈雪巧犯故意杀人罪，判处有期徒刑5年。

**裁判理由**

法院经审理认为：被告人陈雪巧无视国家法律，故意非法剥夺他人生命，其行为构成故意杀人罪，检察机关指控被告人陈雪巧的犯罪成立，事实清楚，证据确实、充分。鉴于被害人凌快乐因在案发前有外遇，引起与被告人陈雪巧争吵、打架，本身存在过错。被害人凌快乐拿菜刀砍自己的头部，表情很痛苦地躺在地上后，被告人陈雪巧为使被害人凌快乐少受痛苦死得快些，而拿菜刀砍其颈部，属犯罪情节较轻的情形，且认罪态度好，有悔罪表现。被害人父母又书面提出请求对被告人陈雪巧从轻处理。因此，对被告人陈雪巧可酌情从轻处罚。

**14. 在故意杀人案件中，对本应判处死刑立即执行的被告人，能否因为真诚悔罪、积极赔偿被害方经济损失并取得被害方谅解而判处死缓？**

故意杀人罪判处死刑的条件是行为人罪行极其严重。如果行为人已经达到罪行极其严重的条件，但是在犯罪后积极赔偿被害人且取得被害方谅解的，可以结合全案情节判处死刑缓期执行。这样既能充分保障被害方能够得到赔偿，也是落实宽严相济刑事政策的具体要求，对于恢复被犯罪所破坏的社会秩序有积极意义。

## 典型疑难案件参考

### 蔡超故意杀人案

**基本案情**

2006年3月,上诉人蔡超与被害人陈晶晶一同应聘到安康电信分公司江南营业部大众客户服务中心工作,后二人相识并恋爱。在恋爱中,陈晶晶因蔡超个性强、脾气大而提出同其终止恋爱关系。同年5月14日晚11时许,蔡超酒后找到陈晶晶家吵闹,要求与陈晶晶继续保持恋爱关系,并扬言陈晶晶若不从就杀害其全家。后蔡超之友钱广、李鹏接蔡超电话赶至陈家,至次日凌晨1时许将蔡超劝离。5月15日上午8时许,蔡超在家睡醒后又给陈晶晶打电话,要求保持恋爱关系,陈晶晶予以拒绝,并以上班工作忙为由将电话挂断,蔡超十分生气,遂决定实施报复。当即乘车前往汉滨区大桥路侧秦巴市场,购得匕首、菜刀、榔头、绳子、透明胶带等物装入随身携带的旅行包内,又于上午10时许乘车来到陈晶晶工作的营业大厅,借口有话要相谈诱骗、拉扯陈晶晶离开工作区,并乘车带往家中。进门后,蔡超将陈晶晶拉至自己卧室,搜去手机等物。陈晶晶见状拨打固定电话欲求救,蔡超上前将电话线拔掉,反锁家门及自己卧室房门,拉上客厅、卧室窗帘,强行将陈晶晶的衣服撕光,又从包内倒出购得的作案工具,用绳子将其身体从双手至双脚反绑,又往其口中塞入袜子,并贴上透明胶带将口部封堵。接着,蔡超拿起匕首在陈晶晶乳房及双乳头、胸部、胳膊、大腿等部位刺扎、割划,后又在伤口弹撒烟灰,用烟头烧烫乳头及身体其他部位。之后,蔡超又持榔头砸击其左足等处,用缸子盛得热水在陈晶晶腿部、腹部、胸部淋烫,还两次将热水往其阴部灌烫,看到陈晶晶痛苦不堪,蔡放声大笑。之后,蔡对陈晶晶声称不玩了,该上正路了,在向朋友钱广打电话告别后,持匕首向陈晶晶胸、腹部连刺3刀,后持匕首向自己胸部、腹部连刺两刀。后蔡超给钱广打电话,叫朋友们去家里救自己,钱广又打电话对蔡超的朋友李鹏说蔡超可能在自己家里出事了,让李鹏赶快给蔡超的父母打电话回家,李鹏即电话转告了蔡超之父蔡益平。蔡超父母赶回家后,看到陈晶晶和蔡超倒在血泊中,即拨打"120"急救电话,陈晶晶、蔡超先后被送往医院经抢救脱险。经法医鉴定,陈晶晶腹部损伤致肝、脾、胰破裂构成重伤;腹部损伤致胃破裂、穿孔构成重伤;胸部损伤致急性脓胸构成重伤。陈晶晶的胸腹腔贯通伤所致多器官损伤构成八级伤残。蔡超胸、腹部损伤属重伤。

二审另查明:上诉人蔡超的行为给被害人陈晶晶造成经济损失人民币295135.3元。其中,医疗费212599.7元,交通费1980元,住宿费394元,材料打印费 387.6 元，伤残鉴定费 400 元，误工费 5800 元，护理费 12300 元，住院伙食补助费 6642 元，营养费 5000 元，残疾赔偿金 49632 元。

### 一审诉辩情况

检察机关认为被告人行为构成故意杀人罪，应当依法追究其刑事法律责任。

被告人认为自己并没有杀死对方，系故意杀人未遂，请求法院从轻量刑。

### 一审裁判结果

一审法院依照《中华人民共和国刑法》第 232 条、第 23 条、第 36 条、第 57 条第 1 款之规定，以故意杀人罪判处被告人蔡超死刑，剥夺政治权利终身；免除被告人蔡超赔偿附带民事诉讼原告人陈晶晶各项经济损失。

### 一审裁判理由

安康市中级人民法院审理认为：被告人蔡超与他人谈恋爱遭拒绝后，采取报复手段，故意非法剥夺他人生命，其行为已构成故意杀人罪（未遂），且其犯罪手段特别残忍，后果特别严重，依法应予严惩。被告人蔡超的犯罪行为给附带民事诉讼原告人陈晶晶造成的经济损失，依法应予赔偿，但鉴于蔡超无赔偿能力，可免予赔偿。

### 二审诉辩情况

被告人蔡超以原判定罪不准、其有悔罪表现、量刑畸重为由提起上诉，附带民事诉讼原告人陈晶晶以原判免除被告人蔡超赔偿其各项经济损失违背法律的相关规定为由提起上诉。

二审审理期间，经法院主持调解，被告人父母与附带民事诉讼原告人达成了民事赔偿协议。主要内容为：由蔡超的父母代为赔偿陈晶晶经济损失 12 万元，陈晶晶对蔡超的故意杀人行为表示一定谅解。

### 二审裁判结果

二审法院依照《中华人民共和国刑事诉讼法》第 189 条第 2 项及《中华人民共和国刑法》第 232 条、第 48 条第 1 款、第 57 条第 1 款、第 61 条、第 23 条之规定，作出如下判决：

一、撤销安康市中级人民法院〔2006〕安中刑初字第 45 号刑事附带民事判决书之第一、二项，即被告人蔡超犯故意杀人罪，判处死刑，剥夺政治权利终身；免除被告人蔡超赔偿被害人陈晶晶各项经济损失；

二、上诉人蔡超犯故意杀人罪，判处死刑，缓期二年执行，剥夺政治权利终身。

> **二审裁判理由**

陕西省高级人民法院经审理认为：

1. 上诉人蔡超因被害人陈晶晶提出与其解除恋爱关系而报复行凶，持刀在陈晶晶身体要害部位捅刺数下，其行为已构成故意杀人罪，依法应予惩处。案发当日上午，蔡超打电话要求与陈晶晶继续恋爱遭到陈再次拒绝后，即购买了作案工具，在将正在上班的陈晶晶诱骗、拉扯至其家中后，先是对陈长时间肆意摧残、折磨、凌辱，继而持匕首在陈胸、腹部连刺3刀企图将陈杀害，终因医院及时全力抢救，使陈晶晶死里逃生，却仍造成陈身体3处重伤及伤残的严重后果，其行为显系直接故意杀人。故被告人蔡超关于原判定罪不准的上诉理由不能成立。

2. 被告人蔡超杀人的行为已经实施终了，且其当时亦无力继续实施杀人行为，陈晶晶经抢救脱险，属于其犯罪意志以外的原因，使其杀死陈晶晶的犯罪未得逞，不属于犯罪中止。蔡超出于报复的动机实施故意杀人犯罪，且犯罪手段特别残忍，犯罪情节极为恶劣，罪行极其严重，依法应当判处死刑。原判根据其犯罪的事实、犯罪的性质、情节和社会的危害程度，对其所判刑罚并无不当。鉴于蔡超在二审期间具有一定的悔罪表现，其亲属在案发后能及时将被害人陈晶晶送往医院抢救，并在二审期间能尽力代为赔偿陈晶晶的经济损失，取得了陈晶晶对蔡超犯罪行为一定程度的谅解，应视为被告人对被害人的赔偿，并可以酌情从轻处罚。故对蔡超判处死刑，可不立即执行。

3. 被告人蔡超的故意杀人犯罪行为给被害人陈晶晶造成的巨额经济损失，依法应予赔偿。对陈晶晶所主张的经济损失当中的医疗费、交通费、住宿费、材料打印费、伤残鉴定费赔偿请求，依据其举证并经质证后确认的相关票据予以支持；对于误工费、护理费、住院伙食补助费、营养费、残疾赔偿金赔偿请求，依据相关法律、司法解释并结合本案的实际情况计算予以支持；对于后续治疗费的赔偿请求，该项费用可待实际发生后另行起诉；对于精神抚慰金的赔偿请求，因不属于刑事附带民事诉讼范围，对该项请求不予支持；对于被害人与被告人父母达成的民事赔偿协议，法院予以确认。

### 15. 丈夫长期对妻子实施家庭暴力，妻子不堪忍受杀死丈夫的，应当如何量刑？

夫妻一方长期对另一方实施家庭暴力，另一方因不堪忍受而

> 杀人的，由于刑事被害人存在重大过错，可以对被告人从轻量刑。一方面，从被告人犯罪的原因来说，是因为不堪忍受施虐方的虐待才实施犯罪；另一方面，从刑罚预防目的的实现来说，即便对于被告人判处较轻刑罚，被告人也不具备再犯的可能性。需要说明的是，如果施虐方正在实施暴力侵害，严重危及另一方的人身安全的，被施虐人有权进行防卫，如果符合正当防卫各项条件的，不应当作为犯罪处理。

### 典型疑难案件参考

#### 刘双故意杀死施虐丈夫被判缓刑案

**基本案情**

2000年，被告刘双与被害人张伟雄结婚，婚后育有一女，张伟雄好逸恶劳，且经常酗酒，全家靠刘双打工维持生计。张伟雄酒后常打骂刘双。刘双无法忍受，曾经多次提出离婚，均遭张伟雄激烈反对，并以报复刘双及其娘家人相威胁。2006年7月26日晚11时许，张伟雄酒后来到刘双打工的客栈，无端责骂刘双有外遇，并用木凳砸她的背部，而后把她按在床上掐住其脖子，还把汽油淋满她全身，拿出打火机准备点火，扬言要烧掉客栈，刘双趁其不备抢走了打火机，并报警，望城县新城派出所干警接警后迅速到现场进行了调解平息，张伟雄酒醒后才离开。张伟雄的父母和刘双只得返回长沙市开福区蒋家垅张伟雄父母住处。2006年7月27日下午4时许，张伟雄再次在外酗酒后又回到父母住处，见刘双正在卧室睡觉，张伟雄即走进卧室，反锁了房门，而后责骂刘双不该报"110"，想要他死，并扬言要烧掉房子，把刘双从3楼丢下去。他爬上床卡住刘双脖子，打骂刘双一阵后便熟睡在床上。刘双坐在床边想起张伟雄对自己的打骂虐待，离婚又不能，心中怨恨绝望，产生了杀死张伟雄的念头。刘双当即从床边的书桌上拿起一个手机充电器，将充电器的电线勒住张伟雄的脖子致张伟雄当场死亡。当日下午5时25分，刘双在被害人伯父张建忠的陪同下主动到公安机关投案自首。

**诉辩情况**

检察机关认为：被告人刘双构成故意杀人罪，应当依法追究其刑事法律责任。被告人有自首的法定从轻量刑情节。

被告人及其辩护人提出：被告人是出于不堪忍受家庭暴力才实施杀人行为

的，并且在实施犯罪后主动投案自首，此外被告人有孩子需要抚养，请求从轻处罚。

**裁判结果**

一审法院长沙市中级人民法院判决：被告人刘双犯故意杀人罪，判处有期徒刑12年，剥夺政治权利2年。

一审宣判后，被告人刘双以"原判量刑过重"为由提起上诉，其辩护人辩护提出："刘双杀人犯罪是在遭受家庭暴力，自身和家人的人身安全受到威胁情况下采取的过激行为，且有自首情节，其主观恶性及社会危害性均较低，应当从轻或减轻处罚。"

**裁判理由**

湖南省高级人民法院认为：原审判决认定的犯罪事实清楚，证据确实、充分，定罪准确，审判程序合法，但量刑不当。根据《中华人民共和国刑法》第232条、第67条第1款、第72条第1款、第73条第2款和《中华人民共和国刑事诉讼法》第189条第2项的规定，维持长沙市一审法院关于上诉人刘双定罪部分的判决，撤销其量刑部分的判决，改判刘双有期徒刑3年，缓刑4年。

## 16. 行为人对被害人是否死亡存在事实认识错误的，能否影响故意杀人罪犯罪故意的认定？

行为人在实施故意杀人行为后，误认为被害人已经死亡，又实施另一毁尸灭迹的行为，而正是后一行为直接导致被害人死亡的，对被告人仍然以故意杀人罪的既遂处理。也就是说，在这种情况下，被告人对被害人是否死亡产生的错误认识不影响其刑事责任的承担，只要是其具有故意杀人罪的犯罪故意，其客观行为又直接导致被害人死亡的，都应当认定为故意杀人罪的犯罪既遂。

**典型疑难案件参考**

王喜臣故意杀人案

**基本案情**

2005年10月31日20时许，被告人王喜臣酒后回家，其妻子张玉红因对其喝酒不满，二人发生口角并厮打，被告人王喜臣持木棒击打张玉红头部两下，在张玉红倒地后，被告人王喜臣以为张玉红已经死亡，为掩盖其致人死亡的事实，逃避罪责，遂将张玉红拖至东屋地上，并将棉被扔在张玉红身体旁，将两啤酒瓶盛装的汽油浇在张玉红的身上和棉被上点燃，伪造失火现场后逃走。经法医鉴定，被害人张玉红顶枕部及左枕部二处钝性创口，系在意识丧失，同时有汽油燃爆的情况下，在较短的时间内被烧死。

### 一审诉辩情况

检察机关认为：指控的事实有被告人王喜臣的供述、证人证言、鉴定结论、书证等证据证明，被告人王喜臣之行为已构成故意杀人罪，提请法院依法判处。

被告人王喜臣无辩解。被告人王喜臣的辩护人提出：本案系由家庭内部矛盾引发，请求对被告人王喜臣从轻处罚。

### 一审裁判结果

长春市中级人民法院依照《中华人民共和国刑法》第232条、第57条第1款之规定，作出如下判决：被告人王喜臣犯故意杀人罪，判处死刑，剥夺政治权利终身。

### 一审裁判理由

长春市中级人民法院经审理认为：检察机关指控被告人王喜臣因与其妻子被害人张玉红口角并厮打，持木棒击打被害人头部，自认为被害人已经死亡后，为隐瞒事实，纵火焚烧被害人及房屋，致被害人张玉红在意识丧失的情况下被烧死的事实，有被告人王喜臣的供述和庭审中核实的证据证明，指控的犯罪事实和罪名成立。被告人王喜臣故意非法剥夺他人生命，其行为已构成故意杀人罪。被告人王喜臣因夫妻之间争吵并厮打后，持木棒击打被害人，致被害人意识丧失，在纵火伪造现场时致使被害人被烧死，犯罪危害后果特别严重，应依法惩处。关于被告人王喜臣的指定辩护人提出本案系由家庭内部矛盾引发，请求对被告人王喜臣从轻处罚的辩护意见。本院认为，被告人王喜臣仅因夫妻之间争吵并厮打而持械杀人，又为伪造现场而纵火，致被害人死亡，犯罪危害后果特别严重，不足以从轻处罚；被告人王喜臣指定辩护人的辩护意见不予采纳。

### 二审诉辩情况

上诉人（原审被告）王喜臣诉辩称量刑重。其辩护人认为：此案属家庭内部矛盾引发，原审判决量刑过重。

### 二审裁判结果

吉林省高级人民法院依照《中华人民共和国刑法》第232条、第57条第1款、第48条第1款及《中华人民共和国刑事诉讼法》第189条第1项、第2项之规定，作出如下判决：

一、维持吉林省长春市中级人民法院〔2006〕第刑初字第95号刑事判决中对被告人王喜臣犯故意杀人罪的定罪部分；

二、撤销同一判决中对被告人王喜臣犯故意杀人罪的量刑部分；

三、被告人王喜臣犯故意杀人罪，判处死刑，缓期2年执行，剥夺政治权终身。

本判决为终审判决。

根据《中华人民共和国刑事诉讼法》第201条的规定，本判决为核准以故意杀人罪，判处被告人王喜臣死刑，缓期2年执行，剥夺政治权终身的刑事判决。

### 二审裁判理由

吉林省高级人民法院经审理认为：原审判决认定被告人王喜臣犯故意杀人罪的事实，已经一审控辩双方举证、质证，被告人王喜臣在本院审理中亦未提出新的证据，原证据确实、充分，予以确认。被告人王喜臣酒后与其妻子口角，进而行凶杀害其妻，后果特别严重，本应严惩。鉴于本案系家庭矛盾引发，对被告人王喜臣判处死刑，可不立即执行。上诉理由及辩护意见予以采纳。原审判决定罪准确，审判程序合法，但量刑欠当，应予改判。

## 17. 被害人有过错的故意杀人罪是否一律从轻处罚？

被害人过错是对被告人实施故意杀人罪的酌定从轻量刑情节。如果被害人存在重大过错的，则可能考虑对故意杀人罪的被告人适用较轻的法定刑幅度。对于被害人仅存在一般过错的，则仅作为酌定量刑情节，在原本要适用的法定刑幅度内从轻处罚。但是有必要说明的是，被害人过错仅是作为可以从轻处罚的案件事实情节，并非应当从轻处罚。因此，如果行为人故意杀人罪情节极为恶劣，犯罪极其严重，即便被害人存在一定过错，仍然可以不从轻处罚。

## 典型疑难案件参考

王斌余故意杀人案（宁夏回族自治区高级人民法院刑事裁定书〔2005〕宁刑终字第97号）

### 基本案情

2003年8月，被告人王斌余到宁夏亚泰机电设备安装有限公司（以下简称亚泰公司）打工。2004年年初和2005年年初，王斌余分别领取了上年的工资3000余元和9975元。2005年2月中旬，王斌余介绍其弟王斌银和同乡王路全、王胜伟也来到该工地打工。打工期间，王斌余与一同打工的被害人吴华、苏志刚在工作中产生矛盾，曾被吴华打骂。2005年5月5日下午，王斌余因对工作安排不满，不再出工，但仍吃住在工地。

5月11日上午，被告人王斌余给外出在宁夏中宁县的亚泰公司工程承包人陈继伟打电话，提出辞工返乡，要求付清自己与王斌银以及已经辞工返乡的王路全、王胜伟2005年的工资。陈继伟让王斌余到中宁县结算，王斌余未去。当日下午3时许，王斌余以人身权利得不到保障，父亲脚骨骨折，自己急需回家，陈继伟不给结算工资为由，到石嘴山市惠农区人事劳动保障局投诉。惠农区人事劳动保障局副局长宋尚礼当即电话通知陈继伟和吴新国前来解决问题，吴新国代表陈继伟来到该局。在宋尚礼主持下，经调解，双方同意5日内结清工资。吴新国还提出王斌余、王斌银不能继续在工地吃住。宋尚礼则要求，如不能提供食宿，吴新国必须先支付给王斌余、王斌银部分生活费，而后从工资中扣除，吴新国应允。离开人事劳动保障局后，吴新国即给付王斌余50元生活费，王斌余嫌少未要。

当日晚，被告人王斌余与王斌银回到工地，见宿舍房门被锁，便于晚10时30分左右来到惠农区河滨街钢电路63号吴新国的住处敲门索要生活费。吴新国称自己已睡下，明天再解决，王斌余不同意，双方隔着门发生争吵。吴新国打电话让被害人吴华过来劝走王斌余兄弟。吴华将此事告诉了身边的被害人苏志刚、苏文才和苏香兰。苏志刚先赶到吴新国住处劝王斌余兄弟离开。苏文才、吴华、苏香兰随后赶到现场。王斌余对苏志刚说："没你的事，你回去吧。"苏志刚讲："咋没我的事，你老到老陈（陈继伟）那儿告我，我看你今天是欠揍了。"王斌余又说："你没到6点（晚6点）就把电焊收了，我说你咋了？"二人为此争吵。苏文才见状上前责问并打了王斌余一耳光，双方遂发生厮打。王斌余掏出随身携带的折叠刀，先后将苏志刚、苏文才捅倒在地。此时，王斌银抓住王斌余持刀的手进行劝阻，王斌余推开王斌银，又将吴华、苏香兰捅倒在地。吴新国妻子汤晓琴闻讯从屋内走出，搀扶被刺倒在地的苏志刚，王斌余又将汤晓琴捅成重伤，汤晓琴负伤躲避。此时，王斌余发现吴新国也在场，遂持刀追杀，未果。王斌余返回现场，边喊"让你全家都死！"边对已被刺倒在地的苏志刚等人连捅数刀，致苏志刚、苏文才、吴华、苏香兰当场死亡。汤晓琴经送医院抢救，脱离危险。经检验，5名被害人共被捅刺48刀。王斌余乘出租车逃离现场后，将凶器抛入黄河。公安机关接到群众报案后，立即开展侦查工作，确认王斌余为犯罪嫌疑人。王斌余于当日晚11时55分到公安机关投案自首，公安机关扣押了其沾有血迹的衣服及随身携带的人民币1452元。

▶ 一审诉辩情况 ◀

检察机关认为：被告人构成故意杀人罪，应当依法追究其刑事法律责任。

被告人及其辩护人认为：被告人是出于讨要工钱无奈才激愤杀人，而且有自首情节，请求法院从轻处罚。

▶ 一审裁判结果 ◀

一审法院依照《中华人民共和国刑法》第232条、第57条第1款的规定，以故意杀人罪判处被告人王斌余死刑，剥夺政治权利终身。

▶ 一审裁判理由 ◀

石嘴山市中级人民法院判决认为：被告人王斌余在向吴新国索要生活费的过程中与被害人苏文才等人发生争吵，持刀肆意捅死4人，重伤1人的行为已构成故意杀人罪。被告人杀人手段极其残忍，情节特别恶劣，后果特别严重，虽有自首情节，但不足以从轻处罚。

▶ 二审诉辩情况 ◀

上诉人王斌余上诉和二审开庭时提出：自己是被逼激愤杀人，有投案自首情节，一审量刑过重，请求从轻处罚。其辩护人辩称：王斌余是在讨要工钱无结果，被逼无奈的情况下激愤杀人，情有可原，且能自首，应从轻处罚。

二审开庭时宁夏回族自治区人民检察院认为：上诉人王斌余与被害人因往日一同打工时的矛盾发生争吵，促使矛盾激化，其故意杀人与索要工资没有直接关系，王斌余及其辩护人提出的王斌余系激愤杀人的理由不能成立。王斌余接连捅杀4人，重伤1人，在被害人已被刺倒后，又进行第二轮捅刺，手段极其残忍，情节特别恶劣，后果特别严重，虽有投案自首情节，但不能从轻处罚。一审判决认定的事实清楚，证据确实充分，适用法律正确，量刑适当。

### 二审裁判结果

二审法院依照《中华人民共和国刑事诉讼法》第 189 条第 1 项的规定，裁定如下：驳回上诉，维持原判。

### 二审裁判理由

二审法院认为：上诉人王斌余在与被害人争吵、厮打过程中持刀杀死 4 人，重伤 1 人，其行为已构成故意杀人罪。上诉人王斌余提出辞工，要求结清工资，并向当地人事劳动保障局投诉，系依法行使权利。但案发前，其 2003 年和 2004 年的打工工资已经结清；其 2005 年的工资支付问题，案发当日下午经当地人事劳动保障局调解，双方已达成亚泰公司 5 日内付清王斌余等人工资的协议；王斌余从 2005 年 2 月下旬至 4 月 30 日陆续从工地借款 1200 元，案发时随身携有 1452 元现金，且当天拒收吴新国给付的 50 元生活费，有能力解决个人食宿问题。本案虽然发生在王斌余向吴新国索要生活费的过程中，但王斌余既已投诉，并与亚泰公司达成协议，理应按照协议解决问题，且并非生活无着落。王斌余与苏志刚、吴华均系打工者，是因平时积怨发生争吵，苏文才先动手打人，直接引发此案。其辩护人提出王斌余是在索要工资无结果的情况下，被逼无奈杀人，应从轻处罚的理由，与事实不符，不能成立，不予采纳。

被害人吴华在打工时曾打骂过王斌余，苏文才在案发当晚的争吵中先动手打王斌余一耳光，被害方在案件起因上有一定过错。对于事出有因，被害方有过错的案件，一般情况下，对被告人可以从轻处罚，但并非不论情节、后果一律从轻处罚。王斌余犯罪以后能自动投案，如实供述自己的罪行，其行为构成自首。依照我国刑法规定，对于自首的犯罪分子可以从轻或者减轻处罚，但并非不论罪行轻重，均应无条件从轻或者减轻处罚。王斌余无视他人的生命权利，不听其弟劝阻，持刀连续捅刺 5 人，杀害无辜；特别严重的是，王斌余在追杀吴新国未果返回现场后，又对已倒在血泊中的被害人连续补刺，前后共刺杀被害人 48 刀，必欲置被害人于死地，造成 4 人当场死亡，1 人重伤。王斌余杀人手段极其残忍，情节特别恶劣，犯罪后果极其严重，虽具有可以从轻处罚情节，但不足以从轻处罚。王斌余及其辩护人提出的王斌余属于激愤杀人，构成自首，应当从轻处罚的上诉理由及辩护意见，不能成立，不予采纳。

**18. 已满 14 周岁不满 16 周岁的人绑架并杀害被绑架人的应当如何定性？**

根据现行《刑法》第 17 条第 2 款的规定，已满 14 周岁不满 16 周岁的人，犯故意杀人、故意伤害致人重伤或者死亡、强奸、抢劫、贩卖毒品、放火、爆炸、投毒罪的，应当负刑事责任。在司法实践中，只要行为人故意实施了杀人、伤害行为并且造成致人重伤、死亡后果的，都应当承担刑事责任。而不是指只有犯故意杀人罪、故意伤害罪的，才负刑事责任。所以，已满 14 周岁不满 16 周岁的行为人，在实施绑架罪过程中，绑架撕票的，虽然不构成绑架罪，但是其实施了故意杀人的行为，导致了被害人死亡的后果，仍然应当承担故意杀人罪的刑事责任。

## 典型疑难案件参考

胡某、白某、蒋某、张某故意杀人案（四川省高级人民法院〔2005〕川刑终字第 680 号裁定书）

### 基本案情

被告人胡某意欲绑架他人勒索钱财并邀约原审被告人白某、蒋某、张某共同参与。胡某打听到什邡市雍城中学学生王博（本案被害人，男，被害时 14 岁）家庭条件较好，决定绑架王博。因王博与胡某等人相识，胡恐罪行败露，遂提出先将王博杀死再勒索钱财，白某、蒋某表示同意，张某同意绑架王博但对杀死王博持放任态度。2004 年 5 月 24 日，胡某、张某来到什邡市双盛镇石亭江大河河坝附近选定藏匿被害人王博的地点并准备了绳子、尖刀等作案工具。于当日 21 时许，胡某、白某、蒋某、张某来到雍城中学附近，白某、蒋某在学校门口将王博叫住，胡某招来一出租车将王博骗上车，张某正欲上车即被其母亲叫回家。胡某、白某、蒋某将王博带到双盛河坝对王捆绑，骗得王博家中电话号码后，胡某、蒋某持刀先后对王胸、腹、头等部位刺杀，白某、胡某、蒋某又持石头砸打王头部，后 3 人用石头、瓦块等物将王博掩埋致王死亡。胡某将所带背包、刀和王博的书包弃于现场附近的水坑内。同月 25 日，胡某向王博家打电话索取现金 8 万元。同日，胡某、白某、蒋某、张某先后被抓获归案并带领公安人员指认藏匿王博尸体的现场。

### 诉辩情况

四川省德阳市人民检察院以被告人胡某、白某、蒋某、张某犯故意杀人罪,向四川省德阳市中级人民法院提起公诉。

4被告人对绑架杀死被害人王博的事实供认不讳,对检察机关的指控未提出意见。被告人的辩护人对检察机关指控的事实无异议,胡某、蒋某、张某的辩护人提出被告人的犯罪行为不构成故意杀人罪,其行为属绑架性质,因被告人犯罪时未满16岁,故不负刑事责任,胡某、蒋某、张某无罪。白某的辩护人提出检察机关指控的事实和罪名成立,建议量刑时考虑白某系从犯及认罪态度好的情节予以从轻或减轻处罚。

### 裁判结果

一审法院德阳市中级人民法院作出判决:被告人胡某犯故意杀人罪,判处无期徒刑,剥夺政治权利终身。被告人白某犯故意杀人罪,判处有期徒刑15年,剥夺政治权利4年。被告人蒋某犯故意杀人罪,判处有期徒刑12年,剥夺政治权利3年。被告人张某犯故意杀人罪,免予刑事处罚。

一审宣判后,胡某不服,向四川省高级人民法院提起上诉。胡某的上诉理由及其辩护人的辩护意见是:胡某不构成故意杀人罪,是绑架罪,作案时未满16周岁,依法不应追究刑事责任。白某的辩护人提出:白某认罪、悔罪态度好,作案时未成年,是从犯,请求依法从轻、减轻处罚。蒋某的辩护人提出:蒋某的行为应属绑架,应从轻或者减轻处罚。张某的辩护人提出:张某的行为属绑架,且属犯罪中止。

四川省高级人民法院依照《中华人民共和国刑事诉讼法》第189条第1项和《中华人民共和国刑法》第17条第2、3、4款,第232条,第55条第1款,第56条第1款,第57条第1款,第25条第1款,第26条第1、4款,第27条,第37条之规定,裁定如下:驳回上诉,维持原判。

### 裁判理由

四川省高级人民法院认为:原判认定被告人胡某、白某、蒋某、张某共谋绑架并杀死被害人王博的事实清楚,证据确实、充分。胡某、白某、蒋某、张某共谋绑架被害人王博,恐罪行败露杀死被害人王博的行为,构成故意杀人罪,应予严惩。胡某、白某、蒋某、张某犯罪时已满14周岁未满16周岁,应从轻或者减轻处罚。胡某提出犯意,在共同犯罪中起组织指挥作用,系主犯。白某、蒋某、张某起次要作用,系从犯,应从轻、减轻或者免除处罚。胡某上诉以及胡某、蒋某、张某的辩护人辩护提出胡某、蒋某、张某等人的行为不构成故意杀人罪，应属绑架罪，不应承担刑事责任的理由，与查明的胡某、蒋某、张某等人共谋绑架杀害被害人王博并对其实施捆绑、刀刺、石砸、掩埋等行为致被害人死亡的事实不符，胡某、白某、蒋某、张某犯罪时已满14周岁未满16周岁，其共同故意剥夺被害人生命的行为，应当负刑事责任，上诉理由、辩护意见不能成立，要求从轻处罚的请求，不予采纳。原判认定事实和适用法律正确，量刑适当，审判程序合法。

**19. 故意杀人罪的犯罪故意如何认定以及与过失致人死亡罪中的犯罪过失如何进行区分？**

故意杀人罪的犯罪故意内容是指行为人明知自己的行为会造成被害人死亡的危害后果，希望或者放任这种结果发生的主观心理态度。行为人认识因素上是对自己的行为会导致他人死亡的结果有着明确认知；在意志因素上行为人对自己行为会导致被害人死亡的结果持希望或者放任的态度。而对过失致人死亡罪的犯罪过失的认定要注意：行为人对自己行为导致危害结果的发生既不是希望也不是放任，而是持一种排斥的态度。只是行为人违反了自己应尽的注意义务，没有预见到自己的行为可能造成他人死亡的结果，或者已经预见到但是轻信能够避免，以至于发生了被害人死亡的危害后果。

## 典型疑难案件参考

### 付忠涛故意杀人案

**基本案情**

2005年2月1日13时30分许，被告人付忠涛驾驶套用车号牌为黑R32168号白色林肯轿车送其妹妹付丽娟回九台市，当车沿长春市宽城区兴业街由北向南行驶至长春开关厂附近时，被告人付忠涛所驾车辆前保险杠距右侧拐角0.4米处（右前轮内侧处于两轮间）撞到身高1.3米由东向西横过兴业街的行人肖金萍（女，1996年1月26日出生）腰部，将肖金萍撞倒并卷入车下，目睹此情的群众举手示意车下有人并高声呼喊其停车，被告人付忠涛明知被害人肖金萍被卷入车下，不但没有采取紧急制动措施停车，反而加速驾车行驶、拖带被害人肖金萍2300米，至宽城区台北大街北十条街路口立交桥南侧桥面时，被害人肖金萍掉在路面上。被告人付忠涛驾车逃离。经法医鉴定，被害人肖金萍系头部受到巨大钝性外力作用致其开放性颅骨骨折，重度颅脑损伤死亡。

被告人付忠涛逃离现场后，途中将此事用电话告诉其女友被告人王硕，被告人王硕明知被告人付忠涛驾车撞人，并于次日从媒体得知被害人肖金萍死亡的情况下，仍多次与被告人付忠涛联系并和被告人付忠涛一起逃至公主岭市和四平市，于2月3日资助被告人付忠涛人民币2300元，并为被告人付忠涛购买逃往广州市的火车票，以帮助被告人付忠涛逃匿。2月3日晚公安机关经侦查了解到被告人王硕与被告人付忠涛有电话联系后，找到被告人王硕，被告人王硕主动交代了资助被告人付忠涛钱款的事实，并协助公安机关抓获被告人付忠涛。

被害人肖金萍出生于1996年1月26日，附带民事诉讼原告人肖云成为被害人肖金萍死亡支付丧葬费和交通费。

### ▶一审诉辩情况

检察机关认为：被告人付忠涛之行为已触犯了《中华人民共和国刑法》第232条之规定，应当以故意杀人罪追究其刑事责任；被告人王硕之行为已触犯了《中华人民共和国刑法》第310条之规定，应当以窝藏罪追究其刑事责任。

被告人付忠涛辩解称：不知道被害人肖金萍被撞倒后卷入车下。

被告人付忠涛的辩护人认为：被告人付忠涛主观上没有杀人的故意。被告人付忠涛及旁观群众不可能看到被害人肖金萍在车底下，被告人付忠涛在逃跑途中没有停车也没有往车底下看，法医鉴定书未表明被害人肖金萍准确死亡时间，从公安机关的道路交通事故现场勘查笔录记载的时间看，从事发到被害人肖金萍死亡仅11分钟，故不能判断被害人肖金萍是被撞后立即死亡还是在拖带过程中死亡。巨大钝性外力只能发生于车快速撞人的瞬间，认定拖带致死被害人肖金萍证据不足，应认定被告人付忠涛属交通肇事犯罪，请求量刑时给予考虑。

被告人王硕无辩解。

被告人王硕的辩护人认为：被告人王硕有自首和重大立功表现，应减轻处罚，建议对被告人王硕适用缓刑。

### ▶一审裁判结果

吉林省长春市中级人民法院依照《中华人民共和国刑法》第232条、第

310条第1款、第57条第1款、第67条、第68条、第72条第1款、第73条、第36条第1款及《中华人民共和国民法通则》第119条之规定,判决如下:

一、被告人付忠涛犯故意杀人罪,判处死刑,剥夺政治权利终身;

二、被告人王硕犯窝藏罪,判处有期徒刑2年,缓刑2年(缓刑考验期限,从判决确定之日起计算);

三、被告人付忠涛赔偿附带民事诉讼原告人肖云成经济损失人民币148642.52元。

### 一审裁判理由

吉林省长春市中级人民法院根据上述事实和证据认为:被告人付忠涛驾车撞倒被告人肖金萍后,被害人肖金萍被卷入车底,被告人付忠涛应当知道,也曾多次供述知道被害人肖金萍被卷入车底,并看见旁观群众举手示意其停车而不采取制动措施停车,反而驾车加速行驶,拖带被害人肖金萍长达2300米后,致被害人肖金萍开放性颅骨骨折,重度颅脑损伤而死亡,被告人付忠涛的行为已经构成故意杀人罪。被告人王硕明知被告人付忠涛驾车致他人死亡,还多次与被告人付忠涛接触并与被告人付忠涛出逃,资助被告人付忠涛人民币2300元,为帮助被告人付忠涛逃匿而为被告人付忠涛购买火车票,其行为已构成窝藏罪。附带民事诉讼原告人提出的民事赔偿请求合理,应当予以保护。

### 二审诉辩情况

一审法院宣判后,被告人王硕认罪服判。附带民事诉讼原告人肖云成服判。被告人付忠涛及其辩护人不服,提出上诉。

上诉人(原审被告人)付忠涛诉称:(1)其没有杀人动机,原审判决认定其明知被害人肖金萍被撞后挂在车下而拖带逃逸,只有其原始供述,没有其他证据佐证,构成故意杀人罪的证据不足。(2)被害人肖金萍应是撞倒后头部着地而死亡,不是拖带致死。(3)原审判决量刑不当。(4)被害人肖金萍家人没有尽到监护职责,致其横穿道路违反交通规则,应承担部分民事责任。(5)原审判决以城镇居民生活标准计算死亡赔偿金不当,应按农村居民生活标准计算。

### 二审裁判结果

吉林省高级人民法院依照《中华人民共和国刑事诉讼法》第189条第1项之规定,裁定如下:驳回上诉,维持原判。

**二审裁判理由**

吉林省高级人民法院根据上述事实和证据认为：原审判决认定被告人付忠涛故意杀人、被告人王硕窝藏犯罪的事实，已在开庭审理中由控辩双方举证、质证，在本院审理中，上诉人（原审被告人）付忠涛及其辩护人、原审被告人王硕未提供新的证据。经审理，证据确实、充分，予以确认。原审判决定罪准确，量刑适当，赔偿数额有据，审判程序合法。上诉人（原审被告人）付忠涛的上诉理由及辩护人的辩护意见不予支持。

## 20. 帮助他人自杀的，应当如何定性？

帮助他人自杀的行为一般包括以下两种情形：一是他人有自杀意图的前提下，为他人自杀准备工具、提供条件；二是他人没有自杀意图，教唆他人自杀并提供帮助。对于上述两种情形，行为人都是明知自己的教唆或者帮助行为能够起到引起他人死亡的危害结果，还希望或者放任这种结果发生，因此具备故意杀人的主观故意，应当追究其故意杀人罪的刑事责任。但是，由于在上述两种情形下，自杀者仍然能够对自己的生命充分支配，其死亡也并未违背自己的主观意志。因此，对于帮助他人自杀者可以从轻处罚，情节较轻的，可以适用较轻的法定刑幅度。

### 典型疑难案件参考

夏锡仁故意杀人案

**基本案情**

被告人夏锡仁与被害人吴楷容系原配夫妻，夫妻关系一直融洽。2004年1月的一天，吴楷容在结冰的路上行走时滑倒，致一条腿折断。此后，吴楷容陷入伤痛之中，加之面临经济困难，产生自杀念头。被告人夏锡仁在劝说吴楷容打消轻生念头没有效果之后，在眼前艰难处境的压力下也产生不想活的念头，便与吴楷容商量两人一起上吊结束生命。同年5月12日凌晨1时许，夏锡仁在租住的地下室准备了两张一高一矮的凳子，并准备了绳子，接着先将吴楷容扶到矮凳子上，又从矮凳子上扶到高凳子上，让吴楷容站立在凳子上，将绳子一端系在吴楷容的脖子上，另一端系在地下室的下水管上，然后其将吴楷容脚下的凳子拿开，吴楷容脚动了几下即窒息而死。过了10余分钟，夏锡仁也准备上吊自杀，但想到这样会连累房东，即打消自杀念头，于天明时到公安派出所投案自首。

▶ 诉辩情况

检察机关乌鲁木齐市人民检察院指控：被告人夏锡仁用非法手段剥夺他人的生命，其行为已构成故意杀人罪，提请乌鲁木齐市中级人民法院依法判处。

被告人夏锡仁对检察机关指控的罪名和事实无异议。其辩护人提出：被告人夏锡仁与被害人吴楷容系结发妻子，被害人在疾病疼痛折磨等情况下要自杀，被告人夏锡仁帮助被害人实施自杀行为，社会危害性小。且案发后，被告人夏锡仁主动到公安机关投案自首，犯罪情节轻微，请求免除处罚。

▶ 裁判结果

审理法院依照《中华人民共和国刑法》第232条、第67条第1款、第64条之规定，判决如下：

一、被告人夏锡仁犯故意杀人罪，判处有期徒刑5年；

二、作案工具绿色绳子依法没收。

▶ 裁判理由

乌鲁木齐市中级人民法院经审理认为：根据本案的事实和证据，被害人吴楷容已有自杀意图，被告人夏锡仁帮助被害人自杀，其主观上明知会出现他人死亡的结果而仍故意为之，客观上其积极主动地帮助被害人吴楷容自杀，导致吴楷容死亡结果的发生，其行为已构成故意杀人罪。检察机关指控的犯罪事实清楚，定罪正确，本院予以支持。鉴于被告人夏锡仁行为的社会危害性相对较小，犯罪情节较轻，且被告人夏锡仁具有自首情节，可依法从轻处罚。辩护人提出本案社会危害性小，被告人夏锡仁具有自首情节的辩护意见成立，本院予以采纳。但提出犯罪情节轻微，请求免除处罚的意见与本案犯罪情节以及刑法罪、责刑相适应的原则不符，法院不予采纳。

**21. 行为人大义灭亲的，应当如何定罪量刑？**

行为人因为被害人曾有违法行为甚至犯罪行为，出于"大义灭亲"的动机实施故意杀人行为的，仍然应当按照故意杀人罪论处。但是鉴于在此种"大义灭亲"的案件中，被害人通常存

> 在重大过错，在有些情况下，行为人甚至可能是出于防卫的目的而实施杀人行为，因此，行为人实施的行为性质虽然是故意杀人，但是具体在刑事责任的承担上，应当考虑全案情节以及案发后行为人再犯可能性等因素进行综合考量，对行为人从轻或者减轻处罚。

## 典型疑难案件参考

### 张志信故意杀人案

**基本案情**

被告人张志信之子张黎明（34岁），游手好闲，不务正业，偷盗成习，为人动辄拼命，危害社会，扰乱四邻，群众恨之入骨，敢怒不敢言。其经常向父母索要钱财，对父母、妻子非打即骂，甚至持刀砍父母。其父母被逼无奈不敢在家居住，先后搬到槐店镇豆庄、石槽乡张庄租房居住，还去过湖北打工。2002年其妻师某提出离婚，因张黎明不同意，便带次子住娘家不归，长子随张志信夫妇生活。张黎明常到岳父母家滋事，曾放火烧其岳父房子。

2003年1月14日夜11时许，张黎明酒后持刀闯入其母的卧室，其母与小孙子已睡觉，张黎明威逼母亲要钱，其母害怕给其30元，张黎明嫌少，仍用刀相逼，并将床上蚊帐一角砍掉，又要砍其母，其母吓得没穿衣服跑到门外喊人，邻居听到喊声赶来。其母见来人即上前求救。这时在另一间房休息的张志信气愤之极，在门口顺手搞把抓钩赶到西屋朝准备睂觉的张黎明头部猛击致死，并连夜将张黎明掩埋。

自张志信于2003年1月14日打死其子，至2004年2月24日案发，一年多内，群众对张黎明被打死已有所耳闻，但均无人报案。2004年2月，张黎明之妻师某与他人谈及此事，被告发。

案发后，张志信所在行政村群众到县委政法委上访，强烈要求对张志信从轻处理。在法院审理期间，上百户村民联名上书，再次强烈要求从轻判处。

**诉辩情况**

检察机关认为：被告人非法剥夺他人生命，构成故意杀人罪，应当依法追究其刑事法律责任。

被告人对犯罪事实供认不讳，请求从轻处罚。

> **裁判结果**

审理法院依照《中华人民共和国刑法》第232条、第72条第1款、第73条第2款、第61条之规定，判决被告人张志信犯故意杀人罪，判处有期徒刑3年，缓刑5年。

> **裁判理由**

沈丘县人民法院经公开开庭审理后认为：被告人张志信因不堪忍受其子张黎明长期的打骂、侮辱、滋扰，出于义愤而将其子打死，其行为已构成故意杀人罪。综合全案事实情节，案发时被害人持刀逼母、砍母、劫掠财物，致其母赤裸下身而抱住他人求救，被害人有重大过错，张志信故意杀人属情节较轻。

--------

**22. 在寻衅滋事过程中，寻衅滋事行为致人死亡的，能否转化为故意杀人罪？**

行为人在实施寻衅滋事罪犯罪过程中，又因其寻衅滋事行为致人死亡的如何处理要考虑以下两个方面：一是考量行为人实施的行为在客观上能否导致被害人死亡；二是判断行为人在主观上是否对自己的行为可能造成被害人死亡具有明确的认知。如果行为人明知自己的寻衅滋事行为能够造成被害人死亡的，那么应当按照故意杀人罪论处。行为人实施寻衅滋事过程中，如果其实施的寻衅滋事行为在客观上具有导致被害人死亡的可能性，且行为人对于自己实施寻衅滋事行为有明确认知的，此时其实施的寻衅滋事行为已经在性质上符合了故意杀人罪的犯罪构成，也就是说，其寻衅滋事的行为先后符合了寻衅滋事罪和故意杀人罪的犯罪构成，应当按照故意杀人罪来处理。

--------

### 典型疑难案件参考

阳双飞等故意杀人、寻衅滋事案

> **基本案情**

被告人阳双飞、张良许、郑峰、李军林、阳平、唐亚洲、郑海华、李明亮于2000年前后来温州市苍南县打工。2003年8月22日下午5时许，为了庆祝阳双飞的生日，前述8人及邓武军（在逃）等近20人聚集在苍南县新安乡东浃头村阳双飞的暂住处一起喝酒、吃晚饭。约晚上7时半，前来参加生日庆贺的人大部分都已散去，只剩下阳双飞等8被告人及邓武军。此时，阳双飞提议去苍南县宜山镇唱歌。在去宜山镇唱歌的路上，郑海华、郑峰提到郑峰的弟弟郑勇前段时间被苍南县龙港镇陈华洋村村民王垂省打了一顿。于是，阳双飞、张良许、郑峰、李军林、阳平、唐亚洲、郑海华、李明亮及邓武军等9人便商议决定先到陈华洋村找王垂省报复后再去唱歌，并商定如果村民阻拦，就殴打村民。接着，阳双飞等9人分乘3辆3轮车窜至龙港镇陈华洋村石板桥附近的榕树下。经郑海华打听，得知王垂省在石板桥西侧村民吕德豹开设的小商店内看电视。于是，决定由郑峰、张良许先冲进吕德豹开的小店殴打王垂省。王垂省被打后逃离小店。阳双飞等人见王垂省逃出小店，就一起追打王垂省，王垂省在逃至石板桥时情急之下跳入河中逃离。此时，村民吕进趋、王传好、王传锁、吕德武等人见状前来劝阻。阳双飞、阳平、李军林、李明亮等人手持从地上捡起的木棍，对前来劝阻的村民用木棍进行殴打，其他人则用拳打吕进趋、王传好等村民，致吕进趋遭打后从石板桥上跌入河中。当村民吕振铭前来劝阻并抓住阳双飞衣服时，阳双飞在石板桥西侧将吕振铭推入河中。结果，跳入河中的王垂省被村民救上岸，跌入河中的村民吕进趋自己游到岸边爬上岸，而被推入河中的村民吕振铭溺水死亡，村民吕德武、王传好、王传锁、吕进趋被殴打致轻微伤。

### 一审诉辩情况

检察机关指控：被告人阳双飞、张良许、郑峰、李军林、阳平、唐亚洲、郑海华、李明亮无视社会秩序，随意殴打他人，情节恶劣，其行为均已构成寻衅滋事罪。在寻衅滋事过程中，被告人阳双飞明知将他人推入河中会造成死亡的后果却放任死亡后果的发生，致人死亡，其行为还构成故意杀人罪，应依法惩处。

被告人及其辩护人认为本案被害人本身存在重大过错，被告人系初犯，请求法院从轻处罚。

### 一审裁判结果

温州市中级人民法院于2004年6月11日作出〔2004〕温刑初字第108号刑事判决，以故意杀人罪，判处被告人阳双飞死刑，剥夺政治权利终身；以寻衅滋事罪，判到处被告人张良许有期徒刑4年6个月，判处被告人郑峰、李军林各有期徒刑3年，判处阳平、唐亚洲、郑海华、李明亮各有期徒刑3年。

### 二审诉辩情况

一审宣判后，原审被告人阳双飞提出上诉，其上诉提出：原判认定被害人王传好、吕振铭等人前来进行劝阻是错误的，他们是前来殴打被告人一方的，被害人一方在本案中负有重大过错，原判量刑过重，要求改判。其辩护人除以相同理由为其辩护外，还提出阳双飞的主观恶性较普通杀人罪要小，系初犯，归案后认罪态度好，要求从轻处罚。

### 二审裁判结果

二审法院依照《中华人民共和国刑法》第232条，第293条，第263条第1项，第69条，第67条，第17条第2款、第3款，第57条第1款，第48条第1款以及《中华人民共和国刑事诉讼法》第189条第1款、第2款之规定，判决如下：

一、撤销原判对被告人阳双飞的量刑部分，维持判决的其他部分；

二、以故意杀人罪，判处被告人阳双飞死刑，缓期2年执行，剥夺政治权利终身。

### 二审裁判理由

法院生效判决认为：关于阳双飞上诉提出原判认定部分事实有误的理由，经查，在被告人殴打并将王垂省打落在河中后，有些村民见状后的确手中拿了竹竿等工具前来，但是被害人吕振铭没有携带任何工具前来，只是从后面赶来拉着阳双飞的衣服，意欲阻拦阳双飞继续行凶。因此，从总体上看，原审认定王传好、吕振铭等人前来劝阻并非不当。关于本案的起因，经查，阳双飞等8名被告人经过商议决定报复王垂省，才是本案的真正起因。吕振铭见本村村民王垂省遭打后欲拦阻阳双飞逃离并用手抓住阳双飞衣服的行为，在引发阳双飞将吕振铭推入河中的行为中没有明显过错。鉴于被告人阳双飞只有杀人的间接故意，在故意杀人犯罪中的主观恶性相对较小，认罪态度好，并从案发时有许多村民围观，被害人吕振铭存在获救的机会等具体情况，采纳阳双飞及其辩护人提出要求从轻处罚的意见。

## 故意杀人罪办案依据集成

### 刑法条文

**第二百三十二条** 【故意杀人罪】故意杀人的,处死刑、无期徒刑或者十年以上有期徒刑;情节较轻的,处三年以上十年以下有期徒刑。

### 司法解释

**1.** 最高人民法院《关于审理拒不执行判决、裁定案件具体应用法律若干问题的解释》(1998年4月25日 法释〔1998〕6号)(节录)

第六条 暴力抗拒人民法院执行判决、裁定,杀害、重伤执行人员的,依照刑法第二百三十二条、第二百三十四条第二款的规定定罪处罚。

**2.** 最高人民法院、最高人民检察院《关于办理组织和利用邪教组织犯罪案件具体应用法律若干问题的解释》(1999年10月30日 法释〔1999〕18号)(节录)

第四条 组织和利用邪教组织制造、散布迷信邪说,指使、胁迫其成员或者其他人实施自杀、自伤行为的,分别依照刑法第二百三十二条、第二百三十四条的规定,以故意杀人罪或者故意伤害罪定罪处罚。

**3.** 最高人民法院《关于审理交通肇事刑事案件具体应用法律若干问题的解释》(2000年11月21日 法释〔2000〕33号)(节录)

第六条 行为人在交通肇事后为逃避法律追究,将被害人带离事故现场后隐藏或者遗弃,致使被害人无法得到救助而死亡或者严重残疾的,应当分别依照刑法第二百三十二条、第二百三十四条第二款的规定,以故意杀人罪或者故意伤害罪定罪处罚。

**4.** 最高人民法院、最高人民检察院《关于办理组织和利用邪教组织犯罪案件具体应用法律若干问题的解释(二)》(2001年6月11日 法释〔2001〕19号)(节录)

第九条 组织、策划、煽动、教唆、帮助邪教组织人员自杀、自残的,依照刑法第二百三十二条、第二百三十四条的规定,以故意杀人罪、故意伤害罪定罪处罚。

**5.** 最高人民法院《关于审理偷税抗税刑事案件具体应用法律若干问题的解释》(2002年11月7日 法释〔2002〕33号)(节录)

第六条 实施抗税行为致人重伤、死亡,构成故意伤害罪、故意杀人罪的,分别依照刑法第二百三十四条第二款、第二百三十二条的规定定罪处罚。

与纳税人或者扣缴义务人共同实施抗税行为的，以抗税罪的共犯依法处罚。

**6. 最高人民法院、最高人民检察院《关于办理妨害预防、控制突发传染病疫情等灾害的刑事案件具体应用法律若干问题的解释》**（2003年5月15日法释〔2003〕8号）（节录）

第九条 在预防、控制突发传染病疫情等灾害期间，聚众"打砸抢"，致人伤残、死亡的，依照刑法第二百八十九条、第二百三十四条、第二百三十二条的规定，以故意伤害罪或者故意杀人罪定罪，依法从重处罚。对毁坏或者抢走公私财物的首要分子，依照刑法第二百八十九条、第二百六十三条的规定，以抢劫罪定罪，依法从重处罚。

**7. 最高人民法院《关于审理未成年人刑事案件具体应用法律若干问题的解释》**（2006年1月23日　法释〔2006〕1号）（节录）

第十条（第一款） 已满十四周岁不满十六周岁的人盗窃、诈骗、抢夺他人财物，为窝藏赃物、抗拒抓捕或者毁灭罪证，当场使用暴力，故意伤害致人重伤或者死亡，或者故意杀人的，应当分别以故意伤害罪或者故意杀人罪定罪处罚。

**8. 最高人民法院、最高人民检察院、公安部、司法部《关于依法惩治拐卖妇女儿童犯罪的意见》**（2010年3月15日）（节录）

五、定性

20.（第一款）明知是被拐卖的妇女、儿童而收买，具有下列情形之一的，以收买被拐卖的妇女、儿童罪论处；同时构成其他犯罪的，依照数罪并罚的规定处罚：

（6）造成被收买妇女、儿童或者其亲属重伤、死亡以及其他严重后果的；

七、一罪与数罪

25. 拐卖妇女、儿童，又对被拐卖的妇女、儿童实施故意杀害、伤害、猥亵、侮辱等行为，构成其他犯罪的，依照数罪并罚的规定处罚。

八、刑罚适用

28.（第二款）拐卖妇女、儿童，并对被拐卖的妇女、儿童实施故意杀害、伤害、猥亵、侮辱等行为，数罪并罚决定执行的刑罚应当依法体现从严。

**9. 最高人民法院《关于发布第一批指导性案例的通知》**（2011年12月21日　法〔2011〕354号）（节录）

一、准确把握案例的指导精神

（四）王志才故意杀人案旨在明确判处死缓并限制减刑的具体条件。该案例确认：刑法修正案（八）规定的限制减刑制度，可以适用于2011年4月30日之前发生的犯罪行为；对于罪行极其严重，应当判处死刑立即执行，被害方反应强烈，但被告人具有法定或酌定从轻处罚情节，判处死刑缓期执行，同时依法决定限制减刑能够实现罪刑相适应的，可以判处死缓并限制减刑。这有利于切实贯彻宽严相济刑事政策，既依法严惩严重刑事犯罪，又进一步严格限制死刑，最大限度地增加和谐因素，最大限度地减少不和谐因素，促进和谐社会建设。

▶ 其他办案依据 ◀

**1. 最高人民检察院《关于印发部分罪案〈审查逮捕证据参考标准(试行)〉的通知》**(2003年11月27日 高检侦监发〔2003〕107号)(节录)

各省、自治区、直辖市人民检察院侦查监督处,军事检察院刑事检察厅,新疆生产建设兵团人民检察院侦查监督处:

证据问题是审查逮捕工作乃至整个刑事诉讼活动的核心问题。为了指导各级检察机关侦查监督部门办理审查逮捕案件工作,提高办案质量和效率,我厅制定了部分罪案《审查逮捕证据参考标准(试行)》,现予以印发试行,并对有关问题通知如下:

1. 审查逮捕证据参考标准分为通用证据参考标准和具体罪案证据参考标准两个部分。前者是办理审查逮捕所有刑事案件时均须审查的证据参考标准,后者是办理审查逮捕具体罪案时须审查的证据参考标准。在办案工作中,必须综合审查这两个方面的证据。

2. 审查逮捕案件证据参考标准是指导性、参考性的,而不是硬性的要求,也不是必备的最低标准。司法实践中的案件千差万别、情况复杂,具体案件逮捕需要具备哪些证据,应根据案件的实际情况进行选择。证据参考标准中所列各项不能孤立使用,必须将各类证据有机结合起来,同时需要案件承办人充分发挥主观能动性,运用法律知识、办案经验作出判断。

3. 这次印发的有十种具体罪案审查逮捕证据参考标准。今后,我们将继续选择一批常见、重点罪案,研究制定其审查逮捕证据参考标准,逐步形成审查逮捕证据体系。

4. 研究制定审查逮捕案件证据参考标准是一项复杂的工程,需要有一个逐步发展完善的过程。各级检察机关侦查监督部门要勇于探索,注意总结办案中审查和运用证据的经验,为做好这项工作积极献计献策。尤其是对于这次印发的审查逮捕案件通用证据参考标准和十种具体罪案证据参考标准,试行中遇到的问题,以及对体例、内容有何修改意见,请及时报我厅。

5. 为了取得公安机关工作上的配合,各省级检察院应主动将审查逮捕案件证据参考标准向公安机关有关部门通报。

部分罪案审查逮捕证据参考标准(试行)

一、审查逮捕通用证据参考标准

人民检察院侦查监督部门对有关部门移送审查逮捕的案件,应从程序和实体两个方面审查证据:

(一)程序方面。

1. 诉讼程序的有关证据材料:

(1)受案登记表、立案决定书。

(2)证明案件来源的有关证据材料。

(3)破获案件过程说明或破案报告书。

(4)拘留证、监视居住决定书、取保候审决定书、保证书、缴纳保证金收据,对被拘留人家属或单位通知书等有关法律文书。

（5）拘留人大代表、政协委员的报告及该代表所属的同级人大主席团或常委会同意拘留的许可证明。

（6）其他有关证明材料。

2. 取证程序的有关证据材料：

（1）证明讯问犯罪嫌疑人、询问证人的主体合法，并且为两人以上进行的证据。

（2）证明已经告知犯罪嫌疑人、证人权利、义务的证据。

（3）犯罪嫌疑人、证人被讯问、询问后，在笔录上签署的意见；侦查人员的签名。

（4）证明没有刑讯逼供、诱供、诱证情况的证据。

（5）提供证据的个人或单位的签名及加盖的单位公章。

（6）搜查、起获赃物时的见证人。

（二）实体方面。

1. 主体身份：

（1）自然人普通主体的身份证明：证明犯罪嫌疑人的姓名、性别、出生年月日、居住地的户籍资料、居民身份证、出生证、户口迁移证明、护照或经会晤后外方出具的外籍身份证明材料等法定身份证件（原件或附有制作过程文字说明并加盖复制单位印章的复制件），或者户籍所在地公安机关核实的其他证据（以上证据材料在排除合理怀疑的情况下可以只具备其中一种）。对于户籍、出生证等材料内容不实的，应提供其他证据材料。

对于不讲真实姓名、住址，身份不明的犯罪嫌疑人可以按照其自报的姓名、身份、年龄或者拍照编号审查批捕，必要时可以对其进行骨龄鉴定。对于流窜作案的犯罪嫌疑人，除处于法定责任年龄段，应当具备能够证明其年龄的身份证件等材料外，如一时难以取得犯罪嫌疑人的法定身份证件或户籍所在地公安机关的其他证据，根据其自报的身份或者同案人证明的身份材料审查批捕。

（2）自然人的特殊主体的身份证明：证明所在单位性质或所有制形式的证据材料、所在单位或组织人事部门出具的表明犯罪嫌疑人身份、职务及职权范围或职责权限的有关证明材料。外国人犯罪的案件，应有护照等身份证明材料。人大代表、政协委员犯罪的案件，应注明身份，并附身份证明材料。

（3）单位主体的身份证明：企业法人营业执照、法人工商注册登记证明、法人设立证明、国有公司性质证明及非法人单位的身份证明、法人税务登记证明和单位代码证等。

（4）法定代表人等的身份证明：法定代表人、直接负责的主管人员和其他直接责任人在单位的任职、职责、负责权限的证明材料。

2. 需要追究刑事责任并可能判处徒刑以上刑罚：犯罪嫌疑人达到刑事责任年龄，具有刑事责任能力，不属于正当防卫、紧急避险或刑诉法第十五条规定情形之一，根据《刑法》总则和分则有关条款的规定，可能判处有期徒刑以上刑罚。

3. 有逮捕必要：

（1）犯罪嫌疑人具有社会危险性，即采取取保候审、监视居住等方法不足以防止发生社会危险性。

①犯罪嫌疑人有行政刑事处罚记录，也包括：受过刑事处罚，曾因其他案件被相对不

起诉,受过劳动教养、治安处罚及其他行政处罚。

②属于危害国家安全犯罪、恐怖犯罪、有组织犯罪、黑社会性质组织犯罪、暴力犯罪等严重危害社会治安和社会秩序的犯罪嫌疑人,累犯或多次犯罪、犯罪集团或共同犯罪的主犯,流窜犯罪;属于犯罪情节特别严重;具有法定从重情节;犯罪嫌疑人没有悔罪表现。

③犯罪嫌疑人可能逃跑、自杀、串供、干扰证人作证以及伪造、毁灭证据等妨害刑事诉讼活动的正常进行的,或者存在行凶报复、继续作案的可能,如曾以自伤、自残方法逃避侦查,持有外国护照或者可能逃避侦查;已经逃跑或逃跑后抓获的。

④属于违反刑诉法第五十六条、第五十七条规定,情节严重的。

(2) 犯罪嫌疑人不具有不适合羁押的特殊情况。

①犯罪嫌疑人未患有严重疾病或正在怀孕、哺乳自己婴儿,不属于未成年人、在校学生和年老体弱及残障。

②经济犯罪案件逮捕法人代表或其他骨干不可能严重影响企业合法的生产经营。

三、故意杀人罪案审查逮捕证据参考标准

故意杀人罪,是指触犯《刑法》第232条的规定,故意非法剥夺他人生命权利的行为。其他以故意杀人罪定罪处罚的有:(1) 非法拘禁使用暴力致人死亡的;(2) 使用暴力刑讯逼供致人死亡的;(3) 体罚虐待被监管人致人死亡的;(4) 聚众斗殴致人死亡的;(5) 聚众"打砸抢"致人死亡的;(6) 组织和利用邪教组织制造、散布迷信邪说,指使、胁迫其成员或者其他人实施自杀行为的;(7) 组织、策划、煽动、教唆、帮助邪教组织人员自杀的;(8) 行为人实施抢劫后,为灭口而故意杀人的;(9) 行为人在交通肇事后为逃避法律追究,将被害人带离事故现场后隐藏或遗弃,致使被害人无法得到救助而死亡的。

对提请批捕的故意杀人案件,应当注意从以下几个方面审查证据:

(一) 有证据证明发生了故意杀人犯罪事实。

重点审查:

1. 尸体检验鉴定报告、法医活体鉴定结论、刑事科学技术照片、现场勘查图及现场勘查笔录等证明发生非法剥夺他人生命权利的行为的证据。

2. 证明非法剥夺他人生命权利的行为出于故意的证据。

3. 证明故意杀人犯罪事实发生的被害人陈述、证人证言、犯罪嫌疑人供述等。

(二) 有证据证明故意杀人犯罪事实系犯罪嫌疑人实施的。

重点审查:

1. 显示犯罪嫌疑人实施故意杀人犯罪的视听资料。

2. 故意杀人未遂、中止的,被害人的指认。

3. 犯罪嫌疑人的供认。

4. 证人证言。

5. 同案犯罪嫌疑人的供述。

6. 对遗留在犯罪工具、犯罪现场和犯罪嫌疑人、被害人身体、衣物上的指纹、足迹、血迹等所做的能够证明犯罪嫌疑人实施故意杀人犯罪的鉴定。

7. 犯罪嫌疑人有作案时间及故意杀人的动机、目的的证据。

8. 其他能够证明犯罪嫌疑人实施故意杀人犯罪的证据。

（三）证明犯罪嫌疑人实施故意杀人犯罪行为的证据已有查证属实的。

重点审查：

1. 能够排除合理怀疑的视听资料。
2. 其他证据能够印证的被害人的指认。
3. 其他证据能够印证的犯罪嫌疑人的供述。
4. 能够相互印证的证人证言。
5. 能够与其他证据相互印证的证人证言或者同案犯供述。
6. 其他查证属实的证明犯罪嫌疑人实施故意杀人犯罪的证据。

**2. 最高人民法院《全国法院维护农村稳定刑事审判工作座谈会纪要》**

（1999年10月27日法〔1999〕217号）（节录）

（一）关于故意杀人、故意伤害案件

要准确把握故意杀人犯罪适用死刑的标准。对故意杀人犯罪是否判处死刑，不仅要看是否造成了被害人死亡结果，还要综合考虑案件的全部情况。对于因婚姻家庭、邻里纠纷等民间矛盾激化引发的故意杀人犯罪，适用死刑一定要十分慎重，应当与发生在社会上的严重危害社会治安的其他故意杀人犯罪案件有所区别。对于被害人一方有明显过错或对矛盾激化负有直接责任，或者被告人有法定从轻处罚情节的，一般不应判处死刑立即执行。

要注意严格区分故意杀人罪与故意伤害罪的界限。在直接故意杀人与间接故意杀人案件中，犯罪人的主观恶性程度是不同的，在处刑上也应有所区别。间接故意杀人与故意伤害致人死亡，虽然都造成了死亡后果，但行为人故意的性质和内容是截然不同的。不注意区分犯罪的性质和故意的内容，只要有死亡后果就判处死刑的做法是错误的，这在今后的工作中，应当予以纠正。对于故意伤害致人死亡，手段特别残忍，情节特别恶劣的，才可以判处死刑。

> **法律法规**

**《中华人民共和国未成年人保护法（2006年修订）》**（1992年1月1日）（节录）

**第十条（第二款）** 禁止对未成年人实施家庭暴力，禁止虐待、遗弃未成年人，禁止溺婴和其他残害婴儿的行为，不得歧视女性未成年人或者有残疾的未成年人。

# 二、过失致人死亡罪

**23. 在过失犯罪中如何认定行为人的注意义务？**

过失犯罪的成立必须要求行为人具有注意义务和注意能力。注意义务是指行为人负有的避免危害结果发生的义务。注意义务的来源主要有：法律法规以及规章制度的规定；习惯、常理的要求；职务或业务上的要求等。注意义务根据程度不同，可分为一般程度之注意义务，即一般人的注意义务；密切注意之义务，这是一种注意程度较高的注意义务，它通常是业务上的注意义务；最密切注意义务是最高程度的注意义务，其外延较窄，极少数高度危险行业中的注意义务属此类范畴。同时，业务过失比普通过失的注意义务程度高，重过失比轻过失的注意义务程度高。正是由于注意义务有程度的差别，普通公民只履行一般注意义务；特殊主体不仅履行一般注意义务，还须履行特别注意义务。例如，专业器材操作人员对专业器材引发危险的注意义务就要比普通人的范围广。

**24. 在过失犯罪中如何认定行为人的注意能力？**

注意能力则是指履行注意义务的能力。注意能力是行为人具有认识、预见危害结果可能发生的能力，并且在认识、预见到危害结果可能发生的基础上采取措施，以避免结果发生。注意能力是注意义务的前提。法律不强人所难，人们只有在具备注意能力的情况下，才可能履行注意义务。如果行为人本具有注意能力但没有发挥其注意能力，违反了注意义务，其行为造成危害结果的情况下就构成了犯罪过失。反之，如果行为人虽负有某种注意义务，但由于某种原因而在行为当时缺乏注意能力，致使无法履行注意义务，法律也不会对其苛加刑事责任。如《刑法》第16条规定的意外事件，行为人因不具备预见或避免危害结果发生的能力，其行为自然不构成犯罪。判断行为人对某一事项是否具有注意能力，应坚持主客观相一致的原则，既要考虑到行为人的年龄、知识、智力发育、工作经验以及所担负的职务、技术熟练程度等因素，又要考虑行为人当时所处的具体环境和条件，将这两方面的情况综合加以考虑，进行科学分析，作出符合行为人实际情况的判断。

### 典型疑难案件参考

#### 曲某等过失致人死亡案

**基本案情**

曲某、刘某1代表北京长丰康盛房地产经纪有限公司朝阳第十五分公司于2008年4月3日与郭德海签订房屋出租代理合同。曲某、刘某1明知所代理出租的郭德海所有的本市朝阳区建国门外光辉南里5号楼2单元209室安装的燃气热水器存在安全隐患，并向郭德海承诺在出租前予以修理排除，却在未排除该安全隐患的情况下将该室出租给北京紫松琳房地产经纪有限公司。北京紫松琳房地产经纪有限公司经理刘某2作为公司房屋租赁的负责人，在未对所租赁房屋内设备进行安全检查的情况下，即安排大量公司员工入住，致使同年4月24日凌晨，居住在该室的公司员工田甜（女，22岁，河北省人）等9人因长时间持续使用燃气热水器而致一氧化碳中毒死亡。

**一审诉辩情况**

北京市朝阳区人民检察院指控：3被告人的行为触犯了《中华人民共和国刑法》第233条的规定，均已构成过失致人死亡罪，提请法院依法惩处。

被告人曲某的辩护人认为：被告人曲某对危害结果的发生不能预料，且被害人的公司没有按照所签订的合同去执行，却安排多名员工入住，而被害人又长时间地使用热水器等因素才造成严重后果发生，所以，被害人的公司与被害人都负有重大责任。

被告人刘某1的辩护人认为：被告人刘某1已尽了部分应注意的义务，且长时间地使用热水器是事故发生的主要原因，被告人刘某1认罪态度好，并具有自首情节，建议法院对其适用缓刑。

被告人刘某2当庭辩解：其在主观上不能预见所租的房屋存在着安全隐患，且出租方也没有告诉其房屋存在着安全隐患。

被告人刘某2的辩护人认为：被告人刘某2不存在犯罪过失，不具备能力去预见到安全隐患，同时被告人刘某2没有对设备进行安全检查的行为并不是构成犯罪的不作为，且被害人长时间地使用热水器也是事故发生的主要原因。所以，被告人刘某2没有安全检查与死亡结果没有因果关系，故被告人刘某2在整个租房过程中没有过失。故建议法院对被告人刘某2作出无罪判决。

▶一审裁判结果◀

北京市朝阳区人民法院依照《中华人民共和国刑法》第233条、第61条之规定，判决如下：

一、被告人曲某犯过失致人死亡罪，判处有期徒刑5年；

二、被告人刘某1犯过失致人死亡罪，判处有期徒刑5年；

三、被告人刘某2犯过失致人死亡罪，判处有期徒刑3年。

▶一审裁判理由◀

北京市朝阳区人民法院经审理查明：2008年4月3日，被告人曲某、刘某1代表北京长丰康盛房地产经纪有限公司朝阳第十五分公司与郭德海（男，56岁，北京市人）签订了房屋出租代理合同。同年4月18日该公司又与北京紫松琳房地产经纪有限公司的销售经理即被告人刘某2签订了房屋租赁合同。后被告人曲某、刘某1明知所代理出租的郭德海所有的本区建国门外光辉南里5号楼2单元209室安装的燃气热水器存在安全隐患，并向郭德海承诺在出租该房屋前予以修理排除，但却在房屋未排除安全隐患的情况下将该室出租给北京紫松琳房地产经纪有限公司。被告人刘某2作为该公司房屋租赁的负责人，在对所租赁房屋内的设备是否安全产生质疑时未坚持进行检查，且轻信被告人刘某1所讲租赁房屋内的设备安全完好，并违反所签协议居住3人至5人的约定，即于同年4月21日安排了10名公司员工入住，24日凌晨，致使居住在该室的公司员工田甜（女，22岁，河北省人）等9人因长时间持续使用燃气热水器而致一氧化碳中毒死亡，只有单独一人居住在该室小间卧室内的被害人王俊幸免。后被告人曲某、刘某1、刘某2被抓获归案。

被告人曲某的辩护人关于被害人的公司没有按照所签订的合同去执行，却安排多名员工入住，而被害人又长时间地使用热水器等因素才造成严重后果发生，被告人曲某属初犯，当庭认罪态度较好等辩护意见本院予以采纳。但认为被告人曲某对危害结果的发生不能预料，被害人的公司与被害人都负有重大责任,建议法院对其减轻处罚的辩护意见不能成立,本院不予采纳;被告人刘某1的辩护人关于被告人刘某1已尽了部分应注意的义务,并具有自首情节,建议法院对其适用缓刑的辩护意见本院不予采纳;被告人刘某2关于其在主观上不能预见所租的房屋存在着安全隐患,且出租方也没有告诉其房屋存在着安全隐患的辩解及被告人刘某2的辩护人关于被告人刘某2无罪的辩护意见。经查:被告人刘某2在为本公司员工租房过程中,应考虑租住房屋对员工是否安全,且应对安全情况进行检查,并应按规定居住人数合理安排,而其却轻信他人没有任何依据的承诺,未做安全检查,且违反所签合同的规定,安排多人居住,亦是造成本案多人死亡的原因之一,且被告人刘某2在供述中也曾对热水器是否应该安装排气管有过供述,故被告人刘某2的辩解及其辩护人的辩护意见不能成立,不予采纳。

### 二审诉辩情况

曲某、刘某1的上诉理由均为原判刑过重。

刘某2的上诉理由为:刘某1未告知其热水器有问题,其无法预见出租房存在安全隐患,原判量刑过重。

### 二审裁判结果

二审法院认定事实与和证据与一审认定一致。原判决定罪和适用法律正确,量刑适当,审判程序合法,遂裁定驳回曲某、刘某1、刘某2的上诉,维持原判。

### 二审裁判理由

二审法院认为:上诉人曲某、刘某1明知其代为出租的房屋内安装的热水器排气设施缺失,存在安全隐患,仍在未采取措施排除安全隐患的情况下将该房屋出租给他人;上诉人刘某2在负责承租房屋时,明知自己负责租赁的房屋是用于本公司员工的住宿,其应当对该出租屋内各项设施的安全性进行必要的检查,以保证员工住宿的安全,但其因疏忽大意未认真履行安全检查职责。3上诉人在主观上均存在过失,且造成在该室居住的9人因燃气泄漏中毒死亡的严重后果,其行为均构成过失致人死亡罪,依法应予惩处。

## 25. 司法实践中如何在主观罪过上区分故意杀人罪与过失致人死亡罪？

犯罪故意和犯罪过失是两种不同的罪过形式，两者在认识因素与意志因素的具体内容均存有不同。就故意杀人罪与过失致人死亡罪来说，在认识因素上，杀人故意是认识到自己的行为必然发生或者可能发生危害他人生命的结果，而希望或者放任这种结果发生。过失致人死亡罪中的犯罪过失是指行为人已经认识到自己行为可能造成危害社会的结果，但是轻信自己能够避免，或者由于疏忽大意没有认识到自己的行为可能造成危害社会的结果。在意志因素上，杀人故意对危害他人生命的结果发生是积极追求，至少是持无所谓的态度，而过失致人死亡罪对危害他人生命的结果的发生是反对的。所以从认识因素和意志因素上可以看出，过失的主观恶性明显小于故意。

## 26. 意外事件与疏忽大意的过失区别是什么？

所谓意外事件，就是指根据《刑法》第16条的规定，行为人客观上虽然造成了危害结果，但是由于不能预见的原因造成的，行为人对此不负刑事责任。所以意外事件和疏忽大意的过失区别的关键是看行为人有没有预见能力和预见义务。意外事件对危害结果的出现是没有预见到，而且在当时的具体环境和情形下，也不能要求他预见到，就是说行为人对危害结果的发生没有预见能力和预见的义务，结果的出现对他而言是意外的；而疏忽大意的过失虽然在行为当时对危害后果也没有预见到，但行为人应当预见只是由于疏忽大意而没有预见到，行为人对危害后果的发生是有预见能力，也有预见义务的。

## 典型疑难案件参考

郑义碧过失致人死亡案 [最高人民法院公报（2009年卷）]

### 基本案情

被告人郑义碧与李朝邦（被害人）系同村村民。2008年5月23日中午12时许，被告人郑义碧在重庆市江津区西湖镇黄泥场街上饮酒后，来到王吉书经营的茶馆玩耍，遇见同样饮酒后的李朝邦，二人在摆谈中因言语不和，发生争执，被告人郑义碧便背上背篓起身往门外走去。当被告人走到门口处，李朝邦上前拉住被告人的背篓，与被告人发生厮打。厮打中，被告人郑义碧被李朝邦压在身下，被告人在翻滚上来时，李朝邦的头部撞在茶馆内的水缸壁上受伤，被告人见李朝邦不再动弹，便起身离开了现场。李朝邦经人送往重庆第三军医大学新桥医院检查诊断为：李朝邦颈椎骨折，颈4椎体向前滑脱。2008年5月28日凌晨，李朝邦经治疗无效死亡。经重庆市江津区公安局物证鉴定室鉴定：李朝邦系脊髓损伤出血致死。案发后，被告人赔偿了李朝邦亲属人民币2.15万元。

### 一审诉辩情况

重庆市江津区人民检察院指控称：被告人郑义碧故意非法伤害他人身体，致人死亡，其行为已触犯《中华人民共和国刑法》第234条第2款之规定，应当以故意伤害罪追究其刑事责任。

被告人郑义碧的辩护人提出：被告人对李朝邦之死主观上没有过失，客观上没有实施伤害李朝邦的行为，李朝邦之死属意外事件，故被告人的行为不构成犯罪。

### 一审裁判结果

江津区人民法院判决如下：被告人郑义碧犯故意伤害罪，判处有期徒刑10年，剥夺政治权利2年。

### 一审裁判理由

江津区人民法院根据上述事实和证据认为：被告人郑义碧因口角纠纷进而与他人发生厮打，并造成他人死亡的严重后果，双方均有相互侵犯对方身体健康的故意，故被告人的行为已构成故意伤害罪。被告人郑义碧的辩护人辩解提出本案系意外事件的辩护理由，与审理查明的事实不相符合，故其辩解理由不能成立，本院不予采信。

### 二审诉辩情况

上诉人（原审被告人）郑义碧以其没有伤害李朝邦的故意，原判定性有误提出上诉意见。

上诉人（原审被告人）郑义碧的辩护人以郑义碧没有伤害故意，郑义碧对被害人的死亡存在主观上的过失，加之能积极赔偿，建议对其从轻处罚提出辩护意见。

重庆市人民检察院第五分院的出庭意见是：原审判决认定原审被告人郑义碧的行为构成故意伤害罪的事实清楚，证据确实充分，量刑适当，建议二审维持原判。

### 二审裁判结果

重庆市第五中级人民法院作出判决如下：

一、撤销重庆市江津区人民法院〔2008〕津法刑初字第606号刑事判决，即被告人郑义碧犯故意伤害罪，判处有期徒刑10年，剥夺政治权利2年；

二、上诉人（原审被告人）郑义碧犯过失致人死亡罪，判处有期徒刑3年6个月。

### 二审裁判理由

重庆市第五中级人民法院根据上述事实和证据认为：上诉人郑义碧因言语不和与被害人发生口角纠纷，当上诉人郑义碧欲离开茶馆时，被被害人拉住且双方发生互殴并摔倒在地，被害人头部撞击在茶馆的水缸壁上，致其脊髓损伤出血造成死亡，上诉人郑义碧的行为已构成过失致人死亡罪。鉴于上诉人郑义碧积极赔偿被害人亲属经济损失，可从轻处罚，对其辩护人提出从轻处罚的意见予以采纳。上诉人郑义碧的辩护人提出原判定性有误，郑义碧的行为应以过失致人死亡罪认定的辩护意见。法院审理认为：上诉人郑义碧与被害人李朝邦在互殴中均摔倒在地，当郑义碧翻身起来并压在被害人身上时，被害人的头部撞在了附近的水缸壁上，造成被害人受伤死亡。由此看出，郑义碧虽然与被害人有身体接触，但就郑义碧的行为而言并无伤害的李朝邦的故意，造成李朝邦头部撞击水缸壁受伤死亡的后果是郑义碧主观上对其翻身将被害人压在身下的行为可能会造成被害人头部撞击水缸壁的危险结果，因其疏忽大意而没有预见所致，故上诉人郑义碧的行为应以过失致人死亡罪认定，对辩护人的该辩护意见予以采纳。原审判决认定事实清楚，审判程序合法，但适用法律和量刑不当，应当予以纠正。对重庆市人民检察院第五分院的建议维持原判的出庭意见不予采纳。

**27. 刑法理论上的"犯罪故意"与一般生活意义上的"故意"的区别是什么？**

前者具有社会危害性的特定内容，具体表现为对自己实施的危害行为及其危害结果的认识持希望或放任的心理态度，是认识因素和意志的统一；而后者仅仅表明行为人有意识地实施某种行为，不具备犯罪故意的上述内容。

**28. 刑法意义上的"伤害"行为与通常意义上的"殴打"行为有什么区别？**

"伤害"有其特定的含义，是指足以对人体组织完整性的破坏和对人体器官正常功能的损害，即指轻伤以上的损害；而"殴打"是指通常只造成人体暂时性疼痛或神经的轻微刺激，并未从根本上损害人体健康的行为，二者主要存在程度上区别。在司法实践中，伤害的认定应有司法鉴定机构的鉴定结果。

**29. 怎样判断行为人对于死亡结果的发生是否"应当预见"？**

判断时首先考察行为人有无"预见义务"。预见义务属于注意义务，即其负有预见到可能发生危害结果的义务，该义务来源于法律规定、自身职责或者公共生活准则要求。其次要求行为人有预见能力。预见义务与预见能力是有机联系的，只有二者同时具备才能以过失论。总之判断能否预见，应当坚持主客观相一致原则予以确定，即根据行为人自身的年龄、智力、文化、经验等因素所决定的实际认知能力，结合行为本身危险程度和行为时客观环境，仔细分析认定。

## 典型疑难案件参考

### 季洪明过失致人死亡案

**基本案情**

2007年6月27日下午5时许,被告人季洪明发现自家少了一只鸭子,因怀疑季洪仁偷了其鸭子,而与季洪仁发生了争吵、纠缠,并在纠缠中将季洪仁推倒在玉米秆堆上,被害人季立艾见状即上前打了季洪明胸部一拳,被告人季洪明遂用手中的鸭子对季立艾的背部打了一下,季立艾即感身体不适,后经送医院抢救无效而死亡。经法医鉴定,被害人季立艾系失血性休克而死亡。

**一审诉辩情况**

江苏省淮安市楚州区人民检察院指控称:被告人季洪明故意伤害他人身体,致人死亡,其行为触犯了《中华人民共和国刑法》第234条之规定,应当以故意伤害罪追究其刑事责任。

被告人季洪明辩称:其仅是因当时出于气愤而随手打季立艾的,并不想打伤季立艾,更未想到会发生严重后果。

被告人季洪明的辩护人辩称:被告人季洪明的行为构成过失致人死亡罪。其主要理由是:(1)被害人季立艾系因内脏破裂导致失血性死亡。主要原因是其内脏自溶病变;次要原因一是其挥拳打人而造成自身处于应急状态,二是被告人季洪明用鸭子挥打的行为。(2)被告人季洪明用鸭子挥打被害人系当时气急所为,而忘记了被害人是一名重症病人,其主观上并无伤害被害人的故意。

**一审裁判结果**

一审法院江苏省淮安市楚州区人民法院依照《中华人民共和国刑法》第233条之规定,判决如下:

被告人季洪明犯过失致人死亡罪,判处有期徒刑3年。

**一审裁判理由**

江苏省淮安市楚州区人民法院经审理后认为:被告人季洪明为琐事与同组村民季洪仁发生纠纷,当季洪明被季洪仁之子季立艾打了一拳后,其明知季立艾患有严重疾病,应当预见其击打季立艾的行为可能造成的危害后果,因其疏忽大意,用其手中所持的鸭子击打被害人季立艾背部一下,致季立艾终因失血性休克而死亡,其行为已构成过失致人死亡罪。检察机关指控被告人季洪明手持鸭子击打被害人季立艾的犯罪事实清楚,证据确实、充分,本院予以采纳;

但检察机关对被告人季洪明以故意伤害罪的指控，本院予以纠正。辩护人的辩护意见正确，本院予以采纳。鉴于本案系民间纠纷引起，案发后被告人季洪明积极赔偿了被害方的经济损失，并当庭自愿认罪，本院酌情对其从轻处罚。

▶ 二审诉辩情况 ◀

上诉人及其辩护人诉辩的主要理由是：（1）在季立艾先动手打自己时"搪"了他一下；（2）案发后已积极赔偿了被害方的经济损失，请求二审予以从轻处罚。

出庭的检察人员认为：原审判决认定事实清楚，定性准确，上诉人犯罪情节较轻，犯罪后有认罪、悔罪表现，建议二审据此考虑对其改判缓刑。

▶ 二审裁判结果 ◀

江苏省淮安市中级人民法院经审理，确认一审认定的事实和证据。江苏省淮安市中级人民法院依照《中华人民共和国刑事诉讼法》第189条第1项之规定，裁定如下：

驳回上诉，维持原判。

▶ 二审裁判理由 ◀

江苏省淮安市中级人民法院经公开审理后认为：上诉人（原审被告人）季洪明因琐事与被害人父子发生争执时，其明知季立艾患有严重疾病，应当预见手持鸭子击打季立艾背部的行为可能造成危害后果，却因一时气愤而没有预见和控制自己的行为，最终导致季立艾死亡结果的发生，其行为已构成过失致人死亡罪。原审判决认定事实清楚，定性准确，对上诉人季洪明在本案中的具体犯罪情节及案发后积极赔偿的情节，在量刑时已予以考虑和体现，对其所处刑罚并无不当，依法应予维持。

## 30. 过失致人死亡罪与意外事件的区别是什么？

两者的共同点在于：客观上行为人的行为都引起了他人死亡的结果。主观上行为人都没有预见这种结果的发生。区分这两者的关键在于要查明行为人在当时的情况下，对死亡结果的发生，是否应当预见。如果应当预见，但是由于疏忽大意的过失而没有预见，则属于过失致人死亡。如果是由于不能预见的原因而引起死亡的，就是刑法上的意外事件，行为人对此不应负刑事责任。

### 31. 怎样判断行为人是否能够预见？

行为人能否遇见到自己的行为会造成危害社会的结果，即行为人预见能力的判断关系到过失犯罪的成立与否。判断行为人是否能够预见应当根据主客观相统一的原则来解决判断基础、判断方法与判断标准问题。首先，判断基础应包括主客观方面的事实，即应当把行为人的智力水平与行为本身的危险程序及行为时的客观环境结合起来判断能否预见。其次，判断方法应坚持主客观相结合，即分析问题的过程要坚持从客观到主观，把客观要求同行为人的智力水平结合起来。最后，判断标准应当同时考虑主观说与客观说。即在行为导致了危害结果而行为人又没有预见的情况下，首先考察行为人所属的一般人能否预见结果的发生，其次，考察行为人的智力水平是高于一般人还是低于一般人。如果一般人能够预见，但行为人的智力水平低于一般人，则一般不认定其具有预见能力，不宜认定行为人具有过失。反之，一般人能够预见，而行为人的智力水平并不低于甚至高于一般人，则应认定行为人具有过失。基于同样理由，如果一般人不能预见，但行为人的智力水平明显高于一般人，则可能认定为过失，但在这种场合，应当特别慎重处理。

**典型疑难案件参考**

乔伟过失致人死亡案

**基本案情**

2006年3月18日20时许，被告人乔伟下班后骑自行车载着刘叶芳沿本市忠仑公园内道路往蔡塘方向行驶至路口时，遇道路中间设有隔离石墩，因自信可以安全通过未下车推行，致使自行车碰剐隔离石墩晃动后刘叶芳从自行车后座上摔下，其头部受钝性外力作用致重度颅脑损伤经送医院抢救无效于3月20日死亡。被告人乔伟与他人将被害人刘叶芳送到医院后逃逸，案发后其被公安机关网上通缉，2007年3月10日，被告人乔伟在厦门火车站被公安机关抓获归案。另查明：本案案发当日、当时天气晴好，案发地点有灯光照明。

### 诉辩情况

厦门市湖里区人民检察院指控称：被告人乔伟因过失致人死亡，对其应当适用《中华人民共和国刑法》第 233 条之规定，以过失致人死亡罪追究其刑事责任。

被告人乔伟辩称：案发当时是下班高峰期，人较多，其不知道道路前方有石墩，其前后方都有人，其只是跟着前方的人前进。直到车子脚踏板刚到隔离石墩，车子失去控制，其才发现路上的石墩。对于附带民事诉讼原告人提出的诉讼请求，被告人乔伟当庭表示愿意全额赔偿。

辩护人提出如下辩护意见：被告人乔伟一再供称事先因对路况不熟、照明不良，因见其他人均顺畅通行而麻痹未注意到路中石墩，检察机关亦没有提供证据证明被告人乔伟事先看见石墩。因此，检察机关关于被告人乔伟系过于自信过失的指控不能成立。被告人乔伟对案发路段不熟悉、路况平直、事发时照明不良。同时，案发当时也有很多人均同向顺畅通行，作为对路况不熟悉的被告人，实在无法预料路中会突然出现石墩。因此，该事故的发生当属意外事件。被害人刘叶芳的死亡后果系多因所致。一方面是因被害人刘叶芳乘坐自行车时未正坐并抓牢；另一方面是因被害人就医后，医院未及时检查控制伤情，医院方面存在医疗过失，此为被害人死亡的主要原因。本案多名证人系被害人的同事，后因被害人死亡，公安机关才向多名证人取证。因此，证人证言的公正性均不可信。辩护人基于以上辩护意见，认为被告人乔伟的行为不构成过失致人死亡罪。

### 裁判结果

厦门市湖里区人民法院依照相关法律，判决如下：被告人乔伟犯过失致人死亡罪，判处有期徒刑 1 年。

### 裁判理由

厦门市湖里区人民法院根据上述事实和证据认为：关于被告人乔伟的当庭辩解及辩护人提出的辩护意见。经查：被告人乔伟的供述及证人朱正勇、匡思平、陈顺华的证言、现场照片等证据能够相互印证，证实了以下事实：（1）案发当时天气晴好，在事发路段有灯光照明；（2）被告人乔伟在通过路中石墩时并未下车推行也未减速慢行；（3）证人朱正勇在案发当时亲见被告人乔伟骑行的自行车右侧踏板碰刚到路中石墩；（4）被告人乔伟陈述其视力正常，没有近视，案发当时亦未饮酒。

综合以上证据证实的事实，该院认为：案发当时被告人乔伟身体健康、意识清醒、视力良好。证人朱正勇、匡思平、陈顺华均证实案发当日、当时天气晴好，在事发路段有灯光照明，且朱正勇骑车跟随被告人乔伟之后时亲见乔伟骑行的自行车右脚踏板碰刚到路中石墩，因此，被告人乔伟当庭所作的其系在碰触石墩后才发现路中有石墩的辩解，明显系避重就轻、与事实不符，该辩解不足采信。

  关于本案的定性，系意外事件还是过失犯罪？该院认为：区别这两种情况的基本依据是被告人乔伟对其行为的危害结果是否应当预见，是否能够预见，其在行为过程中是否已尽必要的注意义务。注意义务不仅来源于法律、法令、职务和业务方面的规章制度所确定的义务，而且包括日常生活准则所提出的义务，即"社会生活中必要的注意"。结合本案的实际情况，被告人乔伟在骑自行车并于后座乘载被害人刘叶芳时，其即负有保障他人生命安全的注意义务。并且，该注意义务是为一般人所设定的，并不要求行为人必须具备特定的身份和职务。本案被告人乔伟在明知通行路段设有石墩的情况下，并未下车推行也未减速慢行且以较快的速度骑行。而根据一般人的生活注意义务，其应当预见也能够预见这样的行为可能导致被害人伤亡的后果，但是因其疏忽大意而没有预见。因此，本案损害后果的发生不属于意外事件。辩护人关于本案属于意外事件的辩护意见不能成立，不予采纳。

  关于辩护人提出的被害人刘叶芳的死亡原因主要在于医院方面存在医疗过失的辩护意见，因无相应的证据加以证实，亦不予采纳。且其关于证人证言不足采信的辩护意见。该院认为，本案证人证言系经侦查机关依照法定程序制作，应当作为认定本案事实的证据，辩护人的该辩护意见理由不充分，不予采纳。

  被告人乔伟因疏忽大意的过失导致被害人刘叶芳死亡的后果，其行为已构成过失致人死亡罪，但属情节较轻。检察机关指控的罪名成立。被告人乔伟的犯罪行为与附带民事诉讼原告人的损害后果之间具有直接的因果关系，故其应当承担相应的民事赔偿之责。关于附带民事诉讼原告人的诉讼请求，因被告人乔伟当庭表示愿意全额赔偿，故均予以支持。

## 32. 如何从刑法角度认识行为人的行为与被害人死亡结果之间的因果关系？

  刑法意义上的因果关系应该是必然的直接因果关系，即行为与结果之间存在着必然的、内在的、合乎规律的引起与被引起的联系，通常只有这种因果关系才能令行为人对其引起的结果负责任。

## 典型疑难案件参考

### 刘旭被控过失致人死亡宣告无罪案

**基本案情**

2004年4月的一天，被告人刘旭驾驶小轿车在宣武门路口由东向南左转弯时，适有张立发（男，69岁）推自行车在人行横道由东向西过马路。二人因让车问题发生争吵。被告人刘旭驾车前行至宣武门西南角中国图片社门前后靠边停车，与随后骑自行车同方向而来的张立发继续口角，后被告人刘旭动手推了张立发的肩部并踢了张立发腿部。张立发在周围群众帮助下报警，家属接到张立发的通知后赶到派出所，张告诉家人他被被告人打伤。家人发现张脸色苍白，满头大汗，手很凉，后立即将张送至宣武医院，经过4小时的抢救后无效死亡。经法医鉴定，张立发系患冠状粥样硬化性心脏病，致急性心力衰竭死亡，而在此之前，张立发并没有心脏病史。

**诉辩情况**

自诉人暨附带民事诉讼原告人诉称：被害人的行为符合《中华人民共和国刑法》第233条之规定，已构成过失致人死亡罪，提请本院依法追究被告人刘旭的刑事责任。

被告人辩称：其与被害人张立发因交通问题发生纠纷后，用右手推了被害人张立发的左肩一下并踢了左腿两脚，此外未打击身体其他部位。被害人张立发的死亡属于意外事件，其不应承担刑事和民事责任，但可以基于道义补偿2万—3万元；被告人的辩护人主要辩护意见为：自诉人张微指控被告人刘旭对被害人张立发进行拳打脚踢不是事实，被告人刘旭对被害人张立发所踢的两脚并非致命处，被告人刘旭的行为与被害人张立发的死亡没有直接的因果联系，对发生死亡结果是无法预见的，因此被告人刘旭不应承担刑事和民事责任。

**裁判结果**

北京市宣武区人民法院依照法律判决被告人刘旭无罪，被告人刘旭赔偿附带民事诉讼原告人张微人民币10.5万元。

**裁判理由**

北京市宣武区人民法院根据上述事实和证据认为：被告人刘旭与被害人张立发因交通问题发生口角及肢体接触，现有证据证实被告人刘旭推了被害人张立发肩部以及踢了被害人腿部。但在打击的力度及部位方面，被告人刘旭的行为尚未达到可能造成被害人张立发死亡的强度。被告人刘旭在事发当时无法预料到被害人张立发患有心脏病并会因心脏病发作导致死亡结果的发生，对于被害人张立发的死亡，被告人在主观上既无故意也没有过失，被害人张立发的死亡更多是由于意外因素所致，被告人刘旭的殴打行为只是一个诱因，故被告人刘旭不应承担过失致人死亡的刑事责任。自诉人张微指控被告人刘旭犯过失致人死亡罪不能成立。关于附带民事赔偿部分，虽然被告人刘旭的行为不构成犯罪，但考虑到被告人刘旭在本案起因方面负有不可推卸的责任且其行为是造成被害人死亡的诱因，因此，被告人刘旭对因被害人张立发死亡给其家属所造成的实际经济损失应酌情承担一定比例的民事赔偿责任；但对于自诉人张微要求被告人刘旭赔偿精神抚慰金的诉讼请求，理由不充分，故不予支持。被告人刘旭及其辩护人关于被告人刘旭不应承担刑事责任的辩解及辩护意见，予以采纳；但关于被告人刘旭不承担民事责任的辩解及辩护意见，不予采纳。

## 33. 故意伤害罪与过失致人死亡罪的区别是什么？

故意伤害罪与过失致人死亡罪的区别关键点是行为人主观方面不同，特别是在故意伤害致人死亡的情形下，故意伤害罪与过失致人死亡罪都发生了导致被害人死亡的危害后果，其区别更应立足于对行为人主观方面的判断。在故意伤害的情况下，行为人的主观方面对行为将导致危害结果发生具有较清楚、现实的认识，因而在发生危害的情况下，其主观认识与客观结果之间是一致的，并未产生错误。而在过失致人死亡的情况下，行为人既无损害他人身体健康的故意，更无剥夺他人生命的故意，其行为致被害人死亡，从主观方面讲完全是一种过失（包括过于自信和疏忽大意），行为人排斥、反对结果发生，发生的结果是违背其意愿的。也就是说，在过失致人死亡罪中，行为人的意志因素是既不希望也不放任危害结果的发生，而在故意伤害致人死亡的案件中，行为人对危害他人生命的结果持希望或者听之任之的放任态度。

## 典型疑难案件参考

### 余焰火过失致人死亡案

**基本案情**

2010年5月间,位于深圳市龙岗区宝荷路中信高尔夫栖湖别墅内的C002栋别墅正在进行装修,刘承东系该别墅装修工程的泥水班长,被告人余焰火系在该别墅工作的泥水工,被害人高净辉系该别墅装修工程的监理。2010年5月31日14时许,被害人高净辉到该C002栋别墅检查工程进度。因装修工作中产生的矛盾,被害人高净辉与刘承东在别墅三楼发生口角,一直在别墅三楼的被告人余焰火(系刘承东表叔)从别墅三楼下到二楼,在二楼楼梯平台处遇到正从二楼准备上三楼的被害人高净辉,便双手将高净辉一推,高净辉未能站稳,跌向一米开外的电梯井处。由于电梯井边没有护栏,导致被害人高净辉跌至电梯井底部,经送医院抢救无效死亡。经法医鉴定:被害人高净辉系头部与钝性物体发生相互作用,致重度颅脑损伤死亡,其损伤特点符合高坠。被告人余焰火案发后逃离现场,于2010年6月12日被公安机关抓获归案。

**诉辩情况**

检察机关广东省深圳市人民检察院提请以故意伤害罪对被告人余焰火判处刑罚。

被害人近亲属委托的诉讼代理人认为:被告人余焰火主观上有杀人的故意,客观上实施了非法剥夺他人生命的行为,应当以故意杀人罪追究其刑事责任;余焰火当庭企图避重就轻,无悔罪表现,应从重处罚。

被告人余焰火表示认罪,但辩称自己没有伤害被害人的意思,并表示愿意在力所能及的范围内赔偿损失。辩护人认为:余焰火的行为不构成故意伤害罪,而是构成过失致人死亡罪,并且情节较轻。

**裁判结果**

经审理查明:本院综合考虑被告人的犯罪性质、情节和悔罪表现,依照相关法律,判决如下:被告人余焰火犯过失致人死亡罪,判处有期徒刑6年。

**裁判理由**

深圳市中级人民法院经审理认为:被告人余焰火在与他人争执过程中,用双手推被害人,致被害人跌落电梯井死亡。被告人作为具备完全刑事责任能力的行为人,应当知道自己的行为可能造成被害人死亡的结果,但是疏忽大意没有预见，其行为已构成过失致人死亡罪。被告人余焰火的行为导致被害人高净辉死亡，给附带民事诉讼原告人造成了经济损失，应依法承担相应民事赔偿责任。由于被害人高净辉属农业家庭户口，附带民事诉讼原告人未提供其案发前在深圳居住一年以上，且有固定收入的相关证据，只能按深圳农村居民标准计算死亡赔偿金。经计算，死亡赔偿金为 $6906.93 \times 20 = 138138.6$ 元，超出部分不予支持；附带民事诉讼原告人提出的丧葬费 23361.5 元未超出法律规定的标准，应依法支持；原告人提出的交通费、食宿费共 5 万元，虽只提供了部分票据的复印件，但考虑到原告人处理被害人死亡必须支出一定的交通和食宿费用，本院酌情支持人民币 2 万元。在本案审理过程中，被告人余焰火已先行赔付人民币 2 万元给附带民事诉讼原告人，该笔款项应在本案赔偿总额中予以扣除，并在对被告人余焰火量刑时予以酌情考虑。

## 34. 过失致人死亡罪和意外事件区别的关键点是什么？

过失致人死亡罪，在客观方面表现为因行为人的过失行为导致他人死亡的结果发生；主观方面是由于过失，具体是指行为人应当预见到自己的行为可能导致他人死亡，由于疏忽大意没有预见，或者已经预见而轻信能够避免，以致导致死亡结果的发生。意外事件是指行为人不是出于故意或者过失，而是由于不能预见或者不能抗拒的原因，以致行为在客观上造成了危害社会的结果。在意外事件情况下，行为人主观上没有罪过，因而不认为是犯罪，不负刑事责任。意外事件有三个显著特征：一是行为人的行为在客观上造成了损害结果；二是行为人对自己的行为所造成的损害结果，主观上既无故意也无过失；三是损害结果的发生是由于不能预见或者不能抗拒的原因所引起的。由此可见，疏忽大意的过失致人死亡与意外事件致人死亡的原则区别在于：根据行为人的认识水平、行为本身的性质和当时的客观情况，行为人对其行为导致他人死亡的结果可能性能够预见、应当预见，只是由于疏忽大意的心理导致了未能实际预见，因而发生他人死亡的后果则构成疏忽大意的过失致人死亡罪；如果行为人对他人死亡结果的发生不可能预见，也不应当预见而没有预见，但客观上行为导致了死亡后果的发生的则属于意外事件。过于自信的过失致人

> 死亡与意外事件致人死亡的原则区别则在于：前者是指行为人在行为当时对行为可能致人死亡的后果是能够预见并已经预见了的，但行为人出于对当时主客观各种因素的考虑，轻信自己能够避免这种危害后果的发生而实际导致这一结果的发生；而后者则是指行为人在行为时是不能、不应当预见且实际上也确实没有预见到危害后果的发生的。

## 典型疑难案件参考

### 钟平过失致人死亡案

**基本案情**

1999年12月26日12时许，被告人钟平与龙丽娟驾车到延庆县官厅湖水库南侧游玩。为近距离观赏野鸭子，钟平在查看冰面后，认为可以承载其驾驶的汽车，穿越冰面，即驾驶该车载龙丽娟向水库北岸行驶，当车行至河岔中心偏北侧时，冰面破裂，汽车落入冰下水中，导致车内龙丽娟溺水死亡。钟平上岸后既没有采取抢救措施，亦未报案，自己悄然返回北京，2004年5月24日，当地渔民打鱼时发现了该车及死者的尸体。被告人钟平于2004年6月11日被查获。

**一审诉辩情况**

北京市延庆县人民检察院认为被告人钟平的行为触犯了《中华人民共和国刑法》第233条的规定，构成过失致人死亡罪，应依法惩处。

被告人钟平在法庭辩论中辩解称：其对于龙丽娟的死亡，不存在过失，应属意外事件，其的行为不构成犯罪，但对民事赔偿部分，表示愿合理赔偿。

钟平的辩护人提出的辩护意见是：被告人钟平在主观上不具有过于自信的特征，在主观意志因素方面钟平没有预知到前面的危险，因此该案属意外事件，不应承担刑事责任和民事责任。

**一审裁判结果**

一审法院北京市延庆县人民法院依照相关法律作出如下判决：

一、被告人钟平犯过失致人死亡罪，判处有期徒刑3年，缓刑3年；

二、被告人钟平赔偿附带民事诉讼原告人周某的抚养费35758.8元；赔偿附带民事诉讼原告人龙春增、侯翠权为死者龙丽娟支付的丧葬费10257.3元；

三、被告人钟平赔偿死者龙丽娟的死亡赔偿金人民币 211863 元支付给附带民事诉讼原告人龙春增、侯翠权、周某。

### ▶ 一审裁判理由

北京市延庆县人民法院根据上述事实和证据认为：被告人钟平在与龙丽娟游玩过程中，在预感到在冰面上行车具有一定的危险性，仍冒险驾车穿越冰面，导致车辆及二人中途落入水中，致使龙丽娟溺死于水中，其行为构成过失致人死亡罪，应依法处罚。在本案中，被告人钟平是成年人，对于在冰面上开车的危险性应当具有一定的认知能力，应当预见自己的行为可能发生的后果，而且也确实预见到了危险性的存在，只是在查看冰面情况后，过于自信地认为能够避免危险的发生，而实施了穿越冰面的行为，不是不能预见和不能抗拒，因此，被告人钟平与辩护人认为该事件属意外事件，不构成犯罪的辩解和辩护意见，缺乏事实和法律依据，本院不予采信。

附带民事诉讼原告人龙春增、侯翠权、周某及其各自的代理人认为龙丽娟死的蹊跷，可能溺水前即已被害，钟平有故意杀人嫌疑的代理意见，没有证据证实，缺乏事实依据，本院不予采信。鉴于该案的具体情节，参照过失犯罪的基本原则，应认定该案为情节较轻。由于被告人钟平的过失行为给死者及家属造成的经济损失，应由钟平负责赔偿。龙丽娟系完全民事行为能力人，对危险的存在应当预见，仍与钟平一同穿越冰面，溺死于车中，亦应负一定的民事责任，鉴于本案的情节，应由死者龙丽娟承担 40% 的民事责任。被告人钟平事后未予施救也未报案，而是悄然隐瞒此事，致使龙丽娟家人受到精神上的煎熬，因此应从道义上对钟平予以谴责。附带民事诉讼原告人龙春增、侯翠权均系退休职工，虽丧失劳动能力，但具有一定的生活来源且有其他子女相照顾，因此二人要求赔偿赡养费的诉讼请求，缺乏法律依据，本院不予支持；附带民事诉讼原告人周某要求赔偿抚养费的诉讼请求，合理部分，本院应予支持；对龙春增、侯翠权要求赔偿存尸费、墓地费、特殊处理费等各项过高的部分，因缺乏事实和法律依据，本院不予支持；关于附带民事诉讼原告人叶敏及其代理人龙海娟、孙群梅要求赔偿车辆损失的请求，因其未提供相关证据证实，本院不予支持；延庆县人民检察院指控被告人钟平犯过失致人死亡罪的事实基本清楚，证据较充分，指控的罪名成立。

### ▶ 二审诉辩情况

上诉人（原审附带民事诉讼原告人）龙春增、侯翠权、周某、叶敏提出的上诉理由及龙春增、侯翠权、周某、叶敏的诉讼代理人的代理意见是：原判认定钟平犯过失致人死亡罪缺乏事实及法律依据，且原判认定本案情节较轻显属不当，忽略了钟平犯罪行为的社会危害性，造成定性不当，重罪轻判。

上诉人（原审被告人暨附带民事诉讼被告人）钟平提出的上诉理由是：原判认为其与龙丽娟游玩过程中，在预感到冰面上行车具有一定的危险性，仍冒险驾车穿越冰面，导致车辆落水，不符合事实，其也未闪现过过于自信的心态；其对死亡的后果没有任何过错，判决其承担负担民事赔偿责任没有法律依据；其交给原审法院的 8 万元人民币是对事发后没有及时报案，导致龙丽娟尸体在水中浸泡若干年的歉意补偿；要求撤销原判，改判其无罪。

### 二审裁判结果

北京市第一中级人民法院经审理，确认一审法院认定的事实、证据。北京市第一中级人民法院依照《中华人民共和国刑事诉讼法》第 189 条第 1 项之规定，作出如下裁定：驳回上诉人龙春增、侯翠权、周某、叶敏、钟平的上诉，维持原判。

### 二审裁判依据

北京市第一中级人民法院根据上述事实和证据认为：对于上诉人（原审附带民事诉讼原告人）龙春增、侯翠权、周某、叶敏提出的原判定性不当，重罪轻判，请求本院依法重新审理的上诉理由。经查，根据《中华人民共和国刑事诉讼法》第 180 条第 2 款的规定："附带民事诉讼的当事人和他们的法定代理人，可以对地方各级人民法院第一审判决中的附带民事诉讼部分，提出上诉。"因龙春增、侯翠权、周某、叶敏提出的上述上诉理由不符合该法律规定，本院不予支持。对于叶敏提出的要求赔偿车辆损失，但原判以未提供相关证据为由不予支持不妥的上诉理由。经查，叶敏在原审人民法院开庭审理中虽当庭提交了部分证据，但尚不充分，待进一步完善证据后，叶敏可对钟平另行提起民事诉讼；对于龙春增、侯翠权、周某、叶敏提出的现无任何证据证明龙丽娟在落水前是否仍健康生存和思维意识，原判主观推论，故认定龙丽娟承担 40% 的民事责任显属不妥，对周某的抚养费判决偏低，不能保障周某最低生活需要的上诉理由。经查，本案现有的证据不能证明钟平有杀害龙丽娟的动机、故意及行为，根据最高人民法院《关于审理人身损害赔偿案件适用法律若干问题的解释》第 2 条第 2 款 "受害人对同一损害结果的发生或者扩大有故意、过失的，依照《民法通则》第一百三十一条的规定，可以减轻或者免除赔偿义务人的赔偿责任"的规定，原判适当减轻钟平的赔偿责任，由其承担 60% 的民事责任并无不当。在此基础上判令钟平赔偿周某抚养费的数额适当，故龙春增、侯翠权、周某、叶敏提出的上诉理由不能成立，本院不予支持；对于龙春增、侯翠权提出应以生活补助方式补偿其精神损失的上诉理由。经查，根据最高人民法院《关于刑事附带民事诉讼范围问题的规定》第1条第2款"对于被害人因犯罪行为遭受精神损失而提起附带民事诉讼的，人民法院不予受理"的规定，对龙春增、侯翠权提出的该上诉理由，本院不予支持；对于龙春增、侯翠权、周某、叶敏提出原判认定钟平已履行赔偿义务违背事实的上诉理由。经查，钟平确已向原审人民法院缴纳赔偿款人民币8万元，无论其出于何种动机，但都可视为其已实际履行了部分赔偿义务。

上诉人（原审被告人暨附带民事诉讼被告人）钟平过失致使他人死亡，其行为已构成过失致人死亡罪，依法应予处罚。由于钟平的犯罪行为给附带民事诉讼原告人造成的经济损失，依法应予合理赔偿。并由于本案受害人对同一损害结果的发生有过失，依法可以适当减轻钟平的赔偿责任。对于上诉人钟平提出的原判认为其与龙丽娟游玩过程中，在预感到冰面上行车具有一定的危险性，仍冒险驾车穿越冰面，导致车辆落水，不符合事实，其也未闪现过过于自信的心态；其对龙丽娟死亡的后果没有任何过错，判决其承担附带民事赔偿责任没有法律依据；其交给原审法院的8万元人民币是对事发后没有及时报案，导致龙丽娟尸体在水中浸泡若干年的歉意补偿；请求撤销原判，改判其无罪的上诉理由，经查，根据《中华人民共和国刑法》第15条的规定："应当预见自己的行为可能发生危害社会的结果，因为疏忽大意而没有预见，或者已经预见而轻信能够避免，以致发生这种结果的，是过失犯罪。"钟平作为成年和智力上无缺陷的人，驾车载人在冰面行驶，应当预见自己的行为可能发生危害社会的结果，而非不能预见，不能避免，以致发生车坠人亡的后果，钟平的行为符合我国《刑法》关于过失致人死亡罪的构成和基本原则。其是否"闪现过过于自信的心态"，不影响从我国刑法原则上对其过失犯罪主观因素的判断。钟平过失犯罪行为与龙丽娟死亡危害结果的发生有着直接的因果关系，钟平应当承担相应的刑事责任和民事赔偿责任，故钟平的上诉理由均不能成立，应予驳回。原审人民法院根据钟平犯罪的事实，犯罪的性质、情节和对于社会的危害程度对其所作出的刑事附带民事判决，定罪、适用法律正确，量刑及判处赔偿原审附带民事诉讼原告人经济损失的数额适当，审判程序合法，应予维持。

### 35. 交通肇事罪与过失致人死亡罪如何进行区分？

交通肇事罪是指违反交通运输管理法规，因而发生重大事故，致人重伤、死亡或者使公私财产遭受重大损失的行为。过失致人死亡罪则是指行为人应当预见到自己的行为会造成他人死亡的后果或者已经预见到而轻信能够避免，以致造成他人死亡的结果。过失致人死亡罪的主观构成要件是过失，包括疏忽大意的过失与过于自信的过失；客观方面是实施了致使他人死亡的行为并实际导致了被害人的死亡。两罪均可表现为由于被告人驾驶交通运输工具而致人死亡，关键则要看行为人是否违反了交通运输管理法规，在具体判断上要看被告人肇事的具体场所。构成交通肇事罪所指的场所是被告人使用交通工具在实行交通管理的范围内，如在公路上发生的交通事故，则应按交通肇事罪处罚。在公共交通管理的范围外，如在工矿厂区、学校等驾驶机动车辆或者使用其他交通工具致人伤亡构成犯罪的，以过失致人死亡罪定罪处罚。

#### 典型疑难案件参考

宋亲卫过失致人死亡案

**基本案情**

2004年3月25日11时许，被告人宋亲卫驾驶审验过期的豫CB1746号货车，由南向北行驶到洛阳市西工区红山乡下沟村陇海铁路涵洞北时，将车右侧同向骑电动自行车的陈运通挂倒，致其当场昏迷，后被送往洛阳市第四人民医院急救，经抢救无效，受害人因颅脑严重损伤，于3月29日死亡。

**诉辩情况**

洛阳市西工区人民检察院指控称：被告人过失致他人死亡，其行为已构成过失致人死亡罪，应依照《中华人民共和国刑法》第233条之规定惩处。

被告人的辩解及其辩护人的辩护意见：被告人宋亲卫对检察院指控无异议，其辩护人辩称：本案定性应为交通肇事罪，并应按该罪对被告人进行量刑；被告人系初犯，又系过失犯，案发后已支付受害人部分赔偿费，请求对被告人从轻处罚。

**裁判结果**

洛阳市西工区人民法院依据《中华人民共和国刑法》第 233 条、第 72 条、第 73 条、第 61 条之规定,判决如下:

被告人宋亲卫犯过失致人死亡罪,判处有期徒刑 3 年,缓刑 4 年。

**裁判理由**

洛阳市西工区人民法院根据上述事实和证据认为:被告人宋亲卫驾驶超过审验期限车辆,在非道路地区行驶时,未充分尽到安全驾驶之义务,造成挂倒并致他人死亡的后果,其行为已构成过失致人死亡罪,检察机关指控罪名成立。辩护人关于本案定性为交通肇事罪的辩称,因本案案发地点并非交通肇事罪所要求事故发生地须为道路之要件,故该项辩称及对被告人按交通肇事罪处罚的辩护意见,理由均不充分,本院均不予支持。鉴于被告人系初犯,能认罪并已对受害人亲属进行了赔偿,且受害人亲属同意对被告人从轻处罚。

### 36. 疏忽大意过失致人死亡罪的主观罪过如何认定?

过失致人死亡罪的主观罪过是过失,包括疏忽大意的过失和过于自信的过失。疏忽大意的过失致人死亡的主观罪过内容是行为人应当预见到自己的行为会造成他人死亡的危害结果,由于疏忽大意而没有预见。在判断行为人是否具有疏忽大意的过失时,要看行为人是否有能力预见到被害人死亡的危害结果以及是否有预见的义务。只有行为人有预见义务,且有能力预见到被害人死亡的危害后果,但是由于疏忽大意没有预见因而造成此种后果的,才能苛加给行为人过失致人死亡罪的刑事责任。

**典型疑难案件参考**

朱启三过失致人死亡案

**基本案情**

2003 年 2 月 8 日下午 3 时许,被告人朱启三及乘客林凯桂先后乘坐黎耀福驾驶的桂 D50240 后三轮客车,从岑溪市归义镇荔枝村前往归义镇新圩街。当车行驶至国道 324 线约 1315kM 荔枝路段时,朱乘林不备之机,将林放在上衣口袋的32元人民币盗走,被林发觉,朱见势不妙便起身欲跳车逃跑。林见状亦站起并出手抓住朱的衣服,朱慌忙跳车,林凯桂被拖带出车外失去重心头部撞击地面致颅脑损伤而死亡。案发后,被告人朱启三逃跑躲避,同月22日才被公安机关抓获归案。

### 诉辩情况

广西壮族自治区岑溪市人民检察院指控认为被告人朱启三实施盗窃行为后,为抗拒抓捕而当场使用暴力,致人死亡,其行为已触犯《中华人民共和国刑法》第269条、第263条第2项、第5项的规定,应以抢劫罪追究其刑事责任,请求法院依法惩处。

被告人朱启三辩称:其跳车逃跑时没有出手拖被害人跌落车外,也没有打他,而是其跳车时没估计到被害人还抓住其衣服不放手,无意中将他拖带落车摔死的,请求对其从轻处理。

### 裁判结果

广西壮族自治区岑溪市人民法院依照《中华人民共和国刑法》第233条、第36条及《中华人民共和国民法通则》第119条之规定,作出如下判决:

一、朱启三犯过失致人死亡罪,判处有期徒刑7年;

二、朱启三应赔偿附带民事诉讼原告人林镇奇、林月凤因林凯桂死亡而产生的死亡补偿费66660元。

### 裁判理由

广西壮族自治区岑溪市人民法院根据上述事实和证据认为:被告人朱启三应当预见自己躲避被害人抓捕跳车,被害人不放手会将其拖带下车造成伤亡事故的后果,由于慌张而疏忽大意没有预见致使被害人林凯桂被拖带出车外失去重心摔死,其行为已触犯《中华人民共和国刑法》第232条之规定,构成过失致人死亡罪。检察机关指控被告人朱启三犯抢劫罪欠妥,依法更正。起诉书指控被告人朱启三用刀挣脱林抓捕后跳车,同时把林拖跌落车的事实,由于与主要证人钟妙才、黎耀福的证言及被告人的辩解并经其他证人证言加以佐证的事实有出入,且无其他证据证实,不予采纳。被告人朱启三犯罪后未能赔偿附带民事诉讼原告人的经济损失,应酌情从重处罚。两原告人因被告人的犯罪行为造成其经济损失,请求被告人朱启三给予赔偿,理据充分,予以支持。

## 37. 被告人在倒车时不慎将帮助推车的人挤在车后的墙上当场死亡，是意外事件还是过失致人死亡？

判断行为人的行为属于过失犯罪还是意外事件，关键要看行为人是否对自己的行为产生危害社会的结果具有主观过失。行为人如果能够预见到自己的行为会造成他人死亡的结果，因为疏忽大意没有预见，或者已经预见到但轻信能够避免的，应当追究其过失犯罪的刑事责任。但是如果行为人在事实上不可能预见到自己倒车的行为会导致他人死亡，则不能追究其过失犯罪责任，而只能认定为意外事件。

### 典型疑难案件参考

马金平在倒车时将帮助推车的人挤在车后的墙上过失致人死亡案

#### 基本案情

2003年3月15日凌晨，被告人马金平，驾驶其豫F51685货车在位于河南省荥阳市乔楼镇的郑州宝丰农化有限公司院内卸完货后，因当天下雨，车陷入淤泥中，同车的人即找该公司的保管员陈福俊等人帮忙推车。被告人马金平在倒车时，不慎将帮忙推车的陈福俊挤在墙上，致陈当场死亡。经荥阳市公安局刑事技术鉴定，陈福俊系因质量大、接触面大的物体挤压致颅脑损伤；心脏、肝胰破裂引起失血性休克死亡。案发后，被告人马金平家属已赔偿被害人陈福俊家属经济损失63000元。

#### 诉辩情况

河南省荥阳市人民检察院以被告人马金平犯过失致人死亡罪向荥阳市人民法院提起公诉。

被告人马金平对指控的犯罪事实没有异议。

#### 裁判结果

审理法院依照《中华人民共和国刑法》第233条、第72条第1款、第73条第2款和第3款、第47条的规定，于2003年7月3日作出如下判决：

被告人马金平犯过失致人死亡罪，判处有期徒刑2年，缓刑2年。

**裁判理由**

荥阳市人民法院经公开审理认为：被告人马金平应当预见自己的倒车行为可能会造成他人死亡的结果，因疏忽大意而没有预见，以致造成他人死亡的结果，其行为已构成过失致人死亡罪。荥阳市人民检察院指控被告人马金平的犯罪事实及罪名成立，予以支持。

## 过失致人死亡罪办案依据集成

### 刑法条文

第二百三十三条 【过失致人死亡罪】过失致人死亡的,处三年以上七年以下有期徒刑;情节较轻的,处三年以下有期徒刑。本法另有规定的,依照规定。

### 司法解释

**最高人民法院《关于审理交通肇事刑事案件具体应用法律若干问题的解释》**(2000年11月21日 法释〔2000〕33号)(节录)

第八条(第二款) 在公共交通管理的范围外,驾驶机动车辆或者使用其他交通工具致人伤亡或者致使公共财产或者他人财产遭受重大损失,构成犯罪的,分别依照刑法第一百三十四条、第一百三十五条、第二百三十三条等规定定罪处罚。

# 三、故意伤害罪

**38. 盗窃行为发生后，实施盗窃的行为人已经逃离现场，将盗窃行为人推倒致其轻伤的行为，应当如何定性？**

首先，如果盗窃的行为人已经逃离现场，后经追赶上后，将行为人推倒的行为不构成正当防卫。正当防卫的时机条件要求不法侵害正在进行。而当盗窃行为已经实施完毕，此时在追赶、阻止过程中实施的避免财产受到不法侵害的行为已经丧失了时机条件，难以以正当防卫定性。其次，即使不构成正当防卫，这种行为也不成立故意伤害罪。一方面，故意伤害罪的主观方面要求行为人对自己的行为导致他人人身损害的结果持希望或者放任的态度。而行为人的目的仅在于追回被盗物，并不存在对盗窃者轻伤的希望或者放任，甚至对于这种情况的发生是持反对态度的，因而缺乏犯罪的故意。另一方面，盗窃行为在先，推倒致伤行为在后，两个行为之间存在关联，对前一行为的定性对于后一行为的认定有重要作用。基于前一行为，可以看出其后为夺回其财物的追赶行为实际上是民法上的自助行为。最后，虽然上述行为是在财产被盗窃之后，紧急情况下为了保护自己财产而实施的，应当属于自助行为。但是自助行为在手段上必须与实现自己的权利相适应，不允许为了恢复自己的权利而过度地使用暴力。财物权利人为了保护自己的财产而针对侵害人实施一定限制其自由的行为，是正当的，但是行为人自助行为采用暴力方法造成被害人轻伤，已经明显超过了必要限度。对于超过必要限度的部分，属于民事法上的侵权行为，理应给予相应的民事赔偿。当然，因为侵害人受到的人身伤害是因其先前的盗窃行为而起，亦具有过错，可以适当减轻权利人自助过当引发的侵权赔偿责任。

**39. 盗窃行为人已经逃离现场，权利人追赶上后，盗窃人放弃财物意图逃跑，权利人仍然紧追不舍，盗窃行为人实施暴力的能否构成转化型抢劫？**

根据我国《刑法》第 269 条的规定，犯盗窃、诈骗、抢夺罪，为窝藏赃物、抗拒抓捕或者毁灭罪证而当场使用暴力或者以暴力相威胁的，依照抢劫罪处罚。构成此种转化型抢劫罪必须具备以下几个条件：一是行为人必须实施了盗窃、诈骗、抢夺中的任何一种行为。二是行为人必须是在实施盗窃、诈骗、抢夺犯罪过程中，当场使用暴力或者以暴力相威胁的。"当场"是指盗窃、诈骗、抢夺的作案现场。但是，犯罪分子作案后，被害人紧追不舍的，应当视为作案现场的延伸。但是犯罪分子已经逃离现场，被害人后来又追赶找寻到犯罪分子的，犯罪分子使用暴力或以暴力相威胁的，不构成抢劫罪。三是行为人使用暴力或者以暴力相威胁的目的在于窝藏赃物、抗拒抓捕、毁灭罪证。根据上述条件，《刑法》第 269 条规定的转化型抢劫必须具有"当场"实施的特点。盗窃犯罪分子已经逃离现场的，后来虽然又被权利人追赶上的，已经不具有当场性的特点，不能够构成转化型抢劫罪。

## 典型疑难案件参考

王锦华诉张长玉故意伤害案（自诉案件）

**基本案情**

2006 年 6 月 7 日凌晨 4 时许，王锦华在被告人张长玉家后门口，将张长玉闲置在此的旧摩托车（价值人民币 400 元）推出巷子，请人抬上自己的三轮车。行至兴化市丰收南路五里转盘，摩托车从三轮车上掉下。王锦华下车察看，欲将摩托车重新装上三轮车时，被张长玉追上。王锦华即放弃摩托车，准备骑三轮车逃离，张长玉将其推倒、跌坐在地，致王锦华左股骨粗隆间粉碎性骨折。经法医鉴定为轻伤、十级残疾。

**诉辩情况**

王锦华以被告人张长玉犯故意伤害罪于 2006 年 11 月 15 日向江苏省兴化市人民法院提起控诉，并以造成经济损失为由，提起附带民事诉讼，要求追究被告人张长玉的刑事责任,并责令赔偿经自诉人王济损失。

被告人张长玉辩称:自诉人偷其车子,其追赶是事实,但没有打人,也没有伤害自诉人的故意,更没有实施伤害自诉人的行为,其动机是追回被窃财物、制止不法行为,因此,请求法院驳回自诉人的全部诉讼请求。

## ▶ 裁判结果 ◀

一审法院江苏省兴化市人民法院于 2007 年 8 月 27 日作出判决,根据《中华人民共和国刑事诉讼法》第 162 条第 2 项、《中华人民共和国民法通则》第 119 条、第 131 条,以及最高人民法院《关于审理人身损害赔偿案件适用法律若干问题的解释》第 17 条第 1 款、第 2 款、第 19 条、第 20 条、第 21 条、第 22 条、第 25 条之规定,判决被告人张长玉无罪;被告人张长玉赔偿自诉人王锦华医疗、误工、护理、交通及残疾赔偿、鉴定等费用计人民币 28427.64 元;此款已给付 6000 元,余款 22427.64 元,限判决生效后立即给付。

二审法院江苏省泰州市中级人民法院主持调解,双方当事人于 2007 年 12 月 3 日自愿达成协议:原审自诉人暨附带民事诉讼原告人王锦华自愿放弃对上诉人张长玉刑事部分的指控;上诉人张长玉自愿放弃上诉;上诉人张长玉自愿赔偿原审自诉人暨附带民事诉讼原告人王锦华各项经济损失计人民币 20000 元(含已支付的人民币 6000 元),于调解书送达时一次付清;原审自诉人暨附带民事诉讼原告人王锦华因该伤引起的一切后续治疗费用,由原审自诉人暨附带民事诉讼原告人王锦华自行承担。自本调解书送达后,双方不得因此事再发生纠纷、不得再向对方提出任何赔偿或提起诉讼。

## ▶ 裁判理由 ◀

一审法院判决书认定:被告人张长玉将自诉人王锦华推倒、跌伤,造成轻伤、十级残疾的后果,是客观存在并经证据证实的事实。但事件的起因是自诉人擅自窃取被告人摩托车,并且在被告人得悉后立即追赶自诉人的过程中发生的;当时自诉人虽然已将摩托车放弃,但未就此事做出说明并接受处理,在自诉人欲骑车离去时,被告人对其推倒是一种自力救济行为。故被告人不具有伤害自诉人的主观故意,且没有造成更为严重的重伤后果,因此自诉人王锦华指控被告人张长玉犯故意伤害罪,罪名不能成立,本院不予支持。但被告人张长玉所采取的自救行为方法,已造成不应有的损害后果,虽然不应当就致人轻伤负刑事责任,但要对造成的伤残后果承担相应的民事赔偿责任。又因自诉人王锦华对于事件的起因负有完全责任,故对于损害后果的发生应自行承担一定的责任,据此应当减轻被告人张长玉的赔偿责任。

## 40. 如何区分故意伤害致人死亡与过失致人死亡？

故意伤害致人死亡与过失致人死亡罪的区分，可以根据其主观方面、客观方面予以综合认定。

首先，在主观方面上，故意伤害致人死亡的行为人主观上存在伤害他人的故意，但是对于死亡结果并无主观故意，死亡结果是其意料之外的，死亡是伤害的加重结果，故此故意伤害致人死亡属于故意伤害罪的结果加重犯。过失致人死亡是由于行为人自身的行为导致被害人的死亡，主观方面是过失，包括疏忽大意的过失和过于自信的过失。可见，二者的区分关键在于行为人是否存在伤害的故意。其次，在客观方面上，故意伤害致人死亡的行为人一定是实施了伤害行为，而过失致人死亡中行为人实施的行为比较多样化，即便是伤害行为，也多为殴打行为。区分殴打行为造成的过失致人死亡罪和故意伤害罪，关键在于区分刑法上的伤害行为和一般殴打性行为，对于二者的区分，应当结合行为的性质、事件起因、打击当时的情境、是否使用工具、采取的手段、打击的部位和力度、双方的关系、案件发生的场合等客观情况做合理的判断。

## 41. 行为人不知道被害人患有疾病的，殴打被害人并致其死亡，但被害人的死亡结果与其自身体质有关的，应当如何处理？

被害人的死亡结果与其自身体质有关的情形，应当结合案件具体情况分析被告人的行为对于死亡结果发生的影响力来确定被告人的具体责任。确定被害人死亡的主要原因与直接原因，是解决被告人是否对死亡结果承担责任以及责任大小的关键。具体而言，如果被害人死亡的主要原因和直接原因是其自身体质问题，被告人的殴打行为只是诱因，这种情况下因为被告人对自己行为可能造成被害人死亡的后果没有预见也不可能预见，故被告人无须对被害人的死亡结果承担刑事责任。但如果被害人的体质情况虽然对其死亡结果有一定影响，并非其死亡的最直接、最主要的

> 原因，死亡结果主要仍是被告人的打击行为造成的，则被告人不可以此作为其免责事由。如果行为人殴打他人的行为强度已经足以导致健康人仍然会受到轻伤以上后果的，即使被害人身体患有疾病，仍然不影响行为人故意伤害行为的认定。在此种情况下，虽然故意伤害对象本身身体有疾病，但是行为人的伤害行为是导致被害人死亡的主要原因，仍然构成故意伤害致人死亡。

### 典型疑难案件参考

#### 张建福故意伤害案

**基本案情**

2006年2月3日下午3时许，被告人张建福在无锡市北塘区龙凤浴室休息大厅，与相邻躺位的丁瑞和因对方是否占到自己的躺位而发生争吵，被告人张建福对丁瑞和脸部打了一拳，双方扭打在一起，其间，被告人张建福击打丁瑞和头部、胸腹部等多个部位数拳，被害人丁瑞和将被告人张建福左手中指踢伤。随后丁瑞和被送往医院救治，于次日死亡。

**一审诉辩情况**

江苏省无锡市北塘区人民检察院以被告人张建福犯故意伤害罪，向无锡市北塘区人民法院提起公诉。检察机关认为：被告人张建福故意伤害他人身体，致人死亡，其行为已构成故意伤害罪，提请依法判处。

被告人张建福辩称：是被害人丁瑞和先踢了其左手中指其才打被害人的；被害人本身患有肝硬化等严重病症。

被告人张建福的辩护人认为：本案被告人系过失致人死亡，理由：双方素不相识，是因偶然矛盾引起事端，是被害人先踢到被告人手指受伤，被告人才拖了被害人和打了被害人腹部，对其行为后果是疏忽大意而没有预见，更由于被害人的特殊体质而使死亡后果完全在其预料之外；被害人本身严重疾病导致的凝血功能不足也是造成死亡后果的原因之一。

**一审裁判结果**

江苏省无锡市北塘区人民法院于2006年10月26日作出判决，依照《中华人民共和国刑法》第234条、第55条第1款、第56条第1款、第36条第1款之规定，判决被告人张建福犯故意伤害罪，判处有期徒刑10年6个月，剥夺政治权利3年。

### 一审裁判理由

江苏省无锡市北塘区人民法院经公开审理认为：被告人张建福故意伤害他人身体，用拳击打被害人丁瑞和的头部、胸腹部等多个部位，致丁瑞和脾脏破裂、失血性休克而死亡，其行为已构成故意伤害罪，应当判处10年以上有期徒刑。检察机关指控被告人张建福犯故意伤害罪的事实清楚，证据确实、充分，适用法律正确，指控罪名成立。关于辩护人提出被告人张建福系过失致人死亡的辩护意见。法院认为，被告人张建福虽与丁瑞和素不相识，但在双方产生纠纷后，被告人张建福对丁瑞和头部、胸腹部等要害部位击打数拳，致使丁瑞和身体多处受伤，且力度较大，造成脾脏破裂和腹腔大量出血，足以认定被告人张建福有伤害他人的主观故意，被告人张建福对被害人死亡的结果没有预见不影响其伤害他人的主观故意的存在，故对辩护人的该辩护意见不予采纳。关于被告人张建福及其辩护人提出丁瑞和本身存在严重疾病的意见，附带民事诉讼原告人的诉讼代理人提出的被告人张建福击打丁瑞和导致丁瑞和脾脏破裂而死亡的意见，综合评价如下：丁瑞和因遭受被告人张建福的拳击而造成脾脏破裂、腹腔大量出血，被告人张建福的行为是造成丁瑞和伤害的直接原因和死亡的主要原因，丁瑞和本身肌体病变导致肌体凝血功能下降，是死亡的原因之一，被告人张建福应当承担故意伤害他人致死的刑事责任，但可酌情从轻处罚，并应承担主要的民事赔偿责任。被告人张建福归案后能如实供述主要犯罪事实，其家属已向公安机关缴纳部分赔偿金，是初犯、偶犯，可酌情对其从轻处罚。对辩护人提出被告人张建福有悔罪表现，是初犯、偶犯的辩护意见予以采纳。被告人张建福因其犯罪行为给附带民事诉讼原告人造成了经济损失，被告人张建福应承担主要的赔偿责任，酌定其承担80%的赔偿责任。

### 二审诉辩情况

上诉人（原审被告人）张建福的上诉理由和意见是：被害人丁瑞和原本肝脏硬化，对死亡结果的产生存在影响，原判对其量刑偏重。请求二审法院依法改判。

### 二审裁判结果

无锡市中级人民法院依照《中华人民共和国刑事诉讼法》第189条第1项之规定，作出如下裁定：驳回上诉，维持原判。

**二审裁判理由**

无锡市中级人民法院认为：上诉人（原审被告人）张建福为琐事而挥拳击打被害人丁瑞和之头部和胸腹部等处，致丁瑞和脾脏粉碎性破裂，在原本肝脏硬化等病变引起凝血功能减弱的情况下，导致失血性休克死亡，其行为已构成故意伤害罪，应当在10年以上有期徒刑的法定刑幅度内量刑。原审判决的审判程序合法，认定的事实清楚，证据确实、充分，适用法律正确，应予维持。上诉人（原审被告人）张建福的上诉理由。经查：虽然被害人丁瑞和原本肝脏硬化等病变引起凝血功能减弱，但根据法医的检验，足以反映出上诉人（原审被告人）张建福挥拳击打被害人丁瑞和的头部和胸腹部等处的力度之强，最终导致被害人丁瑞和的脾脏呈粉碎性破裂。由此可见，上诉人（原审被告人）张建福伤害被害人丁瑞和之故意明显，打击强度较大，应当以故意伤害罪追究其刑事责任。原判考虑到被害人丁瑞和原本肝脏硬化等病变引起凝血功能减弱，以及张建福归案后的认罪态度较好等情形，已经对其作了从轻处罚。故请求二审改判的意见，不予采纳。

### 42. 监护人和医生出于非医疗目的，决定并实施切除被监护人的正常器官，是否构成犯罪？

人体健康器官的完整是公民人身权的重要内容。除法律允许的特定情形（如职务行为等）外，即使在被害人同意的情况下，他人亦没有实施将被害人重伤或者剥夺其生命行为的权利。监护人和医生出于非医疗目的切除被监护人的正常器官，符合故意伤害罪构成特征的，应当以故意伤害罪追究刑事责任。

**典型疑难案件参考**

陈晓燕等故意伤害案

**基本案情**

南通市社会福利院普儿班两名精神发育迟滞（重度）女孩分别自2003年、2005年年初来月经后，因痴呆不能自理，给护理工作带来难度。为此，该院普儿班护理组保育员多次向该院副院长陈晓燕汇报此事。2005年4月10日，被告人陈晓燕在南通市南公园饭店缪开荣驾驶的汽车里向该院院长即被告人缪开荣汇报了上述事实，建议将该两名精神发育迟滞（重度）女孩的子宫切除，缪开荣当即表示同意。后被告人陈晓燕打电话给被告人苏韵华（南通大学附属医院妇产科主治医师）称，福利院有两名痴呆女孩来了月经不能自理，要做子宫切除手术。苏韵华答应为此事进行联系和安排，其与被告人王晨毅（南通医科大学妇产科副主任医师）联系并告知此事后，王晨毅表示同意并与南通市城东医院（以下简称城东医院）有关人员就该两名女孩的子宫切除之事进行了联系，定好在城东医院做该手术。同年4月14日下午，被告人王晨毅、苏韵华在未向他们所在医院科室主任汇报且未按医院规定办理有关会诊登记手续的情况下，前往城东医院，由被告人王晨毅主刀，被告人苏韵华做助手，分别对该两名女孩做了子宫体全切除手术。经南通市公安局、南通市中级人民法院、南通市人民检察院法医鉴定，两女孩子宫体被切除，属重伤。

### 一审诉辩情况

南通市崇川区人民检察院起诉书指控：被告人非法损害他人身体健康，构成故意伤害罪，数位被告人系共同犯罪，应当依法应追究刑事责任；考虑到被告人均有自首情节，依法可以从轻或减轻处罚。

### 一审裁判结果

一审法院南通市崇川区人民法院依照《中华人民共和国刑法》第234条、第67条第1款、第41条、第72条第1款、第73条第2款、第3款之规定，于2006年7月5日作出〔2005〕崇刑初字第179号刑事判决：以故意伤害罪，判处被告人陈晓燕有期徒刑1年，缓刑2年；判处被告人缪开荣管制6个月；判处被告人王晨毅管制6个月；判处被告人苏韵华管制6个月。

### 一审裁判理由

江苏省南通市崇川区人民法院经审理认为：被告人缪开荣、陈晓燕在对被害人行使监护人职责过程中，为降低监护难度，由被告人陈晓燕提议，并经被告人缪开荣决定对两被害人全子宫切除；被告人苏韵华在被告人陈晓燕与其联系后，伙同被告人王晨毅，在无手术的情况下对两被害人施行子宫体全切除手术，致两被害人构成重伤，严重侵害了被害人的健康权，4被告人的行为均已构成故意伤害罪，且系共同犯罪。案发后，被告人缪开荣、陈晓燕向主管单位民政局，被告人王晨毅、苏韵华向所在单位医务处分别汇报上述子宫切除经过。被告人缪开荣、陈晓燕按民政局通知，被告人王晨毅、苏韵华按所在单位通知都能及时到公安机关交代犯罪事实，均属自首，依法均可以减轻处罚。4被告人的犯罪情节一般，主观恶性较小，均可酌情从轻处罚。

### 二审诉辩情况

被告人陈晓燕上诉称：切除两痴呆女子宫的行为是职务行为。能否做切除子宫手术最终由医生决定，实施手术时，上诉人没有参与，即使是共同犯罪，本人的责任也不应高于医生。重度精神发育迟滞的女性没有婚姻和生育的权利，故为防止痴呆女意外怀孕，对已来月经的痴呆女行绝育手术不违法。一审认定两痴呆女不存在痛经与事实不符。请求宣告无罪。

被告人缪开荣上诉称：手术的决定是职务行为，不属个人行为，不应对个人处罚；目的是为解除两痴呆女的痛苦，提高她们的生活质量，而非加害，主观上不具备故意伤害罪的主观要件；且其行为不具有社会危害性，不具备故意伤害罪的客观要件。一审未认定两痴呆女有痛经史与事实不符。法律未明文规定对痴呆女不可以切除子宫，法律无明文规定不为罪。法律规定痴呆患者不可以结婚，因而也就没有生育权，一审认定侵犯两痴呆女的生育权与法律相悖。请求宣告无罪。

被告人王晨毅上诉称：一审法院否定两痴呆女存在痛经与事实不符。本人对两痴呆女所实施的手术治疗过程是正常的医疗过程，因此所出现的误诊、误治现象至多构成医疗事故，而非犯罪。判决书否认鼓楼医院鉴定结论与法无据。本人主观上没有伤害两痴呆女身体的故意，且履行的行为是职务行为，不符合故意伤害罪的主客观要件。没有共同犯罪的故意，不成为共犯。

被告人苏韵华上诉称：本人无伤害他人的主观故意。一审法院否认痴呆女痛经与事实不符。

### 二审裁判结果

二审法院江苏省南通市中级人民法院经审理，于2006年9月12日判决如下：原审人民法院认定的事实清楚，证据确实充分。定性正确，量刑恰当，审判程序合法，应予维持。为维护社会治安秩序，保护公民的人身权利不受侵犯，依照《中华人民共和国刑事诉讼法》第189条第1项之规定，裁定驳回上诉，维持原判。

### 二审裁判理由

江苏省南通市中级人民法院生效判决认为：上诉人缪开荣、陈晓燕分别作为福利院的院长、副院长，理应正确地履行其法定职责，负有保护福利院痴呆儿童的人身、财产及其他合法权利的监护职责和义务，然上诉人缪开荣、陈晓燕未尽监护人职责，为降低监护难度，由上诉人陈晓燕提议，并经上诉人缪开荣决定切除两被害人子宫；上诉人苏韵华在上诉人陈晓燕与其联系后，伙同上诉人王晨毅,违反医院的外出会诊的操作规程,在两被害人无手术的情况下擅断地对两被害人发育正常的子宫施行子宫体全切除手术,导致两被害人身体组织器官缺失,致两被害人重伤,4上诉人的行为均已构成了故意伤害罪。本案系共同犯罪,各上诉人在犯罪过程中的地位、作用相当,均起主要作用。

对上诉人陈晓燕、缪开荣、王晨毅、苏韵华所称的"两痴呆女存在痛经"的理由及上诉人缪开荣、王晨毅的辩护人就该点的辩护意见。经查,鉴于本案的几个相关证人对"痛经事实"的证言不一致,存在矛盾,且无其他证据予以证实,故对上诉人及其辩护人的该点上诉及辩护理由不予采纳。

对上诉人王晨毅所称的"南京鼓楼医院的鉴定结论应予采信"的理由及其辩护人就该点的辩护意见。经查,第一,该鉴定意见的"依据"部分提到"该两名患者严重智障,属婚姻法禁止生育人群,应行绝育",该条对"禁止生育"、"绝育"的表述无法律依据,因为我国法律只规定了禁止结婚的情形,并没有具体规定禁止结婚的人群就无生育权,更无"绝育"的强制性规定。第二,该"依据"部分提到"该两名智障女经鉴定无生活自理能力,有痛经",该条对"痛经"的表述不符合事实,因痛经系医学上的临床疾病,应有临床诊断病历以及结论等予以证实,结合本案的相关证据来看,仅是证人凭自己的主观判断认为两智障女痛经,无其他证据予以佐证。第三,该"依据"部分提到"为智障女实施子宫切除在全国各地医院是约定俗成的事情",但"约定俗成"的事情并不必然合法,更不能违法。第四,该"依据"部分提到"国外如美国、澳大利亚均有司法批准切除智障女子宫的先例",该引述不当,本案应适用中国法律,外国的法律规定及做法不能作为处理本案的依据,且引述所列举的国家对此均有严格的司法批准程序。第五,该"依据"部分提到"医务人员受其监护人之委托对无自理能力的患者实施有益于患者的手术,虽不在切除子宫的明文条款内,对于此类患儿的特殊情况亦可说是手术的特例"。该表述既称不在切除子宫指征的明文条款内,又说是手术的特例,显然不具有客观性,也不具有合法性,且该表述实际上也承认了切除该两名被害人的子宫不在切除子宫指征的明文条款内,故对该证据不予采信。

对上诉人陈晓燕、缪开荣所称"其行为属职务行为"的上诉理由及缪开荣的辩护人就该点的辩护意见。经查,福利院作为两被害人的监护人,应当履行好对该两名女孩的人身、财产及其他合法权益的监护职责和义务,监护人不得做侵犯被监护人合法权益的事情,更不能以伤害被监护人身体的方法来减轻监护难度。上诉人缪开荣、陈晓燕作为福利院的领导负有对两被害人的具体监护职责和义务,无任何法律依据或行政规范授权二被告人可以作出伤害两被害人身体健康的决定,也无权以剥夺两被害人正常生理功能的方法损害其身体器官以追求她们生活质量的提高,在无明确的子宫切除手术的情况下,超出正当的监护职责范围,擅作决定对该两被害人施行子宫体全切除手术,致二被害人重伤,侵犯了两被害人的人身权利,上诉人缪开荣、陈晓燕的行为不属其监护职责的范围,因而不属职务行为,故对上诉人及其辩护人的该点上诉及辩护理由,不予采纳。

对上诉人陈晓燕所称的"手术最终由医生决定,其责任不应高于医生"、王晨毅上诉所称的"其行为不属共同犯罪"的理由及王晨毅的辩护人就该点辩护意见。经查,上诉人陈晓燕为减轻护理难度主动向上诉人缪开荣建议切除该两被害人的正常子宫,并联系上诉人苏韵华,代表福利院在手术同意书上签字;上诉人缪开荣擅作决定同意切除该两名被害人的子宫;上诉人苏韵华为此事积极联系上诉人王晨毅,并安排和参加该两名被害人的子宫切除手术;上诉人王晨毅明知两被害人为正常盆腔,无明确的子宫切除手术的手术,仍对该子宫切除手术表示同意,并积极联系城东医院,安排并参加该子宫切除手术。4上诉人经陈晓燕、苏韵华的联络,在主观上存在积极追求该两名被害人正常子宫被次全切除的结果发生的共同故意,客观上各自实施了对被害人子宫体全切除的伤害行为,构成故意伤害共同犯罪。从各上诉人的行为来看,上诉人陈晓燕在犯罪过程中主动提议并具体联系和安排手术,在手术同意书上签字,案发后谋划应对媒体,一审法院根据其在共同犯罪过程的地位和作用定罪量刑并无不当之处。故对上诉人及其辩护人的该点上诉及辩护理由本院不予采纳。

对上诉人陈晓燕、缪开荣所称"该案两被害人法律禁止结婚,故对两痴呆女行绝育手术不违法,没有侵犯被害人的生育权"的理由及上诉人缪开荣的辩护人就该点的辩护意见。经查,我国《婚姻法》虽然规定了禁止结婚的情形,但并没有禁止生育的规定。故两上诉人及辩护人以两被害人不享有生育权,以致可以对其身体内正常生育器官强制切除以行绝育的辩解和辩护理由没有法律依据,故对上诉人及其辩护人的该点上诉及辩护理由本院也不予采纳。

对上诉人缪开荣、王晨毅、苏韵华所称"其行为不具备故意伤害罪的主客观要件"的理由及上诉人缪开荣、王晨毅的辩护人就该点的辩护意见。经查,4上诉人均供述对两被害人实施全子宫切除手术是为减少护理麻烦和难度都是明知的,且作为福利院的主管领导和职业医生对手术会造成被害人正常生育器官的严重缺失构成伤害均应是明知的,仍然决定和积极实施,导致发生两被害人重伤的结果,主观上均有追求该结果发生的故意、客观上策划实施了行为,4上诉人的行为均符合故意伤害罪的主客观要件,至于上诉人提出是提高两被害人生活质量的动机则是在案发后,对该行为动机的辩解,不影响本罪的成立。故对上诉人及其辩护人的该点上诉及辩护理由本院也不予采纳。

对上诉人缪开荣所称的"法律无明文规定切除子宫是犯罪,则其行为不构成犯罪"的理由及其辩护人就该点的辩护意见。经查,根据我国《刑法》第234条明文规定,故意伤害罪是指故意伤害他人身体的行为。该条文中的"身体"即是指人体的各个组成部分,包括人的躯体和器官,上诉人及其辩护人该上诉和辩护意见是对法律的曲解。故对上诉人及其辩护人的该点上诉及辩护理由本院也不予采纳。

对上诉人王晨毅所称的"其切除两被害人的子宫属医疗事故,不是犯罪"的理由及其辩护人就该点的辩护意见。经查,上诉人王晨毅作为职业医生,违反其就职医院外出会诊的管理规程,既无城东医院的会诊请求,又无本医院的委派手续,在手术时即已明知被害人属正常盆腔,无手术,在手术同意书上添加了"相关法律责任由福利院负责"并由上诉人陈晓燕签字后,仍然对两被害人施行了次全子宫切除手术,且切除的子宫体未作病理化验而直接处理,故其行为属故意行为,而不属于过失的范畴,不属医疗事故,故对上诉人及其辩护人的该点上诉及辩护理由本院也不予采纳。

## 43. 寻衅滋事过程中致人重伤、死亡的,应当如何定罪处罚?

寻衅滋事过程中,殴打他人致人重伤、死亡的,对于直接行为人应当根据具体情形,以故意伤害罪、故意杀人罪论处,不再以寻衅滋事罪论处。理由如下:

根据罪责刑相适应原则,对行为人施加的刑罚应当与其行为的社会危害性相当。寻衅滋事罪属于《中华人民共和国刑法》第六章妨害社会管理秩序罪的子罪名,其主要客体为公共秩序。而故意杀人罪、故意伤害罪的犯罪客体为公民的生命权与健康权。根据《中华人民共和国刑法》的规定,寻衅滋事罪属于第293条规定,寻衅滋事罪的法定刑为5年以下有期徒刑、拘役或者管制。纠集他人多次寻衅滋事,严重破坏社会秩序的,处5年以上10年以下有期徒刑,可以并处罚金。根据第232条、第233条的规定,故意伤人罪、故意伤害罪最高可处死刑。对比可以得知,刑法设置中故意杀人罪、故意伤害罪的危害性是远大于寻衅滋事罪的。基于此,当行为人的行为同时触犯了故意杀人罪、故意伤害罪与寻衅滋事罪时,按照想象竞合犯的处理原则,应当以故意杀人罪或者故意伤害罪处理。

在寻衅滋事过程中致使他人重伤、死亡的,对于直接责任人按照故意伤害罪、故意杀人罪定罪处罚。根据禁止重复评价原则,其寻衅滋事殴打他人的行为已经在上述罪中得到评价,故不再以寻衅滋事罪处罚。

**44. 寻衅滋事共同犯罪中,部分行为人的行为致使被害人重伤或者死亡的,对于各行为人的行为如何定罪处罚?**

对于致使被害人重伤或者死亡的直接责任人,以故意伤害罪或者故意杀人罪追究其刑事责任,对于其他未参与殴打行为的寻衅滋事共犯,仍以寻衅滋事罪论处。因为被害人重伤、死亡的危害后果与其行为不具有刑法上的因果关系,并且其他参与寻衅滋事的行为人主观上只具有寻衅滋事故意,未转化为故意杀人、故意伤害故意,根据主客观相统一原则,不具备成立故意杀人罪、故意伤害罪的主观方面条件。

## 典型疑难案件参考

### 黎泽兵故意伤害、陈兵等寻衅滋事案

**基本案情**

2005年4月12日下午13时许,在被告人陈兵经营的金堂县赵镇三江路"风情"按摩店从事按摩的女工李某,前往金堂县赵镇三江路城关医院社区健康服务站就诊,站内医生胡某某诊断李嘴角疮是因霉菌感染所致。被告人陈兵闻讯即将胡某某叫至"风情"按摩店,以胡某某诊断错误,致李认为自己患了性病被吓着,欲离开按摩店,从而影响按摩店生意为由,要挟胡某某处理此事。胡某某的侄子黄某得知消息便赶至"风情"按摩店,并与被告人陈兵之妻刘某等人发生抓扯、打斗。后经金堂县公安局赵镇派出所调解,双方和解。被告人陈兵后见其妻刘某眼部受伤,又听说对方还要来打架,便邀约被告人黎泽兵、张帝俊及范小军等人,前往城关医院社区健康服务站找黄某,未成,便对该站工作人员何武进行殴打。当晚7时许,被告人陈兵为泄愤,再次邀约被

告人黎泽兵、张帝俊及范小军等人，前往城关医院社区健康服务站，被告人张帝俊及范小军持钢管敲砸该站门窗玻璃，并用钢管击打被害人何武头、肩及背部，被告人黎泽兵用随身携带的尖刀朝被害人何武臀部刺杀，后4人逃离现场。嗣后，被害人何武被送往金堂县第一人民医院抢救，因抢救无效于次日死亡。经法医鉴定，何武系肛门右侧、右臀部锐器刺伤致失血性休克死亡。抢救何武医疗费19425.2元，丧葬费7019元。

### 诉辩情况

四川省金堂县人民检察院以被告人黎泽兵犯故意伤害罪，被告人陈兵、张帝俊犯寻衅滋事罪，向四川省金堂县人民法院提起公诉。起诉书指控被告人黎泽兵在公共场所持刀故意伤害他人身体健康，致人死亡，其行为已触犯了《中华人民共和国刑法》第234条之规定，应当以故意伤害罪追究刑事责任。被告人陈兵邀约他人，被告人张帝俊受邀约，在公共场所故意毁坏他人财物，殴打他人，藐视国家法律，破坏社会公共秩序，情节严重，二被告人的行为均已触犯了《中华人民共和国刑法》第293条之规定，应当以寻衅滋事罪追究刑事责任。

被告人黎泽兵的辩护人认为：指控被告人黎泽兵故意伤害成立，但被告人黎泽兵是防卫过当，法医鉴定未对何武的死因作出明确鉴定，何武的死亡是由于医院抢救措施不当所致。

被告人张帝俊认为自己是受邀约参与犯罪，并没有动手，请求从轻处罚；对民事赔偿的项目及数额不持异议，愿意赔偿被害人的损失，但赔偿能力有限。其辩护人认为：被告人张帝俊是受邀约参与犯罪，虽然两次参与寻衅滋事行为，但处于从属地位，作用较小。被告人张帝俊犯罪后认罪态度较好，系初犯，应予从轻处罚。

### 裁判结果

四川省金堂县人民法院于2005年9月28日作出判决，认定被告人黎泽兵犯故意伤害罪，判处有期徒刑15年，剥夺政治权利2年。被告人陈兵犯寻衅滋事罪，判处有期徒刑5年。被告人张帝俊犯寻衅滋事罪，判处有期徒刑2年6个月。

### 裁判理由

四川省金堂县人民法院的生效判决认为：被告人陈兵邀约被告人黎泽兵、张帝俊在公共场所随意殴打他人，情节恶劣，3被告人均已构成寻衅滋事罪。被告人黎泽兵在寻衅滋事犯罪中，持刀故意伤害他人身体，致人死亡，其行为已构成故意伤害罪,被告人黎泽兵的该行为超出了共同寻衅滋事犯罪故意的内容,应独自承担刑事责任,被告人黎泽兵的行为同时触犯了寻衅滋事罪、故意伤害犯罪,应以故意伤害罪定罪处罚。检察机关指控被告人陈兵、张帝俊在寻衅滋事中故意毁坏他人财物、破坏社会公共秩序,但不能证明二被告人毁损财物行为已达到情节严重程度、寻衅滋事已造成公共场所秩序严重混乱程度,对此指控不予采纳。3 被告人能主动认罪,依法可以从轻处罚,但被告人陈兵在刑满释放后较短时间内又故意犯罪,主观恶性较深,且在寻衅滋事犯罪中系组织者,在共同犯罪中作用较大,依法应当从重处罚。被告人黎泽兵的辩护人认为,被告人黎泽兵的行为属防卫过当,医院抢救措施不当、不力是导致被害人何武死亡的直接原因,与被告人黎泽兵的伤害行为无因果关系。被告人黎泽兵伙同他人持械前往被害人何武的工作场所,故意殴打他人、毁坏财物的行为系不法侵害,其不法侵害在先,无正当防卫的前提;无任何证据证明医院在抢救被害人何武的过程中存在过失或不当,而被告人的供述、证人证言以及法医鉴定结论等,已充分证明被告人黎泽兵的伤害行为才是引起和最终导致被害人何武死亡的根本原因,该辩护意见不予采纳。被告人陈兵的辩护人认为,被害人何武存在重大过错。3 被告人持械前往被害人何武工作场所,殴打他人、毁坏财物,被害人何武实施正当防卫,并无不当或存在过错;被告人陈兵因自己按摩店员工李某就诊,与医生胡某某发生纠纷;其妻刘某与胡某某的侄子黄某发生抓扯、打斗,并未涉及被害人何武,且纠纷的双方已经公安机关调解和解,即使被告人一方不服还可寻求其他救济途径,并非被告人陈兵殴打与纠纷无关的他人、毁坏财物的理由,但被告人陈兵却以此为借口,先后两次邀约他人至黄某的工作场所,对与纠纷无关的被害人何武实施殴打、毁损财物,该辩护意见不予采纳。被告人张帝俊的辩护人认为,被告人张帝俊系受邀约参与犯罪,在共同犯罪中起次要、辅助作用,属初犯,且归案后认罪态度好。请求从轻处罚。被告人张帝俊在共同犯罪中的作用虽较被告人陈兵、黎泽兵小,但在共同犯罪中行为积极,并非仅起次要、辅助作用,该辩护意见不予采纳,认为属初犯、认罪态度好,要求从轻处罚的辩护意见,予以采纳。4 名附带民事诉讼原告人因寻衅滋事、故意伤害犯罪而遭受的全部经济损失应当得到赔偿,但应以法律规定的赔偿范围和法庭查明的金额为准。

### 45. 故意伤害罪中的"以特别残忍手段致人重伤造成严重残疾",应当如何认定?

目前尚无专门的司法解释对于"以特别残忍手段致人重伤或者严重残疾"作出明确界定。对于"严重残疾",根据《全国法院维护农村稳定刑事审判工作座谈会纪要》,可以参照1996年国家技术监督局颁布的《职工工伤与职业病致残程度鉴定标准》的规定予以认定:"严重残疾"是指下列情形之一:被害人身体器官大部缺损、器官明显畸形、身体器官有中等功能障碍、造成严重并发症等。残疾程度可以分为一般残疾(10至7级)、严重残疾(6至3级)、特别严重残疾(2至1级),6级以上视为"严重残疾"。如果各省法院有相关文件,可以参照相关文件进行认定。(如以下案例中参照了江苏省高级人民法院1998年5月29日发布的《人体损伤致残程度鉴定标准〈试行〉》进行鉴定。)对于"特别残忍手段",应当综合案件主客观情况,结合作案工具、作案地点、作案手段、给被害人带来的痛苦程度、社会对伤害手段的容忍度等予以认定。一般而言,砍掉他人肢体、摘除主要器官,用火烧、水烫、化学方法等摧残人身的恶劣行为或者给受害人造成严重精神、肉体痛苦的,宜认定为"特别残忍手段"。

## 典型疑难案件参考

### 何军等故意伤害案

**基本案情**

被告人何军因其丈夫朱仓山有外遇,夫妻关系恶化,产生将丈夫朱仓山打伤的念头。2002年11月间,何军找到被告人杨玉金,要其打断朱仓山的双腿,后杨玉金找到吴建(另处理)一起到何军处,计议找人打断朱仓山的双腿,事成后付6万元,并先期给杨玉金1万元。此后,杨玉金又找到被告人陈海林,杨、吴、陈3人乘坐出租车来到高邮,途经江都时购买了钢管一根作为作案工具。到高邮后,杨玉金打听到朱仓山的住所,因未遇见朱仓山,3人离开高邮。回靖江后,被告人杨玉金因吴建要价高,且是刑释人员,不愿让吴参与,便另找了被告人朱汉荣,指使朱汉荣协助陈海林打伤朱仓山。2002年12

月2日晚,陈海林、朱汉荣乘坐杨玉金所雇用的出租车到高邮,用事先准备的贴纸,隐蔽车牌号。次日凌晨1时许,陈海林、朱汉荣翻墙入院进入朱仑山暂住的扬州公路管理处秦邮工区宿舍,按事先的分工,由朱汉荣把门望风,陈海林进入宿舍,将熟睡的吴吉庆误认为朱仑山,用钢管击打吴吉庆的腿部、头部数下,致吴吉庆左颞骨骨折,硬膜外血肿,行左侧颞部硬膜外血肿清除术,左侧硬膜下积液清除术;左眼球破裂,并做手术摘除。经法医鉴定,伤势程度属重伤,分别构成九级伤残、七级伤残。嗣后,何军得知打错对象,仅付给杨玉金人民币3万元,杨玉金分给陈海林、朱汉荣各4000元。

### 诉辩情况

江苏省高邮市人民检察院以被告人何军等犯故意伤害罪,向江苏省高邮市人民法院提起公诉。起诉书指控:被告人何军、杨玉金、陈海林、朱汉荣的行为已构成故意伤害罪,依法应追究刑事责任。何军犯罪后自首,可以从轻处罚;朱汉荣系从犯,有立功行为,应当从轻或减轻处罚。

被害人吴吉庆及其诉讼代理人提出:本案被告人雇佣凶手致人残疾,属于雇凶行为,应认定"以特别残忍手段致人重伤造成严重残疾"的情节。

被告人何军的辩护人辩称:被告人陈海林在实施犯罪中,超出了何军、杨玉金事先计议"打断双腿"的范围,打错了对象,且击打被害人的头部,造成后果的扩大,属于共同犯罪中的实行过限,应由行为人陈海林单独承担责任,何军不应对此承担责任。

### 裁判结果

江苏省高邮市人民法院于2003年5月12日作出判决,依照《中华人民共和国刑法》第234条第1款、第2款、第25条第1款、第26条第1款、第4款、第27条、第67条第1款、第68条第1款、第55条、第56条、第64条之规定,认定被告人何军犯故意伤害罪,判处有期徒刑7年6个月,剥夺政治权利2年。被告人杨玉金犯故意伤害罪,判处有期徒刑8年,剥夺政治权利2年。被告人陈海林犯故意伤害罪,判处有期徒刑8年,剥夺政治权利2年。被告人朱汉荣犯故意伤害罪,判处有期徒刑2年6个月。

### 裁判理由

法院生效判决认为:被告人何军、杨玉金、陈海林、朱汉荣以致人伤残为目的,故意伤害他人身体,致人重伤,并造成被害人残疾的严重后果,其行为均已构成故意伤害罪,且属共同犯罪。被告人何军雇凶伤人,杨玉金组织打手、谋划方案,陈海林积极实施伤害行为,均系主犯;被告人朱汉荣在犯罪中把门望风，起辅助作用，是从犯。检察机关指控的犯罪事实清楚，证据充分，定性准确，应予支持。

在作案中，被告人陈海林用钢管击打被害人腿部、头部数下，从其使用的作案工具、犯罪过程、持续时间、伤残后果等方面进行综合分析，本案尚不具备"手段特别残忍"情节，伤残等级分别为九级伤残、七级伤残，尚未达到"严重残疾"程度。鉴于被告人共同作案手段残忍，已造成被害人残疾，可酌情从重处罚。

本案属于雇凶伤人性质，被告人何军指定犯罪对象，与杨玉金共同计议以6万元雇人打断他人双腿，在实施犯罪中，虽然陈海林打错了对象，且击打了被害人头面部，但并未超出被告人何军、杨玉金等计议的伤害故意范畴，不影响何军等共同犯罪人故意伤害罪的犯罪构成，不属于共同犯罪中实行过限的情形，被告人何军应当就全案共同犯罪行为承担法律责任。

被告人何军犯罪后主动投案，如实供述自己的犯罪行为，是自首，可以从轻处罚；被告人朱汉荣在共同犯罪中起次要作用，是从犯，其协助公安机关抓获同案犯，系立功行为，可以减轻处罚。

### 46. 行为人发现他人盗窃自己财物，为制止盗窃行为，开枪射击并致使盗窃行为人受伤，应定性为故意杀人罪（未遂）还是故意伤害罪？

故意杀人罪与故意伤害罪的区分，可以结合具体的案件情况进行分析。故意杀人罪（未遂）与故意伤害罪的区分，主要体现在主观方面上。故意杀人的主观方面为非法剥夺他人生命的故意，对于被害人死亡的结果持希望或者放任的态度；而故意伤害的主观方面为伤害他人健康权的故意，对于被害人受伤的结果持希望或者放任的态度。如果主观上持希望态度，意愿上盼望危害结果的发生则为直接故意；主观上持放任态度，对于危害结果的发生与否漠不关心，则为间接故意。

在直接故意的场合，行为人的主观心理比较容易认定。但在间接故意的时候，如果行为人只是怀着概括的故意从事一定犯罪活动，放任结果的发生，难以区分是杀人的故意还是伤害的故意，其主观心态根据犯罪的危害后果来确定。此时如果造成了死亡后果，则为故意杀人罪；如果造成重伤后果，则为故意伤害罪。

此外，还可以结合案件的起因、打击对象、具体打击情况等问题进行综合分析行为人的主观心态。

例如，下述案件中被告人在意志完全清醒、对自己行为有明确认识的情形下，近距离开枪射击两个未成年人，从作案手段来看极易造成被害人死亡的后果，可以很明显的排除过失犯罪的可能性。所以究竟其主观心态为何种故意，决定着故意杀人罪（未遂）还是故意伤害罪的确定。首先通过分析案情，可知被害人仅为未成年人，被告人与被害人并无芥蒂，且开枪射人虽可能致人死亡，但被告人打击部位并非要害，综合上述可以确定被告人并不可能具有希望被害人死亡的心态，故此可以排除被告人的直接故意。从被告人开枪射击后即离开的行为，可见被告人对自己的行为有明确的认识，并且对于危害结果呈放任态度，主观上具有故意。但是这种故意究竟为故意杀人的故意还是故意伤害的故意，按照司法实践中的惯例，还需要结合危害后果进行认定。被告人的行为造成一被害人重伤的结果，由此可知被告人的行为应以故意伤害罪定罪。当然，本案中被告人的身份特殊，而且基于生活琐事射击未成年人，社会影响极其恶劣，在量刑的时候对于这一恶劣情节亦应当纳入考量范围。

## 典型疑难案件参考

### 杨某故意伤害案

**基本案情**

2000年10月6日零时30分左右，被告人杨某听到其家后窗防盗笼处有响动声，于是携带手电筒和公配"六四式"手枪叫开城建局大门绕往工商银行住宿区其家后窗防盗笼处。发现城关乡上古城村的马某和下古城村的杨春龙正在偷窃其家防盗笼内喂养的鸽子，被告人杨某上前每人踢了两脚，并朝两人各开了一枪，其中一枪致使马某双侧颊部贯穿伤，舌根背部裂伤。马某受伤后，共住院治疗67天，共支付医疗费用人民币22371.46元、住宿费人民币35元、鉴定费人民币490元，经法医鉴定马某伤情已构成重伤，十级伤残。

**一审诉辩情况**

云南省嵩明县人民检察院以被告人杨某犯故意杀人罪，向云南省嵩明县人民法院提起公诉。

被告人杨某的辩护人认为被告是在室内开的枪,而且是不小心踩翻凳子才导致失火的,且被告无杀人动机,此外被告还有自首情节。因此,应认定被告人的行为是过失伤人行为。辩护人还认为检察机关指控被告人杨某故意杀人事实不清,证据不足,定性不准,适用法律错误。

### 一审裁判结果

2002年2月26日,云南省嵩明县人民法院依照《中华人民共和国刑法》第234条第2款,《中华人民共和国民法通则》第119条之规定,作出如下判决:被告人杨某犯故意伤害罪,判处有期徒刑10年(刑期从判决执行之日计算,判决执行前先行羁押的羁押1日折抵刑期1日,刑期即从2000年11月1日起至2010年10月30日止)。被告人杨某赔偿附带民事诉讼原告人马某医疗费人民币22369.56元、门诊费人民币1.90元、鉴定费490元、残疾者生活补助费人民币6210元、后期治疗费人民币9000元、护理费人民币2010元、家教补课费人民币2400元、住宿费人民币35元、交通费人民币2518元,总计人民币45034.46元。

### 一审裁判理由

一审法院云南省嵩明县人民法院认为:被告人杨某身为国家司法机关工作人员,在明知所持枪支具有严重的危险性,会给人体造成伤害的情况下,持枪对两名10岁孩童连开二枪,未查看结果即离开现场,对受害人的伤、死持一种放任的心理态度,其主观上无明显的杀死被害人的直接故意,对危害结果的产生在主观上表现为一种间接故意,并最终导致马某重伤的结果,其行为符合我国《刑法》第234条规定的故意伤害罪的构成要件。因此,被告人杨某的行为构成故意伤害罪。检察机关指控被告人杨某的行为构成故意杀人罪,指控罪名不准确,依法予以更正。被告人杨某因小事持枪近距离射击两名未成年人,情节恶劣,社会危害性较大,后果严重,应依法予以严惩。附带民事诉讼原告人马某要求被告人杨某赔偿医疗费、门诊费、鉴定费、残疾者生活补助费、后期医疗费、护理费、家教补课费、住宿费、交通费的诉讼请求,符合法律规定,予以支持。附带民事诉讼原告人马某要求被告人杨某赔偿住院伙食补助费等诉讼请求,与法律规定相悖,不予支持。

### 二审诉辩情况

上诉人(原审被告人)杨某诉称:其没有到马某受伤现场,马某的伤是其在家观察时枪无意走火所致,属意外,其行为不构成犯罪。

▶ 二审裁判结果

2002年4月18日，云南省昆明市中级人民法院依照《中华人民共和国刑事诉讼法》第189条第1项之规定，裁定：驳回上诉，维持原判。

▶ 二审裁判理由

云南省昆明市中级人民法院生效判决认为：上诉人杨某无视国家法律，在发现两个孩子偷其家中饲养的鸽子时，便用脚踢两人，又持枪对两人方向各开一枪，未查看结果即离开现场，其主观上没有明显的杀死被害人的直接故意，但对被害人的伤、死是一种放任的心理态度，对危害结果的产生表现为一种间接故意，且实际造成重伤结果。其行为符合故意伤害罪的构成要件，构成故意伤害罪。鉴于其系司法工作人员，且伤害的是10岁未成年人，情节恶劣，应当酌定从重量刑，并应合理赔偿因其犯罪行为给原审附带民事诉讼原告人马某所造成经济损失。原审判决根据本案具体犯罪事实、性质、情节及社会危害程度，以故意伤害罪所作刑事附带民事判决，审判程序合法，量刑适当，民事赔偿有据，依法予以维持。上诉人杨某所诉原审附带民事诉讼原告人马某的伤是其在家中观察时枪无意走火所致。经查，证人庄家睦证言证实案发时上诉人杨某急忙出城建局大门约30分钟左右，有作案时间，被害人马某、证人杨春龙陈述均证实有一人手持电筒到现场每人踢了一脚后，接着听到二声响后那人离开，即发现马某脸上有血，证实原审附带民事诉讼原告人马某所受枪伤系上诉人杨某当面所为，公安机关现场提取"六四式"手枪弹壳，经鉴定系上诉人杨某所配"六四式"手枪射击后所留，从该弹壳位置，根据"六四式"手枪发射的排壳规律证实只有发射者持枪在室外发射，才能符合现场血迹与弹壳的相互位置，排除上诉人杨某在室内枪走火或开枪。其上诉理由均不能成立，不予采纳。

三、故意伤害罪

### 47. 区分故意伤害（致死）罪和过失致人死亡罪的关键是什么？

故意伤害罪（致死）与过失致人死亡罪的最为主要的区别在于两者的主观罪过存在不同。故意伤害致死属于刑法理论中的结果加重犯，即行为人实施了基本的故意伤害犯罪行为，又造成了致人死亡的加重结果。而过失致人死亡，行为人主观上只表现为对致人死亡结果的过失（包括疏忽大意的过失和过于自信的过失）的单一罪过形式。显然，故意伤害致死是以具有伤害的故意为前提，过失造成的死亡结果，则是故意伤害罪的加重情节。在司法实践中还应特别注意将故意伤害与一般殴打行为相区别。故意伤害，是指伤害他人身体健康的行为。表现为：一是对人体组织完整性的破坏；二是对人体器官机能的损害。一般的殴打行为，通常只造成人体暂时性的疼痛，或神经轻微刺激，并不伤及人体的健康，在打击强度上要明显轻于故意伤害行为。如何区别行为人的行为性质，不能仅以后果为标准，即简单地认为，造成伤害他人身体健康甚至死亡结果的就是故意伤害罪，而没有造成伤害的就是一般殴打行为，而应综合全案情况，考察主观方面的因素，看行为人是否具有伤害他人的故意，是有意伤害他人，还是只出于一般殴打的意图而意外致人伤害或死亡。

## 典型疑难案件参考

### 龚建清故意伤害案

**基本案情**

2001年9月27日20时许，在建阳童游宋慈路口，被告人龚建清因经济纠纷与被害人张勇光发生口角，继而引起短时互殴。经旁人劝说，被害人张勇光退回货车驾驶室内，随即口吐白沫，扑在方向盘上。当晚，经医院抢救无效死亡。被告人龚建清于案发当晚向公安机关报案。经法医鉴定，被害人张勇光系蛛网膜下腔出血而死亡。

**一审诉辩情况**

福建省建阳市人民检察院指控称：被告人龚建清故意非法伤害他人身体，致人死亡，其行为已触犯《中华人民共和国刑法》第234条第2款之规定，构成故意伤害罪。

被告人龚建清辩称：是被害人先动手打人，被害人的死亡与其行为无关，指控罪名不能成立。

被告人龚建清的辩护人辩称：被告人龚建清的行为不构成故意伤害罪，其理由有：（1）被告人在主观上没有故意伤害被害人张勇光致伤或者死亡的故意。（2）在客观方面被告人并未实施可以直接致被害人重伤或者死亡的行为。（3）被害人张勇光的死亡后果与被告人的行为之间无必然的因果关系。

### 一审裁判结果

一审法院福建省建阳市人民法院作出判决：龚建清犯故意伤害罪，判处有期徒刑7年。龚建清应赔偿给附带民事诉讼原告人的损失6000元，该款已由龚建清实际给付，不再另行给付。

### 一审裁判理由

福建省建阳市人民法院根据上述事实和证据认为：被告人龚建清与被害人张勇光因货款发生争吵，进而先动手推被害人引发互殴，致被害人死亡，其行为表明被告人龚建清在主观上是有非法伤害他人身体的故意，客观上也实施了故意伤害他人的行为。从表面上看，被告人的行为似乎只是直接造成被害人的轻微伤，与被害人自身的病理病变造成蛛网膜下腔出血而死亡无关，但是应当注意的是被害人自身的病理虽然客观存在，但却不一定必然会发生病变，而病变的发生却会造成死亡，因此引发病变的诱因，也就与被害人的死亡有着内在的因果关系，本案被害人在被告人伤害行为的作用下，其结果是被害人的病理当场发生病变，造成被害人死亡，这足以表明，被告人的行为是引发被害人病理病变最为客观、直接的原因，因此被告人的行为也就与被害人的死亡有着因果关系。被告人龚建清的行为符合故意伤害罪的构成要件，因此构成故意伤害罪。但鉴于被告人犯罪情节一般，主观恶性较小，案发后已赔偿了原告人的部分费用，并表示愿意赔偿被害人合理合法的损失，可酌情从轻处罚。案发后，被告人能投案自首，依法可以减轻处罚。据此，根据被告人犯罪的事实、犯罪的性质、情节和对社会的危害程度，对被告人予以减轻处罚。

### 二审诉辩情况

被告人龚建清及其辩护人上诉称：龚建清在主观上没有故意伤害致人重伤或死亡的犯意，客观方面未实施能致人重伤或死亡的行为，被害人张勇光的死亡与龚建清的行为之间不存在必然的因果关系，龚建清的行为不构成犯罪，请求改判龚建清无罪。

### 二审裁判结果

福建省南平市中级人民法院经审理查明的事实和证据，与一审认定的基本一致。对一审查明的事实和证据予以确认。另在二审期间，经做被告人及其亲属的工作，被告人愿意在原已支付人民币6000元的基础上，再赔偿给附带民事诉讼原告人的经济损失60000元，并已将人民币40000元交于二审法院。据此，福建省南平市中级人民法院作出判决：撤销建阳市人民法院〔2002〕潭刑初字第 152 号刑事附带民事判决书。上诉人（原审被告人）龚建清犯过失致人死亡罪，判处有期徒刑 3 年，缓刑 4 年。

### 二审裁判理由

福建省南平市中级人民法院根据上述事实和证据认为：上诉人龚建清拖欠被害人张勇光货款，引起争吵，进而先动手推、踢被害人，由于疏忽大意，致被害人张勇光因蛛网膜下腔出血致急性颅内高压而死亡的事实清楚，证据确实、充分，其行为已构成过失致人死亡罪。上诉人龚建清及其辩护人提出，上诉人龚建清在主观上没有故意伤害致人重伤或死亡的犯意，客观方面未实施能致人重伤或死亡的行为，上诉人龚建清的行为不构成犯罪，请求依法改判上诉人无罪的辩称和辩护理由。经查，从本案尸检情况来看，死者的体表损伤轻微，且损伤的部位远离头部，而被害人张勇光的死因，系因蛛网膜下腔出血致急性颅内高压致死的，从其蛛网膜下腔出血的病理形态分布广泛（大脑底部、双侧颞叶、大脑半球顶部大部分区域、小脑、脑干），均匀、薄层的特点分析，被害人张勇光自身潜在疾病发作在致死过程中起着主要作用，而外伤及争吵引起的情绪激动等诱发因素也是客观存在的，但只能说明由于上诉人龚建清的疏忽大意，造成了被害人张勇光由于自身潜在疾病发作而死亡，属过失致人死亡。故其辩称和辩护不是故意伤害有理，予以采纳。但上诉人龚建清的行为已构成犯罪，其辩称和辩护不构成犯罪，请求改判无罪的理由无理，不予采纳。鉴于本案的特殊情况及上诉人龚建清有自首情节，且在二审期间对附带民事诉讼原告人再次做了较大幅度的赔偿，确有悔罪表现，且主观恶性较小，本院决定对上诉人龚建清予以从轻处罚，并适用缓刑。上诉人陈绍凤、张建雄、张丽华、张丽娟及其委托代理人张艳芳诉称，一审未对死亡补偿金和被扶养人的生活费进行判决是错误的。请求二审法院改判被告人龚建清赔偿上诉人死亡补偿金人民币 6295.92 元，被扶养人的生活费人民币 92400 元，共计 98695.92 元。根据最高人民法院《关于刑事附带民事诉讼范围问题的规定》，死亡补偿金不属于附带民事诉讼的请求范围，故其诉求无理，不予支持。而上诉人陈绍凤、张建雄、张丽华、张丽娟在被害人张勇光死亡时均已满 16 周岁，且未丧失劳动能力，因此其要求赔偿抚养费的诉请，于法无据，不予支持。上诉人龚建清自愿赔偿人民币 66000 元，符合法律规定，予以确认。

**48. 行为人以故意伤害的故意持刀闯入他人住宅，被害人出于恐惧自行跳楼导致死伤，行为人是否仍要对重伤、死亡结果承担刑事责任？**

行为人需要对重伤、死亡结果承担责任。在上述情形中，虽然被害人的死亡、重伤并不是行为人直接的暴力打击带来的，但是被害人持刀闯入他人住宅，是对被害人人身安全的极大威胁，使被害人的心理高度恐惧，正是在这种精神强制下，被害人才会仓皇作出跳楼的行为。虽然跳楼行为并非被告人在此情形下的唯一选择，但是在当时时间紧迫、安全面临现实存在的极大威胁的情形下，被害人很难具有实施其他理性自我保护措施的可能性。换言之，被害人跳楼造成死亡重伤的结果，与行为人的持刀入室关系仍然存在刑法上的因果关系，因而行为人需要对被害人的死亡、重伤行为承担刑事责任。

当然，如果被害人跳楼当场并未直接造成死伤结果，而是在之后的治疗过程中发生了重大医疗事故，此时对于医疗事故造成的加重结果，行为人不再承担责任。但如果之后的加重结果是一般医疗事故造成的，则并未产生因果关系的中断，行为人仍然要对加重后的危害结果负责。

**49. 行为人因被被害人殴打过而心生怨念，持刀破门闯入被害人住宅，造成被害人受伤、死亡的伤害结果，应当定性为故意伤害罪、故意杀人罪还是非法闯入住宅罪？**

上述情形应当定性为故意伤害罪，原因如下：

首先，行为人出于泄愤报复的目的，持刀闯入他人住宅，从作案工具及手段即可看出，其主观上具有故意伤害的故意。同时，行为人已经持刀破门而入，已经着手开始实施故意伤害的行为。虽然被害人死伤结果并不是其直接实施暴力行为造成的，但是死伤结果与行为人的行为仍然具有刑法上的因果关系。上述行为主客观方面均符合故意伤害罪的构成要件。

三、故意伤害罪

> 其次，上述行为不宜以故意杀人罪定罪。虽然客观上存在被害人死亡的结果，但是考察行为人的主观心态，只是因为被被害人殴打后心生不忿而欲报复，在这种情况下行为人的目的主要是为了泄愤，很难说明其具有置被害人于死地的杀人故意，在不存在明确证据的情形下，不能指称行为人具有故意杀人的故意。故此根据主客观相统一的原则，不宜定性为故意杀人罪。
>
> 最后，上述行为不宜定性为非法侵入住宅罪。虽然行为人的行为形式上符合非法侵入住宅罪的构成要件，但是其侵入住宅的目的在于实施伤害行为，二行为属于牵连关系；另外，行为人的侵入住宅行为造成了死亡、重伤的重结果，已经超出了非法侵入住宅罪的评价范围，此时按照非法侵入住宅罪处理有违罪责刑相适应原则。结合牵连犯的处罚，仍应当定性为故意伤害罪。

## 典型疑难案件参考

### 陈智勇故意伤害案

**基本案情**

被告人陈智勇和被害人费春林、路忠、樊士方等人同在北京市丰台区岳各庄村43号院西侧白色楼房暂住。2004年4月13日，陈智勇酒后回到上述楼房3层楼道处时，因故与费春林、路忠、樊士方、庞永生等人发生争执，被害人费春林曾对陈智勇进行殴打，后被他人劝开。此后，陈智勇图谋报复，遂纠集张坤等人返回到上述地点，陈智勇和张坤持刀破门闯入费春林（男，时年46岁）、路忠（男，时年45岁）、樊士方暂住的该楼325房间卧室内，致使费春林、路忠、樊士方从3层的窗户跳下，最终造成路忠颅脑损伤合并创伤失血性休克死亡、费春林经医院抢救无效感染中毒性休克死亡和樊士方轻伤的后果。

**诉辩情况**

北京市人民检察院第二分院以被告人陈智勇犯故意伤害罪，向北京市第二中级人民法院提起公诉。

被告人陈智勇辩称未对被害人进行伤害，被害人死伤结果是其自行跳窗导致的。被告人陈智勇的辩护人认为被告人陈智勇的行为是非法侵入他人住宅，且被害人在案件的起因上有责任，请求法庭予以考虑。

▶ 裁判结果

北京市第二人民法院以故意伤害罪判处陈智勇无期徒刑,剥夺政治权利终身。

▶ 裁判理由

生效判决认为:被告人陈智勇因琐事与被害人发生争执后不能正确处理,竟纠集他人持刀闯入被害人的屋内,欲对被害人进行故意伤害,造成被害人从3层楼跳下,最终导致2人死亡、1人轻伤的严重后果,其行为已构成故意伤害罪,犯罪性质恶劣,情节、后果严重,应依法惩处。被告人陈智勇确曾实施了非法侵入他人临时住宅的行为,虽然其未伤害到被害人的身体,但陈智勇非法侵入他人住宅的目的是为了伤害他人的身体,同时其也实施了具体的行为,故陈智勇的行为应认定为故意伤害,而不是非法侵入他人住宅。鉴于被害人在案件的起因上负有一定责任,故以故意伤害罪判处陈智勇无期徒刑,剥夺政治权利终身。

## 50. 行为人被交警拦下停车检查过程中,因为惧怕被查处,加大油门行使致使交警不及躲避受伤,应当如何定性?

上述情形应当以故意伤害罪定罪量刑,理由如下:

首先,行为人在工作人员已经示意其停车时仍加速行驶,其对导致交警受伤的结果完全可以预见,但是仍然放任这种结果的发生,主观上存在着间接故意。客观上仍然实行了这一危险行为并且导致了交警受重伤的结果。完全符合故意伤害罪的构成要件。

其次,此种行为不构成过失致人重伤罪。过失致人重伤罪的行为人对于危害结果的发生具有过失,没有预见到危害结果的发生。而在上述情形中,行为人看见交警在其前方不远处,仍然加速驾驶机动车,其对于这一行为造成的危害性不可能没有预见到,只是因为急于躲避盘查而不顾这一行为可能带来的危害,仍然坚持实行并且放任这一危害结果的发生,因而主观上存在的是间接故意而非过失。

最后,此种行为不构成交通肇事罪。一方面,交通肇事罪的

> 主观方面为过失,而如上分析,此种情形下行为人主观心态为间接故意。另一方面,交通肇事罪的客体为公共安全,受到威胁的应当是不特定多数人的安全。而在上述情形中,行为人的行为仅仅是针对民警来说具有危险性,其行为指向的危害对象特定,并未威胁到不特定多数人的安全,因而不宜以交通肇事罪定罪量刑。

## 典型疑难案件参考

### 李雄故意伤害案

**基本案情**

2004年12月21日10时许,福清市交巡警大队海口中队民警陈瑞华与协管员赵吓玲在海口镇元华路塔仔门路段巡逻盘查时,发现被告人李雄未戴安全头盔驾驶两轮摩托车经过,陈瑞华即示意被告人李雄停车接受检查,并和赵吓玲一起走向路中,被告人李雄害怕自己无证驾驶套牌车被查获,加大油门继续行驶,陈瑞华立即躲开,站在陈瑞华身后的赵吓玲来不及躲避,被被告人李雄驾驶的两轮摩托车碰撞后拖出3.5米。被告人李雄撞人后继续逃逸至海口镇元华路浔头路段转弯时,因车速太快摔倒,被随后赶到的交巡警中队民警抓获。经法医鉴定,被害人赵吓玲身上的损伤程度为重伤,伤残程度为十级。

另查明,被害人赵吓玲受伤后,在福清市融强医院住院治疗40天,医嘱建议休息60天。遭受的经济损失为医疗费17640.46元、补牙费3500元、误工费100天×25元/天=2500元、护理费40天×44元/天=1760元、住院伙食补助费40天×15元/天=600元、残疾赔偿金19999.08元、交通费500元(酌定),合计人民币46499.54元。

**诉辩情况**

福建省福清市人民检察院以被告人李雄犯故意伤害罪,向福建省福清市人民法院提起公诉。起诉书指控被告人李雄的行为触犯了《中华人民共和国刑法》第234条第2款的规定,应以故意伤害罪追究其刑事责任。

被告人李雄辩解称:其主观上没有撞伤赵吓玲的故意。被告人李雄的辩护人辩护称,被告人李雄没有伤害他人的故意;被告人的行为构成过失致人重伤罪,而不构成故意伤害罪;被告人李雄有自首情节,建议对被告人从轻处罚并适用缓刑。

▸ 裁判结果

福建省福清市人民法院根据《中华人民共和国刑法》第 234 条第 2 款、第 64 条、《中华人民共和国民法通则》第 119 条及最高人民法院《关于人身损害赔偿案件适用法律若干问题的解释》第 19 条、第 20 条、第 21 条、第 22 条、第 23 条、第 25 条的规定，于 2005 年 12 月 7 日作出如下判决：

一、被告人李雄犯故意伤害罪，判处有期徒刑 5 年；

二、被告人李雄应当赔偿附带民事诉讼原告人赵吓玲因身体受到伤害而遭受的经济损失共计人民币 46499.54 元；

三、未随案移送的作案工具两轮摩托车一辆予以没收，上缴国库。

▸ 裁判理由

法院生效判决认为：被告人李雄在民警陈瑞华示意其停车接受检查时，明知自己驾车加速行驶可能会造成伤害他人身体的后果，而故意加大油门加速行驶，主观上对这一后果采取了放任的态度，并且在碰撞受害人赵吓玲还拖出了 3.5 米后仍驶离现场，最终造成赵吓玲重伤的严重后果。故认定为故意伤害罪。被告人李雄故意伤害行为造成附带民事诉讼原告人的经济损失，应负赔偿责任。

**51. 数名行为人受他人邀约，在公共场所公开堵截特定人员（行为人与被拦截人员双方并不相识）进行伤害的行为，应当如何定性？**

上述情形中，行为人一方面怀有伤害的故意实施了伤害行为，另一方面在公共场所公开拦截殴打他人，同时符合故意伤害罪和寻衅滋事罪的客观构成要件。对这一行为进行正确定性，需要对故意伤害罪和寻衅滋事罪进行区分：

首先，在主观方面，二罪虽然都为主观故意，但是故意伤害罪中故意的内容为伤害他人人身健康的故意，针对的对象是行为前事先确定的特定人；寻衅滋事罪中故意的内容为扰乱社会秩序的故意，虽然亦存在殴打、辱骂、拦截他人的动机，但是其针对的对象往往是事先无预谋的、不特定的。

其次，在客观方面，故意伤害罪和寻衅滋事罪都可能表现为殴打的形式，构成故意伤害罪的殴打行为，是为了达到使被殴打者受伤的目的；而寻衅滋事罪的殴打，往往表现为扰乱社会秩序的一种手段，殴打行为具有随意性，可能是为了逞强、惹事，事先往往不具有使人受伤的特定目的。

由此来看上述情形，虽然行为人与被害人事先并不相识，但是行为人的打击对象是明确的，并且是为了达到"教训"被害人、替委托者"出口气"的目的，并没有寻衅滋事罪中的蔑视法纪、试图扰乱社会秩序的故意。其犯罪故意的内容是使事先确定的被害人受伤，客观上对被害人实施了殴打行为，因而以故意伤害罪定罪处罚更为合适。

## 典型疑难案件参考

### 向鹏等寻衅滋事案

**基本案情**

2004年1月20日21时许，桑茂春（吹吹）、艾齐（齐齐）在合川市滨江路音乐之都22号包房喝酒与被告人邓立发生矛盾，二人将邓立叫出包房相互械斗，桑茂春、艾齐、邓立斗殴中均受伤。随后，卢川（另案处理）电话邀约他人对桑茂春、艾齐进行报复。当晚23时许，被告人向鹏、唐×、饶友毓等人持刀在合川市人民医院门口守候。桑茂春、朱雄峰、张鹏从医院出来坐出租车，被告人向鹏、唐×、饶友毓等人将车围住，朱雄峰、张鹏从车上出来分别向不同方向跑去。被告人向鹏、唐×持刀将桑茂春的背部、腿部、胸部砍伤，经司法鉴定所鉴定，被害人桑茂春五处轻伤，经双方协商已由4被告人赔偿其医药费4000元；被告人饶友毓追赶张鹏未果；被害人朱雄峰一处轻伤无证据证实是4被告人的行为。被害人朱雄峰向法院提起刑事附带民事诉讼请求赔偿，经法庭主持调解4被告人赔偿了其医药费2766元后撤诉。

**一审诉辩情况**

重庆合川市人民检察院以被告人向鹏等犯寻衅滋事罪，向重庆合川市人民法院提起公诉。起诉书指控被告人向鹏、唐×、饶友毓、邓立的行为已触犯《中华人民共和国刑法》第293条之规定，构成寻衅滋事罪。

被告人向鹏的辩护人的辩护意见有如下三点：一是被告人向鹏的行为不构成寻衅滋事罪应定故意伤害罪，其双方均有伤害的故意，侵害的对象是特定的，符合故意伤害罪的特征；二是被告人向鹏受卢川邀约在共同犯罪中起次要作用，是本案从犯；三是被告人向鹏伤害的特定对象桑茂春经司法鉴定所鉴定是轻伤。综上所述，被告人向鹏认罪态度好，无前科，应按照罪刑相适应的原则对其处罚。

被告人唐×对检察机关指控犯罪事实及罪名无异议，辩称是受他人邀约，是本案从犯，请求从轻处罚。

被告人邓立的辩护人的辩护意见有如下两点：一是检察机关指控被告人邓立等人犯寻衅滋事罪定性不准。其理由是：2004年1月20日邓立与桑茂春、艾齐因故发生纠纷而抓打，互相致伤对方，并非无故寻衅滋事；因邓立一方的人不服，邀约他人在合川市人民医院门口处将桑茂春、朱雄峰砍伤，伤害的对象是特定的。二是邓立在整个伤害过程中地位、作用很小，情节显著轻微。

▶ 一审裁判结果 ◀

合川市人民法院根据《中华人民共和国刑法》第293条、第17条第1款、第3款之规定，于2005年4月27日作出判决。判决如下：被告人向鹏犯寻衅滋事罪，判处有期徒刑3年。被告人唐×犯寻衅滋事罪，判处有期徒刑2年。被告人饶友毓犯寻衅滋事罪，判处有期徒刑2年。被告人邓立犯寻衅滋事罪，判处有期徒刑1年。

▶ 一审裁判理由 ◀

一审法院合川市人民法院认为：被告人向鹏、唐×、饶友毓、邓立持刀在公共场所，公然藐视国家法律和社会公德，随意殴打他人致人轻伤，情节严重，其行为均构成寻衅滋事罪。检察机关指控的犯罪事实及罪名成立。被告人向鹏、邓立的辩护人认为不构成寻衅滋事罪而应定故意伤害罪的辩护意见。不符合本案查证的事实和有关法律规定，不予采纳。被告人向鹏、唐×认为在共同犯罪中起次要作用，是本案从犯，根据两被告人在作案中积极参与并持刀砍伤被害人桑茂春5处轻伤，情节严重，因而不符合从犯的法律规定，亦不予采纳。鉴于被告人唐×在作案时不满18周岁，依法应当从轻处罚。

▶ 二审诉辩情况 ◀

上诉人（原审被告人）向鹏及其辩护人上诉称：向鹏等人主观目的是故意伤害对方，而不是寻衅滋事，应构成故意伤害罪；其在共同犯罪中受他人邀约参与犯罪，仅起次要作用，系从犯；犯罪后认罪态度较好，并已赔偿被害人经济损失，在被抓获后有协助公安机关抓获同案人的立功情节，请求依法改判故意伤害罪，并从轻量刑。

上诉人（原审被告人）唐×及其辩护人上诉称：本案起因是双方事先有

矛盾，其主观故意是报复他人，并非无端滋事，应认定为故意伤害罪；其在共同犯罪中起次要作用，系从犯；犯罪时未成年，犯罪后认罪态度较好，请求从轻处罚。

上诉人（原审被告人）邓立认为一审定性不准，应定性为故意伤害罪，其在共同犯罪中作用轻微，犯罪后具有自首情节，请求从轻处罚。

### 二审裁判结果

重庆市第一中级人民法院于2005年8月22日作出判决。依照《中华人民共和国刑事诉讼法》第189条第2项，《中华人民共和国刑法》第234条、第25条第1款、第17条第1款、第3款、第68条，最高人民法院《关于处理自首和立功具体应用法律若干总问题的解释》第5条之规定，判决如下：撤销合川市人民法院〔2005〕合刑初字第60号刑事判决书中第一、二、三、四项，即"向鹏犯寻衅滋事罪，判处有期徒刑3年；唐×犯寻衅滋事罪，判处有期徒刑2年；饶友毓犯寻衅滋事罪，判处有期徒刑2年；邓立犯寻衅滋事罪，判处有期徒刑1年"。上诉人向鹏犯故意伤害罪，判处有期徒刑2年。上诉人唐×犯故意伤害罪，判处有期徒刑1年6个月。上诉人邓立犯故意伤害罪，判处有期徒刑1年。原审被告人饶友毓犯故意伤害罪，判处有期徒刑1年。

### 二审裁判理由

二审法院重庆市第一中级人民法院认为：上诉人（原审被告人）向鹏、唐×、邓立、原审被告人饶友毓共同故意伤害他人身体，致人轻伤，其行为均构成故意伤害罪。原判认定原审被告人向鹏、唐×、邓立、饶友毓构成寻衅滋事罪，因各原审被告人故意伤害的对象特定，伤害他人的犯意明确，共同故意伤害被害人，符合故意伤害罪的犯罪构成，应认定上诉人向鹏、唐×、邓立、原审被告人饶友毓均构成故意伤害罪。鉴于上诉人唐×犯罪时系未成年人，应依法对其从轻处罚；上诉人向鹏被抓获后有协助公安机关抓获同案被告人的立功表现，可依法对其从轻处罚。对上诉人向鹏、唐×、邓立及其辩护人提出本案应以故意伤害罪定性的上诉意见及辩护意见，予以采纳。对上诉人唐×的辩护人提出唐×犯罪时系未成年人，请示从轻处罚的辩护意见，予以采纳。同时，对上诉人向鹏、唐×均提出是受他人邀约参加犯罪，系从犯的上诉意见及该二人的辩护人提出的相同辩护意见。经查，二人在受他人邀约参与犯罪后，在犯罪过程中积极主动，直接持刀砍杀被害人，其所起作用并非次要或辅助作用，不能认定二人在犯罪中系从犯，故对该上诉意见及辩护意见，不予采纳。

对上诉人邓立提出其有主动投案自首的情节，请求对其从轻处罚的上诉意见。经查，上诉人邓立在主动到公安机关投案后，未如实供述其全部犯罪事实和同案人在共同犯罪中的犯罪事实，不符合法律规定的自首特征，故对该上诉意见不予采纳。原判认定事实基本清楚，审判程序合法，但对案件定性为寻衅滋事不当，应予纠正。

### 52. 过失致人重伤罪与故意伤害罪的区别是什么？

故意伤害罪和过失致人重伤罪的客观表现都可以是致被害人重伤，两罪的主要区别在于被告人主观方面是故意还是过失。故意伤害罪的主观罪过内容：明知自己的行为会发生侵犯他人人身安全的结果，并且希望或者放任这种结果的发生，包括直接故意和间接故意两种形态。过失致人重伤罪的主观罪过是：应当预见自己的行为可能发生危害他人人身健康的结果，因为疏忽大意没有预见，或者已经预见而轻信能够避免，以致发生危害结果，包括疏忽大意的过失和过于自信的过失两种形式。故意伤害罪中，行为人对出现重伤结果主观心态上是出于故意的目的；而过失致人重伤罪中，行为人应当预见自己的行为可能会发生被害人重伤的结果，由于疏忽大意而没有预见，或者已经预见而轻信能够避免，以致发生被害人重伤的结果。

**典型疑难案件参考**

龙英勇故意伤害案（贵州省锦屏县人民法院刑事判决书〔2008〕锦刑初字第04号）

**基本案情**

2007年9月27日，被告人龙英勇与曾祥举、龙发旺等人在锦屏县三江镇飞山社区六街开发区第26栋3楼301号房间打牌时，曾祥举因发现与其同桌打麻将的被害人杨永其打假牌诈赌而与杨发生争吵，在该屋其他房间打牌的被告人龙英勇及龙发旺等人听到争吵后闻讯赶来围观，指责杨永其不该打假牌。其中曾祥举、龙发旺在动手殴打杨永其并被围观旁人劝阻的过程中，杨永其跑出房间往大门方向时，曾祥举、龙发旺及其他在场围观人跟着追出。当杨永其到靠近大门的厨房边时，被此时站在杨永其身后的龙英勇抓住杨的后衣领一摔，将杨摔倒在地上，致杨永其头部受伤。经法医鉴定，杨的伤情属重伤。

### 诉辩情况

锦屏县人民检察院指控称：被告人的行为已触犯《中华人民共和国刑法》第234条第2款的规定，应以故意伤害罪追究其刑事责任，请依法判处。

被告人及其辩护人辩称：检察机关指控定性错误，应构成过失致人重伤罪。理由是被告人没有伤害被害人的故意，只是怕龙发旺等人打被害人出事来，才将被害人往自己身边一拉，想不到这一拉，因地板系瓷砖，导致被害人倒地致成重伤，这是被告人疏忽大意造成的后果，属过失致人重伤，被告人愿认此罪。

### 裁判结果

经审理查明：被告人在案发前后均没有追打被害人，也没有对被害人实施过其他伤害，被害人受伤后被告人龙英勇积极叫车护送到医院，并已支付医疗费用3000元。对其余民事赔偿部分被害人称另行起诉。据此，贵州省锦屏县人民法院依照相关法律，作出如下判决：被告人龙英勇犯过失致人重伤罪，判处有期徒刑2年，缓刑3年。

### 裁判理由

法院经审理认为：被害人杨永其在锦屏县三江镇飞山社区第26栋3楼301房间打牌，因打假牌被他人追打至该房大门的厨房边时，被站在此处的被告人龙英勇抓住其后衣领一拉，致被害人倒地造成重伤。根据被告人在庭审中和在侦查机关的第一次供述均没有伤害他人的故意。结合检察机关提供的证据材料及被害人杨永其的证言均没有充分的证据证明被告人有伤害他人的故意。经庭审查明，被告人在杨永其倒地前后均没有伤害被害人，被告人的行为应属疏忽大意的过失行为，即应当预见而没有预见导致损害后果的发生，应以过失致人重伤罪追究其刑事责任。检察机关指控被告人犯故意伤害罪，定性不当，适用法律错误，本院予以纠正。被告人及其辩护人认为被告人的行为应属过失致人重伤罪的辩解，符合客观事实，本院予以采纳。在庭审中，被告人及其辩护人认为被告人在关押期间，揭发其他犯罪嫌疑人有自杀行为，应属立功表现的辩解，经庭审查明，其行为不符合最高人民法院关于处理自守和立功具体应用法律若干问题的解释的规定，但可以认定为表现好的悔罪体现，对其辩护意见，本院不予采纳。结合被告人在案发后，其亲属主动支付部分医疗费，视其也具有悔罪表现，本院可酌情从轻处罚。根据上述犯罪情节和悔罪表现，对其可以宣告缓刑。

**53. 数行为人持钢管、铁棍等工具聚众斗殴，产生重伤结果，但由于情势混乱无法判断重伤结果为何人造成，此种情形下应当如何处理？**

《中华人民共和国刑法》第292条第2款规定："聚众斗殴，致人重伤、死亡的，依照本法第二百三十四条、第二百三十二条的规定定罪处罚。"根据这一规定，当聚众斗殴发生死亡、重伤的重结果时，成立结果加重犯，此时对相关责任人应当按照故意杀人罪、故意伤害罪定罪处罚，不再定聚众斗殴罪。然而，如果斗殴现场情形比较混乱，无法确定造成重伤结果的主要责任人或者直接责任人时，亦不可放纵犯罪，将所有行为人均定为聚众斗殴罪。而是应当根据具体情形作出判断：如果在重伤结果发生之前部分斗殴者已经离开，则其仅需要对聚众斗殴罪负责，无须对致人重伤的加重结果承担责任。其余一直在场者，则需要结合证据，综合判断各行为人在斗殴过程中的积极程度及主次作用，进而确定重伤结果的承担者。如果能够证明剩余在场者对均持械斗殴，可能造成对方重伤或死亡的结果具有故意的，且各斗殴人彼此行为相互支持，则可以认定为故意伤害罪的共同犯罪，依照其在共同犯罪中的地位处刑。

## 典型疑难案件参考

### 石国钗等故意伤害、聚众斗殴案

**基本案情**

2003年9月24日上午8时许，在泉港区山腰世纪新城工地做扎桩工的被告人彭德银和彭德江（在逃，另案处理）等人，用水泵把工地上的积水抽到路边，被告人魏岩平阻止他们，双方发生口角引起纠纷。被告人彭德银、彭德金伙同彭德江、彭德海、张如豪、白涛（均在逃，另案处理）等人将被告人魏岩平按倒在地上殴打，被管理员劝阻散开。被告人魏岩平被殴打后即打电话告诉工地建筑商即被告人石国钗，被告人石国钗在到工地途中打电话要庄剑峰（在逃）纠集几个人到工地，庄剑峰即纠集了10多个社会青年赶到工地，由被告人魏岩平指认，持钢管、铁棍等工具去殴打扎桩民工。被告人彭德银、彭德金、杨秀章、张如华、张如培、张天国及彭德江、彭德海、白涛、张如豪等人闻讯便聚集在工地料场，手持铁棍、角铁等工具欲进行还击，双方开始互相扔掷石块。山腰派出所民警林智龙、黄晟罡接警后赶到现场制止，责令双方停手，被告人张如华、张如培、张天国看到警察来后逃离现场，后被公安人员抓获。被告人杨秀章在逃离现场后即被警察林智龙抓获。其余人员继续进行斗殴，在制止斗殴过程中黄晟罡被打伤右眼，由随即赶到的110民警送医院急救，庄剑峰等10多个社会青年及被告人彭德银、彭德金等人才逃离现场。被告人魏岩平带警察在泉港至石狮的公共汽车上抓获被告人彭德银、彭德金。经法医鉴定，黄晟罡的右眼伤残等级为七级，损伤程度为重伤。被害人黄晟罡住院期间的医疗费、伙食补助费、护理费、残疾人生活补助费合计人民币99042.24元。

### ▶一审诉辩情况◀

泉州市泉港区人民检察院认为：被告人石国钗、魏岩平、彭德银、彭德金、杨秀章、张如培、张天国、张如华聚众斗殴，致人重伤，其行为已触犯《中华人民共和国刑法》第292条、第234条第2款、第25条第1款之规定，应以故意伤害罪追究其刑事责任。在共同犯罪中，被告人石国钗起组织、领导作用，应认定为主犯；其余被告人应认定为从犯。被告人魏岩平到案后，能协助公安人员指认、抓获同案犯，具有立功表现。

被告人石国钗庭审中称：其主观上是为了制止犯罪，并不是叫人来打工人；其有协助公安机关抓人，有自首情节；同时提出其已赔偿被害人39070元，具体赔偿按法律规定。

被告人石国钗的辩护人指出：指控被告人石国钗的犯罪事实不清、证据不足，适用法律错误；对被害人的伤情被鉴定为重伤有异议，请求重新鉴定；从本案现有证据看应是重庆籍被告人用石子击中被害人眼部；重庆籍被告人有重大过错，应负本案的主要责任；民警未按规定着装，也是导致被打伤的重要原因之一。综上所述，建议宣告被告人石国钗无罪。

被告人魏岩平辩称：其打电话给石国钗是让他来解决纠纷，不是为了报复，其未参与斗殴，不应由其承担赔偿责任；其协助公安机关抓获犯罪嫌疑人彭德银、彭德金。

被告人魏岩平的辩护人提出如下辩护意见：指控被告人魏岩平聚众斗殴转化为故意伤害的证据不足；重庆籍被告人构成妨害公务转化为故意伤害罪，被告人魏岩平不是他们的共犯，不构成故意伤害罪。

### ▶一审裁判结果◀

泉州市泉港区人民法院于2004年9月28日作出判决。依照《中华人民共和国刑法》第292条第1款第2项、第4项、第2款、第234条第2款、第25条第1款、第26条第1款、第27条、第68条第1款、第36条第1款及《中华人民共和国民法通则》第119条、第130条之规定，作出如下判决：

一、被告人石国钗犯故意伤害罪，判处有期徒刑3年6个月；
二、被告人彭德银犯故意伤害罪，判处有期徒刑3年；
三、被告人彭德金犯故意伤害罪，判处有期徒刑3年；
四、被告人魏岩平犯故意伤害罪，判处有期徒刑2年6个月；
五、被告人杨秀章犯聚众斗殴罪，判处有期徒刑2年；
六、被告人张如培犯聚众斗殴罪，判处有期徒刑2年；
七、被告人张天国犯聚众斗殴罪，判处有期徒刑2年；
八、被告人张如华犯聚众斗殴罪，判处有期徒刑2年。

### 一审裁判理由

福建省泉州市泉港区人民法院认为：被告人石国钗、魏岩平、彭德银、彭德金、杨秀章、张如培、张天国、张如华为了私仇，纠集多人持械聚众进行斗殴，其行为均构成共同犯罪。警察到现场制止时，被告人杨秀章、张如培、张天国、张如华逃离现场，被告人石国钗、魏岩平、彭德银、彭德金仍在现场继续斗殴，致人重伤，故被告人石国钗、魏岩平、彭德银、彭德金的行为构成故意伤害罪。检察机关指控的罪名部分成立。在共同犯罪中，被告人石国钗起组织、指挥作用，系主犯，被告人魏岩平、彭德银、彭德金、杨秀章、张如培、张天国、张如华系从犯。被告人魏岩平、彭德银、彭德金的作用相对较大。被告人石国钗案发后积极赔偿被害人黄晟罡39070元，可对其酌情从轻处罚。被告人魏岩平案发后协助公安机关抓住犯罪嫌疑人彭德银、彭德金，有立功表现，依法从轻或者减轻处罚。被告人杨秀章、张如培、张天国、张如华在警察制止其斗殴时逃离现场，被害人黄晟罡受伤与其无直接的因果关系，对被害人黄晟罡的受伤不承担民事赔偿责任。

### 二审诉辩情况

一审判决宣告后，被告人石国钗、魏岩平、彭德银、彭德金、杨秀章、张如培不服，分别向福建省泉州市中级人民法院提出上诉。

石国钗及其二审辩护人诉称：被告人石国钗没有叫人打工人，没有斗殴及伤害警察的故意，要求宣告无罪。

魏岩平、杨秀章诉称：其未参与斗殴，不构成犯罪。

彭德银诉称：其没有向警察扔石头，要求减轻处罚。其行为属于自卫，未参与伤害警察，要求从轻处罚。

张如培诉称：其行为属于自卫，不应承担刑事责任。

### 二审裁判结果

福建省泉州市中级人民法院根据《中华人民共和国刑事诉讼法》第189条第1项、《中华人民共和国刑法》第292条第1款第2项、第4项、第2款、第234条第2款、第25条第1款、第26条第1款、第27条、第68条第1款、第36条第1款及《中华人民共和国民事诉讼法》第153条第1项、《中华人民共和国民法通则》第119条、第130条之规定，于2004年12月13日作出如下裁定：驳回上诉，维持原判。

### 二审裁判理由

福建省泉州市中级人民法院认为：上诉人石国钗、魏岩平、彭德银、彭德金、杨秀章、张如培及原审被告人张天国、张如华为了私仇，纠集多人持械聚众进行斗殴，规模大，社会影响恶劣，当公安人员到现场制止时，上诉人杨秀章、张如培及原审被告人张天国、张如华逃离现场，其行为均已构成聚众斗殴罪；上诉人石国钗、魏岩平、彭德银、彭德金仍在现场继续斗殴，致一人重伤，其行为均已构成故意伤害罪。原审判决定罪准确，量刑适当。审判程序合法。聚众斗殴罪中，双方均有伤害的故意，且实施了致被害人重伤并致残的严重后果，依法应按故意伤害定罪处罚。

本案中虽未能查清致被害人重伤的凶手，但不影响以故意伤害罪对上诉人石国钗、魏岩平、彭德银、彭德金定罪处罚。故上诉人石国钗及其辩护人提出其行为不构成故意伤害罪的意见，缺乏事实以及法律依据，不予采纳。上诉人彭德金、张如培均积极参与斗殴，其行为不符合防卫的条件，故其对此的辩解，不能成立，不予采纳。在共同犯罪中，上诉人石国钗起组织、指挥作用，系主犯，上诉人魏岩平、彭德银、彭德金、杨秀章、张如培及原审被告人张天国、张如华系从犯；上诉人魏岩平归案后协助公安机关抓获同案人，有立功表现；上诉人石国钗案发后积极赔偿辩被害人经济损失，原审据此予以从轻或者减轻处罚，量刑并无不当。上诉人彭德银、彭德金、杨秀章要求改判较轻刑罚的理由不能成立，不予采纳。上诉人石国钗、魏岩平、彭德银、彭德金的犯罪行为给原审附带民事诉讼原告人黄晟刚造成的经济损失，依法应承担民事赔偿责任，且负连带赔偿责任。上诉人石国钗、魏岩平、彭德银、彭德金应当赔偿原审附带民事诉讼原告人黄晟刚医疗费人民币45795.53元、残疾人生活补助费人民币48120元、住院伙食补助费人民币585元、护理费人民币541.71元、交通费和住宿费酌情确定各人民币 2000 元，合计人民币 99042.24 元。原审判决确定的赔偿项目和数额，合理合法，应予以支持。上诉人石国钗辩解其不应承担民事赔偿责任，理由不能成立，不予支持。

**54. 行为人持凶器追赶被害人，被害人为躲避跳入河中，行为人遂离开，被害人溺水而死。行为人是否需要对被害人的死亡负责？**

被害人被持凶器者追击，人身处于紧迫的高度危险状态，此时不得已选择跳水，是当时紧急情况下的正常选择。如果发生溺死结果，虽然与被害人自身的原因有一定关系（如被害人不识水性等），但是并不构成因果关系的中断，仍然可以认定其死亡原因与行为人的持凶器追击行为具有刑法上的因果关系。因此，对于被害人的死亡结果行为人需要承担责任。

**55. 上述情形应当定性为不作为的故意杀人罪还是故意伤害罪？**

上述情形主要涉及不作为的间接故意杀人罪与故意伤害致人死亡罪的区分，究竟如何定性应当遵循主客观相统一的原则。一方面，就主观方面来看，不作为的间接故意杀人罪要求行为人主观上预见到自己行为可能发生的危害结果而放任危害结果的发生，而故意伤害罪主观上具有的是伤害的故意。判断行为人故意的内容，需要结合具体案情予以分析，如作案动机、双方关系、作案手段等。如果行为人在持凶器追赶时持有的是杀人的故意，当被害人跳入河中，行为人认为被害人足以溺死而离开，则成立故意杀人罪；但如果行为人追击时只是怀有伤害故意，见被害人跳入河中，认为其只是逃生手段，并不存在生命危险，行为人因为追击未遂而只得离开，则不宜定性为故意杀人罪。

另一方面，还需要关注行为人对于被害人可能溺死的情形有无认识。成立不作为的故意杀人罪，要求行为人能够认识到被害人死亡结果发生的现实危险性。上述情形中，行为人的先行行为

> 使被害人处于危险状态，如果行为人认识到这一点，在能够救助的情况下仍未救助，则构成不作为的故意杀人罪；但是如果被告人对危险状态并无认识，则不宜定性为故意杀人罪。

### 典型疑难案件参考

#### 张金虎等故意杀人案

**基本案情**

2008年11月10日凌晨1时许，被告人张金虎、徐远东在宜兴市丁蜀镇工会门口看到朋友何家辉曾追求的女孩杨慧与张洪（男，1989年12月出生，贵州省织金县人）在一起说话。被告人张金虎即提出要教训张洪，遂叫被告人徐远东回租房处取来钢管、砍刀等工具，纠集了周露露、何家辉、张磊3人（均另案处理）。后被告人张金虎、徐远东等人持砍刀、钢管上去拦住张洪。张洪沿马路逃跑。被告人张金虎从路边一朋友处借得一辆摩托车追赶，被告人徐远东等人持钢管紧追其后。被告人张金虎在丁蜀镇大中街赶上并超越了张洪，张洪跑进路边的绿化带后被迫跳入丁山大河中。被告人张金虎看到张洪在河中后，即驾驶摩托车往回走，并将张洪跳入河中的情况告知了随后赶上的徐远东，张金虎、徐远东等人即逃离现场。2008年11月12日下午，张洪的尸体在丁山大河中被发现，张洪系生前入水溺死。2008年11月22日，被告人张金虎主动到宜兴市公安局投案，并如实供述了上述事实。

**诉辩情况**

江苏省宜兴市人民检察院以被告人张金虎等犯故意杀人罪，向宜兴市人民法院提起公诉。起诉书指控：被告人张金虎、徐远东伙同他人持械追打张洪并迫使其跳入河中。在明知张洪有生命危险的情况下而不采取任何救助措施，造成张洪溺水死亡。其行为均触犯了《中华人民共和国刑法》第232条、第25条第1款的规定，应以故意杀人罪追究其刑事责任。

被告人张金虎辩称自己的行为不构成故意杀人罪。

被告人张金虎的辩护人的辩护意见为：被告人张金虎的行为构成寻衅滋事罪；指控被告人张金虎是主犯，证据不足；被告人张金虎有自首情节，可依法从轻或减轻处罚。

被告人徐远东的辩护人的辩护意见为：被告人徐远东的行为构成过失致人

死亡罪；被告人徐远东是从犯，应当从轻或减轻处罚。

**裁判结果**

江苏省宜兴市人民法院于 2009 年 7 月 1 日作出判决。依照《中华人民共和国刑法》第 234 条、第 25 条第 1 款、第 26 条第 1 款、第 4 款、第 27 条、第 67 条第 1 款，作出如下判决：被告人张金虎犯故意伤害罪，判处有期徒刑 8 年；被告人徐远东犯故意伤害罪，判处有期徒刑 6 年。

**裁判理由**

法院生效判决认为：被告人张金虎、徐远东伙同他人出于教训被害人的目的而持械追赶欲对其殴打，两被告人主观上具有伤害他人身体的故意，客观上实施了持械追赶他人的行为，并致被害人在逃跑过程中落水溺水身亡。该死亡结果与被告人持械追赶的行为之间具有法律上的因果关系。两被告人的行为均已构成故意伤害罪。检察机关指控两被告人伙同他人追打被害人迫其跳河后，明知其有生命危险而不救助致其溺水身亡，认为两被告人的行为构成故意杀人罪。而被告人张金虎则辩称自己的行为不构成故意杀人罪，本院认为两被告人在追赶被害人过程中发现其跳河后未行救助即离开现场致被害人溺水身亡，两被告人主观上存在伤害被害人的故意，客观上实施了持械追赶的行为，上述行为与被害人死亡后果亦存在法律上的因果关系。两被告人的行为符合故意伤害罪的构成要件，故对指控罪名予以纠正。检察机关指控两被告人明知被害人有生命危险而不救助，证据尚不够充分。对被告人张金虎提出的自己的行为不构成故意杀人罪的辩解予以采纳。

被告人张金虎辩称自己的行为不构成故意杀人罪，其辩护人提出被告人张金虎构成寻衅滋事罪。被告人徐远东的辩护人提出被告人徐远东构成过失致人死亡罪。本院认为，两被告人的行为均不符合寻衅滋事罪、过失致人死亡罪的构成要件。对两被告人的辩护人提出的上述辩护意见均不予采纳。

在共同犯罪中，被告人张金虎提出犯意、纠集人员持械追赶被害人，起主要作用，是主犯，应当按照其参与的全部犯罪处罚；被告人徐远东起次要作用，是从犯，应当从轻或减轻处罚。被告人张金虎的辩护人提出认定被告人张金虎是主犯证据不足。本院认为，同案犯徐远东及其共同行为人何家辉的供述均可证明被告人张金虎提出犯意、纠集人员的事实，且其供述也可印证。故认定被告人张金虎是主犯的证据确实充分，对其辩护人的该辩护意见本院不予采纳。

被告人张金虎在犯罪后能主动到公安机关投案，归案后能如实供述自己的犯罪事实，是自首，依法可从轻或减轻处罚。对其辩护人提出的与此相同的辩护意见予以采纳。被告人张金虎、徐远东已与被害人亲属达成了民事赔偿协议，并支付了赔偿款，得到了被害人亲属的谅解，均可予以从轻处罚。综合上述情节，本院决定对被告人张金虎、徐远东予以减轻处罚。

### 56. 故意伤害罪的主观故意如何认定？

故意伤害罪的主观罪过是故意，包括直接故意和间接故意，其内容是指行为人明知自己的行为会造成他人受到轻伤以上的伤害后果，希望或者放任这种结果发生的主观心理态度。故意伤害罪的主观故意的认定要注意两个方面：一是要看行为人是否对自己的行为会造成他人受伤害的结果有明确认知，这是认定伤害故意的前提条件；二是要看行为人对他人受伤害所持的主观心理态度是否为希望或者放任，这是认定伤害故意的关键条件。只有在上述两个条件同时具备的情况下，才能认定行为人具有故意伤害罪的主观罪过。在司法实践中，不仅要看行为人对自己行为性质的主观供述，还要从行为人伤害他人所使用的工具、被害人身体受到打击的部位等客观因素进行综合判断。

**典型疑难案件参考**

何双梅故意伤害案（安徽省来安县人民法院〔2009〕来刑初字第0075号）

**基本案情**

2009年1月6日傍晚，被告人何双梅接大女儿任晓燕放学回到来安县独山乡曲涧村下庄组家中，见二女儿任晓雪（2005年2月14日生）将大便拉到裤子里，非常生气，先用小木棍对任晓雪的臀部打，后又从院中地上捡起一块小砖头朝任晓雪的后背上砸，被邻居何琴劝说后才停止。晚饭后，被告人何双梅将任晓雪的衣服脱光并让其坐在盆里，然后从厨房里用一个铁脸盆取来热水，自己用手试过水温后，直接将热水倒在任晓雪的身上，导致任晓雪身上出现大面积烫伤。任晓雪被烫得叫喊，并从塑料盆里跑出来站在地上哭，被告人何双梅见状往塑料盆里加了一些凉水，让任晓雪再次回到盆里并继续帮其洗澡，此时任晓雪一直在哭，肚子上的皮肤部分被烫脱落。当晚被告人何双梅发现任晓雪被烫伤后，便用卫生纸对任晓雪的烫伤部位进行遮贴，未采取其他措施。2009年1月7日早晨，被告人何双梅在送任晓燕上学途中，到独山乡街道田家山诊所买了一支"美宝"牌湿润烧伤膏，回家后当天对任晓雪被烫伤处涂抹了数次。上午被告人何双梅告诉何琴任晓雪的屁股被其烫伤了一小块，中午其丈夫任长才打电话回家问候，何双梅又将任晓雪屁股被烫伤一事告诉了任长才。当天任晓雪出现了呕吐现象，并于当夜死亡。被告人何双梅发现任晓雪死亡后，将任晓雪的尸体背到来安县雷官镇埝塘村李庄组一公路边的竹园里丢弃，后逃回贵州省纳雍县勺窝乡香车河村河对门组的家中。

经来安县公安局刑事科学技术鉴定：任晓雪躯干部、四肢的广泛性表皮剥脱、创面毛细血管网及水泡形成等情况，符合高温液体（热水）生前烫伤，烫伤程度为1—2度，面积达40%左右；任晓雪身体烫伤应系他人所致；任晓雪系被他人用液体烫伤致多脏器功能衰竭死亡。经安徽省合肥市精神病医院司法鉴定：被告人何双梅在案发时及目前无精神病，法定能力评定为：具有完全刑事责任能力。经安徽省公安厅生物物证鉴定：任长才、何双梅为任晓雪生物学父母的似然比率为 $2.03 \times 10^{21}$。

> 诉辩情况

检察机关认为被告人行为构成故意伤害罪，应当依法追究其刑事法律责任。

被告人何双梅辩称：其没有伤害任晓雪的故意，当时曾试过水温，觉得水不烫才将水往任晓雪身上倒并为任晓雪洗澡。任晓雪被烫伤后，其买了专治烫伤的药膏为任晓雪涂抹了几次，卖药膏的人讲药的效果很好。没有想到任晓雪会死亡。

辩护人的辩护意见是：被告人何双梅没有伤害任晓雪的故意，检察机关指控被告人何双梅犯故意伤害罪的证据不足。证人任晓燕只有7周岁多一个月，其证言不足以采信。被告人何双梅没有预料到任晓雪会死亡。

> 裁判结果

审理法院依照《中华人民共和国刑法》第234条第2款之规定，判决如下：被告人何双梅犯故意伤害罪，判处有期徒刑10年。

> 裁判理由

安徽省来安县人民法院经审理后认为：被告人何双梅明知用高温水给任晓雪洗澡可能造成任晓雪被烫伤的后果，而放任自己的行为，导致任晓雪被烫伤并引起死亡，其行为已构成故意伤害罪。检察机关指控被告人何双梅犯故意伤害罪罪名成立，法院予以支持。被告人何双梅认为"其没有伤害任晓雪的故意"的辩解意见不能成立,法院不予支持。对辩护人"被告人何双梅的行为构成过失致人死亡罪"及"证人任晓燕年龄只有 7 周岁多,其证言不能采信"的辩护意见,亦不予支持。

### 57. 故意伤害罪与寻衅滋事罪如何进行区分?

故意伤害罪是指行为人基于造成他人身体受到轻伤害以上后果的故意而实施的侵犯他人身体健康权的行为。故意伤害罪的行为人在主观上有伤害的故意,即明知自己的行为会造成被害人轻伤以上后果仍然实施此种伤害行为,客观上有导致他人受到轻伤以上后果的行为。寻衅滋事罪表现形式之一是随意殴打他人,但是此种殴打是出于无事生非、寻衅滋事的主观故意而非有导致他人身体受到轻伤害以上后果的故意。此外,在被害人指向上,故意伤害罪一般具有明确的伤害对象,但寻衅滋事一般是随机选择殴打的对象。

**典型疑难案件参考**

刘自华故意伤害案(河南省永城市人民法院〔2009〕永刑初字第 88 号)

#### 基本案情

被告人刘自华与被害人王存信系同村居民。2009 年 5 月 26 日 17 时许,刘自华在永城市东城区东方商厦东侧一家商店门前吃雪糕时,见王存信路过,喊其吃雪糕。后二人在吃雪糕期间发生纠纷。在争执中,刘自华持长条木凳砸王存信,致王受伤,王之妻劝阻时也受伤。经鉴定,王存信右手第一掌骨粉碎性骨折,构成轻伤,九级伤残。王存信伤后在永城市人民医院治疗,共支出医疗费 2253.90 元、鉴定费 790 元及鉴定时的交通费 800 元。

#### 诉辩情况

检察机关认为被告人行为构成故意伤害罪,应当依法追究其刑事法律责任。

被告人对犯罪事实供认不讳。本案被害人要求法院追究被告人寻衅滋事罪的刑事责任。

### 裁判结果

审理法院依照《中华人民共和国刑法》第 234 条第 1 款、第 36 条,《中华人民共和国民法通则》第 119 条之规定,判决如下:

一、被告人刘自华犯故意伤害罪,判处有期徒刑 1 年;

二、被告人刘自华赔偿被害人王存信残疾赔偿金 27704.48 元、医疗费 2253.90 元、交通费 800 元,共计 31548.38 元。

### 裁判理由

法院生效判决认为:被告人刘自华故意伤害他人身体,致人轻伤,其行为构成故意伤害罪。检察机关指控的罪名及适用法律条款正确,应予支持。本案被害人要求追究刘自华犯寻衅滋事罪的刑事责任,理由不能成立,不予支持。

> **58. 行为人双方故意互相伤害对方的,如何追究其刑事责任?**
>
> 如果行为人双方故意伤害对方的行为均符合故意伤害罪犯罪构成的,应当分别追究其故意伤害罪的刑事责任。行为人双方的刑事责任的大小应从其各自所实施的故意伤害罪的犯罪情节进行考量。例如,行为人双方造成伤害程度不同的,也应当按照不同的量刑幅度进行处罚。

### 典型疑难案件参考

黄敏强故意伤害案(广东省河源市中级人民法院刑事附带民事裁定书〔2008〕河中法刑二终字第 16 号)

### 基本案情

2006 年 8 月 6 日上午 10 时许,上诉人黄锦荣与原审被告人黄敏强因以前的矛盾在黄敏强家发生争吵,黄锦荣用自带的刀片划伤黄敏强的咽喉后跑出门外,欲骑摩托车逃离。黄敏强从自家厨房取了一把菜刀在门外追上黄锦荣,把刀架在黄锦荣的脖子上,黄锦荣则拿着刀片。双方对峙过程中,黄敏强用菜刀砍伤黄锦荣的下颌下部、左手腕关节背、右关节外侧等处。经法医鉴定,被告人黄敏强所受损伤为轻伤,被告人黄锦荣所受损伤为重伤。

### 一审裁判结果

一审判决认为：被告人黄敏强、黄锦荣无视国法，采用暴力手段故意伤害对方身体，其行为已触犯刑法，连平县人民检察院指控他们犯故意伤害罪罪名成立，依法予以认定，并应依法追究其刑事责任。关于附带民事诉讼，应以本院查明部分予以判决。根据被告人的犯罪事实，情节及认罪态度等，依照《中华人民共和国刑法》第234条第1款、第2款及《中华人民共和国民法通则》第119条、第131条之规定，判决：

一、被告人黄敏强犯故意伤害罪，判处有期徒刑4年；

二、被告人黄锦荣犯故意伤害罪，判处有期徒刑2年；

三、被告人黄敏强赔偿附带民事诉讼原告人黄锦荣各项费用16227元。

### 二审诉辨情况

上诉人黄锦荣上诉称：他是在打斗过程中不小心用刀片划伤黄敏强，而他的手被黄敏强砍成重伤致十级伤残，一审判其2年，量刑过重，判黄敏强4年，量刑过轻。民事方面，其在连平县第二人民医院所做的上呼吸感染手术是受伤感染的，一审却认为与本案无关。请求二审判其缓刑。

### 二审裁判结果

二审法院依照《中华人民共和国刑事诉讼法》第189条第1项的规定，裁定如下：驳回上诉，维持原判。本裁定为终审裁定。

### 二审裁判理由

法院生效判决认为：上诉人黄锦荣及原审被告人黄敏强用凶器故意相互伤害对方身体，致使原审被告人黄敏强被损伤为轻伤，上诉人黄锦荣被损伤为重伤，其行为均构成故意伤害罪。上诉人黄锦荣用自带刀片割伤黄敏强的咽喉致其轻伤却辩解为不小心划伤，其上诉理由无理，本院不予支持。附带民事诉讼方面，上诉人黄锦荣称其在连平县第二人民医院所做的上呼吸感染手术是受伤感染的，但没有提供其他证据予以证实，一审认定与本案无关，并无不当。原审判决认定事实和适用法律正确，并根据双方损伤程度和案件情节，依法在量刑幅度内判决，量刑适当，审判程序合法。上诉人的上诉意见本院不予采纳。

### 59. 因民间纠纷引起的故意伤害致人死亡案件，事后得到被害人亲属谅解的能否从轻处罚？

因民间纠纷引起的故意伤害致人死亡案件，可以将被害人谅解作为酌定从轻量刑的情节。出于宽严相济的刑事政策要求以及恢复性司法的执法理念，在故意伤害致人死亡案件中，被告人一方积极赔偿被害方损失，获取被害人亲属谅解的，可以最大程度地补偿被害方损失，同时恢复被犯罪破坏的社会关系。有必要说明的是，被害人亲属的谅解只是酌定从轻量刑情节，法院并不必然从轻量刑，如果行为人故意伤害他人情节极为恶劣的，也可以不再从轻量刑。

**典型疑难案件参考**

#### 于风文等故意伤害案

**基本案情**

2005年8月13日上午，被告人于风文在长春市果品批发市场观看被害人李湘君等人打扑克，因被告人于风文插话，引起李湘君不满，二人发生争吵并厮打，被他人劝解。当日11时许，被告人于风文又遇见李湘君并追打李湘君，持尖刀刺李湘君左腿上部和左上臂各一刀，致被害人李湘君因失血性休克死亡，后被告人于风文逃至舒兰市其表哥付建军家，其二叔于德林及其母亲到付建军家商量逃跑之事，被告人于德林、付建军分别资助于风文人民币300元钱。

另查明，2004年9月17日16时许，被告人田立经营的水果店服务员给田立打电话，声称被邻店服务员打伤。被告人田立遂同被告人于风文等人前去水果店，被告人田立先与邻店店主王洪坤发生厮打被人拉开，被告人于风文与王洪坤侄子发生厮打后又与王洪坤厮打，被告人于风文击打被害人王洪坤左眼部一拳，致被害人王洪坤眼部损伤，左眼球摘除。经法医鉴定，被害人王洪坤损伤构成重伤，伤残等级五级。

**一审诉辩情况**

检察机关指控认为：应当以故意伤害罪追究被告人于风文、田立的刑事责任；应当以窝藏罪追究被告人于德林、付建军的刑事责任，提请依法惩处。

附带民事诉讼原告人张宏凤请求判令被告人于风文赔偿被害人李湘君死亡

补偿金、丧葬费、抚养费等经济损失，合计人民币277361.01元。

被告人的答辩及其辩护人的辩护意见：被告人于风文无辩解。被告人于风文的辩护人认为：被害人李湘君在案件起因上有一定过错；被告人于风文主观恶性不深，认罪态度较好，建议对被告人于风文从轻处罚。

被告人田立无辩解。被告人田立的辩护人认为：被告人田立没有伤害被害人王洪坤的主观故意，民事部分已经给予被害人王洪坤赔偿，得到被害人王洪坤的谅解，请求对被告人田立从轻判处。

被告人于德林、付建军均无辩解。

### 一审裁判结果

长春市中级人民法院依照《中华人民共和国刑法》第234条第2款、第310条第1款、第57条第1款、第72条第1款、第73条第2款、第3款、第36条第1款及《中华人民共和国民法通则》第119条之规定，作出如下判决：

一、被告人于风文犯故意伤害罪，判处死刑，剥夺政治权利终身；

二、被告人田立犯故意伤害罪，判处有期徒刑3年，缓刑4年；

三、被告人于德林犯窝藏罪，判处有期徒刑3年，缓刑3年；

四、被告人付建军犯窝藏罪，判处有期徒刑3年，缓刑3年；

五、被告人于风文赔偿附带民事诉讼原告人张宏凤经济损失人民币115724.93元。

### 一审裁判理由

吉林省长春市中级人民法院根据上述事实和证据认为：检察机关指控被告人于风文、田立故意伤害他人致被害人王洪坤重伤；被告人于风文故意伤害他人致被害人李湘君死亡；被告人于德林、付建军窝藏的事实，4被告人均供认，并有经过庭审核实的证据证明，指控的事实和罪名成立。被告人于风文因琐事与被害人李湘君发生争吵后，持刀刺被害人李湘君致其死亡；被告人于风文、田立共同致被害人王洪坤重伤，其行为均已构成故意伤害罪，应依法惩处。鉴于被告人田立在犯罪中所起的作用及能够积极赔偿被害人经济损失，对被告人田立可从轻处罚。被告人于德林、付建军明知被告人于风文伤害他人负案在逃，仍提供钱款资助被告人于风文潜逃，二被告人的行为均已构成窝藏罪，应依法惩处。关于被告人于风文的辩护人提出，被害人在案件起因上有一定过错；被告人于风文主观恶性不深，认罪态度较好，建议对被告人于风文从轻处罚的辩护意见。本院认为，因为看他人玩扑克，于风文与李湘君发生争吵并厮打已被劝解，事后再次相遇，于风文又再次追打并持刀刺死李湘君，不能认定被害人在案件起因上有过错；于凤文持刀刺死李湘君之前，已重伤王洪坤，致王洪坤五级伤残，辩护人提出被告人于凤文主观恶性不深的观点不予采纳；关于被告人田立的辩护人提出，被告人田立没有伤害被害人王洪坤的主观故意；民事部分已经给予被害人赔偿，得到被害人的谅解，请求对被告人田立从轻判处的辩护意见。本院认为，被告人田立接服务员电话后，与被告人于凤文一同前往，被告人田立同被告人于凤文与被害人王洪坤见面后，首先与被害人王洪坤进行厮打，继而被告人于凤文对被害人王洪坤进行加害，被告人田立对伤害结果应承担相应的责任，辩护人提出的此点辩护意见不予采纳。辩护人提出被告人田立的家属已经给予被害方一定经济补偿的观点应予采纳。由于被告人于凤文的犯罪行为，给附带民事诉讼原告人造成的经济损失，被告人于凤文应当承担民事赔偿责任。根据法律规定，被告人于凤文应当赔偿被害人李湘君死亡补偿金人民币 60008 元、赡养费人民币 8673.33 元、抚养费人民币 47043.60 元，合计人民币 115724.93 元。附带民事诉讼原告人张宏凤提出保护其本人抚养费的主张，因其没有丧失劳动能力，不属无经济来源的人，该主张不予支持。

### 二审诉辩情况

上诉人于凤文及其辩护人（原审被告人）诉称：在被害人李湘君到于凤文卖西瓜处对其进行殴打的情况下，于凤文情绪冲动，持刀将李湘君刺伤，被害人李湘君在案件起因上有一定过错。于凤文提出量刑重。其辩护人提出于凤文认罪态度好，有悔罪表现，其家属积极代为赔偿给被害人家属造成的经济损失，希望对于凤文酌情从轻判处。

### 二审裁判结果

吉林省高级人民法院依照《中华人民共和国刑法》第 234 条第 2 款、第 310 条第 1 款、第 57 条第 1 款、第 48 条第 1 款、第 72 条、第 73 条及《中华人民共和国刑事诉讼法》第 189 条第 1 项、第 2 项之规定，判决如下：

一、维持吉林省长春市中级人民法院〔2006〕长刑初字第 139 号刑事附带民事判决的第二、三、四项，即对被告人田立犯故意伤害罪，判处有期徒刑 3 年，缓刑 4 年；被告人于德林犯窝藏罪，判处有期徒刑 3 年，缓刑 3 年；被告人付建军犯窝藏罪，判处有期徒刑 3 年，缓刑 3 年的定罪与量刑部分；

二、撤销吉林省长春市中级人民法院〔2006〕长刑初字第 139 号刑事附带民事判决第一项中对被告人于凤文的量刑部分；

三、上诉人（原审被告人）于凤文犯故意伤害罪，判处死刑，缓期 2 年执行，剥夺政治权利终身。

**二审裁判理由**

吉林省高级人民法院经审理认为：原审法院依据于风文的犯罪事实对其量刑并无不当，但鉴于此案系民间矛盾激化引发的案件，于风文归案后能如实供述犯罪事实，且认罪态度较好，并在本院审理期间能积极要求家属代为赔偿给被害人造成的经济损失，具有悔罪表现，取得了被害人家属谅解，可酌情对于风文从轻处罚。于风文辩护人及吉林省检察院提出于风文赔偿给被害人家属造成的经济损失，可酌情对于风文从轻处罚的意见予以采纳。

原审判决认定被告人于风文、田立犯故意伤害罪、于德林、付建军犯窝藏罪的事实，已在开庭审理中由控辩双方举证、质证。在本院审理期间，上诉人（原审被告人）于风文及其辩护人，被告人田立、于德林、付建军亦未提供新的证据。经审查，证据确实、充分，予以确认。原审判决定罪准确，审判程序合法，但对于风文量刑欠当。

## 60. 行为人为制止不法侵害，伤害他人身体但属于防卫过当的，能否构成故意伤害罪？

行为人出于正当防卫的目的制止不法侵害但超过必要限度的，属于防卫过当。根据行为人主观罪过的不同，防卫过当可能构成间接故意犯罪或者过失犯罪。如果行为人明知自己的行为可能造成他人受到轻伤以上后果的，仍然放任这种结果发生，并实际造成他人轻伤以上后果的，则应当追究行为人的间接故意伤害罪的刑事责任。有必要说明的是，根据现行《刑法》第20条第2款的规定，正当防卫明显超过必要限度造成重大损害的，应当减轻或者免除处罚。所以，对于防卫过当构成故意伤害罪的，在量刑上应当减轻或者免除处罚。

**典型疑难案件参考**

盛安故意伤害、廖丽德等人寻衅滋事案

**基本案情**

2004年8月11日22时左右。被告人廖丽德、杨文山、徐友春在市政府公交车站附近，当时盛安携其女友经过此处，以盛安看了自己一眼为由，与盛安发生争执，廖丽德3人便上前无故殴打盛安，致盛安身上多处外伤。在此过程中，被告人盛安用随身携带的一把弹簧刀对廖丽德腹部和背部各捅一刀。经淮南市公安局刑事科学技术鉴定认为：廖丽德的伤情属于重伤。本案审理期间，被告人盛安与被告人廖丽德就民事赔偿达成调解协议且已经履行。

### 诉辩情况

淮南市田家庵区人民检察院指控称被告人廖丽德、杨文山、徐友春在市政府公交车站无故殴打盛安，致盛安身上多处外伤。被告人盛安持刀将廖丽德捅成重伤。被告人盛安行为已构成故意伤害罪；被告人廖丽德、杨文山、徐友春随意殴打他人，情节恶劣，其行为均已构成寻衅滋事罪。

被告人的辩解及其辩护人的辩护意见：盛安及其辩护人对起诉书指控的犯罪事实和证据的基本内容无异议。廖丽德辩称没有打盛安，其辩护人认为廖丽德的行为不属于情节恶劣，故不构成寻衅滋事罪。杨文山对起诉书指控的犯罪事实和证据的基本内容无异议，其辩护人认为杨文山的行为不构成寻衅滋事罪。徐友春对起诉书指控的犯罪事实和证据的基本内容无异议。

### 裁判结果

安徽省淮南市田家庵区人民法院依照《中华人民共和国刑法》第293条，第234条，第25条第1款，第20条第1款、第2款，第64条之规定，判决如下：

一、被告人盛安犯故意伤害罪，判处有期徒刑6个月；
二、被告人廖丽德犯寻衅滋事罪，判处有期徒刑6个月；
三、被告人杨文山犯寻衅滋事罪，判处有期徒刑6个月；
四、被告人徐友春犯寻衅滋事罪，判处有期徒刑6个月；
五、作案工具弹簧刀一把予以没收。

本案一审宣判后，被告人廖丽德在法定期限内提出上诉，经淮南市中级人民法院审理，支持了本院的判决意见，裁定驳回上诉，维持原判。

### 裁判理由

安徽省淮南市田家庵区人民法院经审理认为：被告人盛安故意非法损害他人身体健康，致人重伤，其行为已构成故意伤害罪；被告人廖丽德、杨文山、徐友春随意殴打他人，情节恶劣，其行为均已构成寻衅滋事罪。检察机关的作出的各项指控成立。辩护人关于被告人廖丽德、杨文山不构成寻衅滋事罪的辩护意见，经庭审查明，该二被告人伙同徐友春无故殴打他人，情节恶劣，此节事实有各被告人的供述和证人证言在卷佐证,故不予采纳。其他辩护意见予以采纳。被告人盛安系正当防卫,但明显超出必要限度造成重大损害,应当负刑事责任,但是依法应当减轻处罚。被告人盛安在犯罪后积极赔偿被害人,可从轻处罚。

## 61. 强迫交易罪与故意伤害罪如何进行区分?

强迫交易罪是指行为人以暴力、威胁手段强买强卖、强迫他人提供或者接受服务、强迫他人参与或者退出投标、拍卖、强迫他人转让或者收购公司企业的股份债券或者其他资产、强迫他人参与或者退出特定经营活动等行为,扰乱市场经济秩序,情节严重的行为。强迫交易罪是以暴力胁迫等人身强制手段实现扰乱市场经济秩序的目的,因此其手段行为在造成被害人轻伤以上后果时可能同时符合了故意伤害罪的犯罪构成。基于罪责刑相适应原则的考量,对于行为人造成轻伤以上后果的,仍然以强迫交易罪定罪量刑,但对于行为人强迫交易行为造成被害人重伤以上后果,应当以故意伤害罪定罪量刑。

**典型疑难案件参考**

宋冬亮等强迫交易、故意伤害案

**基本案情**

2003年4月5日晚,被告人宋冬亮在上海市武宁路2345号真西停车场内,让人将12箱蔬菜西兰花放在彭文彬的汽车上,欲以每箱60元的价格强行卖给开车到曹安市场购买蔬菜的彭文彬。在遭到彭文彬的拒绝后,被告人宋冬亮即打电话给被告人陈二永。被告人陈二永随即到达上述地点。宋冬亮、陈二永和"二旦"(在逃)见彭文彬走来时,被告人陈二永上前朝彭文彬的胸部猛踢一脚后,3人一起用拳殴打彭文彬。之后,彭文彬回到自己的货车旁准备装货离开时,被告人陈二永、宋冬亮和"二旦"再次来到彭文彬处,被告人宋冬亮用手抓住彭文彬拖至两车过道中,继续向被害人索要以上货物的货款又遭拒绝后,被告人陈二永又用拳打彭文彬,彭文彬用拳还击,被告人陈二永用水果刀朝被害人彭文彬的腹部、左肩背部、左臀部连刺4刀后,3人逃离现场。经司法鉴定,被害人彭文彬降结肠破裂、腹壁下动脉破裂、腹腔积血,已构成重伤。

**诉辩情况**

上海市普陀区人民检察院指控认为：宋冬亮、陈二永的行为已触犯《中华人民共和国刑法》第234条的规定，构成故意伤害罪。请求依法惩处。

被告人的答辩及其辩护人的辩护意见：被告人宋冬亮对与被告人陈二永、"二旦"一起殴打彭文彬的事实承认，但辩称将彭文彬拖至两车过道后，即未再对彭文彬进行殴打，未持刀伤害彭文彬；其辩护人提出：（1）被害人重伤的结果不是由宋冬亮造成的，陈二永的行为系宋冬亮意料之外，故宋冬亮的行为不构成故意伤害罪，应认定为寻衅滋事罪；（2）宋冬亮到案后认罪态度较好，建议从轻、减轻处罚。被告人陈二永辩称其未随身携带水果刀，该刀是宋冬亮在殴打现场给的；其辩护人提出：（1）水果刀是宋冬亮在案发现场给陈二永的；（2）本案由宋冬亮引起，建议对陈二永从轻处罚。

**裁判结果**

上海市普陀区人民法院依照《中华人民共和国刑法》第234条第2款、第226条、第25条第1款之规定，判决如下：

一、被告人宋冬亮犯强迫交易罪，判处有期徒刑1年6个月，并处罚金人民币1000元；

二、被告人陈二永犯故意伤害罪，判处有期徒刑4年。

**裁判理由**

上海市普陀区人民法院经审理认为：被告人宋冬亮采用暴力、威胁的方法强买强卖商品，情节严重，其行为已构成强迫交易罪，依法应予处罚。被告人陈二永在参与强买强卖过程中用刀刺伤彭文彬，并造成他人重伤的后果，依法应当以故意伤害罪惩处。上海市普陀区人民检察院指控两名被告人的犯罪事实成立。必须指出，在商品交易中，买卖双方应是基于自由意志进行等价有偿的交易活动，但本案的被告人宋冬亮、陈二永主观上为牟取非法的经济利益，强行将西兰花卖给被害人，客观上采取了暴力的方法，侵犯了正常的市场交易秩序，并造成被害人重伤的后果，该行为符合强迫交易罪的构成要件。但对各被告人具有共同伤害的故意的判断，是鉴于各行为人之间在共同殴打过程中所形成的临时共同故意中是否包含伤害的内容，以及各自的行为与被害人的重伤是否具有相当的因果关系。纵观本案，被害人彭文彬因腹部刺伤致降结肠破裂、腹壁下动脉破裂、腹腔积血而构成重伤，该伤势系锐器作用所致，被告人陈二永当庭供述用刀刺伤彭文彬，与被害人彭文彬的陈述能相互印证，故应当能认定被害人的伤势确系被告人陈二永的行为直接所致，排除被告人宋冬亮用拳殴打行为与被害人重伤的直接因果关系。故被告人陈二永持刀致人重伤，严重侵犯了公民的生命健康权利，其行为亦符合故意伤害罪的犯罪构成。根据刑法理论择一重处罚的原则，应对陈二永以故意伤害罪来定罪量刑。此外，在强迫交易过程中，对陈二永用刀伤害被害人的后果，被告人宋冬亮能否预见来认定本案宋冬亮的定性，从现有证据中无法证明宋冬亮明知陈二永将刀带至现场，且陈二永持刀伤害彭文彬时，宋冬亮站在一旁并未共同实施加害被害人的行为，对被告人陈二永突然持刀伤害的危害后果亦无法预见。故对被告人宋冬亮的辩护人提出宋冬亮的行为构成寻衅滋事罪，要求从轻、减轻处罚的意见不予采纳。被告人陈二永辩称及辩护人提出陈二永未携带水果刀，该刀系宋冬亮在殴打中所给的辩护意见。被告人宋冬亮当庭予以否认，且与被害人彭文彬的陈述不符。故对被告人陈二永的辩解及辩护人的辩护意见不予采纳。

## 62. 抢劫罪与故意伤害罪如何进行区分？

抢劫罪是指行为人以暴力、威胁或者其他方法强迫被害人当场交出财物的行为。抢劫罪侵犯的客体包括公私财物的所有权以及他人人体健康权利。抢劫罪是复合行为犯，其实行行为包括人身强制和非法取财两个危害行为。故意伤害罪是指行为人在伤害故意支配下所实施的侵犯他人身体健康权的行为。在抢劫罪与故意伤害罪区分上关键要判断行为人是否具有非法占有他人财物的目的。抢劫罪是通过对他人实施人身强制行为，来获取被害人财物，而故意伤害罪是不具有非法占有他人财物的目的，只具有侵犯他人身体健康权利的犯罪故意。

**典型疑难案件参考**

黄某故意伤害案（广西壮族自治区钦州市中级人民法院〔2002〕桂刑终字第164号判决书）

**基本案情**

被告人黄某于2002年2月21日晚8时许，在钦州市板岭西路31号私人住宅楼3楼，乘其继父黄仁钦在客厅昏睡之际，进入黄仁钦的卧室行窃。黄某在摇动床头柜时发出响声惊醒了黄仁钦，黄仁钦即质问黄某是否想偷东西，黄某否认。黄仁钦不信，要求搜黄某的身，黄某不从，用手推开黄仁钦，双方发生争吵，黄仁钦骂黄某"野崽"。黄某因气愤而对黄仁钦拳打脚踢，将黄仁钦打倒在地，并用铁脚圆凳朝黄仁钦的头、肩部猛砸，然后用尼龙绳将黄仁钦捆住、搜身，搜得黄仁钦身上的人民币110元及一块手表。接着黄某用羊角锤撬现场的床头柜，从抽屉里取走人民币1120元，并解开黄仁钦身上的尼龙绳丢在一旁，然后逃离现场。当晚被告人黄某逃往南宁。2002年2月25日被告人黄某在马山县被公安机关抓获，并缴获赃款300元。被害人黄仁钦经送医院抢救无效，于2002年2月22日凌晨5时死亡。经法医鉴定，黄仁钦是被人用钝器击伤头部，造成极重症外伤而死亡。

### ▶一审诉辩情况

广西壮族自治区钦州市人民检察院指控被告人行为构成抢劫罪，应当依法追究其刑事法律责任。

被告人的辩解及其辩护人的辩护意见：被告人黄某对犯罪事实的指控无异议，同时辩称其是被继父骂他"野崽"才动手打继父的，拿钱只是因为想逃跑身上无钱；其是初犯，且未成年，认罪态度好，请求减轻处罚。黄某的监护人及辩护人认为：黄某与被害人是共同居住的家庭成员，黄是被骂"野崽"才动手打人的，应构成故意伤案罪，不是抢劫罪；黄某犯罪时未满16周岁，是未成年人，应减轻处罚。

### ▶一审裁判结果

广西壮族自治区钦州市中级人民法院依照《中华人民共和国刑法》第263条第5项、第17条第2款、第3款、第52条、第53条，作出如下判决：

一、被告人黄某犯抢劫罪，判处有期徒刑8年，并处罚金人民币1000元；

二、被告人黄某被缴获的赃款人民币300元退还被害人黄仁钦的家属。

### ▶一审裁判理由

广西壮族自治区钦州市中级人民法院根据上述事实和证据认为：被告人黄某以非法占有为目的，以暴力手段当场取他人的财物，且致人死亡，情节严重，其行为已触犯《中华人民共和国刑法》，构成抢劫罪，检察机关指控黄某犯抢劫罪成立。黄某犯罪时未满16周岁，依法应从轻、减轻处罚，本院决定对其减轻处罚。黄某的法定代理人及辩护人认为黄某的行为构成了故意伤害罪，不构成抢劫罪。据查被告人黄某是以非法占有为目的，当场采取暴力手段劫取他人财物，其行为符合抢劫罪的构成特征，构成抢劫罪。法定代理人和辩护人的意见与本案事实不符，不予采纳。法定代理人和辩护人提出被告人黄某犯罪时未满 16 周岁，且认罪态度好，有悔改的决心和表现，应减轻处罚，符合本案案情，本院予以采纳。

### 二审诉辩情况

广西壮族自治区钦州市中级人民检察院抗诉称：一审判决适用法律不当，量刑畸轻，理由是：（1）被告人黄某作案动机卑鄙，抢劫手段残忍，情节恶劣，后果严重。（2）被告人黄某在"严打"期间顶风作案，被害人黄仁钦是台湾同胞，回乡与亲人共度春节，却遭此厄运，被告人黄某用残忍的手段抢劫并致人死亡的恶劣行径在当地造成极大影响，严重破坏社会稳定，社会危害性大，应依法严惩。（3）被告人黄某虽犯罪时未满 18 周岁，但根据本案情节，不能减轻处罚，应在 10 年以上至无期徒刑的幅度内量刑，原判刑罚明显畸轻。

广西壮族自治区人民检察院认为：（1）一审判决认定原审被告人黄某的犯罪事实清楚，证据确凿、充分。（2）一审判决认定原审被告人黄某的行为构成抢劫罪属定性错误。原审被告人黄某在案发当晚进入黄仁钦的卧室欲行窃，但因在撬床头柜时发出响声惊醒黄仁钦，黄仁钦即要求进行搜身，黄某不从。此时，黄某的盗窃行为已经终止，因其盗窃并未得手，无所谓窝藏赃物、毁灭罪证，加之黄某与黄仁钦是继父子关系，无须使用暴力来抗拒抓捕，在将黄仁钦打伤后，黄某是想逃跑而没有路费，才撬开床头柜盗窃黄仁钦的财物，对这一方面的主观故意，黄某的供述一直是平稳的。因此，不能把黄某后面撬床头柜盗窃财物的行为认定为前面盗窃行为的继续。所以，对黄某的行为适用《刑法》第 269 条将盗窃罪（未遂）转化为抢劫罪属适用法律错误，根据上述理由，将钦州市人民检察院抗诉书的定性变更为故意伤害罪。在本案中，黄某将黄仁钦打伤后，感到害怕，想离开当地，企图逃避法律裁判，而盗窃了黄仁钦的财物，且达到了数额较大，虽然黄某的盗窃行为因其未满 16 周岁，依照刑法规定不构成盗窃罪，但在量刑时，对这一情节应视作为一个从重情节予以考虑。（3）一审判决原审被告人黄某有期徒刑 8 年，属量刑畸轻。原审被告人黄某的行为构成故意伤害罪，且致人死亡，依照《刑法》第 234 条第 2 款的规定，应处 10 年以上有期徒刑、无期徒刑、死刑，经一审判决仅以黄某犯罪时未满 18 周岁的情节，对其减轻处罚，判处有期徒刑 8 年，实属量刑畸轻。依照《中华人民共和国刑事诉讼法》第 188 条的规定，请广西壮族自治区高级人民法院依法纠正。

黄某的辩护人辩护意见：原判对黄某的量刑适当，请求维持原判对黄某的量刑。理由：（1）对广西壮族自治区人民检察院支持刑事抗诉书中对黄某的定罪，即黄某的行为构成故意伤害罪无异议。（2）黄某犯罪时未满 16 周岁，是未成年人，其与被害人之间是继父子关系，从小与被害人生活，平时双方关系很好，因气愤被害人骂其"野崽"才将被害人打伤致死，且被害人已是81岁高龄老人，患有高血压等各种病症。（3）黄某归案后认罪态度好，有悔罪的表现，其母亲已书面请求法院对其减轻处罚。（4）黄某平时表现好，系初犯、偶犯，在量刑时应考虑其家庭关系的特殊性，坚持"教育为主，惩罚为辅"的原则。（5）一审庭审时公诉人亦请求对黄某减轻处罚。

### 二审裁判结果

广西壮族自治区高级人民法院依照《中华人民共和国刑事诉讼法》第189条第2项、《中华人民共和刑法》第234条第2款、第17条第2款、第3款规定，判决如下：

一、维持钦州市中级人民法院〔2002〕钦刑初字第22号刑事判决书的第二项和第一项的量刑部分；

二、撤销钦州市中级人民法院〔2002〕钦刑初字第22号刑事判决书第一项的定罪部分和附加刑部分；

三、原审被告人黄某犯故意伤害罪，判处有期徒刑8年。

### 二审裁判理由

广西壮族自治区高级人民法院根据查明的事实与证据认为：原判认定的事实清楚，证据确凿、充分。原审被告人黄某故意地非法损害他人的身体健康，其行为已构成故意伤害罪。且致人死亡，造成严重后果，应依法惩处。黄某犯罪时未满16周岁，应当从轻或减轻处罚。对于钦州市人民检察院提起抗诉的理由。经核查，黄某犯罪造成的后果严重，应依法严惩；黄某犯罪时未满16周岁，依法应当从轻或减轻处罚；根据本案的具体情况，对黄某减轻处罚并无不当。对于广西壮族自治区人民检察院支持抗诉的理由。经核查，案发当晚，黄某进入黄仁钦卧室的目的是偷拿继父的钱财，黄某盗窃未遂，按照最高人民法院《关于审理盗窃案件具体应用法律若干问题的解释》第1条第4款"偷拿自己家的财物或者近亲属的财物，一般可不按犯罪处理"的规定，故不能适用《中华人民共和国刑法》第263条第5项，第269条的规定，认定黄某犯抢劫罪；广西壮族自治区人民检察院支持抗诉关于"原判一审定罪错误，本案应定故意伤害罪"的理由成立。黄某犯罪时未满16周岁，依照《中华人民共和国刑法》第17条第2款、第3款的规定，应负刑事责任，应从轻或减轻处罚；根据对未成年罪犯适用刑罚应当坚持"教育为主，惩罚为辅"的原则和本案的具体情况，可对黄某减轻处罚；原判对黄某的量刑适当。对于黄某的辩护人提出的辩护意见。经核查，在对黄某定罪问题上，辩护人与广西壮族自治区人民检察院支持刑事抗诉书的意见一致，即认为黄某的行为构成故意伤害罪，黄某犯罪时确实未满 16 周岁，其与被害人黄仁钦系继父子关系，平时关系很好，因气愤黄仁钦骂其"野崽"才实施故意伤害行为；被害人黄仁钦确实是 81 岁高龄的老人；黄某归案后认罪态度好，有悔罪表现，其母亲也书面请求法院对黄某减轻处罚；黄某属初犯、偶犯；在一审庭审时公诉人曾明确请求对黄某减轻处罚；黄某具有法定从轻、减轻和酌情从轻、减轻处罚情节。综上所述，钦州市人民检察院认为原判适用法律错误，量刑畸轻的理由不成立，本院不予采纳。广西壮族自治区人民检察院支持抗诉认为黄某的行为构成抢劫罪属定性错误，黄某构成故意伤害罪的理由成立，本院予以采纳，提出原判对黄某量刑畸轻的理由不成立，本院不采纳。黄某的辩护人提出的辩护意见成立，本院予以采纳。原判量刑适当，审判程序合法，唯对原审被告人黄某定罪不准。

### 63. 如何区分认定故意伤害罪与意外事件？

区分故意伤害罪与意外事件的关键在于行为人对自己行为造成他人受到伤害的结果是否具有主观故意。具体来说，在故意伤害罪中，行为人明知自己的行为会侵犯他人的身体健康权利，但仍然希望或者放任这种结果发生。而在意外事件中，行为人对自己的行为会造成他人受伤害的结果是无法预见的。判断行为人能否预见要以社会一般认知水平为标准，并结合行为人实施行为的性质以及发生的时间、地点等因素进行综合考虑。

**典型疑难案件参考**

周洋故意伤害案

**基本案情**

2002 年 4 月 15 日晚，被告人周某、张某在本镇复兴行政村火箭自然村洪方群家玩，被告人张某与先到洪家的张开波因事争吵，洪方群将被告人张某、周某劝出屋外。被告人周某、张某因受江云等人的挑拨，遂将张开波喊出屋外，并对其拳打、脚踢，后张开波将两被告人打倒在地。被告人周某、张某先后持半截砖头砸中张开波，张被砸蹲下喘气。后送往当地诊所抢救时死亡，被告人周某、张某当晚向公安机关自首，经法医鉴定：死者张开波生前患病毒性心肌炎合并早期心肌病，因外伤等因素诱发急性心衰而死亡，外伤为主要诱因。

**诉辩情况**

安徽省无为县人民检察院指控认为被告人周某、张某共同故意伤害他人，致人死亡，其行为触犯了《中华人民共和国刑法》第234条、第25条第1款的规定，均已构成故意伤害罪，被告人周某是主犯，被告人张某是从犯，两被告人犯罪时均不满18周岁，请依法惩处。

被告人的辩解及其辩护人的辩护意见：被告人周某对起诉书指控其犯故意伤害罪的事实未提异议，但辩称自己不是主犯。其辩护人朱来宏辩称：（1）认定被告人周某的砖头砸中张开波左胸口，证据不足，不能成立。（2）本案是一起意外事件，指控被告人周某的行为构成故意伤害罪，不能成立：①被告人周某对被害人生前患有疾病无法预见，对张开波的死亡主观上不存在过失；②被害人的死亡结果不是被告人周某的伤害行为直接导致，二者之间无必然的因果关系；③被告人周某是不满18周岁的未成年人，他与同案人共同加害行为仅造成张开波的轻伤后果，依法不予追究其刑事责任。

被告人张某对指控的内容未提异议。其辩护人辩称：被告人张某是一个未成年的在校学生，不可能知道张开波是特异体质的人，对张开波的死，不具备我国《刑法》中故意的认识因素，更不具备过失方面的认识因素，不具备犯罪的主观要件，本案应当属于意外事件。

**裁判结果**

无为县人民法院依照《中华人民共和国刑法》第234条、第25条第1款、第17条第2款、第3款、第67条第1款、第72条第1款、第73条第2款、第3款，作出如下判决：

一、周某犯故意伤害罪，判处有期徒刑3年，宣告缓刑5年；
二、张某犯故意伤害罪，判处有期徒刑3年，宣告缓刑5年。

**裁判理由**

无为县人民法院根据上述事实和证据认为：被告人周某及其辩护人提出，认定被告人周某的砖头砸中张开波左胸口，证据不足。对此，从证据上看，两被告人供述两人持砖砸张的前后次序不相一致，证人陶陶、江云虽证实周某一砖头砸中张开波的胸口，但其证实两被告人砸张开波的次序及其他情形与两被告人供述相互矛盾，且在场的其他证人对此未能证实，证据上很难证实周某砸中张开波的胸口这一事实。因此，检察机关指控被告人周某的砖头砸中张开波的胸口证据不足，从有利于被告人的原则出发，被告人周某及其辩护人关于此节的辩解、辩护意见成立，予以采纳。

两被告人辩护人认为两被告人对张开波生前患病毒性心肌炎合并早期心肌病无法预见，对他的死亡，主观上不存在罪过，应属意外事件。对此，从一般认知水平上看，两被告人虽然对张开波生前患有疾病无法预见，但其持砖砸张，应当知道自己的行为将会对张开波身体产生危害结果，但两被告人在明知砖击他人会造成伤害后果的情况下，仍持砖砸张且造成张死亡，足见两被告人在主观上有伤害他人的故意，因此本案不是意外事件，两辩护人的辩护意见，不予采纳。

被告人周某的辩护人提出：被害人张开波的死亡结果不是被告人周某的伤害行为直接导致，两者之间无必然的因果关系，且被告人周某与张某的共同伤害行为仅造成张开波轻伤后果，因其不满16周岁，依法不予追究其刑事责任。对此，从法医病理学鉴定上看，被害人张开波死亡的原因，外伤是主要诱因，在本案中，死者的病患是条件，两被告人的危害行为是原因，行为作用在一个严重病患者身上，它和病患者死亡结果之间就存在着内在的合乎规律的联系。此外，故意伤害致死，并不以伤害行为直接致人死亡为限，凡是因伤害行为而死亡的，都应构成故意伤害罪，因此，被告人周某的辩护人的辩护意见不能成立，不予采纳。检察机关指控被告人周某、张某故意伤害罪的基本事实成立，但因两被告人在共同犯罪中作用相当，不宜区分主、从犯，故认定被告人周某是主犯，被告人张某是从犯的意见，不予支持。

## 64. 故意伤害致人死亡与故意杀人罪如何进行区分？

故意伤害致人死亡与故意杀人罪在客观上都可能造成了被害人死亡的危害结果，但是两者在客观行为以及主观罪过上均有不同。故意伤害致人死亡是指行为人出于伤害他人身体的主观故意而实施的伤害行为，但又造成被害人死亡的结果，行为人对他人死亡的结果一般持过失的罪过。故意杀人罪是行为人明知自己的行为会造成被害人死亡，希望或者放任这种结果发生，进而导致这种结果发生，行为人对被害人死亡持故意的罪过。在司法实践中，判断行为人是否对被害人死亡存在希望或者放任的主观心理态度，除了看行为人的主观供述外，还要看行为人伤害他人身体的方式手段、打击的部位等客观因素。

## 典型疑难案件参考

### 覃海波等故意伤害案

**基本案情**

2001年10月10日上午，石金福的妻子覃雪琳在河边洗衣服与他人谈论播种的菜秧被徐道立的鸭子吃光等话时，正好被徐道立的妻子覃秀香听见，二人为此发生争吵，继而发生扭打，在扭打中，覃秀香用嘴咬伤覃雪琳的右手食指（经法医鉴定属于轻伤）。当日下午6时许，石金福、覃海波伙同杜雪华、覃雪琳（均另案处理）到徐道立家门前索要医药费时双方发生争吵谩骂，在争气斗狠中，覃雪琳首先与覃秀香扭打，徐道立、徐兆林、徐兆松父子3人见状即拿菜刀、杀猪刀、木棒从家冲出来，石金福、覃海波、杜雪华迎上去对打。覃海波持平南小刀，石金福持水果刀朝徐道立、徐兆林、徐兆松乱捅，徐道立被覃海波捅左侧胸部一刀当场死亡。在斗殴中，覃海波、石金福被砍伤，徐兆林、徐兆松被捅伤，杜雪华也被砍伤（经法医鉴定属轻伤）。2001年10月12日，覃海波、石金福到公安机关投案。案发后，覃海波的亲属已代为赔偿3000元给徐道立亲属。

**一审诉辩情况**

广西壮族自治区人民检察院柳州分院指控认为：被告人覃海波、石金福故意伤害他人身体，致人死亡，其行为均已触犯《中华人民共和国刑法》第234条之规定，构成故意伤害罪。在共同犯罪中，被告人覃海波、石金福均起主要作用，是主犯，应当依照其所参与的全部罪行处罚，请求依法惩处。

被告人的辩解及其辩护人的辩护意见：被告人覃海波及其辩护人认为，检察机关指控覃海波犯故意伤害罪无异议，但认为检察机关提供的证据并不能证明被害人的致命伤是覃海波所为，故不应认定覃海波为主犯，覃海波犯罪后能投案自首，被害人有过错，请求法院对覃海波从轻处罚。

被告人石金福及其辩护人对检察机关指控石金福犯故意伤害罪无异议，但认为徐家对本案的起因负有重大责任，被害人家人在打架过程中也负有责任，同样也属于一种犯罪行为，石金福有投案自首的情节，请求法院对石金福从轻或者减轻处罚。

**一审裁判结果**

广西壮族自治区柳州地区中级人民法院依照《中华人民共和国刑法》第234条第2款、第25条第1款、第26条第1款、第4款、第27条、第67条

三、故意伤害罪

第 1 款、第 57 条第 1 款、第 56 条第 1 款、第 55 条第 1 款，作出如下判决：

一、覃海波犯故意伤害罪，判处无期徒刑，剥夺政治权利终身；

二、石金福犯故意伤害罪，判处有期徒刑 12 年，剥夺政治权利 2 年。

### 一审裁判理由

广西壮族自治区柳州地区中级人民法院经审理认为：被告人覃海波、石金福在家人受到不法侵害后，不通过合法渠道解决，而是持刀上门索要医药费，在遭到对方拒绝后，又与对方斗殴，在斗殴中，覃海波、石金福持刀捅人，故意伤害他人身体致人死亡，均已构成《中华人民共和国刑法》第 234 条第 2 款规定的故意伤害罪。在共同犯罪中，被告人覃海波拿刀捅徐道立，造成徐道立死亡，起主要作用，是主犯，应按照其所参与的全部犯罪处罚。覃海波捅死他人，应从重处罚，但覃海波犯罪后能主动到公安机关投案，如实交代自己的犯罪事实，是自首，且赔偿了被害人家属部分经济损失，可从轻处罚。被告人石金福在作案中没有伤害被害人徐道立，起次要作用，是从犯，应当从轻处罚。被告人石金福作案后虽能主动到公安机关投案，却帮覃海波顶罪，隐瞒事实真相，没有如实交代自己的犯罪事实，自首不成立，不能从轻处罚。检察机关认定被告人覃海波是本案主犯正确，但认定被告人石金福是主犯，不符合本案实情，应予纠正。辩护人提出被害方咬伤人后不给医药费，又打人，有一定过错，应给予被告人从轻处罚理由成立，予以采纳。

### 二审诉辩情况

广西壮族自治区柳州地区中级人民法院一审判决宣判后，覃海波、石金福不服，上诉到广西壮族自治区高级人民法院。覃海波、石金福上诉均称其遭到徐道立父子 3 人的不法侵害时才拿刀自卫，故其行为属于正当防卫；覃海波还称原审法院认定其持平南小刀捅死徐道立，是本案主犯，事实不清，量刑不当；石金福还称其虽然与覃海波商量过由其一人顶罪，也曾供述是其一人捅刀致死徐道立的虚假供述，但第二次供述时已如实作了交代，其行为应属于自首；他们均要求从轻处罚。

### 二审裁判结果

广西壮族自治区高级人民法院依照《中华人民共和国刑事诉讼法》第 189 条第 1 项作出如下裁定：驳回上诉，维持原判。

### 二审裁判理由

广西壮族自治区高级人民法院经审理认为：覃海波、石金福故意地非法损害他人身体健康，其行为已构成故意伤害罪，且致1人死亡2人轻伤，应依法惩处。在共同犯罪中，覃海波积极参与，并直接造成1人死亡，起主要作用，是主犯，应按照其所参与的全部犯罪处罚。覃海波犯罪后能投案自首，且赔偿了被害人家属部分经济损失，有悔罪表现，依法可以从轻处罚。石金福起次要作用，是从犯，应当从轻处罚，石金福犯罪后虽能投案，却帮人顶罪，隐瞒事实真相，依法不能认定为自首。被害方对引发本案有一定过错，可对覃海波、石金福酌情从轻处罚。原审判决定罪准确，量刑适当，审判程序合法。覃海波、石金福上诉要求从轻处罚的理由不能成立。

### 65. 故意伤害罪与聚众斗殴罪之间的区别如何界定？

聚众斗殴罪行为人聚集后相互殴斗严重扰乱社会公共秩序的行为。聚众斗殴罪要求行为人以聚众形式进行相互殴斗，侵犯的是社会公共秩序的犯罪客体，而故意伤害罪是行为人故意造成被害人轻伤以上危害后果的行为。聚众斗殴罪并不要求斗殴参加者受到轻伤以上的后果。另外需要说明的是，行为人在聚众斗殴过程中，其故意以暴力行为造成斗殴人员重伤、死亡的，根据《刑法》第292条第2款的规定，应按照故意伤害罪、故意杀人罪定罪处罚。

**典型疑难案件参考**

蒋家凯等故意伤害案

**基本案情**

被告人蒋家凯因与经营同一客运线路的倪军发生矛盾而心生报复倪军之念。2002年3月18日下午，被告人蒋家凯纠集朱磊磊及"小大人"、"三流子"（均另案处理），乘坐由朱磊磊驾驶的蒋家凯的面包车，赶往如皋市黄市镇倪军租住处蓄意殴打倪军。车至倪军租住处，见倪正在上厕所，蒋家凯随即从车上拿起一根铁棒猛击倪头部一下。随后朱磊磊等人亦下车对倪进行殴打，其中朱磊磊用砖头砸倪军头部两下，踢倪军胸部三脚。经如皋市公安局法医鉴定：倪军伤情为轻伤。

▶ **一审诉辩情况**

江苏省如皋市人民检察院指控称被告人蒋家凯、朱磊磊的行为构成聚众斗殴罪，应依法追究其刑事责任。

附带民事诉讼原告人倪军要求两被告人赔偿医药费 6205 元、护理费 600 元、营养费 1200 元、误工费 2400 元、车旅费 1416 元、停车损失费 12000 元、找人代开车回去费用 400 元，合计人民币 24221 元。

被告人的辩解及辩护人的辩护意见：两被告人对检察机关指控的犯罪事实未提出异议。被告人蒋家凯的辩护人提出：被告人蒋家凯出于报复他人之动机而临时起意，主观恶性不深，且其认罪态度尚好，请求对蒋家凯从轻处罚。

▶ **一审裁判结果**

江苏省如皋市人民法院依据《中华人民共和国刑法》第 292 条第 1 款第 4 项、第 36 条第 1 款、第 64 条及《中华人民共和国民法通则》第 119 条、第 130 条，作出如下判决：

一、被告人蒋家凯犯聚众斗殴罪，判处有期徒刑四年；被告人朱磊磊犯聚众斗殴罪，判处有期徒刑 3 年 6 个月；

二、作案工具铁棒一根予以没收，上缴国库；

三、被告人蒋家凯、朱磊磊一次性赔偿受害人倪军医药费等合计人民币 7339 元。被告人蒋家凯、荣磊磊负连带赔偿责任。

▶ **一审裁判理由**

江苏省如皋市人民法院根据上述事实和证据认为：被告人蒋家凯、朱磊磊持械聚众斗殴，致人轻伤，其行为已触犯刑律，构成聚众斗殴罪。检察机关指控被告人蒋家凯、朱磊磊犯聚众斗殴罪，事实清楚，证据确实、充分，指控罪名成立，予以采纳。被告人蒋家凯、朱磊磊庭审中认罪态度尚好，可酌情从轻处罚。故对辩护人关于从轻处罚的辩护意见予以采纳。附带民事诉讼原告人提出的赔偿请求，符合法律规定的部分依法予以支持。

▶ **二审诉辩情况**

上诉人（原审被告人）蒋家凯诉称：（1）原判定性不当，量刑畸重，应对被告人从轻或减轻处罚；（2）民事赔偿部分，误工费应减少 1760（44 天 × 40 元/天）元。

### 二审裁判结果

江苏省南通市中级人民法院依据《中华人民共和国刑法》第 234 条第 1 款、第 25 条第 1 款、第 36 条第 1 款,《中华人民共和国刑事诉讼法》第 189 条第 2 项,《中华人民共和国民法通则》第 119 条、第 130 条,《中华人民共和国民事诉讼法》第 153 条第 1 项,作出如下判决:

一、维持如皋市人民法院〔2002〕皋刑初字第 240 号刑事附带民事判决的第三项,即被告人蒋家凯、朱磊磊连带赔偿被害人倪军人民币 7339 元;

二、撤销如皋市人民法院〔2002〕皋刑初字第 240 号刑事附带民事判决的第一项、第二项,即以聚众斗殴罪,分别判处被告人蒋家凯、朱磊磊有期徒刑 4 年及 3 年 6 个月;作案工具铁棒一根予以没收,上缴国库;

三、上诉人蒋家凯犯故意伤害罪,判处有期徒刑 2 年 6 个月;原审被告人朱磊磊犯故意伤害罪,判处有期徒刑 2 年;

四、作案工具铁棒一根予以没收并销毁。

### 二审裁判理由

江苏省南通市中级人民法院根据上述事实和证据认为:上诉人蒋家凯因与被害人生意上的矛盾,约请原审被告人朱磊磊等人对被害人实施报复,对被害人倪军进行殴打并致其轻伤,该行为侵犯了被害人的生命健康权,符合故意伤害罪(轻伤)之构成要件,依法构成故意伤害罪,且系共同犯罪;因上诉人蒋家凯、原审被告人朱磊磊的共同犯罪行为造成被害人之经济损失依法应予赔偿并应承担连带赔偿责任。原审认定事实清楚,证据确实充分,审理程序合法,民事部分判赔合法有据,应予支持;但原判定性不当,应予纠正;对两被告人的量刑,在综合考虑本案情节后,依故意伤害罪之法定刑予以确定。故对上诉人就刑事部分的上诉理由予以采纳。但上诉人就民事部分的上诉理由,经查无事实及法律依据,不予采纳。

#### 66. 故意伤害罪与一般殴打他人的行为如何区分?

故意伤害罪是行为人故意伤害他人并造成他人遭受轻伤以上后果的行为。一般殴打行为只是给他人造成暂时性的身体疼痛或者使他人神经受到轻微刺激,但没有破坏他人身体的完整和人体器官的正常机能,因而只是一般行政违法行为而非犯罪行为。有些殴打行为可能对他人身体造成一定的损害,但显著轻微,按照

《人体轻伤鉴定标准》不构成轻伤的，也不能以故意伤害罪论处。因此，在进行故意伤害罪与一般违法行为的区分时，应当注意行为人主观上是否有伤害他人的故意，客观上看是否对他人造成了轻伤以上的损害。

## 典型疑难案件参考

### 张瑞金故意伤害案

**基本案情**

2002年2月6日15时许，在张庆海家，李清福与张瑞成发生口角并厮打，在张家厨房李清福将张瑞成摔倒在洗衣盆里后，双方离开张家殴斗，在李清福骑在张瑞成身上打张瑞成时，张国良用拐杖打击李清福背部。被告人张瑞金闻讯赶到，见李与张瑞成厮打在一起，便掏出随身携带的匕首向李的腹部、腿部等处捅刺。致李左腿损伤，肝破裂，胃网膜破裂。经黑龙江省牡丹江林区司法鉴定中心鉴定其损伤程度为重伤。李被伤后，被告人张瑞金找车将其送至柴河林业局双桥职工医院救治。李住院治疗28天，诊断为：面部外伤，肝破裂，胃网膜破裂，左大腿刀伤，左小腿刀伤，失血性休克，于2002年3月6日出院，医疗费共计7008.76元。诉讼中，被害人李清福申请对其伤情重新鉴定。据此于2002年5月9日在牡丹江市中级人民法院司法鉴定中心对李的伤情等进行了鉴定，该中心出具的牡中法〔2002〕鉴医字第62号鉴定书结论为：李清福身体多处损伤，损伤程度分别达轻微伤、轻伤、重伤，伤残十级；医疗终结为伤后8周；住院期间需2人护理，出院后需1人护理；用药未见不合理。李清福应发生的合理费用为：医疗费7008.76，误工工资560元，伙食补助费420元，护理人员工资1200元，护理补助费840元，营养费500元，残后生活补助费2743.20元，交通费336元，复印费15元，鉴定费用1240元（鉴定费570元，鉴定交通费670元），合计人民币14862.96元。

附带民事诉讼被告人张瑞成于2002年2月6日至2月17日在柴林公路管理处芭砬子卫生所治疗，诊断为：眼睑部、头部外伤。医疗费计426元。2002年5月22日，根据张瑞成的申请，在牡丹江市中级人民法院司法鉴定中心对其伤情进行了鉴定，该中心出具的牡中法〔2002〕检医字第73号鉴定书结论为：（1）张瑞成损伤不构成伤残；（2）医疗终结时间为伤后2周；（3）无须护理；（4）未发生不合理用药。张瑞成应发生的合理费用为：医疗费426元，鉴定费用480元（鉴定费300元，鉴定交通费180元）。

**诉辩情况**

黑龙江省柴河林区人民检察院指控称被告人张瑞金构成故意伤害罪，请依法惩处。

附带民事诉讼原告人李清福诉称原告人的损害是被告人张瑞金及其父张国良、其弟张瑞成造成的，故要求依法判令3被告人赔偿计人民币21840.56元。并对他的伤残程度进行鉴定，同时要求张国良、张瑞成承担连带责任。对张瑞成反诉要求其赔偿医疗费等他不同意赔偿。

被告人的辩解及其辩护人的辩护意见：被告人张瑞金对柴河林区人民检察院的指控不作辩解。其辩护人濮富彬的辩护意见为：柴河林区人民检察院指控被告人张瑞金犯故意伤害罪罪名成立。但被告人的行为带有防卫过当的性质，被害人李清福对损害的发生负有相应的过错责任。被害人被被告人捅伤后，被告人能积极将被害人送医院救治，具有酌定从轻情节。应对被告人张瑞金从轻处罚。在民事赔偿上应适用过错责任原则，按过错责任大小承担责任。

附带民事诉讼被告人张国良辩称：他在案发时没有直接在现场，不存在侵害事实。宋桂芝证实他用棒子打了一下，宋德祥证实打了三四下，宋桂芝与宋德祥的证言相互矛盾。宋桂芝是被害人妻子，与其有利害关系，证言不可信。根据过错责任原则，他没有过错不应承担任何民事责任。

附带民事诉讼被告人张瑞成辩称：他没有主观故意，没有伤害行为，被害人的损害行为与他没有关系，不承担责任。被害人伙同韩昌林、宋德祥造成其身体损害，要求李清福赔偿其医疗费426元。

**裁判结果**

黑龙江省柴河林区基层法院依照《中华人民共和国刑法》第36条第1款，第64条以及《中华人民共和国民法通则》第119条，第130条，第131条，作出如下判决：

一、被告人张瑞金犯故意伤害罪，处有期徒刑5年；

二、被告人张瑞金赔偿附带民事诉讼原告人李清福医疗费3924.91元、误工工资313.60元、伙食补助费235.20元、护理人员工资672元、护理补助费470.40元、营养费280元、交通费188.16元、残后生活补助费1536.19元、复印费8.40元、鉴定费694.40元、合计人民币8323.26元；

三、附带民事诉讼被告人张国良赔偿附带民事诉讼原告人李清福医疗费560.70元、误工工资44.80元、伙食补助费33.60元、护理人员工资96元、护理人员伙食补助费 67.20 元、营养费 40 元、交通费 26.88 元、残后生活补助费 219.46 元、复印费 1.20 元、鉴定费用 99.20 元，合计人民币 1189.04 元；

四、附带民事诉讼被告人张瑞成赔偿附带民事诉讼原告人李清福医疗费 1121.40 元、误工工资 89.60 元、伙食补助费 67.20 元、护理人员工资 192 元、护理补助费 134.40 元、营养费 80 元、交通费 53.76 元、残后生活补助费 438.91 元、复印费 2.40 元、鉴定费用 198.40 元，合计人民币 2378.07 元；

五、附带民事诉讼原告人李清福赔偿附带民事诉讼被告人张瑞成医疗费 85.20 元、鉴定费用 96 元，合计人民币 181.20 元；

六、被告人张瑞金，附带民事诉讼被告人张国良、张瑞成对附带民事诉讼原告人李清福的赔偿费用负连带责任；

七、上述赔偿费用的给付期限均在判决发生法律效力后 30 日内履行；

八、作案工具匕首一把，依法予以没收。

### 裁判理由

黑龙江省柴河林区基层法院根据上述事实和依据认为：被告人张瑞金在帮其弟打架时用匕首刺伤他人，并造成重伤后果，其具有伤害他人身体的故意。其行为具有刑事违法性，构成故意伤害罪。柴河林区人民检察院指控其犯有故意伤害罪罪名成立。依据《中华人民共和国刑法》第 234 条第 2 款的规定，故意伤害他人身体致人重伤的，处 3 年以上 10 年以下有期徒刑。其对被害人李清福的医疗费等损失负有主要民事赔偿责任。附带民事诉讼被告人张瑞成与李发生厮打，是引起李被伤的起因。附带民事诉讼被告人张国良在被害人李清福与张瑞成厮打时，其积极参与并用拐杖击打李，对殴斗的加剧负有不可推卸的责任。张国良、张瑞成对被害人李清福的医疗费等损失负有相应的赔偿责任。鉴于被害人李清福对引起殴斗具有一定过错，故可适当减轻对方的赔偿责任。被害人李清福对反诉原告人张瑞成的损害负有相应的赔偿责任。被告人张瑞金的辩护人提出的被告人张瑞金将李捅伤后积极送医院治疗，有悔罪表现，且在民事赔偿部分李清福对损害的发生亦负有一定过错的辩护意见予以采纳。其关于被告人张瑞金正当防卫过当的辩护意见。根据《中华人民共和国刑法》第 20 条规定，正当防卫是指为了使国家、公共利益、本人或者他人的人身、财产和其他权利免受正在进行的不法侵害，而采取的制止不法侵害的行为，对不法侵害人造成损害的，属于正当防卫，不负刑事责任。其构成要件之一是针对正在进行的不法侵害，为使合法权利得以维护而进行的防卫。本案中，被告人张瑞成与被害人李清福互相殴斗，均有伤害他人身体健康的故意，其行为均具有违法性，双方互为不法侵害，被告人张瑞金为帮其弟用匕首刺伤李，主观上具有明显伤害他人身体健康的故意，其行为不属于正当防卫。辩护人关于被告人张瑞金的行为属于正当防卫过当的辩护意见于法无据，不予采纳。根据最高人民法院《关于刑事附带民事诉讼范围问题的规定》，故附带民事诉讼原告人李清福要求赔偿精神损失费10000元的主张不予支持。被告人致李重伤后，能积极主动采取救治措施，可视为其有悔罪表现，故可酌定予以处罚。

# 故意伤害罪办案依据集成

## 刑法条文

**第二百三十四条** 【故意伤害罪】故意伤害他人身体的，处三年以下有期徒刑、拘役或者管制。

犯前款罪，致人重伤的，处三年以上十年以下有期徒刑；致人死亡或者以特别残忍手段致人重伤造成严重残疾的，处十年以上有期徒刑、无期徒刑或者死刑。本法另有规定的，依照规定。

## 立案标准

**1. 司法部、最高人民法院、最高人民检察院、公安部《人体重伤鉴定标准》**（1990年7月1日　司法〔1990〕70号）

### 第一章　总　则

**第一条**　本标准依照《中华人民共和国刑法》第八十五条（指79刑法条文。——编者注）规定，以医学和法医学的理论和技术为基础，结合我国法医检案的实践经验，为重伤的鉴定提供科学依据和统一标准。

**第二条**　重伤是指使人肢体残废、毁人容貌、丧失听觉、丧失视觉、丧失其他器官功能或者其他对于人身健康有重大伤害的损伤。

**第三条**　评定损伤程度，必须坚持实事求是的原则，具体伤情，具体分析。

损伤程度包括损伤当时原发生病变、与损伤有直接联系的并发症，以及损伤引起的后遗症。

鉴定时，应依据人体损伤当时的伤情及其损伤的后果或者结局，全面分析，综合评定。

**第四条**　鉴定损伤程度的鉴定人，应当由法医师或者具有法医学鉴定资格的人员担任，也可以由司法机关委托、聘请的主治医师以上人员担任。鉴定时，鉴定人有权了解与损伤有关的案情、调阅案卷和病历、勘验现场，有关单位有责任予以配合。鉴定人应当遵守有关法律规定，保守案件秘密。

**第五条**　损伤程度的鉴定，应当在判决前完成。

### 第二章　肢体残废

**第六条**　肢体残废是指由各种致伤因素致使肢体缺失或者肢体虽然完整但已丧失功能。

**第七条**　肢体缺失是指下列情形之一：

（一）任何一手拇指缺失超过指间关节；

（二）一手除拇指外，任何三指缺失均超过近侧指间关节，或者两手除拇指外，任何四指缺失均超过近侧指间关节；

（三）缺失任何两指及其相连的掌骨；

（四）缺失一足百分之五十或者足跟百分之五十；
（五）缺失一足第一趾和其余任何二趾，或者一足除第一趾外，缺失四趾；
（六）两足缺失五个以上的足趾；
（七）缺失任何一足第一趾及其相连的跖骨；
（八）一足除第一趾外，缺失任何三趾及其相连的跖骨。

第八条　肢体虽然完整，但是已丧失功能，是指下列情形之一：
（一）肩关节强直畸形或者关节运动活动度丧失达百分之五十；
（二）肘关节活动限制在伸直位，活动度小于90度或者限制在功能位，活动度小于10度；
（三）肱骨骨折并发假关节、畸形愈合严重影响上肢功能；
（四）前臂骨折畸形愈合强直在旋前位或者旋后位；
（五）前臂骨折致使腕和掌或者手指功能严重障碍；
（六）前臂软组织损伤致使腕和掌或者手指功能严重障碍；
（七）腕关节强直、挛缩畸形或者关节运动活动度丧失达百分之五十；
（八）掌指骨骨折影响一手功能，不能对指和握物；
（九）一手拇指挛缩畸形，不能对指和握物；
（十）一手除拇指外，其余任何三指挛缩畸形，不能对指和握物；
（十一）髋关节强直、挛缩畸形或者关节运动活动度丧失达百分之五十；
（十二）膝关节强直、挛缩畸形屈曲超过30度或者关节运动活动度丧失达百分之五十；
（十三）任何一侧膝关节十字韧带损伤造成旋转不稳定，其功能严重障碍；
（十四）踝关节强直、挛缩畸形或者关节运动活动度丧失达百分之五十；
（十五）股骨干骨折并发假关节、畸形愈合缩短超过5厘米、成角畸形超过30度或者严重旋转畸形；
（十六）股骨颈骨折不愈合、股骨头坏死或者畸形愈合严重影响下肢功能；
（十七）胫腓骨骨折并发假关节、畸形愈合缩短超过5厘米、成角畸形超过30度或者严重旋转畸形；
（十八）四肢长骨（肱骨、桡骨、尺骨、股骨、胫腓骨）开放性、闭合性骨折并发慢性骨髓炎；
（十九）肢体软组织疤痕挛缩，影响大关节运动功能，活动度丧失达百分之五十；
（二十）肢体重要神经（臂丛及其重要分支、腰骶丛及其重要分支）损伤，严重影响肢体运动功能；
（二十一）肢体重要血管损伤，引起血液循环障碍，严重影响肢体功能。

## 第三章　容貌毁损

第九条　毁人容貌是指毁损他人面容，致使容貌显著变形、丑陋或者功能障碍。

第十条　眼部毁损是指下列情形之一：
（一）一侧眼球缺失或者萎缩；

（二）任何一侧眼睑下垂完全覆盖瞳孔；

（三）眼睑损伤显著影响面容；

（四）一侧眼部损伤致成鼻泪管全部断裂、内眦韧带断裂影响面容；

（五）一侧眼眶骨折显著塌陷。

第十一条　耳廓毁损是指下列情形之一：

（一）一侧耳廓缺损达百分之五十或者两侧耳廓缺损总面积超过一耳百分之六十；

（二）耳廓损伤致使显著变形。

第十二条　鼻缺损、塌陷或者歪曲致使显著变形。

第十三条　口唇损伤显著影响面容。

第十四条　颌骨损伤致使张口度（上下切牙切缘间距）小于1.5厘米；颌骨骨折错位愈合致使面容显著变形。

第十五条　上、下颌骨和颞颌关节毁损是指下列情形之一：

（一）上、下颌骨骨折致使面容显著变形；

（二）牙齿脱落或者折断共七个以上；

（三）颞颌关节损伤致使张口度小于1.5厘米或下颌骨健侧向伤侧偏斜，致使面下部显著不对称。

第十六条　其他容貌毁损是指下列情形之一：

（一）面部损伤留有明显块状疤痕，单块面积大于4平方厘米，两块面积大于7平方厘米，三块以上总面积大于9平方厘米或者留有明显条状疤痕，单条长于5厘米，两条累计长度长于8厘米、三条以上累计总长度长于10厘米，致使眼睑、鼻、口唇、面颊等部位容貌毁损或者功能障碍。

（二）面神经损伤造成一侧大部面肌瘫痪，形成眼睑闭合不全，口角歪斜。

（三）面部损伤留有片状细小疤痕、明显色素沉着或者明显色素减退，范围达面部面积百分之三十。

（四）面颈部深二度以上烧、烫伤后导致疤痕挛缩显著影响面容或者颈部活动严重障碍。

## 第四章　丧失听觉

第十七条　损伤后，一耳语音听力减退在91分贝以上。

第十八条　损伤后，两耳语音听力减退在60分贝以上。

## 第五章　丧失视觉

第十九条　各种损伤致使视觉丧失是指下列情形之一：

（一）损伤后，一眼盲；

（二）损伤后，两眼低视力，其中一眼低视力为2级。

第二十条　眼损伤或者颅脑损伤致使视野缺损（视野半径小于10度）。

## 第六章　丧失其他器官功能

第二十一条　丧失其他器官功能是指丧失听觉、视觉之外的其他器官的功能或者功能严重障碍。条文另有规定的，依照规定。

第二十二条　眼损伤或者颅脑损伤后引起不能恢复的复视，影响工作和生活。

第二十三条　上、下颌骨骨折或者口腔内组织、器官损伤（如舌损伤等）致使语言、咀嚼或者吞咽能力明显障碍。

第二十四条　喉损伤后引起不能恢复的失音、严重嘶哑。

第二十五条　咽、食管损伤留有疤痕性狭窄导致吞咽困难。

第二十六条　鼻、咽、喉损伤留有疤痕性狭窄导致呼吸困难。

第二十七条　女性两侧乳房损伤丧失哺乳能力。

第二十八条　肾损伤并发肾性高血压、肾功能严重障碍。

第二十九条　输尿管损伤留有狭窄致使肾积水、肾功能严重障碍。

第三十条　尿道损伤留有尿道狭窄引起排尿困难、肾功能严重障碍。

第三十一条　肛管损伤致使严重大便失禁或者肛管严重狭窄。

第三十二条　骨盆骨折致使骨盆腔内器官功能严重障碍。

第三十三条　子宫、附件损伤后期并发内生殖器萎缩或者影响内生殖器发育。

第三十四条　阴道损伤累及周围器官造成瘘管或者形成疤痕致其功能严重障碍。

第三十五条　阴茎损伤后引起阴茎缺损、严重畸形致其功能严重障碍。

第三十六条　睾丸或者输精管损伤丧失生殖能力。

### 第七章　其他对于人体健康的重大损伤

第三十七条　其他对于人体健康的重大损伤是指上述几种重伤之外的在受伤当时危及生命或者在损伤过程中能够引起威胁生命的并发症，以及其他严重影响人体健康的损伤。

#### 第一节　颅脑损伤

第三十八条　头皮撕脱伤范围达头皮面积百分之二十五并伴有失血性休克；头皮损伤致使头皮丧失生存能力，范围达头皮面积百分之二十五。

第三十九条　颅盖骨折（如线形、凹陷、粉碎等）伴有脑实质及血管损伤，出现脑受压症状和体征；硬脑膜破裂。

第四十条　开放性颅脑损伤。

第四十一条　颅底骨折伴有面、听神经损伤或者脑脊液漏长期不愈。

第四十二条　颅脑损伤当时出现昏迷（30分钟以上）和神经系统体征，如单瘫、偏瘫、失语等。

第四十三条　颅脑损伤，经脑CT扫描显示脑挫伤，但是必须伴有神经系统症状和体征。

第四十四条　颅脑损伤致成硬脑膜外血肿、硬脑膜下血肿或者脑内血肿。

第四十五条　外伤性蛛网膜下腔出血伴有神经系统症状和体征。

第四十六条　颅脑损伤引起颅内感染，如脑膜炎、脑脓肿等。

第四十七条　颅脑损伤除嗅神经之外引起其他脑神经不易恢复的损伤。

第四十八条　颅脑损伤引起外伤性癫痫。

第四十九条　颅脑损伤导致严重器质性精神障碍。

第五十条　颅脑损伤致使神经系统实质性损害引起的症状与病征，如颈内动脉-海绵窦瘘、下丘脑垂体功能障碍等。

## 第二节 颈部损伤

第五十一条　咽喉、气管、颈部、口腔底部及其邻近组织的损伤引起呼吸困难。

第五十二条　颈部损伤引起一侧颈动脉、椎动脉血栓形成、颈动静脉瘘或者假性动脉瘤。

第五十三条　颈部损伤累及臂丛，严重影响上肢功能；颈部损伤累及胸膜顶部致成气胸引起呼吸困难。

第五十四条　甲状腺损伤伴有喉返神经损伤致其功能严重障碍。

第五十五条　胸导管损伤。

第五十六条　咽、食管损伤引起局部脓肿、纵隔炎或者败血症。

第五十七条　颈部损伤导致异物存留在颈深部，影响相应组织、器官功能。

## 第三节 胸部损伤

第五十八条　胸部损伤引起血胸或者气胸，并发生呼吸困难。

第五十九条　肋骨骨折致使呼吸困难。

第六十条　胸骨骨折致使呼吸困难。

第六十一条　胸部损伤致成纵隔气肿、呼吸窘迫综合征或者气管、支气管破裂。

第六十二条　气管、食管损伤致成纵隔炎、纵隔脓肿、纵隔气肿、血气胸或者脓胸。

第六十三条　心脏损伤；胸部大血管损伤。

第六十四条　胸部损伤致成脓胸、肺脓肿、肺不张、支气管胸膜瘘、食管胸膜瘘或者支气管食管瘘。

第六十五条　胸部的严重挤压致使血液循环障碍、呼吸运动障碍、颅内出血。

第六十六条　女性一侧乳房缺失。

## 第四节 腹部损伤

第六十七条　胃、肠、胆道系统穿孔、破裂。

第六十八条　肝、脾、胰等器官破裂；因损伤致使这些器官形成血肿、脓肿。

第六十九条　肾破裂；尿外渗须手术治疗（包含肾动脉栓塞术）。

第七十条　输尿管损伤致使尿外渗。

第七十一条　腹部损伤致成腹膜炎、败血症、肠梗阻或者肠瘘等。

第七十二条　腹部损伤致使腹腔积血，须手术治疗。

## 第五节 骨盆部损伤

第七十三条　骨盆骨折严重变形。

第七十四条　尿道破裂、断裂须行手术修补。

第七十五条　膀胱破裂。

第七十六条　阴囊撕脱伤范围达阴囊皮肤面积百分之五十；两侧睾丸缺失。

第七十七条　损伤引起子宫或者附件穿孔、破裂。

第七十八条　孕妇损伤引起早产、死胎、胎盘早期剥离、流产并发失血性休克或者严重感染。

第七十九条　幼女外阴或者阴道严重损伤。

### 第六节　脊柱和脊髓损伤

第八十条　脊柱骨折或者脱位，伴有脊髓损伤或者多根脊神经损伤。

第八十一条　脊髓实质性损伤影响脊髓功能，如肢体活动功能、性功能或者大小便严重障碍。

### 第七节　其他损伤

第八十二条　烧、烫伤。

（一）成人烧、烫伤总面积（一度烧、烫伤面积不计算在内，下同）在百分之三十以上或者三度在百分之十以上；儿童总面积在百分之十以上或者三度在百分之五以上。

烧、烫伤面积低于上述程度但有下列情形之一：

1. 出现休克；
2. 吸入有毒气体中毒；
3. 严重呼吸道烧伤；
4. 伴有并发症导致严重后果；
5. 其他类似上列情形的。

（二）特殊部位（如面、手、会阴等）的深二度烧、烫伤，严重影响外形和功能，参照本标准有关条文。

第八十三条　冻伤出现耳、鼻、手、足等部位坏死及功能严重障碍，参照本标准有关条文。

第八十四条　电击损伤伴有严重并发症或者遗留功能障碍，参照本标准有关条文。

第八十五条　物理、化学或者生物等致伤因素引起损伤，致使器官功能严重障碍，参照本标准有关条文。

第八十六条　损伤导致异物存留在脑、心、肺等重要器官内。

第八十七条　损伤引起创伤性休克、失血性休克或者感染性休克。

第八十八条　皮下组织出血范围达全身体表面积百分之三十；肌肉及深部组织出血，伴有并发症或者遗留严重功能障碍。

第八十九条　损伤引起脂肪栓塞综合征。

第九十条　损伤引起挤压综合征。

第九十一条　各种原因引起呼吸障碍，出现窒息征象并伴有并发症或者遗留功能障碍。

### 第八章　附　　则

第九十二条　符合《中华人民共和国刑法》第八十五条（指79刑法条文。——编者注）的损伤，本标准未作规定的，可以比照本标准相应的条文作出鉴定。

前款规定的鉴定应由地（市）级以上法医学鉴定机构作出或者予以复核。

第九十三条　三处（种）以上损伤均接近本标准有关条文的规定，可视具体情况，综合评定为重伤或者不评定为重伤。

第九十四条　本标准所说有以上、以下都连本数在内。

第九十五条　本标准仅适用于《中华人民共和国刑法》规定的重伤的法医学鉴定。

**第九十六条** 本标准自 1990 年 7 月 1 日起施行。1986 年发布的《人体重伤鉴定标准（试行）》同时废止。

本标准施行前，已作出鉴定尚未判决的，仍适用 1986 年发布的《人体重伤鉴定标准（试行）》。

附件：《人体重伤鉴定标准》说明

（1）鉴定关节运动活动度，应从被检关节的整体功能判定，可参照临床常用的正常人体关节活动度值进行综合分析后做出。检查时，须了解该关节过去的功能状态，并与腱侧关节运动活动度比对。

（2）对指活动是指拇指的指腹与其余各指的指腹相对合的动作。

（3）面容的范围是指前额发际下，两耳根前与下颌下缘之间的区域，包括额部、眶部、鼻部、口唇部、颏部、颧部、颊部、肋腺咬肌部和耳廓。

（4）鉴定听力减退的方法：

①听力检查宜用纯音听力计以气导为标准，听力级单位为分贝（db），一般采用 500 赫兹、1000 赫兹和 2000 赫兹三个频率的平均值。这一平均值相当于生活语音的听力阈值。

②听力减退在 25 分贝以下的，应属于听力正常。

③损伤后，两耳听力减退按如下方法计算：

（较好耳的听力减退×5＋较差耳的听力减退×1）÷6。如计算结果，听力减退在 60 分贝以上就属于重伤。

④老年性听力损伤修正，按 60 岁开始，每年递减 0.5 分贝。

⑤有关听力检查，鉴定人认为必要时，可选择适当的方法（如声阻抗、耳蜗电图、听觉脑干诱发电位等）进行测定。

（5）鉴定视力障碍方法：

①凡损伤眼裸视或加用镜片（包括接触镜、针孔镜等）远距视力可达到正常视力范围（0.8 以上）或者接近正常视力范围（0.4—0.8）的都不作视力障碍论。视力障碍（0.3 以下）者分级见下表：

| 级别 | | 视力障碍 | |
| --- | --- | --- | --- |
| | | 低视力及盲目分级标准 | |
| | | 最好矫正视力 | |
| | | 最好视力低于 | 最低视力等于或优于 |
| 低视力 | 1 | 0.3 | 0.1 |
| | 2 | 0.1 | 0.05（三米指数） |
| 盲目 | 3 | 0.05 | 0.02（一米指数） |
| | 4 | 0.02 | 光感 |
| | 5 | 无光感 | |

如中心视力好而视野缩小，以注视点为中心，视野半径小于10°而大于5°者为3级；如半径小于5°者为4级。

评定视力障碍，应以"远距视力"为标准，参考"近距视力"。

②中心视力检查法：用通用标准视力表检查远距视力和近距视力。对颅脑损伤者，应作中心暗点、生理盲点和视野检查。对有复视的更应详细检查，分析复视性质与程度。

③有关视力检查，鉴定人认为必要时，可选择适当的方法（如视觉电生理）进行测定。

（6）呼吸困难是由于通气的需要量超过呼吸器官的通气能力所引起。症状：自觉气短、空气不够用、胸闷不适。体征：呼吸频率增快，幅度加深或变浅，或者伴有周期节律异常，鼻翼扇动，紫绀等。实验室检查：

①动脉血液气体分析，动脉血氧分压可在 8.0KPa性（60mmHG）以下；

②胸部X线检查；

③肺功能测验。

诊断呼吸困难，必须同时伴有症状和体征。实验室检查以资参考。

## 2. 最高人民法院、最高人民检察院、公安部、司法部《人体轻伤鉴定标准》（1990年7月1日 法（司）发〔1990〕6号）

### 第一章 总 则

**第一条** 本标准根据《中华人民共和国刑法》有关规定，以医学和法医学的理论与技术为基础，结合法医检案的实践经验制定，为轻伤鉴定提供依据。

**第二条** 轻伤是指物理、化学及生物等各种外界因素作用于人体，造成组织、器官结构的一定程度的损害或者部分功能障碍，尚未构成重伤又不属轻微伤害的损伤。

**第三条** 鉴定损伤程度，应该以外界因素对人体直接造成的原发性损害及后果为依据，包括损伤当时的伤情、损伤后引起的并发症和后遗症等，全面分析，综合评定。

**第四条** 鉴定人应当由法医师或者具有法医学鉴定资格的人员担任；也可以由司法机关聘请或者委托的主治医师以上人员担任。

鉴定人有权了解案情、调阅案卷、病历和勘验现场，有关单位有责任予以配合。

鉴定人必须坚持实事求是的原则，应用科学的检测方法，保守案件秘密，遵守有关法律规定。

### 第二章 头颈部损伤

**第五条** 帽状腱膜下血肿

头皮撕脱伤面积达20平方厘米（儿童达10平方厘米）；头皮外伤性缺损面积达10平方厘米（儿童达5平方厘米）。

**第六条** 头皮锐器创口累计长度达8厘米，儿童达6厘米；钝器创口累计长度达6厘米，儿童达4厘米。

**第七条** 颅骨单纯性骨折。

**第八条** 头部损伤确证出现短暂的意识障碍和近事遗忘。

**第九条** 眼损伤

（一）眼睑损伤影响面容或者功能的；

（二）眶部单纯性骨折；

（三）泪器部分损伤及功能障碍；

（四）眼球部分结构损伤，影响面容或者功能的；

（五）损伤致视力减退，两眼矫正视力减退至 0.7 以下（较伤前视力下降 0.2 以上），单眼矫正视力减退至 0.5 以下（较伤前视力下降 0.3 以上）；原单眼为低视力者，伤后视力减退 1 个级别。视野轻度缺损；

（六）外伤性斜视。

**第十条** 鼻损伤

（一）鼻骨粉碎性骨折，或者鼻骨线形骨折伴有明显移位的；

（二）鼻损伤明显影响鼻外形或者功能的。

**第十一条** 耳损伤

（一）耳廓损伤致明显变形；一侧耳廓缺损达一耳的 10%，或者两侧耳廓缺损累计达一耳的 15%；

（二）外伤性鼓膜穿孔；

（三）外耳道损伤致外耳道狭窄；

（四）耳损伤造成一耳听力减退达 41 分贝，两耳听力减退达 30 分贝。

**第十二条** 口腔损伤

（一）口唇损伤影响面容、发音或者进食；

（二）牙齿脱落或者折断 2 枚以上；

（三）口腔组织、器官损伤，影响语言、咀嚼或者吞咽功能的；

（四）涎腺损伤伴有功能障碍。

**第十三条** 颧骨骨折或者上、下颌骨骨折；颞下颌关节损伤致张口度（上下切牙切缘间距）小于 3 厘米。

**第十四条** 面部软组织单个创口长度达 3.5 厘米（儿童达 3 厘米），或者创口累计长度达 5 厘米（儿童达 4 厘米）或者颌面部穿透创。

**第十五条** 面部损伤后留有明显瘢痕，单条长 3 厘米或者累计长度达 4 厘米；单块面积 2 平方厘米或者累计面积达 3 平方厘米；影响面容的色素改变 6 平方厘米。

**第十六条** 面神经损伤致使部分面肌瘫痪影响面容及功能的。

**第十七条** 颈部软组织单个创口长度达 5 厘米或者累计创口长度达 8 厘米。

未达到上款规定但有运动功能障碍的。

**第十八条** 颈部损伤出现窒息征象的。

**第十九条** 颈部损伤及甲状腺、咽喉、气管或者食管的。

## 第三章 肢体损伤

**第二十条** 肢体软组织挫伤占体表总面积 6% 以上。

**第二十一条** 肢体皮肤及皮下组织单个创口长度达 10 厘米（儿童达 8 厘米）或者创口累计总长度达 15 厘米（儿童达 12 厘米）；伤及感觉神经、血管、肌腱影响功能的。

第二十二条 皮肤外伤性缺损须植皮的。

第二十三条 手损伤

（一）1节指骨（不含第2至5指末节）粉碎性骨折或者2节指骨线形骨折；

（二）缺失半个指节；

（三）损伤后出现轻度挛缩、畸形、关节活动受限或者侧方不稳；

（四）舟骨骨折、月骨脱位或者掌骨完全性骨折。

第二十四条 足损伤

（一）2节趾骨骨折；

（二）缺失1个趾节；

（三）跖骨2节骨折；跗骨、距骨、跟骨骨折；踝关节骨折或者踞跗关节脱位。撕脱骨折除外。

第二十五条 四肢长骨骨折；膑骨骨折。

第二十六条 肢体大关节脱位、关节韧带部分撕裂、半月板损伤或者肢体软组织损伤后瘢痕挛缩致关节功能障碍。

## 第四章 躯干部和会阴部损伤

第二十七条 躯干部软组织挫伤比照第二十条。

第二十八条 躯干部创口比照第二十一条。

第二十九条 躯干部穿透创未伤及内脏器官或者重要血管、神经的。

第三十条 胸部损伤引起气胸、血胸或者较大面积的单纯性皮下气肿，未出现呼吸困难。

第三十一条 胸部受挤压，出现窒息征象。

第三十二条 肩胛骨、锁骨或者胸骨骨折；胸锁关节或者肩锁关节脱位。

第三十三条 肋骨骨折（一处单纯性肋骨线形骨折除外）。

第三十四条 女性乳房损伤导致一侧乳房明显变形或者部分缺失；一侧乳房乳腺导管损伤。

第三十五条 腹部闭合性损伤确证胃、肠、肝、脾或者胰挫伤。

第三十六条 外伤性血尿（显微镜检查红细胞＞10/高倍视野）持续时间超过二周。

第三十七条 会阴部软组织挫伤达10平方厘米（儿童酌减）或者血肿二周内不能完全吸收的。

第三十八条 阴茎挫伤致排尿困难；阴茎部分缺损、畸形；阴囊撕脱伤、阴囊血肿、鞘膜积血；一侧睾丸脱位、扭转或者萎缩。

第三十九条 会阴、阴囊创口长度达2厘米；阴茎创口长度达1厘米。

第四十条 外伤性肛裂、肛瘘或者肛管狭窄。

第四十一条 阴道撕裂伤、子宫或者附件损伤。

第四十二条 损伤致孕妇难免流产。

第四十三条 外伤性脊柱骨折或者脱位；外伤性椎间盘突出；外伤影响脊髓功能，短期内能恢复的。

第四十四条　骨盆骨折。

## 第五章　其他损伤

第四十五条　烧、烫伤

（一）烧烫伤占体表面积。

浅二度5%以上（儿童3%以上）；

深二度2%以上（儿童1%以上）；

三度0.1%以上。

（二）头、手、会阴部二度以上烧烫伤，影响外形、容貌或者活动功能的。

（三）呼吸道烧烫伤。

第四十六条　冻伤比照本标准相关条文。

第四十七条　电烧伤当时伴有意识障碍或者全身抽搐。

第四十八条　损伤致异物存留深部软组织内。

第四十九条　各种损伤出血出现休克前期症状体征的。

第五十条　多部位软组织挫伤比照第二十条。

第五十一条　多部位软组织创伤比照第二十一条。

第五十二条　其他物理性、化学性、生物性损伤，致人体组织、器官结构轻度损害或者部分功能障碍的比照本标准相关条文。

## 第六章　附　则

第五十三条　多种损伤均未达本标准的，不能简单相加作为轻伤。若有三种（类）损伤均接近本标准的，可视具体情况，综合评定。

第五十四条　本标准所定各种数据冠有"以上"或者"以下"的均含本数。

第五十五条　本标准适用于《中华人民共和国刑法》规定的伤害他人身体健康的法医学鉴定。

第五十六条　本标准自1990年7月1日起试行。

### 其他办案依据

**1. 最高人民检察院《关于印发部分罪案〈审查逮捕证据参考标准（试行）〉的通知》（2003年11月27日　高检侦监发〔2003〕107号）（节录）**

四、故意伤害罪案审查逮捕证据参考标准

故意伤害罪，是指触犯《刑法》第234条的规定，非法故意损害他人身体健康的行为。其他以故意伤害罪定罪处罚的有：（1）非法拘禁使用暴力致人伤残的；（2）使用暴力刑讯逼供致人伤残的；（3）体罚虐待被监管人致人伤残的；（4）聚众斗殴致人重伤的；（5）聚众"打砸抢"致人伤残的；（6）组织和利用邪教组织制造、散布迷信邪说，指使、胁迫其成员或者其他人实施自伤行为的；（7）组织、策划、煽动、教唆、帮助邪教组织人员自残的；（8）行为人在交通肇事后为逃避法律追究，将被害人带离事故现场后隐藏或遗弃，致使被害人无法得到救助而严重残疾的。

对提请批捕的故意伤害案件，应当注意从以下几个方面审查证据：

（一）有证据证明发生了故意伤害犯罪事实。
重点审查：
1. 法医鉴定结论、医院诊断证明、刑事科学技术照片、现场勘查图及现场勘查笔录等证明发生非法损害他人身体健康的行为的证据。
2. 证明故意伤害行为所造成的伤害后果达到轻伤以上程度的鉴定。
3. 证明非法损害他人身体健康的行为出于故意的证据。
4. 证明故意伤害犯罪事实发生的被害人陈述、证人证言、犯罪嫌疑人供述等。
（二）有证据证明故意伤害犯罪事实系犯罪嫌疑人实施的。
重点审查：
1. 显示犯罪嫌疑人实施故意伤害犯罪的视听资料。
2. 被害人的指认。
3. 犯罪嫌疑人的供认。
4. 证人证言及辨认笔录。
5. 同案犯罪嫌疑人的供述。
6. 对遗留在犯罪工具、犯罪现场和犯罪嫌疑人、被害人身体、衣物上的指纹、足迹、血迹等所做的能够证明犯罪嫌疑人实施故意伤害犯罪的鉴定。
7. 犯罪嫌疑人有作案时间及故意伤害的动机、目的的证据。
8. 其他能够证明犯罪嫌疑人实施故意伤害犯罪的证据。
（三）证明犯罪嫌疑人实施故意伤害犯罪行为的证据已有查证属实的。
1. 能够排除合理怀疑的视听资料。
2. 其他证据能够印证的被害人的指认。
3. 其他证据能够印证的犯罪嫌疑人的供述。
4. 能够相互印证的证人证言。
5. 能够与其他证据相互印证的证人证言或者同案犯供述。
6. 其他查证属实的证明犯罪嫌疑人实施故意伤害犯罪的证据。

**2. 最高人民法院《关于审理刑事案件中涉及人体损伤残疾程度鉴定如何适用鉴定标准问题的请示的批复的通知》**（2010年5月5日 〔2010〕刑他字第43号）

北京市高级人民法院：

你院京高法〔2010〕43号《关于审理刑事案件中涉及人体损伤残疾程度鉴定如何适用鉴定标准问题的请示》收悉。经研究，批复如下：

对于你市法院审理刑事案件中涉及人体损伤残疾程度的鉴定标准，在新的国家统一标准出台之前，除职工工伤与职业病致残程度鉴定、道路交通事故受伤人员伤残评定等有国家标准的鉴定外，其他情况下可由你院酌情确定统一适用的鉴定标准。

**3. 最高人民法院《全国法院维护农村稳定刑事审判工作座谈会纪要》**（1999年10月27日 法〔1999〕217号）（节录）

（一）关于故意杀人、故意伤害案件

要注意严格区分故意杀人罪与故意伤害罪的界限。在直接故意杀人与间接故意杀人案件中，犯罪人的主观恶性程度是不同的，在处刑上也应有所区别。间接故意杀人与故意伤害致人死亡，虽然都造成了死亡后果，但行为人故意的性质和内容是截然不同的。不注意区分犯罪的性质和故意的内容，只要有死亡后果就判处死刑的做法是错误的，这在今后的工作中，应当予以纠正。对于故意伤害致人死亡，手段特别残忍，情节特别恶劣的，才可以判处死刑。

要准确把握故意伤害致人重伤造成"严重伤残"的标准。参照1996年国家技术监督局颁布的《职工工伤与职业病致残程度鉴定标准》（该《标准》应为劳动部颁布，这是该会议纪要出现的一个技术性错误。——编者注）（以下简称"工伤标准"），刑法第二百三十四条第二款规定的"严重伤残"是指下列情形之一：被害人身体器官大部缺损、器官明显畸形、身体器官有中等功能障碍、造成严重并发症等。残疾程度可以分为一般残疾（十至七级）、严重残疾（六至三级）、特别严重残疾（二至一级），六级以上视为"严重残疾"。在有关司法解释出台前，可统一参照"工伤标准"确定残疾等级。实践中，并不是只要达到"严重残疾"就判处死刑，还要根据伤害致人"严重残疾"的具体情况，综合考虑犯罪情节和维护后果来决定刑罚。故意伤害致重伤造成严重残疾，只要犯罪手段特别残忍，后果特别严重的，才能考虑适用死刑（包括死刑，缓期二年执行）。

### 司法解释

**1. 最高人民法院《关于对故意伤害、盗窃等严重破坏社会秩序的犯罪分子能否附加剥夺政治权利问题的批复》**（1998年1月13日 法释〔1997〕11号）

福建省高级人民法院：

你院《关于对故意伤害、盗窃（重大）等犯罪分子被判处有期徒刑的，能否附加剥夺政治权利的请示》收悉。经研究，答复如下：

根据刑法第五十六条规定，对于故意杀人、强奸、放火、爆炸、投毒、抢劫等严重破坏社会秩序的犯罪分子，可以附加剥夺政治权利。对故意伤害、盗窃等其他严重破坏社会秩序的犯罪，犯罪分子主观恶性较深、犯罪情节恶劣、罪行严重的，也可以依法附加剥夺政治权利。

**2. 最高人民法院《关于审理拒不执行判决、裁定案件具体应用法律若干问题的解释》**（1998年4月25日 法释〔1998〕6号）（节录）

第六条 暴力抗拒人民法院执行判决、裁定，杀害、重伤执行人员的，依照刑法第二百三十二条、第二百三十四条第二款的规定定罪处罚。

**3. 最高人民法院《关于执行〈中华人民共和国刑事诉讼法〉若干问题的解释》**（1998年9月8日 法释〔1998〕23号）（节录）

第一条 人民法院直接受理的自诉案件包括：

（二）人民检察院没有提起公诉，被害人有证据证明的轻微刑事案件：

1. 故意伤害案（刑法第二百三十四条第一款规定的）；

**4. 最高人民检察院《关于检察机关的法医能否根据省级人民政府指定医院作出的医学鉴定作出伤情程度结论问题的批复》**（1999 年 10 月 11 日 高检发研字〔1999〕20 号）

河南省人民检察院：

你院豫检研〔1999〕3 号《关于检察机关的法医能否根据省级政府指定医院作出的医学鉴定作出伤情程度结论的请示》收悉。经研究，批复如下：

检察机关委托省级人民政府指定的医院进行刑事医学鉴定，其鉴定没有明确指明损伤程度等法医学问题的，检察机关的法医可以根据省级人民政府指定医院出具的医学鉴定，就伤情程度等问题提出法医学意见。办理案件的检察人员应当根据省级人民政府指定医院出具的关于伤情情况的鉴定并参照检察机关法医提出的法医学意见，综合进行审查判断，以正确认定案情。

**5. 最高人民法院、最高人民检察院、公安部、司法部《关于依法惩治拐卖妇女儿童犯罪的意见》**（2010 年 3 月 15 日）（节录）

五、定性

20. 明知是被拐卖的妇女、儿童而收买，具有下列情形之一的，以收买被拐卖的妇女、儿童罪论处；同时构成其他犯罪的，依照数罪并罚的规定处罚：

（3）非法剥夺、限制被收买妇女、儿童的人身自由，情节严重，或者对被收买妇女、儿童有强奸、伤害、侮辱、虐待等行为的；

（6）造成被收买妇女、儿童或者其亲属重伤、死亡以及其他严重后果的；

七、一罪与数罪

25. 拐卖妇女、儿童，又对被拐卖的妇女、儿童实施故意杀害、伤害、猥亵、侮辱等行为，构成其他犯罪的，依照数罪并罚的规定处罚。

八、刑罚适用

28. 拐卖妇女、儿童，并对被拐卖的妇女、儿童实施故意杀害、伤害、猥亵、侮辱等行为，数罪并罚决定执行的刑罚应当依法体现从严。

**6. 最高人民法院《人民法院量刑指导意见（试行）》**（2010 年 10 月 1 日 法发〔2010〕36 号）（节录）

四、常见犯罪的量刑

（二）故意伤害罪

1. 构成故意伤害罪的，可以根据下列不同情形在相应的幅度内确定量刑起点：

（1）故意伤害致一人轻伤的，可以在六个月至一年六个月有期徒刑幅度内确定量刑起点。

（2）故意伤害致一人重伤的，可以在三年至四年有期徒刑幅度内确定量刑起点。

（3）以特别残忍手段故意伤害致一人重伤，造成六级严重残疾的，可以在十年至十二年有期徒刑幅度内确定量刑起点。依法应当判处无期徒刑以上刑罚的除外。

（4）故意伤害致一人死亡的，可以在十年至十五年有期徒刑幅度内确定量刑起点。依法应当判处无期徒刑以上刑罚的除外。

2. 在量刑起点的基础上，可以根据伤亡后果、伤残等级、手段的残忍程度等其他影响犯罪构成的犯罪事实增加刑罚量，确定基准刑。

3. 雇佣他人实施伤害行为的，可以增加基准刑的20%以下。

4. 有下列情节之一的，可以减少基准刑的20%以下：

（1）因婚姻家庭、邻里纠纷等民间矛盾激化引发的；

（2）因被害人的过错引发犯罪或对矛盾激化引发犯罪负有责任的；

（3）犯罪后积极抢救被害人的。

# 四、过失致人重伤罪

**67. 过失犯罪中的疏忽大意过失和过于自信过失有何区别?**

疏忽大意的过失是行为人具备预知自己的行为可能产生危害社会结果的能力,但由于疏忽大意,缺乏足够注意以致对可能会发生什么结果没有知觉;而过于自信的过失是刚开始时注意到自己的行为可能会发生某种结果而且对这个结果已有预见,但对如何去避免该结果的产生却缺乏高度注意,轻信凭借自己的主观努力和客观条件,可以有效避免危害结果的发生。司法实践中对于不具备主观故意的侵害他人人身健康的行为不能视为刑法中的殴打或伤害行为,不能以故意伤害罪认定。如果能够判定行为与被害人的伤害结果之间存在刑法上的因果关系,且行为人存在疏忽大意的过失或过于自信过失的,应当认定过失致人重伤罪。

### 典型疑难案件参考

洪求皮过失致人重伤案

**基本案情**

2006年12月27日,被告人洪求皮的弟弟洪求送在村中与小组组委洪国闷发生纠纷,眼部受伤。被告人洪求皮闻讯赶到洪求送家中看望。洪国闷的母亲颜暖也闻讯赶到洪求送家中。被告人洪求皮因洪求送与洪国闷纠纷一事与颜暖发生争吵。争吵中,被告人洪求皮用手推了颜暖肩膀一下,致颜暖站立不稳,头部擦撞在门柱上受伤。经法医鉴定:颜暖右侧头部挫伤致脑内血肿,并伴有左侧偏瘫等神经系统体征,损伤程度为重伤。

**一审诉辩情况**

福建省厦门市同安区人民检察院指控称:被告人洪求皮的行为已构成过失

致人重伤罪，提请依法惩处。

被告人辩称其并未推过被害人颜暖。

被告人的辩护人提出起诉指控的犯罪事实证据不足，被害人重伤后果系被告人洪求皮的行为造成的证据不足，申请就被害人颜暖的脑内出血和伴有偏瘫等神经系统体征与头皮血肿、极高危高血压病症、脑血管淀粉样变性之间的因果关系进行法医学鉴定。

### 一审裁判结果

福建省厦门市同安区人民法院判决如下：被告人洪求皮犯过失致人重伤罪，判处有期徒刑2年。

福建省厦门市同安区人民法院根据上述事实和证据认为：厦门市公安局出具的刑事科学技术检验鉴定书认为颜暖右侧头部挫伤致脑内血肿，并伴有左侧偏瘫等神经系统体征，该鉴定结论所依据的厦门市第三医院第15532号住院病历已述及该院以脑出血、高血压病将颜暖收诊，该鉴定结论并未阐明颜暖自身高血压体质系该伤害后果产生的前因或者诱因，即表明该伤害后果即系右侧头部挫伤所致。被告人洪求皮推被害人颜暖致其站立不稳跌倒后撞到墙上，该外伤性头皮血肿是引发损害后果的直接原因，辩护人的该辩护意见不能成立，不予采纳。

被告人洪求皮过失伤害他人身体，致一人重伤，其行为已构成过失致人重伤罪，检察机关指控的罪名成立。被告人洪求皮及其辩护人提出被告人洪求皮并未推被害人颜暖，被告人洪求皮无罪的辩解、辩护意见不能成立，不予采纳。而附带民事诉讼原告人暨被害人颜暖提出被告人洪求皮明知其行为可能引起伤害后果而放任该后果的发生，系故意伤害罪的意见理由不充分，不予采纳。案发后，被告人洪求皮当庭翻供，没有悔罪表现，应酌情予以从重处罚。附带民事诉讼原告人颜暖请求被告人洪求皮赔偿其经济损失，于法有据，应予支持，但其标准应依据最高人民法院《关于审理人身损害赔偿案件适用法律若干问题的解释》所规定的赔偿标准及在案证据予以确定，确定附带民事诉讼原告人颜暖的经济损失共计人民币79790.83元。

### 二审诉辩情况

上诉人（原审被告人）洪求皮诉称：其没有推被害人颜暖，原判认定其构成过失致人重伤罪的证据不足；本案的鉴定结论不能排除被害人重伤系其自身疾病引起，原判对被害人的伤情不重新进行鉴定不当；

上诉人洪求皮的辩护人提出：厦门市公安局〔2007〕厦公刑技法医字第

76号《刑事科学技术检验鉴定书》不应作为定案依据,应对被害人伤情或自身疾病与左侧偏瘫是否存在因果关系进行重新鉴定。

### 二审裁判结果

福建省厦门市中级人民法院依据事实作出判决:

一、维持厦门市同安区人民法院〔2007〕同刑初字第231号刑事附带民事判决第(一)项及第(三)项之判决;

二、撤销厦门市同安区人民法院〔2007〕同刑初字第231号刑事附带民事判决第(二)项之判决。

### 二审裁判理由

福建省厦门市中级人民法院经审理认为:上诉人洪求皮原在侦查阶段及审查起诉阶段多次作出的有罪供述,与被害人颜暖的陈述、证人证言,以及鉴定结论等证据均能够相互印证,一审认定的事实清楚,证据确实充分,上诉人洪求皮提出的上诉意见与查明的事实不符,不予采纳。〔2007〕厦公刑技法医字第76号《刑事科学技术检验鉴定书》能够客观地反映被害人颜暖的实际损伤情况,并确定被害人颜暖的脑内血肿系因右侧头部挫伤所致,且该鉴定结论已告知上诉人,该鉴定结论经原庭审举证、质证和认证后,依法可作为本案的定罪量刑证据,不属于需要重新鉴定的情形。本案查明的事实表明被害人颜暖所受的重伤系因上诉人洪求皮的行为所致,上诉人洪求皮应当赔偿因其犯罪行为给被害人颜暖造成的经济损失,原审判定上诉人洪求皮应赔偿的护理费、医疗费数额并无不当,但其残疾赔偿金为人民币10302元,原判认定残疾赔偿金为人民币34340元不当,应予纠正。

## 68. 过失致人重伤罪的主观方面如何认定?

过失致人重伤罪在主观方面表现为过失,包括疏忽大意的过失和过于自信的过失。前者是指应当预见自己的行为可能发生被害人重伤的结果,由于疏忽大意而没有预见。后者是指已经预见而轻信能够避免,以致发生被害人重伤的结果。过失重伤罪的本质特征在于:行为人既没有杀人的故意,也没有伤害的故意,只是出于疏忽大意或者过于自信,才造成被害人重伤的结果,如果事实证明行为人对自己行为引起的重伤结果的发生并没有预见,而且根据实际情况也不可能预见,则属于意外事件,行为人主观上没有罪过，因而对重伤不负刑事责任。过失致人重伤罪的罪过认定关键要看行为人是否具有疏忽大意的过失或过于自信的过失，具体要从行为人是否具有对危害结果的注意义务和注意能力进行综合判断。

## 69. 过失致人死亡罪的客观方面如何认定？

过失致人死亡罪的客观方面的认定要注意把握以下两点：其一，构成过失重伤罪，法律不仅要求行为人的行为必须造成他人实际的伤害结果而且要求这种伤害只有达到重伤的程度，才构成犯罪。如果过失致人轻伤，则不构成犯罪，行为人只承担赔偿责任。这也是本罪和故意伤害罪的重要区别之一，对重伤的认定，应当依照《刑法》第95条的规定，并参照最高人民法院、最高人民检察院、公安部、司法部发布的《人体重伤鉴定标准》，由法医正确地加以鉴定。过失重伤罪的鉴定依据、鉴定程序、审查原则和认定标准同故意伤害罪中对重伤的鉴定是相同的；其二，构成过失重伤罪，还要求行为人的行为与结果之间有直接因果关系。即行为人的行为直接地、必然地造成了这种重伤结果，行为人的行为是造成这一重伤结果的决定性的、根本的原因。如果重伤结果的产生，并不是由该行为人的行为所直接决定的，也就不能追究行为人过失重伤罪的刑事责任。

**典型疑难案件参考**

唐义清过失致人重伤案（北京市丰台区人民法院刑事附带民事判决书〔2007〕丰刑初字第01032号）

**基本案情**

2005年6月29日19时许，被告人唐义清在本市丰台区小屯新村工地内，由于疏忽大意没有尽到必要的注意义务，驾驶捷达汽车在行驶过程中，将已经抓住其左后车门的被害人邓茂民带倒，致邓茂民硬膜外血肿、头面部多处皮肤组织挫伤、右侧颞骨骨折、弥漫性脑肿胀，经法医鉴定为重伤。后被查获。现被害人邓茂民经北京华大方瑞司法物证鉴定中心鉴定伤残程度为十级。

**诉辩情况**

北京市丰台区人民检察院要求依照《中华人民共和国刑法》第235条之规定过失致人重伤罪，对被告人唐义清予以惩处。

被告人唐义清对检察院起诉书指控其犯过失致人重伤罪予以否认。认为其驾驶汽车驶离案发地时没有发现被害人抓住其驾驶车辆的左后车门，其驾驶汽车时不存在过失。

被告人唐义清的辩护人意见为：检察院指控被告人唐义清犯过失致人重伤证据不足，被告人唐义清没有实施驾车将被害人带倒的行为，主观上亦无过错，建议法院对被告人唐义清作出无罪判决。

**裁判结果**

审理法院作出判决如下：被告人唐义清犯过失致人重伤罪，判处有期徒刑1年，缓刑2年。被告人唐义清赔偿附带民事诉讼原告人邓茂民经济损失人民币97968.91元（判决生效后10日内给付）。

**裁判理由**

法院经审理认为：被告人唐义清在驾驶汽车时，因疏忽大意，以致发生被害人重伤的后果，其行为已构成过失致人重伤罪，应予处罚。北京市丰台区人民检察院指控被告人唐义清犯过失致人重伤罪的事实清楚，证据确实充分，罪名成立。被告人唐义清及其辩护人认为唐义清的行为不构成犯罪的辩解意见，与本案证据证明的事实不符，本院不予采纳。鉴于本案的具体情节，故对被告人唐义清予以从轻处罚，并适用缓刑。被告人唐义清对其犯罪行为给附带民事诉讼原告人邓茂民造成的合理经济损失，应承担相应的赔偿责任。附带民事诉讼原告人邓茂民要求唐义清赔偿经济损失中无法律依据部分，不予支持。

**70. 过失致人重伤罪与意外事件致人重伤如何进行区分？**

过失致人重伤罪是指行为人应当预见到自己的行为可能会产生他人受到重伤的危害结果，因为疏忽大意没有预见，或者已经预见但轻信能够避免，因而实施的造成他人受到重伤危害结果的

> 行为。意外事件致人重伤是指行为人在客观上虽然致人重伤,但是不是出于过失,而是由于不能预见的原因引起的。所谓不能预见的原因,是指行为人不可能、也不应当预见到的原因。行为人之所以不能预见,是因为行为人已经履行了应当履行的合理预见义务,重伤的结果超出了常人的预见范围,因而行为人对此也没有能力预见。法律不会强人所难,对于人们无法预见的事实,不可能要求行为人对此承担刑事责任。对于行为人能否预见,要结合行为人的智力水平、生活阅历、行为本身的危险程度和其他客观环境进行综合判断。

### 典型疑难案件参考

崔文军过失致人重伤案(河南省安阳市中级人民法院刑事附带民事裁定书〔2012〕安中刑二终字第82号)

#### 基本案情

2007年11月14日22时许,被告人崔文军酒后到安阳县水冶镇永兴路与辅岩路交叉口张福生的烟酒亭买烟时,无故用拳头将烟酒亭的玻璃砸碎,碎玻璃飞溅到张福生的左眼内,致张福生左眼受伤。经安阳县公安局物证鉴定室、安阳市人民医院刑事诉讼医学鉴定委员会及安阳市公安局物证鉴定所鉴定,张福生左眼损伤构成重伤。

另查明,被害人受伤后在安阳市眼科医院住院14天,并在安阳县第一人民医院、安阳市第三人民医院等处就诊治疗,共支出医疗费、鉴定费共计4401.47元。案发后,崔文军赔偿张福生8000元。2009年7月30日,经安阳中意法医临床司法鉴定所鉴定,张福生左眼外伤致视力障碍,构成七级伤残。

#### 一审诉辩情况

安阳县人民检察院指控被告人崔文军犯过失致人重伤罪,应依法追究其刑事法律责任。

被告人认为被害人所受眼伤并非其行为直接造成,所以不构成犯罪。

#### 一审裁判结果

一审法院作出判决:

一、被告人崔文军犯过失致人重伤罪，判处有期徒刑二年；

二、被告人崔文军于判决生效后 10 日内赔偿附带民事诉讼原告人张福生经济损失 179637.39 元（执行时扣除已经支付的 8000 元）；

三、驳回附带民事诉讼原告人张福生的其他诉讼请求。

### 二审诉辩情况

原审被告人崔文军上诉称，张福生的眼伤不是其造成的，其不应承担刑事和民事责任。

### 二审裁判结果

二审法院认为：原判认定上诉人崔文军犯过失致人重伤罪的事实清楚，证据确实、充分，定性准确，量刑及民事赔偿适当，审判程序合法。上诉人崔文军的上诉理由，不予采纳。依照《中华人民共和国刑事诉讼法》第 189 条第 1 项、《中华人民共和国民事诉讼法》第 153 条第 1 项之规定，判决如下：驳回上诉，维持原判。

### 二审裁判理由

法院生效判决认为：关于上诉人崔文军认为"张福生的眼伤不是其造成的，其不应承担刑事和民事责任"的理由。经查，被告人崔文军供述、被害人张福生陈述、证人邢秀芹、张超证言、调解书、现场照片、伤情照片、安阳县公安局物证鉴定室法医学人体损伤程度鉴定书，安阳市人民医院刑事诉讼医学鉴定书，安阳市公安局物证鉴定所法医学人体损伤程度评定书等证据可证实被告人崔文军酒后砸碎玻璃至被害人张福生左眼受伤的犯罪事实，被告人崔文军的行为构成过失致人重伤罪。故上诉人崔文军的上诉理由不成立。

### 71. 过失致人重伤罪的客观方面如何认定？

过失致人重伤罪在客观方面表现为行为人实施了具有致人重伤危险性的行为，并实际造成了他人受到重伤的严重危害后果。具体来说，首先要认定行为人实施了过失致人重伤的实行行为，即实施了足以导致他人受到重伤的危险行为。其次，行为人实施了上述足以致人重伤的危险行为实际导致被害人重伤的危害后果。行为人所造成的危害后果是否属于重伤，应当依据《人体重伤鉴定标准》鉴定后予以确认。如果被害人经抢救无效死亡的，应当认定为过失致人死亡罪，而不再认定为过失致人重伤罪。因为行为人对自己实施的危险行为将会导致他人受到重伤或者死亡的结果都是存有过失的，应以其实际造成的结果来认定犯罪。

### 典型疑难案件参考

沈文玖过失致人重伤案（河南省固始县人民法院刑事判决书〔2012〕固刑初字第 24 号）

#### 基本案情

2011 年 10 月 23 日 11 时许，被告人沈文玖驾驶豫 S49939 号农用货车由安徽省霍邱县至固始县黎集镇，当行驶在固始县陈集乡八店村乡村水泥路时，因采取措施不当，加之驾驶车辆超载，将正在看护水泥路的陈集乡八店村村民陶友全撞倒致伤，经法医鉴定，被害人陶友全伤情系重伤。2011 年 10 月 25 日，被告人沈文玖到公安机关投案自首。事发后，经双方达成赔偿协议，沈文玖已赔偿被害人陶友全经济损失 20 万元，被害人陶友全对被告人沈文玖的行为表示谅解。

#### 诉辩情况

固始县人民检察院指控称：被告人沈文玖的行为已触犯《中华人民共和国刑法》第 133 条之规定，构成过失致人死亡罪，被告人有自首情节，依法可以从轻或减轻处罚，诉请依法判处。

被告人沈文玖对起诉书指控的犯罪事实和罪名无异议。辩护人的辩护意见：有自首情节，积极赔偿并得到被害方的谅解，有悔罪表现，建议对其从轻处罚并适用缓刑。

#### 裁判结果

审理法院依照《中华人民共和国刑法》第 133 条、第 67 条第 1 款、第 72 条第 1 款、第 73 条第 1 款、第 3 款之规定，判决如下：被告人沈文玖犯过失致人重伤罪，判处拘役 6 个月，缓刑 1 年。

#### 裁判理由

法院经审理认为：被告人沈文玖过失致他人重伤，其行为已构成过失致人重伤罪。被告人沈文玖作案后,主动投案,如实供述犯罪事实,系自首,依法可以从轻或减轻处罚。固始县人民检察院指控被告人沈文玖的犯罪事实、罪名和情节成立,本院予以支持。被告人沈文玖赔偿被害人经济损失,取得被害方的谅解,依法可以酌情从轻处罚。

四、过失致人重伤罪

## 过失致人重伤罪办案依据集成

### 刑法条文

第二百三十五条 【过失致人重伤罪】过失伤害他人致人重伤的，处三年以下有期徒刑或者拘役。本法另有规定的，依照规定。

# 五、强奸罪

**72. 强奸案中,被害人没有明显抗拒行为的,是否等同于自愿以及是否可以认定为违背妇女意志?**

是否违背妇女意志,不应只从表面上看妇女是否反抗、有无反抗、有无拒绝的表示,还应考虑妇女是否能够反抗、是否知道反抗、是否敢于反抗等情况。一方面,如果可以证明行为人的手段已经达到使妇女处于不能反抗、不知反抗、不敢反抗的境地,则仍应认定为违背妇女意志。另一方面,如果能证明行为人对于被害人不情愿具有明知,在此种情况下仍然与其发生性关系,仍可以认定为违背妇女意志。如下案中,行为人提出在集市的二楼过道内就地发生性行为,被害人的第一反应是不同意,行为人通过暴力扇其一巴掌迫使其就范。之后行为人挟持被害人去开房间,通过将被害人的钱强行取出押在自己处以防止其逃跑,从这两点就可以断定,行为人在主观上对当时被害人不愿意发生性行为是明知的。仍通过各种手段使其就范,其行为已经违反了妇女意志。

**73. 案发前有性交易的约定,但双方在发生性行为的地点与方式上发生矛盾时,是否可依据事前的约定不违背妇女意志而不予认定为强奸罪?**

认定强奸罪不能以被害妇女事前同意或有无反抗表示作为必要条件,因为双方的合意完全可能因为具体情形的变化而变化,被害妇女可能会因为情形的不同改变原来的意思表示,故此应具体到发生性行为的当场进行考虑,而不可以事先的同意认定之后的性行为不违反妇女意志。

> 如果在发生性行为的当场，行为人明知妇女不同意而与之发生性关系的，即可认定为违背妇女意志，构成强奸罪。如下案中，虽然行为人与被害人实现曾经达成发生性关系的一致意思表示，但是因为地点、场所、行为方式已经发生了变化，对于双方的意思表示，应当重新予以考量，而不可因为实现的一致意思表示就认为发生性关系已经不违反妇女意愿。再者楼道属于公共场合，被害人因为羞耻心已经明确表示了不同意，此时还强行发生性关系，明显属于违反妇女意志的行为。

## 典型疑难案件参考

### 盛柯强奸案

**基本案情**

2006年10月14日下午，被告人盛柯通过网上聊天搭识被害人曹某某（无锡某科技有限公司员工），盛柯提出愿意出人民币1500元与曹某某开房间发生性关系，曹应允。当日下午5时30分许，二人在事先约定的无锡市第二人民医院对面的证券公司门口见面，盛柯为了达到少付钱款的目的，先将曹某某骗至无锡市南禅寺商业区，当二人走至商业区女人家28号二楼一无人的楼道内时，盛柯提出要与曹就地发生性关系，曹不允，盛柯即对曹某某扇了一耳光，见其未反抗，就与曹某某发生了性关系，其间因听见楼道内有声响而停止。盛柯即以只要曹某某好好地陪其一晚便可将钱还她为由，强行从曹某某的包内取出人民币160元放入自身口袋。之后，盛柯带曹某某去开房间，曹某某乘盛柯向其朋友陈杨借身份证开房间谈话时趁机逃脱，并立即向公安机关报案。

**诉辩情况**

江苏省无锡市南长区人民检察院以被告人盛柯犯强奸罪，向无锡市南长区人民法院提起公诉。检察机关认为，被告人盛柯以暴力手段强奸妇女，其行为已构成强奸罪，提请法庭依法追究其刑事责任。

被告人盛柯对起诉书指控的事实提出异议，并称：其在网上与一女子聊天时约好给钱开房间发生性关系，后为了少出钱就先在南禅寺二楼过商业区道上发生性关系，希望法院依法判决。

辩护人认为被告人盛柯是来性交易的，在主观上没有强奸的故意，客观上虽打了被害人一个巴掌,但案发现场地处闹市,正逢周六傍晚,只要被害人稍作反抗,被告人的行为就无法得逞,性行为的姿势是从背后捅入,没有被害人的配合不可能完成,被害人有半推半就的情况,且"就"的一面多,认定违背妇女意志的证据不足,盛柯的行为不构成强奸罪。

**裁判结果**

无锡市南长区人民法院于2007年2月13日作出判决,认定被告人盛柯犯强奸罪,判处有期徒刑3年。

**裁判理由**

法院生效判决认为:从检察机关提供的证据材料看,被告人的供述一直相当稳定,即被告人和被害人在网上聊天,双方约定由盛支付曹1500元去开房间进行性交易,而被害人曹的陈述中始终未谈及性交易的事实,其陈述自己是被一男子抢去200余元后遭到强奸。从公安调取的被告人家中电脑的聊天记录可看出,盛柯与其他女子一直在网上谈论的是性交易的价格、时间、地点等情形,可以说,被告人的供述具有较强的真实性。性关系发生地又是一个公共场所,被害人是否前来性交易?性行为有无违背妇女的意志?要认定这两点,目前证据尚不充分。合议庭本着负责的态度,至案发现场实地勘查,并想方设法地找到了被害人曹某某,在消除其顾虑后,曹某某对事实的发生又一次作了客观全面的陈述。最后,法院认定,两人虽然是在网上聊天认识,并有出资1500元发生性关系的意向,但并没有约定性行为在室外公共场所发生。本案中的曹某某对与其发生性行为的对象即盛柯无异议,但是曹某某是附有条件的:开房间进行性交易。换句话说,曹某某的愿望是在一个私密的房间内,通过出卖肉体来赚取1500元。当盛柯提出在集市二楼过道内发生性关系时,过道内虽然僻静无人,但当时正值下午6点左右,集市还未清场,在这种公共场合内发生性行为,首先不具备曹某某对性交场合的私密性要求,因而曹的第一反应就是不同意。也就是说,她是对发生性行为的特定时间及场合不同意。曹某某对特定场合发生性行为不允后被打耳光,其间男方为了防止女方逃跑抢女方的钱、案发现场僻静无人及女方逃跑后立即报案等事实供证一致。可见,盛柯在主观上也应当明知女方在那个环境、那种条件下发生性行为是不愿意的。被害人虽然没有反抗的行为表示,但当时一是案发现场确实僻静无人;二是从证人陈杨的证言也谈到其看见当时被害人逃跑时脸上的表情较为恐惧;三是被害人在第一时间在公安部门所做的笔录,确实隐瞒了双方存在性交易关系一节,但在法院审理过程中,她又承认了有性交易的事实,并称自己当时在主观上认为反抗也是没有用的。被害人的陈述前后虽有反复,但符合其不愿被人知道自己是来进行性交易的,更不愿受到查处的常理。因此,综合各方面的证据全面分析,在当时特定的环境和条件下,被害人是不敢反抗的。盛柯使用暴力手段,违背妇女意志与被害人发生性关系,其行为已构成强奸罪。

**74. 被害人被强奸之后到阳台呼救,因为被束缚身体失去平衡坠楼身亡,可否认定为强奸罪中"致使被害人重伤、死亡或者造成其他严重后果"的加重情形?**

强奸罪中规定了"致使被害人重伤、死亡或者造成其他严重后果"的加重情形,符合这一情形的结果加重犯,适用10年以上有期徒刑、无期徒刑或者死刑的量刑幅度。认定上述情形是否属于结果加重犯,需要结合结果加重犯的成立条件予以考察,即要求行为人实施了基本犯罪构成要件的行为,由于发生了刑法规定的基本犯罪构成要件之外的重结果,从而加重其法定刑的犯罪形态。

首先,结果加重犯要求实行了基本犯罪构成要件的行为,上述结果中行为人已经违反妇女意志强行与其发生性关系,符合强奸罪的基本构成要件。

其次,要求加重结果是由于基本犯罪行为的施行所引起的。上述情形的认定核心在于判定被害人的死亡结果是否为强奸行为所导致。诚然,被害人的死亡原因在于坠楼,与直接的强奸行为没有直接因果关系。但是考虑到被害人坠楼身亡的原因正是双手受到束缚丧失平衡。而双手被束缚正是行为人为实行强奸行为所为,属于为了强奸行为而采取的使妇女不能反抗的手段,因此是强奸行为暴力的延续。正是这一暴力行为的延续,导致了被害人死亡的结果。此外,根据因果关系的条件来说,没有行为人束缚被害人双手的行为,则不可能发生受害人失去平衡坠楼的情况,亦可得出同样的结论。可见被害人的死亡是由强奸行为所致。

最后,结果加重犯要求行为人对于加重结果至少具有过失的主观心态。一般而言,当行为人实行了某种高度危险性行为,一般而言应该推定其对行为可能产生的危害结果具有一定的认识能力,即便难以认识到亦是具有过失的。当然,司法实践中还应结合具体情况予以具体分析。如下案中，行为人在凌晨闯入一孤身女子室内将其束缚并强行发生性关系，显然是将被害人置于一种极其危险的境地，即便行为人之后逃离，但是此时被害人刚刚被强制发生性关系并且仍被束缚，此时正值深夜，被害人内心的恐惧可想而知，行为人仍将其束缚而只身逃走，其对于更加严重的结果的发生应该是预见到的，所以符合对于加重结果至少具有过失的主观心态。

综上可知，在此种情形下，可以将被害人的死亡认定为强奸罪中"致使被害人重伤、死亡或者造成其他严重后果"的加重情形。

## 典型疑难案件参考

### 王照双强奸、盗窃案

**基本案情**

被告人王照双于2005年5月13日凌晨3时许，钻窗潜入北京市西城区灵镜胡同5号楼7门301室，从客厅的皮包中窃得人民币100元及手机1部。王又进入大卧室，看到熟睡中的李某某（女，殁年39岁），遂将李唤醒，对李进行威胁并撕破李的吊带背心捆住李的双手，强行将李某某奸淫，后即钻窗逃离现场。李某某到阳台呼救时，因双手被捆，坠楼身亡。被告人王照双将上述盗窃款物挥霍。

**一审诉辩情况**

北京市人民检察院第一分院认为：被告人王照双的行为触犯了《中华人民共和国刑法》第236条第3款第5项、第264条的规定，已构成强奸罪、盗窃罪，且系累犯，依照《中华人民共和国刑法》第65条第1款之规定，依法应当从重处罚。

被告人王照双对检察机关指控其犯强奸罪、盗窃罪的事实和罪名不持异议，但辩称被害人李某某坠楼身亡与其无关，否认其曾盗窃过一部"飞利浦"手机。

王照双的辩护人的辩护意见是：被害人李某某坠楼身亡存在偶然因素，被告人王照双归案后能够坦白交代犯罪事实，认罪态度好，请求法院对被告人王照双从轻处罚。

### 一审裁判结果

北京市第一中级人民法院于 2006 年 5 月 23 日作出判决。依照《中华人民共和国刑法》第 236 条第 3 款第 5 项、第 264 条、第 48 条第 1 款、第 51 条、第 57 条第 1 款、第 56 条第 1 款、第 55 条第 1 款、第 65 条第 1 款、第 61 条之规定，判决如下：被告人王照双犯强奸罪，判处死刑，缓期 2 年执行，剥夺政治权利终身。犯盗窃罪，判处有期徒刑 11 年，剥夺政治权利 2 年，并处罚金 11000 元，决定执行死刑、缓期 2 年执行，剥夺政治权利终身，并处罚金 11000 元。

### 一审裁判理由

北京市第一中级人民法院认为：被告人王照双违背妇女意志，使用暴力、胁迫手段强行与妇女发生性关系，其行为已构成强奸罪，且造成被害人呼救时坠楼身亡的严重后果，王照双刑满释放后 5 年内又重新犯罪，系累犯，依法应予从重处罚。北京市人民检察院第一分院指控被告人王照双犯强奸罪、盗窃罪的事实清楚，证据确实、充分，指控的罪名成立。对于被告人王照双提出的被害人李某某坠楼死亡与己无关以及辩护人提出的被害人李某某坠楼身亡存在偶然因素，请求法院从轻处罚的辩护意见。经查，李某某到阳台呼救是其在凌晨时分遭受王照双入室强奸，孤立无援，精神处于高度惊恐状态下的必然所为，不排除其坠楼身亡存在偶然因素，但其双手被王照双捆绑是其在呼救中身体不稳定导致坠楼身亡的主要原因，辩护人所提"偶然因素"不能成为减轻王照双刑事责任的理由，故对王照双及其辩护人的此项辩护意见，不予采纳。被告人王照双所犯强奸罪性质恶劣，情节、后果严重，依法应当判处死刑，但鉴于本案的具体情况，可不必立即执行。

### 二审诉辩情况

上诉人（原审被告人）王照双上诉提出：被害人的死亡不是其造成的，是坠楼身亡，与其无关，请求从轻处罚。

王照双的辩护人的辩护意见是：被害人的死亡与王照双的行为不存在直接、必然的因果关系，王照双不应对被害人的死亡承担刑事责任，请求对王照双依法改判。

### 二审裁判结果

北京市高级人民法院于 2006 年 9 月 20 日作出判决。依照《中华人民共和国刑事诉讼法》第 189 条第 2 项及《中华人民共和国刑法》第 236 条第 3 款第

5项、第264条、第48条第1款、第51条、第52条、第53条、第57条第1款、第56条第1款、第55条第1款、第65条第1款、第23条、第61条、第64条、第71条，最高人民法院《关于审理盗窃案件具体应用法律若干问题的解释》第6条第3项第4目，最高人民法院《关于处理自首和立功具体应用法律若干问题的解释》第4条之规定，撤销原审强奸罪部分的判决，改判上诉人王照双犯强奸罪、判处无期徒刑，剥夺政治权利终身；犯盗窃罪，判处有期徒刑11年，剥夺政治权利2年，并处罚金11000元，与前罪未执行完毕的附加刑剥夺政治权利1个月11日并罚，决定执行无期徒刑，剥夺政治权利终身，并处罚金人民币11000元。

**二审裁判理由**

北京市高级人民法院的生效判决认为：上诉人王照双以非法占有为目的，多次秘密窃取他人财物，盗窃数额巨大，在盗窃过程中又违背妇女意志，使用暴力、胁迫手段强行与妇女发生性交，其行为已分别构成盗窃罪、强奸罪。其所犯盗窃罪属情节特别严重；其所犯强奸罪造成被害人呼救时，因双手被捆绑致坠楼身亡的严重后果，依法应予惩处；且系累犯，应予从重处罚。原审判决定罪正确，但考虑本案的具体情节及王照双对其强奸所致严重后果应负的罪责，对王照双所犯强奸罪量刑不当，应予改判。

> **75.** 被害人被被告人挟持多日，辗转多地，其间发生多次性行为，后几次被害人被财物收买后，未明确表示反对。此种情形是否适用最高人民法院、最高人民检察院、公安部《关于当前办理强奸案件中具体应用法律若干问题的意见》中，关于"第一次违背妇女意志，但事后并未告发，后来女方又多次自愿与该男子发生性行为的，一般不宜按强奸罪论"的规定？
>
> 此种情形不适用上述规定，原因如下：
>
> 结合上述法条的制定背景来看，其针对的主要是指在第一次发生性行为之后，女方对男方产生感情或者出于其他目的自愿与男方来往，如发生性关系后双方形成恋爱关系或者产生不正当男女关系（如通奸关系）等。此时虽然第一次性行为违背了妇女意愿，但妇女后来的行为已经形成了新的意思表示，表明了其对

> 与男方交往乃至发生性关系的自愿性，第一次发生性关系虽然违背女方意志，但女方意志已经改变，这种改变通过后来其自愿多次发生性关系的行为得到了证明。出于现实情况及尊重妇女意思的考虑，法律不再认为第一次强迫发生性关系的行为侵犯了妇女性的自主权这一法益，故此不再将其作为强奸罪进行处罚。而上述情形并不符合这一规定的立法目的及立法内涵。
>
> 《意见》中的"多次"需要有空间上、时间上的间隔性。即在数次发生性关系的行为之中，男女双方有分开、重逢的间隔，否则只能作为一次来处理。如上述情形中，虽然被害人被行为人挟持多日，但是在此期间双方始终并未分开，被害人始终处于行为人的控制之下，很难证明其间被害人的情绪发生了根本性转变，此时即便证明后几次女方系自愿发生性行为，仍不可适用《意见》中的规定。

## 典型疑难案件参考

### 郭荣举等强奸案

▶ 基本案情

2003年3月21日下午，被告人郭荣举、申波、李傲约上被害人彭鑫后，一同到社旗县城找郭荣举的朋友赵国玺等人喝酒，酒席安排在工商宾馆，酒后被告人郭荣举就在工商宾馆客房部开了两个房间。被告人申波和李傲在郭荣举的授意下硬将彭鑫的外衣脱掉，被告人李傲将衣服拿走后，被告人郭荣举即强行将彭鑫所穿的三角裤头扯烂，欲对其强奸，因彭极力反抗，郭又指使李傲按住彭的手和胳膊，又指使申波按住彭鑫的腿和脚，欲对彭强奸，彭极力反抗，郭强奸未遂。被告人郭荣举即拿一银色照相机对彭鑫进行拍照，彭就躲闪镜头，郭荣举就又让李傲按住彭鑫，李傲就卡住彭的脖子，按住彭的胳膊坐在床上，郭就对彭进行拍照，共拍照片4张。郭荣举让李傲、申波走出房间。郭以散布彭鑫的裸体照片相威胁，对彭进行了奸淫。3月22日早上，4人一同到郑州，在金博大商场，被告人郭荣举给彭鑫买了一枚白金戒指，当晚郭荣举和彭鑫住在一个房间。3月23日上午，四人乘坐轿车回南阳。3月27日晚3被告人被抓获归案。

**诉辩情况**

河南省社旗县人民检察院以被告人郭荣举等犯强奸罪，向河南省社旗县人民法院提起公诉。检察机关认为：被告人郭荣举、李傲、申波以暴力、胁迫的手段强奸妇女，其行为均已构成强奸罪，被告人郭荣举在犯罪过程中起主要作用，是主犯，被告人李傲、申波在共同犯罪中起次要作用，系从犯，请求依法惩处。

被告人郭荣举辩称：我没指使李傲、申波去脱彭鑫的衣服，没指使他俩按彭鑫，她的裤头也不是我扯的，我和彭鑫发生性关系属实，她是自愿的。在郑州和彭鑫逛街时，我给彭鑫买有白金戒指，当晚又和彭发生了性关系。我的行为不属强奸。被告人郭荣举的辩护人认为：起诉书指控郭荣举构成强奸罪事实不清，证据不足，郭荣举和彭鑫发生性关系属婚外情人之间的性行为。辩护人向法庭提交了赵国玺、谢宛冰的证言，证实在社旗县城喝酒中，向同郭一起来社的一个女青年喊嫂子，另向法庭提交了被害人之母张书奇收到一万元的收条。被告人李傲辩称：起诉书指控我和申波在郭的授意下，将彭鑫的衣服脱掉，后又强行按住彭鑫不属实，从社旗到郑州后，彭鑫一直很高兴，在金博大商场，郭荣举还给她买了一个戒指，我们还和他开玩笑。被告人李傲的辩护人宋文绪认为：起诉书指控李傲构成强奸罪的证据不足，也不充分，不能成立。被告人李傲和申波的供述在词语、顺序上很一致，不能以证据使用。被告人申波辩称：没有指使我俩去脱彭鑫的衣服，彭的衣服是她自己脱的，我也没去按彭鑫，郭荣举拍照是为了做留念，在郑州，她问郭要戒指，后来郭就给她买了，她还说要布娃娃，我和李傲还和她开玩笑。从郑州回南阳，彭鑫一直都高兴还向郭荣举要手机。被告人申波的辩护人王永浩认为：该案事实不清，证据不足，指控罪名不能成立。彭鑫来社旗、结识郭荣举，从社旗到郑州，都属自愿，申波的行为不构成共犯，在主观上没有帮助郭实施强奸的故意，也没有预谋的行为。

**裁判结果**

河南省社旗县人民法院于2003年10月21日作出判决。依照《中华人民共和国刑法》第236条第1款、第25条第1款、第26条第1款、第27条之规定，作出如下判决：被告人郭荣举犯强奸罪，判处有期徒刑3年。被告人李傲犯强奸罪，判处有期徒刑2年。被告人申波犯强奸罪，判处有期徒刑2年。

**裁判理由**

法院生效判决认为：被告人郭荣举、李傲、申波以暴力、胁迫的手段强奸妇女,其行为已构成强奸罪,社旗县人民检察院指控罪名成立,判决予以支持。被告人郭荣举的辩解及辩护人的意见,因有被告人李傲、申波的供述和被害人彭鑫的陈述与所提取的照片能够相互印证,证实郭荣举在主观上有发生性关系的故意,在客观上又实施了暴力胁迫的手段,符合强奸罪的构成要件。在郑州是否和被害人发生性关系,未有证据印证,且照片仍在被告人郭荣举手中,仍然对被害人构成精神强制,故不予采纳。被告人李傲、申波的辩解及辩护人的意见,因二被告人在公安侦查阶段多次供述郭荣举指使二人按腿和胳膊,帮助郭对彭实施奸淫,在庭审中二被告人虽对原供述提出异议,但其供述和被害人陈述基本一致,且与书证照片能够相互印证,故辩护意见不予采纳。被告人郭荣举在犯罪过程中起主要作用,系主犯,被告人李傲、申波起次要作用,系从犯,应当减轻处罚。

## 76. 被害人因为被胁迫而与行为人定下发生性行为的约定,之后被害人"应约"发生性行为,此时可否认定为"违反妇女意志"?

在判断发生性关系是否违反妇女意志时,重点需要考虑的是发生性关系当时妇女是否自愿的情况,但不可仅仅因为妇女"应约"前往或者发生性关系时没有明显肢体反抗行为,即认定为其系自愿。因为对于强奸罪中妇女意志的判断应该是一个综合的结果,需要考察妇女"订约"时的心理状况、"应约"时是否存在心理强制而不得已等情形,方可作出判断。

如果被害人与行为人订约是出于行为人的胁迫、为了其自身或者家庭的安全或者其他情况不得已而为之的,那么在"赴约"之前,行为人对被害人的心理胁迫一直延续着,被害人的赴约行为是在这种心理强制的控制之下进行的,即便其"履约"并且没有反抗地发生了性行为,性行为的发生仍然是与其意志相违背的。在发生性行为的过程当时,被害人出于恐惧心理而不敢反抗,符合"使被害人不敢反抗"的情形,故此仍可以认定为"违反妇女意志"。

通奸行为通常是指一方或者双方有配偶的男女之间,自愿发生性关系的行为。强奸与通奸的本质区别在于性关系是否违反妇女意志。"赴约"行为属于强奸行为还是通奸行为,需要考虑发生性关系时女方的意志。而如上文所讲，考虑是否违法女方意志时不能仅看其发生性关系当时有无反抗或者反抗是否明显，还应该结合订约时的心态（订约是否受到强迫）、发生性关系时的心态（是否仍受到订约时胁迫的心理强制的延续）、发生性关系后的行为（如是否报案）等综合进行认定。

如果可以证明女方其后的赴约是其主动乐意如此做的，虽然订约时存在胁迫，但是女方后来心理发生了变化，乐于同男方发生性关系，则属于通奸行为。但如果女方赴约是出于男方的胁迫造成的心理强制，是受到威胁后不得已的情绪的延续，则此时应为强奸行为。

### 典型疑难案件参考

#### 韩自华强奸案

**基本案情**

2006年7月13日，被告人韩自华得知其妻吕某某与被害人杨某某的丈夫陆某某发生性关系后，遂与其妻商量让被害人杨某某与韩自华发生一次性关系以"补偿"。于是在当日上午，韩自华及其妻喊杨某某到自己家中，韩欲与杨某某发生性关系，遭到杨某某的反抗而未得逞。韩提出若不答应，则要叫人来打陆某某。当日下午2时许，杨某某来韩家中商量解决办法，韩再次提出：让杨某某陪他发生一次性关系来"补偿"，否则就要找人打陆某某，让其家破人亡。吕某某也从中做杨的工作，且答应此事不让其他人知道，杨某某为了维护家人安全不得不答应其条件。当日下午，韩自华携带镰刀到跳神凹（地名）的地里等候在此施肥的杨某某，将杨某某叫到事先铺好蒿枝的包谷地中发生了性关系。杨某某于次日下午向公安机关报案。

**诉辩情况**

云南省石林彝族自治县人民检察院以被告人韩自华犯强奸罪，向云南省石林彝族自治县人民法院提起公诉。起诉书认为，被告人韩自华违背被害妇女意志，以胁迫的手段强行与其发生性关系，应当以强奸罪定罪量刑。

被告人韩自华辩称其没有强迫被害人，是被害人自愿与其发生性关系的，故请法庭从轻处理。其辩护人提出：检察机关指控韩自华以"胁迫的手段强行与被害人发生性关系"依法不能成立。本案韩自华与杨某某发生性行为的过程中，既没有违背过杨某某的意志，也没有任何强迫其就范的行为。韩自华没有胁迫、强迫被害人，被害人是自愿的，被害人对其性权利有充分的处分权，双方属于典型的通奸行为。

**裁判结果**

云南省石林彝族自治县人民法院于 2006 年 11 月 2 日作出判决。依照《中华人民共和国刑法》第 236 条和第 72 条之规定，判决：被告人韩自华犯强奸罪，判处有期徒刑 3 年缓刑 4 年。

**裁判理由**

法院生效判决认为：被告人韩自华在得知其妻与被害人之夫发生不正当性关系后，心怀不满，通过语言威胁、恫吓，对被害人实施精神压力，迫使被害人不得不答应其性要求，其行为已构成强奸罪；应负刑事责任。检察机关指控的事实和罪名成立，对被告人韩自华依法应予惩处。被告人韩自华及其辩护人的辩解和辩护意见不能成立，本院不予采纳。但鉴于被告人韩自华属初犯、偶犯；归案后又能如实供述自己的犯罪事实，认罪态度较好，有悔罪表现，适用缓刑不致再危害社会，故可依法酌情从轻处罚并适用缓刑。

## 77. 数次强奸未成年女性并阻止其告发，致使幼女精神受到严重打击、堕胎辍学，可否认定为强奸罪中的"造成其他严重后果"？

数次强奸未成年女性并制止其声张，致使其精神受到严重打击、堕胎辍学，可以以强奸罪中的"造成其他严重后果"论处，理由如下：造成其他严重后果，作为《刑法》第 236 条第 5 项中与重伤、死亡并列的强奸罪的结果加重犯，应当与重伤、死亡的严重性类似，造成的危害性相当。而本案中被害人为未成年女性，行为人对其进行强奸已属情节恶劣，强奸之后还通过精神强制阻止其告发，给被害人造成极大心理压力，同时还致使其怀孕辍学，正常的生活受到极大影响，身心承受双重压力。虽然没有重伤、死亡，但是可以视为严重后果，适用兜底规定。故此，对上述情形以"造成其他严重后果的"来认定、在 10 年以上处刑是符合立法本意的。

### 典型疑难案件参考

#### 周建军强奸案

**基本案情**

2004年三四月的一天晚上9时许，被告人周建军途经沈某某家新宅门前，见沈家室内亮着灯便叫开门进入沈家。入室后，被告人周建军见沈某某（1989年3月18日生，初中二年级在校学生）一人在家，遂生歹念。寒暄几句后，被告人周建军将沈按倒在床上，强行脱掉沈的裤子将其奸淫。后被告人周建军要挟迫使该女不敢告发。几天后的一天晚上9时许，被告人周建军又趁沈某某一人在自家新宅看门之机来到沈家，谎称自己与该村一成年女青年周某也发生过性关系，周至今未敢说出。后强行将沈奸淫。其后，被告人周建军又乘沈某某一人在自家老宅看门之机，先后两次对该女实施奸淫。2004年7月1日，沈某某被检查系早孕，并药物流产。合肥市公安局亲缘关系鉴定书鉴定：极强力支持周建军是沈某某所怀胎儿的生物学父亲。案发后，被害人因害怕别人叫她"孩子母亲"而不敢上学，甚至不敢出门，精神上遭受严重打击。

**一审诉辩情况**

安徽省肥西县人民检察院以被告人周建军犯强奸罪，向安徽省肥西县人民法院提起公诉。检察机关认为：被告人周建军以暴力、胁迫手段强奸妇女，并造成严重后果，其行为触犯了《中华人民共和国刑法》第236条第1款、第3款第5项的规定，构成强奸罪。

**一审裁判结果**

安徽省肥西县人民法院于2005年1月28日作出判决。根据《中华人民共和国刑法》第236条第1款、第3款第5项之规定，判决如下：被告人周建军犯强奸罪，判处有期徒刑12年。

**一审裁判理由**

一审法院认为：被告人周建军趁未成年少女一人在家之机，采用暴力、胁迫及精神控制等手段，多次对其奸淫，其行为已触犯刑律，构成强奸罪。检察机关对其指控罪名成立。被告人周建军多次强奸未成年被害人，并造成其怀孕堕胎的严重后果，对被告人周建军应在10年以上处刑。被告人周建军在强奸过程中，实施了强行将被害人按倒在床上、强行脱被害人的裤子的行为，并威胁被害人不要将此事讲出去，否则要挨打。被告人还称他与另一成年女青年发生过性关系她也不敢说出去等，其暴力、胁迫手段明显。被告人周建军对被害人沈某某实施强奸时，沈均有不同程度的反抗，显然违背了被害人的意志。被告人周建军在对被害人实施侵害后，利用其系未成年人，采取言语胁迫、编造谎言等方法，对其实施精神控制，迫使被害人未能及时告发，不影响其犯罪构成。

▶ 二审诉辩情况 ◀

一审宣判后，周建军不服，向合肥市中级人民法院提起上诉。上诉人周建军称其与受害人发生性关系系被害人自愿行为。

上诉人周建军的辩护人提出被害人在后几次性行为中反抗不明显，请求对周从轻处罚。

▶ 裁判结果 ◀

安徽省合肥市中级人民法院于2005年3月23日作出终审裁定。原审判决认定事实清楚，适用法律正确，量刑适当，审判程序合法，依照《中华人民共和国刑事诉讼法》第189条第1项的规定，裁定如下：驳回上诉，维持原判。

▶ 裁判理由 ◀

二审法院安徽省合肥市中级人民法院认为：周建军及其辩护人提出的上诉理由及辩护意见不能成立，不予采纳。上诉人周建军强奸行为使被害人早孕堕胎，后果严重，对其应在10年以上量刑。原判根据本案事实、情节，对上诉人周建军量刑有期徒刑12年适当。

## 78. 如何认定《刑法》第236条第3款第1项规定的"强奸妇女、奸淫幼女情节恶劣"？

现行《刑法》第236条第3款将"强奸妇女、奸淫幼女情节恶劣"作为法定刑升格要件，具备这一要件的，即应适用"10年以上有期徒刑、无期徒刑或者死刑"的法定刑升格。判断行为人的行为是否属于强奸妇女、奸淫幼女情节恶劣就成为关键。从体系解释的角度理解，现行《刑法》将"（一）强奸妇女、奸淫幼女情节恶劣"与"（二）强奸妇女、奸淫幼女多人；

(三)在公共场所当众强奸女;(四)二人以上轮奸;(五)强奸致使被害人重伤、死亡或者造成其他严重后果的"并列起来,就足以说明:应当将与上述其他4项所列情形大致相当的行为认定为第一项规定的"强奸妇女、奸淫幼女情节恶劣"。即区别于一般强奸犯罪,行为人的强奸行为表现出更为严重的主观恶性和客观危害。

### 典型疑难案件参考

#### 房洪彪强奸案

**基本案情**

2007年夏季的一天中午,被告人房洪彪带女儿房某某(1999年2月21日出生)到本村南山"狼窝"处的水池内洗澡时,借为房某某搓洗背部之机,对房某某实施奸淫。2007年夏季至2008年夏季期间,被告人房洪彪在自己家中趁女儿房某某睡觉之际,又3次对房某某实施奸淫。

**一审诉辩情况**

检察机关认为被告人奸淫幼女的行为构成强奸罪,应当从重处罚。

被告人及其辩护人提出本案证据不足,不构成犯罪。

**一审裁判结果**

一审法院认为:被告人房洪彪多次对不满14周岁的女儿实施奸淫,其行为已构成强奸罪,应当追究刑事责任,并依法从重处罚。依照《中华人民共和国刑法》第236条第1款、第61条、第45条、第47条之规定,判决如下:被告人房洪彪犯强奸罪,判处有期徒刑6年。

**二审诉辩情况**

一审宣判后,检察机关以"房洪彪的行为属于《刑法》第236条第3款第1项规定的'强奸妇女、奸淫幼女情节恶劣'的行为,应当处10年以上有期徒刑、无期徒刑或者死刑。一审判决适用法律错误,量刑不当"为由提起抗诉,被告人房洪彪以"没有实施强奸"等为由,提出上诉。被告人房洪彪的辩护人提出"本案没有充分证据证明房洪彪构成强奸罪"的辩护意见。

▶ **二审裁判结果**

二审法院依照《中华人民共和国刑法》第 236 条第 2 款、第 3 款第 1 项、第 61 条、第 62 条、第 45 条、第 47 条、《中华人民共和国刑事诉讼法》第 189 条第 1 项、第 2 项之规定，判决如下：

一、维持沂源县人民法院〔2010〕沂刑初字第 52 号刑事判决对上诉人房洪彪的定罪部分，即被告人房洪彪犯强奸罪；

二、撤销沂源县人民法院〔2010〕沂刑初字第 52 号刑事判决对上诉人房洪彪的量刑部分，即判处有期徒刑 6 年；

三、上诉人房洪彪犯强奸罪，判处有期徒刑 11 年。

▶ **二审裁判理由**

法院生效判决认为：上诉人房洪彪多次对年仅八九岁的女儿实施奸淫，情节恶劣，其行为已构成强奸罪，并应依法从重处罚。本案被害人房某某对上诉人房洪彪实施奸污行为的认知程度及判断符合其实际年龄及心智，且与上诉人房洪彪在公安机关的供述及其亲笔供词情节吻合，供证及被害人房某某医院检查记录相互印证，是以认定，故上诉人房洪彪关于"无罪"的上诉理由及辩护人关于"无充分证据证明房洪彪构成强奸罪"的辩护理由均不能成立，本院不予采纳。上诉人房洪彪违背伦理，道德沦丧，多次奸淫自己亲生幼女，并致其小便失禁，其行为符合《中华人民共和国刑法》第 236 条第 3 款第 1 项规定的奸淫幼女情节恶劣的情形。检察机关的抗诉理由成立，本院予以采纳。原审判决认定事实清楚，证据确实、充分，定性准确，审判程序合法，但适用法律及量刑不当。

### 79. 强奸罪的未遂如何认定？

强奸罪的未遂是指行为人已经着手强奸行为，由于意志以外的原因而未得逞的犯罪停止形态。认定强奸罪的未遂首先要看行为人已经着手强奸罪的实行行为，即违背妇女意志，强行与其发生性关系的行为。其次是强奸行为因为行为人意志因素以外的原因未得逞，即没有达到强奸罪的既遂状态，且没有达到既遂是因为行为人意志以外的原因造成的，例如被害人的反抗或者被他人制止等。有必要说明的是，根据被害人是否是不满 14 周岁的幼女，强奸罪的既遂标准有所不同。对于奸淫幼女型强奸罪应以性

> 器官的"接触"为既遂标准，而对于已满14周岁的女性为被害人的强奸案件中，是以男性性器官的"插入"为既遂标准的。

## 典型疑难案件参考

### 顾金伟、张阳强奸案

**基本案情**

被告人顾金伟于2009年6月21日15时许，伙同被告人张阳经预谋，由张阳借故将前女友被害人卫某某（女，19岁）叫至北京市海淀区志新西路志新宾馆210房间内，并寻机携带被害人卫某某的手机离开，后由被告人顾金伟使用暴力、威胁手段，对被害人卫某某实施奸淫，因卫某某反抗及正值月经期而未得逞。被告人顾金伟、张阳于当天被公安机关抓获。

**一审诉辩情况**

北京市海淀区人民检察院以被告人顾金伟、张阳的行为构成强奸罪，系未遂，向北京市海淀区人民法院提起公诉，提请法院依照《中华人民共和国刑法》第236条第1款之规定，对被告人顾金伟、张阳依法惩处。

被告人顾金伟、张阳对检察院指控的事实和罪名均没有提出异议。

**一审裁判结果**

一审法院对被告人顾金伟依照《中华人民共和国刑法》第236条第1款、第25条第1款、第23条、第65条第1款，对被告人张阳依照《中华人民共和国刑法》第236条第1款、第25条第1款、第23条之规定，判决如下：

一、被告人顾金伟犯强奸罪，判处有期徒刑4年6个月；
二、被告人张阳犯强奸罪，判处有期徒刑3年6个月。

**二审裁判结果**

二审法院认为一审判决根据顾金伟、张阳犯罪的事实，犯罪的性质、情节和对于社会的危害程度，对顾金伟、张阳定罪及适用法律正确，量刑适当，审判程序合法。据此，依照《中华人民共和国刑事诉讼法》第189条第1项之规定，裁定如下：驳回上诉，维持原判。

**二审裁判理由**

法院经审理后认为：被告人顾金伟、张阳违背妇女意志，合谋采取暴力、威胁手段奸淫妇女，其行为均已构成强奸罪，应予惩处。被告人顾金伟曾因故意犯罪被判处有期徒刑，仍不思悔改，在刑罚执行完毕后 5 年内再故意犯罪，应判处有期徒刑以上刑罚之罪，系累犯，对其应依法从重处罚。但鉴于被告人顾金伟、张阳已经着手实施强奸，由于其意志以外的原因而未得逞，系犯罪未遂；且在到案后及在庭审过程中能够真诚认罪、悔罪，本院对其二人均依法从轻处罚。

**80. 在共同强奸案件中，一人强奸得逞，其他人未实际实施强奸行为的，对此情形应否以轮奸情节加重处罚？**

轮奸是指两名以上男子先后连续、轮流强奸同一被害女性的行为。对于"二人以上轮奸"应当理解为只要行为人着手实施轮奸行为的，即符合轮奸的构成要件，而不要求有两名以上的男子实际达到犯罪既遂。也就是说，在共同强奸犯罪中，只要两名以上男性对同一名被害人有强奸行为的，不管两人的行为既遂与否，都符合轮奸的构成要件，应当按照强奸罪法定升格刑处罚。如果只有一人达到既遂，根据共同犯罪"部分行为，共同责任"的原则，仍然应当对全案既遂负责。但是对于未实际实施奸淫行为的行为人，可以酌情从轻处罚。如果认定为从犯的，应当从轻、减轻或者免除处罚。

### 典型疑难案件参考

张某等强奸案（天津市西青区人民法院〔2008〕西刑初字第 464 号判决书）

**基本案情**

2008 年 5 月 27 日凌晨，张某、刘某、周某 A、周某 B 等人预谋强奸马某。周某 A 提出其可以将马某骗至天津市西青区大寺镇青凝侯村"吉利"砂锅店，灌醉酒后，由 4 人对马某进行奸淫，其他 3 人表示同意。此后，周某 A 用刘某的手机联系马某来吃饭，马某同意。周某 A、周某 B、张某乘车到附近购买了避孕套并将马某接到砂锅店，刘某在店内等候。4 人在和马某吃饭时，轮流对马某敬酒并乘马某上厕所之机商定了强奸马某的先后顺序。凌晨 2 时许周某 A 先行与马某发生性关系（马某承认自愿），后周某 B 强行与被害人马某发生性关系，随后张某欲与被害人马某发生性关系时，被害人马某报警，因马某讲不清具体地点，民警无法达到案发地，张某与刘某也未再与马某发生性关系。4人离开后，被害人于5月27日上午再次报警，张某、刘某于2008年5月27日被抓获归案。

### 诉辩情况

天津市西青区人民检察院以被告人张某、刘某涉嫌犯强奸罪，向西青区人民法院提起公诉，请求人民法院依照《中华人民共和国刑法》第236条的规定进行处罚。

被告人张某、刘某均供认上述被指控的犯罪事实，被告人张某提出自己没有明显采取暴力手段，被害人不愿意，就没有和其发生性关系的辩解。被告人刘某未作辩解。

被告人张某的辩护人以被告人张某属于从犯，犯罪当晚没有使用暴力，且其主观恶性小，属未成年人犯罪并有未遂情节，又系初犯为由，请求减轻处罚。

被告人刘某的辩护人以被告人刘某参与到本案具有很大的偶然性，在犯罪中起次要作用，系从犯，且属未成年人初犯，认罪态度较好等为由，请求对刘某减轻处罚。

### 裁判结果

天津市西青区人民法院依照《中华人民共和国刑法》第236条、第25条第1款、第27条、第17条第1款、第3款之规定，判决：被告人张某犯强奸罪，判处有期徒刑1年6个月。被告人刘某犯强奸罪，判处有期徒刑10个月。

### 裁判理由

法院经审理认为：被告人张某、刘某伙同他人以暴力手段强行与妇女发生性关系，其行为均已构成强奸罪。检察机关指控的罪名成立。在共同犯罪中，被告人张某、刘某起次要作用，系从犯，应依法减轻处罚。被告人张某、刘某犯罪时未满18周岁，应减轻处罚。二被告人辩护人的辩护意见，本院予以采信。

### 81. 在强奸案件中，如何认定是否违背妇女意志？

性行为是否违背妇女意志，对于强奸罪的认定至关重要。认定是否违背妇女意志主要从以下两个方面展开：第一方面是看妇女是否有同意发生性行为的意思表示，有此意思表示则不再认定为违背妇女意志。妇女只有在具备发生性行为的意思表示能力，且通过明示或者默示的方式自愿作出意思表示，才可以认定其有发生性行为的意思表示。例如，如果是不满 14 周岁的幼女，即使其作出了同意性交的意思表示，但由于其不具备意思表示能力，也不能认定为已经同意。第二方面看行为人是否采取了暴力、胁迫等其他手段迫使被害人发生性行为。如果行为人有暴力、胁迫或者其他灌酒、麻醉药麻痹等方法施加于被害人的话，同样可以认定行为人违背了妇女意志。

### 典型疑难案件参考

李某等强奸案（广东省佛山市中级人民法院〔2007〕佛刑一终字第 165 号裁定书）

**基本案情**

2006 年 9 月 17 日 18 时许，被告人杨某、李某等人约被害人王 A 及其表姐王 B 至佛山市高明区一饭店吃饭、喝酒，饭后又去天达酒店唱卡拉 OK。后李某与被害人王 A 在天达酒店 602 房以 400 元的价格发生性交易后独自离开。被告人杨某在送王 A 回王租住处过程中，将醉酒的王 A 带到某旅店 298 房内，趁王醉酒之机强奸了王。案发后两被告人因与被害人就赔偿未达成一致意见，在前往荷城街派出所的途中被接到被害人报警的公安人员抓获，归案后被告人杨某如实交代了自己的犯罪事实。

**一审诉辩情况**

检察机关认为两被告人均构成强奸罪，应当依法追究其刑事法律责任。
被告人对犯罪事实供认不讳，但提出有自首情节，请求从轻处罚。

**一审裁判结果**

一审法院依照《中华人民共和国刑法》第 236 条第 1 款、《中华人民共和国刑事诉讼法》第 162 条第 3 项和最高人民法院《关于执行〈中华人民共和国刑事诉讼法〉若干问题的解释》第 176 条第 4 项之规定，判决如下：
一、被告人杨某犯强奸罪，判处有期徒刑 3 年；
二、被告人李某无罪。

### 一审裁判理由

广东省佛山市高明区人民法院一审认为：根据查明的事实和证据，足以证实被告人杨某趁妇女醉酒睡觉不能、不知反抗时与之发生性关系，是违背妇女意志的性行为，其行为已构成强奸罪。案发后被告人杨某是在与被害人一起到公安机关过程中被抓获，并供认了有关犯罪事实，有自首情节，可以从轻处罚。检察机关指控被告人杨某犯强奸罪的事实清楚，证据充分，罪名成立。关于检察机关指控被告人李某犯强奸罪的犯罪事实，被告人李某在其供述中一直辩解其与被害人是双方自愿进行性交易行为，且谈好价钱是400元，钱在性行为发生之前已支付给被害人，后双方因赔偿价钱未能谈妥而发生争执。被告人李某关于其与被害人发生性行为经过的供述与证人王B（被害人的表姐）、李某等人的证言及被告人杨某的供述可以相互印证，因此被告人李某所供述的事实真实性较强。而证人王B的证言只证实了事后其听说被害人是被人强奸了，并陈述王A在唱歌时还清醒。证人王B、李某等的证言均证实，在卡拉OK唱歌时，被害人与被告人李某一直比较亲热，被害人完全可以控制自己的行为。被害人的陈述并未涉及与被告人李某发生性行为的内容。因此，检察机关指控被告人李某犯强奸罪的证据只有被告人李某的供述及鉴定结论等证实双方发生过性行为，但并没有确实证据证实李某与被害人发生性行为是在被害人醉酒不能或不知反抗的情况下进行的。有关证人证言只能证实被害人在吃饭时喝酒的事实，并不能证实被害人当时已醉酒及不能控制自己的行为。相反，被告人李某却供认了其与被害人发生有偿性交易行为的有关细节，并能与有关证人证言内容相吻合。这些证据足以证实案发当晚被告人李某与被害人较亲密，双方是一起进入该酒店602房，并自愿进行性交易，并没有违背被害人的意志。故检察机关指控被告人李某犯强奸罪的证据不足，其行为不构成犯罪。

### 二审诉辩情况

一审宣判后，检察机关提出以下抗诉理由：（1）被告人李某的供述和辩解是变化的、不稳定的，其关于自己与被害人发生性行为经过的供述也不能和其他证人的证言相互印证，原审法院认定被告人李某以400元的价格与被害人双方自愿发生性交易缺乏事实依据，也不合情理。（2）被告人杨某并非主动向公安机关投案，依法不能认定具有自首情节。

### 二审裁判结果

二审法院依照《中华人民共和国刑事诉讼法》第189条第1项的规定，裁定如下：驳回抗诉，维持原判。

> **二审裁判理由**

法院生效判决认为：原审被告人杨某无视国家法律，违背妇女意志，趁被害人醉酒之机与之发生性关系，其行为已构成强奸罪。原审被告人杨某犯罪后在与被害人等人一起前往派出所过程中被抓获，归案后如实交代了自己的犯罪事实，可以自首论，依法可以从轻处罚。本案没有足够证据证实原审被告人李某违背妇女意志，趁被害人醉酒而不知、不能反抗之机与之发生性关系，不能认定原审被告人李某构成犯罪。原审判决认定事实清楚，定罪准确，量刑适当，审判程序合法。

## 82. 行为人准备实施轮奸行为，又自动中止犯罪的，能否依照《刑法》第236条第3款第4项规定处罚？

轮奸是指两名以上男子先后连续、轮流强奸同一被害女性的行为。对于"二人以上轮奸"应当理解为只要行为人着手实施轮奸行为的，即符合轮奸的构成要件，而不要求有两名以上的男子实际达到犯罪既遂。在两名以上的行为人已经共同实施强奸罪的预备行为或者已经着手实施实行行为，但自动放弃犯罪，且有效避免了既遂结果出现的，则仍然符合轮奸的构成要件，应当适用《刑法》第236条第3款第4项的规定处罚。但是，依照中止犯的处断原则，对于没有造成危害后果的，应当免除处罚，对于已经造成危害后果的，应当减轻处罚。

### 典型疑难案件参考

**龙永毅等强奸案**

> **基本案情**

2006年9月3日晚，龙永毅、梁小荣、钟凡杰、蒋平在县城湄江街"一品阁"大排档吃饭、喝酒，其间4人在谈论女服务员黄某如何漂亮时，梁小荣便从身上拿出一包含有"安定"成分的粉状药物，称此药能催眠。在蒋平提议下，4人当即决定让黄某试用此药，如黄某服药后出现迷晕现象的话就带其去开房奸淫。龙永毅随后将部分药物投入空杯并加入酒水，借口和黄某碰杯喝酒，骗黄某喝下放有药物的酒。10多分钟后，4人发现黄某已经处于"醉酒"状态，便带其去到县城"平安旅社"开房，龙永毅、钟凡杰将黄某的衣服脱光，4人均对黄某进行摸弄欲与之发生性关系。但此时黄某并未完全昏迷，尚能反抗和哭泣。4被告人害怕事情闹大，未敢奸淫，便离开了现场。

**诉辩情况**

蒙山县人民检察院指控认为4被告人用麻醉的方法轮奸妇女，他们的行为触犯了《中华人民共和国刑法》第236条第3款第4项的规定，构成了强奸罪，属于轮奸中止，应当减轻处罚。

被告人龙永毅、蒋平对检察机关指控的犯罪事实及定性均无异议。辩护人均认为：本案被告人的行为属一般的强奸犯罪中止，被告人虽有共同奸淫的故意，但客观上没有实施轮奸行为，没有轮奸情节，轮奸中止不能成立。依法应当减轻处罚。不能适用《中华人民共和国刑法》第236条第3款第4项的规定。

**裁判结果**

广西壮族自治区蒙山县人民法院依据《中华人民共和国刑法》第236条第3款第4项，第24条，第26条第1款、第4款之规定，判决如下：
一、被告人龙永毅犯强奸（中止）罪，判处有期徒刑2年6个月；
二、被告人梁小荣犯强奸（中止）罪，判处有期徒刑2年6个月；
三、被告人种凡杰犯强奸（中止）罪，判处有期徒刑2年；
四、被告人蒋平犯强奸（中止）罪，判处有期徒刑2年。

**裁判理由**

被告人龙永毅、梁小荣、钟凡杰、蒋平违背妇女意志，用麻醉的方法奸淫妇女，他们的行为触犯了《中华人民共和国刑法》第236条第3款第4项的规定，构成了强奸罪。4被告人在犯罪过程中自动放弃犯罪，是犯罪中止。4被告人在共同犯罪中均起主要作用，均是主犯，均应当按照他们所参与的全部犯罪处罚。被告人龙永毅、梁小荣在共同犯罪中作用相对较大，应负相对较重的刑事责任。4被告人的行为是犯罪中止，依法应当减轻处罚。4被告人主观上具有共同奸淫黄某的故意，客观上实施了施药麻醉和共同摸弄的犯罪行为，进入了轮奸的犯罪过程，本案属于轮奸中止而不是一般的强奸中止。

### 83. 二人共同实施轮奸，一被告人实施奸淫行为后，另一被告人因自身生理原因奸淫行为未能得逞，该被告人的行为应认定为强奸既遂还是未遂？

二人共同实施轮奸，一被告人实施奸淫行为后，另一被告人因自身生理原因奸淫行为未能得逞，应当认定为强奸既遂。因为二行为人构成强奸罪的共同犯罪，在共同犯罪中，行为人之一既遂，则全案既遂，其他行为人同样承担犯罪既遂的刑事责任。此外，根据现行《刑法》第236条第3款第4项的规定，两名行为人符合轮奸的构成要件，应当适用升格法定刑，即适用10年以上有期徒刑、无期徒刑或者死刑的加重量刑幅度。轮奸是指两名以上男子先后连续、轮流强奸同一被害女性的行为。对于"二人以上轮奸"应当理解为只要行为人着手实施轮奸行为的，即符合轮奸的构成要件，而不要求有两名以上的男子实际达到犯罪既遂。但是对于未实际实施奸淫行为的行为人，可以酌情从轻处罚。如果认定为从犯的，应当从轻、减轻或者处罚。

#### 典型疑难案件参考

**许哲虎强奸案**

**基本案情**

2002年2月初的一天上午，被告人许哲虎伙同李珍哲（因还有其他强奸事实，已判刑11年）、李文哲（在逃）在珲春市河南街李珍哲家以殴打、威胁等手段，先后对被害人许某实施奸淫。李珍哲实施奸淫以后，被告人许哲虎在对被害人许某实施奸淫过程中，由于其生殖器未勃起而未得逞，李文哲亦因同样原因而奸淫未遂。

**裁判结果**

审理法院依照《中华人民共和国刑法》第236条第3款第4项，第25条第1款，第23条，第27条之规定，判决如下：被告人许哲虎犯强奸罪，判处有期徒刑3年6个月。

**裁判理由**

珲春市人民法院经审理认为：被告人许哲虎伙同他人违背妇女意志，以暴力、威胁等手段，轮流奸淫妇女的行为，已构成强奸罪，且属共同犯罪。被告人许哲虎在共同犯罪中其个人奸淫目的未能得逞，且起辅助、次要的作用，系从犯，且认罪态度较好，依法减轻处罚。

## 强奸罪
### 办案依据集成

**刑法条文**

第二百三十六条 【强奸罪】以暴力、胁迫或者其他手段强奸妇女的,处三年以上十年以下有期徒刑。

奸淫不满十四周岁的幼女的,以强奸论,从重处罚。

强奸妇女、奸淫幼女,有下列情形之一的,处十年以上有期徒刑、无期徒刑或者死刑:
(一)强奸妇女、奸淫幼女情节恶劣的;
(二)强奸妇女、奸淫幼女多人的;
(三)在公共场所当众强奸妇女的;
(四)二人以上轮奸的;
(五)致使被害人重伤、死亡或者造成其他严重后果的。

**司法解释**

**1. 最高人民检察院《关于在办理强奸案件中可否检查处女膜问题的批复》**(1981年7月27日 〔81〕高检刑函第137号)

安徽省人民检察院:

你院一九八一年六月三十日皖检刑字〔81〕第108号函,"关于在办理强奸案件中可否检查处女膜问题的请示报告"收悉。关于这个问题,一九六五年三月十一日最高人民法院、最高人民检察院、公安部"转发湖南省政法三机关关于不准检查处女膜的通知"中明确指出:"今后,办理流氓强奸案件时,不准对被害人进行处女膜的检查,也不准用检查处女膜的结论作为证据。"一九七九年五月二十二日中央卫生部转发湖南省劳动、卫生、高等教育局、湖南省妇女联合会"关于不准检查女青年处女膜的通知"中也明确指出:"凡是在招工、招生、征兵、吸收国家干部或处理两性关系案件时,一律不准检查未婚女青年处女膜。"我们认为以上规定是正确的。办案的实践证明:处女膜的状况不能作为认定或否定强奸罪行的依据,检查的结果常常是弊多利少。因此,在办理强奸案件时,仍应按以上通知执行。

**2. 最高人民法院、最高人民检察院《关于办理组织和利用邪教组织犯罪案件具体应用法律若干问题的解释》**(1999年10月30日 法释〔1999〕18号)(节录)

第五条 组织和利用邪教组织,以迷信邪说引诱、胁迫、欺骗或者其他手段,奸淫妇女、幼女的,依照刑法第二百三十六条的规定,以强奸罪或者奸淫幼女罪定罪处罚。

**3. 最高人民法院《关于审理强奸案件有关问题的解释》**（2000年2月24日 法释〔2000〕4号）

为依法惩处强奸犯罪活动，根据刑法的有关规定，现就审理强奸案件的有关问题解释如下：

对于已满14周岁不满16周岁的人，与幼女发生性关系构成犯罪的，依照刑法第十七条、第二百三十六条第二款的规定，以强奸罪定罪处罚；对于与幼女发生性关系，情节轻微、尚未造成严重后果的，不认为是犯罪。

对于行为人既实施了强奸妇女行为又实施了奸淫幼女行为的，依照刑法第二百三十六条的规定，以强奸罪从重处罚。

**4. 最高人民法院《关于行为人不明知是不满十四周岁的幼女双方自愿发生性关系是否构成强奸罪问题的批复》**（2003年1月24日 法释〔2003〕4号）

辽宁省高级人民法院：

你院《关于行为人不明知是不满十四周岁的幼女而与其自愿发生性关系，是否构成强奸罪问题的请示》收悉。经研究，答复如下：

行为人明知是不满十四周岁的幼女而与其发生性关系，不论幼女是否自愿，均应依照刑法第二百三十六条第二款的规定，以强奸罪定罪处罚；行为人确实不知对方是不满十四周岁的幼女，双方自愿发生性关系，未造成严重后果，情节显著轻微的，不认为是犯罪。

**5. 最高人民法院《关于审理未成年人刑事案件具体应用法律若干问题的解释》**（2006年1月23日 法释〔2006〕1号）（节录）

第六条 已满十四周岁不满十六周岁的人偶尔与幼女发生性行为，情节轻微、未造成严重后果的，不认为是犯罪。

▶ **其他办案依据**

**1. 最高人民检察院《关于印发部分罪案〈审查逮捕证据参考标准（试行）〉的通知》**（2003年11月27日 高检侦监发〔2003〕107号）（节录）

五、强奸罪案审查逮捕证据参考标准

强奸罪，是指触犯《刑法》第236条的规定，违背妇女意志，使用暴力、胁迫或者其他手段，强行与妇女性交的行为。其他以强奸罪定罪处罚的有：（1）奸淫不满14周岁幼女的；（2）收买被拐卖的妇女，强行与其发生性关系的；（3）利用职权、从属关系，以胁迫手段奸淫现役军人的妻子的；（4）明知被害人是精神病患者或者痴呆者（程度严重）而与其发生性关系的；（5）组织和利用邪教组织，以迷信邪说引诱、胁迫、欺骗或者其他手段，奸淫妇女、幼女的。

对提请批捕的强奸案件，应当注意从以下几个方面审查证据：

（一）有证据证明发生了强奸犯罪事实。

重点审查：

1. 法医鉴定、被害人报案、控告、陈述、被害人亲友检举、犯罪嫌疑人供述、证人证言等证明发生强奸行为的证据。

2. 被害人伤情鉴定、犯罪工具实物或照片、现场勘查笔录、药物检验报告和发案背景等证明与妇女性交的行为违背其意志的证据，包括使用暴力、胁迫或者其他手段的证据。

3. 证明明知被害人不满14周岁或是精神病患者或者痴呆者（经法医鉴定为程度严重）的证据。

（二）有证据证明强奸犯罪事实系犯罪嫌疑人实施的。

重点审查：

1. 显示犯罪嫌疑人实施强奸犯罪的视听资料。
2. 被害人的指认。
3. 犯罪嫌疑人的供认。
4. 证人证言。
5. 同案犯罪嫌疑人的供述。
6. 对遗留在犯罪工具、犯罪现场和犯罪嫌疑人、被害人身体、衣物上的指纹、足迹、血迹、精斑等所做的能够证明犯罪嫌疑人实施强奸犯罪的鉴定及被害人伤情鉴定。
7. 其他能够证明犯罪嫌疑人实施强奸犯罪的证据。

（三）证明犯罪嫌疑人实施强奸犯罪行为的证据已有查证属实的。

重点审查：

1. 能够排除合理怀疑的视听资料。
2. 其他证据能够印证的被害人的指认。
3. 其他证据能够印证的犯罪嫌疑人的供述。
4. 能够相互印证的证人证言。
5. 能够与其他证据相互印证的证人证言或者同案犯供述。
6. 已有查证属实的证明犯罪嫌疑人实施强奸犯罪的其他证据。

**2. 最高人民法院、最高人民检察院、公安部《关于依法惩处利用摘除节育环进行违法犯罪活动的分子的联合通知》**（1983年12月10日）（节录）

三、对于借摘除节育环，强行奸淫妇女的，依照刑法规定的强奸罪惩处；

**3. 最高人民法院、最高人民检察院、公安部《关于当前办理强奸案件中具体应用法律的若干问题的解答》**（1984年4月26日 〔1984〕法研字第7号）

一、怎样认定强奸罪？

强奸罪是指以暴力、胁迫或者其他手段，违背妇女的意志，强行与其发生性交的行为。

明知妇女是精神病患者或痴呆者（程度严重的）而与其发生性行为的，不管犯罪分子采取什么手段，都应以强奸罪论处。与间歇性精神病患者在未发病期间发生性行为，妇女本人同意的，不构成强奸罪。

在认定是否违背妇女意志时，不能以被害妇女作风好坏来划分。强行与作风不好的妇女发生性行为的,也应定强奸罪。

认定强奸罪不能以被害妇女有无反抗表示作为必要条件。对妇女未作反抗表示、或者反抗表示不明显的,要具体分析,精心区别。

二、如何认定强奸罪中的暴力、胁迫和其他手段?

"暴力手段",是指犯罪分子直接对被害妇女采用殴打、捆绑、卡脖子、按倒等危害人身安全或者人身自由,使妇女不能抗拒的手段。

"胁迫手段",是指犯罪分子对被害妇女威胁、恫吓,达到精神上的强制的手段。如:扬言行凶报复、揭发隐私、加害亲属等相威胁,利用迷信进行恐吓、欺骗,利用教养关系、从属关系、职权以及孤立无援的环境条件,进行挟制、迫害等,迫使妇女忍辱屈从,不敢抗拒。

有教养关系、从属关系和利用职权与妇女发生性行为的,不能都视为强奸。行为人利用其与被害妇女之间特定的关系,迫使就范,如养(生)父以虐待、克扣生活费迫使养(生)女容忍其奸淫的;或者行为人利用职权,乘人之危,奸淫妇女的,都构成强奸罪。行为人利用职权引诱女方,女方基于互相利用与之发生性行为的,不定为强奸罪。对于一贯利用职权奸淫妇女多人,情节恶劣的,可以流氓罪判处。

"其他手段",是指犯罪分子用暴力、胁迫以外的手段,使被害妇女无法抗拒。例如:利用妇女患重病、熟睡之机,进行奸淫;以醉酒、药物麻醉以及利用或者假冒治病等等方法对妇女进行奸淫。

三、办理强奸案件要严格分清哪些罪与非罪,此罪与彼罪的界限?

(一)把强奸同未婚男女在恋爱过程中自愿发生的不正当性行为加以区别。有的未婚男子以"恋爱"为名,玩弄女性,奸淫多名未婚妇女,情节严重,影响恶劣的,可以流氓罪论处。

(二)把强奸同通奸加以区别。要注意的是:

1. 有的妇女与人通奸,一旦翻脸,关系恶化,或者事情暴露后,怕丢面子,或者为推卸责任、嫁祸于人等情况,把通奸说成强奸的,不能定为强奸罪。

在办案中,对于所谓半推半就的问题,要对双方平时的关系如何,性行为是在什么环境和情况下发生的,事情发生后女方的态度怎样,又在什么情况下告发等等事实和情节,认真审查清楚,作全面的分析,不是确系违背妇女意志的,一般不宜按强奸罪论处。如果确系违背妇女意志的,以强奸罪惩处。

2. 第一次性行为违背妇女的意志,但事后并未告发,后来女方又多次自愿与该男子发生性行为的,一般不宜以强奸罪论处。

3. 犯罪分子强奸妇女后,对被害妇女实施精神上的威胁,迫使其继续忍辱屈从的,应以强奸罪论处。

4. 男女双方先是通奸,后来女方不愿继续通奸,而男方纠缠不休,并以暴力或以败坏名誉等进行胁迫,强行与女方发生性行为的,以强奸罪论处。

(三)把轮奸同男女流氓之间乱搞两性关系加以区别。有的流氓集团在作案时,既有男女流氓之间的乱搞,又挟持女青年进行强奸的,后者应定强奸罪。

（四）把强奸未遂同流氓行为、流氓罪加以区别。

四、在办案中怎样应用刑法第一百三十九条（指79刑法条文。——编者注）第三款的规定？

从司法实践中看，强奸罪中"情节特别严重"的，一般有下面几种：

（一）强奸妇女、奸淫幼女手段残酷的；

（二）强奸妇女、奸淫幼女多人或者多次的；

（三）轮奸妇女尤其是轮奸幼女的首要分子；

（四）因强奸妇女或者奸淫幼女引起被害人自杀、精神失常以及其他严重后果的；

（五）在公共场所劫持并强奸妇女的；

（六）多次利用淫秽物品、跳黑灯舞等手段引诱女青年，进行强奸，在社会上造成很坏影响，极大危害的。

强奸"致人重伤、死亡"，是指因强奸妇女、奸淫幼女导致被害人性器官严重损伤，或者造成其他严重伤害，甚至当场死亡或者经治疗无效死亡的。

对于强奸犯出于报复、灭口等动机，在实施强奸的过程中，杀死或者伤害被害妇女、幼女的，应分别定为强奸罪，故意杀人罪或者故意伤害罪，按数罪并罚惩处。

五、在办案中怎样应用刑法第一百三十九条第四款的规定？

轮奸是强奸罪中一种严重的犯罪形式，应从重处罚。

轮奸妇女，按第一款的法定刑从重处罚。

轮奸幼女或者轮奸妇女具有第三款规定的情节的，按第三款的法定刑从重处罚。

六、怎样认定奸淫幼女罪？

奸淫幼女罪，是指与不满14周岁的幼女发生性的行为，其特征是：（一）被害幼女的年龄必须是不满14周岁；（二）一般地说，不论行为人采用什么手段，也不问幼女是否同意，只要与幼女发生了性的行为，就构成犯罪；（三）只要双方生殖器接触，即应视为奸淫既遂。

对奸淫幼女的，按第一款的法定刑从重处罚；具有第三款规定的情节的，按该款的法定刑从重处罚。

14岁以上不满16岁的男少年，同不满14岁的幼女发生性的行为，情节显著轻微，危害不大的，依照刑法第十条②的规定，不认为是奸淫幼女罪，责成家长和学校严加管教。

在办理奸淫幼女案件中出现的特殊问题，要具体分析，并总结经验，求得正确处理。

七、对妇女教唆或帮助男子强奸的如何处罚？

妇女教唆或帮助男子实施强奸犯罪的，是共同犯罪，应当按照她在强奸犯罪活动中所起的作用，分别定为教唆犯或从犯，依照刑法有关条款论处。

**4. 最高人民法院研究室《关于对刑法、全国人大常委会的决定和司法解释中有关规定应如何理解问题的电话答复》**（1992年6月6日）（节录）

三、关于对轮奸案件如何适用刑法条款的问题。我们认为，根据最高人民法院、最高人民检察院、公安部《关于当前办理强奸案件中具体应用法律的若干问题的解答》第五条的规定，对轮奸案件依照刑法第一百三十九条第三款的法定刑从重处罚的，一是轮奸幼女的案件；二是轮奸妇女并具有第三款规定的情节的案件。对于其他不具有特别严重情节的轮奸妇女（不包括轮奸幼女）的案件则应按刑法第一百三十九条第一款规定的法定刑从重处罚。

**5. 最高人民法院、最高人民检察院、公安部、司法部《关于依法惩治拐卖妇女儿童犯罪的意见》**（2010年3月15日）（节录）

五、定性

20. 明知是被拐卖的妇女、儿童而收买，具有下列情形之一的，以收买被拐卖的妇女、儿童罪论处；同时构成其他犯罪的，依照数罪并罚的规定处罚：

（3）非法剥夺、限制被收买妇女、儿童的人身自由，情节严重，或者对被收买妇女、儿童有强奸、伤害、侮辱、虐待等行为的；

**6. 最高人民法院《人民法院量刑指导意见（试行）》**（2010年10月1日 法发〔2010〕36号）（节录）

四、常见犯罪的量刑

（三）强奸罪

1. 构成强奸罪的，可以根据下列不同情形在相应的幅度内确定量刑起点：

（1）强奸妇女、奸淫幼女一人一次的，可以在三年至五年有期徒刑幅度内确定量刑起点。

（2）有下列情形之一的，可以在十年至十二年有期徒刑幅度内确定量刑起点：强奸妇女、奸淫幼女情节恶劣的；强奸妇女、奸淫幼女三人的；在公共场所当众强奸妇女的；二人以上轮奸妇女的；强奸致被害人重伤或者造成其他严重后果的。依法应当判处无期徒刑以上刑罚的除外。

2. 在量刑起点的基础上，可以根据强奸人数、次数、致人伤亡后果等其他影响犯罪构成的犯罪事实增加刑罚量，确定基准刑。

# 六、强制猥亵、侮辱妇女罪

**84. 强制侮辱妇女罪与强制猥亵妇女罪有何异同?**

强制猥亵、侮辱妇女罪作为选择性罪名规定在《刑法》第237条之中,强制猥亵妇女和强制侮辱妇女既有联系又有一定区别。例如,在行为主体方面,均为一般主体,主要是指成年男性,但不排除成年女性也能成为本罪的主犯或从犯。在主观方面,二者都表现为对行为实施的直接故意,希望达到侮辱、猥亵的目的,行为人猥亵、侮辱妇女具有违背妇女意志的本质特征。所侵犯的客体是妇女的身体自由权、隐私权和名誉权,对象是成年女性及已满14周岁未满18周岁的少女。在客观方面,均表现为采取暴力、胁迫等其他强制方式。但是行为的具体实施上,二者存在着较大差别。强制猥亵妇女罪是指行为人为了追究性刺激,以暴力、胁迫或者其他方法违背妇女意志,强行对妇女实施接吻、搂抱、抠、摸乳房或阴部的行为,其行为表现为侵犯妇女的性器官,行为的目标多与性有关。而强制侮辱妇女,是指并不直接侵犯妇女的性器官但有猥亵的淫秽性类似的令妇女难堪的性骚扰行为,例如用淫秽语言调戏妇女、偷剪妇女衣裤、向妇女暴露性器官、强行让妇女抚摸男性性器官等。

**85. 行为人脱光被害人衣裤进行侮辱,并骑在被害人身上模仿性行为动作的行为是强制侮辱妇女还是强制猥亵妇女?**

通过分析强制猥亵妇女罪与强制侮辱妇女罪的异同,可以判断行为人对被害人采取强制手段的行为侵害了被害人的身体自由权,并对被害人的性器官实施了侵犯,其行为的主要目标仍然与性相关,以通过性侵犯达到羞辱被害人,使被害人产生性羞耻感的目的,其行为已构成强制猥亵妇女罪。

## 86. 在被害人寝室里,一人实施猥亵,二人帮助的情节是否属于《刑法》第237条第2款加重情节中所要求的"聚众"和"公共场合"?

所谓聚众是指纠集多人、结伙作案,一般要求3人以上;所谓"公共场合"是指有不确定的其他人员在场的地方。在本案中,虽然本案中加上另案处理的两个人,一共是3个人实施了一系列的侵犯行为,但除主犯实施的强制猥亵行为外,另然两人只是帮助实施强制,3者也并未纠集成强制猥亵妇女犯罪的团伙。同时,学生公寓虽然里面住着被害人以外的其他人,但这些人都是确定的人员,而寝室仍然算作一个相对封闭的环境,其所造成的社会恶劣影响,自然不能同在大街上、操场上等地方当众实施强制猥亵所造成的社会影响同日而语。因此,此类情节仍不能算作聚众行为,也不能将学生公寓等同于公共场合,故不能适用《刑法》第237条第2款的规定。

### 典型疑难案件参考

陈A强制猥亵妇女案(贵州省贵阳市中级人民法院刑事裁定书〔2001〕筑法刑一终字第86号)

**基本案情**

被告人陈A与被害人李某均系贵阳市卫生学校学生。1999年12月17日晚10时许,陈A伙同该校学生陈B(女,17岁,另案处理)、马某(女,15岁,另案处理)来到李某所住的女生寝室,准备脱该寝室张某的衣服,被张拒绝。3人待李回寝室上床后,爬上李的上铺,当着同寝室其他女同学的面,由马某抓住李的手,陈A压住李的脚,将李的裤子脱光。陈B将李的衣服脱光后,用毯子盖在李的身上,骑在李的身上模仿进行性行为动作,并用手抠摸李的乳房,时间长达10余分钟。该校熄灯铃响后,陈某等3人才回各自寝室。案发后,被害人李某精神遭受打击,损害了身心健康。

▶ 一审诉辩情况

贵阳市南明区人民检察院指控认为：被告人陈A伙同他人使用暴力强行脱光被害人衣裤进行侮辱的行为，已触犯《中华人民共和国刑法》第237条的规定，构成强制侮辱妇女罪，请人民法院依法惩处。

附带民事诉讼原告人李某诉称：由于被告人的行为已严重侵犯了其人身权利，并造成其精神痛苦、经济损失。故请求人民法院判令被告人赔偿精神抚慰金5万元、交通费759元、文印费450元、误工损失15000元。

被告人陈B辩称：我未摸李的下身，也未说过"你有娃娃，我会对你负责，会拿钱给你打掉"。辩护人的辩护称：陈B主观上没有犯罪故意，其行为不符合强制侮辱妇女客观方面的条件，而系同学之间的恶作剧，开玩笑过火的行为。虽然对被害人造成一定的伤害，但未达到犯罪程度，故起诉书指控不成立。

▶ 一审裁判结果

贵阳市南明区人民法院依照《中华人民共和国刑法》第237条第1款、第72条、第36条及《中华人民共和国民法通则》第119条、第120条第1款之规定，作出如下判决：

一、被告人陈某犯强制猥亵妇女罪，判处有期徒刑1年，宣告缓刑1年（缓刑考验期限，从本判决确定之日起算）；

二、被告人陈某赔偿附带民事诉讼原告人误工损失、交通费、精神抚慰金共计人民币6000元。

▶ 一审裁判理由

贵阳市南明区人民法院根据上述事实和证据认为：被告人陈A伙同他人使用暴力强行脱光被害人衣裤，进而对被害人模仿进行性行为的动作，用手摸被害人乳房的行为，已构成强制猥亵妇女罪。检察机关指控之基本事实成立，本院予以确认，但检察机关指控罪名不当，本院予以更正。鉴于被告人有一定的悔罪表现，且系在学生寝室内，与在别的公共场合公然猥亵妇女应有所区别，可酌情从轻处罚。对于被害人诉讼请求的合法、合理部分，被告人应予赔偿。

▶ 二审诉辩情况

上诉人李某诉称：（1）一审量刑畸轻适用法律不当。对南明区人民检察院起诉认定的被告人抠摸上诉人下身的恶劣事实，仅凭被告人否认就不认定，是不恰当的。（2）民事赔偿偏低。上诉人遭受不法侵害，身心受到难以想像的摧残，精神受到沉重打击，曾一度轻生未遂。上诉人名誉、身心均遭受到巨大伤害，故提出精神损害赔偿5万元，实为合情合理。

▶ 二审裁判结果 ◀

贵州省贵阳市中级人民法院依照《中华人民共和国刑事诉讼法》第189条第1项的规定，作出如下裁定：驳回上诉，维持原判。

▶ 二审裁判理由 ◀

贵州省贵阳市中级人民法院认为：原审被告人陈A伙同他人使用暴力强行脱光被害人衣裤，用手摸被害人乳房，并模仿性行为动作的行为，已触犯《中华人民共和国刑法》第237条的规定，原判认定其构成强制猥亵妇女罪的事实清楚、证据确凿，应予确认。原判定罪量刑准确，并根据被告人的犯罪情节适用缓刑正确，应予维持。原判对上诉人请求中的合法、合理部分已经判令被告人赔偿。上诉人所提"民事赔偿偏低"的上诉理由不能成立。

## 87. 如何处理少数民族风俗与《刑法》的关系？

少数民族风俗习惯与《刑法》的关系主要表现为民间习惯法与国家制定法的差异，但两者的"差异"不能被绝对片面化为一种"冲突"关系。原则上，少数民族地区的法律实践既要维护国家法制的统一，又要照顾所谓的民族特点，这意味着存在一个法律上的自由裁量空间。现行《刑法》尽管从应然上对民族习惯法采取了限制、拒绝的态度，但通过对少数民族地区案例的类型化整理可以看出，民族习惯法在少数民族地区仍然表现出顽强的生命力，在定罪和量刑两个方面客观地影响和制约着刑事立法、司法和民族刑事政策的制定。《刑法》第90条规定："民族自治地方不能全部适用本法规定的，可以由自治区或者省的人民代表大会根据当地民族的政治、经济、文化的特点和本法规定的基本原则，制定变通或者补充的规定，报请全国人民代表大会常务委员会批准施行。"与现行《刑法》存有冲突的民族习惯，可以通过此规定及《立法法》第66条的规定，将民族习惯上升为区域性的刑事法律法规以适用，但若没有制定成文法，则表明此风俗习惯没有得到国家的认可,因按照风俗习惯行为而违反了刑事法律,仍然要受到刑法的制裁。

## 88. 行为人强制猥亵的行为是否符合少数民族风俗的精神、内容和形式?

在云南等少数民族聚居之地,存在多种多样的少数民族风俗,本案所涉及的"拖小姑娘"的风俗是彝族的风俗习惯,其本意是未婚的年轻男女在互相中意的前提下,由男方拖拽,女方半推半就的一种风俗,表现的是男女之间的浪漫情怀。它是建立在男女双方自愿的基础上,因而受到法律的尊重和保护。《刑法》第237条第1款规定:"以暴力、胁迫或者其他方法强制猥亵妇女或者侮辱妇女的,处五年以下有期徒刑或者拘役。"该条第3款同时规定:"猥亵儿童的,依照前两款的规定从重处罚。"行为人以民族风俗"拖小姑娘"为借口,违背风俗习惯自愿的前提,强行拖拉,并对受害人搂抱、乱摸、强行猥亵,已经超出了受法律保护风俗习惯的界限,既是对风俗习惯的践踏,也是对国家刑事法律的触犯。因此,行为人强制猥亵的行为不符合少数民族风俗的精神、内容和形式,是对《刑法》所保护法益的侵犯,应受到《刑法》的惩罚。

## 89. 强制猥亵与一般猥亵、强制侮辱的区别是什么?

强制猥亵与一般猥亵的主要区别在于是否有人身强制行为,强制猥亵与侮辱的区别主要在于是否"涉性"。非强制性的猥亵不能归罪,此外,强制性的猥亵若没有达到情节严重、后果严重的程度,则属于"显著轻微、危害不大"的范畴,不认定为犯罪。强制猥亵妇女是指行为人为了追究性刺激,以暴力、胁迫或者其他方法违背妇女意志,强行对妇女实施接吻、搂抱、抠、摸乳房或阴部的行为,其行为表现为侵犯妇女的性器官,行为的目标多与性有关。而强制侮辱妇女,是指并不直接侵犯妇女的性器官但与猥亵的淫秽性类似的令妇女难堪的性骚扰行为,例如用淫秽语言调戏妇女、偷剪妇女衣裤、向妇女暴露性器官、强行让妇女抚摸男性性器官等。

## 典型疑难案件参考

### 毕石林等强制猥亵妇女、猥亵儿童案

**基本案情**

2008年4月初的一天晚上，被告人毕石林、李强、李某（17周岁），普雄、赵某（14周岁）骑摩托车从长湖镇所各邑村到石林县环城东路一带伺机对年轻女子强制猥亵。21时许，毕石林、李强强行将路过的毕某（18周岁）抱上摩托车，不顾毕某的反抗和哀求，带至所各邑村赵利明家的小公房；22时许，被告人李某（17周岁）、普雄和赵某（14周岁）又将路过环城东路赵梧静诊所门前的马某（14周岁）强行抱上摩托车带至所各邑村普雄家的小公房。几被告人共同对两受害人采取搂抱、乱摸手段强制猥亵，又强行脱掉受害人的鞋子将受害人抱至床上强制猥亵。后李强强制猥亵毕某，李某（17周岁）强制猥亵马某至次日天明。2008年4月12日夜，被告人毕石林再次邀约李强、李某（17周岁）、普雄、赵某（17周岁）、赵某（14周岁）、普某（15周岁）到石林县城伺机对年轻女子强制猥亵。23时许，李强、李某（17周岁）强行将路过的初一女生周某和梅某（13周岁）抱上李某（17周岁）的摩托车，周某挣扎逃脱。普雄、赵某（17周岁）、赵某（14周岁）强行将梅某抱上毕石林的摩托车带回所各邑村普雄家的小公房里。毕石林、李强、李某（17周岁）、普雄、赵某（17周岁）、赵某（14周岁）、普某（15周岁）对梅某强行共同搂抱、乱摸，又脱掉鞋子抱至床上强制猥亵。后李强强制猥亵梅某至次日天明。4月13日22时，毕石林、李强、李某（17周岁）、普雄、赵某（17周岁）经传唤后按时到公安机关接受询问，并如实供述了犯罪事实。

**诉辩情况**

云南省石林彝族自治县人民检察院指控称被告人毕石林等人的行为已构成强制猥亵妇女、儿童罪，其中，被告人李某、赵某属未成年人犯罪，应当依照《中华人民共和国刑法》第273条、第17条第3款追究刑事责任。

被告人及法定代理人对起诉指控的事实均无异议，未作答辩。被告人李某（17周岁）辩护人辩称：指控李某（17周岁）对梅某犯罪的事实不清，证据不足；李某（17周岁）受人之约参与犯罪，在共同犯罪中起次要作用，系从

犯；属未成年人犯罪；认罪态度好；系初犯、偶犯；有悔罪表现，请法庭对其适用缓刑或免予刑事处罚。被告人赵某（17周岁）的辩护人辩称：赵某（17周岁）在共同犯罪中起次要作用，系从犯；属未成年人犯罪；认罪态度好；系初犯、偶犯；有悔罪表现，请法庭对其适用缓刑。

### 裁判结果

石林彝族自治县人民法院依据《中华人民共和国刑法》第237条第2款、第3款，第17条第1款、第3款，第25条第1款，第26条第1款，第27条第1款、第2款，第61条，第62条，第72条第1款，第73条第2款、第3款之规定，判决如下：

一、被告人毕石林犯强制猥亵妇女、儿童罪，判处有期徒刑8年；
二、被告人李强犯强制猥亵妇女、儿童罪，判处有期徒刑6年；
三、被告人普雄犯强制猥亵妇女、儿童罪，判处有期徒刑5年；
四、被告人李某（17周岁）犯强制猥亵妇女、儿童罪，判处有期徒刑4年；
五、被告人赵某（17周岁）犯强制猥亵妇女、儿童罪，判处有期徒刑3年，缓刑4年。

### 裁判理由

石林彝族自治县人民法院经审理认为：被告人毕石林等假借"拖小姑娘"的民族风俗，预谋后聚众由村庄骑摩托窜至县城，在街道上公然强行将路过的妇女、儿童拖回村庄，实施强行搂抱、乱摸等行为，5被告人的行为已构成强制猥亵妇女罪、猥亵儿童罪。不仅给受害人的身心造成了极大的伤害，而且给民族的声誉造成了极大的损害，社会影响极坏。检察机关指控的事实清楚，证据确实充分，指控罪名成立，对5被告人依法应予严惩。被告人毕石林在共同犯罪中起组织指挥作用，系主犯，应对全部犯罪承担责任。被告人李强、普雄、李某（17周岁）在共同犯罪中属积极参与者，系从犯，依法应当从轻、减轻处罚。鉴于5被告人归案后均如实供述犯罪事实，认罪态度较好，有悔罪表现，故均可酌情从轻处罚。被告人李某（17周岁）、赵某（17周岁）犯罪时未满18周岁，属未成年人犯罪，依法应当从轻或减轻处罚。被告人赵某（17周岁）仅参与犯罪活动一次，且情节轻微，可酌情从轻处罚。辩护人关于"指控李某（17周岁）对梅某犯罪的事实不清，证据不足"的辩解意见，与经庭审质证、被告人均无异议的5被告人供述以及受害人的陈述明显矛盾，且无相应证据证实，本院不予支持。

## 90. 强制猥亵、侮辱妇女罪的强制手段如何认定？

强制猥亵、侮辱妇女罪侵犯的是妇女的性自主权利，本质上是违背妇女意志，以暴力、胁迫或者其他手段猥亵、侮辱被害人的行为。因此，违背被害人意志的认定对于判断构成强制猥亵、侮辱妇女罪与否至关重要。具体来说，行为人采用暴力手段，是指针对被害人的，使得被害妇女不敢反抗或者不知反抗的物理作用力。所谓胁迫手段，是指对被害妇女威胁、恐吓，进行精神上的强制，使妇女不敢进行反抗的手段。所谓其他强制性手段，是指除了暴力、胁迫以外的，带有强制性质的其他一切猥亵、侮辱妇女的手段。如果行为人采取上述手段猥亵、侮辱妇女，则可以认定行为人违背了妇女意志，符合了强制猥亵、侮辱妇女罪的客观构成要件。

### 典型疑难案件参考

王传国强制猥亵、侮辱妇女案（河南省息县人民法院刑事判决书〔2011〕息刑初字第191号）

#### 基本案情

2011年5月30日下午18时许，被告人王传国借本乡河桥村民张传营面包车拉着宋自信（住罗山县东铺乡新湾村）到息县城郊乡找夏庆堂（曾用名夏好）商量购树之事。当日晚饭后其几人到息县城关镇沿河路"完美足浴"店洗脚和按摩，按摩期间被告人王传国强行拥抱该店店员郑英，后又抠摸其乳房，郑英护着胸部躲开，并在下楼时拿一空矿泉水瓶打被告人王传国头部，王传国用胳膊勒郑英时，郑用力躲避，不慎滑倒在地板上，碰倒了旁边开水桶，桶内开水将郑英烫伤，致其全身多处烫伤（总面积为45%），经法医鉴定为重伤。

另查明，案发后被告人王传国妻子陈大霞与被害人郑英及其丈夫黄养华就民事赔偿问题达成协议：陈大霞代替王传国赔偿被害人郑英一切经济损失计款10万元整；被害人郑英不再要求追究被告人任何法律责任。

#### 诉辩情况

检察机关认为被告人王传国的行为触犯了《中华人民共和国刑法》第237

条第 1 款之规定，已构成强制猥亵、侮辱妇女罪，提请本院依法在 5 年有期徒刑以下判处。

被告人王传国在公安侦查阶段一直对上述指控的事实予以供认，但在开庭审理过程中却辩称没有摸被害人郑英胸部和下身；辩护人认为：被告人王传国在消费过程中只是想摸被害人郑英，但没有实施抠摸行为，检察机关提供的有罪证据疑点众多，且证据不足，不能认定被告人王传国犯罪，应宣判其无罪。

> **裁判结果**

审理法院根据《中华人民共和国刑法》第 237 条第 1 款、第 61 条之规定，判决如下：被告人王传国犯强制猥亵、侮辱妇女罪，判处有期徒刑 6 个月。

> **裁判理由**

法院经审理认为：被告人王传国在公共场所强制猥亵妇女，其行为触犯了《中华人民共和国刑法》第 237 条第 1 款之规定，已构成强制猥亵、侮辱妇女罪。息县人民检察院起诉罪名成立，认定犯罪的证据确实充分，适用法律条款正确，本院予以维护。被告人王传国及辩护人关于没强制猥亵被害人的辩护意见不能成立，因为被告人王传国在侦查环节多次的供述均一致承认了强制抠摸郑英的事实，且每次讯问的公安人员均不是同一办案人员，被害人陈述的被猥亵事实与被告人交代一致，并且询问被害人的公安办案人员与讯问被告人的办案人员不是同一人，因此被告人在侦查环节口供内容无反复现象、真实可信，且与被害人陈述及现场照片显示的内容基本一致，其当庭供述属于无理翻供，其与辩护人均举不出相应证据支持辩解意见。本院不予采纳。被告人王传国积极让其亲属代其积极赔偿了被害人的损失，取得了被害人的谅解，使被害人放弃了伤残赔偿等一切诉求，不再要求出庭诉讼，不要求追究被告人的法律责任，可视为有悔罪表现；虽然被害人损伤为重伤，但该重伤不是被告人主观故意所致，而是被害人过失行为所致，被告人又系偶犯、初犯，可酌情从轻处罚。

## 91. 强制猥亵妇女罪的主观罪过如何认定？

强制猥亵、侮辱妇女罪的主观方面是故意，其具体内容是指行为人明知自己的行为违背了妇女意志，侵犯了被害妇女的性嬉戏的自主权利，而希望或者放任这种结果发生的主观心理态度。行为人构成本罪并不具备奸淫被害人的目的，如果行为人以发生性行为为目的强制猥亵、侮辱妇女的,应当认定为强奸罪。此外,在主观方面,行为人构成本罪也不需要具备出于满足性欲的动机。行为人出于其他动机,例如出于让被害人出丑的动机,实施强制猥亵、侮辱妇女行为的,同样构成本罪。

### 典型疑难案件参考

陈抒义强制猥亵妇女案(湖南省临武县人民法院刑事判决书〔2011〕临刑初字第50号)

#### 基本案情

2008年12月16日晚22时许,被告人陈抒义与刘圣新、刘圣伟(均已判刑)及本村10余人酒后到临武县城奥斯卡娱乐城观看娱乐演出。时值演员唐某身着三点式演出服正在一张椅子上表演节目。被告人陈抒义见唐某穿着暴露,就和刘圣新预谋上前脱唐某的裤子。随后刘圣新冲上舞台强行将正坐在椅子上表演的唐某按住,将其双手反扭到身后并用手去摸其乳房。被告人陈抒义则冲上舞台乘机抓住唐某的三角裤往下脱。唐某奋力反抗,但其短裤还是被脱到臀部以下。这时娱乐城经理李泽文上前劝阻,被告人陈抒义与刘圣新一起踢打李泽文并将其推下台。此时,正在附近巡逻的临武县公安局民警罗民峰等人闻讯赶到现场,遂上前阻止,要求被告人陈抒义和刘圣新二人到派出所接受调查,刘圣新恶言中伤民警,刘圣伟(刘圣新的哥哥)带头起哄,不准民警将人带走。在刘圣伟的带头冲击下,被告人陈抒义乘机逃脱。经法医鉴定,被害人唐某手臂、腰背部等处受伤,构成轻微伤。

#### 诉辩情况

临武县人民检察院指控认为:被告人陈抒义的行为已构成强制猥亵妇女罪,请依法惩处。

被告人陈抒义辩称:我和刘圣新是仇人,话都不讲,所以不存在预谋一事。唐某的手是被刘圣新反扭受伤的,她的腰是被刘圣新推倒受伤的。

#### 裁判结果

审理法院依照《中华人民共和国刑法》第237条第1款、第2款,第25条第1款,第26条第1款、第4款之规定,判决如下:被告人陈抒义犯强制猥亵妇女罪,判处有期徒刑5年6个月。

> 裁判理由

法院经审理认为：被告人陈抒义与他人在公共场所当众使用暴力强制猥亵妇女，致被害人轻微伤，其行为已触犯刑律，构成强制猥亵妇女罪。检察机关指控被告人陈抒义所犯罪名成立。在共同犯罪中，被告人陈抒义起主要作用，系主犯，应按其所参与的全部犯罪处罚。被告人陈抒义提出"我和刘圣新是仇人，话都不讲，所以不存在预谋一事。唐某的手是被刘圣新反扭受伤的，她的腰是被刘圣新推倒受伤的"的辩解意见，与经庭审查明的事实不符，不予采纳。

## 92. 强制猥亵妇女罪与强奸罪如何进行区分？

强制猥亵、侮辱妇女罪在客观方面表现为行为人以暴力、胁迫或者其他方法对妇女实施性交以外的性行为。强奸罪在客观方面表现为行为人以暴力、胁迫或者其他手段对妇女实施性交行为。从主观方面而言，强制猥亵、侮辱妇女罪是行为人明知自己的行为会侵犯到妇女的性羞耻心，希望或者放任这种结果发生的主观心理态度。强奸罪是行为人明知自己的行为违背妇女意志，会侵犯到妇女的性自主权，但是希望这种结果发生的主观心理态度。强奸罪的主观方面要求行为人具有强行奸淫妇女的目的。

> 典型疑难案件参考

张言强制猥亵妇女案（湖南省长沙市岳麓区人民法院刑事判决书〔2009〕岳刑初字第42号）

> 基本案情

被告人张言于2008年6月开始受聘为湖南工业职业技术学院后勤服务集团保安员，负责该校学生公寓的值班工作。2008年9月15日1时许，被告人张言值班经过学生公寓2栋旁，该校学生王汐腾告知张言其同学在学生公寓3栋楼顶喝醉了酒，怕出问题，要张言打开宿舍楼大门。随后被告人张言在王汐腾的要求下打开学生公寓3栋大门，并随王汐腾来到该栋楼顶。被告人张言见该校女生周某醉卧在地，身边都是呕吐物，遂隔着衣服摸其胸部、下身等处。之后张言与王汐腾将周某抬下楼顶，抬至二楼楼梯口时，周某觉得难受，并声称太脏不要睡在床上，张言与王汐腾将周某放在楼梯口地板上，张言提出帮周某清洗身上的呕吐物。在清洗过程中，张言趁王汐腾多次往返打水、拿取毛巾、衣物之际，利用被害人周某处于醉酒状态，舔其乳头、阴道，还用手伸入阴道内。周某还欲将其阴茎放入被害人周某的口中，由于周某将头偏向一边，使张言没有得逞。

**诉辩情况**

检察机关指控认为被告人张言的行为已构成了强制猥亵妇女罪，请法院依法判处。

被告人张言对检察机关指控的事实和罪名无异议，请求从轻判处。被告人张言的辩护人辩称：在本案中的起因中，周某违背学校的规定喝酒并且醉酒，自己有过错；被告人张言认罪态度好，请求从轻处罚。

**裁判结果**

审理依照《中华人民共和国刑法》第237条之规定，判决如下：被告人张言犯强制猥亵妇女罪，判处有期徒刑1年6个月。

**裁判理由**

法院经审理认为：被告人张言趁妇女醉酒之际，强制猥亵妇女，其行为已触犯刑律，构成了强制猥亵妇女罪。被告人张言认罪态度好，可以酌定从轻处罚。关于被告人张言的辩护人辩称周某有过错的意见。本院认为，周某醉酒与被告人张言的猥亵行为没有必然联系，不是引起张言犯罪的原因。故对辩护人的该辩护意见不予采纳。

### 93. 强制猥亵、侮辱妇女罪的犯罪对象的范围？

强制猥亵、侮辱妇女罪的犯罪客体是妇女的性自主权利，其犯罪对象也就只能是妇女，即年满14周岁的女性。不论妇女作风好坏、婚姻与否、神智清醒与否、精神是否正常，都可以构成本罪。具体判断上要注意以下两点：首先，强制猥亵、侮辱妇女罪的犯罪对象不包括未满14周岁的女童。猥亵女童的，应当按照猥亵儿童罪论处，而不构成本罪。其次，强制猥亵、侮辱妇女罪的犯罪对象必须是有生命的妇女。如果犯罪对象已经死亡，则可能构成侮辱尸体罪，不构成本罪。

六、强制猥亵、侮辱妇女罪

### 典型疑难案件参考

王建军强制猥亵妇女案（广东省广州市中级人民法院刑事附带民事裁定书〔2006〕穗中法刑一终字第61号）

### 基本案情

2005年2月12日深夜，被告人王建军到广州市黄埔区文冲街的金莎大酒店3楼桑拿部9号房按摩时，酒后欲对被害人顾代琴进行抚摸，在遭到被害人顾代琴的反抗后，被告人王建军用双手抓住被害人的双手，用身体将被害人压在按摩床上，导致被害人轻伤。同年8月9日，被告人王建军向公安机关投案，交代了其上述犯罪事实。

另查明，从2005年2月13日（案发次日）起，因左肩受伤，附带民事诉讼原告人顾代琴分别到中山大学附属第一医院黄埔院区、广州市越秀区正骨医院、中山大学附属第一医院、广州中医药大学附属第一医院、广州市第二人民医院等医院治疗。花费医疗费15704.2元、交通费400元。

### 一审诉辩情况

检察机关认为：被告人以暴力手段强制猥亵妇女，构成强制猥亵、侮辱妇女罪，应当依法追究其刑事法律责任。

被告人认为自己有自首情节，请求法院从轻处罚。

### 一审裁判结果

审理法院依照《中华人民共和国刑法》第237条第1款、第67条第1款、第62条、《中华人民共和国民法通则》第119条、《中华人民共和国刑事诉讼法》第77条第1款、最高人民法院《关于刑事附带民事诉讼范围问题的规定》第1条第2款、最高人民法院《关于审理人身损害赔偿案件适用法律若干问题的解释》第17条第1款、第19条、第20条、第22条、第24条的规定，判决如下：

一、被告人王建军犯强制猥亵妇女罪，判处有期徒刑8个月；

二、被告人王建军在判决生效之日起3日内，一次性赔偿附带民事诉讼原告人顾代琴医疗费15704.2元、误工费7114.1元、交通费400元等3项费用共计23218.3元；

三、驳回附带民事诉讼原告人顾代琴的其他诉讼请求。

**一审裁判理由**

一审法院审理认为：被告人王建军以暴力方式强制猥亵妇女，其行为构成强制猥亵妇女罪。被告人王建军犯罪后能够向公安机关投案并如实交代其犯罪事实，其行为构成自首，可以从轻或者减轻处罚。鉴于被告人王建军在归案后认罪态度较好，有悔罪表现，对被告人王建军从轻处罚。被告人王建军的犯罪行为致使附带民事诉讼原告人顾代琴遭受经济损失，被告人王建军依法应对顾代琴予以赔偿。

**二审诉辩情况**

原审附带民事诉讼原告人顾代琴上诉称原判认定事实有误，请求本院改判原审被告人王建军赔偿全部医药费、误工费、营养费、交通费、精神损失费等全部损失132400元，理由如下：（1）顾代琴因为王建军的行为导致轻伤，虽在多家医院看病，但都是因病情之需，所有医疗费用都是用于治疗因王建军的犯罪行为而造成的损伤，不存在如原判所称重复治疗、购药以及与伤势不相关的超范围检查项目的问题。即使存在医生开药时重复的情形，也只是医生疏忽所致，也只是极少的一部分。（2）由于顾代琴无钱住院治疗，只能由医院出具休假意见。关于顾代琴的工资已向原审法院提交单位证明，原判不予采纳是错误的。（3）顾代琴被迫每日乘坐公共汽车看病，需加强伙食、改善营养，原判没有判赔营养费、交通费不当。

原审被告人王建军上诉称原判量刑过重，附带民事部分判决认定事实错误，责任没有分清，请求本院依法改判，认定其行为不构成犯罪，或免予刑事处罚，或适用缓刑，理由如下：（1）现有证据无法证实顾代琴的臂丛神经损伤是王建军造成的。案发当日至2005年3月27日报案之日止的病历记录是根据复印件补写的，而非原始病历复印件，而且补写后的病历与该医院收据的日期无法对应。因此，该补写病历是不真实、不全面的，不能作为证据使用。顾代琴在事发后至2005年3月15日期间一直在正常上班，而3月15日之前还曾经受到其他客人的暴力侵犯。检察机关无法排除上述疑点，即无法证实顾代琴的轻伤是王建军造成的。（2）顾代琴提供的病历和病假建议疑点很多，不合常理，甚至存在造假的可能性。事发后的第一份病历不仅是根据复印件补写，无法与收费收据一一对应，而且有头无尾，明显有拆散重新粘贴的痕迹。病历载明的顾代琴的年龄，有时是1980年出生，有时是1974年出生，且有5份不同医院的病历。病历中有时写"挫伤"，有时写"扭伤"，有时写"压伤"，有时写"双手过度上举拉伤"，有时写"风湿性关节炎"，非常不一致。（3）广州市公安局鉴定书属于无效鉴定,不能作为证据使用。根据《刑事诉讼法》的规定,对人身伤害有争议的,应当委托省级人民政府指定的医院重新鉴定。(4)王建军强制猥亵妇女的主观故意并不明确。王建军拥抱顾代琴是在凌晨时分的桑那按摩房内被顾代琴按摩敏感部位后发生,其目的是试探顾代琴是否卖淫小姐,否则王建军不会将电话号码以及月收入情况告知顾代琴。(5)王建军在顾代琴说手疼时立即放手,并向顾代琴道歉,上述行为只是发生在娱乐休闲场所常见的拉扯行为,并非暴力手段。(6)现行《刑法》并未明确规定强制威胁妇女罪的追诉标准,应参照最高人民法院、最高人民检察院1984年11月2日颁布的《关于当前办理流氓案件中具体应用法律的若干问题的解答》规定的标准:猥亵妇女多人;或人数虽少,后果严重的;以及在公共场所公开威胁妇女引起公愤的。由于本案证据无法证实顾代琴是否确实是轻伤,也不能证实轻伤是由王建军造成,所以本案不属后果严重。王建军的行为亦不属于其他两种情形,故其行为不构成强制猥亵妇女罪。(7)王建军有自首和犯罪中止情节,依法应当免予处罚或者适用缓刑。(8)现有证据证实事发直至2005年3月15日顾代琴一直在正常上班,不存在医疗费、误工费、交通费的问题,至于此后费用,无法证实与王建军有关。(9)即使王建军的行为造成顾代琴受伤,但顾代琴没有及时休息和再次被人侵犯也造成伤害的扩大,即2005年3月15日以后的医疗费、误工费、交通费,顾代琴应当至少负有50%的过错责任。(10)顾代琴承认王建军曾给付300元用于治疗,但原判没有扣除,属认定事实错误。

### 二审裁判结果

二审依照《中华人民共和国刑事诉讼法》第189条第1项的规定,裁定如下:驳回上诉,维持原判。

### 二审裁判理由

二审法院认为:上诉人王建军以暴力手段强制猥亵妇女,其行为已构成强制猥亵妇女罪。上诉人顾代琴提出的上诉意见经查均不能成立,本院不予采纳,理由如下:(1)营养费依法应根据受害人伤残情况参照医疗机构的意见确定,顾代琴并未提供医疗机构出具的相关意见;精神损失费依法不属刑事附带民事诉讼范围,原判不支持顾代琴的上述诉讼请求于法有据。(2)顾代琴原审提交的单位证明证实其收入并非固定收入,而其未提交完税证明等其他合法证明或者最近3年平均收入的证明,原判并未采纳单位证明并无不当。(3)医疗费应根据医疗费单据,结合病历和诊断证明等相关证据确定。原判对于顾代琴提交的医疗费单据中重复治疗、购药及与伤势不相关的超范围检查项目的部分未予认定并无不当。(4) 原判根据顾代琴提交的车票,结合病历记载,确定交通费为400元并无不当。上诉人王建军提出的上诉意见经查均不能成立,本院不予采纳,理由如下:(1) 上诉人顾代琴提交的中山大学附属第一医院黄埔院区门诊病历系该院根据原件复印件补写,并加盖公章予以确认,其诊断内容与法医学活体重新检验鉴定书相互印证,可作为证据使用。不同病历所记载的顾代琴伤势均系同一部位,病因不同系各医院诊断不同所致,不足以借此否定病历的证明效力。(2) 王建军以暴力手段猥亵顾代琴并致其轻伤,有被害人陈述、证人证言、法医学活体重新检验鉴定书、医院病历等多项证据证实,王建军在侦查阶段亦供认不讳,各项证据相互印证,足资认定。王建军提出存在其他人造成顾代琴的伤势证据不足。(3)《刑法》规定以暴力、胁迫或者其他方法强制猥亵妇女的,即构成强制猥亵妇女罪。王建军提出应参照最高人民法院、最高人民检察院于1984年11月2日颁布的《关于当前办理流氓案件中具体应用法律的若干问题的解答》的意见并无法律依据。(4) 王建军的行为已造成顾代琴轻伤,该暴力行为并非发生在娱乐休闲场所常见的拉扯行为。(5) 根据《公安机关办理刑事案件程序规定》第235条规定,刑事技术鉴定由县级以上公安机关刑事技术部门或者其他专职人员负责进行。本案的法医学活体重新检验鉴定书属刑事技术鉴定,而非《刑事诉讼法》第120条所规定的"人身伤害的医学鉴定",由广州市公安局刑事技术部门进行鉴定符合法律规定。(6) 顾代琴陈述王建军用身体压住其后抚摸其乳房,王建军侦查阶段供述其因酒后兴奋而强行搂抱顾代琴并压住顾代琴的双手,足见其具有强制猥亵的主观故意,并已实施对顾代琴的猥亵行为,且造成顾代琴受伤的后果,故其行为不属犯罪中止。(7) 顾代琴因受伤而遭受医疗费、误工费、交通费损失的事实,有相关病历、收费收据、公交车票等证据证明,各项证据相互印证,足资认定。原判并未认定2005年3月15日前顾代琴的误工时间以及医疗费单据中重复治疗、购药及与伤势不相关的超范围检查项目的部分。王建军所称顾代琴因没有及时休息和再次被人侵犯造成伤害扩大应承担相应责任的意见并无证据支持。(8) 根据顾代琴侦查阶段陈述及原审庭审记录,其并未提及曾收到王建军的300元赔偿。证人曲建立证言证实案发当晚其与王建军等人欲给顾代琴几百元用于继续治疗,但被顾代琴拒绝。证人张清峰证言系传来证据,且与证人曲建立证言不符。王建军称其已赔偿顾代琴300元的意见证据不足。原判认定事实和适用法律正确,量刑适当,审判程序合法,附带民事部分处理正确。

## 强制猥亵、侮辱妇女罪办案依据集成

### 刑法条文

第二百三十七条 【强制猥亵、侮辱妇女罪】以暴力、胁迫或者其他方法强制猥亵妇女或者侮辱妇女的,处五年以下有期徒刑或者拘役。

聚众或者在公共场所当众犯前款罪的,处五年以上有期徒刑。

【猥亵儿童罪】

猥亵儿童的,依照前两款的规定从重处罚。

### 司法解释

**最高人民法院、最高人民检察院、公安部、司法部《关于依法惩治拐卖妇女儿童犯罪的意见》(2010年3月15日)(节录)**

五、定性

20. 明知是被拐卖的妇女、儿童而收买,具有下列情形之一的,以收买被拐卖的妇女、儿童罪论处;同时构成其他犯罪的,依照数罪并罚的规定处罚:

(3) 非法剥夺、限制被收买妇女、儿童的人身自由,情节严重,或者对被收买妇女、儿童有强奸、伤害、侮辱、虐待等行为的;

七、一罪与数罪

25. 拐卖妇女、儿童,又对被拐卖的妇女、儿童实施故意杀害、伤害、猥亵、侮辱等行为,构成其他犯罪的,依照数罪并罚的规定处罚。

八、刑罚适用

28. 拐卖妇女、儿童,并对被拐卖的妇女、儿童实施故意杀害、伤害、猥亵、侮辱等行为,数罪并罚决定执行的刑罚应当依法体现从严。

### 法律法规

**《中华人民共和国妇女权益保障法》(1992年10月1日)(节录)**

第三十七条(第二款) 禁止组织、强迫、引诱、容留、介绍妇女卖淫或者雇用、容留妇女与他人进行猥亵活动。

第五十一条 雇用、容留妇女与他人进行猥亵活动的,比照治安管理处罚条例第十九条的规定处罚;情节严重,构成犯罪的,比照刑法第一百六十条的规定追究刑事责任。

# 七、猥亵儿童罪

**94. 猥亵儿童罪犯罪构成的客观方面是否要求"强制"手段，被害儿童主观上自愿提供服务并收取报酬，行为人是否构成该罪？**

《刑法》第237条规定："以暴力、胁迫或者其他方法强制猥亵妇女或者侮辱妇女的，处五年以下有期徒刑或者拘役。聚众或者在公共场所当众犯前款罪的，处五年以上有期徒刑。猥亵儿童的，依照前两款的规定从重处罚。"可见《刑法》仅是对猥亵妇女的行为要求具备"强制"的行为，猥亵儿童的行为，即使没有采取暴力、胁迫，甚至是被害人自愿、同意，并收取报酬的情形下，行为人依然构成此罪。本罪所保护的客体是儿童的身体自由权、身心健康权及隐私权，旨在保护儿童的健康成长，避免不健康的污言秽语及行为影响儿童的身心健康。

**95. 介绍男性儿童给他人进行猥亵行为是否构成引诱、介绍卖淫罪？**

引诱、介绍卖淫罪是指以金钱、物质或者其他利益为手段，诱使他人卖淫，或者为卖淫的人与嫖客牵线搭桥的行为。本罪侵犯的客体是社会治安管理秩序。引诱、介绍卖淫罪促使了卖淫嫖娼活动的泛滥，因而具有严重的社会危害性。其犯罪对象主要是指妇女，但也包括了男子，同时也包含了幼童，可以是单个人，也可以是多人，介绍对象的数量和介绍次数不影响本罪的构成。本罪在主观方面表现为故意。即行为人明知自己是在实施引诱介绍他人卖淫的行为，并且明知这种行为会造成危害社会的结果，而希望或追求这种结果的发生。卖淫的范围很广,包括但不限于性交行为,任何提供与性服务有关的活动都是卖淫行为,因此,介绍男性儿童给他人进行猥亵的行为构成引诱、介绍卖淫罪。

### 典型疑难案件参考

福富一猥亵儿童、黄日成引诱、介绍卖淫案

**基本案情**

2005年8月,被告人福富一从深圳罗湖口岸入境,入住香格里拉大酒店。被告人黄日成与福富一搭讪,问其是否需要"小姐"服务,福富一即用英文表示自己不喜欢女孩,喜欢小男孩。黄日成明白其意思后,将自己的电话号码留给福富一,并去找来了符某、郑某某等未成年人给福富一认识。2005年12月26日下午15时许,被告人福富一再次从深圳罗湖口岸入境,入住香格里拉大酒店。17时许,福富一给黄日成打电话,要其帮助找几个男童供其猥亵。黄日成即到某中学找到被害人庄某某(男,1993年12月24日出生)、符某(男,1992年1月21日出生)、郑某某(男,1991年6月9日出生)3名初中生,并带着与福富一会面。后福富一、黄日成带着3名男孩一起到深圳市东门步行街,福富一出钱给每个男孩买了一件衣服。当晚20时许,5人返回香格里拉大酒店,福富一给付黄日成介绍费1100元人民币后,将3名男孩带到酒店房内。福富一许诺给每名男孩子100元人民币后,福富一先将被害人郑某某带入洗手间内,脱下郑的裤子,触摸郑的下体和阴茎,对郑进行猥亵;后又用同样的方式,依次分别将被害人符某、庄某某带入洗手间内进行猥亵。在猥亵完3人之后,福富一分别给了3被害人100—200元的报酬,让3被害人离开了酒店。当晚,被害人符某在父母的带领下向公安机关报案,公安人员在酒店内将福富一抓获;次日,将黄日成抓获。

**一审诉辩情况**

检察机关指控称被告人福富一以抠摸儿童阴茎的方式猥亵儿童,被告人黄日成居间介绍猥亵儿童,其行为均触犯了《中华人民共和国刑法》第237条第3款之规定,构成猥亵儿童罪。

被告人的答辩及其辩护人的意见:被告人福富一表示认罪,但辩解称自己是老师,非常喜欢孩子,给钱是因为孩子穷,自己要帮助他们。其辩护人辩称:被猥亵的其中1名男孩案发时已经年满14周岁了,不符合猥亵儿童罪的犯罪对象；被告人福富一没有采取暴力手段强制猥亵被害人，是被害人为了得到金钱，自愿给被告人猥亵的；被告人福富一的认罪态度好，请求法庭从轻处罚。被告人黄日成表示认罪，辩称自己虽然介绍了男孩子给日本人福富一，但是并不清楚福富一是来猥亵儿童的。其辩护人辩称：被告人黄日成主观上没有犯罪故意，其虽然介绍了男孩子给福富一认识，但并不知道被告人福富一是为了猥亵这些儿童；客观上被告人黄日成也没有实施猥亵儿童的行为，请求法庭宣告被告人黄日成无罪。

### 一审裁判结果

广东省深圳市中级人民法院依照《中华人民共和国刑法》第 237 条第 3 款、第 359 条第 1 款、第 35 条的规定，作出如下判决：

一、被告人福富一犯猥亵儿童罪，判处有期徒刑 5 年，驱逐出境；

二、被告人黄日成犯引诱、介绍卖淫罪，判处有期徒刑 5 年，并处罚金人民币 5000 元。

### 一审裁判理由

广东省深圳市中级人民法院根据上述事实和证据认为：

被告人福富一为寻求刺激，采取抠摸不满 14 周岁男童阴茎的行为来满足自己不正当的欲望，其行为严重侵害了儿童的隐私权，对被害儿童的健康成长造成了伤害，其行为已触犯了中华人民共和国法律，构成了猥亵儿童罪，依法应承担刑事责任。

被告人黄日成了解到被告人福富一有特殊的性需要，为了满足被告人福富一的要求，明知自己的行为有伤风化，仍积极引诱、介绍男童为被告人福富一提供性服务，其行为构成了引诱、介绍卖淫罪，应当对自己的引诱、介绍他人卖淫的行为承担相应的刑事责任。

### 二审诉辩情况

上诉人（原审被告人）福富一及辩护人诉称：上诉人并未采取金钱引诱的方式，诱导儿童供自己猥亵。被害人是主动提出索要金钱，以提出性服务换取报酬的。上诉人认罪态度较好，量刑过重，要求从轻处罚。上诉人（原审被告人）黄日成上诉称提出量刑过重，要求从轻处罚。

### 二审裁判结果

广东省高级人民法院依照《中华人民共和国刑事诉讼法》第 189 条第 1 项的规定，作出如下裁定：驳回上诉，维持原判。

> **二审裁判理由**

广东省高级人民法院根据上述事实和根据认为：上诉人（原审被告人）福富一为寻求刺激，采取触摸不满14周岁男童阴茎的行为来满足自己不正当的欲望，其行为严重侵害了儿童的隐私权，对被害儿童的健康成长造成了伤害，其行为已触犯了中华人民共和国法律，构成了猥亵儿童罪，依法应当承担刑事责任。上诉人（原审被告人）黄日成为满足福富一的要求，明知自己的行为有伤风化，仍积极引诱、介绍未成年人为福富一提供性服务，其行为已构成引诱、介绍卖淫罪，且引诱、介绍3人为福富一提供性服务，属于情节严重，应依法惩处。原判认定事实和适用法律正确，量刑适当，审判程序合法。上诉人（原审被告人）福富一、黄日成上诉要求从轻处罚的理由不能成立，不予采纳。

### 96. 猥亵儿童罪的主观方面如何认定？

猥亵儿童罪的主观方面是故意，即行为人明知自己的行为侵犯了儿童不受性侵犯的权利，并且希望此种危害结果发生的主观心理态度。构成猥亵儿童罪，要求行为人明知猥亵的对象是儿童，或者明知对方可能是儿童且不管对方是否是儿童，而对其进行猥亵的行为。此外，《刑法》没有规定构成猥亵儿童罪行为人主观上必须具有寻求性刺激和性满足的动机，因此，为更为有效地保护儿童权益，应当将行为人出于其他动机实施猥亵儿童行为的，同样认定为猥亵儿童罪。

**典型疑难案件参考**

周仁芝猥亵儿童案（湖南省株洲市石峰区人民法院刑事判决书〔2010〕株石法刑初字第168号）

> **基本案情**

2010年7月的一天下午，被告人周仁芝将被害人董某某（11岁，系智力残疾人）骗至株洲市石峰公园西门一偏僻的山坡上，将受害人的裤子脱至膝盖处，用手指对被害人董某某的生殖器进行抠摸，致使被害人董某某的阴部出血。事后，被告人周仁芝威胁被害人董某某不准告诉其父母。

2010年10月8日下午，被告人周仁芝再次将被害人董某某骗至株洲市石峰公园西门一偏僻的山坡上，将董某某的裤子脱至膝盖处，用手指对被害人董某某的生殖器进行抠摸，并将自己的生殖器显露出来，要被害人董某某用手为其抚摸，被害人董某某拒绝并离开。

### 诉辩情况

株洲市石峰区人民检察院指控认为：被告人周仁芝以抠摸的手段猥亵儿童，其行为已触犯《中华人民共和国刑法》第237条第3款之规定，应当以猥亵儿童罪追究其刑事责任。

被告人周仁芝对检察机关的指控没有异议。

### 裁判结果

审理法院依照《中华人民共和国刑法》第237条第3款之规定，判决如下：被告人周仁芝犯猥亵儿童罪，判处有期徒刑3年。

### 裁判理由

法院经审理认为：被告人周仁芝为寻求性刺激，以抠摸的手段猥亵儿童，其行为已构成猥亵儿童罪。株洲市石峰区人民检察院指控被告人周仁芝犯猥亵儿童罪的罪名成立。被告人周仁芝自愿认罪，可以酌情从轻处罚。

---

#### 97. 猥亵儿童罪与奸淫幼女型强奸罪的区分？

猥亵儿童罪与奸淫幼女型强奸罪的区别如下：从客观方面而言，猥亵儿童罪是行为人实施的除性交之外的其他性活动；而奸淫幼女的行为人在客观方面实施的主要是性交行为。从主观方面而言，猥亵幼女的行为人没有与幼女性交的主观故意；而在奸淫幼女型的强奸罪中，行为人具有奸淫幼女的主观目的。奸淫幼女的强奸罪的既遂以行为人性器官的接触为标准。猥亵儿童罪没有奸淫的不法目的，也就不会存在性器官的接触。

## 典型疑难案件参考

楚秀龙猥亵儿童案（河南省淮滨县人民法院刑事判决书〔2009〕淮刑初字第43号）

### 基本案情

2009年2月15日上午，被告人楚秀龙到其姑奶楚炳珍家中送米、面。饭后1时许，趁楚炳珍家中无其他人之际，被告人楚秀龙将楚炳珍的孙女方某（1999年10月9日生）抱到楚炳珍家东屋的床上，用手对方某的阴部抠摸，因方某当时被抠摸得哭着喊疼，被告人楚秀龙怕别人听见才把被害人方某松开。当日下午3时许，被告人楚秀龙再次将被害人方某抱到楚炳珍家东屋的床上，将被害人方某下身的棉裤和秋裤脱掉，隔着方某的内裤用生殖器对方某的阴部来回抽压。

### 诉辩情况

检察机关认为：被告人猥亵幼女，构成猥亵儿童罪，应当依法追究其刑事法律责任。

被告人对自己的犯罪事实供认不讳。

### 裁判结果

审理法院依照《中华人民共和国刑法》第237条第1款、第3款的规定，经本院审判委员会讨论决定，判决如下：被告人楚秀龙犯猥亵儿童罪，判处有期徒刑4年。

### 裁判理由

法院经审理认为：被告人楚秀龙趁无他人之机强行对幼年女童进行猥亵，情节恶劣，其行为构成猥亵儿童罪，淮滨县人民检察院指控的罪名成立。

# 猥亵儿童罪办案依据集成

## 刑法条文

**第二百三十七条**　【强制猥亵、侮辱妇女罪】以暴力、胁迫或者其他方法强制猥亵妇女或者侮辱妇女的，处五年以下有期徒刑或者拘役。

聚众或者在公共场所当众犯前款罪的，处五年以上有期徒刑。

【猥亵儿童罪】猥亵儿童的，依照前两款的规定从重处罚。

## 司法解释

**最高人民法院、最高人民检察院、公安部、司法部《关于依法惩治拐卖妇女儿童犯罪的意见》（2010年3月15日）（节录）**

五、定性

20. 明知是被拐卖的妇女、儿童而收买，具有下列情形之一的，以收买被拐卖的妇女、儿童罪论处；同时构成其他犯罪的，依照数罪并罚的规定处罚：

（3）非法剥夺、限制被收买妇女、儿童的人身自由，情节严重，或者对被收买妇女、儿童有强奸、伤害、侮辱、虐待等行为的；

七、一罪与数罪

25. 拐卖妇女、儿童，又对被拐卖的妇女、儿童实施故意杀害、伤害、猥亵、侮辱等行为，构成其他犯罪的，依照数罪并罚的规定处罚。

八、刑罚适用

28. 拐卖妇女、儿童，并对被拐卖的妇女、儿童实施故意杀害、伤害、猥亵、侮辱等行为，数罪并罚决定执行的刑罚应当依法体现从严。

## 法律法规

**《中华人民共和国妇女权益保障法》（1992年10月1日）（节录）**

第三十七条（第二款）　禁止组织、强迫、引诱、容留、介绍妇女卖淫或者雇用、容留妇女与他人进行猥亵活动。

第五十一条　雇用、容留妇女与他人进行猥亵活动的，比照治安管理处罚条例第十九条的规定处罚；情节严重，构成犯罪的，比照刑法第一百六十条的规定追究刑事责任。

# 八、非法拘禁罪

**98. 为索回上交传销组织的财产,控制传销组织业务经理的儿子索要"会费"的行为,应当定性为绑架罪还是非法拘禁罪?**

传销活动属于我国法律禁止的违法活动。传销组织者通过传销活动获得的收益,并非其合法收益,而是其非法占有的他人财物,与参与传销者之间存在债权债务关系。参与传销者上缴的会费,属于法律不予保护的非法债务。在此种情形下其挟持他人以要挟组织者归还其所缴纳"会费"的行为,实际上是为了获取他人非法占有的自己的财物,是一种索债行为,尽管行为人的债权不受法律保护,但是其主观上并不具有非法占有他人财物的目的。根据最高人民法院《关于对为索取法律不予保护的债务非法拘禁他人行为如何定罪问题的解释》明确规定:"行为人为索取高利贷、赌债等法律不予保护的债务,非法扣押、拘禁他人的,依照刑法第二百三十八条的规定定罪处罚",即定非法拘禁罪。因此,上述的情形应当定性为非法拘禁罪,而不以绑架罪论处。

## 典型疑难案件参考

### 陈小燕绑架案

**基本案情**

2006年4月,陈小燕经老乡陈大洪的电话邀约来到贵州省兴义市,在陈大洪的姐夫兼上线郑传明的鼓动下加入了以"连锁销售"为名的非法传销组织,成为陈大洪的下线。陈小燕先后分3次购买了该传销组织的21份产品,投入资金共7万余元。后来该传销组织返还被告人陈小燕2万余元。2006年

10月初，陈小燕因妻子患病无钱医治，就想退出该传销组织并要回投入的钱，于是就产生挟持郑传明的儿子，给其施加压力，以要回被骗入传销的5万多元钱的想法。2006年10月19日上午11时许，陈小燕骑摩托车来到赣县湖江小学，找到在该校读书的郑传明的儿子郑晓珊，哄骗放学后带他去玩。11时30分许，学校放学，陈小燕骑摩托车将郑晓珊先带至赣县县城，吃完午饭后用新开户的手机打电话给郑传明，郑传明没有接听。13时40分，陈小燕接到郑传明回打过来的电话，陈小燕告知其子郑小珊在他手上，要郑传明退回他投入传销的钱。后被告人将郑小珊带至兴国县城。18时许，在旅店内被赣县公安局民警当场抓获，被害人郑小珊被警方解救。

### 诉辩情况

江西省赣县人民检察院以被告人陈小燕犯绑架罪，向江西省赣县人民法院提起公诉。起诉书指控被告人陈小燕为达到索回其用于传销钱财的目的，将儿童带离居住地并置于其控制之下，其行为触犯了《中华人民共和国刑法》第239条之规定，应当以绑架罪追究其刑事责任。

被告人陈小燕辩称：他是被骗去搞传销的，本意也并不是想绑架郑晓珊，在电话中也是商量的语气，并没有采取暴力威逼，只是想以此吓唬郑传明，向郑传明施压以拿回自己在传销中被骗的钱，对起诉书指控的其他事实不持异议。

被告人陈小燕的辩护人的辩护意见是：被告人陈小燕的行为不构成绑架罪，仅构成索债型的非法拘禁罪，且被告人陈小燕的犯罪情节轻微，认罪态度好，建议适用缓刑。

### 裁判结果

江西省赣县人民法院于2007年2月15日作出判决。依照《中华人民共和国刑法》第238条第1款、第3款，第72条第1款，第73条第2款、第3款，第64条判决如下：被告人陈小燕犯非法拘禁罪，判处有期徒刑3年，缓刑4年。作案工具二轮摩托车一辆，予以没收，上缴国库。

### 裁判理由

江西省赣县人民法院的生效判决认为：绑架罪和非法拘禁罪的犯罪构成要件确有相同或相似之处。首先是犯罪主体相同，凡年满16周岁、具有辨认和控制自己行为能力的自然人均可构成这两种犯罪；其次是犯罪的主观方面都表现为直接故意；最后是犯罪的客观方面都表现为以非法手段限制他人的人身自由。但两罪也有不同之处，主要在于犯罪的动机、目的与犯罪对象不同。非法拘禁的目的和动机往往是多种多样的,如出于报复而拘禁他人,或者以非法拘禁手段迫使他人偿还债务等,犯罪对象是特定的。而绑架罪的犯罪动机和目的则很明确,那就是以绑架为手段勒索财物或者绑架他人作为人质以达到其他非法目的,犯罪对象是不特定的。本案中,被告人挟持郑传明的儿子郑晓珊,迫使郑传明返还他投入传销的钱完全是事出有因:在被告人看来,自己所受的损失都是郑传明给他造成的,理应由郑传明偿还。所以,被告人主观上并非凭空索取他人财物,而是为了要回他认为属于自己的财物。被害人的父亲郑传明作为该传销组织的经理,以发展下线收取下线交纳的资金,对被告人投入传销的钱有部分支配权,他与传销组织的其他人一起非法占有了被告人的合法财产,郑传明对其有返还的义务,郑传明与被告人之间形成了一种债权债务关系。虽然在非法传销活动中形成的债务是非法的,不受法律保护,但是不能以此否定被告人挟持被害人的目的是索要债务,且被告人实施的犯罪对象特定,均指向债务人的儿子。最高人民法院《关于对为索取法律不予保护的债务非法拘禁他人行为如何定罪问题的解释》明确规定:行为人为索取高利贷、赌债等法律不予保护的债务,非法扣押、拘禁他人的,依照《刑法》第238条的规定定罪处罚,即定非法拘禁罪,检察机关指控被告人构成绑架罪应不能成立。因此根据上述事实和证据足以认定被告人主观上并非凭空索取他人财物,而是为了要回他认为属于自己的财物,具有索要债务的目的,其行为不构成绑架罪,构成非法拘禁罪,且犯罪情节轻微,认罪态度好,建议适用缓刑的辩护意见,与事实和法律相符,本院予以采纳。

### 99. 夫妻一方可否成为另一方绑架罪中勒索财物的对象?

夫妻一方可否成为另一方绑架罪中勒索财物的对象,要视情况而定。如果一方绑架第三人,利用其向对方勒索夫妻共同财产或者共同债务之外单属于夫妻一方的财物,则符合绑架罪的构成要件,可以以绑架罪论处,并不因为勒索对象的特殊性而阻碍绑架罪的成立。

但在夫妻间没有特殊约定的时候,双方财产或者债务属于共同共有,此时一方绑架他人,勒索对方要求其给付财产或者偿还债务的行为,因为无论财产还是债务都是双方共有的,不存在财产与债务占有的转移,难以认定为非法占有的目的,因而此时夫妻一方不能成为另一方绑架勒索的对象。按照我国《婚姻法》的规定，夫妻双方除特殊约定外，夫妻二人财产属于共有关系。因此，一般而言，只要夫妻二人没有特殊约定，财产及债务均属于共有，这种情况下，夫妻财产共有人不能成为另一方共有人被绑架勒索的对象，也不能成为绑架罪中的他人。

### 100. 夫妻间约定共同债务中的某一确定部分由一方承担，一方出走另一方控制第三人要挟其还债的行为如何定性？

区分勒索型的绑架行为与索债型的非法拘禁行为，主要要结合以下两点：一是主观上行为人是否具有勒索财物非法据为己有的目的；二是看行为人与被害人之间是否存在现实上的债权债务关系。基于上文分析，在夫妻一方要挟另一方偿还共同债务的情况下，另一方并不能成为绑架罪的对象，此时如果不存在对人质的暴力胁迫行为，则应当按照非法拘禁罪处理。

### 典型疑难案件参考

#### 顾永波绑架案

**基本案情**

被告人顾永波与妻子钟玲婚后夫妻感情不和，经常吵架并闹离婚，双方共同欠债7.2万元，双方对各自承担多少债务争执不休，未能达成离婚协议。后双方再次吵架，钟玲即以找钱为由离家不归，顾永波怀疑钟玲躲藏在其叔钟云家，遂到钟云家寻找钟玲，但找不到钟玲，即认为钟云刁难自己，遂想到扣押钟云的儿子钟某某，逼使钟云找回钟玲。2007年1月3日上午10时许，顾永波驾驶借得的二轮摩托车将放学回家的钟某某扣押至永德县何家大塘寨边后，打电话告之钟云须由钟玲来换回钟某某。钟云接报后及时向公安机关报案，同时找到了钟玲。顾永波在电话上要钟玲找来3万元，就同意与钟玲离婚，然后要钟玲将钱交到指定的地点，来换回钟某某。顾永波在扣押钟某某期间未对其使用暴力、胁迫等手段，未对其人身造成伤害。在公安机关的安排部署下，钟玲携带3万元现金到顾永波指定的地点"交钱换人"，在"交钱换人"时将顾永波抓获。

> **诉辩情况**

云南省永德县人民检察院以被告人顾永波犯绑架罪,向云南省永德县人民法院提起公诉。起诉书指控:被告人顾永波以勒索财物为目的,使用胁迫的方法绑架儿童的行为,已触犯《中华人民共和国刑法》第 239 条第 1 款的规定,犯罪事实清楚,证据确实充分,应当以绑架罪追究其刑事责任。被告人顾永波犯罪情节、手段一般,建议法庭依照我国《刑法》第 63 条的规定在法定刑以下量刑。

被告人顾永波辩称:其与妻子钟玲闹离婚,钟玲同意承担 3 万元的夫妻债务,后钟玲又外出不归,其认为钟玲躲藏在其叔钟云家,就扣押了钟云的儿子钟某某,胁迫钟某某的父亲钟云把钟玲找出,其目的不是要勒索钟云家的财产,而是要钟玲付给她应承担的 3 万元债务。

> **裁判结果**

云南省永德县人民法院于 2007 年 4 月 27 日作出判决,认定被告人顾永波犯非法拘禁罪,依照《中华人民共和国刑法》第 238 条第 1 款、第 3 款,判处有期徒刑 1 年 6 个月。

> **裁判理由**

法院生效判决认为:被告人顾永波为索取夫妻间曾协商约定的由其妻承担的债务,在其妻离家出走后,担心其妻不承担共同债务而落得人财两空,为迫使其妻的亲人及时找回其妻,扣押了其妻的亲人作为交换其妻的条件,从而达到要其妻承担债务与其离婚的目的,是一种"债务纠纷"的绑架行为。被告人顾永波在实施其违法行为时,实施了"扣押人质"、"以钱赎人"等类似绑架行为的客观外在的行为,但其主观上不具有索取财物的目的,不完全具备绑架罪的特征要件,不构成绑架罪。其为达到这一目的而非法扣押了人质钟某某,限制了人质钟某某的自由权利,影响较大,其行为已构成非法拘禁罪,应以非法拘禁罪追究其刑事责任。

## 101. 非法限制他人人身自由中采用殴打、侮辱的行为是否构成其他罪?

非法限制他人人身自由中采有殴打、侮辱等行为是否构成其他罪,取决于行为人实施殴打、侮辱行为的动机目的以及其行为严重程度。若采用殴打、侮辱的行为的目的同样在于限制他人人身自由,动机与非法拘禁他人的动机相同,且殴打、侮辱没有造成其他法益严重损害的后果,应当认定不构成其他罪。但是在非法拘禁过程中,行为人进行侮辱是出于非法拘禁之外的目的且对被害人进行殴打、侮辱的行为已达到犯罪程度的,其行为、后果已不能为非法拘禁罪的客观方面所包含,则应当按照《刑法》的有关规定认定构成其他罪名,与非法拘禁罪数罪并罚。此外,如果行为人采用的暴力严重程度已经足以造成被害人伤残或者死亡的,则按照转化犯的原则,直接以故意伤害罪或故意杀人罪论处,不再认定为非法拘禁罪。

**102. 若不构成其他罪,则非法限制他人人身自由中殴打、侮辱的情节是非法拘禁罪的定罪情节还是量刑情节?**

非法限制他人人身自由中的殴打、侮辱的情节属于非法拘禁罪的量刑情节。根据我国《刑法》第238条第1款规定:"非法拘禁他人或者以其他方法非法剥夺他人人身自由的,处三年以下有期徒刑、拘役、管制或者剥夺政治权利。具有殴打、侮辱情节的,从重处罚。"非法拘禁罪侵犯的客体是公民的人身自由权利,本罪的客观方面只要求行为人实施了限制他人人身自由的行为,不考虑该行为是否造成严重的后果。因此,本罪所保护的法益是公民的人身自由,而因拘禁造成的其他后果,则是属于其他罪名所保护的法益。

**103. 非法拘禁罪与一般拘禁行为的界限何在?**

剥夺他人人身自由是否构成非法拘禁罪取决于剥夺行为的轻重程度以及后果的严重程度。在司法实践中,认定非法拘禁行为要从拘禁时间的长短、拘禁行为的轻重、拘禁人数的多少、拘禁的次数、拘禁后果的严重程度来综合考虑。若情节显著轻微，危害不大，则不应当认定为非法拘禁罪。

## 典型疑难案件参考

### 林文军等非法拘禁案

**基本案情**

2004年4月间，被告人林文军与被害人毛某某（女）合伙经营泉州鑫亿汽车用品商行。2005年3月26日，林文军退出股份，双方协商并签订了关于被害人毛某某于2006年3月26日前退还投资款人民币15万元给林文军等内容的协议书一份。后林文军不慎将该协议书遗失，即要求毛某某补签协议，遭到毛的拒绝后，林文军即预谋采用拘禁毛的方法胁迫毛补签协议。之后，被告人林文军承租了一辆白色面包车并准备了数码相机、药丸等作案工具，纠集并将其欲拘禁毛某某之事告知被告人韦佳、林国兴、魏秋婷及陈鎏（另案处理）且对上述人员进行分工，林文军还将欲让毛某某服食药丸之事分别告知韦佳、魏秋婷，另林文军还让魏秋婷待其物色好作案地点。2005年7月26日下午13时许，陈鎏驾驶林文军租来的面包车载魏秋婷、林国兴至市区宝洲路鑫亿大厦旁，将毛骗上车。因毛某某拒签协议，陈鎏即殴打毛某某，其他3被告人胁迫毛某某在一份写有于2005年8月31日前还清欠款人民币15万元的协议书上签名。而后，林文军拿出一粒药丸交给林国兴欲让其喂毛某某吃下，林国兴即将该药丸放入一瓶饮料中，4人强迫毛某某服下该饮料。后林文军、韦佳、林国兴及陈鎏乘毛某某神志不清之际，将毛的衣服脱掉，由林国兴用林文军提供的数码相机拍摄了毛某某的裸照10张，后4被告人及陈鎏逃离现场。当天晚上18时许，林文军用手机发短信息给毛某某，以要将毛的裸照发到网上威胁毛，不许毛报警。毛某某随即报警，公安机关于2005年8月15日、22日分别在泉州市区等地将4被告人抓获归案。案发后，公安机关暂扣了林文军的作案工具诺基亚手机一部。

**一审诉辩情况**

泉州市丰泽区人民检察院指控称：被告人林文军、韦佳、林国兴、魏秋婷合伙故意剥夺他人人身自由，具有殴打、侮辱情节，其行为均已触犯了《中华人民共和国刑法》第238条第1款、第25条第1款之规定，应当以非法拘禁罪追究其刑事责任。被告人林文军、韦佳又合伙故意强迫他人吸食毒品，其行为触犯了《中华人民共和国刑法》第353条第2款、第25条第1款之规定，应当以强迫他人吸毒罪追究其刑事责任。

被告人的答辩及其辩护人的辩称：被告人林文军、韦佳、林国兴、魏秋婷及其辩护人对检察机关指控的非法拘禁罪的罪名及基本的犯罪事实均不持异议。林文军辩称其让被害人食用的是麻醉药品而非摇头丸；也没有殴打被害人。其辩护人提出：检察机关指控林文军犯强迫他人吸毒罪的证据不足；林文军因有殴打、侮辱的行为才构成非法拘禁罪，不应再对其从重处罚；综上所述，建议对林文军从轻处罚。韦佳辩称其不清楚被害人服下的是什么药，其未强迫被害人吸毒。其辩护人提出：检察机关指控韦佳犯强迫他人吸毒罪的事实不清、证据不足。另韦佳在非法拘禁犯罪中系从犯，因其未参与犯罪组织、策划；本案不能将侮辱、殴打作为从重处罚情节；建议对韦佳从轻处罚。林国兴辩称其未殴打被害人。魏秋婷辩称其无在路口望风。

## 一审裁判结果

泉州市丰泽区人民法院依照《中华人民共和国刑法》第238条第1款、第25条第1款、第64条的规定，作出如下判决：

一、被告人林文军犯非法拘禁罪，判处有期徒刑2年6个月；
二、被告人韦佳犯非法拘禁罪，判处有期徒刑2年；
三、被告人林国兴犯非法拘禁罪，判处有期徒刑2年；
四、被告人魏秋婷犯非法拘禁罪，判处有期徒刑1年3个月；
五、没收被告人林文军的作案工具诺基亚手机一部，上缴国库。

## 一审裁判理由

泉州市丰泽区人民法院根据上述事实和证据认为：被告人林文军、韦佳、林国兴、魏秋婷伙同他人故意以拘禁的方法剥夺他人人身自由，且具有殴打、侮辱性情节，其4人的行为均已构成非法拘禁罪。检察机关指控的非法拘禁罪罪名及犯罪事实成立。4被告人在非法拘禁犯罪中具有殴打、强迫被害人服用药物及强迫拍摄裸体照片的侮辱情节，对4被告人均给予从重处罚。检察机关指控被告人林文军、韦佳犯强迫他人吸毒罪的事实不清、证据不足，该部分指控不予采纳。被告人韦佳在共同犯罪中积极参与，并非起次要或辅助作用，故其辩护人关于其系从犯的辩护意见，因违背事实与法律而不予采纳。被告人林文军在共同犯罪中系策划、召集者，所起作用相对较大，对其给予酌情从重处罚。被告人魏秋婷在同案犯殴打、侮辱被害人时，起望风作用，具有酌情从轻处罚情节。被告人林文军、韦佳的辩护人相关的辩护意见，予以部分采纳。

**二审诉辩情况**

上诉人（原审被告人）林文军上诉称：其只是在追讨欠款过程中使用方法不当，并非有意触犯法律，拘禁的时间短，只是因对被害人施加了侮辱行为，才构成犯罪，且其并未殴打被害人，原审对其量刑显属过重。上诉人（原审被告人）林国兴上诉称，被害人拒不还款，过错在先，其未参与组织、策划、殴打，更未强迫他人吸毒，请求对其适用缓刑。

**二审裁判结果**

泉州市中级人民法院依照《中华人民共和国刑事诉讼法》第189条第1项和《中华人民共和国刑法》第238条第1款、第25条第1款、第64条的规定，作出如下裁定：驳回上诉，维持原判。

**二审裁判理由**

泉州市中级人民法院根据上述事实和证据认为：本案的起因是上诉人（原审被告人）林文军将散伙协议丢失后，欲让毛某某补签协议，遭到毛的拒绝后预谋实施犯罪，并不存在被害人拒不还款的事实。上诉人（原审被告人）林国兴的辩护人提出在林文军提议让被害人吃药和拍裸照时，林国兴表示反对。经查，毛某某的陈述、林文军、韦佳的供述可以相互印证，足以证实林国兴受上诉人（原审被告人）林文军指使，将药丸放入饮料中，强迫被害人喝下该饮料，并持数码相机拍下被害人的裸照10张的犯罪事实，且林国兴亦对此节犯罪事实供认不讳，故该辩护意见与事实不符，不予采纳。林文军、林国兴、韦佳、魏秋婷伙同他人故意以拘禁的方法剥夺他人人身自由，且具有殴打、侮辱情节，其行为均已构成非法拘禁罪。林文军、林国兴、韦佳、魏秋婷除殴打、拍摄裸体照片等侮辱情节外，还强迫被害人服用药物，情节恶劣，对其均给予以从重处罚。在共同犯罪中，林文军系策划、召集者，又是积极实施者，所起作用最大，予以酌情从重处罚；林国兴、韦佳、魏秋婷均参与事先预谋，在实施犯罪过程中均积极配合林文军实施犯罪行为，虽分工不同，均应对本案后果承担相应责任，并无主从之分，其中魏秋婷未直接参与殴打、侮辱被害人，作用相对较小，可酌情从轻处罚。原判定罪准确，量刑适当，审判程序合法。上诉人（原审被告人）林文军、林国兴及其辩护人请求再予从轻处罚并适用缓刑，均没有事实和法律依据，不予采纳。

**104. 出租车司机发现搭乘乘客意欲挟持他人外逃并进行非法拘禁，仍然允许其搭车，在被挟持乘客死亡后又搭载挟持者弃尸，司机的行为如何定性？**

出租车司机虽然未参与非法拘禁行为的预谋策划，但是在明知乘客为非法拘禁的行为之后，仍然帮助其实行该行为，并且在被拘禁者死亡后协助弃尸。其主观上对拘禁行为持放任态度；客观上参与拘禁行为并起到了帮助作用，行为符合非法拘禁罪的构成要件，应当以非法拘禁罪的共犯定罪处罚。

**105. 非法拘禁过程中被拘禁者死亡，但是不能查明死亡是否是由于行为人的暴力行为导致的，应当如何定性？**

在非法拘禁过程中被害人死亡，其死亡只要是由于拘禁行为引起的，则应认定为与非法拘禁行为存在因果关系，属于非法拘禁罪的结果加重犯，行为人应当对加重结果承担责任。如果死亡是由于行为人的暴力行为引起的，则应当依据故意杀人罪定罪量刑。如果根据既有证据难以确定死亡是否是由暴力行为导致，根据有利被告人的原则，应当依照非法拘禁罪的结果加重犯定罪量刑，而不可直接定性为故意杀人罪。

### 典型疑难案件参考

唐家涛等非法拘禁案

**基本案情**

1997年上半年，被告人唐雄生从被告人唐家涛处借款20余万元与被害人陈继平发生一笔煤炭业务，陈未能按时支付货款。被告人唐雄生在多次索要余款未果的情况下与被告人唐家涛预谋将陈继平强行带回湖北省大冶市，让其家人还钱赎人。

1997年10月1日，被告人唐家涛纠集了被告人左剑光、刘元江以及唐松柏、刘恒兴（均另案处理）于10月2日早上乘坐被告人朱平楚的桑塔纳出租车从湖北省大冶市前往江苏省句容市。被告人唐雄生则在陪同被害人陈继平前往句容市的途中将二人的行踪告知给被告人唐家涛等人。当晚10时许，被告人唐家涛等将被害人陈继平从该市华阳旅行社附近强行带上被告人朱平楚驾驶的出租车内，被告人朱平楚随即驾车驶离现场。在返回湖北省大冶市的途中，被害人陈继平死亡。

1997年10月3日晚，被告人左剑光、刘元江等人乘坐被告人朱平楚的出租车由唐松柏驾驶将陈继平的尸体拖运至湖北省大冶市金湖办事处姜桥村梅子墩的一处小山坡上掩埋。该案后因被害人亲属报案而案发，上述5名被告人相继被抓获归案。另查明，附带民事诉讼原告人田金秀有7个子女，被害人陈继平是其儿子。陈继平与附带民事诉讼原告人尹建兰婚后于1992年生一子陈××。因陈继平被害，田金秀、陈××二人的被扶养人生活费损失分别为9853.7元和56043元；另有丧葬费损失为10478.5元。

### ▌一审诉辩情况▐

江苏省句容市人民检察院起诉书指控：被告人唐家涛、唐雄生为索取债务纠集被告人左剑光、刘元江、朱平楚非法剥夺他人人身自由，致人死亡，其行为均已触犯《中华人民共和国刑法》第238条第1款、第2款、第3款之规定，应当以非法拘禁罪追究其刑事责任，均应判处10年以上有期徒刑，5被告人系共同犯罪，其中被告人唐家涛、唐雄生系本案的主犯，被告人左剑光、刘元江、朱平楚系本案的从犯，应共同或分别适用《中华人民共和国刑法》第25条、第26条、第27条之规定。

被告人唐家涛、唐雄生、左剑光均辩称：对被害人陈继平的死亡后果，不应承担法律责任。因陈继平的死亡是由在逃同案犯刘恒兴实行过限行为所造成的，应由直接责任人承担此后果。被告人朱平楚辩称：我是在受胁迫情况下参与的。被告人朱平楚的辩护人的辩护意见是：被告人朱平楚是一名出租车司机，其只提供了交通工具，且之前不知道其他被告人的目的；被告人朱平楚主观上没有犯罪的故意，客观上没有实施犯罪的行为。请求法院依法宣告被告人朱平楚无罪。

### ▌一审裁判结果▐

江苏省句容市人民法院依照《中华人民共和国刑法》第238条第1款、第2款、第3款、第25条第1款、第26条第1款、第4款、第27条、第72条第1款、第73条第2款、第3款、最高人民法院《关于执行〈中华人民共和国刑事诉讼法〉若干问题的解释》第86条第1项、第100条之规定，于

2006年9月1日作出判决：

　　一、被告人唐家涛犯非法拘禁罪，判处有期徒刑11年；

　　二、被告人唐雄生犯非法拘禁罪，判处有期徒刑11年；

　　三、被告人左剑光犯非法拘禁罪，判处有期徒刑10年6个月；

　　四、被告人刘元江犯非法拘禁罪，判处有期徒刑10年6个月；

　　五、被告人朱平楚犯非法拘禁罪，判处有期徒刑3年，缓刑4年。

### 一审裁判理由

　　江苏省句容市人民法院认为：被告人唐家涛、唐雄生、左剑光、刘元江、朱平楚为索取债务非法剥夺他人人身自由，致人死亡，其行为均已构成非法拘禁罪，均应处10年以上有期徒刑。检察机关指控被告人唐家涛、唐雄生、左剑光、刘元江、朱平楚犯非法拘禁罪的事实清楚，证据确实充分，指控的罪名成立，予以支持。5被告人系共同犯罪，其中被告人唐家涛、唐雄生、左剑光、刘元江在非法拘禁的过程中，起主要作用，系本案的主犯；被告人朱平楚在本案中起帮助作用，系从犯，依法应减轻处罚。故对检察机关指控被告人唐家涛、唐雄生系本案的主犯，被告人朱平楚系从犯的意见，予以支持。被告人左剑光、刘元江在非法拘禁过程中均积极参与，并起主要作用，应系本案主犯，故对起诉书指控上述两被告人系从犯的意见，予以纠正。对于被告人唐雄生的辩护人提出的被告人唐雄生系本案从犯，依法应从轻或减轻处罚的意见。经查，被告人唐家涛、唐雄生经过共谋后分头行动，唐家涛在湖北省大冶市组织人员具体落实，而唐雄生则在江苏省负责报告被害人陈继平的行踪，并诱骗被害人陈继平到出租车旁，致使被害人被非法拘禁，故被告人唐雄生在实施非法拘禁共同犯罪中起主要作用，系该案的主犯。对上述辩护意见不予采纳。对于被告人唐家涛的辩护人提出的被告人唐家涛归案后如实供述自己及其他同案犯的罪行，应属有重大立功表现的辩护意见。经查，被告人唐家涛行为不符合重大立功情形，但可认定被告人属坦白，认罪态度好，依法可酌情从轻处罚，故对上述辩护意见不予采纳。对于被告人朱平楚辩称其是受胁迫的情况下参与犯罪的。因无证据证实，故对此辩解，不予采纳。对于被告人朱平楚的辩护人提出的被告人朱平楚无罪的辩护意见。经查，被告人朱平楚虽然没有参与事先共谋，但在其驾车前往句容的途中已得知了唐家涛一行人来句容的目的，在此情形下，朱平楚仍然继续将几名被告人送至目的地，并且在被害人被强行拖拉至车上时，随即驾车迅速离开现场返回大冶，因此朱平楚的行为属事中参与，其行为应当以非法拘禁罪的共犯论处，故对上述辩护意见不予采纳。

　　被告人唐家涛、唐雄生、左剑光及其辩护人提出的被告人唐家涛、唐雄生、左剑光不应承担陈继平死亡的刑事责任,陈继平死亡这一责任应由直接责任人来承担此后果。经查,5被告人在对陈继平限制人身自由的非法拘禁过程中,致被害人死亡,均应对此后果承担相应的刑事责任,故对上述意见均不予采纳。5被告人犯罪行为使附带民事诉讼原告人遭受了经济损失,应当依法予以赔偿。被告人唐家涛及其委托代理人提出:附带民事诉讼要求过高,被害人的赔偿标准不能适用城镇居民标准。经查,被害人陈继平的户口性质属于非农业性质,应适用城镇居民的赔偿标准,故对上述意见不予采纳。附带民事诉讼原告人要求5被告人承担民事赔偿责任的诉请均符合相关法律规定,应予支持。被告人唐雄生、左剑光的辩护人提出被告人唐雄生、左剑光归案后认罪态度好,归案后能如实供述自己及同案人的罪行,属于坦白,可酌情从轻处罚。经查,被告人唐家涛、唐雄生、左剑光、刘元江、朱平楚归案后均能供述自己及同案人犯罪事实,被告人朱平楚能积极赔偿原告方经济损失,且得到被害方的谅解,确有悔罪表现。因此,对上述5名被告人均可依法酌情从轻处罚。故对被告人唐雄生、左剑光辩护人的辩护意见,予以采纳。

### 二审诉辩情况

上诉人(原审被告人)唐家涛的上诉理由和辩护人的辩护意见是:上诉人(原审被告人)唐家涛行为只构成非法拘禁罪,目的是要债,并没有致死被害人的故意,且被害人死亡时,其不在场,上诉人(原审被告人)唐家涛非法拘禁的行为与被害人的死亡之间没有必然的因果关系,因此,不应当对被害人死亡的结果负责,一审判决有期徒刑11年不当。附带民事部分认定和判决的数额不合理,1997年的案件现在审理,应适用当时的赔偿标准。

上诉人(原审被告人)唐雄生上诉称:其只参与非法拘禁的预谋,被害人的死亡与其没有因果关系,不应对死亡结果负责,原判决适用法律错误。其只实施了通报情况和诱骗被害人至出租车旁的行为,属于辅助行为,不应认定为主犯。

上诉人(原审被告人)唐雄生的辩护人除了认同上述意见外,还认为被害人的死亡,上诉人(原审被告人)唐雄生在主观上没有罪过,属于不能预见,是他人在非法拘禁过程中实行过限的行为所致,与唐雄生非法拘禁行为没有任何因果关系。

上诉人(原审被告人)左剑光的上诉理由是:因其没有实施对被害人的加害行为,也无此故意,不应当对被害人的死亡负责,原判决量刑畸重。其在犯罪过程中,受人指使帮忙将被害人控制和弄进车内,对犯罪起帮助作用,应当认定为从犯,在3年以下有期徒刑从轻或减轻处罚。

### 二审裁判结果

江苏省镇江市中级人民法院依照《中华人民共和国刑事诉讼法》第189条第1项之规定，于2006年10月30日作出如下裁定：驳回上诉，维持原判。

### 二审裁判理由

二审法院江苏省镇江市中级人民法院认为：3上诉人认为不应当对死亡结果负责的上诉理由及辩护人提出的辩护意见。经查，被害人在被非法拘禁过程中死亡与本案犯罪的预谋、实施、诱骗、挟持上车等一系列行为之间存在着因果关系。被害人在遭非法拘禁后，可能有反抗、逃离、受伤、死亡等结果，是实施犯罪的罪犯能够预见的。我国《刑法》第238条第2款规定，"犯前款罪，致人死亡的，处十年以上有期徒刑"。该规定对致人死亡的原因、犯罪行为人的主、客观等方面没有附加任何限制性条件，因此，只要被害人在被非法拘禁的过程中死亡，所有实施犯罪的行为人均要在有期徒刑10年以上处刑。如其中有被告人对被害人的死亡存在过错，是过失的，与过失致人死亡罪竞合，择一重罪处罚，仍然以非法拘禁罪在有期徒刑10年以上处罚。如果以非法拘禁为目的，使用暴力行为导致被害人死亡的，根据该款规定转化为故意杀人定罪处罚。如果在非法拘禁的过程中，故意致人死亡的，应当以非法拘禁罪和故意杀人罪数罪并罚。《刑法》作出此结果加重的规定，旨在明确非法拘禁的犯罪行为具有极大的人身危险性，从而加大对该犯罪行为的打击力度，保护公民的人身安全，震慑犯罪。再则，本案中到目前为止，除了部分被告人的供述外，没有其他证据印证被害人系在逃共犯所杀，该事实无法认定。即使存在该事实，共同犯罪的其他人仍应适用结果加重的规定。被害人在被非法拘禁的过程中死亡，已是一个无可争议的事实，原判决对3上诉人的法律适用，符合《刑法》的规定。

上诉人（原审被告人）唐雄生参与共谋、诱骗被害人至犯罪地，上诉人（原审被告人）左剑光参与实施非法拘禁的行为，致被害人被挟持上车，最终死亡。在本案中，两上诉人的行为起了主要作用，属共同犯罪中的主犯。上诉人（原审被告人）唐家涛认为附带民事部分判决数额不合理的上诉理由，经查，原审法院对附带民事部分赔偿数额的计算方法和标准，符合法律的规定。

二审法院认为：上诉人（原审被告人）唐家涛、唐雄生、左剑光及原审被告人刘元江、朱平楚为索取债务非法剥夺他人人身自由，并致人死亡，其行为均已构成非法拘禁罪。原判决认定事实清楚，证据确实充分，审判程序合法，对3上诉人的定性、量刑及附带民事的判决正确。3上诉人的上诉理由及辩护人的辩护意见，不予采纳。

> **106. 刑事案件侦查人员超期羁押犯罪嫌疑人不予释放的行为，应当如何定性？**
>
> 　　刑事案件侦查人员超期羁押犯罪嫌疑人符合非法拘禁罪的犯罪构成，也可能同时符合滥用职权罪的犯罪构成。在行为人的行为只符合非法拘禁罪的犯罪构成时，直接以非法拘禁罪处理即可。但是当行为人的行为给公共财产、国家和人民利益造成重大损失时，同时符合了非法拘禁罪和滥用职权罪的犯罪构成，则应根据想象竞合犯的处罚原则，应当从一重处罚。一方面，上述情形中，行为人作为国家机关工作人员，在法定的范围之外滥用权力，关押犯罪嫌疑人，给其人身权利造成极大侵害，符合滥用职权罪的构成要件。并且依据最高人民法院、最高人民检察院、公安部于 2003 年 11 月 12 日联合下发的《关于严格执行刑事诉讼法，切实纠防超期羁押的通知》中要求"本通知发布以后，凡违反刑事诉讼法和本通知的规定，造成犯罪嫌疑人、被告人超期羁押的，对于直接负责的主管人员和其他直接责任人员，由其所在单位或者上级主管机关依照有关规定予以行政或者纪律处分；造成犯罪嫌疑人、被告人超期羁押，情节严重的，对于直接负责的主管人员和其他直接责任人员，依照《刑法》第三百九十七条的规定，以玩忽职守罪或者滥用职权罪追究刑事责任"。另一方面，从行为的表现形式看，行为人明知羁押期限已到而不释放犯罪嫌疑人或者变更强制措施，而是将其继续羁押。主观上存在拘禁他人的故意，客观上实施了侵犯他人人身自由权、非法拘禁他人的行为，亦符合非法拘禁罪的构成要件。因此对于上述情形，应该依照想象竞合犯的处罚原则，予以从重处罚。

**典型疑难案件参考**

李建增非法拘禁案

**基本案情**

2002 年 9 月 1 日，灵宝市公安局阳店派出所接群众报案，反映阳店镇西水头村发生聚众哄抢案件，阳店派出所安排警务区负责办理此案。并于2002年9月24日对犯罪嫌疑人建树谋依法刑事拘留。后由所长李建增交由民警郭建刚（以非法拘禁罪被判免予刑事处罚）具体承办此案。2002年9月30日，灵宝市公安局向灵宝市人民检察院提请批准逮捕建树谋，灵宝市人民检察院审查后认为，建树谋聚众哄抢一案事实不清退回补查。灵宝市公安局补充侦查后再次报捕，2002年12月5日，灵宝市人民检察院作出不批准逮捕决定。在接到不批准逮捕决定后，承办人郭建刚没有依法提出具体意见，向被告人李建增汇报。被告人李建增作为所长，没有依照《中华人民共和国刑事诉讼法》第69条第3款、第70条的规定，责成承办人对建树谋依法立即释放或变更强制措施，而是先让给局里汇报。后又同意将建树谋报劳教，并于2002年12月26日向三门峡市劳动教养委员会呈请对建树谋劳动教养。2003年1月14日，建树谋劳动教养呈报未被批准。次日，灵宝市人民检察院向灵宝市公安局发出《纠正违法通知书》，指出犯罪嫌疑人建树谋的刑事拘留羁押期限已超过了法定期限，应对其尽快报捕或变更强制措施。李建增接到灵宝市人民检察院《纠正违法通知书》后，于2月8日再次派承办人将案件送灵宝市人民检察院报捕。2月19日，灵宝市人民检察院未予批捕，将案卷退回。但李建增仍未将建树谋释放，直至3月6日，郭建刚被检察机关采取强制措施，建树谋才被释放。

▷ **诉辩情况**

河南省灵宝市人民检察院以被告人李建增犯非法拘禁罪，于2003年7月23日向河南省灵宝市人民法院提起公诉。起诉书指控被告人李建增超期羁押建树谋的行为构成非法拘禁罪。

▷ **裁判结果**

河南省灵宝市人民法院于2003年8月19日作出判决。依照《中华人民共和国刑法》第238条第1款、第4款、第25条第1款、第37条之规定，判决被告人李建增犯非法拘禁罪，免予刑事处分。

一审宣判后，李建增不服，提出上诉，三门峡市中级人民法院于11月18日作出裁定：撤销原判，发回重审。灵宝市人民法院经重新审理，于2004年4月15日作出判决：被告人李建增犯非法拘禁罪，免予刑事处罚。李建增仍不服，再次提出上诉。三门峡市中级人民法院于2004年7月7日作出终审裁定：驳回上诉，维持原判。

> **裁判理由**

法院生效判决认为：被告人李建增身为基层派出所所长，执行公务时，不能正确履行自己的工作职责，致使他人被超期羁押，非法剥夺了他人的人身自由，其行为已构成非法拘禁罪。检察机关指控罪名成立，应予惩处。被告人李建增能够如实供述案件事实，且犯罪情节轻微，故不予刑事处罚。

### 107. 绑架罪和非法拘禁罪的主要区别是什么？

绑架罪与非法拘禁罪在主体、客观方面上大致相同，在所侵犯的客体上也都有被害人的人身自由。其主要区别在于绑架罪的犯罪目的和动机在于绑架他人以勒索财物或绑架他人以达到非法目的，剥夺人身自由只是实现其犯罪目的的一种手段，一个重要的环节而已。绑架罪中，行为人是利用扣押的被害人作为人质，向第三人提出索要财产或满足其他不法目的。而非法拘禁罪的主观目的在于剥夺他人人身自由，而非法拘禁罪的犯罪目的和动机则多种多样，泄愤报复，偿还债务，逼取口供等，而其动机如何并不影响非法拘禁罪的成立。在非法拘禁罪中，行为人并没有利用非法拘禁他人的事实作为要挟，向第三方提出不法要求的行为。

### 108. 行为人挟持、捆绑女友亲人，要求女友家人同意女友与其继续谈恋爱的要求是否属于绑架罪主观方面所要求非法目的？

《刑法》第239条规定的绑架罪与第238条非法拘禁罪的关键区别在于，绑架罪是以达到自己勒索财物或者其他目的而实施的非法拘禁他人的行为，并意图通过此种非法拘禁行为来要挟被绑架人之外的人同意自己的非法要求，进而满足不法目的。而非法拘禁罪是对他人人身自由的限制，仅仅是对被拘禁人人身权利的侵犯，没有通过拘禁行为来要挟他人的意图。行为人为建立恋爱关系扣押被绑架人，构成非法拘禁罪还是绑架罪，关键要看行为人是否有通过该行为来要挟被扣押人之外的人的意图。如果行

> 为人是通过此种扣押行为要挟他人，则构成绑架罪，如果行为人没有要挟他人的意图，只是对被扣押人人身自由进行限制，则定为非法拘禁罪。

## 典型疑难案件参考

### 付志军非法拘禁案

**基本案情**

2000年冬天，被告人付志军经人介绍与禹利英（曾于1998年离婚）相识并建立了恋爱关系，恋爱期间双方同居。到2002年年底，因禹利英的家人对此事一直反对，禹利英不得不中断与被告人的恋爱关系。被告人付志军对此极为不满，在多次找禹利英及其家人商谈无果的情况下，为讨个说法，于2003年4月7日上午10时许，携带一壶汽油和一把水果刀，趁无人之际翻墙潜入到本镇潘窑村禹利英二姐禹翠家（禹利英及其父母当时住在此处）。被告人付志军踹开东厢门后藏于该屋，并在该屋找到一把斧子和一把菜刀。约半个小时后，付志军见禹利英的父亲禹甸进入该屋，便手持斧子以找禹利英理论说事为由，先将禹甸挟持在房间内，后用桌子和缝纫机顶住房门，并用绳子捆住禹甸的手和脚，置于屋内的床上。禹利英得知这一消息后，回来劝说付志军开门放人，遭付拒绝。中午12时许，公安人员到达现场，规劝付志军停止犯罪行为又遭其拒绝。直至当日下午2时45分，被告人付志军在其家人的劝说下才将屋门打开，被告人被公安人员抓获，被害人禹甸同时获救。

**诉辩情况**

荥阳市人民检察院以被告人付志军犯绑架罪向荥阳市人民法院提起公诉。被告人付志军对检察机关指控的基本犯罪事实不持异议。但辩称他之所以将被害人禹甸的手脚捆住，一是怕被害人跑掉；二是让被害人的子女看到后不敢对自己轻举妄动，便于说事。认为其行为不构成绑架罪，只属于非法拘禁。

其辩护人提出：被告人的犯罪动机特殊，有自首情节，请求对他从轻或减轻处罚。

**裁判结果**

荥阳市人民法院依照《中华人民共和国刑法》第238条第1款、第47条的规定，于2003年8月20日作出如下判决：

被告人付志军犯非法拘禁罪，判处有期徒刑3年。

### 裁判理由

荥阳市人民法院经公开审理认为：被告人付志军以非法拘禁的方法剥夺他人人身自由，其行为已构成非法拘禁罪。荥阳市人民检察院指控被告人付志军的犯罪事实成立，予以支持。但被告人付志军系因其女友禹利英与自己分手而心怀不满，其主观动机是威胁禹的家人以达到与禹利英继续恋爱的目的，客观方面虽然实施了捆绑行为，但未勒索财物或提出其他非法要求，其行为不符合绑架罪的构成要件，故检察机关指控的罪名不能成立，应予变更。被告人付志军的辩解理由成立，予以采纳。辩护人认为被告人有自首情节的辩护理由不能成立，不予采纳。

## 109. 为索取债务而扣押、拘禁债务人以外的第三人（与债务人有利害关系）的行为应如何定性？

行为人以索取债务为目的而扣押、拘禁债务人的家属或与债务人有特定关系的人，属于为索取债务非法扣押、拘禁他人的情形，行为人的行为应定性为非法拘禁。在理解非法拘禁罪中的"为索取债务非法扣押、拘禁他人"的"他人"的范围时，要作扩大解释，即不仅包括债务人本人，还包括债务人近亲属等利害关系人。司法实践中，行为人为实现自己的债权，可能通过非法扣押债务人的亲属为人质或者其他与债务人有关密切关系的人为人质来达到迫使债务人还债的目的。因此，此类行为仍然符合"为索取债务而扣押他人"的情形，应当以非法拘禁罪，而非绑架罪论处。

### 典型疑难案件参考

张仕秀、李超令非法拘禁案

### 基本案情

2008年3月，被告人张仕秀曾与王思平发生不正当关系。2008年10月29日，被告人张仕秀与其丈夫即被告人李超令经四川省万源市人民法院调解双方自愿离婚。后被告人张仕秀与王思平签订协议，由王思平赔偿人民币4万元给被告人张仕秀，后王思平支付了人民币3万元。2009年7月3日13时许，为追讨尚未支付的人民币1万元，被告人张仕秀提议并纠合被告人李超令到广州市天河区沐陂小学门口，将王思平的女儿王芸（2001年11月11日出生）带至广东省东莞市长安镇，以打电话及发短信的方式向王思平及其妻余进芳索要人民币1万元。同年7月6日，余进芳将人民币1万元汇入被告人张仕秀指定的账户后，被告人张仕秀、李超令将被害人王芸送回住处附近。2009年8月12日，被告人张仕秀、李超令在广东省东莞市长安镇被公安机关抓获。

### 诉辩情况

检察机关认为：被告人为索取债务非法扣押债务人以外的第三人，构成绑架罪，应当依法追究其刑事法律责任。

被告人对指控事实不持异议，认为自己没有绑架他人，只是为了收回债款。

### 裁判结果

审理法院依照《中华人民共和国刑法》第238条第1款及第3款、第25条第1款、第26条第1款及第4款、第27条的规定，判决如下：

一、被告人张仕秀犯非法拘禁罪，判处有期徒刑1年5个月；
二、被告人李超令犯非法拘禁罪，判处有期徒刑1年。

### 裁判理由

广州市天河区人民法院经审理认为：被告人张仕秀、李超令无视国家法律，为索取债务非法扣押、拘禁他人，其行为均已构成非法拘禁罪，应依法惩处。检察机关指控的事实清楚，证据确实充分，唯指控的罪名不当，本院予以纠正。根据法律规定，非法拘禁他人的，应在"三年以下有期徒刑、拘役、管制或者剥夺政治权利"幅度内量刑。被告人张仕秀在共同犯罪中提议并纠合同案人实施犯罪，起主要作用，是主犯；被告人李超令被纠合作案在共同犯罪中起次要作用，是从犯，应当从轻处罚。上述两被告人非法拘禁未成年人超过24小时，酌情从重处罚。鉴于本案事出有因，被告人张仕秀、李超令对被拘禁的被害人没有造成损害后果，两被告人均能如实供述犯罪事实，并考虑到两被告人共同生育的3名子女尚年幼的客观情况，酌情从轻处罚。

### 110. 非法拘禁案件在量刑时主要考虑哪些情节？

非法拘禁罪在量刑时除应考虑基本犯罪构成事实外，还要关注非法拘禁的时间长短、是否具有殴打侮辱情节等。对于具有殴打、侮辱情节的，应当从重处罚。从行为人身份来考虑，国家机关工作人员利用职权犯非法拘禁罪的，也应当从重处罚。此外，也要关注非法拘禁是否造成了被害人自杀、自残等法定升格刑要件的危害后果。如果因为非法拘禁行为致人死亡或者致人重伤的，都应当按照非法拘禁罪的加重犯罪构成进行量刑。但是，对于使用暴力致人伤残、死亡的，应当依照故意伤害罪、故意杀人罪论处，而不再作为非法拘禁罪处断。

## 典型疑难案件参考

### 冯勇、穆守雨、丁立常非法拘禁案

**基本案情**

被告人穆守雨得知被告人冯勇有债款未索还后打电话与被告人冯勇联系，提出为冯讨要债款，并要求提取佣金，冯勇表示同意。在被告人冯勇的雇用、授意下，被告人穆守雨纠集被告人丁立常及方虎、李仁发（均另行处理）于2009年6月11上上午7时许，驾驶一辆轿车至本市浦东新区合庆镇凌白路、远东大道路口附近，采取强拉、殴打等方式，将与被告人冯勇有债权债务关系的被害人蔡勇挟持上车，带至江苏省昆山市境内扣留。期间，被告人穆守雨、丁立常等人以殴打、威胁等方式，向被害人蔡勇及其家属逼要人民币15万元。直至次日凌晨5时许，当被告人穆守雨、丁立常等人带被害人蔡勇一同至本市嘉定区南翔镇，欲与被害人家属见面并收款放人时被公安民警当场抓获，被害人蔡勇被解救。经法医鉴定，被害人蔡勇遭外力致右眼钝挫伤及左大腿软组织挫伤，已构成轻微伤。

**诉辩情况**

检察机关认为：被告人行为构成非法拘禁罪，且有殴打被害人情节，应当依法追究其刑事法律责任。

被告人及其辩护人辩解：被告人冯勇的辩护人认为被告人冯勇没有非法拘禁罪的共同犯罪故意，所以不构成共同犯罪。被告人丁立常的辩护人认为，被告人丁立常在共同犯罪中起辅助作用，应当认定为从犯，从轻处罚。

**裁判结果**

审理法院依照《中华人民共和国刑法》第 228 条第 1 款、第 3 款、第 25 条之规定，判决如下：

一、被告人冯勇犯非法拘禁罪，判处有期徒刑 9 个月；

二、被告人穆守雨犯非法拘禁罪，判处有期徒刑 8 个月；

三、被告人丁立常犯非法拘禁罪，判处有期徒刑 7 个月。

**裁判理由**

上海市浦东新区人民法院认为：被告人冯勇、穆守雨、丁立常非法剥夺他人人身自由，其行为均已构成非法拘禁罪，且有殴打情节，依法从重处罚。检察机关指控的犯罪成立，予以支持。关于被告人冯勇及其辩护人提出冯勇没有共同犯罪主观故意的辩解。经查，被告人穆守雨在公安侦查阶段和当庭均指证他与被告人冯勇讲明要将被害人抓过来讨债，冯勇本人亦曾在卷供述。冯虽然也曾供认在穆守雨提出帮助索债时，其要求穆不要采用违法行为，穆讲"只要把钱要过来，其他你不要管"，冯的提醒说明其在通过法院诉讼仍索债不成的情况下，已经意识到穆守雨可能采用非法手段索债，而在穆守雨让其不要管时，其并未阻止而予以放任，其的主观意愿是只要讨到债款，具体采取何种手段放任不管，冯勇主观上与被告人穆守雨等人形成概括的共同故意，对穆守雨等人所实施的非法拘禁犯罪包括期间殴打被害人的行为均应当负刑事责任。冯勇的辩护人的相关意见理由不成立，不予支持。被告人丁立常在穆守雨的纠集下，从事先去被害人蔡勇住处察看一直到非法拘禁蔡勇的整个过程，均积极参与，其间也对被害人进行过殴打，其在犯罪中所起的是积极、主要的作用，与同案犯并无明显主次之分，不宜认定为从犯，辩护人的相关意见理由不成立，不予采纳。

### 111. 非法拘禁罪与绑架罪如何进行区分？

非法拘禁罪与绑架罪都限制了他人的人身自由，但是两者之间也存在重大区别：首先，从主观方面来看，绑架罪的行为人主观上具有迫使第三人作为或者不作为的目的，并不单纯是为了剥夺他人的人身自由，而非法拘禁罪就是为了单纯剥夺他人人身自由，以达到报复泄愤或者索要欠款的目的。对于勒索型绑架罪与

> 非法拘禁罪的区别，关键点在于行为人与被害人之间是否存在现实的债权债务关系，有债权债务关系的以非法拘禁罪论处，否则以绑架罪论处。

## 典型疑难案件参考

### 黄隆杰非法拘禁案

**基本案情**

2001年11月3日晚，被告人黄隆杰和纪传华（在逃）等人在乌石埔碰到"阿施"、石国情，并谈好一起到乌石埔"阿施"暂住处与"阿施"、石国情进行嫖宿。后被告人黄隆杰、纪传华等人与"阿施"因付嫖资发生纠纷。"阿施"、石国情就下楼后又同"狗哥"一起过来。被告人黄隆杰和纪传华等3人要离开现场时，"狗哥"拿了一把刀追上将黄隆杰的手臂砍伤。第二天，黄隆杰到江头医院治疗，花费医药费共计人民币188.30元。之后，被告人黄隆杰和同学邹宝龙等人到乌石埔找"狗哥"解决被砍伤的事，但未找到。当月10日21时许，被告人黄隆杰和纪传华等人在乌石埔遇见石国情，为了通过石向"狗哥"索要医药费，便打了石两巴掌，强行将石劫持到芙蓉苑"南京鸭都"包间内看押。然后又纠集10余名同伙（均在逃），并叫石打电话给砍伤黄隆杰的人，要对方赔偿医疗费。石就用黄隆杰的手机给其男友孙大勇打电话，被告人黄隆杰等人要孙大勇拿2000元来作为医药费。孙大勇接到勒索电话后报警。马垅派出所民警连卫平身着警用训练服，带领2名联防队员于次日凌晨零时许和孙大勇一起前往，后在怡景花园门口将前来取钱的黄隆杰制伏，但遭与黄隆杰一同前来的人围攻，黄乘机反抗得以挣脱逃跑。民警及联防队员均被殴致轻微伤，出警车辆也被砸坏。凌晨1时许，被告人黄隆杰的同伙将被害人石国情释放。

另查明，1998年起，江国与黄隆杰合作画油画。江每月付给黄隆杰工资人民币1200元、加班创作补贴500元、油画原材料补贴400元、房租水电费105元，共计人民币2205元。

**一审诉辩情况**

福建省厦门市湖里区人民检察院指控称被告人黄隆杰的行为已触犯《中华人民共和国刑法》第239条、第277条、第69条的规定，应以绑架罪、妨害公务罪追究刑事责任，二罪并罚，请依法惩处。

被告人的辩解及其辩护人的辩护意见：被告人黄隆杰辩称：（1）其没有绑架石国情，只是想通过石国情找到砍伤他的人。（2）其当时被一穿制服的人抓住，以为对方是保安。其没有殴打警察，只是将对方推开后逃走。

被告人黄隆杰的辩护人辩称：（1）起诉书指控被告人犯绑架罪，属定性错误，应当定非法拘禁罪。绑架罪侵犯的客体是他人的人身权利。行为人以暴力、胁迫等手段对他人实施绑架，直接危害被害人的生命健康。行为人常以杀害被绑架者相威胁。本案被告人的行为并未达到严重程度。被告人只是短时间内非法限制了被害人人身自由。在此过程中，既没有以杀害被害人相威胁、迫使家属交付赎金之行为，也没有虐待、重伤或杀害被害人之行为。在限制被害人人身自由过程中，仅仅是打了被害人两记耳光。该行为远未达到绑架罪所要求的使用暴力、胁迫或其他方法之程度。本案被告人并没有以勒索财物为目的而绑架他人。就在案发前几天，被告人因嫖娼纠纷遭受与被害人一伙的"鸡头"的刀砍致伤。使被告人蒙受医疗费及误工损失。根据被告人的学艺师傅江国的证言，被告人的月收入有2000余元，被告人因手被砍伤而一个月内无法画画，误工损失客观存在，被告人被砍伤后而多次到被害人处寻找行凶之人解决误工损失一事均未果。被告人从归案的第一天起至法庭审判之日，均供述限制被害人人身自由的目的是想通过被害人联系砍伤被告人的人（只有通过被害人才有可能找到行凶的"鸡头"），以解决医疗费及误工费的合理补偿。《刑法》第238条明确规定"为索取债务非法扣押、拘禁他人的"，依照非法拘禁罪的规定处罚。（2）起诉书指控被告人犯妨害公务罪，事实不清，证据不足，罪名不能成立。本案中，公安机关出警车辆系挂靠地方牌的普通车，没有警灯，也没有警车标识。出警人员系一名警察及两名治安联防队员。该警察没有穿警服、警帽和警用标志，只穿警用作训服，在执行公务过程中也未出示相关证件。故被告人无法相信、判断他们是在出警执行公务。（3）被告人在被穿警用训练服的人制伏后趴在出租车上突然后面有人喊："打"，于是一伙人围攻上来，被告人趁机挣扎，在挣扎过程中有与穿警用训练服的人推打而后逃脱。被告人这一推打行为并不构成妨害公务罪，因为任何一疑犯在遭拘捕时都会反抗、挣扎，有的还有暴力伤害，但在司法实践中并不因此追究疑犯的妨害公务罪而予以数罪并罚。再者，与被告人一同前来的那伙人围攻执行人员，被告人事前并未与他们商量、通谋，事发之时也不知情，没有共同之故意，而且被告人挣脱后即离开现场，对现场所发生的一切围攻殴打事件一无所知，由此可见，被告人的行为不构成妨害公务罪。（4）被告人认罪态度好，系初犯、偶犯，应当酌情从轻处罚。

▶ 一审裁判结果 ◀

厦门市湖里区人民法院依照《中华人民共和国刑法》第238条第1款、第3款、第64条的规定，作出如下判决：

一、黄隆杰犯非法拘禁罪，判处有期徒刑2年；

二、随案移送的作案工具诺基亚8210型手机1部，予以没收，上缴国库。

▶ 一审裁判理由 ◀

福建省厦门市湖里区人民法院经审理认为：被告人黄隆杰伙同他人为索取债务而采用暴力手段非法扣押、拘禁他人4小时，严重侵犯了他人的人身权利，其行为已构成非法拘禁罪。且具有殴打情节，依法应从重处罚。检察机关指控被告人犯绑架罪，定性错误，不予采纳。检察机关认为：石国情只是被告人黄隆杰被砍伤时在场而已。被告人黄隆杰伙同他人以劫持石国情做人质相要挟的手段，向被害人勒索2000元。其行为已构成绑架罪。经查，本案是因被告人黄隆杰和纪传华等人与"阿施"、石国情之间的不法行为而引发"狗哥"砍伤被告人的侵权行为，产生了侵权之债。被告人黄隆杰伙同他人采取绑架的手段拘禁石国情。其侵害的对象是特定的，即与其被"狗哥"砍伤有一定关系的人。黄隆杰的犯罪目的是为了索取债务，采用强行扣押"人质"的方式，胁迫砍伤其的人赔偿医药费。故被告人黄隆杰及其辩护人提出被告人不是以勒索财物为目的而绑架他人，而是为了索取债务非法扣押、拘禁他人的辩护意见，与事实相符，予以采纳。检察机关指控被告人黄隆杰抗拒抓捕，又伙同他人采用暴力手段阻碍公安人员依法执行公务，其行为已构成妨害公务罪。经查，被告人黄隆杰在怡景花园门口向被害人取钱时，被守候在旁的警察制伏，但警察及联防队员遭与黄一同前来的人围攻，黄隆杰乘机反抗得以挣脱逃跑。民警及联防队员均被黄的同伙殴打致轻微伤，出警车辆也被砸坏。被告人黄隆杰虽在其同伙围攻警察及联防队员时乘机反抗得以挣脱逃跑，但其目的是为了拒捕。该行为是被告人非法拘禁他人行为的延续。其并没有参与围攻警察及联防队员。并且没有证据证实被告人与围攻警察的那伙人事先通谋围攻公安人员。检察机关指控被告人黄隆杰犯妨害公务罪，不能成立。被告人及辩护人提出不构成妨害公务罪的辩护意见，与事实相符，予以采纳。

▶ 二审诉辩情况 ◀

福建省厦门市湖里区人民检察院抗诉称：（1）判决书认定黄隆杰没有殴打警察属认定事实错误。指控黄隆杰殴打警察，有民警连卫平的指认，联防队员林智峰、证人邹宝龙的目击证言，以及伤情鉴定书等证据佐证，证据确实。

(2) 黄隆杰虽然事先没有与同伙预谋殴打警察，但因为其被警察按在车上，其同伙才喊"打"并围攻警察，黄隆杰也正是基于此而反抗，挣脱并挥拳殴打警察后跑掉，其与同伙形成了事中通谋的共同犯罪，应当以妨害公务罪追究其刑事责任。(3) 湖里区法院判决认定黄隆杰挣脱逃跑的主观目的是为了拒捕，应视为非法拘禁犯罪的延续，不再单独定罪实行数罪并罚，而只作为从重处罚的一个情节考虑，属于认定事实和适用法律错误。理由是：第一，公安出警目的有二：一是解救人质，二是抓捕罪犯。公安人员在遭到围攻后导致解救人质失败，判决认定黄隆杰目的仅为了拒捕属认定事实错误。第二，黄隆杰先后实施了拘禁和袭警两个行为，都具有独立的犯意，也均符合二罪的构罪要件，且不存在目的和手段的牵连及法条竞合等因素，应当予以数罪并罚。

原审被告人黄隆杰辩称：案发当时不明知对方是警察，也没有殴打警察，是挣脱逃跑的。其辩护人辩称：(1) 黄隆杰没有妨害公务的故意。(2) 从案发当时公安机关未使用警车、未出示证件、未告知警察身份等情况看，黄隆杰无从判断对方是警察，挣扎逃跑与使用暴力不同。(3) 司法实践中对拒捕不以数罪追究。

▶ 二审裁判结果 ◀

福建省厦门市中级人民法院依照《中华人民共和国刑事诉讼法》第189条第1项和《中华人民共和国刑法》第238条第1款、第3款、第64条以及最高人民法院《关于对为索取法律不予保护的债务非法拘禁他人行为如何定罪的问题的解释》之规定，作出如下裁定：驳回抗诉，维持原判。

▶ 二审裁判理由 ◀

福建省厦门市中级人民法院认为：原审被告人黄隆杰伙同他人为索取非法债务而采用暴力手段非法扣押、拘禁他人4小时，其行为已构成非法拘禁罪。黄隆杰在与他人非法拘禁犯罪过程中殴打被害人，依法应予从重处罚。原判定罪准确，量刑适当，审判程序合法。妨害公务罪必须以暴力、威胁方法阻碍国家机关工作人员依法执行职务为要件，但就本案而言，民警连卫平在抓捕犯罪嫌疑人的过程中未明确告知黄隆杰其警察身份，也未向黄隆杰出示相应证件，故其行为与《人民警察法》第9条的规定相悖，不能认定连卫平的行为属于"依法执行职务"，黄隆杰采用暴力手段反抗挣脱逃跑的行为不是"拒捕"，原判认定黄隆杰"拒捕"错误，应予纠正。况且，法律对抗拒抓捕的转化型犯罪及以暴力、威胁方法抗拒缉私的行为等明确规定为犯罪，对"拒捕"无明文规定为犯罪，审判实践中也一般作为对行为人酌情从重处罚的情节，而不因此兼以妨害公务罪实行并罚。认为黄隆杰"拒捕"另构成妨害公务罪的意见于法无据，不能成立，不予采纳。原审被告人黄隆杰及其辩护人的部分意见可以采纳。

# 非法拘禁罪办案依据集成

## 刑法条文

**第二百三十八条** 【非法拘禁罪】非法拘禁他人或者以其他方法非法剥夺他人人身自由的,处三年以下有期徒刑、拘役、管制或者剥夺政治权利。具有殴打、侮辱情节的,从重处罚。

【非法拘禁罪,故意伤害罪,故意杀人罪】犯前款罪,致人重伤的,处三年以上十年以下有期徒刑;致人死亡的,处十年以上有期徒刑。使用暴力致人伤残、死亡的,依照本法第二百三十四条、第二百三十二条的规定定罪处罚。

【非法拘禁罪,故意伤害罪,故意杀人罪】为索取债务非法扣押、拘禁他人的,依照前两款的规定处罚。

【非法拘禁罪,故意伤害罪,故意杀人罪】国家机关工作人员利用职权犯前三款罪的,依照前三款的规定从重处罚。

## 立案标准

**1. 最高人民检察院《人民检察院直接受理立案侦查的渎职侵权重特大案件标准(试行)》**(2002年1月1日 高检发〔2001〕13号)(节录)

三十四、国家机关工作人员利用职权实施的非法拘禁案

(一)重大案件

1. 致人重伤或者精神失常的;
2. 明知是人大代表而非法拘禁的,或者明知是无辜的人而非法拘禁的;
3. 非法拘禁持续时间超过一个月,或者一次非法拘禁十人以上的。

(二)特大案件

非法拘禁致人死亡的。

**2. 最高人民检察院《关于渎职侵权犯罪案件立案标准的规定》**(2006年7月26日 高检发释字〔2006〕2号)(节录)

二、国家机关工作人员利用职权实施的侵犯公民人身权利、民主权利犯罪案件

(一)国家机关工作人员利用职权实施的非法拘禁案(第二百三十八条指97刑法条文。——编者注)

非法拘禁罪是指以拘禁或者其他方法非法剥夺他人人身自由的行为。

国家机关工作人员利用职权非法拘禁,涉嫌下列情形之一的,应予立案:

1. 非法剥夺他人人身自由24小时以上的;
2. 非法剥夺他人人身自由,并使用械具或者捆绑等恶劣手段,或者实施殴打、侮辱、

虐待行为的；

3. 非法拘禁，造成被拘禁人轻伤、重伤、死亡的；

4. 非法拘禁，情节严重，导致被拘禁人自杀、自残造成重伤、死亡，或者精神失常的；

5. 非法拘禁3人次以上的；

6. 司法工作人员对明知是没有违法犯罪事实的人而非法拘禁的；

7. 其他非法拘禁应予追究刑事责任的情形。

三、附则

（二）本规定所称"以上"包括本数；有关犯罪数额"不满"，是指已达到该数额百分之八十以上的。

（三）本规定中的"国家机关工作人员"，是指在国家机关中从事公务的人员，包括在各级国家权力机关、行政机关、司法机关和军事机关中从事公务的人员。在依照法律、法规规定行使国家行政管理职权的组织中从事公务的人员，或者在受国家机关委托代表国家行使职权的组织中从事公务的人员，或者虽未列入国家机关人员编制但在国家机关中从事公务的人员，在代表国家机关行使职权时，视为国家机关工作人员。在乡（镇）以上中国共产党机关、人民政协机关中从事公务的人员，视为国家机关工作人员。

（六）本规定自公布之日起施行。本规定发布前有关人民检察院直接受理立案侦查的国家机关工作人员渎职和利用职权实施的侵犯公民人身权利、民主权利犯罪案件的立案标准，与本规定有重复或者不一致的，适用本规定。

对于本规定施行前发生的国家机关工作人员渎职和利用职权实施的侵犯公民人身权利、民主权利犯罪案件，按照《最高人民法院、最高人民检察院关于适用刑事司法解释时间效力问题的规定》办理。

**3.** 最高人民检察院《关于印发部分罪案〈审查逮捕证据参考标准（试行）〉的通知》（2003年11月27日　高检侦监发〔2003〕107号）（节录）

七、非法拘禁罪案审查逮捕证据参考标准

非法拘禁罪，是指触犯《刑法》第238条的规定，以拘禁或者其他强制方法，非法剥夺他人人身自由的行为。其他以非法拘禁罪定罪处罚的有：收买被拐卖的妇女、儿童，非法剥夺、限制其人身自由的。

对提请批捕的非法拘禁案件，应当注意从以下几个方面审查证据：

（一）有证据证明发生了非法拘禁犯罪事实。

重点审查：

1. 犯罪现场照片、现场勘查笔录、犯罪工具实物或照片、伤情鉴定等证明发生拘禁他人或者以其他方法剥夺他人人身自由的行为的证据。

2. 证明非法拘禁犯罪事实发生的被害人陈述、证人证言、犯罪嫌疑人供述和解救被害人的相关证据等。

3. 证明拘禁他人或者以其他方法剥夺他人人身自由的行为系非法的证据。

（二）有证据证明非法拘禁犯罪事实系犯罪嫌疑人实施的。

重点审查：

1. 在犯罪嫌疑人实施拘禁地解救出被害人的证据。
2. 被害人的指认。
3. 犯罪嫌疑人的供认。
4. 证人证言。
5. 同案犯罪嫌疑人的供述。
6. 其他能够证明犯罪嫌疑人实施非法拘禁犯罪的证据。

（三）证明犯罪嫌疑人实施非法拘禁犯罪行为的证据已有查证属实的。

重点审查：

1. 其他证据能够印证的被害人的指认。
2. 其他证据能够印证的犯罪嫌疑人的供述。
3. 能够相互印证的证人证言。
4. 能够与其他证据相互印证的证人证言或同案犯供述。
5. 能够排除合理怀疑的被害人因非法拘禁在身体、精神方面受到损害的相关证明材料。
6. 其他查证属实的证明犯罪嫌疑人实施非法拘禁犯罪的证据。

### 司法解释

**最高人民法院《关于对为索取法律不予保护的债务非法拘禁他人行为如何定罪问题的解释》**（2000年7月19日　法释〔2000〕19号）

为了正确适用刑法，现就为索取高利贷、赌债等法律不予保护的债务，非法拘禁他人行为如何定罪问题解释如下：

行为人为索取高利贷、赌债等法律不予保护的债务，非法扣押、拘禁他人的，依照刑法第二百三十八条的规定定罪处罚。

### 其他办案依据

**1. 公安部、最高人民检察院、最高人民法院《关于在商业贸易活动中发生非法拘禁案件情况的通报》**（1990年9月8日　公通字〔1990〕89号）（节录）

一、各地公安机关要严格执行一九八九年三月公安部《关于公安机关不得非法越权干预经济纠纷案件的处理的通知》（〔89〕公（治）字30号），不得受理经济纠纷案件，严禁公安机关和公安干警以收审、拘押人质等非法手段插手经济纠纷案件的处理。如遇有投诉，不能立即判明案件的性质是属于经济纠纷还是经济犯罪的，可以做必要的调查了解，但不得随意采取限制人身自由的各种强制措施；明确案件性质后，对属于经济纠纷的案件，应当立即移送有管辖权的机关处理。各地人民检察院要严格执行最高人民检察院《关于查处在商贸活动中以绑架、扣押人质等方法逼还债务非法拘禁他人的案件的通报》（高检法发字〔1990〕第2号），严禁检察机关和检察干部以任何形式为企事业单位追索债务而直接办理诈骗、投机倒把等非自侦案件,不得非法绑架、扣押人质。人民法院在审理经济纠纷案件中发现经济犯罪,必须及时移送给有管辖权的公安机关或检察机关侦查、起诉。

二、对以绑架、扣押人质等方式逼还债务、非法拘禁他人的案件,公安、检察机关一定要严格依法查处,尤其对公安、司法人员和其他国家工作人员或冒充公安、司法人员非法拘禁他人的,要依法从严查办,以确保公民人身自由权利不受侵犯。

在查处绑架、扣押人质等非法拘禁他人案件的同时,对产生的其他问题也应做认真处理。如属于经济纠纷案件,应当告知当事人到人民法院或其他主管机关解决;如属于经济犯罪,则应当由有管辖权的公安或检察机关立案、侦查,坚决打击诈骗等经济犯罪活动,使犯罪分子得到应有的惩处,使当事人的合法权益得到保护。

三、公安机关、人民检察院、人民法院一旦发现正在发生的非法绑架、扣押人质或拘禁他人的案件,要立即设法解救出人质,并采取必要的措施,防止发生意外,然后再区别性质、情况,移送主管机关查处。

**2. 最高人民检察院《关于严肃查处非法拘禁人大代表犯罪案件的紧急通知》**(2000年2月23日 高检发法字〔2000〕第4号)

各省、自治区、直辖市人民检察院,军事检察院:

近年来,全国各级检察机关依法查办了一批国家机关工作人员非法拘禁人大代表的犯罪案件,对保护人大代表的人身权利、民主权利,保障人大代表依法履行职责,发挥了重要作用。但是,此类案件仍然不断发生,有的非法拘禁人大代表的案件情节严重,影响恶劣。对此,各级检察机关必须予以高度重视,采取坚决有效措施,切实加大查办非法拘禁人大代表犯罪案件的力度。

一、要充分认识查办非法拘禁人大代表犯罪案件的重要性。我国各级人民代表大会代表是依照法律选举产生的国家权力机关组成人员,代表人民的利益和意志,依照宪法和法律赋予的各项职权参加行使国家权力。我国法律明确规定,县级以上的各级人民代表大会代表,非经本级人民代表大会主席团许可,在人民代表大会闭会期间,非经同级人民代表大会常务委员会许可,不受逮捕或者刑事审判;如果因为是现行犯被拘留,执行拘留的机关应当立即向该人民代表大会主席团或者其常务委员会报告;对县级以上的各级人民代表大会代表采取法律规定的其他限制人身自由的措施,应当经该级人民代表大会主席团或者其常务委员会许可。县级以下的人民代表大会代表被逮捕、受到刑事审判,或者被采取法律规定的其他限制人身自由的措施,执行机关应当立即报告该级人民代表大会。各级检察机关要充分认识,保护各级人民代表大会代表的合法权利,捍卫法律的尊严,是法律赋予检察机关的重要职责,是加强我国社会主义民主法制建设的需要,是实践依法治国,建设社会主义法治国家的必然要求。各级检察机关务必把这项工作摆上重要位置,抓紧抓好。

二、要切实加大非法拘禁人大代表犯罪案件的查处力度。坚决查办非法拘留、逮捕,或者其他严重限制人大代表人身自由的犯罪案件,特别是对那些长时间、多人次非法拘禁人大代表的案件,对那些非法拘禁情节恶劣、后果严重、社会影响极坏的案件,要及时发现,及时查处,发现一件,查处一件,不管涉及到谁,都要一查到底,决不姑息。对压案不查、瞒案不报的,要坚决追究有关人员的责任。

三、查办非法拘禁人大代表的犯罪案件过程中，要注意对人大代表的司法保护。一旦发现有非法拘禁人大代表的案件，要先依法释放，再行查处；凡人大代表向检察机关的投诉，都要认真受理，及时查办；要采取措施，依法保护被非法拘禁的人大代表的人身安全；案件的查处进展情况要及时向人大常委会通报，征询意见。

四、查办非法拘禁人大代表的犯罪案件要紧紧依靠党的领导和人大的支持。非法拘禁人大代表是国家机关工作人员实施的一种侵权型职务犯罪，查处干扰多，阻力大，调查取证困难，各级检察机关要积极争取党委的领导和人大的支持，主动汇报工作，必要时可提请党委和人大出面做好协调工作，确保查处工作依法顺利进行。

五、严格依法办事，正确区分罪与非罪界限，坚持办案程序、办案规范和办案纪律要求。同时要有针对性地加强宣传和预防工作，积极探索杜绝发生非法拘禁人大代表案件的措施与途径。

六、要加强领导，各级检察院检察长要高度重视非法拘禁人大代表犯罪案件的查处工作，直接抓、亲自抓，做好指挥、协调工作，对办案中遇到的问题及时研究解决。上级检察院要加强督办、指导，支持下级检察院的查办工作，遇有干扰多、阻力大的案件，上级检察机关要提上来办。各地检察机关发现和查办非法拘禁人大代表犯罪案件的情况要及时层报最高人民检察院。

**3. 最高人民法院、最高人民检察院、公安部、司法部《关于依法惩治拐卖妇女儿童犯罪的意见》**（2010年3月15日）（节录）

五、定性

20. 明知是被拐卖的妇女、儿童而收买，具有下列情形之一的，以收买被拐卖的妇女、儿童罪论处；同时构成其他犯罪的，依照数罪并罚的规定处罚：

（3）非法剥夺、限制被收买妇女、儿童的人身自由，情节严重，或者对被收买妇女、儿童有强奸、伤害、侮辱、虐待等行为的；

**4. 最高人民法院《人民法院量刑指导意见（试行）》**（2010年10月1日法发〔2010〕36号）（节录）

四、常见犯罪的量刑

（四）非法拘禁罪

1. 构成非法拘禁罪的，可以根据下列不同情形在相应的幅度内确定量刑起点：

（1）未造成伤害后果的，可以在三个月拘役至六个月有期徒刑幅度内确定量刑起点。

（2）致一人重伤的，可以在三年至四年有期徒刑幅度内确定量刑起点。

（3）致一人死亡的，可以在十年至十二年有期徒刑幅度内确定量刑起点。

2. 在量刑起点的基础上，可以根据非法拘禁人数、次数、拘禁时间、致人伤亡后果等其他影响犯罪构成的犯罪事实增加刑罚量，确定基准刑。

3. 有下列情节之一的，可以增加基准刑的20%以下：

（1）具有殴打、侮辱情节的；

（2）国家机关工作人员利用职权非法扣押、拘禁他人的。

4. 为索取合法债务、争取合法权益而非法扣押、拘禁他人的,可以减少基准刑的30%以下。

> **法律法规**

**1.《中华人民共和国宪法(2004年修正)》**(1982年12月4日)(节录)

第三十七条 中华人民共和国公民的人身自由不受侵犯。

任何公民,非经人民检察院批准或者决定或者人民法院决定,并由公安机关执行,不受逮捕。

禁止非法拘禁和以其他方法非法剥夺或者限制公民的人身自由,禁止非法搜查公民的身体。

**2.《中华人民共和国人民警察法》**(1995年2月28日)(节录)

第二十二条 人民警察不得有下列行为:

(五)非法剥夺、限制他人人身自由,非法搜查他人的身体、物品、住所或者场所;

第四十八条(第一款) 人民警察有本法第二十二条所列行为之一的,应当给予行政处分;构成犯罪的,依法追究刑事责任。

# 九、绑架罪

**112. 暴力胁迫他人写下欠条又以非法拘禁方式强迫他人还款的，能否构成索债型的非法拘禁罪？**

暴力胁迫他人写下的欠条不能证明双方存在现实的债权债务关系。能否构成索债型非法拘禁罪关键是看行为人与被害人之间是否存在现实的债权债务关系，这种债务既可以是合法债务也可以是非法债务。

**113. 行为人实施暴力指向的对象为被害人，勒索财物对象仍为被害人，但被害人身边没有钱财，让不知情第三人送来钱财的该如何定性？**

行为人的行为并没有为第三人所知悉，没有对第三人形成心理强制，仍然是当场对被害人实施人身强制并当场取财的抢劫行为，构成抢劫罪。

**114. 行为人以非法拘禁的方式胁迫被害人当场交出财物，并同意被害人让第三人送来财物，但被害人在行为人不知情的情况下告诉该第三人自己受到胁迫，行为如何定性？**

该种行为仍定性为抢劫行为。勒索财物型绑架罪是行为人利用第三人对"人质"安危的顾虑，明确要求第三人交出财物；上述情况下，行为人没有利用"人质"来要挟第三人的主观故意，符合抢劫罪中的人身强制行为和非法取财行为的"当场性"的特征，仍应认定为抢劫行为。

## 典型疑难案件参考

**陈祥国绑架案** ［中华人民共和国最高人民法院公报（2007年卷）］

### 基本案情

2005年6月2日下午，被告人陈祥国接到原已相识的被害人何明耀（中国香港居民）的电话，得知何从中国香港来沪，并约其去酒店见面。当晚8时许，陈祥国携带装有事先购置的刀、绳、胶带、注射针筒、纸张等作案工具的皮包，来到何明耀入住的上海市某酒店客房内。双方见面闲聊片刻后，被告人陈祥国突然从皮包内拿出砍刀，向被害人何明耀索要15万元港币。被害人何明耀称身边未带巨款，包内只有少量港币和人民币现金，陈祥国如果要可以拿去。陈祥国遂用绳子捆住何明耀手脚，持注有红色液体的针筒，佯装要给何明耀注射艾滋病毒（后经查证针筒内为红色墨水），并佯装打电话对外联络，谎称楼下有同伴协助，以此向何明耀施加压力，继续索要钱款。被害人何明耀遂提出可以打电话给中国香港的朋友，让朋友帮助筹钱后带到上海。在得到陈祥国应允后，何明耀即打电话与中国香港朋友联系，并借此机会用陈祥国听不懂的方言向朋友暗示自己已遭到劫持，要求朋友为其报警。在等待警方解救期间，何明耀告诉陈祥国，钱款要在6月4日方能到手。陈祥国进而将索要钱款的数额增加为港币20万元（折合人民币21.3万元），逼迫何明耀按其所述先写下一张草稿，再照草稿誊写了一张"何明耀2005年4月8日借陈浩强港币20万元"的借条，同时将何明耀放在包内的港币3340元（折合人民币3557.1元）和人民币600元劫走。

2005年6月3日，上海警方接到香港警方转来的报案后，冲入被害人入住客房，解救了被捆绑的被害人何明耀，并当场抓获被告人陈祥国，并从被告人身上缴获了港币3340元和人民币600元。作案工具砍刀、尖刀、红墨水、针筒等，亦在该客房内一并被缴获。

### 诉辩情况

上海市黄浦区人民检察院以被告人陈祥国犯绑架罪，向上海市黄浦区人民法院提起公诉。起诉书指控：被告人陈祥国以勒索财物为目的，用刀子逼迫、绳子捆绑、言语威胁等手段，向被害人何明耀索要巨额钱款，并将何明耀随身携带的现金劫为己有，构成绑架罪。

被告人陈祥国辩称：其为被害人何明耀办过很多事，并在为其办事时被他人捅伤，应当得到被害人的补偿，因此认为其行为是以暴力索债，不构成绑架罪。

被告人陈祥国的辩护人认为：被告人陈祥国曾因为被害人何明耀办事而身受重伤，他们之间存在着民事上的人身损害赔偿关系，因此陈祥国劫持何明耀的行为构成索债型的非法拘禁罪，不构成绑架罪。

### 裁判结果

上海市黄浦区人民法院于2006年2月9日作出判决，认定被告人陈祥国犯抢劫罪，判处有期徒刑7年，剥夺政治权利1年，并处罚金人民币7000元。查缴被告人陈祥国的犯罪工具予以没收。

### 裁判理由

法院生效判决认为：关于被告人及其辩护人提出被告人为被害人办过很多事，并因此身受重伤，双方存在民事上的损害赔偿关系，其暴力胁迫被害人的行为构成索债型的非法拘禁罪的辩护意见。经查，被告人陈祥国强行将被害人何明耀控制在酒店客房内，其行为已非法剥夺了何明耀的人身自由，但不构成索债型非法拘禁罪。首先，陈祥国及其辩护人所称陈祥国曾为何明耀受伤一事不成立，双方之间不存在人身损害赔偿关系。陈祥国受伤是事实，但是否为何明耀受伤，没有证据证明。其次，陈祥国关于本案中的借条系何明耀事先在中国香港写下的辩解不成立，双方之间在案发前不存在合法或者非法的债务关系。现有证据能够证明借条系被告人陈祥国使用暴力胁迫等方法让被害人何明耀在酒店房间内写就的，即二人之间不存在现实的债权债务关系。被告人与被害人之间的债务不能认定，索债型的非法拘禁罪亦当然不成立。

关于检察机关对被告人陈祥国行为构成绑架罪的指控。被告人陈祥国以暴力和胁迫手段向被害人何明耀强索巨款，将何明耀身边的数千元现金据为己有，还逼迫何明耀在最短时间内筹集巨款向其交付。检察机关指控的犯罪事实清楚，证据确实、充分，应予确认。但检察机关关于陈祥国的行为构成绑架罪的指控不能成立。在本案中，被告人陈祥国虽然控制了何明耀的人身自由，但其目的不是以何明耀为人质来要挟何明耀以外的第三人，向第三人勒索财物，而是直接向何明耀索取财物。虽然何明耀将自己受到挟持的情况使用方言告诉了第三人，但这种告知并没有为被告人陈祥国所知悉。因此，被告人陈祥国仍然是直接向被害人索取财物，并没有要挟他人的主观故意。故陈祥国的行为不构成绑架罪。

综上所述，检察机关指控被告人陈祥国犯绑架罪，指控的罪名不当，应当纠正。陈祥国的辩护人认为陈祥国的行为构成非法拘禁罪，该辩护意见也不能成立。被告人陈祥国以暴力、胁迫的方法将被害人何明耀控制在酒店客房内，不仅当场将何明耀身边的数千元现金劫为己有，还逼迫何明耀在最短时间内交付巨款。陈祥国实施不法行为的目的只有一个，就是要非法占有何明耀的财产，而不是以何明耀为人质向何明耀以外的第三人勒索财物。由于何明耀身上未带巨款，陈祥国不得不同意何明耀给香港打电话筹款，也不得不与何明耀在酒店客房内等待巨款的到来，这一情节并没有改变陈祥国当场劫取他人财物的行为性质。陈祥国的主观故意以及客观行为，符合"使用暴力、胁迫方法当场强行劫取财物"的抢劫罪特征，构成抢劫罪。陈祥国在着手实行犯罪后，由于其意志以外的原因而没有达到获得巨款的犯罪目的，是犯罪未遂。需要说明的是，陈祥国的行为虽然也符合非法拘禁罪的犯罪构成，但鉴于其非法拘禁行为与抢劫行为存在手段与目的上的牵连关系，根据"择一重处"原则，对陈祥国应当以抢劫罪从重处罚。

## 115. 行为人为索取合同债务而扣押被害人，但其索取的债务数额明显超出被害人所负债务数额，行为人的行为如何定性？

索取债务型非法拘禁罪与勒索财物型绑架罪区别的关键之处是看行为人与被害人之间是否存在现实的债权债务关系。判定这种债权债务关系要注意以下几点：一是这种债权债务关系既可以是合法的债务，也可以是非法债务。最高人民法院在 2000 年 7 月 13 日公布的《关于为索取法律不予保护的债务非法拘禁他人如何定罪问题的解释》中就明确指出：行为人为索取高利贷、赌债等法律不予保护的债务，非法扣押、拘禁他人的，以非法拘禁罪定罪处罚。二是这种债权债务关系必须是现实存在的，而非行为人在实施扣押被害人过程中，强迫被害人承诺履行的债务。三是行为人索要的债务数额必须与实际存在的债务数额大致相当或低于实际存在的债务数额。如果行为人扣押他人，索要的债务数额明显超出原来存在的债务数额的，就足以判定行为人实际借索取债务为名，意图通过绑架他人获取非法财物。此种情况应当以绑架罪处理，但行为人实施绑架罪获取非法财物的数额应扣除原有的债务数额。

## 典型疑难案件参考

### 牛同振等绑架案

**基本案情**

被告人牛同振以杨健拖欠其挖掘土方工程费37000元之事,多次找杨健讨要未果。遂于2008年5月21日下午,纠集被告人王艳柏、韩宝键、王允鑫、赵兴超、"卷卷"等人,持镐把等作案工具,驾车至本市红桥区佳宁里杨健居住地附近,找杨健索取债务,未果后,牛同振与众人预谋挟持杨健之兄杨滨,以此威胁杨健,向其索取债务。当晚,牛同振、王艳柏、韩宝键、王允鑫、赵兴超、"卷卷"等10余人,携带事先准备好的作案工具,驾车至与杨滨约定的本市南开区,遇杨滨后,牛同振等人持镐把、棒球棍、白蜡杆对杨滨进行殴打,致其身体多处受伤。后被告人又将杨滨拽至杨滨驾驶的轿车内,强行挟持至北辰区。期间,牛同振打电话向杨健索取现金10万元,以赎回杨滨。次日凌晨5时许,牛同振与"卷卷"在取得杨滨亲属等筹集的13600元后,将杨滨释放,但仍将轿车扣留(经鉴定该车价值8万元),以此继续向杨滨等索要钱财。杨滨被殴打后的伤情经法医鉴定,其左胫骨骨折的损伤程度为轻伤,头面部损伤程度为轻微伤。案发后,牛同振家属通过他人已赔偿被害人杨滨经济损失2万元。经被害人报案,侦查人员将牛同振等人抓获归案,并收缴现金12600元及"雅阁"轿车一辆(车辆已发还)。

**一审诉辩情况**

检察机关指控:被告人牛同振、王艳柏、韩宝键、王允鑫、赵兴超犯非法拘禁罪,提请人民法院根据《中华人民共和国刑法》第238条之规定追究被告人牛同振、王艳柏、韩宝键、王允鑫、赵兴超的刑事责任。

各被告人均承认检察机关指控的主要犯罪事实。被告人牛同振及其辩护人辩称:是被害人杨滨给其打的电话,让其有事去50路公交终点站找他解决。对民事赔偿问题,其表示同意赔偿。此案是杨健拖欠工程款引起,被害人杨滨也欠被告人牛同振工程款,故其在本案中也负有一定责任,被告人牛同振家属于案发后已赔偿被害人2万元,认罪态度较好,请法庭从轻或减轻判处。被告人赵兴超及其辩护人辩称:被告人赵兴超系本案的从犯,且归案后交代全部问题,认罪态度较好,在量刑上给予减轻或免除处罚。

**一审裁判结果**

天津市南开区人民法院依照《中华人民共和国刑法》第239条第1款、

第 25 条第 1 款、第 26 条第 1 款、第 27 条、第 36 条、第 47 条及《中华人民共和国民法通则》第 119 条，最高人民法院《关于审理人身损害赔偿案件适用法律若干问题的解释》第 17 条第 1 款之规定，判决如下：

一、被告人牛同振犯绑架罪，判处有期徒刑 10 年，并处罚金 1 万元。被告人王艳柏犯绑架罪，判处有期徒刑 4 年，并处罚金 5000 元。被告人韩宝键犯绑架罪，判处有期徒刑 4 年，并处罚金 5000 元。被告人王允鑫犯绑架罪，判处有期徒刑四年，并处罚金 5000 元。被告人赵兴超犯绑架罪，判处有期徒刑 3 年，并处罚金 3000 元；

二、被告人牛同振、王艳柏、韩宝键、王允鑫、赵兴超赔偿附带民事诉讼原告人杨滨经济损失 10341.5 元（已给付）。

### 二审诉辩情况

一审宣判后，附带民事诉讼原告人杨滨及被告人牛同振、王艳柏、韩宝键、王允鑫均不服，向天津市第一中级人民法院提起上诉。

附带民事诉讼原告人杨滨上诉理由为：原审法院判决认定赔偿数额有误，故请求二审法院改判各被告人赔偿其今后治疗费人民币 6 万余元。

上诉人牛同振、王艳柏、韩宝键、王允鑫的上诉理由均为：原判认定事实不清、定性不准，故请求二审法院依法改判，以非法拘禁罪定罪处罚。

上诉人牛同振辩护人的辩护意见为：被告人赵兴超犯非法拘禁罪，而非绑架罪；建议二审法院以非法拘禁罪对原审被告人赵兴超定罪处罚。

天津市人民检察院第一分院的出庭意见为：（1）本案诉讼程序合法；（2）上诉人牛同振与杨健的债权债务关系存在客观存在。上诉人牛同振以暴力方法挟持杨健之兄杨滨迫使杨健还债，继而向杨健提出索要人民币 10 万元现金赎回杨滨。虽然上诉人牛同振索要的数额超出了债务数额，但其在没有要回自己全部债务的情况下就释放杨滨，且卷中现有证据不能确定其继续扣押轿车的目的是要继续索要合理债务还是索要赎金，故上诉人牛同振等人为索债非法拘禁被害人杨滨，虽致被害人轻伤，但仍符合非法拘禁罪的客观方面，根据主客观相一致的原则，应以非法拘禁罪定罪科刑。

### 二审裁判结果

二审法院于 2009 年 6 月 5 日作出天津市第一中级人民法院〔2009〕一中刑终字第 42 号裁定，裁定驳回上诉，维持原判。

### 二审裁判理由

法院认为：检察机关指控被告人牛同振、王艳柏、韩宝键、王允鑫、赵兴超的犯罪事实清楚,证据确实充分,但对牛同振等五被告人构成非法拘禁罪属定性不妥。被告人牛同振为追索37000元债务,竟纠集多人持镐把等强行扣押债务人亲属及其驾驶的价值8万元的轿车,并对扣押者施暴致伤,以此向债务人索取明显超出债款的10万元赎人,且在被害人杨滨家属交付部分钱款并将被害人价值8万元的轿车扣留的情况下,方将被害人杨滨放回,形成被告人牛同振实际占有财物价值与其索要数额相当,即以扣留的汽车继续索取明显超出债款钱财的客观现实。说明被告人牛同振主观上具有扣押人质索取巨大财物的故意,客观上亦实施了相应行为,形成了实际结果。故对被告人牛同振应以绑架罪定罪量刑,对被告人王艳柏、韩宝键、王允鑫、赵兴超应以绑架罪的共犯论处。对天津市人民检察院第一分院的出庭意见,亦不予采纳。

被告人牛同振在实施共同犯罪过程中起主要作用,应认定为主犯。被告人王艳柏、韩宝键、王允鑫、赵兴超在共同犯罪过程中起次要作用,应认定为从犯。考虑被告人牛同振、王艳柏、韩宝键、王允鑫、赵兴超在归案后及庭审中均如实供述犯罪事实,认罪态度较好,以及各被告人在实施共同犯罪中所起的作用,被告人牛同振家属在案发后已经赔偿被害人经济损失的情节,故对被告人牛同振酌情从轻处罚,对被告人王艳柏、韩宝键、王允鑫、赵兴超减轻处罚。对其辩护人关于被告人牛同振案发后家属已赔偿被害人2万元,请法庭对被告人牛同振从轻处罚的辩护意见,因赔偿问题有相应的证据证实,故对辩护人的意见予以采纳。对被告人赵兴超辩护人关于被告人赵兴超系本案的从犯,且归案后交代全部问题,认罪态度较好,在量刑上给予减轻处罚的辩护意见,法院酌情采纳。对被害人杨滨因伤造成的经济损失,被告人牛同振、王艳柏、韩宝键、王允鑫、赵兴超应承担赔偿责任。对附带民事诉讼原告人杨滨所提精神损失费用和后续治疗费用、被扶养人生活费用、残疾赔偿金、租房费用等诉讼请求,因精神损失赔偿和租房费用不属刑事附带民事诉讼受理范围,后续治疗费用尚未发生,伤残未做鉴定,故对上述诉讼请求,依法均不予支持。

### 116.《刑法》第239条第2款规定"杀害被绑架人的,处死刑",如何理解"杀害被绑架人的"?

《刑法》第239条第2款对"杀害被绑架人的"行为规定了单一的法定刑,即最高刑——死刑。应当将该条文理解为行为人实施了对被绑架人的故意杀人行为,同时造成被绑架人死亡后果。之所以对该款规定作出此种限制性解释,是基于以下几点理由：首先，从文义解释的角度，"杀害"一词与"故意杀人"并不相同，其语义为"通过暴力等方式杀死"被害人。其次，将"杀害被绑架人"限制解释为杀死被绑架人更符合罪责刑相适应原则，契合死刑适用的立法精神。在行为人有故意杀害被绑架人，但中止犯罪时，可以有不再适用死刑的余地，从而起到鼓励行为中止犯罪，更好地解救被绑架人质。最后，将"杀害被绑架人的"解释为有故意杀人并造成死亡后果并不会放纵行为人。在行为人实施故意杀人行为没有导致被绑架人死亡的，仍然可以以故意杀人罪和绑架罪数罪并罚，从而避免行为人实施的情节特别恶劣的故意杀人行为无法判处最高刑的困境。

## 典型疑难案件参考

### 李城、杨琴绑架案

**基本案情**

被告人李城因琐事对其妻弟王世好心存怨恨，遂起意绑架王世好之子王亮。2005年4月12日下午5时许，李城以王亮母亲服毒自杀，在合肥市住院，要带王亮前去探望为由将王亮骗至淮南市，并住进事先由原审被告人杨琴在乐都旅社开好的房间。当晚8时40分至13日下午5时期间，李城数次指使杨琴按照其意思与王世好电话联系，声称王亮在她手中，向王世好勒索赎金3万元，并威胁不准报警。13日下午5时许，王世好将3万元赎金分两次存入事先由杨琴按照李城安排开具的邮政储蓄账户。之后，因怕罪行暴露，李城又起意杀人灭口。当晚8时许，李城将王亮带至淮南市境内的舜耕山上，将王亮上衣掀起裹住头部后，先用手机充电器电线勒住其颈部，并拳击其头部，而后又抓住其头往地上撞击。在认为王亮已死亡后，李城即逃离现场。经法医鉴定，王亮所受损伤属轻伤。

**一审诉辩情况**

安徽省合肥市人民检察院指控被告人李城、杨琴犯绑架罪，应依据《中华人民共和国刑法》第239条之规定定罪处罚，并在庭审中建议对被告人李城判处死刑。

被告人李城对指控的事实无异议。其辩护人认为：李城没有导致被害人王亮死亡，且其主观恶性不大，作案手段并不残忍，归案后认罪态度较好，不应判处死刑。

### 一审裁判结果

安徽省合肥市中级人民法院于 2005 年 9 月 7 日作出〔2005〕合刑初字第 68 号判决书，判决认定被告人李城犯绑架罪，判处无期徒刑，剥夺政治权利终身，并处没收个人全部财产；被告人杨琴犯绑架罪，判处有期徒刑 8 年，并处罚金人民币 10000 元；作案工具小灵通手机一部、手机充电器电线予以没收。

### 二审诉辩情况

一审宣判后，安徽省合肥市人民检察院抗诉提出：李城在绑架犯罪中实施了杀害被绑架人的行为，尽管由于其意志以外的原因没有造成被绑架人死亡的结果，同样应当适用《刑法》第 239 条"杀害被绑架人的，处死刑"的规定。安徽省人民检察院支持抗诉的意见，检察人员当庭发表的出庭意见认为：一审判决错误理解《刑法》第 239 条"杀害被绑架人"的含义，导致适用法律不当，量刑畸轻。原审被告人李城、杨琴在庭审中对其犯罪事实未作辩解。李城的辩护人提出："杀害被绑架人"是指出现杀死被绑架人的死亡结果，而不包括未造成被绑架人死亡结果的故意杀人行为，李城不符合《刑法》第 239 条规定的判处死刑的条件，请求驳回抗诉。

### 二审裁判结果

安徽省高级人民法院于 2006 年 6 月 5 日〔2005〕皖刑终字第 0547 号判决驳回抗诉，维持原判。

### 二审裁判理由

安徽省高级人民法院经审理认为：原审被告人李城为泄愤报复、勒索钱财而绑架无辜儿童，为灭口又故意杀人，因其意志以外的原因未遂而致被绑架人轻伤，其行为已构成绑架罪，应依法惩处。原审被告人杨琴受李城指使，数次与被害人亲属电话联系，索要赎金，并提供控制被害人处所及收取赎金的账户，其行为亦构成绑架罪，应依法惩处。在绑架共同犯罪中，李城起主要作用，系主犯，应当按照其参与的全部犯罪处罚；杨琴起次要作用，系从犯，根据其犯罪情节，应当减轻处罚。对合肥市人民检察院的抗诉意见、安徽省人民检察院的支持抗诉意见及出庭意见经审查认为：《刑法》第 239 条第 1 款所规定的"杀害被绑架人"，不仅要有故意杀人的行为，还要有死亡结果的发生。本案中原审被告人李城虽犯罪手段残忍、情节恶劣，但其仅致被绑架人轻伤，而并未造成被绑架人死亡的结果，对其不应适用"杀害被绑架人的，处死刑"的规定。原判适用法律和量刑并无不当。故对抗诉意见、支持抗诉意见和出庭意见均不予采纳。辩护人的辩护意见成立，予以采纳。原判事实清楚，证据确实、充分，定罪准确，量刑适当。

> **117.**《刑法修正案（七）》对绑架罪的法定刑设置增加了"情节较轻的，处 5 年以上 10 年以下有期徒刑，并处罚金"的规定。如何理解绑架罪的"情节较轻"的规定？
>
> 情节较轻应当是指犯罪情节较轻，即行为人实施绑架行为的动机、方式、时间、地点以及所造成危害后果等。此类犯罪情节与绑架罪构成要件条件具有紧密的联系，反映了行为人实施犯罪的社会危害性程度和行为人本身的人身危险性程度。具体来说，"情节较轻"可以从行为人实施绑架行为的行为进度、行为方式是否暴力、扣押被绑架人的时间长短、行为人提出何种非法要求以及实现程度、是否严重危害到被绑架人人身安全等诸多方面进行判断。

### 典型疑难案件参考

#### 杨占娟等绑架案

**基本案情**

2008 年 10 月 10 日 7 时许，被告人王其川、杨占娟伙同南红雨（另案处理）以勒索钱财为目的，将王晓悦骗至武清区王庆坨镇郑家楼一村民出租房内，南红雨对王晓悦进行殴打并用胶粘带将其捆绑，逼问其家人电话，准备向王晓悦家人勒索钱财。被害人王晓悦趁南红雨不备时逃脱，后被该村群众解救。被告人王其川、杨占娟及南红雨骑摩托车逃离现场。2008 年 10 月 14 日晚 10 时许，被告人杨占娟打电话约王其川到静海县汽车站见面，后与其父将王其川抓获，扭送至公安武清分局刑侦支队，同时，被告人杨占娟到公安武清分局刑侦支队自动投案，并如实供述了上述犯罪事实。

### 一审诉辩情况

检察机关以被告人王其川、杨占娟涉嫌犯绑架罪向天津市武清区人民法院提起公诉。

被告人王其川辩称：其绑架行为未超过24小时，不应认定为绑架罪。其辩护人以被告人王其川没有逃跑、主动到案，应属自首，且其系初犯，未给被害人人身造成严重伤害，社会危害性不大为由，请求对其从轻处罚。被告人杨占娟对检察机关的指控无异议。

### 一审裁判结果

天津市武清区人民法院〔2009〕武刑初字第32号判决书认定被告人王其川犯绑架罪，判处有期徒刑10年，并处罚金人民币15000元；被告人杨占娟犯绑架罪，判处有期徒刑9年，并处罚金人民币10000元。

### 二审诉辩情况

一审宣判后，被告人杨占娟不服，以自己有立功情节，原判量刑过重为由提出上诉。其辩护人认为：杨占娟协助抓获原审被告人王其川，属立功情节，又系初次犯罪，原判量刑过重，请求二审法院减轻处罚。王其川的辩护人认为，原审被告人王其川自动投案，有自首情节，本次犯罪系未遂，社会危害性较小，应适用《刑法修正案（七）》第6项的规定，请求二审法院对其从轻或者减轻处罚。

天津市人民检察院第一分院认为：原判认定上诉人杨占娟、原审被告人王其川犯绑架罪的事实清楚，证据确实、充分，定罪准确，审判程序合法，对原审被告人王其川的量刑适当，建议二审法院予以维持；上诉人杨占娟协助抓获原审被告人王其川，属于立功，建议二审法院依据法律规定酌情处理。

### 二审裁判结果

天津市第一中级人民法院〔2009〕一中刑终字第130号判决如下：

一、撤销天津市武清区人民法院〔2009〕武刑初字第32号刑事判决；

二、原审被告人王其川犯绑架罪，判处有期徒刑6年，并处罚金人民币10000元；上诉人杨占娟犯绑架罪，判处有期徒刑3年，并处罚金人民币5000元。

### 二审裁判理由

终审法院审理认为：上诉人王其川、杨占娟伙同他人以勒索钱财为目的，共同绑架被害人,其行为均已构成绑架罪。检察机关对原审被告人犯罪的指控成立,适用法律条款的意见正确,应予采纳。原审被告人王其川辩称其绑架行为未超过 24 小时,不应认定为绑架罪的辩护意见,于法无据,不予采纳。上诉人杨占娟有自首情节,并且与其父一同抓获原审被告人王其川,并将其扭送至公安机关,可认定为立功,依法可减轻处罚。鉴于二审审理期间,《中华人民共和国刑法修正案(七)》公布实施,上诉人杨占娟、原审被告人王其川犯绑架罪,属情节较轻,对上诉人杨占娟、原审被告人王其川依法减轻处罚。对上诉人杨占娟、原审被告人王其川及其辩护人的辩护意见予以采纳。对天津市人民检察院第一分院的意见予以采纳。

> **118. 在共同实施非法扣押他人的行为时,行为人误以为其他行为人与被扣押人存在现实的债权债务关系(实际并不存在),而非法扣押他人的行为如何定性?**
>
> 行为人能否构成绑架罪的共同犯罪,关键要看行为人之间有没有在基于绑架罪的共同犯罪故意下实施了共同绑架他人的行为。绑架罪的共同犯罪故意是明知道自己的行为与他人的行为联结为一个整体,共同会造成侵犯他人人身权利的危害后果,而积极追求或放任这种结果的发生。每一个共同绑架行为人对自己的行为性质是具有明确认知的。如果行为人没有参与到实施绑架罪的共同犯罪预谋,又受到其他行为人的误导,误认为自己的行为性质属于索取债务型非法拘禁行为,而非绑架行为,那么就无法认定行为人具有绑架罪的共同犯罪故意,也就不能以绑架罪的共犯处理。在这种情况下,行为人是基于非法拘禁的故意,实施了非法拘禁行为,在行为层面虽然与绑架行为人实施的非法扣押他人的行为有重合之处,但是却没有绑架罪的共同犯罪故意,只能以非法拘禁罪处理。

### 典型疑难案件参考

李彬、袁南京等绑架案(最高人民法院公报 2008 年第 8 期)

### 基本案情

2006 年 3 月初,被告人李彬、袁南京、胡海珍、东辉预谋绑架被害人石林清，勒索其钱财。袁南京以帮助他人讨债为由，纠集被告人燕玉峰、刘钰、刘少荣、刘超参与作案。同年3月9日2时许，李彬、袁南京、胡海珍、燕玉峰、刘钰、刘少荣、刘超携带事先准备的作案工具，驾车到石林清位于天津市静海县王口镇郑庄子村的住处，冒充公安人员强行将石林清绑架至山东省泰安市山区的一处住房。而后，李彬、袁南京、胡海珍分两次向石林清的家属勒索赎金人民币80万元，均让石林清的家属将款打入李彬等人事先开立的信用卡账户中。随后，李彬、袁南京、胡海珍用该款在秦皇岛、葫芦岛、唐山等地以刷卡消费的方式购买大量黄金私分、挥霍。2006年3月11日，燕玉峰、刘钰、刘少荣、刘超在与石林清交谈中，得知石林清与被告人李彬等人根本不存在债务关系。石林清请求上述被告人放了自己，并承诺给予好处，上述被告人经商议，将石林清放走。其后，燕玉峰、刘少荣、刘钰伙同刘川（另案处理）多次打电话向石林清催要钱款，石林清因害怕再次遭到他们的报复，便向燕玉峰等人指定的账户内打入人民币6万元。燕玉峰、刘少荣、刘钰和刘川将该款私分、挥霍。

### 诉辩情况

天津市人民检察院第一分院以被告人李彬、袁南京、胡海珍、东辉、燕玉峰、刘钰、刘少荣、刘超犯绑架罪，向天津市第一中级人民法院提起公诉。

各被告人均承认检察机关指控的主要案件事实。其中，被告人李彬辩称：实施绑架不是由本人提议。被告人东辉及其辩护人辩称：东辉没有具体实施绑架行为，系从犯，认罪态度好，请求从轻处罚。被告人燕玉峰辩称：事先未参与绑架犯罪共谋，没有绑架的故意，不构成绑架罪。被告人刘钰、刘少荣、刘超及其辩护人均辩称：事先未参与绑架犯罪共谋，只认为是替人讨债，没有绑架的故意，事后也没有勒索被害人，不构成绑架罪。

### 裁判结果

一审法院天津市第一中级人民法院于2006年10月9日判决如下：

一、被告人李彬犯绑架罪，判处无期徒刑，剥夺政治权利终身，并处没收个人全部财产；被告人袁南京犯绑架罪，判处无期徒刑，剥夺政治权利终身，并处没收个人全部财产；被告人胡海珍犯绑架罪，判处有期徒刑15年，并处罚金人民币10万元；被告人东辉犯绑架罪，判处有期徒刑8年，并处罚金人民币5万元；被告人燕玉峰犯非法拘禁罪，判处有期徒刑3年；被告人刘少荣犯非法拘禁罪，判处有期徒刑2年；被告人刘钰犯非法拘禁罪，判处有期徒刑1年；被告人刘超犯非法拘禁罪，判处有期徒刑8个月；

二、犯罪工具桑塔纳汽车（车牌照为冀 BC3457，车架号为 SVAF03343235549）一辆依法没收；

三、继续追缴各被告人所得赃款发还被害人石林清。

一审宣判后，天津市人民检察院第一分院向天津市高级人民法院提出抗诉，认为原审被告人燕玉峰、刘钰、刘少荣、刘超的行为构成绑架罪，一审定性错误、量刑畸轻，应予纠正。袁南京不服一审判决，以没有参与预谋绑架，原审量刑过重为由，向天津市高级人民法院提出上诉。

天津市高级人民法院二审认为：起诉书指控原审被告人燕玉峰、刘钰、刘少荣在将被害人石林清放走后，又向石林清勒索 6 万元用于私分挥霍的事实，一审判决未予认定，属认定事实不清。据此，天津市高级人民法院依照《中华人民共和国刑事诉讼法》第 189 条第 3 项之规定，于 2006 年 12 月 20 日裁定如下：

一、撤销天津市第一中级人民法院就本案作出的第一审刑事判决；

二、将本案发回天津市第一中级人民法院重新审判。

天津市第一中级人民法院于 2007 年 4 月 24 日判决如下：

一、被告人李彬犯绑架罪，判处无期徒刑，剥夺政治权利终身，并处没收个人全部财产；被告人袁南京犯绑架罪，判处无期徒刑，剥夺政治权利终身，并处没收个人全部财产；被告人胡海珍犯绑架罪，判处有期徒刑 15 年，并处罚金人民币 10 万元（于判决生效后一个月内缴纳）；被告人东辉犯绑架罪，判处有期徒刑 8 年，并处罚金人民币 5 万元（于判决生效后一个月内缴纳）；被告人燕玉峰犯敲诈勒索罪，判处有期徒刑 4 年；犯非法拘禁罪，判处有期徒刑 2 年，决定执行有期徒刑 5 年；被告人刘少荣犯敲诈勒索罪，判处有期徒刑 3 年，犯非法拘禁罪，判处有期徒刑 1 年，决定执行有期徒刑 3 年；被告人刘钰犯敲诈勒索罪，判处有期徒刑 3 年，犯非法拘禁罪，判处有期徒刑 1 年，决定执行有期徒刑 3 年；被告人刘超犯非法拘禁罪，免予刑事处罚；

二、犯罪工具桑塔纳汽车（车牌号为冀 RC3457，车架号为 LSVAF03343235549）一辆依法没收；

三、继续追缴各被告人所得赃款发还被害人。

袁南京、刘钰不服天津市第一中级人民法院重新审判作出的一审判决，向天津市高级人民法院提出上诉。二审审理过程中，袁南京、刘钰又申请撤回上诉。

天津市高级人民法院二审认为：一审判决认定事实清楚，证据确实、充分，定罪准确，量刑适当，审判程序合法。遂于 2007 年 6 月 19 日裁定如下：准许上诉人袁南京、刘钰撤回上诉。本裁定为终审裁定。

### 裁判理由

法院审理认为：被告人李彬、袁南京、胡海珍、东辉以勒索财物为目的强行绑架他人，其行为已构成绑架罪，应依法予以处罚。李彬、袁南京、胡海珍在共同犯罪中起主要作用，系主犯。东辉在共同犯罪中起次要作用，是从犯，应依法减轻处罚。根据《刑法》第25条的规定，共同犯罪是指二人以上共同故意犯罪，各共同犯罪人必须具有共同犯罪的故意。所谓共同犯罪的故意，是指各共同犯罪人通过意思联络，知道自己是和他人配合共同实施犯罪，认识到共同犯罪行为的性质以及该行为所导致的危害社会的结果，并且希望或者放任这种结果的发生。如果行为人并不了解他人真正的犯罪意图，不清楚他人所实施的犯罪行为的性质，而是被他人蒙骗或者出于自己的错误认识，在错误理解犯罪性质的情况下参与他人实施的犯罪，则不能认定该行为人与他人实施了共同犯罪，而应当依据该行为人的犯罪实际情况，按照主客观一致的原则正确定罪处罚。本案中，被告人燕玉峰、刘钰、刘少荣、刘超事先并未参与被告人李彬、袁南京、胡海珍、东辉合谋实施绑架犯罪，是在袁南京的纠集下，误认为是帮助他人索取债务，并基于该目的而实施了非法扣押、拘禁他人的犯罪行为。故燕玉峰、刘钰、刘少荣、刘超的行为不构成绑架共同犯罪，而应当依照《刑法》第238条第3款的规定，以非法拘禁罪定罪处罚。燕玉峰、刘钰、刘少荣在将被害人石林清放回后，又伙同刘川以胁迫手段向石林清索取巨额钱款，其行为构成敲诈勒索罪，应依法予以处罚。

综上所述，检察机关指控被告人李彬、袁南京、胡海珍、东辉、燕玉峰、刘钰、刘少荣、刘超犯罪的事实清楚，证据充分；指控李彬、袁南京、胡海珍、东辉犯有绑架罪正确，应予确认；指控燕玉峰、刘钰、刘少荣、刘超犯有绑架罪不当。燕玉峰、刘钰、刘少荣的行为均构成非法拘禁罪、敲诈勒索罪，应依法实行数罪并罚。刘超的行为已构成非法拘禁罪，亦应依法予以处罚。李彬、袁南京、胡海珍在共同犯罪中起主要作用，系主犯，应根据其各自参与的全部犯罪依法分别予以处罚。东辉在共同犯罪中起次要作用，系从犯，应依法予以减轻处罚。燕玉峰、刘钰、刘少荣在非法拘禁和敲诈勒索共同犯罪中均起主要作用，系主犯，应根据其参与的全部犯罪依法分别予以处罚。刘超在非法拘禁共同犯罪中起辅助作用，系从犯，且其犯罪时未满18周岁，依法应免除处罚。

**119. 行为人为勒索财物实施绑架行为，已经实际控制了被绑架人，但尚未获得财物的，是否构成绑架罪的既遂？**

　　刑法分则是以犯罪既遂形态为蓝本规定绑架罪的，只要齐备了绑架罪的分则构成要件，也就达成绑架罪的既遂。根据《刑法》第239条对绑架罪的规定，行为人实施了以勒索财物为目的绑架他人或者绑架他人作为人质的行为，即满足了分则规定的构成要件，构成既遂。也就是说，行为人构成绑架罪的既遂不要求具备非法获得勒索财物的危害后果，只要行为人实施了绑架行为，并且实际控制了被绑架人即可构成既遂。在这种情况下，行为人自动释放被绑架人的，也不能再构成绑架罪的犯罪中止，仍然要以犯罪既遂处理，但是根据全案犯罪情节，可以考虑适用"情节较轻的，处五年以上十年以下有期徒刑，并处罚金"的量刑幅度。

**120.《刑法》第239条第2款"犯前款罪，致使被绑架人死亡的"如何理解？**

　　行为人实施绑架罪，致使被绑架人死亡的法律规定为绑架罪适用死刑作出了较为严格的限制条件。要适用此项法律规定，行为人的行为必须满足以下几项条件：首先，行为人实施了绑架罪，即行为人实施了以勒索财物为目的绑架他人或者绑架他人作为人质的行为。其次，行为人的绑架行为造成了被绑架人死亡的法律后果。也就是说，必须具备被绑架人业已死亡的法律后果，如果被害人只是受伤并没有死亡则不能适用此项法律规定。最后，行为人的绑架行为与被绑架人的死亡后果具有因果关系。也就是说，被绑架人的死亡后果是由绑架行为直接导致的。例如，由于行为人的绑架行为，导致被绑架人自杀或者为了逃避进一步的迫害，而将自己置于危险的境地，进而导致死亡的危害后果等。

## 典型疑难案件参考

### 乔中华等绑架案

**基本案情**

2004年9月24日,被告人鲍士龙、乔中华、骆勇、赵淑美经预谋后,将河南省新蔡县农民王飞及其祖父王金才骗至本市新浦区;次日又骗至该区东方花园F楼4单元401室乔的暂住处,用手铐将两人铐在一起并搜得其身上携带的康佳手机1部、现金1680元;乔还叫来被告人蒋惠帮忙看管王飞、王金才;乔、鲍、骆、蒋用刀和铁棍威胁、殴打王飞,令王飞联系家人送来毒品;27日中午,王飞、王金才乘鲍、骆睡觉之际,翻窗跳楼逃跑,结果造成王飞轻微伤、王金才严重颅脑损伤而死亡。

**一审诉辩情况**

检察机关认为:本案5名被告人的行为均已构成绑架罪,应按照《中华人民共和国刑法》第239条第1款规定追究其刑事责任。

被告人的答辩及其辩护人的辩护意见:被告人鲍士龙、乔中华、蒋惠均对起诉书的指控无异议。其辩护人分别提出:鲍属从犯,认罪态度好;乔在共同犯罪中起次要作用;蒋系从犯、初犯、偶犯,认罪态度好。被告人骆勇、赵淑美均辩解称其未参与预谋。其辩护人分别提出:骆、赵均系从犯,认罪态度好。各辩护人均提出王金才的死亡与本案各被告人无因果关系。

**一审裁判结果**

一审法院江苏省连云港市中级人民法院根据《中华人民共和国刑法》第239条第1款、第25条第1款、第26条第1款、第27条、第65条第1款、第57条第1款、第36条和《中华人民共和国民法通则》第119条、第130条的规定,江苏省连云港市中级人民法院〔2005〕连刑一初字第015号刑事附带民事判决书判决如下:

一、被告人乔中华犯绑架罪,判处死刑,缓期2年执行,剥夺政治权利终身,并处没收个人全部财产;

二、被告人鲍士龙犯绑架罪,判处死刑,缓期2年执行,剥夺政治权利终身,并处没收个人全部财产;

三、被告人骆勇犯绑架罪,判处有期徒刑15年,剥夺政治权利5年,并处罚金10000元;

四、被告人赵淑美犯绑架罪,判处有期徒刑13年,剥夺政治权利3年,并处罚金8000元；

五、被告人蒋惠犯绑架罪，判处有期徒刑10年，并处罚金5000元；

六、被告人乔中华、鲍士龙、骆勇、赵淑美、蒋惠于本判决生效后30日内分别赔偿附带民事诉讼原告人保民娘、王子文、王子平、王小先、王小兰、王子梅经济损失15000元、15000元、9000元、9000元和5056.90元（已赔偿3000元）并互负连带责任；

七、康佳手机1部发还被害人王飞；

八、被告人乔中华、鲍士龙、骆勇、赵淑美、蒋惠向被害人王飞退赔1680元。作案工具长刀、匕首各1把，予以没收。

### ▶ 一审裁判理由

江苏省连云港市中级人民法院经审理认为：被告人鲍士龙、乔中华、骆勇、赵淑美、蒋惠以勒索财物为目的而绑架他人并致人死亡，其行为已构成绑架罪，且后果严重，系共同犯罪，各被告人应承担相应的刑事和民事责任；乔中华系累犯，应从重处罚。起诉书指控的罪名成立，本院予以支持。关于被告人鲍士龙的辩护人提出的辩护意见，经评议法院：鲍士龙系本案主谋并在犯罪过程中起主要作用，符合主犯的法律特征，其认罪态度一般，故此辩护意见不能成立，本院不予采纳。关于被告人乔中华的辩护人提出的辩护意见，乔中华亦系本案主谋并提供作案场所和作案工具、纠集帮凶，起主要作用，故此辩护意见不能成立，不予采纳。关于被告人骆勇、赵淑美提出的辩解，骆、赵参与预谋的事实，有其本人及同案犯的一致供述予以证明，足以认定，故此辩解意见不能成立，不予采纳；关于其辩护人提出的辩护意见，骆、赵在共同犯罪中均起次要作用，符合从犯的法律特征，故此辩护意见能够成立，予以采纳并在量刑时对其减轻处罚；但骆、赵的认罪态度均属一般，不足以从轻处罚。关于被告人蒋惠的辩护人提出的辩护意见，符合本案事实，能够成立，予以采纳，并在量刑时结合其家人能代其向附带民事诉讼原告人赔偿经济损失的情节，对其减轻处罚。关于各辩护人提出的王金才的死亡与各被告人无因果关系的辩护意见，虽然王金才的死亡系其跳楼直接所致，但其跳楼的原因是为逃避各被告人的绑架，5被告人的绑架行为直接引发王金才的跳楼行为，故王金才逃脱跳楼身亡的结果与各被告人的绑架行为之间具有一定的因果关系，因此该辩护意见不能成立，不予采纳。关于本案6名附带民事诉讼原告人提出的诉讼请求，经审查，丧葬费、死亡赔偿金、交通费、住宿费、误工费的请求权均有法律依据，但具体数额，依法计算应分别为：丧葬费7856元，死亡赔偿金42390元，交通费1270.90元。

### 二审诉辩情况

上诉人（原审被告人）乔中华诉称：所犯绑架罪不符合《刑法》规定确定死刑的条件，王金才的死亡非直接使用暴力或者虐待所致；在共同犯罪中起辅助或次要作用，应从轻处罚；认罪态度较好，应酌定从轻处罚。其辩护人认为：乔中华等人索要的毒品不是法律意义上的财产，未侵犯财产所有权，不构成绑架罪，应定非法拘禁罪；乔中华等人的行为与王金才的死亡之间不存在必然联系，不应对王金才死亡的后果负责，量刑畸重。

上诉人（原审被告人）鲍士龙诉称：王金才的死亡是因其自身采取的方法不当所致，与本人无直接关系；在共同犯罪中起次要作用。其辩护人认为：鲍士龙等人的行为不具有侵犯被害人财产权利的特征，不宜定绑架罪；王金才的死亡与鲍士龙等人的行为无直接、必然的因果关系。

上诉人（原审被告人）骆勇诉称：其未参与预谋，认罪态度好，王金才的死亡是由王自身的行为造成的，一审认定事实不清，适用法律不当。

上诉人（原审被告人）赵淑美诉称：在共同犯罪中起辅助作用，系从犯，认罪态度好，一审适用法律不当，量刑明显过重。

上诉人（原审被告人）蒋惠诉称：其绑架行为不必然导致王金才跳楼死亡，适用法律错误，量刑过重。其辩护人认为：蒋惠等人的绑架行为与王金才跳楼死亡的结果不是刑法上的必然因果关系，不应适用"致使被绑架人死亡或者杀害被绑架人的，处死刑，并处没收财产"的规定。

### 二审裁判结果

江苏省高级人民法院根据《中华人民共和国刑事诉讼法》第189条第2项之规定，江苏省高级人民法院〔2005〕苏刑终字第226号裁定书裁定如下：驳回上诉，维持原判。根据《中华人民共和国刑事诉讼法》第201条的规定，本裁定即为核准以绑架罪分别判处被告人乔中华、鲍士龙死刑，缓期2年执行，剥夺政治权利终身，并处没收个人全部财产的刑事裁定。

### 二审裁判理由

江苏省高级人民法院根据上述事实和证据认为：乔中华等人为勒索财物而采用捆绑、殴打等手段侵犯了与其无任何债务关系的被害人的人身权利，符合绑架罪的犯罪构成，王金才的死亡虽非乔中华等人的暴力行为或者虐待直接所致，但王金才跳楼是为了躲避进一步的暴力而采取的行为，其死亡与绑架行为有刑法上的因果关系。上诉人鲍士龙、乔中华、骆勇、赵淑美、蒋惠以勒索财物为目的而绑架他人并致人死亡的行为，均已构成绑架罪，且属共同犯罪，其中鲍士龙、乔中华系主犯，且乔中华系累犯，应当从重处罚。骆勇、赵淑美、蒋惠系从犯，予以减轻处罚。各上诉人的上诉理由及辩护人的辩护意见，均不能成立。原审人民法院对各上诉人的定罪正确，量刑适当，审判程序合法。

> **121. 行为人以逼迫被绑架人建立恋爱关系为目的，非法扣押被绑架人，构成非法拘禁罪，还是绑架罪？**
>
> 《刑法》第239条规定的绑架罪与第238条规定的非法拘禁罪的关键区别在于，绑架罪是以达到自己勒索财物或者其他目的而实施的非法拘禁他人的行为，并意图通过此种非法拘禁行为来要挟被绑架人之外的人同意自己的非法要求，进而满足不法目的。而非法拘禁罪是对他人人身自由的限制，仅仅是对被拘禁人人身权利的侵犯，没有通过拘禁行为来要挟他人的意图。行为人为建立恋爱关系扣押被绑架人，构成非法拘禁罪还是绑架罪，关键要看行为人是否有通过该行为来要挟被扣押人之外的人的意图。如果行为人是通过此种扣押行为要挟他人，则构成绑架罪，如果行为人没有要挟他人的意图，只是对被扣押人人身自由进行限制，则定非法拘禁罪。

## 典型疑难案件参考

### 蔡克峰绑架案

**基本案情**

被告人蔡克峰自2004年8月结识并开始追求女青年叶晓春（19岁，厦门市第三医院见习护士），并与其建立恋爱关系，后叶晓春提出与被告人蔡克峰断绝恋爱关系。被告人蔡克峰对此心存不甘，多次前往叶家找叶晓春，要求恢复恋爱关系，但均遭到叶晓春的拒绝。于2004年11月13日上午8时许，被告人蔡克峰事先携带一把水果刀，窜至厦门市第三医院住院部找叶晓春，欲再次纠缠叶晓春，并达到恢复恋爱关系的目的。当被告人蔡克峰看到叶晓春前来上班时，即上前要求叶晓春与其一同到医院外面交谈，叶晓春谎称须上楼向科室领导请假并走上3楼，被告人蔡克峰即尾随叶晓春到该院住院部3楼妇产科办公室等候。叶晓春为躲避被告人蔡克峰的纠缠，上3楼后即躲进办公室内的更衣室并打电话告诉家人,被告人蔡克峰见状即窜入更衣室后将门反锁,并指责叶晓春为何打电话告诉其家人,同时掏出事先藏于身上的一把水果刀朝叶晓春的左手臂上划了一刀,踢了叶晓春一脚,而后将叶晓春挟为人质,与接到报警赶到现场解救叶晓春的民警形成对峙。为保护人质即叶晓春的人身安全,现场民警对被告人蔡克峰展开规劝工作,并组织其亲属对被告人蔡克峰进行劝说,被告人蔡克峰仍拒绝缴械和释放人质,同时威胁要将叶晓春杀害后自杀。直至当日下午2时30分,公安民警被迫强行撞门进入办公室,将被告人蔡克峰制伏,解救出人质叶晓春,同时缴获作案工具水果刀一把。

### 诉辩情况

2005年1月28日,厦门市同安区人民检察院以被告人蔡克峰犯绑架罪向厦门市同安区人民法院提起公诉。

被告人蔡克峰对起诉指控的事实无异议,但提出其行为不构成绑架罪的辩解意见。辩护人提出起诉书指控被告人蔡克峰在客观上没有实施将被害人作为人质的行为,主观上并没有不法的要求或目的,只是限制了被害人的人身自由,检察机关指控被告人蔡克峰犯绑架罪的定性不当,被告人蔡克峰的行为符合非法拘禁罪的特征的辩护意见。

### 裁判结果

厦门市同安区人民法院依照《中华人民共和国刑法》第239条、第56条、第64条之规定,于2005年3月17日作出刑事判决如下:

一、被告人蔡克峰犯绑架罪,判处有期徒刑10年,附加剥夺政治权利2年并处罚金人民币1000元;

二、随案移送的作案工具水果刀一把予以没收。

宣判后,被告人蔡克峰不服,提出上诉。厦门市中级人民法院经审理后驳回被告人蔡克峰的上诉,维持原判。

### 裁判理由

院经公开审理认为:被告人蔡克峰为达到恢复恋爱的目的,采用暴力、胁迫的方法,挟持他人作为人质,其行为已构成绑架罪,检察机关指控的罪名成立。被告人蔡克峰及其辩护人提出的检察机关指控被告人蔡克峰犯绑架罪的定性不当的辩解辩护意见,理由依据不足,不予采纳。被告人蔡克峰归案后能如实交代犯罪事实,认罪态度较好,可酌情从轻处罚。

## 122. 行为人采用暴力、胁迫以外的其他方法对被害人进行人身控制的，能否构成绑架罪？

绑架罪中的绑架是指以迫使第三人作为或者不作为为目的，采用暴力、胁迫、麻醉或者其他方法，实力支配、控制被害人人身自由的行为。我国现行《刑法》第239条并未规定绑架行为的手段方式，但是司法实践中一般以暴力、胁迫、醉酒或者其他方法作为认定绑架行为方式的标准。从绑架罪的立法目的来看，只要行为人所实施的行为能够从事实上对被害人产生支配控制作用，即可以将其认定为绑架罪的行为手段的一种。例如，通过利用被害人患病、酒醉、昏迷等其他方式，使得其不知反抗或者不能反抗，实际上控制了被害人的人身自由，都可以认定为绑架罪的具体手段行为。

## 123. 勒索财物型绑架罪与敲诈勒索罪如何区分？

勒索财物型绑架罪与敲诈勒索罪行为人都有非法勒索他人财物的目的，但是两罪仍然存在显著区别。首先，从侵犯的犯罪客体来说，勒索财物型绑架罪不仅侵犯第三人的财产权利，还直接侵犯到被绑架人的人身权利，因此社会危害性更为严重；其次，从勒索财物的对象来说，敲诈勒索罪一般是由受恐吓的被害人直接交付财物，而绑架罪是行为人利用第三人对被绑架人的安危考虑，向第三人索要财物。最后，从威胁内容来说，敲诈勒索罪既可能是以被害人的人身安全相要挟，也可能是以被害人的名誉、隐私相要挟；绑架罪是以被绑架人的人身安全相威胁，要求第三人交付财物。

### 典型疑难案件参考

#### 任乐瑞绑架案

**基本案情**

被告人任乐瑞因经济拮据而萌生绑架小孩，勒索钱财的歹念。2004 年 3

月底，被告人任乐瑞在南京市让他人为其伪造了一张姓名为"王威"的假身份证。4月3日下午，被告人任乐瑞在中国建设银行扬州百祥分理处以"王威"的名义办理一本活期存折和一张储蓄卡后，步行至扬州市来鹤台广场，见到独自在此处放风筝的被害人吴某某。被告人任乐瑞通过为吴买风筝、带吴去游戏机室、吃"麦当劳"等手段，骗得吴的信任，并从吴的口中骗得其父亲吴玉兵的手机号码。为了便于将吴某某带离扬州，被告人任乐瑞在麦当劳餐厅，趁吴不注意，将两颗具有催眠作用的药片放入吴的饮料吸管中，让其喝下。当日下午6时许，被告人乘出租车将被害人拐骗至南京，后在南京市秦宗志通讯器材中心，购买一手机卡，并借店主秦宗志的手机用该卡向吴玉兵的手机发短信，以"王威"的名义向吴玉兵勒索人民币20万元。当晚7时40分许，被告人任乐瑞带被害人吴某某至南京市云桥旅社，并用"王威"的假身份证登记住宿。当晚9时许，被告人任乐瑞见吴某某吵闹，又让吴吃下3颗药片。次日凌晨，被告人任乐瑞在该旅社被公安机关当场抓获，被害人吴某某被解救。

### 诉辩情况

检察机关认为：被告人任乐瑞的行为触犯了《中华人民共和国刑法》第239条第1款之规定，构成绑架罪。

被告人的辩解及其辩护人的辩护意见：被告人任乐瑞对检察机关指控的基本事实和证据未提出异议。辩护人提出的辩护意见是：被告人任乐瑞的犯罪目的是勒索财物，采用的手段是哄骗，不符合绑架罪中使用暴力、胁迫或麻醉方法，绑架他人的特征，其行为不构成绑架罪，而构成敲诈勒索罪；被告人归案后认罪态度较好，是初犯，可酌情从轻处罚；被告人检举揭发他人重大犯罪行为，如查证属实，依法可以减轻或免除处罚。

### 裁判结果

江苏省扬州市邗江区人民法院依照《中华人民共和国刑法》第239条第1款、第56条第1款、第55条第1款、第52条、第53条和第64条之规定，作江苏省扬州市邗江区人民法院〔2004〕扬邗刑初字第124号判决：

一、被告人任乐瑞犯绑架罪，判处有期徒刑11年，剥夺政治权利2年，并处罚金人民币10000元；

二、扣押物品："王威"的假身份证1张、建行活期存折1本、储蓄卡1张、风筝1只、手机卡1张，依法予以没收。

### 裁判理由

法院认为：被告人任乐瑞以勒索财物为目的，拐骗未满7周岁的儿童离开住所地，将被害人置于自己的直接控制之下，其行为已构成绑架罪，依法应予惩处。鉴于被告人归案后认罪态度较好，本院酌情对其从轻处罚。扬州市邗江区人民检察院指控被告人任乐瑞的犯罪，事实清楚，证据确实、充分，指控罪名成立。对于辩护人提出的被告人的行为不构成绑架罪，应定敲诈勒索罪的辩护意见。本院认为，绑架罪而敲诈勒索罪均具有勒索钱财的目的，但前者以控制被绑架人人身迫使被绑架人亲属等交付钱财为主要犯罪手段，后者则以将对被害人施加暴力威胁，迫使其交付钱财为主要犯罪手段，两罪的本质区别在于是否对被害人实行人身控制。本案中，被告人使用拐骗的方法，将未满7周岁的儿童置于自己实际控制之下，并以出卖被害人相威胁，向被害人的父亲勒索人民币20万元，符合绑架罪的特征。故辩护人的此辩护意见无事实和法律依据，本院不予采纳。对于辩护人提出的被告人有酌情从轻处罚的辩护意见，有事实依据，本院予以采纳。

### 124. 绑架罪的犯罪中止应当如何认定，行为人已经实际控制被绑架人，又在被绑架人劝说下主动将其释放的，能否构成绑架罪的犯罪中止？

绑架罪的犯罪中止是行为人在绑架罪实施过程中主动放弃犯罪或者有效防止犯罪既遂状态出现的犯罪停止形态。绑架罪属于刑法理论中的行为犯，绑架行为实施到一定程度，犯罪即构成既遂。也就是说，行为人对被绑架人造成了实际上的控制，犯罪也就既遂，就没有再构成犯罪中止的余地。因此，在行为人出于勒索财物的目的，已经对被绑架人产生了实际人身控制，就构成犯罪既遂。即便在被绑架人的劝说下，将被绑架人释放的，也不能构成绑架罪的犯罪中止。但是，为了鼓励行为人主动释放被绑架人，以有效解救人质，司法实践中可以考虑将这种情况作为绑架罪"情节较轻"的情形处理，适用5年以上10年以下法定刑。

典型疑难案件参考

陈宝莲绑架案

**基本案情**

被告人陈宝莲和雷士金（在逃）为勒索他人财物共同预谋绑架他人，并事先购买了仿真塑料手枪、大鞭炮、胶带、铁链等作案工具，2002年5月12日晚8时许，被告人陈宝莲和雷士金驾驶微型车进入厦门市凤凰山庄，在32号别墅附近将正在行走的被害人纪某某强行劫持上车，用胶带蒙住被害人的眼睛，并以仿真塑料手枪和鞭炮伪装的"炸药"威胁被害人，将被害人挟持到厦门市福达里15号701室，用铁链将被害人绑在铁架床上。其间，二人抢走被害人纪某某的摩托罗拉V998型手机（价值人民币1261元）和人民币200元及1条金项链。5月13日早上，被告人陈宝莲和雷士金胁迫被害人与其丈夫陈木金取得联系，要求陈准备赎金人民币20万元。之后，雷士金于5月14日晚，在厦门市海山路一配电箱后将陈木金按其要求放在此处的装有人民币13500元赎金的密码箱取走。因未达到其要求的人民币20万元，被告人陈宝莲和雷士金仍继续拘禁被害人。5月15日早晨，被害人纪某某乘雷士金离开暂住处的机会，劝说被告人陈宝莲将其放走，陈宝莲即将铁链打开，将纪送至凤凰山庄。纪某某与其丈夫陈木金会合后随即返回福达里，在福达里15号楼下发现被告人陈宝莲并将其扭送公安机关。

### ▶一审诉辩情况

福建省厦门市原开元区人民检察院（现为厦门市思明区人民检察院）以被告人陈宝莲犯绑架罪向福建省厦门市原开元区人民法院（现为厦门市思明区人民法院，下同）提起公诉。

被告人陈宝莲对指控的事实和罪名无异议，但辩称其行为系犯罪中止，且具有自首情节。

### ▶一审裁判结果

福建省厦门市原开元区人民法院于2003年1月22日判决如下：

一、被告人陈宝莲犯绑架罪，判处有期徒刑10年，并处罚金人民币5000元；

二、随案移送的作案工具手提箱、电池、打火机、电线、汽车遥控器（以上物品被用于伪装"炸药"）、水果刀、铁链、挂锁、仿真手枪、胶带（以上物品被用于威胁、控制被害人）等均予以没收。

### ▶一审裁判理由

法院经过公开审理后认为：被告人陈宝莲为非法占有他人财物，伙同他人劫持人质，勒索财物，其行为已触犯《中华人民共和国刑法》（以下简称《刑法》）第239条第1款的规定，构成绑架罪，应依照该条及《刑法》第52条的规定惩处。检察机关指控的罪名成立。被告人关于其具有自首情节的辩解不予支持，理由是：被害人的陈述及证人陈木金的证言均证明，被告人是被他们扭送至公安机关的，当时被告人并不愿意前往，被告人也当庭供述当时他并不愿意前往公安机关，这表明，被告人的归案并不具有主动性，不属于自首。鉴于被告人在犯罪过程中能够主动停止犯罪，并将被害人送回，归案后能如实供述全部犯罪事实，决定对其从轻处罚。但被告人主动放走被害人系在其绑架、勒索等一系列行为已全部实施完毕之后，此时，被告人实施的行为已全部符合绑架罪的构成要件，其犯罪处于既遂状态，在此时停止犯罪不足于抵消其犯罪对刑法所保护的客体已造成的侵害，并未有效地挽回已发生的危害结果，因此，不应认定为绑架罪的犯罪中止。

### 二审诉辩情况

宣判后，被告人陈宝莲不服，以其在与他人共同犯罪中起辅助作用，系从犯，且有犯罪中止和投案自首情节，要求从轻处罚等理由，提起上诉。

### 二审裁判结果

厦门市中级人民法院法院经审理后认为：原审法院认定的事实清楚，定罪量刑准确，应予维持。上诉人陈宝莲在与他人共同实施绑架犯罪中，与他人分工合作，积极配合，在共同犯罪中起重要作用而非辅助作用。上诉人陈宝莲主动放走被害人的行为是在其绑架、勒索等行为实施完毕后作出的，其行为不符合犯罪中止的要件。原审判决已考虑到上诉人陈宝莲有主动放走被害人的具体行为，在量刑时予以从轻处罚。上诉人陈宝莲是在作案后被他人扭送公安机关的，也不属于投案自首。因此，其关于是从犯，有犯罪中止和投案自首情节，要求从轻处罚的上诉理由，不予采纳。

### 二审裁判理由

依照《中华人民共和国刑事诉讼法》第189条第1项和《中华人民共和国刑法》第239条第1款、第52条、第64条的规定，于2003年5月9日作出裁定如下：驳回上诉，维持原判。

## 125. 如何认定绑架罪中的"情节较轻"？

"情节较轻"应当是指犯罪情节较轻，即行为人实施绑架行为的动机、方式、时间、地点以及所造成危害后果等。此类犯罪情节与绑架罪构成要件条件具有紧密的联系，反映了行为人实施犯罪的社会危害性程度和行为人本身的人身危险性程度。具体来说，"情节较轻"可以从行为人实施绑架行为的行为进度、行为方式是否暴力、扣押被绑架人的时间长短、行为人提出何种非法要求以及实现程度、是否严重危害到被绑架人人身安全等诸多方面进行判断。

## 典型疑难案件参考

### 赵江游等绑架案

**基本案情**

2009年3月13日12时许，丰泽区东海街道浔埔人黄跃（在逃）召集被害人李建辉到其开设在泉州市丰泽区东海街道后埔社区菜市场附近民房内的赌场赌博，李建辉即约了被害人杨光勇、廖春祥一起到该处赌博。其间，杨光勇、廖春祥分别向在赌场内放高利贷的被告人赵江游借款人民币15000元、10000元参与赌博。当天下午18时许，杨光勇、廖春祥分别输掉赌资9100元、6500元，并将剩余的钱还给赵江游后欲离开该赌场。黄跃、赵江游以3被害人未还清赌债为由不准其离开。

黄跃命令3被害人到丰泽区东海街道江滨路榕树下海鲜楼旁沙场（下称浔埔沙场）等他们，于是李建辉和杨光勇驾乘租来的汽车、廖春祥驾驶另一辆租来的汽车一起到了浔埔沙场。当晚20时许，黄跃、张艳（在逃）伙同被告人赵江游等人来到被告人胡勇受雇管理的浔埔沙场，他们把3被害人带到沙场一房间内，黄跃威胁杨光勇、李建辉、廖春祥3个人交付10万元人民币。

当晚22时12分，黄跃发手机短信给胡勇，指示胡勇拉人出去打。胡勇即打电话纠集了被告人罗太照、张宇赶到该处帮忙。胡勇、罗太照、张宇将廖春祥拉出房间，拳打脚踢。赵江游、胡勇、罗太照、张宇威逼杨光勇写下借9100元的欠条，廖春祥写下向胡勇借6500元的欠条后，又强迫李建辉、杨光勇、廖春祥分别写欠赵江游及黄跃、张艳各35000元的欠条。而后，4被告人伙同黄跃等人让3被害人打电话给各自的亲人好友，让人拿钱过来放人。李建辉打电话给家人要求筹款35000元赎人，杨光勇打电话给朋友要求筹款35000元赎人，廖春祥打电话给朋友要求筹款35000元赎人。

当晚，赵江游等人指派3名男子在泉州市新车站大门口收取廖春祥的朋友筹到的5000元后，仍继续胁迫3被害人及其亲友筹款赎人。

当晚23时40分，公安机关接到被害人廖春祥的朋友电话报警称廖春祥被人绑架对方索要钱财。之后公安人员通过电话与被告人赵江游取得联系,公安人员扮做廖春祥的家属称要交钱赎人,让赵江游到约定地点拿钱。次日凌晨4时许,赵江游到约定地点欲取拿赎金时被公安人员抓获归案。之后由赵江游带路,公安人员在上述关押被害人的浔埔沙场内抓获被告人胡勇、罗太照、张宇,同时解救了3被害人。

### ▶一审诉辩情况◀

福建省泉州市丰泽区人民检察院指控称:被告人赵江游、胡勇、罗太照、张宇以勒索财物为目的,合伙绑架他人,其行为均已触犯《中华人民共和国刑法》第239条第1款、第25条第1款之规定,应当以绑架罪追究其刑事责任。

被告人赵江游的辩护人的辩护意见为:赵江游的行为涉嫌犯非法拘禁罪而非绑架罪。

被告人胡勇、罗太照及其辩护人辩称:他们的行为构成非法拘禁罪,而非绑架罪。

被告人张宇及其辩护人辩称:检察机关指控不属实,其不知道同案犯在沙场干什么,其构成非法拘禁罪。

### ▶一审裁判结果◀

福建省泉州市丰泽区人民法院于2009年9月21日作出判决。依照《中华人民共和国刑法》第239条第1款、第25条第1款、第26条第1款、第4款、第27条、第64条、第68条第1款,作出如下判决:赵江游犯绑架罪,判处有期徒刑5年并处罚金人民币10000元;胡勇犯绑架罪,判处有期徒刑6年,并处罚金人民币10000元;罗太照犯绑架罪,判处有期徒刑4年,并处罚金人民币5000元;张宇犯绑架罪,判处有期徒刑4年,并处罚金人民币5000元;将扣押在本院的赃款现金人民币5000元发还给被害人廖春祥。

### ▶一审裁判理由◀

一审法院福建省泉州市丰泽区人民法院认为:被告人赵江游、胡勇、罗太照、张宇伙同他人因索取非法债务扣押、拘禁他人,又向第三人勒索明显超出债务数额的钱财,其行为均已构成绑架罪。本案3被害人仅欠赵江游赌债15600元,而4被告人伙同黄跃、张燕等人为索取赌债而扣押、拘禁3被害人,并采取暴力手段威胁3被害人各写下3.5万元的借条,而后实施了向3被害人的家人朋友勒索钱财共计10.5万元的行为。其勒索钱财的数额已明显超出债务数额,故4被告人的行为同时触犯非法拘禁罪与绑架罪,应择一重罪即绑架罪论处。

### 二审诉辩情况

上诉人赵江游诉称：其并没有讨要超出借款以外的钱，请求改判其行为不构成绑架罪。即使认定其有罪，也应定非法拘禁罪。

上诉人胡勇诉称：3 被害人与黄跃、赵江游本来就有债务纠纷，其 3 人未索取赎金。其辩护人的辩护意见为，胡勇的行为应定非法拘禁罪。

上诉人罗太照诉称：其行为应定非法拘禁罪，其系从犯。

上诉人张宇诉称：其系在不知情的情况下参与犯罪，其行为不构成绑架罪；其辩护人的辩护意见为，张宇的行为应定非法拘禁罪，且系从犯。

### 二审裁判结果

福建省泉州市中级人民法院于 2009 年 9 月 21 日作出终审裁定。依照《中华人民共和国刑事诉讼法》第 189 条第 1 项，作出如下裁定：驳回上诉，维持原判。

### 二审裁判理由

福建省泉州市中级人民法院认为：上诉人赵江游、胡勇、罗太照、张宇伙同他人因索取非法债务，扣押、拘禁他人，又向第三人勒索明显超出债务数额的钱财，其行为均已构成绑架罪。由于 4 上诉人的绑架行为事发有因，且未造成被害人较大人身伤害及财产较大损失的后果，属于情节较轻。

本案 3 被害人仅欠赵江游赌债 15600 元，而 4 上诉人伙同黄跃、张燕等人为索取赌债而扣押拘禁 3 被害人，并采取暴力手段威胁 3 被害人各写下 3.5 万元的借条，而后实施了向 3 被害人的家人、朋友勒索钱财共计 10.5 万元的行为，其勒索钱财的数额已明显超出债务数额，依法律规定应以绑架罪论处。故 4 上诉人及其辩护人关于各上诉人的行为系构成非法拘禁罪的诉辩意见均不予采纳。

原判综合本案绑架罪属情节较轻、4 上诉人的主从犯情节、上诉人赵江游具有立功表现及赵的家属能为其退出赃款等量刑情节，对 4 上诉人分别作出的处罚并无不当，原审定罪准确，量刑适当，审判程序合法，上诉人要求撤销原判或改判的意见均不能成立。

### 126. 如何认定绑架罪中"杀害被绑架人"的情形并正确适用刑罚？

现行《刑法》之所以将故意杀人规定为绑架罪的法定升格刑要件，并不是因为绑架罪必然发展为故意杀人，故意杀人行为也不是绑架罪的构成要件组成部分。《刑法》作出此种规定是为了保护被绑架人的生命，即通过以立法宣告的方式对实施绑架的行为人起到威吓的作用，预防其绑架过程中实施故意杀人行为。因此，现行《刑法》第 239 条规定的"杀害被绑架人"就是故意杀人行为的一种形式，可以单独予以理解。对于在绑架过程中实施故意杀人行为的，即使没有实际造成被害人的死亡，但只要具有此种杀人行为，即符合"杀害被绑架人"的升格要件。但是对于没有实际杀死被害人的，可以根据犯罪情节适用死刑缓期执行，以更好地体现罪责刑相适应原则。

### 典型疑难案件参考

#### 罗伟绑架、强奸案

**基本案情**

被告人罗伟因经营负债，产生绑架他人敲诈钱财的想法。2009 年 5 月 28 日下午 3 时许，被害人唐某（女，时年 19 岁）到罗伟位于威远县文化街的服装店购买衣服时，罗伟产生绑架唐某之念。罗伟趁唐某在试衣间里时，将其服装店卷帘门拉下，持西瓜刀威胁唐，并反绑唐某双手，威胁唐说出其母亲的电话号码，用唐某的手机和自己的手机打电话给唐某的母亲夏群，称唐被其绑架了，要夏准备钱赎人。此后罗伟将唐装入编织袋捆在摩托车上带至威远县庆卫镇金龙村附近一松树林内，并再次打电话给唐的母亲夏群，要求拿 5 万元赎人，同时对唐实施了奸淫。罗伟随后打电话给夏群时，认为夏已报警，即生杀人灭口之念。罗伟用唐的外衣衣袖绕唐颈部并用力勒致唐不动，后罗认为唐已死亡，便用西瓜刀挖土掩盖在唐某的身体上。后见唐未死，又用西瓜刀刺、割其腹部和颈部，拿走唐某手机和现金，逃离现场。唐某苏醒后从土堆中爬出到附近的村民家中求救。经法医鉴定，唐某腹部之伤属轻微伤，颈部之伤属轻伤。次日下午，罗伟逃到宜宾市被抓获归案。

**诉辩情况**

检察机关认为：被告人行为构成绑架罪和强奸罪，应当数罪并罚，依法追究其刑事法律责任。

被告人对自己的犯罪事实供认不讳，对检察机关的指控不持异议。

**裁判结果**

依照《中华人民共和国刑法》第239条第1款、第236条第1款、第48条第1款、第57条第1款、第69条和《中华人民共和国民法通则》第119条之规定，判决如下：

一、被告人罗伟犯绑架罪，判处死刑，缓期2年执行，剥夺政治权利终身，并处没收个人全部财产；犯强奸罪，判处有期徒刑6年。决定执行死刑，缓期2年执行，剥夺政治权利终身，并处没收个人全部财产；

二、被告人罗伟赔偿附带民事诉讼原告人唐某经济损失8362元。（判决生效后即付清）

四川省高级人民法院经复核认为：被告人罗伟以勒索财物为目的，绑架被害人唐某，在向被害人唐某之母夏群打了勒索电话后，认为夏群已报警，产生杀人灭口之念，进而对唐某实施了勒颈、刀刺割、土埋的杀人行为，其行为已构成绑架罪；在实施绑架犯罪中又以暴力相威胁，强行与唐某发生性行为，其行为又构成强奸罪。其所犯两罪，应予并罚。原判认定事实和适用法律正确，量刑适当，审判程序合法。依照《中华人民共和国刑事诉讼法》第201条和《中华人民共和国刑法》第239条第1款、第236条第1款、第48条、第57条第1款、第69条的规定，裁定如下：

核准四川省内江市中级人民法院〔2009〕内刑初字第46号以绑架罪、强奸罪，数罪并罚，决定执行被告人罗伟死刑，缓期2年执行，剥夺政治权利终身，并处没收个人全部财产的判决。

**裁判理由**

四川省内江市中级人民法院审理认为：被告人罗伟以勒索财物为目的，绑架唐某并奸淫，其行为构成了绑架罪和强奸罪。检察机关指控的罪名成立。罗伟手段极其残忍，但尚未造成严重的后果，且案发后认罪态度较好，积极筹款赔偿损失，可酌情从轻处罚，判处死刑可不立即执行。罗伟犯二罪，应数罪并罚。罗伟对其犯罪行为给唐某造成的经济损失依法应予全部赔偿。

### 127. 绑架罪的主观故意如何认定？

绑架罪的主观方面是故意，即行为人以迫使第三人作为或者不作为为目的，明知自己的行为剥夺他人的人身自由，使他人生命、健康受到重大危胁，并希望此种结果发生的主观心理态度。所谓迫使第三人作为或者不作为的目的，是指行为人具有以第三人对被绑架人的人身安危的忧虑，迫使第三人作为或者不作为的意思。迫使第三人作为或者不作为，可能是要求该第三人支付一定数额的赎金财物，也可能是提出其他政治性、经济性的要求。如果行为人不具有通过绑架被绑架人，迫使第三人作为或者不作为的主观目的，即使实际剥夺了被绑架人的人身自由，也不能构成绑架罪。

## 典型疑难案件参考

### 李德新绑架案

**基本案情**

2006年5月24日，被告人李德新打电话向其兄李德华借钱未果并被训斥而心存不满。次日上午9时许，被告人李德新租借车牌号为川Q26736号长安面包车到屏山县新市镇中心小学，向学校老师谎称李涵的父亲李德华摔断了腿，要接李涵去看望，将正在上课的一年级学生李涵（李德华之女，8岁）从学校骗走，并以外出玩耍为借口，驾车将李涵带至云南省绥江县南岸镇。途中，被告人李德新给李德华打电话，执意要求借钱被拒。李德华在通话中得知女儿李涵与李德新在一起，即告诉了儿子李振宇。李振宇立即打电话与李德新联系问明情况，提出借钱给李德新。李振宇向奶奶姚竹圈（李德华、李德新之母）借得人民币1.6万元后，又与李德新联系交款方式并请求先放了李涵，李德新表示拿到钱才放人。李振宇遂按李德新的要求将1.6万元交至屏山县城聂梅处。聂梅收款后，按照李德新的吩咐以李德新的名义向李振宇出具了一张借条，并将其中5000元偿还给了周雪玲、李万福、张平华、易小红等人。李德新确认聂梅收到钱之后即带着李涵驾车来到屏山县新安镇大坪村3组王明家的商店，并且告知了李振宇。当日16时许，李振宇赶到新安镇王明家的商店，将李涵接回新市镇。案发后，公安机关追回赃款1.4万元退还李振宇。本案在审理过程中，被害人李涵及其家人向法院书面申请，请求对被告人李德新从宽处理。

### 一审诉辩情况

四川省屏山县人民检察院指控认为：被告人李德新绑架他人作为人质以实现其不法要求的行为，触犯了《中华人民共和国刑法》第239条第1款的规定，应当以绑架罪追究其刑事责任。

被告人李德新辩称：其行为属家庭纠纷不构成绑架罪，其打电话不是要钱，是李振宇主动提出借钱，其没提出要钱，没有叫他们拿钱来接李涵。其辩护人的辩护意见是：被告人李德新将李涵骗出学校，使其脱离学校或监护人的监护，给李德华等人造成无形的精神压力，具有社会危害性，应当承担相应的法律责任，但不能认定其构成了绑架罪。

### 一审裁判结果

四川省屏山县人民法院依照《中华人民共和国刑法》第239条第1款、第63条第2款之规定，判决如下：

被告人李德新犯绑架罪，判处有期徒刑3年，并处罚金人民币2万元。

### 一审裁判理由

一审法院经审理认为：被告人李德新绑架他人作为人质以实现其不法要求的行为，构成了绑架罪。被告人李德新及其辩护人认为其行为不构成绑架罪，与本案查明的事实不符，本院不予采纳。鉴于被告人李德新在控制被害人过程中没有实施暴力和威胁手段，犯罪情节较轻，且大部分财物已退还被害方。又因被告人与被害人系叔侄关系，被害方对被告人表示谅解并请求法庭对被告人从轻从宽处理，给予被告人悔过自新、重新做人的机会。被告人李德新有认罪、悔罪表现。根据本案的特殊情况，按照《中华人民共和国刑法》第239条第1款和第63条第2款的规定，可对被告人李德新在10年以下有期徒刑幅度内处以刑罚。

### 复核审情况

被告人李德新犯绑架罪一案于2006年11月13日宣判后，被告人和检察机关在法定期限内没有上诉和抗诉，屏山县人民法院依照《中华人民共和国刑事诉讼法》第63条第2款的规定逐级上报复核。四川省高级人民法院经复核，确认一审法院认定的事实和证据。

2007年9月6日，四川省高级人民法院复核认为：被告人李德新因为不满其兄拒绝借款并被训斥，将亲侄女李涵骗离学校使其处于自己的实际控制之下，以此要挟其兄从而达到强行借款的目的，其行为符合绑架罪的构成要件，已构成绑架罪。被告人李德新实施绑架控制被害人李涵的行为系因向亲戚借钱被拒引起，其在作案过程中未对被害人李涵实施暴力、威胁和恐吓，李涵未受到身体伤害和精神损害。案发后，被告人李德新强借的绝大部分钱款已被公安机关追回并发还被害方。被害人全家对被告人李德新表示谅解，并请求对其从宽处理。综上所述，被告人李德新虽已构成绑架罪，但犯罪情节轻微。原判定罪正确，审判程序合法，但裁量刑罚不当。四川省高级人民法院依照最高人民法院《关于执行〈中华人民共和国刑事诉讼法〉若干问题的解释》第268条第1项之规定，裁定如下：

一、撤销四川省屏山县人民法院〔2006〕屏山刑初字第57号以被告人李德新犯绑架罪，在法定刑以下判处有期徒刑3年，并处罚金2万元的刑事判决；

二、发回四川省屏山县人民法院重新审判。

### 再审情况

再审裁判理由同四川省高院发回重审理由。

再审裁判结果：四川省屏山县人民法院依照《中华人民共和国刑法》第239条第1款、第37条之规定，判决如下：被告人李德新犯绑架罪，免予刑事处罚。

### 二审诉辩情况

四川省屏山县检察院抗诉称：（1）原判认定李德新犯绑架罪的犯罪情节轻微，免予刑事处罚不当；（2）李德新不具有《刑法》规定的减轻处罚情节，不应在法定刑以下量刑。

被告人李德新辩解理由与一审理由相同。

### 二审裁判结果

四川省宜宾市中级人民法院依照《中华人民共和国刑事诉讼法》第189条第1项之规定，裁定如下：驳回上诉，维持原判。

### 二审裁判理由

宜宾市中级人民法院判案理由与四川省高级人民法院发回重审理由和重审判案理由相同。

### 128. 在绑架勒索到钱财后又杀害被绑架人的，是定绑架罪和故意杀人罪，还是只定绑架罪？

根据现行《刑法》第239条的规定，在绑架他人的过程中，或者绑架他人之后，伤害被绑架人的甚至故意杀害被绑架人的，伤害行为、杀人行为属于绑架罪的量刑情节，对此以绑架罪一罪论处，无须数罪并罚。

#### 典型疑难案件参考

向成莉、曾琼珍在绑架勒索到钱财后又杀害被绑架人案

**基本案情**

2001年6月的某天，被告人向成莉、曾琼珍密谋绑架张菊勒索钱财。同年10月12日晚上11时许，向成莉以有客人需要小姐过夜（嫖宿）为由，将张菊骗到其租住的三亚市港门上村大道84号503房后，与被告人曾琼珍持水果刀威胁张菊不许动，用绳子捆绑了张菊。接着，向成莉、曾琼珍持刀威胁张菊，索要钱财。张菊说有5000元人民币放在其租住处的密码箱里，曾琼珍、向成莉先后到张菊的住处，但因房东在家均未能取到钱。同月14日，向成莉、曾琼珍胁迫张菊打电话给其父亲张发元，让其存1万元人民币到向成莉所持的户主为"唐宏香"的存折账户上。同月15日，向成莉、曾琼珍又胁迫张菊打电话给成都市的朋友石宗良，让其存1万元人民币到"唐宏香"的存折账户上。16日，张菊被迫打电话给其房东苏永安要人民币2000元，曾琼珍就骗其朋友李文芝一起到苏永安处取了2000元人民币。当晚，向成莉、曾琼珍估计张父已将1万元人民币寄出，便预谋将张菊杀害。同月17日中午1时许，向成莉、曾琼珍用绳子合力将张菊勒死，然后由曾琼珍到中国银行三亚分行商品街分理处从"唐宏香"账户上取出5000元人民币。下午6时许，向成莉、曾琼珍用菜刀、锯片将张菊的尸体肢解成9段，又把张菊的左脚和头颅先后放进高压锅里煮几分钟。晚上11时许，向成莉、曾琼珍买回一个红色行李箱和一个蓝色行李袋，把用黑色塑料袋包住的张的尸块放进箱和袋里。同月18日凌晨2时许，向成莉、曾琼珍携带装有尸块的箱和袋租乘叶兴胜的出租车到三亚市崖城镇宁远河大桥处，将尸块抛在该桥南端东侧的护坡上。当天上午，向成莉、曾琼珍入住三亚市南海招待所8403房。下午，曾琼珍又从"唐宏香"的账户里取出5000元人民币，与上次所取的5000元人民币集中藏放在8403房

的床垫下。同月 19 日中午，公安人员在南海招待所附近的公用电话亭将向成莉、曾琼珍抓获。破案后，公安人员查获赃款人民币 2 万元，分别退给张发元、石宗良各 1 万元。

### 一审诉辩情况

海南省三亚市人民检察院认为被告人向成莉、曾琼珍的行为触犯了《中华人民共和国刑法》第 239 条，构成绑架罪，且情节恶劣，手段残忍，请求依法惩处。

被告人向成莉、曾琼珍均辩称自己是从犯，不是主犯。

### 一审裁判结果

一审法院依照《中华人民共和国刑法》第 239 条第 1 款、第 25 条第 1 款、第 57 条第 1 款的规定，于 2003 年 8 月 7 日作出刑事判决，以被告人向成莉、曾琼珍犯绑架罪，分别判处死刑，剥夺政治权利终身，并处没收个人全部财产。

### 二审诉辩情况

一审宣判后，被告人向成莉、曾琼珍不服，提出上诉。向成莉及其辩护人辩称：向成莉只是提议绑架勒索钱财，曾琼珍是策划杀害张菊的主凶；向成莉只起辅助作用，认罪态度好，要求从轻处罚。曾琼珍及其辩护人辩称：曾琼珍事先没有和向成莉密谋绑架张菊，绑架、杀害张菊是向成莉提出的；在绑架过程中，曾琼珍没有参与用绳子捆绑张菊，没有向张菊索要钱财；向成莉曾用枕头捂被害人面部，被害人头颅被煮过，被害人是被捂死还是被扼死、勒死不清；曾琼珍是从犯、初犯，应从轻处罚。

### 二审裁判结果

二审法院依照《中华人民共和国刑事诉讼法》第 189 条第 1 项的规定，于 2002 年 10 月 24 日作出刑事裁定如下：驳回上诉，维持原判。

### 二审裁判理由

法院生效判决认为：关于向成莉及其辩护人提出曾琼珍是策划杀害张菊的主凶；向成莉认罪态度好，要求从轻处罚。经查，向成莉提议绑架勒索钱财，与曾琼珍共同杀害张菊并碎尸、抛尸的事实有证人证言、刑事科学鉴定结论可以证明，向成莉亦供认在案，并无证据证实曾琼珍是策划杀害张菊的主凶。关于曾琼珍及其辩护人提出曾琼珍事先没有和向成莉密谋绑架张菊；绑架、杀害张菊是向成莉提出的；在绑架过程中，曾琼珍没有参与用绳子捆绑张菊，没有向张菊索要钱财。经查，曾琼珍曾供述：2001年6月，向成莉多次向她提出绑架张菊勒索钱财，她同意，并与向成莉一起用绳子将张菊勒死，其供述与向成莉的口供及刑事科学鉴定结论相互印证，足以认定。曾琼珍及其辩护人又提出被害人是被捂死还是被扼死、勒死，存在疑义。经查，公安机关刑事科学技术鉴定书证实，张菊生前系被他人扼颈、勒颈造成机械性窒息死亡。曾琼珍及其辩护人还提出，曾琼珍是从犯。经查，曾琼珍与向成莉共同实施犯罪行为，原判认定二上诉人无主从犯之分并无不当。同时查明，上诉人向成莉、曾琼珍无任何法定从轻情节。故二上诉人及其辩护人的上诉理由和辩护意见均不能成立。原判定性准确，量刑适当，审判程序合法。

### 129. 绑架罪与非法拘禁罪如何区分？

绑架罪与非法拘禁罪都非法剥夺了他人的人身自由，但是两者之间也存在显著区别：首先，从主观方面看，行为人主观是否具有剥夺他人人身自由并将其作为人质进行勒索或者要挟的目的。如果不具备这种目的而非法剥夺他人行动自由的，应当以非法拘禁罪论处；具备这种非法目的的，则构成绑架罪。其次，从客观方面分析，行为人与被剥夺人身自由的被害人之间是否存在现实的债权债务关系，为了索取债务而非法剥夺他人人身自由的，即使是向被剥夺人身自由以外的第三人提出的，仍然以非法拘禁罪论处。

**典型疑难案件参考**

柯金星等绑架案

**基本案情**

2000年9月5日，莆田客运站中巴车车主陈祖芳对本案被害人詹传平说起自己中巴车的营运证、行车证、线路牌被本案被告人柯金星（又名汤銮新）、汤金辉等人拿走一事，詹传平答应去找柯要回营运证等。9月6日下午，詹传平与伍春行、廖金良3人到莆田县华亭镇五云村找到被告人柯金星。被告人柯金星、陈国彪及同案人汤金辉就拥上去，伍春行、廖金良见势不妙赶紧逃走，二被告人及同案人汤金辉抓住被害人詹传平，把他带到枇杷山，在山上对其殴打，并胁迫詹传平用手机与陈祖芳妻子陈燕金联系，要陈拿9000元来赎人。被告人陈国彪到山下食杂店里拿来一条绳子交给同案人汤金辉，把詹传平捆绑在一棵树上。二被告人及同案人发现有人到五云村找被害人，赶紧逃走躲避。过了半个多小时，又回到原地，发现被害人詹传平已不知去向，只剩一根捆人的绳子留在原地，他们以为被害人已跑了，即逃离现场。被告人柯金星、陈国彪分别于当晚及次日向华亭刑警中队投案。9月10日上午，詹传平尸体在隆兴村前小溪里被发现，经法医检验，死者詹传平系生前溺水死亡。

### 一审诉辩情况

福建省莆田市人民检察院指控被告人柯金星、陈国彪的行为已触犯《中华人民共和国刑法》第239条之规定，构成绑架罪，应依法予以处罚。

附带民事诉讼原告人及其委托代理人诉称被告人柯金星、陈国彪应赔偿因绑架詹传平致死而造成的经济损失人民币113214.5元。

被告人柯金星辩称：其是受陈国彪、汤金辉指使讨债而引起的，不构成绑架罪。其辩护人辩称：被害人系溺水死亡，死亡结果与绑架行为没有因果关系，也是出于被告人意料以外的原因，因此不属情节特别严重，且有自首，具有法定的从轻处罚的情节。

被告人陈国彪辩称：其有自首情节。其辩护人唐振华辩护称：检察机关指控的事实不清，证据不足，指控的罪名不能成立，但又称陈国彪有自首情节，应从轻处罚。

### 一审裁判结果

福建省莆田市中级人民法院根据《中华人民共和国刑法》第239条、第53条、第56条、第67条第1款、《中华人民共和国民法通则》第119条的规定，作出如下判决：

一、柯金星犯绑架罪，判处有期徒刑15年，剥夺政治权利3年，并处罚金人民币5000元；

二、陈国彪犯绑架罪，判处有期徒刑15年，剥夺政治权利3年，并处罚金人民币5000元；

三、柯金星、陈国彪各赔偿附带民事诉讼原告人经济损失人民币1.5万元。款限判决生效后一个月付清。

### 一审裁判理由

福建省莆田市中级人民法院认为：被告人柯金星、陈国彪伙同他人以勒索财物为目的，采取暴力手段劫持人质，其行为已构成绑架罪，应从重处罚。检察机关指控罪名成立，但根据现有证据，被害人的死亡系生前溺水死亡，尚不足以认定因绑架直接导致被害人死亡。对于被告人柯金星辩解称不构成绑架罪的理由。经查，被告人柯金星伙同同案人以勒索财物为目的而绑架他人，其行为符合绑架罪的构成要件，因此其辩解理由不能成立，不予采纳。对其辩护人称，本案被害人的死亡结果与被告人行为没有必然因果关系，不属情节特别严重，有自首情节的辩护理由成立，予以采纳。对于被告人陈国彪的辩护人称本案事实不清，指控罪名不能成立的理由。经查，被告人伙同同案人共同绑架人质勒索钱财的基本事实清楚，基本证据充分，对该辩护理由不能成立，不予采纳。对被告人陈国彪及其辩护人称有自首情节可从轻处罚的辩解、辩护理由，经查属实，予以采纳。

▶ 二审诉辩情况

一审判决后，附带民事诉讼原告人詹文猴、林财宝、被告人陈国彪不服判决，提出上诉。詹文猴、林财宝诉称：原审判令二被告人各赔偿人民币15000元显属不公，要求改判赔偿经济损失人民币113214.5元。陈国彪诉称：案件事实不清，其有投案自首情节，要求从轻处罚。

▶ 二审裁判结果

福建省高级人民法院依照《中华人民共和国刑事诉讼法》第189条第1项、《中华人民共和国民事诉讼法》第153条第1项的规定，作出如下裁定：驳回上诉，维持原判。

▶ 二审裁判理由

陈国彪上诉称原判认定其犯绑架罪事实不清的理由。经查，陈国彪事先与柯金星、汤金辉商量"与对方干"，后又把詹传平绑架到枇杷山上殴打，陈国彪到山下店里拿绳子交给汤金辉把詹传平捆绑在树上，并一起向他人勒索钱财，其绑架的事实清楚，因此，其理由不能成立，不予采纳。原判根据二被告人的犯罪性质判决赔偿的数额适当，詹文猴、林财宝上诉要求增加赔偿的理由不能成立，不予采纳。

**130. 已满14周岁不满16周岁的行为人绑架并杀害被害人的如何定罪？**

现行《刑法》将"杀害被绑架人"作为绑架罪的法定升格

刑要件，只是为了预防绑架行为人在实施绑架罪过程中"撕票"，因此此处故意杀人行为应作单独理解，不是被绑架罪所包含覆盖。所以，已满14周岁不满16周岁的人即使不对绑架罪承担刑事责任，但是对于故意杀人行为仍然应当承担相应的刑事责任。虽然现行《刑法》将"杀害被绑架人"规定了绝对确定的法定刑，但是绑架罪作为分则条文仍然受到刑法总则条文的限制。因此，对于不满18周岁实施绑架罪并有杀害被绑架人情节的，仍然不能适用死刑，包括不能适用死刑缓期执行。

## 典型疑难案件参考

### 安××、吴某绑架并杀害被绑架人案

**基本案情**

2001年夏天，被告人安××与同乡村民张×（男，1986年2月3日生）多次商议绑架在尚寨街上做生意的宋会远之子宋春雨（1990年6月12日生），并商定向宋会远索要10万元现金。2001年10月，被告人安××又介绍被告人吴某参与作案，吴当即同意，3人遂决定绑架后将宋春雨隐藏在张伟家的蔬菜大棚内，由吴看管。后由于家庭生产忙，张×没再参与。安、吴决定由其二人实施绑架，并商定先杀死宋春雨，再向宋会远打电话要钱。为此二人准备了普鲁卡因针剂（一种麻醉药）、手套、透明胶带等工具。2002年1月21日晨6时许，两被告人在宋春雨上学途中用浸有麻醉药的毛巾捂宋的口鼻，捂昏后抬至一棉柴堆旁。宋苏醒后求饶，二人唯恐事情败露，遂由吴骑在宋身上，按住宋的胳膊和腿，安××再次用毛巾捂其口鼻，又用透明胶带在其口鼻上缠绕，致宋春雨机械性窒息死亡。两被告人将尸体、作案工具等隐匿后，于当天上午在慈圣镇、远襄镇打电话向宋会远索要10万元赎金。下午16时许，二人再次电话催要赎金时，被公安机关当场抓获。

**诉辩情况**

检察机关认为：被告人安××的行为构成绑架罪，被告人吴某的行为构成故意杀人罪，请求依法惩处；被告人安××的辩护人认为，安××作案时已满14周岁不满18周岁，根据《刑法》第17条第3款的规定，应对其从轻或减轻处罚。

被告人吴某的辩护人认为：吴某作案时已满14周岁不满16周岁，根据

《刑法》第 17 条第 2 款的规定，不应负刑事责任，其行为不应定故意杀人罪；即使构成该罪，也属从犯，应对其从轻或减轻处罚。

### 裁判结果

审理法院依照《中华人民共和国刑法》第 239 条第 1 款，第 232 条，第 17 条第 1 款、第 2 款、第 3 款，第 49 条，第 25 条第 1 款，第 26 条第 1 款、第 4 款，第 57 条第 1 款的规定，于 2002 年 7 月 4 日作出判决如下：被告人安××犯绑架罪，判处无期徒刑，剥夺政治权利终身，并处罚金 5000 元；被告人吴某犯故意杀人罪，判处有期徒刑 15 年。

### 裁判理由

商丘市中级人民法院经过不公开开庭审理后认为，被告人安××、吴某为勒索钱财绑架并杀害无辜儿童，手段残忍，后果严重，二人的行为均已构成犯罪。安××犯罪时已满 16 周岁，其行为已构成绑架罪；被告人吴某犯罪时已满 14 周岁不满 16 周岁，对绑架行为不负刑事责任，但其为灭口而杀害被绑架人，具有明显的杀人故意和行为，故其行为构成故意杀人罪，依法应承担刑事责任。检察机关指控的罪名成立。被告人安××、吴某犯罪时均不满 18 周岁，不适用死刑，两被告人犯罪时均属未成年人，其辩护人请求依法从轻处罚的辩护意见应予采纳。被告人安××在犯罪中积极预谋、实施绑架并杀死被害人，系主犯；被告人吴某在犯罪中积极主动，预谋和实施时要将被害人杀死的故意明显，积极追求被害人死亡的后果，与被告人安××同属主犯，其辩护人辩称其不构成故意杀人罪、属从犯的意见不能成立，不予采纳，但其罪行情节轻于被告人安××，对其处罚应与此相称。

# 绑架罪办案依据集成

## 【刑法条文】

第二百三十九条 【绑架罪】以勒索财物为目的绑架他人的,或者绑架他人作为人质的,处十年以上有期徒刑或者无期徒刑,并处罚金或者没收财产;情节较轻的,处五年以上十年以下有期徒刑,并处罚金。

犯前款罪,致使被绑架人死亡或者杀害被绑架人的,处死刑,并处没收财产。

以勒索财物为目的偷盗婴幼儿的,依照前两款的规定处罚。

## 司法解释

**最高人民法院《关于对在拐卖、绑架妇女(幼女)过程中又奸淫被害人的行为应如何定罪问题的批复》**(1994年4月8日 法复〔1994〕6号)

四川、河南省高级人民法院:

你们关于对在拐卖、绑架妇女(幼女)过程中又奸淫被拐卖、绑架妇女(幼女)的行为应如何定罪问题的请示收悉。经研究,答复如下:

在拐卖妇女(幼女)过程中,奸淫被拐卖的妇女(幼女)的,应当依照《全国人民代表大会常务委员会关于严惩拐卖、绑架妇女、儿童的犯罪分子的决定》第一条第一款第(三)项的规定定罪处罚。在绑架妇女(幼女)过程中,奸淫被绑架妇女(幼女)的,应以绑架妇女罪、绑架儿童罪或者绑架勒索罪从重处罚。

## 其他办案依据

**1. 最高人民法院研究室《关于对在绑架过程中以暴力、胁迫等手段当场劫取被害人财物的行为如何适用法律问题的答复》**(2001年11月8日 法函〔2001〕68号)

福建省高级人民法院:

行为人在绑架过程中,又以暴力、胁迫等手段当场劫取被害人财物,构成犯罪的,择一重罪处罚。

**2. 公安部《关于打击拐卖妇女儿童犯罪适用法律和政策有关问题的意见》**(2000年3月24日 公通字〔2000〕25号)(节录)

二、关于拐卖妇女、儿童犯罪

(九)以勒索财物为目的,偷盗婴幼儿的,以绑架罪立案侦查。

# 十、拐卖妇女、儿童罪

## 131. 如何认定拐卖妇女案中的主观方面？

拐卖妇女罪是指以出卖为目的，拐骗、绑架、收买、贩卖、接送或者中转妇女的行为。其主观方面是由直接故意构成的，必须具有出卖被拐卖妇女的目的。只要是基于出卖的目的而拐卖妇女的，即使没有卖成，或实际上没有得到钱财而被查获，也不影响本罪的成立。拐卖妇女、儿童主要是为了获取非法利益，但行为人获取利益的目的是否达到，不影响本罪的成立及既遂。拐卖妇女、儿童也不能排除存在其他动机。例如行为人为报复他人而拐卖他人女性亲属的，虽在营利动机之外，但在出卖目的范围之内，同样构成拐卖妇女罪。拐卖妇女罪应与介绍婚姻收取少量费用区分开来。二者关键区别在于行为人是否以出卖为目的。具体行为人是否有出卖目的，可以从行为人与妇女以及第三方关系、收取费用数额方式等方面综合考察。

### 典型疑难案件参考

孙崇树等拐卖妇女案

### 基本案情

1998年9月23日，被告人孙崇树以介绍打工为由，将四川省越西女青年吉克阿依木、阿加阿沙木、皮特小红木、曲木什各木4人拐带至福建省福州市，因路费不够，被告人孙崇树即打电话给咸村镇的朋友李绍选向其借钱。李绍选安排其侄儿李胜钟带600元到福州给被告人孙崇树。被告人李胜钟到达福州后，得知被告人孙崇树拐卖妇女一事后，仍协同孙崇树将4名女青年带回咸村镇高路村家中。1998年9月至10月，被告人孙崇树以每人4000元的价格将4名拐带的越西女青年卖给李绍铅、李绍树、黄事华、谢承建为"妻"，其中，被害人阿加阿沙木被被告人孙崇树卖给谢承建为"妻"10多天后,又到高路村与李胜钟共同生活。并提供了相关的证据。

### ▶一审诉辩情况◀

福建省周宁县人民检察院指控称:被告人孙崇树、李胜钟的行为已构成拐卖妇女罪。

被告人孙崇树辩称:是在被害人阿英的欺骗下做了违法的事,请求从轻处罚。被告人孙崇树的辩护人辩称:被告人孙崇树将4名女青年带至福建,没有违背妇女意志,虽然有收取财物,但应视为酬谢性质,是属于介绍婚姻索取财物的行为。

被告人李胜钟辩称:是在不知道被告人孙崇树拐卖妇女的情况下帮助了孙崇树,请求从轻处罚。

被告人李胜钟的辩护人辩称:被告人李胜钟的行为不构成拐卖妇女罪,被告人李胜钟虽有同被告人孙崇树将4名女青年带回咸村镇高路村家中,但是李胜钟不知道被告人孙崇树拐卖妇女的行为,主观上不存在拐卖妇女的目的。对被告人孙崇树拐卖妇女至高路村的行为,被告人李胜钟只是放任这种结果的发生,不存在直接故意。

### ▶一审裁判结果◀

一审法院福建省周宁县人民法院经公开审理查明:福建省周宁县人民法院根据《中华人民共和国刑法》第240条第1款第2项、第25条、第26条、第27条之规定,作出如下判决:

一、孙崇树犯拐卖妇女罪,判处有期徒刑13年,罚金5000元;
二、李胜钟犯拐卖妇女罪,判处有期徒刑4年,罚金3000元。

### ▶一审裁判理由◀

福建省周宁县人民法院经审理认为:被告人孙崇树、李胜钟以出卖为目的,拐卖妇女4人,其行为构成了拐卖妇女罪,检察机关指控罪名成立,被告人孙崇树将4名妇女从四川越西拐带至周宁县咸村镇,并予以出卖且赃款均由其所得,在共同犯罪中起主要作用,系主犯,被告人李胜钟在福州得知被告人孙崇树拐卖妇女一事后,仍协同孙崇树将被拐妇女带回咸村镇高路村,在共同犯罪中起辅助作用,系从犯,依法应减轻处罚。被告人孙崇树的辩护人认为被告人孙崇树的行为系借婚姻索取财物,不符合案件事实,不予采纳。

### 二审诉辩情况

被告人孙崇树上诉称：原判认定事实有误，其虽将4名女青年带至福建，但没有违背妇女意志，虽有收取财物，但应视为酬谢的性质，属于介绍婚姻索取财物的行为，请求二审予以改判。被告人李胜钟上诉称：其没有协同孙崇树将被拐卖的妇女带回其川中村高路家中，其主观上只是放任孙崇树拐卖妇女的结果发生，不存在直接故意，故其行为不构成拐卖妇女罪。

### 二审裁判结果

福建省宁德市中级人民法院依照《中华人民共和国刑事诉讼法》第189条第1项、《中华人民共和国刑法》第240条第1款第2项、第25条第1款、第26条第1款、第4款、第27条之规定作出如下裁定：驳回上诉，维持原判。

### 二审裁判理由

二审法院福建省宁德市中级人民法院认为：被告人孙崇树、李胜钟以出卖为目的，拐卖妇女4人，其行为均构成了拐卖妇女罪，上诉人孙崇树将4名四川籍女青年拐带到周宁县咸村镇，并予以出卖，且赃款均由其所得，在共同犯罪中起主要作用，系主犯；被告人李胜钟在福州得知被告人孙崇树拐卖妇女一事后，仍与孙崇树将被拐妇女带回咸村镇高路自然村其家中，在共同犯罪中起辅助作用，系从犯，应当减轻处罚。原判认定主要犯罪事实清楚，证据确凿，定性准确，量刑适当，审判程序合法。上诉人孙崇树、李胜钟辩称不构成拐卖妇女罪的上诉理由与查明的事实相悖，不予采纳。

## 132. 在拐卖儿童过程中放弃对患病儿童治疗，致使儿童死亡的，可否认定为拐卖儿童罪的加重情节？

《刑法》第240条明确规定，"造成被拐卖的妇女、儿童或者其亲属重伤、死亡或者其他严重后果的"，要进行加重处罚。对于此处造成的重伤、死亡结果，理解不宜过于狭隘。一方面，如果是行为人的行为直接导致儿童死亡，如在中转过程中为防止其哭闹捂住口鼻致儿童窒息死亡或者动作粗暴或者实施殴打致使死亡，当然适用加重处罚。另一方面，如果行为人的行为构成其死亡的条件之一，即便不具有直接的因果关系，亦应认定为造成儿童死亡，仍应当适用加重刑罚。如上述情形中，儿童患病可能是自身体质问题,亦可能是在被拐卖过程中不适应环境造成的。但无论如何,一般情况下,如果能够接受及时有效治疗,并不会发生死亡结果。可见死亡结果与行为人放弃治疗具有很大关系,因此行为人对于儿童的死亡难辞其咎,仍应当承担起死亡的加重责任。

## 133. 为他人介绍拐卖妇女儿童,但并未从中获利,可否认定为拐卖妇女、儿童罪?

拐卖妇女儿童罪的主观方面,要求行为人具有出卖的目的,至于是否获利,并不影响该罪的成立。行为人可能出于非法获利动机之外的其他犯罪动机实施拐卖妇女、儿童罪,例如行为人为报复他人,将他人子女拐卖的,虽然没有获利,但是仍然构成拐卖妇女、儿童罪。2000年3月24日施行的公安部《关于打击拐卖妇女儿童犯罪适用法律和政策有关问题的意见》中指出,"在办理拐卖妇女、儿童案件中,不论拐卖人数多少,是否获利,只要实施拐卖妇女、儿童行为的,均应当以拐卖妇女、儿童罪立案侦查。"正是对构成拐卖妇女儿童罪并非一定需要获利这一观点的肯定。

### 典型疑难案件参考

郎春燕等拐卖儿童案(上海铁路运输中级法院刑事判决书〔2008〕沪铁中刑初字第18号)

#### 基本案情

2004年2月至2007年5月间,被告人刀某、丁某、白某、曹某、曹某1、黄某、刀某1、陶某、杨某2、杨某1等人,以牟利为目的,或单独,或交叉结伙,在红河州元阳县等地收买婴儿后,贩卖给被告人郎春燕等人。被告人郎春燕单独或纠集被告人朗世勤、郎某、杨某等人将婴儿运送至郯城县、金乡县等地,之后,郎春燕或伙同被告人王某在金乡县贩卖婴儿,或伙同被告人沈某,通过被告人李某、戈某、高某、王某1、徐某、苗某、关某等人居间介绍,在郯城县贩卖婴儿,从中谋取非法利益。具体事实如下:

2004年3月,被告人刀某电话告知被告人郎春燕,称在红河州元阳县马街乡乌湾村的路边捡到一名女婴。被告人郎春燕以人民币1500元的价格从刀某处买下该女婴并带回郯城县。4月5日,被告人李某到沈某家中将该女婴抱至徐敏信家中,以人民币5000元的价格将女婴卖给孙秀兰夫妇,后李某将人民币5000元交被告人郎春燕。事后,被告人郎春燕分给被告人李某好处费人民币500元。案发后,上述现已被取名为刘宇璐的女婴(本案第15号婴儿)于2007年8月24日被公安人员解救。

2004年4月,被告人郎春燕在红河州个旧市汽车站以人民币8000元从被告人刀某处买下了一名男婴。后经被告人沈某与刘明华、赵福东夫妇联系,郎春燕在郯城县北外环路上以人民币12000元的价格将男婴卖给了丁凤芝、刘国贞夫妇。案发后,上述现已被取名为刘玉情的男婴(本案第19号婴儿)于2007年8月29日被公安人员解救。

2004年5月,被告人刀某电话告知被告人郎春燕,称在一个叫路蓬的村子里抱得一名超生女婴。数日后,被告人朗春燕从郯城县赶来,以人民币1800元的价格从刀某处买下该女婴并带回郯城县。2004年6月8日,李某、徐敏信将婴儿抱至葛衍慧家中,以人民币6000元的价格将女婴卖给了李业香夫妇。事后,被告人李某将卖女婴所得赃款人民币5000元交被告人郎春燕。案发后,上述现已被取名为张子欣的女婴(本案第16号婴儿)于2007年8月25日被公安人员解救。

2005年春节前,被告人刀某电话告知被告人郎春燕,称从元阳县乌湾"新寨"取得一名超生女婴。被告人朗春燕以人民币1800元的价格从刀某处买下女婴后前往河南省商丘市。被告人王某在商丘火车站将朗春燕及女婴带至金乡县王某的暂住处。春节期间,被告人王某经李洪兵联系后,在王某的暂住处以人民币5000元将该女婴卖给了毕德勇。之后,被告人王某将赃款人民币4500元交给被告人郎春燕。案发后,毕德勇携婴在逃。

2005年11月,被告人刀某得知"阿乌寨"一户人家有刚出生的男婴,便与正在当地的被告人郎春燕取得联系。随后,郎、刀二人一同前往该户人家,郎春燕向刀某支付人民币7600元买下了该男婴,并于11月6日携婴至金乡县被告人王某暂住处。当晚男婴生病,郎春燕、王某将其送至金乡县人民医院治疗,被告人王某化名张磊华,并为男婴取名张红,经诊断,该男婴患新生儿破伤风。在治疗期间,被告人郎春燕借故返回郯城县。11月12日,在该男婴呼吸衰竭,随时有生命危险的情况下,被告人王某要求金乡县人民医院放弃治疗,并在男婴死亡后将尸体丢弃。

2006年9月,被告人刀某获悉何建民处有一名女婴后,便电话告知被告人郎春燕。数日后,郎春燕纠集被告人杨某赶到元阳县南沙镇汽车站与刀某会面。之后，杨某携郎交给其的人民币1500元，随刀来到个旧市黄草坝，将钱给刀后，从何建民处买下一女婴后返回南沙镇。当日，根据郎春燕安排，被告人杨某携婴返回郏城县，将女婴交给被告人沈某，并从沈某处得赃款人民币1000元。在此期间，被告人刀某告诉被告人郎春燕，逢春岭乡熊金华处有女婴，郎即与刀前往熊金华家，第二天凌晨，郎、刀、熊3人按约来到一小路上，郎春燕向刀、熊支付人民币1800元后，从一苗族妇女手中买下了一名女婴，然后携婴返回郏城县。2006年10月7日，被告人郎春燕、沈某经被告人高某联系，在郏城县人民医院门口以人民币8000元的价格将一名女婴卖给了黄立荣，高某从沈某处得赃款人民币500元。案发后，上述已被取名为卢雨晴的女婴（本案第9号婴儿）于2007年7月2日被公安人员解救。7月，被告人郎春燕、沈某经被告人高某联系，在家中以人民币6600元的价格将另一名女婴卖给了丁凤花夫妇，高某从沈某处得赃款人民币500元。2007年11月，因女婴患病，丁凤花夫妇将女婴退回给被告人郎春燕、沈某。被告人沈某于当月将该女婴丢弃，至今下落不明。

### 诉辩情况

检察机关认为：被告人郎春燕、沈某、刀某，以出卖为目的，大量收买、贩卖、接送婴儿，致使1名婴儿死亡，并丢弃3名婴儿，其行为均已触犯《中华人民共和国刑法》第240条第1款第2项和第7项的规定，均应以拐卖儿童罪追究其刑事责任。

被告人郎春燕对起诉指控的犯罪事实无异议，仅辩称她所购买的婴儿，均为亲生父母同意出卖或遗弃。其辩护人认为：被告人郎春燕不应对婴儿的死亡承担责任；在火车上被查获过程中，公安人员对其盘问后，郎春燕即主动交代了犯罪事实，应认定为自首；郎春燕协助公安机关抓获了被告人王某，应认定有重大立功表现。此外，被告人郎春燕被抓获时，尚处在哺乳期，归案后认罪态度较好，希望能予以从轻处罚。

被告人沈某辩称其没有与被告人李某、王某1等人联系，出卖过婴儿，其给郎春燕的邮政储蓄卡内汇款，并无汇款让郎继续购买婴儿的主观故意。被告人沈某的辩护人认为：被告人沈某因为与被告人郎春燕是夫妻关系而被动参与犯罪，应认定为从犯；起诉认定沈某应当对婴儿的死亡承担责任，无事实根据；对部分犯罪事实的认定，也缺乏相应的证据。本案中婴儿的取得与通过偷盗、拐骗取得婴儿在犯罪情节上具有很大的区别，同时被告人沈某归案后认罪态度较好，主观恶性较小，希望能予以从轻处罚。

被告人刀某对起诉指控的犯罪事实无异议，辩称她所取得或购买的婴儿，均为亲生父母同意出卖或遗弃。被告人刀某的辩护人认为：刀某归案后能积极协助公安人员抓获同案犯，具有立功表现，应依法予以从轻或者减轻处罚；且刀某被抓获时，系怀孕妇女，依法不能判处死刑，其归案后认罪态度较好，希望能予以从轻处罚。

被告人戈某提出：起诉指控其参与的多次犯罪中，有两次是介绍卖给自己的妹妹，并未从中牟利。

被告人高某对起诉指控其在第17起事实中曾收取沈某给予的人民币300元好处费提出异议。其辩护人提出：被告人高某将婴儿介绍卖给自己亲友的行为，应当认定为收买被拐卖儿童罪；被告人高某具有重大立功表现，且系从犯，依法应当减轻处罚。

▶ 裁判结果

上海铁路运输中级法院于2008年8月4日作出判决。依照《中华人民共和国刑法》第240条第1款，第1款第2项、第7项，第2款，第25条第1款，第26条第1款、第4款，第27条，第48条，第49条，第51条，第52条，第53条，第55条第1款，第56条第1款，第57条第1款，第68条第1款，第65条第1款和最高人民法院《关于处理自首和立功具体应用法律若干问题的解释》第4条、第5条的规定，判决如下：

一、被告人郎春燕犯拐卖儿童罪，判处死刑，缓期2年执行，剥夺政治权利终身，并处没收个人全部财产；

二、被告人沈某犯拐卖儿童罪，判处无期徒刑，剥夺政治权利终身，并处没收财产人民币5万元；

三、被告人刀某犯拐卖儿童罪，判处有期徒刑15年，剥夺政治权利3年，并处没收财产人民币3万元。

……

▶ 裁判理由

法院生效判决认为：被告人郎春燕、刀某、王某是否应当对本案第11起事实中婴儿死亡的结果承担相应刑事责任。经查，根据金乡县人民医院的病历和医生刘兆生的证言证实，该婴儿住院诊断为新生儿破伤风，病症形成原因是在接生时候脐带感染形成。被告人郎春燕、刀某在婴儿刚出生不久，即将婴儿从云南带至金乡，欲行贩卖；被告人王某在医院对该婴儿发出病危通知书，且该婴儿尚未死亡时，放弃治疗。上述3被告人的行为与婴儿的死亡结果之间，存在着刑法上的因果关系，因此，3被告人均应对该婴儿的死亡承担相应的刑事责任。

针对被告人戈某、高某、徐某在得知被告人郎春燕、沈某处有婴儿后，介绍贩卖给自己的亲友的情形，被告人高某、徐某的辩护人提出，上述行为应当认定为收买被拐卖儿童罪。本院认为，收买被拐卖儿童罪的犯罪主体应是收买被拐卖儿童的人。被告人戈某、高某、徐某并未收买被拐卖儿童，而是帮助郎春燕、沈某介绍买主，显然不符合收买被拐卖儿童罪的主体要件。因此，辩护人提出的相关辩护意见，法院不予采纳。

### 134. 拐卖妇女、儿童罪的客观行为包括哪些类型？

根据现行《刑法》第240条的规定，拐卖妇女、儿童罪的客观方面表现为行为人以出卖为目的，实施拐骗、绑架、收买、贩卖、接送或者中转妇女、儿童的之一的行为。所谓拐骗，是指行为人以出卖为目的，虚构事实、隐瞒真相进行欺诈、哄骗、诱惑或者胁迫妇女儿童，使妇女儿童置于行为人控制之下的行为。所谓绑架，是指以出卖为目的，采用暴力胁迫或者其他方法劫持妇女儿童，使妇女儿童受控于行为人的行为。所谓收买，是指以出卖为目的，将妇女儿童作做商品加以收受购入的行为。所谓贩卖，是指行为人将妇女儿童当作商品出售给第三人的行为。所谓接送，是指在拐卖妇女儿童的共同犯罪过程中，接送运转妇女儿童的行为。所谓中转，是指在拐卖妇女儿童的共同犯罪中，为拐卖妇女儿童的罪犯提供中途运转场所的行为。行为人只要实施了上述数种行为之一的，即符合拐卖妇女、儿童罪的构成要件行为。

**典型疑难案件参考**

徐成祥等拐卖妇女案（陕西省华阴市人民法院刑事判决书〔2011〕阴刑初字第7号）

**基本案情**

2008年3月，被告人郭爱玲与任麦财（另案处理）合谋拐卖患有精神病的柴某。郭爱玲与被告人刘绪芳联系，刘绪芳又联系了被告人徐成祥。徐成祥、郭爱玲、刘绪芳3人将柴某带至徐成祥澄城县的家中，由徐成祥联系买方。被告人郭爱玲、刘绪芳在等不到被告人徐成祥联系到买方的情况下，让徐成祥给2000元，郭爱玲、刘绪芳回到华阴与任麦财均分2000元。

被告人徐成祥通过杨爱英（已不起诉）、杨心文（已不起诉）联系到狄东元（已不起诉），告诉狄东元陕西有一妇女能生小孩，花一万元就可以买回家给狄东元的儿子狄兴广当媳妇。杨心文、狄东元及狄东元之子狄兴广3人来到澄城县找到杨爱英，杨爱英将杨心文、狄东元介绍给徐成祥。狄东元给杨心文10000元，杨心文将10000元给了其姐杨爱英，杨爱英给了徐成祥4000元。狄东元将柴某带回后发现柴某不能生育，又与杨心文商量后将柴某以1600元转卖给杨心干（批捕在逃）。

另查明：柴某患有急性心因性反应（精神性疾病），已被公安机关从山东省解救回华阴。

### 诉辩情况

华阴市人民检察院指控被告人徐成祥、郭爱玲、刘绪芳犯拐卖妇女罪，应当依法追究其刑事法律责任。

被告人徐成祥、郭爱玲、刘绪芳对起诉书指控其犯罪事实无异议。

### 裁判结果

审理法院依照《中华人民共和国刑法》第240条，第25条第1款、第26条第1款、第4款、第27条之规定，判决如下：

一、被告人徐成祥犯拐卖妇女罪，判处有期徒刑5年6个月，并处罚金5000元；

二、被告人郭爱玲犯拐卖妇女罪，判处有期徒刑4年，并处罚金3000元；

三、被告人刘绪芳犯拐卖妇女罪，判处有期徒刑3年10个月，并处罚金3000元。

### 裁判理由

法院经审理认为：被告人徐成祥、郭爱玲、刘绪芳以出卖为目的，贩卖妇女，其行为已构成拐卖妇女罪，华阴市人民检察院指控被告人徐成祥、郭爱玲、刘绪芳犯拐卖妇女罪的事实成立，3被告人的行为属共同犯罪。被告人徐成祥在共同犯罪中起主要作用，属主犯。被告人郭爱玲、刘绪芳在共同犯罪中所起作用系次要作用，属从犯，可减轻处罚。3被告人认罪态度尚好，可酌情从轻处罚。

### 135. 出卖自己亲生的婴儿，是否构成拐卖儿童罪？

将自己的亲生婴儿当作商品加以出售的，仍然构成拐卖儿童罪。拐卖儿童罪是指以出卖为目的，有拐骗、绑架、收买、贩卖、接送、中转儿童之一的行为。婴儿作为独立的生命个体，享有完整的人格权，自然不能当作商品加以出售。行为人实施了上述数种行为之一的贩卖行为的，即符合了拐卖儿童罪的客观构成要件。行为人以获取非法利益为目的，明知自己贩卖婴儿会侵犯到他人的人格尊严，仍然希望此种结果发生，符合拐卖儿童罪的主观构成要件。

## 典型疑难案件参考

### 李培先出卖自己的婴儿案

**基本案情**

2003年2月27日早上，被告人李培先之妻罗国群在其打工的河南省荥阳市豫龙镇汪砦砖厂生下一男婴，因罗国群在怀孕期间曾饮酒，被告人李培先担心因此对婴儿有影响，后经其同乡张光全介绍，于当日下午将该男婴以8500元的价格卖给了荥阳市乔楼镇村民李爱枝。

**诉辩情况**

河南省荥阳市人民检察院以被告人李培先犯拐卖儿童罪向荥阳市人民法院提起公诉。被告人李培先对指控的犯罪事实不持异议。其辩护人辩称：被告人李培先认罪态度好，且确因家庭困难，请求对他从轻处罚。

**裁判结果**

审理法院依照《中华人民共和国刑法》第240条、第47条、第57条、第53条、第64条的规定，于2003年7月10日作出如下判决：
一、被告人李某犯拐卖儿童罪，判处有期徒刑5年，并处罚金2000元；
二、非法所得8500元予以追缴。

**裁判理由**

河南省荥阳市人民法院经公开审理后认为：被告人李某出卖自己的婴儿，情节恶劣，其行为已构成拐卖儿童罪。荥阳市人民检察院指控被告人李某的犯罪事实及罪名成立，予以支持。李某的辩护人以李某认罪态度好，家庭经济困难，请求从轻处罚的辩护理由，部分成立，予以采纳。

> **136. 拐卖妇女、儿童罪的犯罪对象有哪些？**
>
> 拐卖妇女、儿童罪的对象仅限于妇女儿童。妇女、儿童既包括具有中国国籍的妇女儿童，也包括外国国籍或者无国籍的妇女儿童。其中妇女是指年满14周岁的女性，儿童是指未满14周岁的男女幼童。已经年满14周岁的男性，不能作为本罪的犯罪对象。只要是年满14周岁的妇女或者未满14周岁的儿童，哪怕是行为人的近亲属，同样可以成为本罪的犯罪对象。

### 典型疑难案件参考

张雪丽拐卖儿童案（新乡市延津县法院刑事判决书〔2011〕延刑初字第266号）

#### 基本案情

2009年被告人郭延霞与张威在新疆乌鲁木齐打工时相识，建立恋爱关系。同年二人在滑县牛屯镇马头固村张威家举行结婚典礼仪式（未办理结婚登记）。2010年年初，被告人郭延霞怀孕后，因不愿要孩子，被告人张雪丽与郭延霞共同商议将孩子生下后出卖。经被告人周清仲、王新根介绍，2010年11月5日上午，被告人张雪丽、郭延霞与被告人张威在牛屯镇卫生院将张威和郭延霞生育的一名男婴以40000元的价格出卖给滑县牛屯镇冯付村村民位××夫妇。其中，被告人张雪丽得款20000元，被告人郭延霞、张威共得款20000元。

另查明：被告人周清仲在参与拐卖儿童期间，收到位××夫妇支付的3000元医疗费，周清仲支付给郭延霞2000元，下余1000元与王新根二人消费。

案发后，2011年7月3日下午，被告人郭延霞、张威到延津县公安局投案，并如实供述自己的罪行。

2011年6月22日，司寨派出所民警将被告人王新根传唤到案，王新根供述伙同王雪丽等人拐卖儿童犯罪事实，并配合公安机关赴滑县牛屯镇前马头固村，将被告人张雪丽传唤到案。

> **诉辩情况**

延津县人民检察院指控认为：被告人张雪丽、郭延霞、张威、周清仲、王新根以出卖为目的，拐卖儿童，其行为触犯了《中华人民共和国刑法》第240条的规定，犯罪事实清楚，证据确实充分，应当以拐卖儿童罪追究其刑事责任。5被告人属于共同故意犯罪，被告人张雪丽、郭延霞在共同犯罪中起主要作用，是主犯，应当按照其参与的全部犯罪处罚；被告人张威、周清仲、王新根在共同犯罪过程中起次要作用，是从犯，应当从轻、减轻或免除处罚。被告人张威、郭延霞犯罪以后自动投案，如实供述自己的罪行，是自首，依法可以从轻或减轻处罚。被告人王新根配合公安机关赴滑县将同案犯张雪丽传唤到案，是立功，可以从轻或减轻处罚。

5被告人对检察机关指控的犯罪事实及罪名无异议。

被告人张雪丽的辩护人的辩护意见：（1）张雪丽无前科，系初犯；（2）被拐卖的是她的孙子，孩子的生母年龄小，无结婚登记，犯罪情节轻微，社会危害较小；（3）如实供述罪行，认罪态度好；（4）愿意退赃，缴纳罚金。建议法庭对其从轻或减轻处罚。

被告人张威的辩护人称：（1）张威在共同犯罪过程中未参与买卖双方接洽，商谈价格，系从犯；（2）有投案自首情节；（3）系初犯、偶犯；（4）买卖的是自己亲生儿子，主观恶意、社会危害较小。建议对被告人张威从轻、减轻处罚，并适用缓刑。

被告人王新根的辩护人的辩护意见：（1）王新根在共同犯罪过程中起次要作用，系从犯；（2）协助公安机关破案，配合公安机关将同案犯王雪丽传唤到案，有立功表现；（3）犯罪的主观恶性小，没有造成严重社会后果；（4）认罪态度好。建议法庭对其减轻处罚，并适用缓刑。

> **裁判结果**

审理法院根据《中华人民共和国刑法》第240条、第25条第1款、第26条第1款第4款、第27条、第67条第1款、第68条第1款、第72条第1款之规定，判决如下：

一、被告人张雪丽犯拐卖儿童罪，判处有期徒刑5年，并处罚金5000元（罚金已缴纳）；

二、被告人郭延霞犯拐卖儿童罪，判处有期徒刑3年，缓刑5年，并处罚金5000元（罚金已缴纳）；

三、被告人张威犯拐卖儿童罪，判处有期徒刑3年，缓刑4年，并处罚金3000元（罚金已缴纳）；

四、被告人王新根犯拐卖儿童罪，判处有期徒刑 3 年，缓刑 3 年，并处罚金 3000 元（罚金已缴纳）；

五、被告人周清仲犯拐卖儿童罪，判处有期徒刑 3 年，缓刑 4 年，并处罚金 3000 元（罚金已缴纳）；

六、被告人张雪丽、郭延霞、张威的家属所退缴的非法所得 20000 元予以没收；继续追缴余下的非法所得 20000 元。

### 裁判理由

法院经审理认为：被告人张雪丽、郭延霞、张威、周清仲、王新根以出卖为目的，拐卖儿童，其行为已构成拐卖儿童罪。延津县人民检察院指控的罪名成立。5 被告人属于共同故意犯罪，被告人张雪丽、郭延霞在共同犯罪过程中起主要作用，是主犯，应当按照其参与或组织指挥的全部犯罪处罚；被告人张威、周清仲、王新根在共同犯罪过程中起次要作用，是从犯，应当减轻处罚。被告人郭延霞、张威犯罪以后自动投案，如实供述自己的罪行，是自首，可以减轻处罚。被告人王新根配合公安机关将同案犯张雪丽传唤到案，是立功，可以从轻处罚。被告人张雪丽、周清仲、王新根当庭自愿认罪，可酌情从轻处罚。检察机关的上述公诉意见及各辩护人的上述辩护意见，理由充分，本院予以采纳。

### 137. 被拐卖妇女"同意"被他人拐卖的，行为人是否可以不构成犯罪？

自然人具有人格权，不同于可以用于商品交易的一般物品。即使被害人自愿"同意"拐卖人将自己拐卖的，此种"同意"仍然不具有法律效力，不能作为阻却被告人构成拐卖妇女罪的事由。因此，对于被拐卖妇女自愿"同意"被他人拐卖的，仍然要追究行为人的拐卖妇女罪的刑事责任。但是鉴于被拐卖妇女同样存在过错，可以在量刑时予以酌情从轻处罚。

### 典型疑难案件参考

闫兴武等拐卖妇女案（张掖市甘州区人民法院刑事判决书〔2011〕甘刑初字第 235 号）

### 基本案情

2007 年 4 月的一天，被告人闫兴武预谋将被害人郑英萍以介绍对象为名拐卖，并将郑英萍哄骗在自己家中。后闫兴武与被告人张桂兰进行联系、商议后，被告人张桂兰将被害人郑英萍带至内蒙古自治区托克托县古城镇新湿地村妯娌李月保家，由同村村民白润桃介绍，贩卖给古城镇崞县营子村郭瑞光为妻，得赃款16000元。被告人张桂兰回到张掖后，给付被告人闫兴武4000元，其余12000元据为己有。由于被害人郑英萍患有癫痫病，郭瑞光不愿与其一起生活，被害人郑英萍又由何水军（李建平姐夫）介绍给内蒙古自治区和林县舍必崖乡羊场沟村李建平为妻。2007年12月，被害人郑英萍给父亲郑虎打电话告诉了自己在内蒙古的情况。2008年1月29日，郑虎在李建平家中找到了郑英萍，在掌握了郑英萍被拐卖的真实情况后，分别向甘州区公安局、内蒙古自治区和林县公安局报案，郑英萍于2008年3月24日被公安机关解救。破案后从被告人闫兴武处追回赃款2000元，从被告人张桂兰处追回赃款12000元。

### 诉辩情况

检察机关认为二被告人行为构成拐卖妇女罪，应当依法追究刑事法律责任。

被告人对检察机关指控的犯罪事实不持异议，请求从轻处罚。

### 裁判结果

审理法院依照《中华人民共和国刑法》第240条第1款、第25条第1款、第26条第1款、第4款、第64条之规定，判决如下：

一、被告人闫兴武犯拐卖妇女罪，判处有期徒刑5年，并处罚金5000元；
二、被告人张桂兰犯拐卖妇女罪，判处有期徒刑5年，并处罚金5000元；
三、随案移交的赃款14000元，依法没收，上缴国库。

### 裁判理由

法院经审理认为：被告人闫兴武、张桂兰无视国法，以出卖为目的，经被害人郑英萍贩卖给他人为妻，从中牟利，其行为已触犯刑律，构成拐卖妇女罪。检察机关指控二被告人的罪名和事实成立，本院予以支持。在共同犯罪中，被告人闫兴武首先产生犯意，并采取诱骗方法控制了被害人，又主动与被告人张桂兰取得联系，为拐卖郑英萍完成了前期准备。被告人张桂兰带领郑英萍去内蒙古找自己的妯娌李月保，选择了犯罪地点，并在内蒙古将郑英萍贩卖后获取赃款，从而完成了犯罪的整个过程。因此，二被告人在犯罪过程中分别完成了不同阶段的犯罪行为，均起了主要作用，应当按照其所参与的的全部犯罪予以处罚。在审理过程中，被告人闫兴武、张桂兰能如实供述犯罪事实且自愿认罪，本院适用被告人认罪案件普通程序简化审理，依据最高人民法院、最高人民检察院、司法部《关于适用普通程序审理"被告人认罪案件"的若干意见（试行）》第 9 条的规定，可对二被告人酌情从轻处罚。

### 138. 拐卖妇女、儿童罪的主观方面如何认定？

拐卖妇女、儿童罪在主观方面上表现为故意，即行为人明知自己的行为会侵犯到妇女儿童人格尊严，仍然希望这种结果发生的主观心理态度。构成拐卖妇女、儿童罪，需要行为人在主观上具有出卖妇女、儿童的目的。一般来说，拐卖妇女、儿童罪主要是为了获取非法的经济利益，但是行为人获利的目的是否实现并不影响本罪的构成。例如，行为人出于报复他人的动机，而将他人不满 14 周岁的儿女加以拐卖的行为，虽然没有获利，但是仍然构成拐卖儿童罪。

#### 典型疑难案件参考

李启丰等拐卖儿童案（株洲市中级人民法院刑事裁定书〔2011〕株中法刑一终字第 62 号）

**基本案情**

2010 年 11 月 15 日，陈礼陵和被告人李启丰经醴陵市人民法院调解离婚，双方签订的调解协议中约定：陈礼陵和被告人李启丰之子李某某（2008 年 7 月出生）由陈礼陵抚养，被告人李启丰有探望权。之后，陈礼陵离开醴陵到外地打工，将儿子李某某交由母亲吴伟平照料。被告人李启丰在探望儿子的过程中与吴伟平产生矛盾，被告人李启丰萌发了将儿子交由他人抚养的念头。

2010 年 12 月左右，被告人李启丰在网上和曾在浏阳打工的同事被告人邓婷聊天时，称自己和妻子已离婚，想把儿子送给他人抚养。被告人邓婷称自己生育小孩有困难，向被告人李启丰提出自己愿意抚养被告人李启丰的小孩。被告人李启丰表示同意，提出要求被告人邓婷支付一定的抚养费。之后，被告人李启丰及被告人邓婷就抚养费的多少问题及相关事宜多次商议，约定被告人李启丰将自己的小孩送由被告人邓婷抚养，被告人邓婷支付现金 8800 元，被告人李启丰有权以叔叔名义探望小孩。因被告人邓婷的远房亲戚杨平清曾向被告人邓婷的婆家人提及想收养男孩一事，2010 年 12 月底，被告人邓婷与杨平清取得联系，询问杨平清是否收养男孩，并向杨平清讲该小孩因家人抚养困难，由其亲生父亲送养。杨平清表示愿意收养小孩。被告人邓婷打电话给被告人李启丰，谎称自己已得到婆家人同意，准备收养被告人李启丰之子。

被告人王翼系被告人李启丰的朋友，二人在本案发生前已相识并交往多年，对被告人李启丰及家庭情况很了解。被告人李启丰将想将自己小孩送由被告人邓婷抚养一事告诉被告人王翼后，被告人王翼表示赞同。因担心不能将小孩从其外婆家抱出，被告人李启丰要求被告人王翼找几个人帮忙到吴伟平家将孩子抱出来，许诺事成之后不会亏待他们。被告人王翼因此联系了宁水冰等人。

2011年1月3日14时许，被告人李启丰、王翼和宁水冰等人租车来到320国道1163公里处，被告人李启丰、王翼下车，宁水冰等人在车上等候。被告人李启丰和王翼二人来到吴伟平家后，被告人李启丰谎称要带李某某到浏阳上学，将李某某从吴伟平处抱走。之后，被告人李启丰打电话与被告人邓婷，约定在浏阳市洞阳镇加油站见面、交人。被告人邓婷打电话联系了杨平清，要求其一同去接人。

2011年1月3日下午，被告人王翼开车载李某某和被告人李启丰到浏阳市洞阳镇加油站，在途中，被告人王翼向被告人李启丰提议，送养小孩后不要去探望，并要求对方多给付抚养费。被告人李启丰表示同意，并要被告人王翼与被告人邓婷商议。杨平清、杨平清的婆婆及被告人邓婷开车到达了浏阳市洞阳镇加油站后。被告人邓婷从其乘坐的车上下来，走到被告人李启丰等人乘坐的车上与被告人李启丰、王翼见面后，被告人王翼向被告人邓婷提出"今后被告人李启丰与小孩不见面，但要提高抚养费标准，并讲要25000元"。被告人邓婷称要打电话与家人联系，并当场拨打杨平清的电话。被告人王翼从被告人邓婷处接过手机，讲"今后与小孩不见面，要提高抚养费标准"，被告人李启丰在旁边用普通话讲"要18800元"。被告人王翼将电话交还与被告人邓婷后，被告人邓婷继续与杨平清通话，杨平清讲价钱由被告人邓婷做主。被告人邓婷挂掉电话后，与被告人李启丰讲给16800元。被告人李启丰及被告人王翼均表示同意。被告人邓婷即从被告人李启丰等人乘坐的车上下来，走到杨平清乘坐的车上，与杨平清讲被告人李启丰要18800元抚养费，并讲对方租车过来的，要给付一定的车费，杨平清便将19800元交与被告人邓婷。被告人邓婷接过钱，再次走到被告人李启丰等人乘坐的车上，将16800元交与被告人李启丰，并问其租车费多少，被告人王翼讲500元租车费，被告人邓婷将500元交与被告人王翼后，被告人李启丰抱着李某某与被告人邓婷一同来到杨平清的车旁，将李某某交给了杨平清。之后，被告人李启丰与被告人王翼乘车返回了醴陵。被告人邓婷坐上杨平清的车上后，将500元还给了杨平清，并讲向被告人李启丰支付了18800元抚养费，付了租车费500元。被告人邓婷从中赚取了2000元。

被告人李启丰回醴陵后，拿了2000元给宁水冰等3人作为报酬，付给被告人王翼包括买衣服及其他东西共计1500元。

受害人之母陈礼陵获悉李某某由被告人李启丰等人抱走后，于2011年1月4日至1月8日多次打电话给被告人李启丰，要求与受害人通话，被告人李启丰以种种借口推托，并提出要求陈礼陵拿钱赎人。2011年1月8日，陈礼陵向醴陵市公安局板杉派出所报警。醴陵市公安局板杉派出所民警于2011年1月9日讯问被告人李启丰、王翼后，于2011年1月10日找到被告人邓婷。之后，由被告人邓婷及其丈夫带路，解救了受害人李某某。

案发后，醴陵市公安局收缴被告人李启丰赃款5000元，收缴被告人邓婷赃款1500元。

在本案诉讼过程中，受害人李某某提起了附带民事诉讼，要求3被告人赔偿各项损失共计24667元。因受害人监护人陈礼陵及3被告人的亲友达成庭外和解协议，2011年6月30日，受害人通过其监护人陈礼陵向本院撤回了附带民事诉讼，并要求法院对被告人李启丰、邓婷、王翼从轻处罚，并表示即使法院对被告人王翼、邓婷判处缓刑也无异议。

**诉辩情况**

检察机关认为被告人的行为构成拐卖儿童罪，应当依法追究其刑事法律责任。

被告人认为自己并没有买卖儿童，没有拐卖儿童罪的犯罪故意，不构成犯罪。

**裁判结果**

一审法院判决如下：

一、被告人李启丰犯拐卖儿童罪，判处有期徒刑5年，并处罚金12000元；

二、被告人邓婷犯拐卖儿童罪，判处有期徒刑2年，并处罚金1万元；

三、被告人王翼犯拐卖儿童罪，判处有期徒刑1年6个月，并处罚金1万元；

四、对醴陵市公安局扣押的被告人李启丰违法所得5000元、被告人邓婷违法所得1500元予以没收，上缴国库；对被告人李启丰的其余违法所得3800元、被告人邓婷的其余违法所得500元、被告人王翼的违法所得1500元予以继续追缴。

一审宣判后，原审被告人李启丰、邓婷不服，李启丰以"不是变卖钱财为目的"，邓婷以"没有拐卖儿童的故意"为由提出上诉。

二审法院依照《中华人民共和国刑法》第189条第1项之规定，裁定如下：驳回上诉，维持原判。

### 裁判理由

审理法院认为：被告人李启丰以出卖为目的，贩卖儿童；被告人王翼、邓婷协助被告人李启丰贩卖儿童；3被告人的行为均构成了拐卖儿童罪。醴陵市人民检察院指控的罪名成立。被告人邓婷辩称，被告人邓婷没有拐卖儿童的故意。被告人邓婷的辩护人辩称，被告人邓婷没有贩卖儿童的主观故意和客观行为，被告人邓婷不构成拐卖儿童罪。经查，被告人邓婷明知自己不能收养，仍向被告人李启丰谎称自己收养；被告人李启丰表明"今后不与受害人李某某见面，提高抚养费标准"，其主观实质就是出卖本案受害人；在此情况下，被告人邓婷应当知道被告人李启丰不是送养，而是出卖受害人李某某；被告人邓婷仍继续隐瞒他人收养的事实、并帮助被告人李启丰出卖本案受害人，被告人邓婷的行为对被告人李启丰出卖儿童起了辅助作用，被告人邓婷的行为构成了拐卖儿童罪。对被告人邓婷及其辩护人的上述辩解意见不予采信。本案系共同犯罪，被告人李启丰的行为对本案的发生起决定性作用，系主犯，对于主犯，依法应当按照其参与的全部犯罪处罚。被告人王翼、邓婷的行为对本案的发生起辅助作用，系从犯，对于从犯，依法应当减轻处罚。被告人邓婷联系了买主，其在本案中所起的作用相对较被告人王翼大。被告人邓婷的辩护人辩称，被告人邓婷的犯罪情节显著轻微，社会危害性小、系初犯，认罪态度好、有悔罪表现，建议法院对被告人邓婷免于刑事处罚。经查，被告人邓婷的犯罪行为侵犯了受害人李某某的人身权，其社会危害性较大，依法不能对被告人邓婷免于刑事处罚。3被告人如实供述其犯罪事实，依法可以从轻处罚。本案案发后，被告人王翼、邓婷赔偿了受害人李某某的损失，受害人李某某对被告人王翼、邓婷的犯罪行为表示谅解，可认定其一定程度上消除了犯罪行为造成的不良社会后果，酌情对其从轻处罚。

### 139. 拐卖妇女罪与借介绍婚姻而索取财物如何区分？

介绍婚姻收取酬劳是一种符合法律规定的民事行为，其与拐卖妇女罪存在以下两个方面的区别：一是从客观方面看，拐卖妇女罪行为人实施了拐骗、绑架、贩卖等拐卖妇女的行为。介绍婚姻行为是不可能实施上述拐卖行为的。二是从主观方面看，拐卖妇女罪的行为人具有出卖妇女的目的。拐卖妇女罪的行为人在主观上具有将妇女作为商品出卖的意图，对于所获取的财物行为人认为是出卖妇女的价款。而介绍婚姻中收取报酬，行为人是将收取的钱财看作介绍婚姻而获取的感谢费用。具体判断上，要看介绍婚姻行为人是否将被介绍的双方相互引荐，并为双方单独自主自愿的相互接触提供机会。

**典型疑难案件参考**

高生斌等拐卖妇女案（延安市中级人民法院刑事裁判书〔2011〕延中刑终字第00063号）

▶ **基本案情**

2001年年初，被告人高生斌住在山西省平遥县朱坑乡信善村的堂哥高某某回到子长县涧峪岔老家，托高生斌为其儿子高光富找个媳妇，高生斌答应后。2001年，被告人高生斌在明知被害人贾某某已结婚的情况下，仍将贾某某带至山西省平遥县朱坑乡信善村介绍给高光富为妻，被告人高生斌收取了200元的路费。2002年4月，高光富家办结婚证时发现被害人贾某某与原来的丈夫未办理离婚手续，高某某便将被告人高生斌叫到山西省平遥县，让其将贾某某带走。被告人高生斌将贾某某引回后，再次将被害人贾某某带至河北省邢台市任县骆庄乡东望村，通过王志良的介绍，将被害人贾某某以4000元的价格卖给一个叫曾凡科的智障青年，所得4000元被被告人高生斌拿走，被告人王志良收取曾凡科家300元说媒钱。2002年10月，被害人贾某某从曾凡科家逃到被告人王志良家，希望王志良看在妹夫高某某的面子上，将自己送回子长县家中，结果又被王志良以5000元的价格卖给同村的夏某某为妻。直到2010年1月18日，被害人贾某某才逃回子长县家中。

### 诉辩情况

被告人高生斌及辩护人辩称是被害人贾某某自愿及高某某、贾某某夫妇同意的情况下,才将贾某某带到河北省邢台市,自己的行为是介绍婚姻,而不是拐卖妇女,不构成拐卖妇女罪,收取曾凡科家的 4000 元,是被害人贾某某要高生斌捎回老家给自己的家人,不能认定被告人高生斌具有出卖被害人贾某某的目的。

### 裁判结果

一审法院根据《中华人民共和国刑法》第 240 条,第 25 条、第 52 条、第 53 条之规定,以被告人高生斌犯拐卖妇女罪,判处有期徒刑 6 年,并处罚金 4000 元。以被告人王志良犯拐卖妇女罪,判处有期徒刑 5 年,并处罚金 5000 元。

一审宣判后,被告人高生斌上诉提出,一审认定其拐卖妇女仅有被害人陈述,无其他证据印证。并提出被害人自愿去河北,其无出卖目的,并未收取曾凡科的 4000 元钱。请求改判其无罪。王志良上诉提出,其无出卖目的,也未牟取钱财,两次介绍婚姻均系被害人自愿。请求改判其无罪。

二审法院裁定驳回上诉,维持原判。

### 裁判理由

法院生效判决认为:被告人高生斌明知被害人贾某某为有夫之妇,而将贾拐至山西与他人成亲。遭退婚后,又将贾带至河北省任县骆庄乡东望村,以介绍婚姻、收取彩礼为名予以出卖。被告人王志良先伙同高生斌将贾以 4000 元的价格贩卖给曾凡科,后在贾逃至其家中寻求帮助时,又将贾以 5000 元的价格贩卖给夏某某。被告人的行为均已成拐卖妇女罪。上诉人高生斌、王志良提出,其无出卖目的,被害人系自愿,并未收取钱财的上诉理由。经查,二被告人在拐卖贾某某过程中,均谋取了钱财。辩称被害人自愿的理由无证据证明。二被告人的犯罪事实,有被害人的陈述及证人证言相互印证,故对上诉人的理由均不予支持。

# 拐卖妇女、儿童罪办案依据集成

## 刑法条文

**第二百四十条** 【拐卖妇女、儿童罪】拐卖妇女、儿童的,处五年以上十年以下有期徒刑,并处罚金;有下列情形之一的,处十年以上有期徒刑或者无期徒刑,并处罚金或者没收财产;情节特别严重的,处死刑,并处没收财产:

(一) 拐卖妇女、儿童集团的首要分子;
(二) 拐卖妇女、儿童三人以上的;
(三) 奸淫被拐卖的妇女的;
(四) 诱骗、强迫被拐卖的妇女卖淫或者将被拐卖的妇女卖给他人迫使其卖淫的;
(五) 以出卖为目的,使用暴力、胁迫或者麻醉方法绑架妇女、儿童的;
(六) 以出卖为目的,偷盗婴幼儿的;
(七) 造成被拐卖的妇女、儿童或者其亲属重伤、死亡或者其他严重后果的;
(八) 将妇女、儿童卖往境外的。

拐卖妇女、儿童是指以出卖为目的,有拐骗、绑架、收买、贩卖、接送、中转妇女、儿童的行为之一的。

## 司法解释

**最高人民法院《关于审理拐卖妇女案件适用法律有关问题的解释》**(2000年1月25日 法释〔2000〕1号)

为依法惩治拐卖妇女的犯罪行为,根据刑法和刑事诉讼法的有关规定,现就审理拐卖妇女案件具体适用法律的有关问题解释如下:

**第一条** 刑法第二百四十条规定的拐卖妇女罪中的"妇女",既包括具有中国国籍的妇女,也包括具有外国国籍和无国籍的妇女。被拐卖的外国妇女没有身份证明的,不影响对犯罪分子的定罪处罚。

**第二条** 外国人或者无国籍人拐卖外国妇女到我国境内被查获的,应当根据刑法第六条的规定,适用我国刑法定罪处罚。

**第三条** 对于外国籍被告人身份无法查明或者其国籍国拒绝提供有关身份证明,人民检察院根据中华人民共和国刑事诉讼法第一百二十八条第二款的规定起诉的案件,人民法院应当依法受理。

## 其他办案依据

**1. 最高人民检察院研究室《关于以出卖为目的的倒卖外国妇女的行为是否构成拐卖妇女罪的答复》**(1998年12月24日〔1998〕高检研发第21号)

吉林省人民检察院研究室:

刑法第二百四十条明确规定："拐卖妇女、儿童是指以出卖为目的，有拐骗、绑架、收买、贩卖、接送、中转妇女、儿童的行为之一的。"其中作为"收买"对象的妇女、儿童并不要求必须是"被拐卖、绑架的妇女、儿童"。因此，以出卖为目的，收买、贩卖外国妇女，从中谋取非法利益的，应以拐卖妇女罪追究刑事责任。但确属为他人介绍婚姻收取介绍费，而非以出卖为目的的，不能追究刑事责任。

**2. 最高人民法院、最高人民检察院、公安部、民政部、司法部、全国妇联《关于打击拐卖妇女儿童犯罪有关问题的通知》**（2000年3月20日 公通字〔2000〕26号）（节录）

二、大力敦促犯罪分子投案自首，坦白交代罪行，揭发犯罪，争取从宽处理。要采取多种形式，广泛宣传刑法关于自首、立功等从宽处理的刑事政策。各地还可选择一些因主动投案自首或者有立功表现而给予从轻、减轻、免除处罚的典型案件，公开宣传报道，敦促在逃的犯罪分子尽快投案自首，坦白交代罪行，检举、揭发他人的犯罪行为，提供破案线索，争取从宽处理。要做好对犯罪分子家属、亲友的政策宣传工作，动员他们规劝、陪同有拐卖妇女、儿童犯罪行为的亲友投案自首，或者将犯罪嫌疑人送往司法机关投案。对窝藏、包庇犯罪分子、阻碍解救、妨害公务，构成犯罪的，要依法追究刑事责任。监狱、看守所等监管部门要对在押人员加大宣传攻势，鼓励坦白、检举、揭发拐卖妇女、儿童犯罪行为。对于投案自首、坦白交代罪行、有立功表现的犯罪嫌疑人、被告人，司法机关应当切实落实刑事政策，依法从轻、减轻处罚。对于自首的犯罪分子，犯罪较轻的，可以免除处罚；对有重大立功表现的犯罪分子，可以减轻或者免除处罚；对犯罪后自首又有重大立功表现的，应当减轻或者免除处罚。

四、正确适用法律，依法严厉打击拐卖妇女、儿童的犯罪活动。这次"打拐"专项斗争的重点是打击拐卖妇女、儿童的人贩子。凡是拐卖妇女、儿童的，不论是哪个环节，只要是以出卖为目的，有拐骗、绑架、收买、贩卖、接送、中转、窝藏妇女、儿童的行为之一的，不论拐卖人数多少，是否获利，均应以拐卖妇女、儿童罪追究刑事责任。对收买被拐卖的妇女、儿童的，以及阻碍解救被拐卖妇女、儿童构成犯罪的，也要依法惩处。出卖亲生子女的，由公安机关依法没收非法所得，并处以罚款；以营利为目的，出卖不满十四周岁子女，情节恶劣的，借收养名义拐卖儿童的，以及出卖捡拾的儿童的，均应以拐卖儿童罪追究刑事责任。出卖十四周岁以上女性亲属或者其他不满十四周岁亲属的，以拐卖妇女、儿童罪追究刑事责任。

办案中，要正确区分罪与非罪，罪与罪的界限，特别是拐卖妇女罪与介绍婚姻收取钱物行为、拐卖儿童罪与收养中介行为、拐卖儿童罪与拐骗儿童罪，以及绑架儿童罪与拐卖儿童罪的界限，防止扩大打击面或者放纵犯罪。

六、切实做好解救和善后安置工作，保护被拐卖妇女、儿童的合法权益。解救被拐卖的妇女、儿童，是人民政府和政法机关的重要职责。公安、司法行政、民政、妇联等有关部门和组织要明确责任，各司其职，相互配合，通力合作。解救工作要充分依靠当地党委、政府的支持，做好对基层干部和群众的说服教育工作，注意方式、方法，慎用警械、武器，避免激化矛盾，防止出现围攻执法人员、聚众阻碍解救等突发事件。

对于被拐卖的未成年女性、现役军人配偶、遭受摧残虐待、被强迫卖淫或者从事其他色情服务的妇女,以及本人要求解救的妇女,要立即解救。对于自愿继续留在现住地生活的成年女性,应尊重本人意愿,愿在现住地结婚且符合法定结婚条件的,应当依法办理结婚登记手续。被拐卖妇女与买主所生子女的抚养问题,可由双方协商解决或由人民法院裁决。对于遭受摧残虐待的、被强迫乞讨或从事违法犯罪活动的,以及本人要求解救的被拐卖儿童,应当立即解救。对于解救的被拐卖儿童,由其父母或者其他监护人户口所在地公安机关负责接回。

公安、民政、妇联等有关部门和组织应当密切配合,做好被解救妇女、儿童的善后安置工作。任何单位和个人不得歧视被拐卖的妇女、儿童。对被解救回的未成年人,其父母及其他监护人应当接收并认真履行抚养义务。拒绝接收,拒不履行抚养义务,构成犯罪的,以遗弃罪追究刑事责任。

**3. 最高人民法院、最高人民检察院、公安部、司法部《关于依法惩治拐卖妇女儿童犯罪的意见》**(2010年3月15日)(节录)

为加大对妇女、儿童合法权益的司法保护力度,贯彻落实《中国反对拐卖妇女儿童行动计划(2008—2012)》,根据刑法、刑事诉讼法等相关法律及司法解释的规定,最高人民法院、最高人民检察院、公安部、司法部就依法惩治拐卖妇女、儿童犯罪提出如下意见:

一、总体要求

2. 注重协作配合,形成有效合力。人民法院、人民检察院、公安机关应当各司其职,各负其责,相互支持,相互配合,共同提高案件办理的质量与效率,保证办案的法律效果与社会效果的统一;司法行政机关应当切实做好有关案件的法律援助工作,维护当事人的合法权益。各地司法机关要统一思想认识,进一步加强涉案地域协调和部门配合,努力形成依法严惩拐卖妇女、儿童犯罪的整体合力。

3. 正确贯彻政策,保证办案效果。拐卖妇女、儿童犯罪往往涉及多人、多个环节,要根据宽严相济刑事政策和罪责刑相适应的刑法基本原则,综合考虑犯罪分子在共同犯罪中的地位、作用及人身危险性的大小,依法准确量刑。对于犯罪集团的首要分子、组织策划者、多次参与者、拐卖多人者或者具有累犯等从严、从重处罚情节的,必须重点打击,坚决依法严惩。对于罪行严重,依法应当判处重刑乃至死刑的,坚决依法判处。要注重铲除"买方市场",从源头上遏制拐卖妇女、儿童犯罪。对于收买被拐卖的妇女、儿童,依法应当追究刑事责任的,坚决依法追究。同时,对于具有从宽处罚情节的,要在综合考虑犯罪事实、性质、情节和危害程度的基础上,依法从宽,体现政策,以分化瓦解犯罪,鼓励犯罪人悔过自新。

二、管辖

4. 拐卖妇女、儿童犯罪案件依法由犯罪地的司法机关管辖。拐卖妇女、儿童犯罪的犯罪地包括拐出地、中转地、拐入地以及拐卖活动的途经地。如果由犯罪嫌疑人、被告人居住地的司法机关管辖更为适宜的,可以由犯罪嫌疑人、被告人居住地的司法机关管辖。

5. 几个地区的司法机关都有权管辖的,一般由最先受理的司法机关管辖。犯罪嫌疑人、被告人或者被拐卖的妇女、儿童人数较多,涉及多个犯罪地的,可以移送主要犯罪地或者主要犯罪嫌疑人、被告人居住地的司法机关管辖。

6. 相对固定的多名犯罪嫌疑人、被告人分别在拐出地、中转地、拐入地实施某一环节的犯罪行为，犯罪所跨地域较广，全案集中管辖有困难的，可以由拐出地、中转地、拐入地的司法机关对不同犯罪分子分别实施的拐出、中转和拐入犯罪行为分别管辖。

7. 对管辖权发生争议的，争议各方应当本着有利于迅速查清犯罪事实，及时解救被拐卖的妇女、儿童，以及便于起诉、审判的原则，在法定期间内尽快协商解决；协商不成的，报请共同的上级机关确定管辖。

正在侦查中的案件发生管辖权争议的，在上级机关作出管辖决定前，受案机关不得停止侦查工作。

三、立案

8. 具有下列情形之一，经审查，符合管辖规定的，公安机关应当立即以刑事案件立案，迅速开展侦查工作：

（1）接到拐卖妇女、儿童的报案、控告、举报的；
（2）接到儿童失踪或者已满十四周岁不满十八周岁的妇女失踪报案的；
（3）接到已满十八周岁的妇女失踪，可能被拐卖的报案的；
（4）发现流浪、乞讨的儿童可能系被拐卖的；
（5）发现有收买被拐卖妇女、儿童行为，依法应当追究刑事责任的；
（6）表明可能有拐卖妇女、儿童犯罪事实发生的其他情形的。

9. 公安机关在工作中发现犯罪嫌疑人或者被拐卖的妇女、儿童，不论案件是否属于自己管辖，都应当首先采取紧急措施。经审查，属于自己管辖的，依法立案侦查；不属于自己管辖的，及时移送有管辖权的公安机关处理。

10. 人民检察院要加强对拐卖妇女、儿童犯罪案件的立案监督，确保有案必立、有案必查。

四、证据

11. 公安机关应当依照法定程序，全面收集能够证实犯罪嫌疑人有罪或者无罪、犯罪情节轻重的各种证据。

要特别重视收集、固定买卖妇女、儿童犯罪行为交易环节中钱款的存取证明、犯罪嫌疑人的通话清单、乘坐交通工具往来有关地方的票证、被拐卖儿童的 DNA 鉴定结论、有关监控录像、电子信息等客观性证据。

取证工作应当及时，防止时过境迁，难以弥补。

12. 公安机关应当高度重视并进一步加强 DNA 数据库的建设和完善。对失踪儿童的父母，或者疑似被拐卖的儿童，应当及时采集血样进行检验，通过全国 DNA 数据库，为查获犯罪，帮助被拐卖的儿童及时回归家庭提供科学依据。

13. 拐卖妇女、儿童犯罪所涉地区的办案单位应当加强协作配合。需要到异地调查取证的，相关司法机关应当密切配合；需要进一步补充查证的，应当积极支持。

五、定性

14. 犯罪嫌疑人、被告人参与拐卖妇女、儿童犯罪活动的多个环节，只有部分环节的犯罪事实查证清楚、证据确实、充分的，可以对该环节的犯罪事实依法予以认定。

15. 以出卖为目的强抢儿童，或者捡拾儿童后予以出卖，符合刑法第二百四十条第二款规定的，应当以拐卖儿童罪论处。

以抚养为目的偷盗婴幼儿或者拐骗儿童，之后予以出卖的，以拐卖儿童罪论处。

16. 以非法获利为目的，出卖亲生子女的，应当以拐卖妇女、儿童罪论处。

17. 要严格区分借送养之名出卖亲生子女与民间送养行为的界限。区分的关键在于行为人是否具有非法获利的目的。应当通过审查将子女"送"人的背景和原因、有无收取钱财及收取钱财的多少、对方是否具有抚养目的及有无抚养能力等事实，综合判断行为人是否具有非法获利的目的。

具有下列情形之一的，可以认定属于出卖亲生子女，应当以拐卖妇女、儿童罪论处：

（1）将生育作为非法获利手段，生育后即出卖子女的；

（2）明知对方不具有抚养目的，或者根本不考虑对方是否具有抚养目的，为收取钱财将子女"送"给他人的；

（3）为收取明显不属于"营养费"、"感谢费"的巨额钱财将子女"送"给他人的；

（4）其他足以反映行为人具有非法获利目的的"送养"行为的。

不是出于非法获利目的，而是迫于生活困难，或者受重男轻女思想影响，私自将没有独立生活能力的子女送给他人抚养，包括收取少量"营养费"、"感谢费"的，属于民间送养行为，不能以拐卖妇女、儿童罪论处。对私自送养导致子女身心健康受到严重损害，或者具有其他恶劣情节，符合遗弃罪特征的，可以遗弃罪论处；情节显著轻微危害不大的，可由公安机关依法予以行政处罚。

18. 将妇女拐卖给有关场所，致使被拐卖的妇女被迫卖淫或者从事其他色情服务的，以拐卖妇女罪论处。

有关场所的经营管理人员事前与拐卖妇女的犯罪人通谋的，对该经营管理人员以拐卖妇女罪的共犯论处；同时构成拐卖妇女罪和组织卖淫罪的，择一重罪论处。

19. 医疗机构、社会福利机构等单位的工作人员以非法获利为目的，将所诊疗、护理、抚养的儿童贩卖给他人的，以拐卖儿童罪论处。

20. 明知是被拐卖的妇女、儿童而收买，具有下列情形之一的，以收买被拐卖的妇女、儿童罪论处；同时构成其他犯罪的，依照数罪并罚的规定处罚：

（1）收买被拐卖的妇女后，违背被收买妇女的意愿，阻碍其返回原居住地的；

（2）阻碍对被收买妇女、儿童进行解救的；

（3）非法剥夺、限制被收买妇女、儿童的人身自由，情节严重，或者对被收买妇女、儿童有强奸、伤害、侮辱、虐待等行为的；

（4）所收买的妇女、儿童被解救后又再次收买，或者收买多名被拐卖的妇女、儿童的；

（5）组织、诱骗、强迫被收买的妇女、儿童从事乞讨、苦役，或者盗窃、传销、卖淫等违法犯罪活动的；

（6）造成被收买妇女、儿童或者其亲属重伤、死亡以及其他严重后果的；

(7) 具有其他严重情节的。

被追诉前主动向公安机关报案或者向有关单位反映，愿意让被收买妇女返回原居住地，或者将被收买儿童送回其家庭，或者将被收买妇女、儿童交给公安、民政、妇联等机关、组织，没有其他严重情节的，可以不追究刑事责任。

六、共同犯罪

21. （第一款）明知他人拐卖妇女、儿童，仍然向其提供被拐卖妇女、儿童的健康证明、出生证明或者其他帮助的，以拐卖妇女、儿童罪的共犯论处。

（第三款）认定是否"明知"，应当根据证人证言、犯罪嫌疑人、被告人及其同案人供述和辩解，结合提供帮助的人次，以及是否明显违反相关规章制度、工作流程等，予以综合判断。

22. 明知他人系拐卖儿童的"人贩子"，仍然利用从事诊疗、福利救助等工作的便利或者了解被拐卖方情况的条件，居间介绍的，以拐卖儿童罪的共犯论处。

23. 对于拐卖妇女、儿童犯罪的共犯，应当根据各被告人在共同犯罪中的分工、地位、作用，参与拐卖的人数、次数，以及分赃数额等，准确区分主从犯。

对于组织、领导、指挥拐卖妇女、儿童的某一个或者某几个犯罪环节，或者积极参与实施拐骗、绑架、收买、贩卖、接送、中转妇女、儿童等犯罪行为，起主要作用的，应当认定为主犯。

对于仅提供被拐卖妇女、儿童信息或者相关证明文件，或者进行居间介绍，起辅助或者次要作用，没有获利或者获利较少的，一般可认定为从犯。

对于各被告人在共同犯罪中的地位、作用区别不明显的，可以不区分主从犯。

七、一罪与数罪

24. 拐卖妇女、儿童，又奸淫被拐卖的妇女、儿童，或者诱骗、强迫被拐卖的妇女、儿童卖淫的，以拐卖妇女、儿童罪处罚。

25. 拐卖妇女、儿童，又对被拐卖的妇女、儿童实施故意杀害、伤害、猥亵、侮辱等行为，构成其他犯罪的，依照数罪并罚的规定处罚。

26. 拐卖妇女、儿童或者收买被拐卖的妇女、儿童，又组织、教唆被拐卖、收买的妇女、儿童进行犯罪的，以拐卖妇女、儿童罪或者收买被拐卖的妇女、儿童罪与其所组织、教唆的罪数罪并罚。

27. 拐卖妇女、儿童或者收买被拐卖的妇女、儿童，又组织、教唆被拐卖、收买的未成年妇女、儿童进行盗窃、诈骗、抢夺、敲诈勒索等违反治安管理活动的，以拐卖妇女、儿童罪或者收买被拐卖的妇女、儿童罪与组织未成年人进行违反治安管理活动罪数罪并罚。

八、刑罚适用

28. 对于拐卖妇女、儿童犯罪集团的首要分子，情节严重的主犯，累犯，偷盗婴幼儿、强抢儿童情节严重，将妇女、儿童卖往境外情节严重，拐卖妇女、儿童多人多次、造成伤亡后果，或者具有其他严重情节的，依法从重处罚；情节特别严重的，依法判处死刑。

拐卖妇女、儿童，并对被拐卖的妇女、儿童实施故意杀害、伤害、猥亵、侮辱等行为，数罪并罚决定执行的刑罚应当依法体现从严。

29. 对于拐卖妇女、儿童的犯罪分子,应当注重依法适用财产刑,并切实加大执行力度,以强化刑罚的特殊预防与一般预防效果。

31. 多名家庭成员或者亲友共同参与出卖亲生子女,或者"买人为妻"、"买人为子"构成收买被拐卖的妇女、儿童罪的,一般应当在综合考察犯意提起、各行为人在犯罪中所起作用等情节的基础上,依法追究其中罪责较重者的刑事责任。对于其他情节显著轻微危害不大,不认为是犯罪的,依法不追究刑事责任;必要时可以由公安机关予以行政处罚。

32. 具有从犯、自首、立功等法定从宽处罚情节的,依法从轻、减轻或者免除处罚。

对被拐卖的妇女、儿童没有实施摧残、虐待等违法犯罪行为,或者能够协助解救被拐卖的妇女、儿童,或者具有其他酌定从宽处罚情节的,可以依法酌情从轻处罚。

33. 同时具有从严和从宽处罚情节的,要在综合考察拐卖妇女、儿童的手段、拐卖妇女、儿童或者收买被拐卖妇女、儿童的人次、危害后果以及被告人主观恶性、人身危险性等因素的基础上,结合当地此类犯罪发案情况和社会治安状况,决定对被告人总体从严或者从宽处罚。

九、涉外犯罪

34. 要进一步加大对跨国、跨境拐卖妇女、儿童犯罪的打击力度。加强双边或者多边"反拐"国际交流与合作,加强对被跨国、跨境拐卖的妇女、儿童的救助工作。依照我国缔结或者参加的国际条约的规定,积极行使所享有的权利,履行所承担的义务,及时请求或者提供各项司法协助,有效遏制跨国、跨境拐卖妇女、儿童犯罪。

## 4. 最高人民法院、最高人民检察院、公安部、司法部《关于限令拐卖妇女儿童犯罪人员投案自首的通告》(2011年1月1日)

一、限令实施或者参与拐卖妇女、儿童,收买被拐卖的妇女、儿童,聚众阻碍解救被拐卖的妇女、儿童的犯罪人员,自2011年1月1日起至2011年3月31日止到公安机关等有关单位、组织投案自首。

二、亲友应当积极规劝犯罪人员尽快投案自首,经亲友规劝、陪同投案的,或者亲友主动报案后将犯罪人员送去投案的,均视为自动投案。

三、在限令期限内自动投案的犯罪人员,如实供述自己罪行的,依法可以从轻或者减轻处罚;犯罪情节较轻的,可以免除处罚。被采取强制措施或正在服刑期间,如实供述司法机关尚未掌握的拐卖犯罪行为的,如果该罪行与司法机关已掌握的或者判决确定的罪行属不同种罪行的,以自首论;如果该罪行系司法机关尚未掌握的同种拐卖犯罪的,一般应当从轻处罚。

被追诉前主动向公安机关报案或者向有关单位反映,愿意让被收买妇女返回原居住地,或者将被收买儿童送回其家庭,或者将被收买妇女、儿童交给公安、民政、妇联等机关、组织,没有其他严重情节的,可以依法免予刑事处罚。

四、犯罪人员有检举、揭发他人拐卖妇女、儿童犯罪行为,经查证属实的,以及提供重要线索,从而得以侦破其他犯罪案件等立功表现的,或者协助司法机关抓获其他犯罪嫌疑人的,可以依法从轻或者减轻处罚;有重大立功表现的,可以依法减轻或者免除处罚。

犯罪后自首又有重大立功表现的,应当依法减轻或者免除处罚。

五、逾期拒不投案自首的,或者转移、藏匿被收买的妇女、儿童,阻碍其返回原居住地或者阻碍解救的,经查实,依法从严惩处。

六、鼓励广大人民群众积极举报、控告拐卖妇女、儿童犯罪。司法机关对举报人、控告人依法予以保护。对威胁、报复举报人、控告人的,应当依法追究刑事责任。

七、窝藏、包庇犯罪分子,帮助犯罪分子毁灭、伪造证据的,应当依法追究刑事责任。

八、本通告自 2011 年 1 月 1 日起施行。

## 5. 最高人民法院《全国法院维护农村稳定刑事审判工作座谈会纪要》
(1999 年 10 月 27 日　法〔1999〕217 号)(节录)

(六)关于拐卖妇女、儿童犯罪案件

要从严惩处拐卖妇女、儿童犯罪团伙的首要分子和以拐卖妇女、儿童为常业的"人贩子"。要严格把握此类案件罪与非罪的界限。对于买卖至亲的案件,要区别对待:以贩卖牟利为目的"收养"子女的,应以拐卖儿童罪处理;对那些迫于生活困难、受重男轻女思想影响而出卖亲生子女或收养子女的,可不作为犯罪处理;对于出卖子女确属情节恶劣的,可按遗弃罪处罚;对于那些确属介绍婚姻,且被介绍的男女双方相互了解对方的基本情况,或者确属介绍收养,并经被收养人父母同意的,尽管介绍的人数较多,从中收取财物较多,也不应作犯罪处理。

## 6. 公安部《关于打击拐卖妇女儿童犯罪适用法律和政策有关问题的意见》
(2000 年 3 月 24 日　公通字〔2000〕25 号)(节录)

一、关于立案、管辖问题

(一)对发现的拐卖妇女、儿童案件,拐出地(即妇女、儿童被拐骗地)、拐入地或者中转地公安机关应当立案管辖。两个以上公安机关都有管辖权的,由最先立案的公安机关侦查。必要时,可以由主要犯罪地或者主要犯罪嫌疑人居住地公安机关管辖。有关公安机关不得相互推诿。对管辖有争议的案件,应报请争议双方共同的上一级公安机关指定管辖。

铁路、交通、民航公安机关按照《公安机关办理刑事案件程序规定》第 20 条的规定立案侦查拐卖妇女、儿童案件。在运输途中查获的拐卖妇女、儿童案件,可以直接移送拐出地公安机关处理。

(二)对于公民报案、控告、举报的与拐卖妇女、儿童有关的犯罪嫌疑人、犯罪线索或者材料,扭送的犯罪嫌疑人,或者犯罪嫌疑人自首的,公安机关都应当接受。对于接受的案件或者发现的犯罪线索,应当迅速进行审查。对于需要采取解救被拐卖的妇女、儿童等紧急措施的,应当先采取紧急措施。

(三)经过审查,认为有犯罪事实,需要追究刑事责任的,应当区别情况,作出如下处理:

1. 属于本公安机关管辖的案件,应当及时立案侦查。

2. 属于其他公安机关管辖的案件,应当在二十四小时内移送有管辖权的公安机关办理。

3. 不属于公安机关管辖的案件,如属于人民检察院管辖的不解救被拐卖、绑架妇女、儿童案和阻碍解救被拐卖、绑架妇女、儿童案等，属于人民法院管辖的重婚案等，应当及时将案件材料和有关证据送交有管辖权的人民检察院、人民法院，并告知报案人、控告人、举报人到人民检察院、人民法院报案、控告、举报或者起诉。

二、关于拐卖妇女、儿童犯罪

（一）要正确认定拐卖妇女、儿童罪。凡是拐卖妇女、儿童的，不论是哪个环节，只要是以出卖为目的，有拐骗、绑架、收买、贩卖、接送、中转妇女、儿童的行为之一的，均以拐卖妇女、儿童罪立案侦查。

（二）在办理拐卖妇女、儿童案件中，不论拐卖人数多少，是否获利，只要实施拐卖妇女、儿童行为的，均应当以拐卖妇女、儿童罪立案侦查。

（三）明知是拐卖妇女、儿童的犯罪分子而事先通谋，为其拐卖行为提供资助或者其他便利条件的，应当以拐卖妇女、儿童罪的共犯立案侦查。

（四）对拐卖过程中奸淫被拐卖妇女的；诱骗、强迫被拐卖的妇女卖淫或者将被拐卖的妇女卖给他人迫使其卖淫的；以出卖为目的使用暴力、胁迫、麻醉等方法绑架妇女、儿童的；以出卖为目的，偷盗婴幼儿的；造成被拐卖的妇女、儿童或者其亲属重伤、死亡或者其他严重后果的，均以拐卖妇女、儿童罪立案侦查。

（五）教唆他人实施拐卖妇女、儿童犯罪的，以拐卖妇女、儿童罪的共犯立案侦查。向他人传授拐卖妇女、儿童的犯罪方法的，以传授犯罪方法罪立案侦查。明知是拐卖妇女、儿童的犯罪分子，而在其实施犯罪后为其提供隐藏处所、财物，帮助其逃匿或者作假证明包庇的，以窝藏、包庇罪立案侦查。

（六）出卖亲生子女的，由公安机关依法没收非法所得，并处以罚款；以营利为目的，出卖不满十四周岁子女，情节恶劣的，以拐卖儿童罪立案侦查。

（七）出卖十四周岁以上女性亲属或者其他不满十四周岁亲属的，以拐卖妇女、儿童罪立案侦查。

（八）借收养名义拐卖儿童的，出卖捡拾的儿童的，均以拐卖儿童罪立案侦查。

（九）以勒索财物为目的，偷盗婴幼儿的，以绑架罪立案侦查。

（十）犯组织他人偷越国（边）境罪，对被组织的妇女、儿童有拐卖犯罪行为的，以组织他人偷越国（边）境罪和拐卖妇女、儿童罪立案侦查。

（十一）非以出卖为目的，拐骗不满十四周岁的未成年人脱离家庭或者监护人的，以拐骗儿童罪立案侦查。

（十二）教唆被拐卖、拐骗、收买的未成年人实施盗窃、诈骗等犯罪行为的，应当以盗窃罪，诈骗罪等犯罪的共犯立案侦查。

办案中，要正确区分罪与非罪，罪与罪的界限，特别是拐卖妇女罪与介绍婚姻收取钱物行为、拐卖儿童罪与收养中介行为、拐卖儿童罪与拐骗儿童罪，以及绑架儿童罪与拐卖儿童罪的界限，防止扩大打击面或者放纵犯罪。

四、关于自首和立功

（一）要采取多种形式，广泛宣传刑法关于自首、立功等从宽处理的刑事政策。各地可选择一些因主动投案自首或者有立功表现而给予从轻、减轻、免除处罚的典型案件，公开宣传报道，敦促在逃的犯罪分子尽快投案自首，坦白交代罪行，检举、揭发他人的犯罪行为，提供破案线索，争取立功表现。

（二）要做好对犯罪分子家属、亲友的政策宣传工作，动员他们规劝、陪同有拐卖妇女、儿童犯罪行为的亲友投案自首，或者将犯罪嫌疑人送往司法机关投案。对窝藏、包庇犯罪分子、阻碍解救、妨害公务，构成犯罪的，要依法追究刑事责任。

（三）对于投案自首、坦白交代罪行、有立功表现的犯罪嫌疑人，公安机关在移送人民检察院审查起诉时应当依法提出从轻、减轻、免除处罚的意见。

五、关于解救工作

（一）解救妇女、儿童工作由拐入地公安机关负责。对于拐出地公安机关主动派工作组到拐入地进行解救的，也要以拐入地公安机关为主开展工作。对解救的被拐卖妇女，由其户口所在地公安机关负责接回；对解救的被拐卖儿童，由其父母或者其他监护人户口所在地公安机关负责接回。拐出地、拐入地、中转地公安机关应当积极协作配合，坚决杜绝地方保护主义。

（二）对于被拐卖的未成年女性、现役军人配偶、受到买主摧残虐待的、被强迫卖淫或从事其他色情服务的妇女，以及本人要求解救的妇女，要立即解救。

对于自愿继续留在现住地生活的成年女性，应当尊重本人意愿，愿在现住地结婚且符合法定结婚条件的，应当依法办理结婚登记手续。被拐卖妇女与买主所生子女的抚养问题，可由双方协商解决或者由人民法院裁决。

（四）对于遭受摧残虐待的、被强迫乞讨或从事违法犯罪活动的，以及本人要求解救的被拐卖儿童，应当立即解救。

对于被解救的儿童，暂时无法查明其父母或者其他监护人的，依法交由民政部门收容抚养。

对于被解救的儿童，如买主对该儿童既没有虐待行为又不阻碍解救，其父母又自愿送养，双方符合收养和送养条件的，可依法办理收养手续。

（五）任何个人或者组织不得向被拐卖的妇女、儿童及其家属索要收买妇女、儿童的费用和生活费用；已经索取的，应当予以返还。

（六）被解救的妇女、儿童户口所在地公安机关应当协助民政等有关部门妥善安置其生产和生活。

七、关于严格执法、文明办案

（一）各级公安机关必须严格依照《刑法》、《刑事诉讼法》和《公安机关办理刑事案件程序规定》以及其他有关规定，严格执法，文明办案，防止滥用强制措施、超期羁押，严禁刑讯逼供和以威胁、引诱、欺骗以及其他非法的方法收集证据。

（二）依法保障律师在侦查阶段参与刑事诉讼活动，保障犯罪嫌疑人聘请律师提供法律帮助的权利。对于律师提出会见犯罪嫌疑人的，公安机关应当依法及时安排会见，不得借故阻碍、拖延。

（三）对犯罪分子违法所得的一切财物及其产生的孳息，应当依法追缴。对依法扣押的犯罪工具及犯罪嫌疑人的财物及其孳息，应当妥为保管，不得挪用、毁损和自行处理。

对作为证据使用的实物,应当随案移送;对不宜移送的,应当将其清单、照片或者其他证明文件随案移送,待人民法院作出生效判决后,由扣押的公安机关按照人民法院的通知,上缴国库或者返还受害人。

(四)认真做好办案协作工作。需要异地公安机关协助调查、执行强制措施的,要及时向有关地区公安机关提出协作请求。接受请求的公安机关应当及时予以协作配合,并尽快回复。对不履行办案协作职责造成严重后果的,对直接负责的主管人员和其他直接责任人员,应当给予行政处分;构成犯罪的,依法追究刑事责任。对在逃的拐卖妇女、儿童的犯罪分子,有关公安机关应密切配合,及时通缉,追捕归案。

八、关于办理涉外案件

(一)外国人或者无国籍人拐卖外国妇女、儿童到我国境内被查获的,应当适用我国刑法,以拐卖妇女、儿童罪立案侦查。

(二)拐卖妇女犯罪中的"妇女",既包括具有中国国籍的妇女,也包括具有外国国籍和无国籍的妇女。被拐卖的外国妇女没有身份证明的,不影响对犯罪分子的立案侦查。

(三)对外国人依法作出取保候审、监视居住决定或者执行拘留、逮捕后,由有关省、自治区、直辖市公安厅、局在规定的期限内,将外国人的有关情况、涉嫌犯罪的主要事实、已采取的强制措施及其法律依据,通知该外国人所属国家的驻华使、领馆,同时报告公安部。

(四)对外国籍犯罪嫌疑人身份无法查明或者其国籍国拒绝提供有关身份证明的,也可以按其自报的姓名依法提请人民检察院批准逮捕、移送审查起诉。

(五)对非法入出我国国境、非法居留的外国人,应当依照《中华人民共和国外国人入境出境管理法》及其实施细则进行处罚;情节严重,构成犯罪的,依法追究刑事责任。

**7. 公安部《关于如何处理无法查清身份的外国籍犯罪嫌疑人问题的批复》**
(1999年1月11日  公复字〔1999〕1号)

吉林省公安厅:

你厅《关于打击拐卖朝鲜妇女犯罪中有关问题的请示》(公吉明发〔98〕2239号)收悉。经研究,现就如何处理无法查清身份的外国籍犯罪嫌疑人问题,批复如下:

公安机关在办理刑事案件过程中,需要确认外国籍犯罪嫌疑人身份的,如果我国与该犯罪嫌疑人所称的国籍国签订的有关司法协助条约或者共同缔结或参加的国际公约有规定,可以按照有关司法协助条约或者国际公约的规定,请求该国协助查明其身份。如果没有司法协助条约或者国际公约规定,可以通过外交途径或者国际刑警组织渠道办理。

公安机关应当尽可能地查明外国籍犯罪嫌疑人的身份,避免引起外交交涉。如果确实无法查清或者有关国家拒绝协助,可以根据《刑事诉讼法》第一百二十八条第二款的规定处理,即犯罪嫌疑人不讲真实姓名、住址,身份不明,但犯罪事实清楚,证据确实、充分的,也可以按其自报的姓名移送人民检察院审查起诉。

### 法律法规

**1. 《中华人民共和国妇女权益保障法(2005年修正)》**(1992年10月1日)(节录)

第三十九条(第一款) 禁止拐卖、绑架妇女;禁止收买被拐卖、绑架的妇女;禁止阻碍解救被拐卖、绑架的妇女。

2. 《中华人民共和国收养法（1998年修正)》（1992年4月1日）（节录）

**第三十一条** 借收养名义拐卖儿童的，依法追究刑事责任。

遗弃婴儿的，由公安部门处以罚款；构成犯罪的，依法追究刑事责任。

出卖亲生子女的，由公安部门没收非法所得，并处以罚款；构成犯罪的，依法追究刑事责任。

# 十一、诬告陷害罪

**140. 诬告陷害罪构成要件中的"捏造事实"应当如何理解,是否包括捏造部分虚假事实的情形?**

诬告陷害罪的客观方面表现为,以意图使他人受到刑事追究为目的,捏造他人犯罪的事实,向国家机关或其他有关单位告发,或者采取其他能够引起刑事追究的方式披露所捏造的犯罪事实,情节严重的行为。所谓捏造是指无中生有、栽赃陷害,凭空杜撰犯罪事实,或将犯罪事实张冠李戴。诬告陷害罪构成要件中的"捏造事实"应当包括虚构编造部分虚假事实的情形。因为无论是捏造整个犯罪事实,还是捏造部分犯罪事实,都有使他人受到刑事追究的危险,都能够侵犯公民的人身权利和司法机关的正常活动。因此,捏造犯罪事实,不要求行为人捏造完整的犯罪事实,只要行为人捏造了部分犯罪事实,足以使他人受到刑事责任追究即可。

**141. 作为构成要件的"情节严重"与作为法定刑升格条件的"造成严重后果"应当如何区分?**

我国《刑法》第 243 条第 1 款规定,捏造事实诬告陷害他人,意图使他人受刑事追究,情节严重的,处 3 年以下有期徒刑、拘役或者管制;造成严重后果的,处 3 年以上 10 年以下有期徒刑。从这一规定可以看出,并非捏造他人犯罪事实予以告发的行为都构成犯罪,而只有情节严重者才构成犯罪,也就是说,"情节严重"是诬告陷害罪的构成要件。所谓构成要件的"情节严重",一般是指诬告他人犯有性质严重的犯罪的、多次诬告他人犯罪的、为了掩盖自己的犯罪事实而诬告他人的、诬告行为导

> 致司法机关发动刑事追诉程序的，诬告行为引起他人被采取刑事强制措施的等。而"造成严重后果"则是诬告陷害罪的结果加重处罚要件，是对诬告陷害罪的法定刑升格处罚的条件。从字面含义看，所谓"造成严重后果"显然考察的是诬告陷害行为实际造成的危害后果，主要是指诬告陷害行为已经引起了司法机关对被诬陷人的刑事追究活动，给被诬陷人家庭造成重大困难，造成被诬陷人精神失常或自杀等后果。

## 典型疑难案件参考

### 崔文琴诬告陷害案

**基本案情**

2006年10月7日18时许，被告人崔文琴在扬州市盐阜路准提寺附近，因琐事与被害人葛庆芳发生争执，葛庆芳将崔文琴推倒在地，致使崔文琴右手手腕受伤。2006年10月9日，被告人崔文琴在苏北医院利用一名右手骨折的女病人，代替自己拍摄了右手舟状骨骨折的X光片，并向扬州市公安局法医提供。扬州市公安局法医门诊室根据该X光片出具了法医鉴定书，结论是：崔文琴的右手舟状骨骨折，属轻伤。扬州市公安局广陵分局遂于2006年10月12日对葛庆芳涉嫌故意伤害案进行立案侦查。2006年10月19日，葛庆芳因涉嫌犯故意伤害罪被刑事拘留，2006年10月28日被逮捕，2006年11月27日，扬州市广陵区人民检察院以葛庆芳犯故意伤害罪向广陵区人民法院提起公诉。在法院审理过程中，被告人崔文琴于2007年3月6日主动向广陵区人民法院交代了自己请他人代为拍片、诬告陷害葛庆芳的犯罪事实。2007年3月19日，扬州市公安局法医门诊室对被告人崔文琴的右手腕重新拍片进行鉴定，结论是：其右手腕舟状骨未见骨折现象。广陵区人民检察院遂撤回对葛庆芳犯故意伤害罪的指控。2007年4月13日，被告人崔文琴的家属与被害人葛庆芳达成了和解协议，由崔文琴的家属一次性补偿葛庆芳人民币60000元，并取得了葛庆芳的谅解。

**诉辩情况**

江苏省扬州市广陵区人民检察院：指控被告人崔文琴捏造事实诬告陷害他人，意图使他人受刑事追究，已造成严重后果，应当以诬告陷害罪追究其刑事责任。

其辩护人提出的辩护意见是：被告人崔文琴具有自首情节，可以减轻处罚；其属于初犯，认罪态度较好，并积极补偿被害人的损失，取得了被害人的谅解，可酌情从轻处罚，建议对其判处缓刑。

### 裁判结果

江苏省扬州市广陵区人民法院经审理查明上述事实，据此，依照相关法律作出判决：判处被告人崔文琴犯诬告陷害罪，有期徒刑2年，缓刑2年。

### 裁判理由

江苏省扬州市广陵区人民法院经审理后认为：被告人崔文琴捏造事实，诬告陷害他人，意图使他人受到刑事追究，并已造成严重后果，其行为已构成诬告陷害罪，依法应当追究刑事责任。被告人崔文琴犯罪后主动向司法机关交代司法机关尚未掌握的诬告陷害的犯罪事实，属自首，依法可以减轻处罚。其在归案后自愿认罪，并积极赔偿被害人的损失，取得被害人的谅解，依法可酌情从轻处罚。被告人崔文琴的辩护人提出"崔文琴具有自首情节，可以减轻处罚；其属于初犯，认罪态度较好，并积极补偿被害人的损失，取得了被害人的谅解，可酌情从轻处罚，建议对其判处缓刑"的辩护意见具有事实和法律依据，予以采纳。

> **142. 诬告陷害罪的客观行为表现是什么？**
>
> 诬告陷害罪的客观行为表现为行为人捏造他人犯罪的事实，向国家司法机关或者其他有关单位告发，或者采取其他能够引起刑事追究的方式披露所捏造的犯罪事实，情节严重的行为。在具体认定上要注意以下几个方面：首先，行为人捏造的是犯罪事实，即应当承担刑事责任的行为事实情况。其次，犯罪事实是不存在的，是行为人无中生有、凭空杜撰出来的。最后，行为人将所捏造的事实以引起刑事追究的方式向有关机关告发。最后，诬告陷害他人的行为必须情节严重。

### 典型疑难案件参考

董永祥诬告陷害案（浚县人民法院刑事判决书〔2011〕浚刑初字第159号）

### 基本案情

2010年9月29日下午，被告人董永祥、董琰民、董泽民父子与本村村民王希臣等人发生打架。王希臣报案后，浚县公安局对王希臣的伤情进行鉴定，王希臣的伤构成轻伤，浚县公安局对王希臣被伤害案立案侦查。董永祥、董琰民为了使王希臣能受到法律追究，二人预谋后，由董永祥联系到席春河，3人于9月30日凌晨一起来到浚县城关镇东段李文俊（另案处理）的诊所，让李文俊将董琰民额部伤口划长。后经浚县公安局物证鉴定室鉴定，董琰民额部损伤构成轻伤，董琰民据此向浚县公安局对王希臣进行控告。

2010年11月28日晚上，被告人董永祥与本村王建国发生打架，董永祥为了使王建国能受到法律追究，于11月29日凌晨，董永祥又和席春河找到李文俊，让李文俊将董永祥额部伤口划长，后经浚县公安局物证鉴定室鉴定，董永祥额部损伤构成轻伤。董永祥据此向浚县公安局对王建国进行控告，浚县公安局对董永祥被伤害案立案侦查。

### 诉辩情况

检察机关认为：被告人董永祥伙同董琰民、席春河捏造事实诬告陷害他人，意图使他人受到法律追究，其行为已触犯《中华人民共和国刑法》第243条第1款、第25条第1款的规定，犯罪事实清楚，证据确实充分，应当以诬告陷害罪追究其刑事责任。

被告人董永祥、董琰民、席春河对起诉书的指控的基本事实没有异议。被告人董永祥的辩护人的辩护意见：被告人董永祥犯罪情节轻微，危害不大，并没有造成危害后果，建议对其从轻处罚。

### 裁判结果

法院经审理判决如下：
一、被告人董永祥犯诬告陷害罪，判处有期徒刑2年；
二、被告人董琰民犯诬告陷害罪，判处有期徒刑8个月；
三、被告人席春河犯诬告陷害罪，判处有期徒刑1年，缓刑1年。

### 裁判理由

审理法院认为：被告人董永祥、董琰民、席春河捏造事实诬告陷害他人，意图使他人受到刑事追究，情节严重，3被告人的行为均构成诬告陷害罪。浚县人民检察院对被告人董永祥、董琰民、席春河的指控成立，本院予以支持。在共同犯罪中，被告人董永祥起主要作用，系主犯；被告人董琰民、席春河起次要和辅助作用，系从犯，应对其从轻处罚。被告人董永祥的辩护人提出的"被告人董永祥犯罪情节轻微，危害不大，并没有造成危害后果，建议对其从轻处罚"的辩护意见，无事实根据，本院不予采纳。

### 143. 诬告陷害罪的主观罪过如何认定？

诬告陷害罪的主观罪过是直接故意，其内容是指行为人明知诬陷行为会发生使他人受刑事追究的危害结果，并希望这种危害结果发生的主观心理态度。构成诬告陷害罪，行为人主观上必须具有意图使他人受刑事追究的目的，没有此种不法目的的，不构成此罪。至于被害人是否实际上受到刑事追究，不影响本罪的成立。如果被诬告的人已经受到刑事追究的，属于"造成严重后果"，对行为人应在3年以上10年以下有期徒刑量刑。

### 典型疑难案件参考

夏铭诬告陷害案（河南省商丘市中级人民法院刑事裁定书〔2011〕商刑终字第155号）

#### 基本案情

2010年12月份，被告人夏铭之兄夏××被欧阳××、王××等人殴打致伤后，夏铭认为姜磊（欧阳××之夫）参与了此事，即到夏邑县公安局控告姜磊等人是夏邑县的黑社会团伙，反映姜磊敲诈勒索、欺行霸市、贪占汶川地震捐款、村民低保金、殴打村民致轻伤4人；为了筹集开发房地产资金，利用本村村民户口本以农户联保的方式骗取农行200余万元贷款等。公安机关调查后认为不属实，没有处理姜磊。夏铭遂将反映姜磊的材料以"黄页传媒"的网名在腾讯网等网站以中国第二个被谋杀的上访人、河南的乐清案、上访村民再遭谋杀、中国最牛B的村书记、黑社会基层执政的政绩、黑社会执政不但谋财而且害命、夏邑县又出大案了、村支部书记雇凶谋杀上访人等题目发布帖子，帖子被网民转载。姜磊及其家人因此事精神受到严重伤害。经商丘市第二人民医院鉴定姜磊属创伤后应激障碍，且与诬告陷害存在因果关系。

#### 一审诉辩情况

检察机关认为被告人行为构成诬告陷害罪，应当依法追究其刑事法律责任。

被告人及其辩护人认为被告人没有诬告陷害罪的主观故意，不应构成诬告陷害罪。

### 一审裁判结果

一审法院依照《中华人民共和国刑法》第243条第1款之规定，判决被告人夏铭犯诬告陷害罪，判处有期徒刑1年。

### 一审裁判理由

一审判决认为：被告人夏铭捏造姜磊有犯罪行为的事实向公安机关告发，并在互联网上发布姜磊有数10起犯罪行为公安机关不予追究的贴子，意图使姜磊受到刑事追究，其行为使姜磊及其家人心理受到严重伤害，同时也损害了司法机关的形象，情节严重，构成诬告陷害罪。被告人夏铭及其辩护人关于夏铭无罪的辩解意见没有事实根据和法律依据，不予采纳。

### 二审诉辩情况

夏邑县人民检察院抗诉称：被告人夏铭认罪态度不好，没有悔罪表现，主观恶性大，原审量刑不当，请求依法改判。

被告人夏铭上诉称：其只是为村民代笔书写材料，其行为代表群众的利益，其没有诬告陷害的故意，不构成犯罪。辩护人认为：被告人夏铭所写的反映材料并非完全不真实，即使与事实有出入，也是错告，不是诬告。被告人夏铭的行为不符合诬告陷害罪的构成要件，应宣告夏铭无罪。

### 二审裁判结果

二审期间，被害人姜磊的诉讼代理人提交了孔庄乡政府关于韩六×等人反映姜磊问题的调查处理情况的汇报。以证明夏铭在2010年9月就对姜磊进行控告了。

二审查明，1996年，被告人夏铭的大哥夏四×任村支部书记，因被害人姜磊之兄姜二×上访被免职，1998年被害人姜磊被任命为村支部书记，两家结了仇冤。因姜磊工作方法简单粗暴，得罪了一部分村民，夏铭二哥夏××就上访告状要求对姜磊免职。2010年12月份，姜磊之妻欧阳××指使王××等人将夏××殴打致轻伤，夏铭认为姜磊是主谋，控告姜磊。其余事实与一审相同，据以定案的证据经核实无误。

二审法院依照《中华人民共和国刑事诉讼法》第189条第1项之规定，裁定如下：驳回抗诉、上诉，维持原判。

### 二审裁判理由

二审法院认为：关于被告人夏铭和辩护人认为夏铭只是为村民代笔书写材

料,其行为代表群众的利益,其没有诬告陷害的故意,不构成犯罪的问题。经查,村民刘一×、陈二×给夏铭递交的材料均在夏铭控告姜磊之后,且夏铭控告的材料与刘一×、陈二×给夏铭递交的材料也不一致,夏铭控告姜磊贪污汶川地震捐款、村民低保金、骗取农行贷款属捏造事实的诬告行为,其控告姜磊殴打村民致轻伤4人是夸大事实。夏铭的诬告行为导致姜磊创伤后应激障碍,情节严重,构成诬告陷害罪。此上诉理由和辩护意见不能成立,不予采纳。

关于夏邑县人民检察院抗诉称,被告人夏铭认罪态度不好,没有悔罪表现,主观恶性大,原审量刑不当的问题。经查,1996年,被告人夏铭的大哥夏四×任村支部书记,因被害人姜磊之兄姜二×上访被免职,1998年姜磊被任命为村支部书记,夏铭家人不满,想通过上访告掉姜磊。由于姜磊工作方法简单粗暴,得罪了一部分村民,在此期间姜磊与王××合伙开发房地产,非法占用了耕地,夏铭二哥夏××就上访告状要求对姜磊免职。2010年12月份,姜磊之妻欧阳××指使王××等人将夏××殴打致轻伤,夏铭认为姜磊是幕后指使者,向公安机关控告姜磊,但没有证据证明该案是姜磊指使的,姜磊没有受到刑事追究。虽然没有证据证明姜磊是主谋,但姜磊之妻指使王××将夏××打伤事实客观存在,夏铭的怀疑是符合情理的。夏铭控告姜磊贪污汶川地震捐款、村民低保金、骗取农行贷款属捏造事实的诬告行为,其控告姜磊殴打村民致轻伤4人是夸大事实。姜磊殴打几名村民属实,但没有造成轻伤的后果,姜磊作风粗暴,引起村民不满,其又与李某某通奸被村民非议,乡政府为此免去了其村支部书记;姜磊非法占地开发房地产引起村民强烈不满,夏邑县国土局责令其拆除违法建筑,夏铭上访有部分属实,部分捏造。夏铭的诬告行为给姜磊造成一定精神创伤,其行为构成诬告陷害罪。其诬告陷害行为并没有使姜磊受到刑事追究,二审开庭时被告人夏铭认识到自己的错误,并向姜磊赔礼道歉,请求姜磊谅解,可酌情对夏铭从轻处罚,原审量刑适当。检察机关的抗诉理由不能成立。

**144. 诬告陷害罪与伪证罪如何进行区分?**

诬告陷害罪与伪证罪存在以下几个方面的区别:一是从客观方面而言,诬告陷害罪不受行为方式、时间、地点、场合和告发机关的限制;而伪证罪只能发生在刑事诉讼过程中,只能向侦查、审理刑事案件的侦查、检察、审判机关作虚假证明。诬告陷害罪行为人一般捏造的是整个犯罪事实情况,而伪证罪一般是对

> 与案件有重要关系的情节作虚假陈述、记录、鉴定、翻译。二是从行为主体上看，诬告陷害罪是一般主体，伪证罪是刑事案件中证人、鉴定人、记录人和翻译人。三是从主观方面看，诬告陷害罪的行为人具有使被害人受到刑事追究的不法目的；伪证罪既可能是陷害他人，也可能是包庇他人。

## 典型疑难案件参考

刘名等诬告陷害案（睢阳区人民法院刑事判决书〔2010〕商睢区刑初字第72号）

### 基本案情

2009年8月15日16时许，被告人董艳梅因格兰仕微波炉代理问题与程某发生纠纷，后双方发生厮打。8月16日，被告人刘名伙同董艳梅让滕某某（另案处理）为董艳梅伪造耳膜穿孔，意欲追究对方当事人的刑事责任。后刘名、董艳梅多次到公安机关要求追究对方当事人的刑事责任。

### 诉辩情况

检察机关认为被告人刘名、董艳梅的行为触犯了《中华人民共和国刑法》第243条第1款、第25条之规定，犯罪事实清楚，证据确实充分，应当以诬告陷害罪追究其刑事责任，请求依法判处。

被告人刘名认为：董艳梅的伤不是被害人程某打的，找医生腾某某检查有正常手续，到公安机关要求调解解决，没有追究被害人程某的刑事责任，构不成犯罪。其辩护人认为：（1）被告人刘名的所为属于情节显著轻微危害不大。（2）本案事实不清，证据不足。（3）没有证据证明被告人有控告程某意图使其受到刑事追究的故意。（4）被告人刘名没有实施诬告陷害的行为。构不成诬告陷害罪。

被告人董艳梅认为：没有追究被害人程某的刑事责任，也不认识医生腾某某，没有伪造耳膜穿孔，在住院时也没有上天宇大酒店去过，构不成诬告陷害罪。其辩护人认为：（1）认定被告人董艳梅犯诬告陷害罪事实不清，证据不足。（2）被告人董艳梅的行为没有达到本罪所要求的情节严重。（3）本案没有造成严重后果。（4）没有证据证明被告人有控告程某意图使其受到刑事追究的故意。构不成诬告陷害罪。

### 裁判结果

审理法院依照《中华人民共和国刑法》第243条第1款、第25条之规定，判决如下：被告人刘名犯诬告陷害罪，判处有期徒刑10个月。被告人董艳梅犯诬告陷害罪，判处有期徒刑8个月。

### 裁判理由

法院经审理认为：关于前述被告人辩解及其辩护人的辩护意见。经查，被告人董艳梅与对方当事人发生厮打后，被告人刘名通过刘某某找医生腾某某造耳膜穿孔，目的就是追究对方当事人的刑事责任，证人刘某某医生腾某某都能证明，并有刘某某找医生腾某某的手机通话单，能够形成一个完整的证据链条，而后被告人又多次到公安机关要求追究对方的刑事责任。被告人及辩护人的辩护意见不能成立，本院不予采纳。综上所述，审理法院认为，被告人刘名、董艳梅捏造事实诬告陷害他人，意图使他人受刑事追究，情节严重，其行为已构成诬告陷害罪，检察机关指控罪名成立。

---

**145. 诬告陷害罪与错告、检举失实如何进行区分？**

诬告陷害罪与错告、检举失实主要存在以下区别：首先，从客观方面看，诬告陷害罪是行为人凭空杜撰捏造他人犯罪事实。错告、检举失实是行为人由于对客观情况不了解，具有片面的认识，从而错误的举报他人犯罪。其次，从主观方面看，诬告陷害罪行为人具有意图使得他人受到错误的刑事追究的不法目的。错告、检举失实的行为人的目的在于同违法犯罪行为作斗争，并没有陷害他人受到刑事追究的目的。根据现行《刑法》第243条第3款的规定，不是有意诬陷，而是错告、检举失实的，不作为诬告陷害罪论处。

---

### 典型疑难案件参考

魏树新诬告陷害案（安徽省蚌埠市中级人民法院刑事裁定书〔2006〕蚌刑终字第091号）

### 基本案情

被告人魏树新因其岳父蔡绍银堆放柴草与蔡家厚两家发生纠纷，而参与殴打蔡家厚。魏树新不听蔡绍良劝阻而被蔡绍良打断鼻骨，而怀恨在心。魏树新为报复蔡绍良，于2004年12月13日到怀远县公安局报案。称其于2004年11月2日下午14时许，经过怀远县马城镇政府院西口巷道时，被蔡绍良等人抢去一部手机、200元现金、8张送货单。蔡绍良因涉嫌抢劫犯罪于2005年3月22日被怀远县公安局刑事拘留，至2005年4月4日被解除刑事拘留，共羁押13天。被告人魏树新报案后仍继续使用实际就没有被蔡绍良抢劫过的手机。

### 诉辩情况

检察机关认为被告人行为构成诬告陷害罪，应当依法追究其刑事法律责任。

被告人及其辩护人辩解被告人是因为不清楚法律才报案称被抢劫的，请求法院判处无罪。

### 裁判结果

一审法院认定被告人魏树新为泄私愤，捏造事实控告他人，意图使他人受到刑事追究，情节严重，其行为构成诬告陷害罪，依照《中华人民共和国刑法》第243条第1款的规定，判处其有期徒刑1年。

一审宣判后，原审被告人魏树新以其本意追究蔡绍良打人的责任，由于对法律不清楚才报抢劫案，以及原判量刑太重为主要理由，提出上诉。其辩护人提出了与此基本一致的意见。依照《中华人民共和国刑事诉讼法》第189条第1项的规定，裁定如下：驳回上诉，维持原判。

### 裁判理由

法院经审理认为：上诉人魏树新因参与民间纠纷被他人殴打致轻微伤而怀恨，捏造被他人抢劫的事实诬告他人，意图使他人受到刑事追究，情节严重，其行为构成诬告陷害罪。原判事实清楚，证据确实、充分，适用法律正确，量刑适当，审判程序合法。现魏树新以其本想追究被害人蔡绍良打人的责任，由于对法律缺乏认识而报抢劫案，原判量刑偏重，提出上诉。其辩护人提出基本相同的辩护意见。经查，上诉人魏树新以抢劫犯罪诬告他人，意图使他人遭受刑事追究，完全出于泄愤和报复他人，其捏造的事实与其被殴打的事实根本不同，其行为符合诬告陷害罪的构成要件。蔡绍良因殴打魏树新致轻微伤已被公安机关行政处罚。至于魏树新对法律认识的程度并不是构成本罪与否的条件或者是从轻处罚的情节。故其上诉理由及其辩护人的辩护意见均不能成立。

## 诬告陷害罪办案依据集成

### 刑法条文

第二百四十三条 【诬告陷害罪】捏造事实诬告陷害他人，意图使他人受刑事追究，情节严重的，处三年以下有期徒刑、拘役或者管制；造成严重后果的，处三年以上十年以下有期徒刑。

【诬告陷害罪】 国家机关工作人员犯前款罪的，从重处罚。

不是有意诬陷，而是错告，或者检举失实的，不适用前两款的规定。

### 法律法规

《中华人民共和国宪法（2004年修正）》（1982年12月4日）（节录）

第三十八条 中华人民共和国公民的人格尊严不受侵犯。禁止用任何方法对公民进行侮辱、诽谤和诬告陷害。

# 十二、非法搜查罪

**146. 行为人怀疑被害人盗窃自己钱款，强行搜查被害人人身，并夺取自己丢失钱财的，应如何定性？**

非法搜查罪是指没有合法根据，擅自对他人的身体或住宅进行搜查，严重影响私生活安宁的行为。非法搜查罪的犯罪客体是公民的人身以及与人身相关的住宅不受侵犯的权利。抢劫罪是指行为人出于非法占有为目的实施采取暴力、暴力威胁等其他方法，强制被害人交出财物的行为。在抢劫罪实施过程中，行为人为了实现非法占有他人财物的目的，可能伴随有对被害人人身的非法搜查行为，但此种非法搜查行为属于抢劫罪人身强制行为的一部分，不再单独评价为非法搜查罪。行为人怀疑被害人盗窃自己钱款，强行搜查被害人人身，并夺取自己丢失钱财的行为是否构成抢劫罪，关键要看行为人是否具有非法占有他人财物的目的。如果行为人只是为了维护自身财产权益而实施上述行为，自然不能构成侵犯他人财产权利的抢劫罪。但是行为人即便出于维护自身权益的目的，但在没有明显证据表明是他人盗窃自己财物的，就贸然强行搜查他人身体，自然是对他人身体权利的侵犯，构成非法搜查罪。

### 典型疑难案件参考

林平、任海洋非法搜查案

**▶ 基本案情**

2004年6月19日晚22时许，被告人林平驾车在绍兴市某供销超市附近搭识被害人黄向群，其间，被告人林平曾下车，并从车内拿了所放的部分钱款，将黄向群一人留于车内。后被告人林平怀疑车上缺失钱款系被害人黄向群所窃,遂与被告人任海祥合谋采用强制手段搜查黄的人身并质问黄,且声称"去派出所解决",黄不愿前往。20日凌晨1时许,当被告人林平驾车途经绍兴市区104国道线,因被害人黄向群欲下车逃离,被告人林平、任海祥以被害人黄向群偷窃林平600元钱为由,采用推、打等暴力手段,强行从被害人黄向群裤袋中搜出人民币1890元,并将其中的人民币640元据为己有,且造成被害人黄向群轻微伤的损伤程度。2004年6月21日上午,被害人黄向群向绍兴市公安局越城区分局塔山派出所报案,6月26日上午,被告人林平、任海祥向绍兴县公安局兰亭派出所投案,并如实供述自己的犯罪事实。案发后,赃款已被追回返还被害人。

### 诉辩情况

绍兴市越城区人民检察院指控称:检察机关认为被告人林平、任海祥无视法纪,采用推、打等暴力手段非法对他人的身体进行搜查,应当以非法搜查罪追究其刑事责任,且两被告人系共同犯罪,属自首。提请本院依照《中华人民共和国刑法》第245条第1款、第25条、第67条第1款之规定处罚。

两被告人之辩护人均辩称其之被告人系自首,两被告人系在要求被害人先去派出所解决而被害人不同意的情况下才实施上述行为,并主动退清了赃款,主观恶性较小,被告人林平之辩护人提出要求对被告人林平从轻处罚,被告人任海祥之辩护人认为被告人任海祥在整个共同犯罪中处次要地位,要求本院从轻、减轻或者免除处罚。

### 裁判结果

绍兴市越城区人民法院根据上述事实和证据认为:被告人林平、任海祥无视法纪,合伙采用推、打等暴力手段非法对他人的身体进行搜查,其行为已构成非法搜查罪,且系共同犯罪。绍兴市越城区人民法院依照《中华人民共和国刑法》第245条第1款、第25条第1款、第67条第1款、第72条之规定,作出如下判决:

一、林平犯非法搜查罪,判处拘役6个月,缓刑1年(缓刑考验期限,从判决确定之日起计算);

二、任海祥犯非法搜查罪,判处拘役5个月,缓刑10个月(缓刑考验期限,从判决确定之日起计算)。

### 裁判理由

绍兴市越城区人民法院经审理认为:被告人林平、任海祥无视法纪,合伙采用推、打等暴力手段非法对他人的身体进行搜查，其行为已符合非法搜查罪犯罪，且两名被告人系共同犯罪。检察机关指控的罪名成立，本院予以支持。鉴于被告人林平、任海祥在案发后能主动向公安机关投案，并如实供述自己的犯罪事实，属自首，可依法从轻处罚，同时考虑到两被告人系在要求被害人先去派出所解决，被害人不同意的情况下才实施上述行为，并主动退清了赃款，主观恶性相对较小等具体情节，可对两被告人适用缓刑，两辩护人据此提出要求对两被告人从轻处罚的意见，本院予以采纳。被告人任海祥在共同犯罪中积极实施搜身行为，与被告人林平所起作用基本相当，其辩护人认为被告人任海祥在犯罪过程中属从属地位，要求对其从宽处罚的意见，与事实和法律不符，本院不予采纳。

### 147. 对冒充武警非法搜查他人身体，取得财物后随即返还的行为应如何定性？

抢劫罪是指行为人出于非法占有为目的实施采取暴力、暴力威胁等其他方法，强制被害人交出财物的行为。在抢劫罪实施过程中，行为人为了实现非法占有他人财物的目的，可能伴随实施对被害人人身的非法搜查行为，但此种非法搜查行为属于抢劫罪人身强制行为的一部分，不再单独评价为非法搜查罪。认定构成抢劫罪，必须证明行为人主观上具有非法占有他人财物的目的，客观上实施了人身强制他人和非法取财的行为。对于行为人冒充武警非法搜查他人身体，取得少量财物后随即返还的行为如何定性，关键要看能否证明行为人具有非法占有他人财物的目的。如果行为人只是为了耍威风、寻求刺激，并不具有非法占有他人财物的目的，非法搜查他人身体的行为只能认定为非法搜查罪。如果行为人具有非法占有他人财物目的，冒充军警非法搜查他人身体获取财物的，应当认定抢劫罪既遂。行为人出于其他原因再将所获取的财物交回被害人的，也不能构成抢劫罪的犯罪中止，因为在抢劫罪已经既遂的情况下，是不可能再符合犯罪中止成立的时间条件的。

**典型疑难案件参考**

吴国强、蓝卫武冒充武警非法搜查他人身体案

### 基本案情

2003年1月22日凌晨3时许，被告人吴国强身着武警制服，佩戴武警肩章、领花，携带向他人借来的警备纠察证，伙同被告人蓝卫武经过本市东南亚大酒店前一小卖部外时，在吴国强的提议下，以被害人万飞云系"票贩子"为由，由吴国强动手对被害人搜身，搜出火车票及现金人民币372元等物。又在被害人万飞云的要求下，将搜得的现金、火车票等物归还万飞云。随后，被告人吴国强、蓝卫武被巡警查获归案。

### 诉辩情况

福建省厦门市原开元区人民检察院（现为厦门市思明区人民检察院）以被告人吴国强、蓝卫武犯抢劫罪，向福建省厦门市原开元区人民法院（现为厦门市思明区人民法院，下同）提起公诉，并认为二被告人的行为系犯罪中止。

被告人吴国强辩称：被害人系票贩子，他只是想将被害人送到派出所而搜查火车票，并未想搜钱。被告人蓝卫武辩称：搜的钱是他主动交给被害人的，并非在被害人的要求下返还的；未对被害人采用暴力手段。

### 裁判结果

福建省厦门市原开元区人民法院经公开开庭审理查明上述事实，据此，作出判决如下：

一、被告人吴国强犯非法搜查罪，判处有期徒刑1年；
二、被告人蓝卫武犯非法搜查罪，判处有期徒刑6个月。

### 裁判理由

福建省厦门市原开元区人民法院经公开开庭审理后认为：被告人吴国强、蓝卫武为耍威风而冒充武警非法拦截、搜查他人的身体，其行为已侵犯公民的人身权利，构成非法搜查罪。由于二被告人对涉案款、物的非法占有目的未能被充分证明，故检察机关指控被告人犯抢劫罪，罪名不成立，本院不予支持，与此相关，检察机关关于二被告人犯罪中止的认定也不能成立。被告人吴国强关于其拦查被害人的动机是为将票贩子扭送公安机关的辩解，与被告人蓝卫武的供述和被害人的陈述明显矛盾，不能采纳；被告人蓝卫武关于其在被害人提

出要求前即主动将款返还被害人的说法已为吴国强的当庭供述和被害人的陈述所排除，不予采信。二被告人基于相同的犯罪故意、相互配合实施犯罪，系共同犯罪；在共同犯罪中，被告人吴国强提起犯意、动手搜查，系主犯，结合考虑该被告人冒充武警、庭审中避重就轻、缺乏应有的认罪态度等具体情节，决定对其酌情从重处罚；被告人蓝卫武则起配合、辅助的作用，地位次要，系从犯，应当从轻处罚。

## 非法搜查罪办案依据集成

### 刑法条文

**第二百四十五条** 【非法搜查罪，非法侵入住宅罪】非法搜查他人身体、住宅，或者非法侵入他人住宅的，处三年以下有期徒刑或者拘役。

司法工作人员滥用职权，犯前款罪的，从重处罚。

### 立案标准

**1.** 最高人民检察院《人民检察院直接受理立案侦查的渎职侵权重特大案件标准（试行）》（2002年1月1日 高检发〔2001〕13号）（节录）

三十五、国家机关工作人员利用职权实施的非法搜查案

（一）重大案件

1. 五次以上或者一次对五人（户）以上非法搜查的；
2. 引起被搜查人精神失常的。

（二）特大案件

1. 七次以上或者一次对七人（户）以上非法搜查的；
2. 引起被搜查人自杀的。

**2.** 最高人民检察院《关于渎职侵权犯罪案件立案标准的规定》（2006年7月26日 高检发释字〔2006〕2号）（节录）

二、国家机关工作人员利用职权实施的侵犯公民人身权利、民主权利犯罪案件

（二）国家机关工作人员利用职权实施的非法搜查案（第二百四十五条）

非法搜查罪是指非法搜查他人身体、住宅的行为。

国家机关工作人员利用职权非法搜查，涉嫌下列情形之一的，应予立案：

1. 非法搜查他人身体、住宅，并实施殴打、侮辱等行为的；
2. 非法搜查，情节严重，导致被搜查人或者其近亲属自杀、自残造成重伤、死亡，或者精神失常的；
3. 非法搜查，造成财物严重损坏的；
4. 非法搜查3人（户）次以上的；
5. 司法工作人员对明知是与涉嫌犯罪无关的人身、住宅非法搜查的；
6. 其他非法搜查应予追究刑事责任的情形。

三、附则

（二）本规定所称"以上"包括本数；有关犯罪数额"不满"，是指已达到该数额百分之八十以上的。

（三）本规定中的"国家机关工作人员"，是指在国家机关中从事公务的人员，包括在

各级国家权力机关、行政机关、司法机关和军事机关中从事公务的人员。在依照法律、法规规定行使国家行政管理职权的组织中从事公务的人员，或者在受国家机关委托代表国家行使职权的组织中从事公务的人员，或者虽未列入国家机关人员编制但在国家机关中从事公务的人员，在代表国家机关行使职权时，视为国家机关工作人员。在乡（镇）以上中国共产党机关、人民政协机关中从事公务的人员，视为国家机关工作人员。

### 法律法规

**1.《中华人民共和国宪法（2004年修正）》**（1982年12月4日）（节录）

第三十九条　中华人民共和国公民的住宅不受侵犯。禁止非法搜查或者非法侵入公民的住宅。

**2.《中华人民共和国人民警察法》**（1995年2月28日）（节录）

第二十二条　人民警察不得有下列行为：

（五）非法剥夺、限制他人人身自由，非法搜查他人的身体、物品、住所或者场所；

第四十八条（第一款）　人民警察有本法第二十二条所列行为之一的，应当给予行政处分；构成犯罪的，依法追究刑事责任。

# 十三、非法侵入住宅罪

## 148. 非法侵入住宅罪中"住宅"的法律含义是什么？

所谓住宅，只能是供人们居住、生活的场所。对于住宅的认定，应注意以下几点：一是公民有居住的意思，客观上是供日常生活所使用的场所。二是住宅不仅包括一般意义的住房本身，住房周围的围墙内部的院落也属于住宅的组成部分。三是住宅不要求是永久性的居住场所，临时性的居住场所也可以认定为住宅。至于居住者对住宅有无所有权，是借住还是租住，均不影响住宅的性质，只要是公民合法居住的场所，都应视为住宅。另外，从所有权的划分上，可分为公有住宅和私有住宅。

## 149. 司法实践中如何正确认定非法侵入住宅的行为？

非法侵入住宅罪在客观方面表现为实施了非法侵入他人住宅的行为。这就要求侵入他人住宅的行为首先应当是非法的。所谓非法，是指不经住宅主人同意而又没有法律根据，或者不依法定程序的强行侵入。一般表现为两种情况：一是没有正当理由不经主人允许，甚至不顾主人的阻止，非法闯入他人住宅，影响他人生活安宁。这是以作为的方式实施的非法侵入住宅犯罪。另一种是，行为人进入住宅是经过主人同意的，但在住宅主人要求其退出时，无理取闹，拒不退出。这是以不作为的方式实施的非法侵入。在认定非法侵入他人住宅时，还应当注意如下几个问题：一是在住宅居住者对行为人的进入行为存在不同意见时，即有人同意有人反对时，进入者的行为能否以非法侵入住宅罪惩处？有学者指出，在这种情况下，应综合各种因素考察行为人进入住宅的行为是否侵害了住宅的安宁。二是进入什么范围才能视为侵入住宅？笔者认为，对这一问题，不可一概而论，应区别住宅的情况，具体对待。一般来讲，在住宅有限定墙，自成院落的情况下，进入院墙以内就应视为进入了住宅范围。没有院墙的，一般可以住室为范围。而在住宅为公寓式高层楼房时，应以各户的居室为住宅范围。三是非法侵入住宅构成犯罪，是否在时间长短上有所要求。对于这一问题，刑法条文没作要求。但是，这并不意味着一旦进入他人住宅，即可构成犯罪。对于侵入他人住宅时间较短即自动退出，或者住宅主人要求其退出后立即退出的，一般不构成犯罪。

## 150. 在司法实践中，非法侵入他人住宅的行为常常与其他犯罪结合在一起，应该怎样进行处罚？

在司法实践中，非法侵入他人住宅的行为常常与其他犯罪结合在一起，如侵入他人住宅后进行盗窃、强奸、杀人、抢劫等犯罪活动。在这种情况下，非法侵入他人住宅只是为了实现另一犯罪目的，或者只是实施其他犯罪的必经步骤。因此，在实践中只按照行为人旨在实施的主要犯罪定罪量刑，其非法侵入他人住宅的行为就为盗窃、强奸、杀人、抢劫等行为所吸收，只定盗窃罪、强奸罪、杀人罪或者抢劫罪，不实行数罪并罚。在一般情况下，构成非法侵入住宅罪的仅限于那些非法侵入他人住宅，严重妨碍他人的居住与生活安宁而又不构成另外犯罪的行为。

### 典型疑难案件参考

**乔秀云非法侵入他人住宅案**

**基本案情**

2002年6月21日早8时许，被告人乔秀云带着其儿媳张利红及同村村民阴艳花、乔建春等人，到附带民事诉讼原告人李爱枝家中，找李的丈夫赵文彪要账。乔秀云发现赵文彪不在家后，即向李爱枝要账，用沙发堵住门，不让李外出，并动手将李爱枝打伤。在李爱枝强烈要求其退出的情况下，乔秀云仍守候在李爱枝家中拒不退出，致使李爱枝无法正常生活。直至6月24日上午，在荥阳市京城办事处负责人及京城路派出所工作人员的劝说下，被告人乔秀云才离开现场。后经荥阳市公安局法医鉴定，被害人李爱枝的损伤程度为轻微伤。李爱枝受伤后在荥阳市人民医院住院治疗，花去医疗费、鉴定费等费用共计734.3元。

### 诉辩情况

河南省荥阳市人民检察院以被告人乔秀云犯非法侵入住宅罪向荥阳市人民法院提起公诉。

被告人乔秀云辩称：她去李爱枝家是为了要账，其行为不构成犯罪。其辩护人提出：乔秀云的行为事出有因，情节轻微，请求对她从轻处罚。

### 裁判结果

荥阳市人民法院经公开审理认为：被告人乔秀云进入李爱枝的住宅后，为要账与李爱枝发生纠纷，乔秀云不让李爱枝外出，并将李打成轻微伤，李爱枝再三要求其退出而拒不退出，其行为已构成非法侵入住宅罪，应予惩处，其给附带民事诉讼原告人李爱枝造成的经济损失应予赔偿。该院依照《中华人民共和国刑法》第245条第1款、第36条第1款、《中华人民共和国民法通则》第119条的规定，于2003年5月7日作出如下判决：

一、被告人乔秀云犯非法侵入住宅罪，判处有期徒刑8个月；

二、被告人乔秀云赔偿附带民事诉讼原告人李爱枝医疗费、鉴定费等经济损失734.3元。

### 裁判理由

荥阳市人民法院经审理认为：本案中的被告人乔秀云因被害人李爱枝的丈夫赵文彪欠她的钱，便带领其儿媳等人去赵文彪家要账，这本是维护自己合法权益的行为。但被告人与被害人发生争执后，被告人依仗人多势众，不让李外出，还动手将李打成轻微伤，使矛盾升级。在李爱枝强烈要求其退出住宅的情况下，被告人仍守候在李爱枝家中拒不退出，后在政府工作人员和派出所工作人员的再三劝说下才离开了李爱枝的家，时间长达3天之久。被告人的行为严重妨碍了李爱枝及其家人的居住和生活安宁，其行为已构成非法侵入住宅罪。如果被告人到李爱枝家中要账，即便是矛盾激化将李爱枝打成轻微伤，但在李爱枝强烈要求其退出住宅时能及时退出的话，被告人的行为只能认定为一般违法行为，不构成犯罪。正是因为被告人的要账行为发展到打人最后又升级到赖在被害人家里3天不走等情节较为严重的地步，给被害人及其家人的居住与生活安宁带来了非常严重的影响，其行为才由一般违法转化为犯罪。因此，荥阳市人民检察院指控被告人乔秀云的犯罪事实清楚，罪名成立，予以支持。附带民事诉讼原告人李爱枝的诉讼请求合理部分予以支持。被告人乔秀云以其行为是要账不构成犯罪的辩解理由不能成立，不予采纳。辩护人以本案事出有因、情节轻微请求从轻处罚的辩护理由部分成立，予以采纳。

## 151. 行为人非法侵入被害人家中，以自杀方式威胁被害人，且持刀伤及被害人，但故意杀人罪证据不足的，能否以非法侵入住宅罪论处？

在上述情形下，行为人的行为可以以非法侵入住宅罪论处。如果全案证据不足以表明行为人具有杀人故意并实施杀人行为的，综合行为人非法侵入他人住宅的犯罪情节，可以依照非法侵入住宅罪处理。对行为人非法侵入住宅罪的认定应注意以下几个方面：首先，非法侵入住宅罪侵犯的对象是他人居住的住宅。住宅，是指供人居住的场所。包括经常居住的住宅和不经常居住的别墅，也包括营业性的旅馆、饭店、招待所等供人租住的客房。渔民家居的船只，也视为住宅。非供人居住的办公室、仓库、剧场、车间等不是住宅，不属本罪侵害的对象。所谓他人住宅，是指行为人以外的其他人的住宅。这里的"他人"，既可以是住宅所有权人即主人，也可以是住宅的承租人、借用人，还可以是宾馆、招待所客房居住的客人。非法侵入尚未分配、出售或出租、无人居住的住房，是民事侵权行为，不构成本罪。其次，非法侵入住宅罪在客观方面表现为实施了非法侵入他人住宅的行为。"非法"，是指不经住宅主人同意而又没有法律根据，或者不依法定程序的强行侵入。即侵入者无权又无正当理由"如果有正当理由进入他人住宅或滞留在他人住宅不退出，不得谓为非法。例如，司法工作人员依法进入他人住宅进行搜查、逮捕、拘留、查封或扣押财物等职务行为的，不能认为是非法侵入住宅。"侵入"、包括两种情况：其一，未经住宅主人允许，不顾主人的反对、劝告或阻拦，强行进入他人住宅；其二，进入住宅时主人并不反对，但主人要求行为人退出时行为人不肯退出，就拒不退出的侵入而言，行为人虽是经住宅主人同意或默许进入的，但住宅

> 主人既已要求退出，仍滞留在内不肯退出，实质上和未经许可强行侵入的行为没有区别。可见，行为人非法侵入被害人家中，以自杀方式威胁被害人，且持刀伤及被害人，严重危害了他人的住宅安全，符合非法侵入住宅罪犯罪构成。在无法证明行为人构成其他更严重罪行的情况下，可以非法侵入住宅罪论处。

## 典型疑难案件参考

### 宋辉非法侵入他人住宅行凶自杀案

#### 基本案情

被告人宋辉经人介绍与吴亚楠相识并订下婚约，后吴以宋有"羊角风"病为由，提出解除婚约，为此宋心中不满。2004年7月9日11时许，宋辉闯入吴亚楠屋内，吴以婚约已解除为由，赶宋辉离开其家。宋即将携带的农药"敌敌畏"喝下，又用一把尖刀刺扎吴亚楠，吴极力挣脱跑出院外昏倒，宋辉也因药效发作而倒在院内。后二人均被送往医院救治。吴亚楠手、胳膊、胸、腿等多处被扎伤，法医鉴定为轻微伤。

#### 一审诉辩情况

河南省商丘市睢县人民检察院指控被告人宋辉犯故意杀人罪，向睢县人民法院提起诉讼。

#### 一审裁判结果

睢县人民法院审理确认事实，依照《中华人民共和国刑法》第232条、第23条之规定，判决如下：被告人宋辉犯故意杀人罪，判处有期徒刑4年。

#### 一审裁判理由

睢县人民法院审理后认为：被告人宋辉因女友吴亚楠提出解除婚约，在女友住宅内喝药自杀，并动刀行凶杀人，其行为构成故意杀人罪。鉴于被告人宋辉犯罪未遂，事后其家人又与被害人达成了民事赔偿协议，故可对其减轻处罚。

#### 二审诉辩情况

一审宣判后，被告人宋辉以原判认定其犯故意杀人罪的证据不足，自己不是故意杀人等为由上诉到商丘市中级人民法院。

辩护人认为原审定罪错误,应判决宋辉无罪。

### 二审裁判结果

商丘市中级人民法院经审理查明事实,认为:上诉人及其辩护人关于宋辉不构成故意杀人罪的理由虽然成立,但认为无罪的理由不能成立。原判认定事实清楚,审判程序合法,但定罪和量刑不当,应予纠正。据此判决:撤销一审判决,上诉人宋辉犯非法侵入他人住宅罪,判处有期徒刑1年6个月。

### 二审裁判理由

商丘市中级人民法院审理后认为:上诉人宋辉因婚恋纠纷,擅自闯入他人家中喝药自尽并持刀行凶的事实清楚,但原审认定宋辉持刀行凶的行为是故意杀人的证据不足。理由是:(1)上诉人宋辉归案后仅有一次供述称其到被害人家中的目的是为了与被害人"同归于尽",但未对"同归于尽"的含义作正确的理解和解释;(2)如果宋辉是蓄意杀人,应事先准备刀具,但宋辉辩称吴亚楠见其喝药从床下拿把尖刀赶他走。关于该刀的来源,宋、吴各执一词,没有证据证明该刀就是宋辉事先准备的;(3)伤情检验被害人所受损伤多为刀划伤,所伤部位也不是致命部位,受伤程度仅为轻微伤,而宋辉所持的凶器系锋利的锐器,如果宋有杀人的故意,作案时足以伤及要害部位致对方死亡。综上所述,原判认定上诉人宋辉犯故意杀人罪缺乏事实和法律依据。但上诉人宋辉在未得到被害人及其家人许可的情况下,擅自携带农药闯入被害人家中,被害人令其退出而拒不退出,又以喝药自尽的方式威胁被害人与其恢复恋爱关系,且持刀伤及被害人身体,其行为严重侵害了他人的住宅安全,已构成非法侵入他人住宅罪。

### 152. 非法侵入住宅的主观罪过如何认定?

非法侵入住宅罪的主观方面是故意,即行为人明知自己侵入他人住宅或者不退出他人住宅违反了居住人的意志,会侵犯他人居住的安宁权,但是仍然故意侵入或者拒不退出的主观心理态度。行为人误入他人住宅,在他人要求退出后即退出的,不构成本罪。但是行为人误入他人住宅,在他人要求其退出,仍拒不退出的,应认定其具有非法侵入住宅罪的主观罪过。

## 典型疑难案件参考

袁忠祥非法侵入住宅案（河南省尉氏县人民法院刑事判决书〔2011〕尉刑初字第 395 号）

### 基本案情

2010 年 5 月 6 日凌晨 0 时许，被告人袁忠祥酒后非法进入××镇××村留守妇女杨××家，经杨××要求其退出后仍不听劝阻且拒绝退出，后杨××从屋内出来后与其发生厮打，经鉴定杨××的伤情为轻微伤。2011 年 7 月 25 日被告人袁忠祥到公安机关投案自首。在××镇××村村委会的主持调解下，被告人袁忠祥与杨××于 2011 年 8 月 8 日达成协议，一次性赔偿杨××人民币 5000 元。

### 诉辩情况

尉氏县人民检察院指控认为：被告人袁忠祥非法侵入他人住宅，严重妨碍他人的居住和生活安宁，其行为已触犯《中华人民共和国刑法》第 245 条的规定，犯罪事实清楚，证据确实充分，应当以非法侵入住宅罪追究其刑事责任。

被告人袁忠祥辩解：对指控犯罪没有异议，但本人在案发后投案自首，且已与杨××达成协议，赔偿其人民币 5000 元，取得其谅解，请求从轻处罚。

### 裁判结果

审理法院依照《中华人民共和国刑法》第 245 条、第 67 条第 1 款、第 72 条第 1 款之规定，判决如下：被告人袁忠祥犯非法侵入住宅罪，判处有期徒刑 1 年，缓刑 1 年。

### 裁判理由

法院经审理认为：被告人袁忠祥非法侵入他人住宅，严重妨碍了他人的居住和生活安宁，其行为已构成非法侵入他人住宅罪，检察机关指控罪名成立，予以支持。被告人袁忠祥案发后主动投案自首，积极赔偿被害人经济损失，可从轻处罚。适用缓刑不致再危害社会，可以适用缓刑。

### 153. 非法侵入住宅罪的客观行为表现有哪些？

非法侵入住宅罪的客观行为表现是没有合法根据进入他人住宅或者要求其退出没有合法根据拒不退出住宅，侵犯他人住宅安

> 宁权的行为。在客观方面认定上,首先要注意行为人进入他人住宅或者不退出他人住宅是没有合法根据。所谓"非法"是指未经行为人同意,或者没有法律根据,或者不依照法定程序进入。侵入他人住宅行为方式主要包括两种:一是未经许可,积极主动侵入他人住宅;另一种是先前有合法根据进入他人住宅,但是合法根据消除后,仍然不按照居住人意思及时退出。

### 典型疑难案件参考

曹梦华等非法侵入住宅案(平顶山市湛河区人民法院刑事判决书〔2011〕湛刑初字第62号)

#### 基本案情

2010年12月6日晚19时左右,被告人曹梦华指示被告人郭晓明找人将李新生家大门敲开,郭晓明伙同刘银定和张涛等十几人冒充公安民警强行闯入李一某住宅处,在李新生亲属要求其退出时拒不退出。曹梦华对李新生及其亲属进行威胁、辱骂、殴打,李新生的哥哥李一某面部被打伤,经法医鉴定为轻微伤。

另查明,被告人曹梦华亲属主动赔偿被害人李一某、李新生及其母亲张秀荣各项经济损失5万元,被告人郭晓明亲属主动赔偿被害人李一某、李新生及其母亲张秀荣各项经济损失8000元,被害人李一某、李新生及其母亲张秀荣请求法院对被告人曹梦华、郭晓明从轻处罚。

#### 诉辩情况

检察机关指控认为:被告人曹梦华、郭晓明非法强行进入他人住宅,拒不退出,并辱骂殴打他人,其行为已触犯《中华人民共和国刑法》第245条、第25条第1款之规定,构成非法侵入住宅罪。

被告人曹梦华及其辩护人对检察机关指控的基本犯罪事实和罪名无异议,其辩护人同时辩称:被告人曹梦华是初犯、偶犯,可以从轻处罚。

被告人郭晓明及其辩护人对检察机关指控的基本犯罪事实和罪名无异议,其辩护人同时辩称:被告人郭晓明是从犯,见曹梦华打人还制止,是偶犯、初犯,愿意赔偿被害人,应从轻处罚。

**裁判结果**

审理法院根据被告人曹梦华、郭晓明犯罪的事实、犯罪的性质、情节和对于社会的危害程度,依照《中华人民共和国刑法》第245条第1款、第25条第1款、第27条之规定,判决如下:被告人曹梦华犯非法侵入住宅罪,判处拘役4个月。被告人郭晓明犯非法侵入住宅罪,判处拘役3个月。

**裁判理由**

法院经审理认为:被告人曹梦华、郭晓明伙同他人非法强行进入他人住宅,拒不退出,并辱骂殴打他人,其行为已构成非法侵入住宅罪。检察机关指控被告人曹梦华、郭晓明犯非法侵入住宅罪,事实清楚,证据确实充分,指控罪名成立。被告人曹梦华、郭晓明的亲属积极赔偿被害人经济损失,被告人曹梦华、郭晓明能够悔罪,故可以酌情从轻处罚。被告人郭晓明在犯罪中起次要作用,依法应当从轻处罚。

## 非法侵入住宅罪办案依据集成

### 刑法条文

**第二百四十五条** 【非法搜查罪,非法侵入住宅罪】非法搜查他人身体、住宅,或者非法侵入他人住宅的,处三年以下有期徒刑或者拘役。

司法工作人员滥用职权,犯前款罪的,从重处罚。

### 立案标准

**1. 最高人民检察院《人民检察院直接受理立案侦查的渎职侵权重特大案件标准(试行)》(2002年1月1日 高检发〔2001〕13号)(节录)**

三十五、国家机关工作人员利用职权实施的非法搜查案

(一)重大案件

1. 五次以上或者一次对五人(户)以上非法搜查的;
2. 引起被搜查人精神失常的。

(二)特大案件

1. 七次以上或者一次对七人(户)以上非法搜查的;
2. 引起被搜查人自杀的。

**2. 最高人民检察院《关于渎职侵权犯罪案件立案标准的规定》(2006年7月26日高检发释字〔2006〕2号)(节录)**

二、国家机关工作人员利用职权实施的侵犯公民人身权利、民主权利犯罪案件

(二)国家机关工作人员利用职权实施的非法搜查案(第二百四十五条)

非法搜查罪是指非法搜查他人身体、住宅的行为。

国家机关工作人员利用职权非法搜查,涉嫌下列情形之一的,应予立案:

1. 非法搜查他人身体、住宅,并实施殴打、侮辱等行为的;
2. 非法搜查,情节严重,导致被搜查人或者其近亲属自杀、自残造成重伤、死亡,或者精神失常的;
3. 非法搜查,造成财物严重损坏的;
4. 非法搜查3人(户)次以上的;
5. 司法工作人员对明知是与涉嫌犯罪无关的人身、住宅非法搜查的;
6. 其他非法搜查应予追究刑事责任的情形。

三、附则

(二)本规定所称"以上"包括本数;有关犯罪数额"不满",是指已达到该数额百分之八十以上的。

（三）本规定中的"国家机关工作人员"，是指在国家机关中从事公务的人员，包括在各级国家权力机关、行政机关、司法机关和军事机关中从事公务的人员。在依照法律、法规规定行使国家行政管理职权的组织中从事公务的人员，或者在受国家机关委托代表国家行使职权的组织中从事公务的人员，或者虽未列入国家机关人员编制但在国家机关中从事公务的人员，在代表国家机关行使职权时，视为国家机关工作人员。在乡（镇）以上中国共产党机关、人民政协机关中从事公务的人员，视为国家机关工作人员。

### 法律法规

**1.《中华人民共和国宪法（2004年修正）》**（1982年12月4日）（节录）

第三十九条　中华人民共和国公民的住宅不受侵犯。禁止非法搜查或者非法侵入公民的住宅。

**2.《中华人民共和国人民警察法》**（1995年2月28日）（节录）

第二十二条　人民警察不得有下列行为：

（五）非法剥夺、限制他人人身自由，非法搜查他人的身体、物品、住所或者场所；

第四十八条（第一款）　人民警察有本法第二十二条所列行为之一的，应当给予行政处分；构成犯罪的，依法追究刑事责任。

# 十四、侮 辱 罪

**154. 司法实践中如何区分侮辱罪的罪与非罪?**

侮辱罪,是指使用暴力或者以其他方法,公然贬损他人人格,破坏他人名誉,情节严重的行为。本罪侵犯的客体是他人的人格尊严和名誉权。人格尊严权和名誉权是公民的基本人身权利。本罪的犯罪对象,只能是自然人,而非单位。侮辱法人以及其他团体、组织,不构成侮辱罪。本罪侵犯的客体是他人的人格尊严和名誉权。人格尊严权和名誉权是公民的基本人身权利。《宪法》第38条规定:"中华人民共和国公民的人格尊严不受侵犯。禁止用任何方法对公民进行侮辱、诽谤和诬告陷害。"所谓人格尊严,是指公民基于自己所处的社会环境、地位、声望、工作环境、家庭关系等各种客观条件而对自己或他人的人格价值和社会价值的认识和尊重。所谓名誉,是指公民在社会生活中所获得的名望声誉,是一个公民的品德、才干、信誉等在社会生活中所获得的社会评价。所谓名誉权,是指以名誉的维护和安全为内容的人格权。本罪在客观方面表现以暴力或其他方法公然贬损他人人格、破坏他人名誉,情节严重的行为。首先,侮辱他人行为的主要手段有:(1)暴力侮辱人身,这里所讲的暴力,仅指作为侮辱的手段而言。例如以粪便泼人,以墨涂人,强剪头发,强迫他人做有辱人格的动作等,而不是指殴打、伤害身体健康的暴力。如果行为人有伤害他人身体健康的故意和行为,则应以伤害罪论处。(2)采用言语进行侮辱,即用恶毒刻薄的语言对被害人进行嘲笑、辱骂,使其当众出丑,难以忍受,如口头散布被害人的生活隐私、生理缺陷等。(3)文字侮辱,即以大字报、小字报、图画、漫画、信件、书刊或者其他公开的文字等方式泄漏他人隐私,诋毁他人人格,破坏他人名誉。其次,侮辱行为必须公然进行。所谓"公然"侮辱,是指当着第三者甚至众人的面,或者利用可以使不特定人或多数人听到、看到的方式，对他人进行侮辱。公然并不一定要求被害人在场。如果仅仅面对着被害人进行侮辱，没有第三者在场，也不可能被第三者知悉，则不构成侮辱罪。因为只有第三者在场，才能使被害人的外部名誉受到破坏。再次，侮辱对象必须是特定的人。特定的人既可以是一人，也可以是数人，但必须是具体的，可以确认的。在大庭广众之中进行无特定对象的谩骂，不构成侮辱罪。死者不能成为本罪的侮辱对象，但如果行为人表面上侮辱死者，实际上是侮辱死者家属的，则应认定为侮辱罪。最后，必须达到情节严重的程度才能构成本罪。公然侮辱他人的行为还必须达到情节严重的程度才能构成本罪。虽有公然侮辱他人的行为，但不属于情节严重，只属于一般的民事侵权行为。所谓情节严重，主要是指手段恶劣，后果严重等情形，如强令被害人当众爬过自己的跨下；当众撕光被害人衣服；给被害人抹黑脸、挂破鞋、带绿帽强拉游街示众；当众胁迫被害人吞食或向其身上泼洒粪便等污秽之物；胁迫被害人与尸体进行接吻、手淫等猥亵行为；因公然侮辱他人致其精神失常或者自杀身亡；多次侮辱他人，使其人格、名誉受到极大损害；对执行公务的人员、妇女甚至外宾进行侮辱，造成恶劣的影响；等等。本罪主体是一般主体，凡达到刑事责任年龄且具有刑事责任能力的自然人均能构成本罪。国家机关、企事业单位、社会团体不构成本罪主体。本罪在主观方面表现为直接故意，并且具有贬损他人人格、破坏他人名誉的目的。例如，在以下案件中，虽然被告人与自诉人因为民事纠纷而引发争执并有互相拉扯行为，但被告人并没有公然侮辱他人的犯罪故意，不宜认定为侮辱罪。

## 典型疑难案件参考

### 史振帮、叶菊桂被控侮辱宣告无罪案

**基本案情**

自2003年开始，史振帮在铺前圩农贸市场经营白粿生意的摊位多次被他人用人粪便涂污。2004年4月1日至6日连续多次被人用人粪便涂污。为抓

获实施行为人，2004年4月7日晚20时许，两被告人到市场自家的摊位附近分头守候（当夜市场内没有任何灯光），约至22时15分，自诉人李荣手拿一个黑色小袋从家中步行至农贸市场，途经农贸市场成衣行、猪肉行，到达史振帮的白粿摊位后，将黑袋中的人粪便撒涂在摊位的坐凳和摊位上。此时守候在附近的被告人史振帮立即上前抓住李荣的头发，并叫喊其妻子叶菊桂上前帮忙抓自诉人李荣，自诉人李荣见状，为逃脱极力拼命挣扎，被告人史振帮在抓住自诉人李荣后，便打电话报警。这时闻讯赶来的叶菊桂与史振帮合力抓住李荣不放，被史振帮、叶菊桂抓住的李也用手抓住叶菊桂的衣服，双方相互拉扯互不松手。叶、李两人在拉扯过程中，李荣的上衣被撕破脱落，上身裸露，蹲在史振帮的摊位旁背对人群，叶菊桂上衣破裂，史、叶、李3人的身上均涂有人粪便。案发当时，附近有10几名群众听到吵闹声赶来现场围观。文昌市公安局铺前派出所在接警后，立即出警前往案发现场驱散围观者，并要求双方回家冲洗后到派出所接受处理。案发后，史、叶、李的身体均有不同程度的损伤，经文昌市公安局法医鉴定，史、叶、李的损伤均达不到轻微伤的标准。

**诉辩情况**

自诉人认为：两被告人在公共场所以暴力殴打、撕扯妇女衣物，使其裸露身体，并涂抹粪便公然侮辱他人人格，后果严重、社会影响非常恶劣，给被害人身心造成巨大伤害，其行为已触犯了《中华人民共和国刑法》第246条的规定，构成侮辱罪。自诉人根据《中华人民共和国刑事诉讼法》第77条、第170条之规定，依法提起刑事附带民事诉讼，请求人民法院依法追究两被告人刑事责任，并赔偿自诉人经济损失2000元。

被告人史振帮、叶菊桂答辩：（1）被告人主观上没有侮辱李荣的故意，客观上没有实施侮辱行为，不符合侮辱罪的犯罪构成要件，被告人不构成侮辱罪。（2）李荣提出赔偿其经济损失2000元缺乏事实根据和法律依据。被告人没有造成李荣的经济损失，故无须承担赔偿责任。因此，请求法院驳回李荣的诉讼请求。

辩护人的辩护意见：（1）自诉人李荣2004年4月7日与被告人史振帮、叶菊桂双方拉扯撕打而撕破李荣的衣服致使其裸露上身的行为，史振帮、叶菊桂主观上不存在公然侮辱故意的事实。（2）本案被告人史振帮、叶菊桂主观上不存在侮辱李荣的故意，并且没有以贬低李荣人格，破坏他人名誉的目的。辩护人认为：自诉人李荣诉被告人史振帮、叶菊桂犯侮辱罪罪名不成立，请求法院依法宣告两被告人无罪。

**裁判结果**

海南省文昌市人民法院依照《中华人民刑事诉讼法》第 162 条第 3 款之规定，作出如下判决：
一、被告人史振帮无罪；
二、被告人叶菊桂无罪；
三、驳回自诉人李荣的诉讼请求。

**裁判理由**

海南省文昌市人民法院根据上述事实和证据认为：自诉人李荣以被告人史振帮、叶菊桂在公共场所暴力殴打，撕破其衣服，使其裸露上身，并将人粪便涂抹其身上，公然侮辱她的人格，后果严重，给自诉人的身心造成巨大伤害为由，主张以侮辱罪追究两被告人的刑事责任，并赔偿自诉人的经济损失人民币 2000 元。本罪的犯罪构成表现为公然以暴力或其他方法、贬低，损害他人人格尊严的行为。在本案中，自诉人李荣在用人粪便涂污两被告人的摊位时，被正在该处附近守候的两被告人当场抓住，两被告人在抓住自诉人李荣后，自诉人李荣极力反抗，双方在相互拉扯的过程中，自诉人李荣的上衣服被撕破，上身裸露，被告人叶菊桂的上衣服也破裂，史振帮、叶菊桂、李荣 3 人的身体上均涂有人粪便，并有不同程度的损伤。经文昌市公安局法医鉴定：3 人的损伤均达不到轻微伤的标准。因此，虽然自诉人李荣的衣服被撕破脱落，使其上身裸露，但这是因双方在相互拉扯时致使衣服脱落，非两被告人为损害自诉人的人格尊严故意造成，故对自诉人李荣控告被告人史振帮、叶菊桂犯侮辱罪。证据不足，缺乏事实依据，控告其罪名不成立，本院不予支持。对两被告人的辩解及辩护人的辩护意见，理由充分，予以采信。

**155. 如何认定侮辱罪的主观方面？**

侮辱罪是故意犯罪，其犯罪故意是指行为人明知自己的行为具有严重败坏他人名誉的属性，会破坏他人的名誉，希望或者放任危害结果发生的主观心态。侮辱罪可能处于寻求刺激、报复泄愤等多种犯罪动机，但犯罪动机并非本罪的构成要件。侮辱罪侵犯的犯罪客体是公民的名誉权利，所以侮辱行为是否构成犯罪，首先取决于行为人主观上是否具有败坏他人名誉的故意。行为人虽然认识到自己的行为可能具有败坏他人名誉的属性，但主观上

> 并没有追求或放任此种结果的意思的,则不具备侮辱罪的犯罪故意。行为人是否具有败坏他人名誉的故意,应以事情的起因、经过、后果等各种客观事实出发,综合分析认定。例如,在民间邻里纠纷中,行为人出于泄愤而对他人的无理谩骂并不必然推定行为人具有侮辱他人的故意,关键要看行为人是否通过此种谩骂行为,降低被谩骂人人格,毁坏被谩骂人名誉的故意。

## 典型疑难案件参考

### 段会芬等被控侮辱宣告无罪案

**基本案情**

2005年11月4日,张琼华因自家地里的小瓜被偷的事,在其大姐杨琼英家门前咒骂偷瓜人。在附近闲坐的张丽江、段会芬搭话,为此,双方争执几句后,张琼华离开。2005年11月6日11时许,段会芬见张琼华背着玉米路过其晒玉米的地方,就骂张琼华,张琼华也回骂,后段会芬跟在张琼华的后面,两人边走边吵,当走到李世良家门口时,段会芬拉了一下张琼华背的背篓上面的口袋,玉米翻在地上,张琼华就捡起一包玉米砸段会芬,张丽江看见后,就与张琼华边吵边撕扯起来,在撕扯时,张琼华拉过张丽江的头发,张琼华的衣服被张丽江撕破,二人被他人劝止后,还发现张琼华左眼内眦有表皮剥脱伤,经鉴定构成轻微伤。当晚21时许,张琼华自服农药抢救无效死亡。事后为处理好丧事,段会芬、张丽江支付了现金人民币2000元给自诉方。

**一审诉辩情况**

自诉人暨附带民事诉讼原告人诉称:被害人张琼华因遭二被告人辱骂,伤透了心,想起儿子的去世,现又被辱骂、殴打,受到极大的刺痛,在家中无人的情况下服用了农药,于当晚9时许送医院抢救无效死亡。张琼华是因不堪二被告人的暴力殴打和言辞侮辱而自杀的,且后果特别严重,二被告人的行为已构成侮辱罪,故要求追究被告人段会芬、张丽江的刑事责任,同时判令二被告人连带赔偿各项经济损失89177.16元。其诉讼代理人杨建文认为:被告人段会芬、张丽江的行为已经构成侮辱罪,应追究二被告人的刑事责任,同时判决二被告人连带赔偿因侮辱行为给自诉方造成的经济损失89177.60元。

被告人的答辩及其辩护人的辩护意见:被告人段会芬辩解称,自诉方所述不是事实,当天我没有说过诉状上所说的骂人的话,也没有打过张琼华,只是拉扯着。辩护人提出：（1）被告人段会芬没有实施侮辱行为，不构成侮辱罪，建议宣告段会芬无罪。（2）张琼华的死亡是其自己剥夺自己的生命，段会芬根本不能预见争吵和撕扯就会导致张琼华自杀，故自诉人方要求段会芬承担民事赔偿责任无事实根据和法律依据，建议驳回自诉人民事部分的诉讼请求。被告人张丽江辩解称：诉状上所述不是事实，我没有对她拳打脚踢，也没有骂人，我的行为不构成侮辱罪，民事部分也不同意赔偿。

### 一审裁判结果

云南省元江县人民法院依照《中华人民共和国刑事诉讼法》第162条第2项、《中华人民共和国民法通则》第106条第2款、第130条、第131条之规定，作出如下判决：

一、被告人段会芬、张丽江无罪；

二、由段会芬、张丽江连带赔偿5自诉人经济损失人民币5000元（含已支付的2000元）。

### 一审裁判理由

云南省元江县人民法院根据上述事实和证据认为：被告人段会芬、张丽江与张琼华为因小瓜被偷一事多次发生争吵，相互谩骂脏话，最后双方发生撕扯的事实是成立的；但二被告人在主观方面不具有侮辱张琼华的故意，在客观方面未实施公然贬损张琼华人格，破坏张琼华名誉的情节严重的行为，故本案不具备侮辱罪的法律特征，自诉人周士录、周丽芳、周段艳、张绍兴、李粉珍控诉被告人段会芬、张丽江犯侮辱罪的事实及罪名不成立，不予支持。二被告人提出的辩解除张丽江称其没有骂人的辩解不成立，不予采信外，其余辩解予以采信。被告人段会芬的辩护人提出不存在侮辱行为的辩护意见及张丽江提出的其行为不构成侮辱罪的辩解成立，予以采纳。被告人段会芬、张丽江为因琐事且是在张琼华未指明是张丽江偷瓜的情况下扩大事态，多次与张琼华发生争吵，甚至与张琼华发生撕扯行为，张琼华的死，虽非其直接行为所致，但不能排除与之无任何因果联系，故二被告人对张琼华的死应承担一定的民事责任。5自诉人要求二被告人共同赔偿的诉讼请求，酌情予以支持；但要求2被告人承担因张琼华死亡所造成的全部经济损失的诉讼请求，无事实及法律依据，不予支持。

### 二审诉辩情况

上诉人（原审自诉人）上诉提出：一审认定事实有误，现有证据充分证实二原审被告人的行为符合侮辱罪的构成要件，应依法追究二原审被告人的刑事责任，民事上至少承担上诉人50%的赔偿责任。

原审被告人段会芬、张丽江答辩：原审审判程序合法，认定事实清楚，适用法律准确，应驳回上诉人的上诉，维持原判。

▶ 二审裁判结果 ◀

云南省玉溪市中级人民法院依照《中华人民共和国刑事诉讼法》第189条第1项的规定，作出如下裁定：驳回上诉，维持原判。

▶ 二审裁判理由 ◀

玉溪市中级人民法院根据上述事实和证据认为：原审四自诉人控诉张丽江、段会芬犯侮辱罪，现有证据只能证实张丽江、段会芬与张琼华因琐事发生过争吵，相互谩骂并撕扯的事实，不能证实张丽江、段会芬主观上有侮辱张琼华的故意，客观上实施了公然贬损张琼华人格、破坏张琼华名誉的情节严重的行为，故张丽江、段会芬的行为不符合侮辱罪的构成要件，原审法院依法宣告张丽江、段会芬无罪符合法律之规定，应予维持。但张琼华的死虽与张丽江、段会芬争吵无直接的因果关系，但不能排除与之无任何联系，故张丽江、段会芬对张琼华的死应承担一定的民事责任，原审法院由此对民事部分所作的处理并无不当。故上诉人的上诉理由不予支持。

> **156. 如何认定侮辱罪的情节严重？**
>
> 行为人侮辱他人能否构成侮辱罪，除了判断一般构成要件外，还要判断是否达到情节严重。只有侮辱他人，情节严重的才构成犯罪。侮辱罪的情节严重，一般从行为人实施侮辱行为的方式手段是否卑劣，侮辱行为造成后果是否严重，例如造成被害人自杀的，应当认定为情节严重。对于侮辱他人，情节不严重的，应当作为侵犯名誉权的民事侵权行为处理。

▼ 典型疑难案件参考 ▼

范树观等侮辱案（广东省广州市中级人民法院刑事附带民事判决书〔2006〕穗中法刑一终字第575号）

▶ 基本案情 ◀

自诉人暨附带民事诉讼原告人叶桂春与被告人范树观、张丽琴均是增城市派潭镇背阴村范屋社的村民,两家是近邻,被告人张丽琴是被告人范树观的儿媳妇。自诉人叶桂春与被告人范树观及其家人的关系素来不和,双方时常因生活中的琐碎小事发生争吵。特别是2001年11月5日,被告人范树观的儿子范伯苗将自诉人叶桂春的儿子范飞强打致轻伤,范飞强未能得到赔偿。为此事,两家人的矛盾不断加深,自诉人叶桂春经常对被告人范树观及其家人以唱山歌等方式进行辱骂,引致双方多次对骂和打架。2004年8月18日和2005年2月3日,自诉人叶桂春因为以唱山歌方式辱骂被告人范树观及其家人而分别被公安机关行政拘留15天。被告人范树观及其家人为逃避自诉人叶桂春多年的随意辱骂,为避免与自诉人叶桂春发生更大的矛盾和冲突,现已全家离开家园迁移到荔城等地居住。自诉人叶桂春在诉状中列举其被两被告人侮辱的具体事实查明如下:

2004年2月20日上午10时许,自诉人叶桂春见到被告人张丽琴哼着小调从家中出来,自诉人叶桂春认为被告人张丽琴在嘲笑她,于是即对被告人张丽琴进行辱骂,骂被告人张丽琴是"无儿无女的孤头婆"等,被告人张丽琴大声喝令其不要骂,再骂就用尿水泼她,但自诉人叶桂春仍然在骂,被告人张丽琴即回家用桶装了尿水泼向她,后双方扭打在一起,致自诉人叶桂春的头部及右手掌受伤(经法医鉴定属轻微伤),被告人张丽琴也因此被公安机关行政拘留15天。

2004年6月28日早上,自诉人叶桂春用唱山歌方式在村中谩骂被告人范树观及其家人时,被被告人范树观打了两巴掌(经法医鉴定为轻微伤),被告人范树观也因此被公安机关行政拘留15天。

2004年12月18日8时许,自诉人叶桂春在自家的门口唱山歌谩骂被告人范树观时,刚好被告人范树观挑着一担尿水经过,自诉人叶桂春便跟着被告人范树观边走边骂,被告人范树观在愤怒之下便用挑着的尿泼向自诉人叶桂春。

2004年12月18日16时许,自诉人叶桂春看见被告人张丽琴在本村温屋社与他人在打麻将时,便以唱山歌的方式辱骂被告人张丽琴是"孤头婆、鸡婆"等,被告人张丽琴便与其对骂,后自诉人叶桂春和其儿子一起与被告人张丽琴发生推打,致双方受伤,被告人张丽琴的伤情经法医鉴定为轻微伤。

2005年1月13日上午,自诉人叶桂春在村中又以唱山歌方式辱骂被告人范树观,被告人范树观用尿水泼在自诉人叶桂春身上。被告人范树观因此事和2004年12月18日用尿泼自诉人叶桂春一事,于2005年2月3日被公安机关行政拘留15天。

▶ 一审诉辩情况

自诉人认为被告人行为构成侮辱罪,请求人民法院依法追究其刑事法律责任。

被告人认为自己的行为不构成犯罪,请求人民法院驳回自诉人请求。

### 一审裁判结果

一审法院依照《中华人民共和国刑法》第13条和《中华人民共和国民法通则》第119条、最高人民法院《关于刑事附带民事诉讼范围问题的规定》第1条第2款、最高人民法院《关于执行〈中华人民共和国刑事诉讼法〉若干问题的解释》第205条的规定,作出判决:

一、被告人范树观无罪;

二、被告人张丽琴无罪;

三、被告人范树观应赔偿自诉人暨附带民事诉讼原告人叶桂春的医药费18.63元;

四、被告人张丽琴应赔偿自诉人暨附带民事诉讼原告人叶桂春的医药费629元;

五、驳回自诉人暨附带民事诉讼原告人叶桂春的其他诉讼请求。

### 一审裁判理由

一审法院判决认为:自诉人暨附带民事诉讼原告人叶桂春控告被告人范树观、张丽琴犯侮辱罪的事实中列举了于2001年12月5日,被告人范树观的家人闯入其家中,强行将其拖到村边,将其头部按入臭水沟中喝臭水,并将其衣服撕烂的事实,因被告人范树观、张丽琴并没有参与此事,因此,自诉人叶桂春控告两被告人的上述侮辱事实不成立,不予支持。自诉人叶桂春还控告在某天的晚上,其在自家的门口与被告人范树观发生争执,之后被告人范树观突然将屎尿泼到其身上和2004年某日,被告人范树观与其在本村禾场附近发生争执,之后被告人范树观用屎尿反复泼到其身上的事实,因自诉人没有提供相关的依据佐证上述控告的事实,不予支持。自诉人叶桂春还控告被告人范树观于2004年6月28日,在与其发生争执过程中,被告人范树观用力打了其两个耳光,之后又用鞋底打了其脸部和头部致伤;以及控告被告人张丽琴于2004年12月18日,在与其发生争执过程中,被告人张丽琴将其推倒在地上,并用砖块、拖鞋殴打其受伤的事实,因上列的两宗事实均是自诉人叶桂春与被告人范树观、张丽琴发生争执、打架的事实,不存在侮辱行为,且自诉人叶桂春当时的伤情只是轻微伤,未达到构成犯罪的条件。因此,自诉人叶桂春控告两被告人的上述侮辱事实不成立,不予支持。另自诉人叶桂春控告被告人张丽琴于2004年2月20日,与其发生口角后,将尿泼到其身上的事实;和控告被告人范树观于 2004 年 12 月 18 日上午，与其发生争执后，用尿泼她的事实，以及于 2005 年 1 月 13 日上午，被告人范树观在与其再次发生争执后，范树观又用尿泼她的事实。经查，被告人张丽琴、范树观均是被自诉人先以唱山歌方式辱骂并制止不了的情况下，才用尿泼自诉人的行为，由于自诉人叶桂春先辱骂他人，有过错在先，而且被告人范树观及其家人为逃避自诉人叶桂春多年的随意辱骂，为避免与自诉人叶桂春发生更大的矛盾和冲突，现已全家离开家园迁移到荔城等地居住。两被告人的上述侮辱行为未造成严重后果，未达到情节严重的犯罪构成要件，故两被告人的行为均不构成侮辱罪。此外，两被告人的上述侮辱行为已分别由公安机关作了给予行政拘留 15 天的处罚。因此，自诉人暨附带民事诉讼原人叶桂春控告被告人范树观、张丽琴犯侮辱罪的依据不足，控告的罪名不成立。

### 二审诉辩情况

上诉人（原审自诉人暨附带民事诉讼原告人）叶桂春上诉称：一审判决认定事实和适用法律有错，原审被告人范树观、张丽琴多次向上诉人泼屎尿，公然侮辱上诉人，手段极其恶劣，情节极其严重，给上诉人的身体及精神带来极大的伤害，依法应当追究原审被告人的刑事责任。要求责令原审被告人赔礼道歉、赔偿医疗费 2000 元、精神损失费 3000 元。

被上诉人张丽琴的辩护人认为张丽琴的行为不构成侮辱罪。

### 二审裁判结果

二审法院依照《中华人民共和国刑法》第 13 条，《中华人民共和国民法通则》第 119 条、第 120 条第 1 款及最高人民法院《关于确定民事侵权精神损害赔偿责任若干问题的解释》第 8 条，《中华人民共和国刑事诉讼法》第 189 条第 1 项及最高人民法院《关于执行〈中华人民共和国刑事诉讼法〉若干问题的解释》第 205 条，《中华人民共和国民事诉讼法》第 153 条第 1 项、第 2 项的规定，判决如下：

一、维持广东省增城市人民法院〔2005〕增法刑初字第 784 号刑事附带民事判决书之第一、二、三、四项判决；

二、撤销广东省增城市人民法院〔2005〕增法刑初字第 784 号刑事附带民事判决书之第五项判决；

三、被上诉人范树观、张丽琴应向上诉人叶桂春赔礼道歉，并赔偿上诉人叶桂春精神抚慰金人民币 1500 元（该款在判决发生法律效力后的第二天起 10 日内付清）。

### 二审裁判理由

法院生效判决认为：关于上诉人叶桂春提出原判认定事实中遗漏了2004年农历11月初的一单侮辱的事实。经查，虽然上诉人在起诉状上提出了有两单没有具体时间，原审被告人范树观对其实施了泼屎尿的行为，但由于其没有提交相关的证据印证该事实，原审被告人范树观在公安机关所作的询问笔录中，虽然有作过曾泼上诉人3次屎尿的供述，但是具体的时间、地点对不上，认定该事实的证据不充分，原判不作认定是正确的，本院予以支持。

关于上诉人叶桂春提出原判将打耳光、用拖鞋打脸等侮辱行为定性为故意伤害不当的意见。经查，原判认定原审被告人范树观在2004年6月28日打了上诉人叶桂春两巴掌，经法医鉴定为轻微伤。区分故意伤害罪与侮辱罪的关键在于行为人主观目的是为了达到败坏他人名誉而公然贬低他人人格，还是故意伤害他人的身体。从本案看，由于上诉人叶桂春以唱山歌的方式侮骂原审被告人范树观，激起原审被告人的愤怒，进而动手大力打了上诉人两巴掌，直接造成上诉人轻微伤的后果，其主观上只是为了不让上诉人继续侮骂，而非侮辱对方，达到破坏其名誉的目的，其伤害他人身体的故意明显，原判定性准确，鉴于造成上诉人轻微伤，未达到法定的起刑点，故不予追究其刑事责任，符合法律规定。上诉人的意见无理，本院不予采纳。

关于上诉人叶桂春提出由于原审被告人的行为造成很大的精神创伤，以致患上躁狂症的意见。经查，上诉人于2004年12月27日所作精神疾病鉴定的原因是在2003年下半年起，上诉人经常在镇党委、政府、派出所等处，以唱山歌的形式骂领导、干部，不听劝阻，增城市派潭派出所怀疑其有精神问题，遂委托鉴定。上诉人没有提供相关依据佐证上诉人患有无精神病性症状的躁狂症是因原审被告人泼尿等侮辱行为造成的。该意见依据不足，本院不予采纳。

关于本案原审被告人侮辱的行为是否达到情节严重的程度问题。经查，本案是因2001年11月5日原审被告人范树观的儿子范伯苗将上诉人叶桂春的儿子范飞强打致轻伤，范飞强未能得到赔偿，范伯强至2004年11月间才归案。两家为此不断加深矛盾。上诉人叶桂春对原审被告人范树观及其家人以唱山歌等方式进行侮骂，其有过错在先，虽然原审被告人范树观、张丽琴采用泼尿水制止上诉人叶桂春的侮骂，其泼尿水的侮辱性行为是违背社会主义公德的，具有一定的违法性，但考虑原审被告人因其侮辱性的行为已被行政处罚，且原审被告人范树观及其家人已全家迁移到增城市荔城等地居住，未造成严重的社会后果，未达到法律规定的构成要件，因此，原审被告人的行为不构成犯罪。上诉人叶桂春提出原审被告人的侮辱行为已达到情节严重的意见依据不足,本院不予采纳。

关于上诉人叶桂春提出医疗费、精神损失费赔偿的意见。经查,原判已根据上诉人提交的医药费单据进行核查,确定两原审被告人所承担的赔偿金额,本院予以支持。根据刑事附带民事赔偿的立法精神,刑事附带民事案件不受理精神赔偿是考虑到行为人已被判处刑罚,使得被害人在精神上得到了一定的抚慰,故不再做精神赔偿。但本案被上诉人的行为未达到犯罪的起刑标准,不构成犯罪,而客观上对上诉人叶桂春的精神造成一定的损害,被上诉人应对其民事侵权行为承担精神赔偿责任,原判适用法律不当,本院予以纠正,但精神损害的赔偿数额应根据被上诉人在本案中的过错程度、侵害的手段及场合、后果等因素酌情判处。

综上所述,二审法院认为,被上诉人范树观、张丽琴故意伤害的行为因情节轻微,未构成故意伤害罪。被上诉人范树观、张丽琴侮辱的行为没有造成严重的社会后果,未达到情节严重,不构成侮辱罪。被上诉人范树观、张丽琴应对其民事侵权行为承担赔偿责任。原审判决认定事实清楚,证据充分,审判程序合法。唯对民事赔偿部分适用法律不当,应予改判。

# 侮辱罪办案依据集成

## 刑法条文

**第二百四十六条** 【侮辱罪，诽谤罪】以暴力或者其他方法公然侮辱他人或者捏造事实诽谤他人，情节严重的，处三年以下有期徒刑、拘役、管制或者剥夺政治权利。

前款罪，告诉的才处理，但是严重危害社会秩序和国家利益的除外。

## 司法解释

**1. 最高人民法院《关于审理非法出版物刑事案件具体应用法律若干问题的解释》（1998年12月23日 法释〔1998〕30号）（节录）**

第六条 在出版物中公然侮辱他人或者捏造事实诽谤他人，情节严重的，依照刑法第二百四十六条的规定，分别以侮辱罪或者诽谤罪定罪处罚。

**2. 最高人民法院、最高人民检察院《关于办理组织和利用邪教组织犯罪案件具体应用法律若干问题的解释（二）》（2001年6月11日 法释〔2001〕19号）（节录）**

第三条 制作、传播邪教宣传品，公然侮辱他人或者捏造事实诽谤他人的，依照刑法第二百四十六条的规定，以侮辱罪或者诽谤罪定罪处罚。

第四条 制作、传播的邪教宣传品具有煽动分裂国家、破坏国家统一，煽动颠覆国家政权、推翻社会主义制度，侮辱、诽谤他人，严重危害社会秩序和国家利益，或者破坏国家法律、行政法规实施等内容，其行为同时触犯刑法第一百零三条第二款、第一百零五条第二款、第二百四十六条、第三百条第一款等规定的，依照处罚较重的规定定罪处罚。

第十三条 本规定下列用语的含义是：

（一）"宣传品"，是指传单、标语、喷图、图片、书籍、报刊、录音带、录像带、光盘及其母盘或者其他有宣传作用的物品。

（二）"制作"，是指编写、印制、复制、绘画、出版、录制、摄制、洗印等行为。

（三）"传播"，是指散发、张贴、邮寄、上载、播放以及发送电子信息等行为。

**3. 最高人民法院、最高人民检察院、公安部、司法部《关于依法惩治拐卖妇女儿童犯罪的意见》（2010年3月15日）（节录）**

五、定性

20. 明知是被拐卖的妇女、儿童而收买，具有下列情形之一的，以收买被拐卖的妇女、儿童罪论处；同时构成其他犯罪的，依照数罪并罚的规定处罚：

（3）非法剥夺、限制被收买妇女、儿童的人身自由，情节严重，或者对被收买妇女、儿童有强奸、伤害、侮辱、虐待等行为的；

七、一罪与数罪

25. 拐卖妇女、儿童,又对被拐卖的妇女、儿童实施故意杀害、伤害、猥亵、侮辱等行为,构成其他犯罪的,依照数罪并罚的规定处罚。

八、刑罚适用

28. 拐卖妇女、儿童,并对被拐卖的妇女、儿童实施故意杀害、伤害、猥亵、侮辱等行为,数罪并罚决定执行的刑罚应当依法体现从严。

### 其他办案依据

**公安部《关于严格依法办理侮辱诽谤案件的通知》**(2009年4月3日 公通字〔2009〕16号)

各省、自治区、直辖市公安厅、局,新疆生产建设兵团公安局:

多年来,各级公安机关依照《刑法》、《治安管理处罚法》的有关规定,查处了一批侮辱、诽谤案件,为保护公民的人格尊严和名誉,维护社会治安秩序作出了贡献。但是,少数地方公安机关在办理侮辱、诽谤案件过程中,不能严格、准确依法办案,引起了新闻媒体和社会各界的广泛关注,产生了不良的社会影响,损害了公安机关形象和执法公信力。为严格依法办理侮辱、诽谤案件,规范执法行为,提高办案质量,保护公民合法权益,现就有关问题通知如下:

一、切实提高对严格依法办理侮辱、诽谤案件重要意义的认识。一些地方公安机关不能正确办理侮辱、诽谤案件,直接原因是对有关法律理解不当、定性不准,深层次的原因是对新形势下人民内部矛盾缺乏清醒的认识。各级公安机关要清醒地认识到,随着国家民主法制建设的不断推进,人民群众的法制意识和政治参与意识不断增强,一些群众从不同角度提出批评、建议,是行使民主权利的表现。部分群众对一些社会消极现象发牢骚、吐怨气,甚至发表一些偏激言论,在所难免。如果将群众的批评、牢骚以及一些偏激言论视作侮辱、诽谤,使用刑罚或治安处罚的方式解决,不仅于法无据,而且可能激化矛盾,甚至被别有用心的人利用,借机攻击我国的社会制度和司法制度,影响党和政府的形象。各级公安机关要从维护社会和谐稳定的大局出发,深刻认识严格准确、依法办理好侮辱、诽谤案件的重要意义,始终坚持党的事业至上、人民利益至上、宪法法律至上,按照"最大限度地增加和谐因素,最大限度地减少不和谐因素"的要求,切实做到严格、公正、文明执法,努力化解矛盾,避免因执法不当而引发新的不安定因素。

二、准确把握侮辱、诽谤公诉案件的管辖范围及基本要件。根据《刑法》第二百四十六条的规定,侮辱、诽谤案件一般属于自诉案件,应当由公民个人自行向人民法院提起诉讼,只有侮辱、诽谤行为"严重危害社会秩序和国家利益"时,公安机关才能按照公诉程序立案侦查。公安机关在依照公诉程序办理侮辱、诽谤刑事案件时,必须准确把握犯罪构成要件。对于不具备"严重危害社会秩序和国家利益"这一基本要件的,公安机关不得作为公诉案件管辖。对于具有下列情形之一的侮辱、诽谤行为,应当认定为"严重危害社会秩序和国家利益",以侮辱罪、诽谤罪立案侦查,作为公诉案件办理:(一)因侮辱、诽谤行为导致群体性事件,严重影响社会秩序的;(二)因侮辱、诽谤外交使节、来访的外国国家元首、政府首脑等人员,造成恶劣国际影响的;(三)因侮辱、诽谤行为给国家利益造成严重危害的其他情形。公安机关在接到公民对侮辱、诽谤行为的报案、控告或者举报后,首先要认真审查,判明是否属于公安机关管辖。对于符合上述情形,但通过公诉可能对国家利益和国家形象造成更大损害的,可以通过其他方式予以处理。对于经过审查认为不属于上述情形但涉嫌犯罪的侮辱、诽谤案件,公安机关应当问明情况,制作笔录,并将案件材料移交有管辖权的人民法院,同时向当事人说明此类案件依照法律规定属于自诉案件,不属公安机关管辖,告知其到人民法院自行提起诉讼。公安机关在立案前的审查过程中,不得对有关人员和财产采取强制性措施。对于不构成犯罪但违反《治安管理处罚法》的,要通过治安调解,最大限度地化解矛盾和纠纷;对于调解不成的,应依法给予治安管理处罚。公安机关在办理侮辱、诽谤案件时,要深入细致,辨法析理,努力争取让违法犯罪行为人和被侵害人心悦诚服地接受处理结果,化消极因素为积极因素,取得法律效果和社会效果的统一。

三、切实加强对办理侮辱、诽谤案件的执法监督。对于侮辱、诽谤案件,公安机关经过审查,认为具有严重危害社会秩序和国家利益的情形,需要追究刑事责任的,应当报经上一级公安机关同意后立案侦查;立案后需要采取强制措施的,应当在采取强制措施前报经上一级公安机关同意。对于可能引起较大社会影响的侮辱、诽谤治安案件,在作出行政拘留处罚决定前,应当报经上一级公安机关同意。对于不按照规定报告上级公安机关,或者不服从上级公安机关命令,违反规定对应当自诉的和不构成犯罪的侮辱、诽谤案件立案侦查的,要严肃追究有关责任人员和主管人员的相应责任。

四、高度重视办理侮辱、诽谤案件的舆论引导。公安机关办理侮辱、诽谤案件,在准确把握法律界限,严格依法办案的同时,要保持高度的政治敏感性。对可能引起社会炒作的,要提前做好应对准备。舆论引导要注意把握好时机,信息发布要做到准确、权威,避免引发不安定因素,影响案件正确处理。

各地接到本通知后,要认真贯彻落实,并立即向党委、政府汇报,争取党委、政府的理解和支持。执行中遇到的问题,请及时报部。

### 法律法规

**1.《中华人民共和国宪法(2004年修正)》**(1982年12月4日)(节录)

第三十八条 中华人民共和国公民的人格尊严不受侵犯。禁止用任何方法对公民进行侮辱、诽谤和诬告陷害。

**2.《中华人民共和国教师法(2009年修正)》**(1994年1月1日)(节录)

第三十五条 侮辱、殴打教师的,根据不同情况,分别给予行政处分或者行政处罚;造成损害的,责令赔偿损失;情节严重,构成犯罪的,依法追究刑事责任。

第三十七条 教师有下列情形之一的,由所在学校、其他教育机构或者教育行政部门给予行政处分或者解聘:

(三)品行不良、侮辱学生,影响恶劣的。

教师有前款第（二）项、第（三）项所列情形之一，情节严重，构成犯罪的，依法追究刑事责任。

**3.《中华人民共和国老年人权益保障法（2009年修正）》**（1996年10月1日）（节录）

第三十九条　妇女的名誉权和人格尊严受法律保护。禁止用侮辱、诽谤、宣扬隐私等方式损害妇女的名誉和人格。

第四十六条　以暴力或者其他方法公然侮辱老年人、捏造事实诽谤老年人或者虐待老年人，情节较轻的，依照治安管理处罚条例的有关规定处罚；构成犯罪的，依法追究刑事责任。

第五十二条（第二款）　以暴力或者其他方法公然侮辱残疾人，情节严重的，依照刑法第一百四十五条的规定追究刑事责任；情节较轻的，依照治安管理处罚条例第二十二条的规定处罚。

**4. 全国人大常委会《关于维护互联网安全的决定》**（2000年12月28日）（节录）

四、为了保护个人、法人和其他组织的人身、财产等合法权利，对有下列行为之一，构成犯罪的，依照刑法有关规定追究刑事责任：

（一）利用互联网侮辱他人或者捏造事实诽谤他人；

# 十五、诽谤罪

## 157. 怎样认定诽谤罪的对象？

诽谤罪的犯罪客体是公民的名誉人格，其犯罪对象依现行刑法规定是公民，而不包括对国家机关、法人、非法人社会组织、社会团体。具体来说，诽谤行为必须是针对特定的人进行的，但不一定要指名道姓，只要从诽谤的内容上知道被害人是谁，就可以构成诽谤罪。如果行为人散布的事实没有特定的对象，从其所散布的内容也无法推断出指向某个特定的公民，也就不可能贬损某人的人格、名誉，不能以诽谤罪论处。

## 158. 判定行为人的行为是否属于情节严重的行为？

对于"情节严重"，一般理解为是手段恶劣，后果严重等的情形。关于手段恶劣，即散布诽谤内容的手段，一种是言语散布；另一种是用文字散布，即用大字报、小字报、图画或者互联网络传播等方法散布。手段恶劣，一般认为是行为人为了达到使诽谤内容传播得广，使被诽谤人受打击大而采用的手段，例如在聚众集会的公共场所张贴大字报的方式诽谤他人。关于后果严重，如造成被诽谤人自杀、精神失常、失去生活工作能力、神情恍惚而发生意外事故等，应可认定为后果严重。总之，所谓情节严重，主要是指多次捏造事实诽谤他人的；捏造事实造成他人人格、名誉严重损害的；捏造事实诽谤他人造成恶劣影响的；诽谤他人致其精神失常或导致被害人自杀的等情况。

### 典型疑难案件参考

王怀友、罗才俊、阮殿奎、李兴阳诽谤案

#### 基本案情

被告人王怀友、罗才俊、阮殿奎、李兴阳因对各自上访问题未得到满意的解决，便对县委、政府产生不满。2003年3月15日，4人在罗才俊家商议书写"大"、"小"字报张贴辱骂县委、政府领导人。由阮殿奎、李兴阳买来红纸和毛笔，4被告人共同编造内容后由王怀友执笔书写，分别辱骂县委领导人员赵海仙、周维彬、锁飞、撒兴乖、何升灿、马吉林等人。书写了5张"大字报"、1张"小字报"，并由罗才俊、阮殿奎将"小字报"拿到复印店复印了10张，原稿销毁。当晚22时许，被告人阮殿奎、王怀友、罗才俊骑摩托车到昭通市区张贴，在毛主席广场贴了两张"大字报"、两张"小字报"，在市政府门口墙上贴了一张"小字报"，体育馆张贴了一张"大字报"、两张"小字报"；然后3人骑摩托车返回鲁甸县城，在县政府、县委大门外、县法院门外等处分别张贴了"大小字报"。3人共贴了5张"大字报"和7张"小字报"，除张贴于县政府门口黑板上的一张"大字报"被文屏派出所巡逻民警撕毁未提取外，张贴出去的"大"、"小"字报均被公安人员及时提取。

#### 一审诉辩情况

云南省鲁甸县人民检察院指控称：4被告人捏造虚假事实，书写"大字报"及"小字报"进行张贴扩散，诽谤他人，其行为均已触犯《中华人民共和国刑法》第246条之规定，应以诽谤罪追究4被告人的刑事责任。

4被告人均认为其行为只是违法，且未造成严重的社会影响，不构成诽谤罪；同时认为本案系自诉案件，不应由检察院向法院提起公诉。

罗才俊的辩护人认为：罗才俊被公安人员打伤一直未得到合理解决，本案事出有因，且"大"、"小"字报被公安及时提取未造成大面积的扩散，情节不严重，虽违法但不犯罪；且本案中涉及的领导人未起诉，不应作为公诉案件向法院起诉。

被告人李兴阳的辩护人认为李兴阳与王怀友、罗才俊、阮殿奎不属共同犯罪，李兴阳所说的内容王怀友并未写在"大"、"小"字报上，更谈不上进行扩散，也未参与其他人张贴"大"、"小"字报，李兴阳的行为不构成诽谤罪；同时本案未严重危害社会秩序和国家利益，应属自诉案件，不应以公诉案件向法院起诉。

### 一审裁判结果

一审法院云南省鲁甸县人民法院依照《中华人民共和国刑法》第246条、第27条之规定，作出如下判决：

一、被告人王怀友犯诽谤罪，判处拘役3个月；
二、被告人罗才俊犯诽谤罪，判处管制6个月；
三、被告人阮殿奎犯诽谤罪，判处管制6个月；
四、被告人李兴阳犯诽谤罪，免予刑事处罚。

### 一审裁判理由

云南省鲁甸县人民法院经公开审理认为：关于被告人提出自己的行为不构成诽谤罪，只是行政违法行为的辩解意见。经查，4被告人在上访诉求得不到满足的情况下，商议采用张贴大小字报的方式意图损毁他人名誉。4被告人明知道自己的行为会给被害人的名誉造成损害，希望这种危害结果发生，并实际实施了共同的贬低他人人格的行为。因此，其共同行为构成了诽谤罪，对于被告人提出其行为只是违法行为，而非犯罪行为的辩解不予采纳。4被告人采用捏造虚假事实书写"大"、"小"字报这种恶劣的方法，选择昭通市区及鲁甸县城人员密集的公共场所进行张贴散布诽谤他人政治名誉，4被告人的行为属于情节严重。综上所述，4被告人属共同犯罪，其行为均已构成诽谤罪。故4被告人及辩护人认为4被告人无罪的辩护意见，不予采纳。在此共同犯罪过程中，被告人王怀友实施了捏造虚假事实，亲笔书写"大"、"小"字报并张贴的行为，是本案主犯；被告人罗才俊、阮殿奎实施了共同捏造虚假事实及张贴"大"、"小"字报的行为，作用较积极；被告人李兴阳实施了参与准备书写工具及捏造虚假事实的行为，作用较小，是本案从犯。被告人李兴阳的辩护人认为本案不属共同犯罪的辩护意见与查明事实不符，不予采信。另外，在处理本案时还必须考虑以下因素：一是4被告人的行为虽已构成诽谤罪，但因发现及时未造成大面积的扩散；二是被告人王怀友悔罪态度好，家中尚有几个未成年孩子无人照管；三是被告人罗才俊、阮殿奎均身患较严重的疾病不宜关押；四是被告人李兴阳系从犯，情节轻微危害不大。总体上应对4被告人从轻处罚。

### 二审诉辩情况

上诉人罗才俊（原审被告人）上诉称其行为不构成诽谤罪；上诉人李兴阳上诉称其不与另外3个原审被告人构成共同犯罪，不构成诽谤罪。

### 二审裁判结果

云南省昭通市中级人民法院经审理查明的事实和证据与一审法院查明的事实和证据相同。云南省昭通市中级人民法院依照《中华人民共和国刑事诉讼法》第189条第1项之规定，裁定如下：驳回上诉，维持原判。

### 二审裁判理由

云南省昭通市中级人民法院根据审理查明的事实和证据认为：原审被告人王某、罗某、阮某、李某捏造事实，书写"大、小"字报辱骂他人并张贴散布于公共场所，其行为均构成诽谤罪。原审被告人罗某、李某所提上诉理由，同审理查明的事实证据柑障，应予驳回。原判定罪准确，量刑适当，审判程序合法，应予维持。

---

**159. 侮辱罪与诽谤罪如何进行区分？**

侮辱罪与诽谤罪的区别如下：首先，诽谤罪是以捏造并散布虚假的事实来损害他人的名誉；侮辱罪不存在捏造事实的行为。其次，诽谤罪是通过口头或文字等表现的内容来实施实行行为，侮辱罪除了可以通过文字内容实施外，还可以通过特定动作来实施。最后，诽谤罪是通过捏造并散布虚假事实实施，一般没有暴力手段内容；侮辱罪则可能通过暴力强制手段实施。

---

### 典型疑难案件参考

张正耀等诽谤案（河南省郑州市金水区人民法院刑事判决书〔2004〕金刑初字第935号）

### 基本案情

2002年7月上旬，山西省农工委干部周秀宝给被告人张汝泉寄来一封信，信后附有一篇题为《党的十六大和中国马克思主义者的战斗任务——关于召开党的十六大几个重要问题的严正声明》的煽动性文章。该文恶意诽谤原国家领导人×××。文章中写到"×××总书记在'七一'讲话中，举起反革命修正主义叛党黑旗，×××是死不悔改的机会主义的总书记，是要依靠手中的军权和枪杆子，来维持和确保自己作为党中央及全党的领导核心地位不变，继续实行×××那样的垂帘听政,在全党全国人民面前暴露他机会主义叛徒的丑恶嘴脸,绝不允许在中国共产党和社会主义的历史上再出现第二'西太后'"等内容。

被告人张汝泉将该文章交给被告人张正耀,被告人张正耀和其妻葛黎英(另案处理)看过后,即预谋给更多的人看。2002年7月7日,葛黎英携该文章到"中原通信印刷厂"联系印刷。后以1000元的价格商定印制6000份,次日取货。因该印刷厂及时举报至中原公安分局三官庙派出所,2002年7月8日上午,葛黎英如约到该厂取货时被当场抓获。被告人张正耀为此于2002年7月9日被刑事拘留。

2004年9月初,被告人张正耀与其妻葛黎英两人预谋从互联网上下载文章,准备在9月9日借纪念×××逝世28周年之际进行散发。因没有找到需要的文章,两人便商议找被告人张汝泉撰写文章。被告人张正耀找到并将其想法告诉了被告人张汝泉,二人商量了该文章的主要内容。2004年9月6日晚6时许,被告人张汝泉打电话通知被告人张正耀文章已写出,即《×××——我们永远的领袖》,署名"宋梅",后将该文C盘送至被告人张正耀家,葛黎英随即于9月7日上午10时54分将该文以"影子"的网名张贴在"×××旗帜网站"的"旗帜论坛"上。11时01分又将该文章下载存入c盘,制造"从网上下载"的假象。2004年9月7日晨,被告人张正耀将该文复印件和100元钱交给王占清(另案处理),让王占清联系印刷2000份;当日下午4时许,被告人张正耀召集王占清、王景春等人到郑州市京广北路38号楼对该文进行讨论、修改,并商议9月9日散发该文的行动计划。2004年9月8日下午,王占清从郑州市中原区恒利印刷厂取回印制成传单形式的文章《×××——我们永远的领袖》2000份,将其中的大部分交给被告人张正耀。次日上午8时许,在郑州市金水区原河南省博物馆×××塑像前,被告人张正耀借纪念×××逝世28周年之名,将该传单在人群中大量散发,造成大批群众围聚,后被当场抓获。经查《×××——我们永远的领袖》一文中,具有捏造"×××篡夺国家政权,对×××及其事业疯狂发泄刻骨仇恨,对×××极尽攻击、中伤和污蔑之能,继续干着当年×××所干的勾当以及"邓江之流",代表帝国主义、资产阶级腐朽势力的利益,"小丑""等内容和措辞。

▶ **诉辩情况**

郑州市金水区人民检察院指控认定被告人张正耀、张汝泉之行为触犯了《中华人民共和国刑法》第246条第1款、第2款之规定构成诽谤罪。应当以诽谤罪追究刑事责任。

被告人张正耀辩称：自己行为是合法的，只是向悼念×××的人员散发，没有向广大群众散发，文章的观点来自×××理论，不是捏造的。其辩护人提出的辩护意见是：张正耀的行为不构成诽谤罪。(1)被告人张正耀在主观上并没有诽谤他人的故意。(2)被告人张正耀在客观上没有捏造虚构的事实诽谤他人。该文章在内容上涉及×××、×××执政方针、路线问题，但仅仅是一个普通公民在世界观、社会观的不同看法而已。(3)对于检察机关指控被告人张正耀借纪念×××逝世28周年之机散发传单300余份事实不清，各证据之间相互矛盾。(4)即使被告人张正耀的行为构成诽谤罪，诽谤罪是告诉才处理案件，适用公诉程序不当。

被告人张汝泉辩称：自己的行为不构成诽谤罪。文章中的所有观点都来自×××无产阶级专政下继续革命的理论，没有故意捏造任何事实去诽谤×××、×××。写文章的目的是为了纪念×××逝世28周年。其辩护人提出的辩护意见是：(1)本案属于自诉案件，检察机关程序违法。(2)被告人张汝泉的行为不符合诽谤罪的构成要件。文章只是一种思想观点，不是捏造事实，不构成犯罪。(3)被告人张汝泉没有散发行为，主观上没有诽谤的故意。(4)被告人张汝泉没有散发行为，也不知张正耀散发。(5)已死亡之人和团体不能构成诽谤罪的客体犯罪对象。

### 裁判结果

审理法院依照《中华人民共和国刑法》第246条、第25条第1款、第26条第1款、第4款之规定，判决如下：被告人张正耀犯诽谤罪，判处有期徒刑3年。被告人张汝泉犯诽谤罪，判处有期徒刑3年。

### 裁判理由

法院经审理认为：被告人张正耀、张汝泉共同预谋，故意捏造事实并以文字形式在互联网上、人群中公然大肆散发，肆意贬损原国家领导人×××的人格，抵毁其名誉，其行为均已构成诽谤罪。检察机关指控两被告人的罪名成立。两被告人及其辩护人提出的被告人张正耀、张汝泉主观上没有诽谤他人的故意，客观上没有捏造行为，只是表达思想观点的方式而已。经查被告人张正耀、张汝泉明知文章的内容、措辞有损害他人人格、名誉的表述，却希望这种危害后果发生，其两人在主观上具有直接故意。在客观上置事实于不顾，凭空捏造事实，公然以传单形式在互联网上、人群中大肆散布，恶意贬损×××的人格和名誉，造成大量群众在本市繁华地段聚集，严重危害了社会秩序及国家利益。两被告人散发传单的内容和措辞并非是正当表达其思想观点的形式，

2002年被告人张正耀之妻葛黎英曾因准备散发诽谤文章，两被告人均被公安机关查处，其已明知散发传单的形式违法，却仍然为之，故对此辩护理由不予采纳。关于两被告人的辩护人提出该案不适用公诉程序的意见。经查，本案两被告人的行为严重危害社会秩序和国家利益，检察机关依法提起公诉符合法律规定。对此辩护理由本院不予采纳。对辩护人提出散发传单300余份不准确的意见。经查不影响本罪的成立，不予采纳。被告人张汝泉的辩护人辩称，张汝泉没有散发的行为，也不知被告人张正耀散发。经查，本案既有同案人张正耀供述已告知了张汝泉将在2004年9月9日在×××像前散发，且有被告人张汝泉本人供述及其爱人袁宗琪证明送去文章C盘让葛黎英上网用，足以证明被告人张汝泉已明知，故对其辩护意见不予采纳。对辩护人李小玲、段军剑提出的诽谤罪只能对在世的自然人实施的意见，本院予以采纳。综上所述，两被告人事先通谋在共同犯罪中，分工明确，行为积极，均为主犯，均应依法惩处。

# 诽谤罪办案依据集成

## 刑法条文

**第二百四十六条** 【侮辱罪，诽谤罪】以暴力或者其他方法公然侮辱他人或者捏造事实诽谤他人，情节严重的，处三年以下有期徒刑、拘役、管制或者剥夺政治权利。

前款罪，告诉的才处理，但是严重危害社会秩序和国家利益的除外。

## 司法解释

**1. 最高人民法院《关于审理非法出版物刑事案件具体应用法律若干问题的解释》（1998年12月23日法释〔1998〕30号）（节录）**

第六条 在出版物中公然侮辱他人或者捏造事实诽谤他人，情节严重的，依照刑法第二百四十六条的规定，分别以侮辱罪或者诽谤罪定罪处罚。

**2. 最高人民法院、最高人民检察院《关于办理组织和利用邪教组织犯罪案件具体应用法律若干问题的解释（二）》（2001年6月11日法释〔2001〕19号）（节录）**

第三条 制作、传播邪教宣传品，公然侮辱他人或者捏造事实诽谤他人的，依照刑法第二百四十六条的规定，以侮辱罪或者诽谤罪定罪处罚。

第四条 制作、传播的邪教宣传品具有煽动分裂国家、破坏国家统一，煽动颠覆国家政权、推翻社会主义制度，侮辱、诽谤他人，严重危害社会秩序和国家利益，或者破坏国家法律、行政法规实施等内容，其行为同时触犯刑法第一百零三条第二款、第一百零五条第二款、第二百四十六条、第三百条第一款等规定的，依照处罚较重的规定定罪处罚。

第十三条 本规定下列用语的含义是：

（一）"宣传品"，是指传单、标语、喷图、图片、书籍、报刊、录音带、录像带、光盘及其母盘或者其他有宣传作用的物品。

（二）"制作"，是指编写、印制、复制、绘画、出版、录制、摄制、洗印等行为。

（三）"传播"，是指散发、张贴、邮寄、上载、播放以及发送电子信息等行为。

**3. 最高人民法院、最高人民检察院、公安部、司法部《关于依法惩治拐卖妇女儿童犯罪的意见》（2010年3月15日）（节录）**

五、定性

20. 明知是被拐卖的妇女、儿童而收买，具有下列情形之一的，以收买被拐卖的妇女、儿童罪论处；同时构成其他犯罪的，依照数罪并罚的规定处罚：

（3）非法剥夺、限制被收买妇女、儿童的人身自由，情节严重，或者对被收买妇女、儿童有强奸、伤害、侮辱、虐待等行为的；

七、一罪与数罪

25. 拐卖妇女、儿童，又对被拐卖的妇女、儿童实施故意杀害、伤害、猥亵、侮辱等行为，构成其他犯罪的，依照数罪并罚的规定处罚。

八、刑罚适用

28. 拐卖妇女、儿童，并对被拐卖的妇女、儿童实施故意杀害、伤害、猥亵、侮辱等行为，数罪并罚决定执行的刑罚应当依法体现从严。

### 其他办案依据

**公安部《关于严格依法办理侮辱诽谤案件的通知》**（2009年4月3日　公通字〔2009〕16号）

各省、自治区、直辖市公安厅、局，新疆生产建设兵团公安局：

多年来，各级公安机关依照《刑法》、《治安管理处罚法》的有关规定，查处了一批侮辱、诽谤案件，为保护公民的人格尊严和名誉，维护社会治安秩序作出了贡献。但是，少数地方公安机关在办理侮辱、诽谤案件过程中，不能严格、准确依法办案，引起了新闻媒体和社会各界的广泛关注，产生了不良的社会影响，损害了公安机关形象和执法公信力。为严格依法办理侮辱、诽谤案件，规范执法行为，提高办案质量，保护公民合法权益，现就有关问题通知如下：

一、切实提高对严格依法办理侮辱、诽谤案件重要意义的认识。一些地方公安机关不能正确办理侮辱、诽谤案件，直接原因是对有关法律理解不当、定性不准，深层次的原因是对新形势下人民内部矛盾缺乏清醒的认识。各级公安机关要清醒地认识到，随着国家民主法制建设的不断推进，人民群众的法制意识和政治参与意识不断增强，一些群众从不同角度提出批评、建议，是行使民主权利的表现。部分群众对一些社会消极现象发牢骚、吐怨气，甚至发表一些偏激言论，在所难免。如果将群众的批评、牢骚以及一些偏激言论视作侮辱、诽谤，使用刑罚或治安处罚的方式解决，不仅于法无据，而且可能激化矛盾，甚至被别有用心的人利用，借机攻击我国的社会制度和司法制度，影响党和政府的形象。各级公安机关要从维护社会和谐稳定的大局出发，深刻认识严格准确、依法办理好侮辱、诽谤案件的重要意义，始终坚持党的事业至上、人民利益至上、宪法法律至上，按照"最大限度地增加和谐因素，最大限度地减少不和谐因素"的要求，切实做到严格、公正、文明执法，努力化解矛盾，避免因执法不当而引发新的不安定因素。

二、准确把握侮辱、诽谤公诉案件的管辖范围及基本要件。根据《刑法》第二百四十六条的规定，侮辱、诽谤案件一般属于自诉案件，应当由公民个人自行向人民法院提起诉讼，只有在侮辱、诽谤行为"严重危害社会秩序和国家利益"时，公安机关才能按照公诉程序立案侦查。公安机关在依照公诉程序办理侮辱、诽谤刑事案件时，必须准确把握犯罪构成要件。对于不具备"严重危害社会秩序和国家利益"这一基本要件的，公安机关不得作为公诉案件管辖。对于具有下列情形之一的侮辱、诽谤行为，应当认定为"严重危害社会秩序和国家利益"，以侮辱罪、诽谤罪立案侦查，作为公诉案件办理：（一）因侮辱、诽谤行为导致群体性事件，严重影响社会秩序的；（二）因侮辱、诽谤外交使节、来访的外国国家元首、政府首脑等人员，造成恶劣国际影响的；（三）因侮辱、诽谤行为给国家利益造成严重危害的其他情形。公安机关在接到公民对侮辱、诽谤行为的报案、控告或者举报后，首先要认真审查，判明是否属于公安机关管辖。对于符合上述情形，但通过公诉可能对国家利益和国家形象造成更大损害的，可以通过其他方式予以处理。对于经过审查认为不属于上述情形但涉嫌犯罪的侮辱、诽谤案件，公安机关应当问明情况，制作笔录，并将案件材料移交有管辖权的人民法院，同时向当事人说明此类案件依照法律规定属于自诉案件，不属公安机关管辖，告知其到人民法院自行提起诉讼。公安机关在立案前的审查过程中，不得对有关人员和财产采取强制性措施。对于不构成犯罪但违反《治安管理处罚法》的，要通过治安调解，最大限度地化解矛盾和纠纷；对于调解不成的，应依法给予治安管理处罚。公安机关在办理侮辱、诽谤案件时，要深入细致，辨法析理，努力争取让违法犯罪行为人和被侵害人心悦诚服地接受处理结果，化消极因素为积极因素，取得法律效果和社会效果的统一。

三、切实加强对办理侮辱、诽谤案件的执法监督。对于侮辱、诽谤案件，公安机关经过审查，认为具有严重危害社会秩序和国家利益的情形，需要追究刑事责任的，应当报经上一级公安机关同意后立案侦查；立案后需要采取强制措施的，应在采取强制措施前报经上一级公安机关同意。对于可能引起较大社会影响的侮辱、诽谤治安案件，在作出行政拘留处罚决定前，应当报经上一级公安机关同意。对于不按照规定报告上级公安机关，或者不服从上级公安机关命令，违反规定对应当自诉的和不构成犯罪的侮辱、诽谤案件立案侦查的，要严肃追究有关责任人员和主管人员的相应责任。

四、高度重视办理侮辱、诽谤案件的舆论引导。公安机关办理侮辱、诽谤案件，在准确把握法律界限，严格依法办案的同时，要保持高度的政治敏感性。对可能引起社会炒作的，要提前做好应对准备。舆论引导要注意把握好时机，信息发布要做到准确、权威，避免引发不安定因素，影响案件正确处理。

各地接到本通知后，要认真贯彻落实，并立即向党委、政府汇报，争取党委、政府的理解和支持。执行中遇到的问题，请及时报部。

**法律法规**

**1.《中华人民共和国宪法（2004年修正）》**（1982年12月4日）（节录）

第三十八条　中华人民共和国公民的人格尊严不受侵犯。禁止用任何方法对公民进行侮辱、诽谤和诬告陷害。

**2.《中华人民共和国教师法（2009年修正）》**（1994年1月1日）（节录）

第三十五条　侮辱、殴打教师的，根据不同情况，分别给予行政处分或者行政处罚；造成损害的，责令赔偿损失；情节严重，构成犯罪的，依法追究刑事责任。

第三十七条　教师有下列情形之一的，由所在学校、其他教育机构或者教育行政部门给予行政处分或者解聘：

（三）品行不良、侮辱学生，影响恶劣的。

教师有前款第（二）项、第（三）项所列情形之一，情节严重，构成犯罪的，依法追究刑事责任。

### 3.《中华人民共和国老年人权益保障法（2009年修正）》（1996年10月1日）（节录）

第三十九条　妇女的名誉权和人格尊严受法律保护。禁止用侮辱、诽谤、宣扬隐私等方式损害妇女的名誉和人格。

第四十六条　以暴力或者其他方法公然侮辱老年人、捏造事实诽谤老年人或者虐待老年人，情节较轻的，依照治安管理处罚条例的有关规定处罚；构成犯罪的，依法追究刑事责任。

第五十二条（第二款）　以暴力或者其他方法公然侮辱残疾人，情节严重的，依照刑法第一百四十五条的规定追究刑事责任；情节较轻的，依照治安管理处罚条例第二十二条的规定处罚。

### 4. 全国人大常委会《关于维护互联网安全的决定》（2000年12月28日）（节录）

四、为了保护个人、法人和其他组织的人身、财产等合法权利，对有下列行为之一，构成犯罪的，依照刑法有关规定追究刑事责任：

（一）利用互联网侮辱他人或者捏造事实诽谤他人；

# 十六、刑讯逼供罪

**160. 派出所民警在什么情况下可以成为刑讯逼供罪的主体？**

根据现行《刑法》的规定，刑讯逼供罪的主体为特殊主体，即只有司法工作人员才构成本罪。根据《刑法》第 94 条的规定，司法工作人员是指具有侦查、检察、审判和监管职责的工作人员。负有侦查职责的工作人员主要是指公安机关、检察机关、国家安全机关、海关走私查处部门、军队保卫部门中有权对刑事犯罪案件进行侦查活动和履行侦查职责的工作人员。负有检察职责的工作人员，是指在检察机关担任审查批捕、审查起诉、出庭支持公诉的人员。负有审判职责的人员，是指人民法院以及各专门法院内担任刑事案件审判工作的审判人员及书记人员。负有监管职责的工作人员，是指在监狱、看守所、拘留所中监控犯罪嫌疑人、被告人的监管人员。在我国现行司法体制下，公安机关是各级政府的组成部分，它既是国家的治安保卫机关，又是国家的侦查机关，它既拥有行政处罚权，又拥有侦查权。因此，从我国目前公安机关内部分工来看，也并非所有的公安人员都能成为刑法上的"司法工作人员"，而只有负有侦查职责的公安人员才属于司法工作人员，也才有可能成为刑讯逼供罪的主体。依照我国《公安派出所组织条例》第 1 条的规定："公安派出所是市、县公安局管理治安工作的派出机关。"当然，公安派出所对本辖区内发生的刑事案件并非无所作为，根据该《条例》第 2 条的规定，在公安派出所的 10 项职权中，其中就包括负有"预防和制止盗匪和其他犯罪分子的破坏活动；……保护发生重大刑事案件的现场，协助有关部门破案"等项职能。尽管如此，从职责分工而言，派出所民警本身并不必然具有刑事侦查权，在其行使治

> 安管理权时，自是不能够成为刑讯逼供罪的主体。但是派出所民警除了担任其治安管理的主要职责外，还对一定范围的刑事案件的侦查负有协助职责，在有些治安管理案件尚未转为刑事案件之前，也多是派出所民警担任调查人员的。所以，派出所民警能否成为刑讯逼供罪的主体，不可一概而论。如果派出所民警的行为实际超越了治安管理工作的范围，即将治安案件中违法行为人等同于刑事诉讼中的犯罪嫌疑人，通过实际行使刑事侦查职能来达到治安管理的目的，则派出所民警应该成为刑讯逼供罪主体。

## 典型疑难案件参考

### 赵宏生刑讯逼供案

**基本案情**

1997年12月9日，山西省临汾铁路公安处翼城站派出所接到女青年赵燕控告某建筑工程队队长许某某对其"耍流氓"的报案，时任该派出所副所长的被告人赵宏生即安排该所民警持"治安传唤证"将许某某传唤至派出所。当日22时许，赵宏生对许某某拳打脚踢，并威胁说："如不好好交待，我让你把牢底坐穿。"此后，赵宏生经与临汾铁路公安处刑侦大队长娄广宏商量，安排刑侦大队侦察员李同旭、尉向东与翼城站派出所民警翟红宝（另案处理）、贾德贵（另案处理）将许某某带到翼城站值班室进行讯问，赵宏生借故离开。翟红宝、贾德贵采用警棍、木棍殴打等方法对许某某进行讯问。10日凌晨1时许，赵宏生在听取翟红宝、贾德贵的讯问汇报后，指示翟、贾继续讯问并表示可以刑讯。在此后的讯问中，翟、贾采取压杠子的手段逼取口供。当日16时左右，临汾铁路公安处刑侦大队探长娄广宏向赵宏生转达了临汾铁路公安处法制科关于许某某的行为属于流氓行为的意见，赵宏生即让该所民警贾德贵整理该案材料，并填写了《治安案件受理、立案表》、《治安案件破案表》、《治安管理处罚审批表》。17时许，赵宏生让人将许某某铐在派出所的一棵桐树上，并对许某某拳打脚踢。20时许，赵宏生让许某某的妻子交保释金7000元，责令许某某按讯问笔录内容写了书面检查后，才让许某某离开派出所。许某某随即被其亲属送往医院治疗。后经鉴定，许某某构成轻伤。

**诉辩情况**

山西省临汾铁路运输人民检察院：被告人赵宏生的行为已经构成了刑讯逼

供罪，要求依法惩处。

被告人辩称其不是刑法规定的司法工作人员，不能构成刑讯逼供罪。

**裁判结果**

一审法院经审理认定被告人赵宏生犯刑讯逼供罪，判处免予刑事处罚。宣判后，被告人赵宏生未提出上诉，检察机关也未提出抗诉。该判决遂发生法律效力。

**再审一审诉辩情况**

此后，原审被告人赵宏生就此案向临汾铁路运输法院提出申诉，其申诉理由主要是：其作为派出所的负责人，在处理"许某某案"中自始至终行使的是治安管理权而非侦查权，故其并非刑法规定的司法工作人员，因此，其不符合刑讯逼供罪的主体资格；且许某某是违反行政管理秩序的违法行为人而非刑事诉讼中的犯罪嫌疑人。所以，原审判决"定性不准，适用法律错误"。

**再审一审裁判结果**

一审法院经再审于2004年6月21日作出刑事裁定，维持了原审判决。

**再审二审诉辩情况**

原审被告人赵宏生以上述裁定"再度认定事实不清，定性不准，适用法律有误"为由，向二审法院提出上诉。

**再审二审裁判结果**

法院经审理后认为原审被告人赵宏生的上诉理由缺乏事实和法律依据，依法驳回了赵宏生的上诉，维持了原审判决和再审裁定。

---

**161.《刑法》第247条规定刑讯逼供"致人伤残、死亡的，依照本法第234条、第232条规定定罪从重处罚"，如何理解适用此款规定？**

现行《刑法》第247条规定：刑讯逼供致人伤残、死亡的，依照故意伤害罪、故意杀人罪定罪从重处罚，该款是对刑讯逼供罪转化犯的规定，即行为人在实施刑讯逼供罪犯罪过程中，基于故意伤害或故意杀人的故意，实施了故意伤害（重伤）或故意

> 杀人的行为，符合了故意伤害罪或者故意杀人罪的犯罪构成。由于刑法的规定，将这种在实施一罪犯罪过程中，又符合了更为严重犯罪构成的行为，只按照更严重罪行处罚，此即为刑法规定的刑讯逼供罪的转化犯。适用此款法律规定必须具备以下几个条件：一是行为人实施了刑讯逼供犯罪。二是行为人在刑讯逼供过程中主观方面发生了转化，即产生了重伤害或杀人的故意。三是行为人实施了故意重伤害的行为或者故意杀人的行为。有必要说明的是，根据刑法的规定，只有刑讯逼供致人重伤害的，才会发生转化，致人轻伤的仍然按照刑讯逼供罪处理。此外，从刑讯逼供罪转化后的处理结果来说，要在故意杀人罪或故意伤害罪法定刑幅度内从重处罚。

### 典型疑难案件参考

江裕宝等刑讯逼供案（广东省佛山市中级人民法院〔2006〕佛刑一终字第5号）

### 基本案情

2005年4月8日晚，佛山市公安局禅城区分局刑警大队从广州市芳村区抓获涉嫌团伙盗窃的犯罪嫌疑人黄仁东、余燕宝、罗开生、许文浩（均已起诉）及林武等人并带回禅城区分局，4月9日凌晨将余燕宝、罗开生、林武3人押到禅城区分局张槎派出所莲大分所办公室后，即安排多个审讯组分别轮流对3人进行审讯。在4月9日凌晨至10日下午审讯林武过程中，被告人江裕宝与李冬冬、余颖与陈仲华、谭家厚等多人，为逼取口供，先后多次对林武进行了体罚、殴打，致林武的身体多处受伤。其中：4月9日凌晨2时至上午8时许，由被告人江裕宝审讯林武，被告人李冬冬负责看守。审讯中，因林武不供认有盗窃行为，江裕宝与李冬冬把林武双手铐住，将其身体悬挂在审讯室的门框和窗户的防盗网不锈钢柱上。被告人江裕宝、李冬冬使用不锈钢报纸夹、竹棍、藤棍，多次殴打林武的大腿、手臂等部位。4月9日凌晨，被告人谭家厚在审讯罗开生时，走进江裕宝审讯林武的办公室，用藤棍、竹棍多次击打林武的腰部、腿部等部位。4月9日上午8时至下午5时，由被告人余颖审讯林武，被告人陈仲华负责看守。审讯中，见林武仍不交代犯罪事实，被告人余颖、陈仲华除将林武反铐外，还用手铐、脚镣将林武铐住挂在办公室的防盗网上,并多次拉动脚镣让林武的身体悬空后再放开,使林武身体撞击墙壁和防盗网,两人还用竹棍多次击打林武的脚趾、脚背等部位。4月10日上午,被告人江裕宝再次审讯林武时,又使用藤棍多次殴打了林武的身体。4月11日凌晨,林武因病情严重被送医院救治,12日经法医鉴定林武的损伤程度为重伤,林武于5月7日死亡。

经法医鉴定,林武是因钝性暴力作用致颅脑损伤、广泛软组织挫伤造成呼吸、循环衰竭及肾功能衰竭而死亡。

### 一审诉辩情况

检察机关佛山市高明区人民检察院认为:被告人江裕宝等的行为构成刑讯逼供罪,应当依法追究其刑事责任。

### 一审裁判结果

佛山市高明区区人民法院于2005年11月14日作出判决。根据案件事实、各被告人实施犯罪行为的情节和手段,结合考虑本案的社会危害程度以及5被告人的悔罪表现,依照《中华人民共和国刑法》第247条、第234条第2款、第68条第1款、第67条第1款以及《最高人民法院关于处理自首和立功具体应用法律若干问题的解释》第1条第1项的规定,判决如下:

一、被告人江裕宝犯故意伤害罪,判处有期徒刑6年;
二、被告人余颖犯故意伤害罪,判处有期徒刑6年;
三、被告人谭家厚犯故意伤害罪,判处有期徒刑5年;
四、被告人陈仲华犯故意伤害罪,判处有期徒刑3年;
五、被告人李冬冬犯故意伤害罪,判处有期徒刑2年。

### 一审裁判理由

一审法院佛山市高明区人民法院认为:被告人江裕宝、余颖、谭家厚无视国法,身为司法工作人员,对犯罪嫌疑人使用肉刑,逼取口供,致一人死亡。被告人陈仲华、李冬冬协助看管犯罪嫌疑人时亦有殴打行为,5被告人的行为均已构成故意伤害罪。检察机关指控被告人犯罪的基本事实清楚,证据充分,但对5被告人行为定性不当,应予纠正。5被告人犯罪后自首,江裕宝并有立功表现,均可从轻或减轻处罚。被告人谭家厚只是在审讯另一犯罪嫌疑人期间,进入审讯林武的办公室,殴打过林武,其犯罪情节及对造成林伤残的作用轻于被告人江裕宝、余颖;被告人李冬冬、陈仲华作为保安员负责看守犯罪嫌疑人,协助民警审讯,鉴于两人的特殊身份及其在犯罪中的作用,该二被告人的罪责应轻于其他被告人。

### 二审诉辩情况

上诉人江裕宝及其辩护人上诉提出：江裕宝主观上没有伤害的故意，只是破案心切采取了刑讯逼供的手段，不应构成故意伤害罪。江裕宝没有殴打被害人头部，没有将被害人悬挂。原判没有充分考虑江裕宝的法定和酌定从轻或减轻处罚情节，导致量刑过重，有失公平，请求再从轻处罚。江裕宝有自首、立功的情节。江裕宝如实供述罪行，有悔罪表现。

上诉人余颖及其辩护人上诉提出原判认定其犯故意伤害罪的定性不准，证据不足。余颖以及同案人陈仲华的供述均是为了分担罪责而虚构出来的，不能作为定案依据。被害人的陈述以及证人证言均不能证实余颖有实施殴打、体罚被害人的行为。被害人死亡的主要原因是颅脑损伤，该处损伤是如何造成的，尚未查明。余颖主观上没有伤害的故意，客观上没有伤害的行为，余所实施的行为显著轻微，不足以造成被害人伤残、死亡。原判量刑过重。

上诉人谭家厚及其辩护人上诉提出：谭家厚只是间歇性地击打被害人的大腿，没有打过被害人的腰部，其体罚行为与被害人的死亡没有任何因果关系。其他同案人实施的伤害行为才是导致被害人死亡的直接原因。谭家厚的行为显著轻微，只是属于一般的违纪行为，原判以故意伤害罪来定罪不当，谭只应构成刑讯逼供罪。原判对上诉人谭家厚的量刑过重，与同案人相比较也不公。谭家厚有自首情节以及悔罪表现，请求从轻处罚。

上诉人陈仲华及其辩护人上诉提出：陈仲华主观上没有伤害的故意，客观上没有实施伤害的行为，原判认定其构成故意伤害罪没有事实与法律依据。陈仲华具有法定与酌情从轻处罚的情节，原判量刑过重。陈仲华只是一名治安队员，接受民警的指令行事，是本案的从犯，应减轻处罚。陈仲华有自首情节。陈仲华认罪态度较好，有悔罪表现。综上所述，请求对上诉人陈仲华减轻处罚。

上诉人李冬冬及其辩护人上诉提出：李冬冬主观上没有伤害的故意，客观上没有实施伤害的行为，原判认定其构成故意伤害罪没有事实与法律依据。李冬冬具有法定与酌情从轻处罚的情节，原判量刑过重。考虑到李冬冬的身份以及当时的处境，李冬冬的主观恶性较小；李冬冬在本案中作用较小，属于从犯，应减轻处罚；李冬冬有自首情节；李冬冬认罪态度较好，有悔罪表现。综上，请求对上诉人李冬冬减轻处罚。

### 二审裁判结果

广东省佛山市中级人民法院于2006年1月10日作出终审裁定。依照《中华人民共和国刑事诉讼法》第189条第1项的规定，裁定如下：驳回上诉，维持原判。

### 二审裁判理由

二审法院广东省佛山市中级人民法院裁判理由如下：对于上诉人江裕宝及其辩护人提出江主观上没有伤害的故意，客观上出于破案心切采取了刑讯逼供的手段，不应构成故意伤害罪。经查，上诉人江裕宝在参与审讯被害人林武期间，为了逼取口供，分别于4月9日与10日使用不锈钢报纸夹、竹棍、藤棍等工具多次殴打被害人的身体，主观上具有明显地伤害他人身体的故意。本案由于5上诉人的共同犯罪行为导致被害人死亡结果的发生，上诉人江裕宝的行为与被害人的死亡结果之间有直接的因果关系，故江的行为已经构成了故意伤害罪。江裕宝破案心切的犯罪动机不影响其罪名的成立。上诉人江裕宝提出没有殴打被害人头部，没有将被害人悬挂。经查，上诉人江裕宝及李冬冬的供述以及证人赖启彪的证言均证实江与李二人实施了将被害人双手铐住，悬挂在审讯室的门框和窗户的防盗网不锈钢柱上进行体罚的行为。现有证据虽不能证实上诉人江裕宝有殴打被害人头部，但并不影响江裕宝故意伤害的罪名成立。上诉人江裕宝及其辩护人的上述意见没有事实与法律依据，不予采纳。

对于上诉人陈仲华、李冬冬及其辩护人均提出其主观上没有伤害他人身体的故意，客观上没有实施伤害的行为，原判认定两人构成故意伤害罪不当。经查，上诉人陈仲华、李冬冬、江裕宝、余颖的供述，证人赖启彪、梁柱、张洪生等人的证言，法医鉴定结论，现场勘查笔录等证据均证实上诉人陈仲华、李冬冬在陪同办案民警审讯被害人期间，对被害人实施了体罚、殴打的行为，导致了被害人身体多处部位受伤，5上诉人的共同犯罪行为导致被害人死亡。上诉人陈仲华、李冬冬主观上具有明显地侵害他人身体的故意，其两人的行为均已构成了故意伤害罪。两上诉人的上述意见没有事实与法律依据，不予采纳。

上诉人江裕宝、余颖、谭家厚无视国家法律，身为司法工作人员，对犯罪嫌疑人使用肉刑，逼取口供，致一人死亡，其行为均已触犯我国《刑法》第234条第2款的规定，构成故意伤害罪，依法应从重处罚。上诉人李冬冬、陈仲华在协助看管犯罪嫌疑人期间，伙同司法工作人员故意伤害他人身体，并致一人死亡，其行为亦已构成故意伤害罪。5上诉人及其辩护人所提不构成故意伤害罪的意见均没有事实与法律依据，不予采纳。上诉人江裕宝检举揭发他人犯罪行为，经查证属实，属于立功，依法可从轻或者减轻处罚。5上诉人犯罪后自首，依法可从轻或减轻处罚。上诉人江裕宝、余颖、谭家厚及其辩护人均提出原判没有充分考虑其从轻或减轻处罚的情节，原判量刑过重且有失公平。

经查，上诉人江裕宝、余颖、谭家厚身为司法工作人员，本身就负有保障公民的人权不受非法侵害及保障司法机关活动正常进行的职责，但3人为逼取口供轮翻对被害人施加肉刑，最终导致被害人死亡，3人在共同犯罪中均表现积极主动，作用明显，本应受到法律的严厉惩处。但原判已充分考虑了3上诉人实施犯罪行为的情节与手段，3上诉人分别具有的法定与酌定从轻或减轻处罚情节，对3上诉人均予以减轻处罚并在量刑上作出适当划分，原判量刑并无不当。3上诉人要求再次从轻或减轻处罚的依据不足，不予采纳。上诉人陈仲华、李冬冬及其辩护人均提出其在共同犯罪中所起作用较小，属于从犯，应减轻处罚。经查，本案5上诉人均不同程度地参与了殴打被害人，上诉人陈仲华、李冬冬作用均积极主动，并非起次要或辅助作用，不宜认定为从犯。上诉人陈仲华、李冬冬及其辩护人还提出原判量刑过重，请求从轻处罚。经查，原判已充分考虑二上诉人的身份及在犯罪中的作用，二人具有自首情节并有悔罪表现，对二上诉人作出了减轻处罚，原判量刑并无不当。二上诉人及其辩护人再次要求从轻处罚的依据不足，不予采纳。

## 162. 刑讯逼供罪的主观方面如何进行认定？

刑讯逼供罪主观罪过是故意，即明知自己的行为会侵犯到他人人身权利以及司法机关办案秩序，希望这种结果发生的主观心理态度。此外，刑讯逼供罪的主观目的要求行为人具有逼取口供的主观目的，即通过肉刑或者变相肉刑的方式让被告人、犯罪嫌疑作有罪供述的目的。如果司法人员对犯罪嫌疑人、被告人使用肉刑、变相肉刑的目的不是为了获取口供，而是蓄意报复等，则不构成本罪；构成其他犯罪的，按照其他犯罪处理。

**典型疑难案件参考**

赵建功刑讯逼供案（河南省汝南县人民法院刑事判决书〔2009〕汝刑初第94号）

**基本案情**

2006年1月，被告人赵建功时任平舆县公安局禁毒大队三中队队长期间，赵建功受大队长刘其武指派，在禁毒大队二中队（杨阜中队）讯问犯罪嫌疑人董金龙贩卖毒品一案的过程中，指使他人并参与以采取捆绑、吊梁等手段，逼取董金龙贩卖毒品的口供，侵犯了公民的人身权利和司法机关的正常活动。

### 诉辩情况

检察机关认为：被告人赵建功身为公安机关办案人员，对犯罪嫌疑人实行刑讯逼供，其行为触犯了《中华人民共和国刑法》第247条之规定，构成刑讯逼供罪，应与前罪并罚。请求依法判处。

被告人赵建功对检察机关指控其刑讯逼供的事实供认，请求从轻处罚。辩护人的辩护意见是：被告人赵建功的行为构成刑讯逼供罪无异议，但其是受他人指使，所起作用较小，建议对赵建功免予刑事处罚。

### 裁判结果

审理法院依照《中华人民共和国刑法》第247条、第70条、第69条第1款之规定，判决如下：被告人赵建功犯刑讯逼供罪，判处拘役4个月。与原判其犯私放在押人员罪有期徒刑2年并罚，决定执行有期徒刑2年。

### 裁判理由

法院经审理认为：被告人赵建功身为司法工作人员，在侦查工作中为了取得领导的信任，指使他人并参与对犯罪嫌疑人进行捆绑、吊梁的手段，逼取口供的行为，侵犯了公民的人身权利和司法机关的正常活动，已构成刑讯逼供罪。检察机关指控罪名成立，本院予以支持。关于辩护人提出对被告人应免予刑事处罚的建议，因被告人犯罪情节不属于轻微，故本院不予以采纳。鉴于被告人到案后能够认识到自己的行为对社会的危害，有一定的悔罪表现，可以从轻处罚。被告人要求从轻处罚的意见，本院予以采纳。被告人赵建功在原判的犯私放在押人员罪刑罚执行完毕以前，发现其还犯有本罪，应适用数罪并罚。

## 163. 刑讯逼供罪与故意伤害罪如何进行区分？

刑讯逼供罪与故意伤害罪的区别如下：首先，侵犯的客体不同，故意伤害罪侵犯的是单一客体即他人人身权利，刑讯逼供罪是复杂客体，包括人身权利和司法机关的正常活动。其次，犯罪对象不同，刑讯逼供罪的犯罪对象是刑事诉讼活动中的犯罪嫌疑人、被告人。再次，从客观行为表现来说，刑讯逼供罪表现为行

> 为人采取肉刑或者变相肉刑方式侵犯他人权利；故意伤害罪是故意实施导致他人受到轻伤以上结果的行为。最后，刑讯逼供罪行为人具有逼供的目的，是直接故意犯罪，而故意伤害罪包括间接故意的主观罪过。另外，需要注意的是，对于刑讯逼供致人伤残的，依照故意伤害罪论处。

### 典型疑难案件参考

庄汉忠刑讯逼供案（海南省海南中级人民法院刑事裁定书〔2003〕海南刑终字第15号）

**基本案情**

2002年1月19日上午8时许，被害人李本兴在海钢公司矿建市场处，被他人误认为是"扒手"而被石碌矿区公安巡警队员抓至巡警大队，李本兴申辩抓错人，但仍遭受巡警队员陈大二、蔡少坤、魏文革等人的殴打，9时许又带往矿区河北派出所，上诉人庄汉忠等人认为李本兴嘴硬，又对李拳打脚踢。庄汉忠用巴掌打李脸部，用双腿夹住李的脖子并用肘击李背部。而后，庄汉忠又将李本兴带到办公室询问，李一再否认。庄便打李头部，致左耳部受伤。经昌江公安局法医鉴定：李本兴左耳伤属轻伤。案发后，上诉人庄汉忠等人向被害人赔礼道歉，并于2002年2月3日签订协议，并赔偿经济损失人民币17500元。

**一审诉辩情况**

检察机关认为被告人庄汉忠的行为构成刑讯逼供罪，依法应当追究其刑事法律责任。

被告人辩称：本案属于自诉案件，不属于检察院自侦案件，且与被害人达成和解协议，故存在程序错误。辩护人提出被害人轻伤证据不足，不应当作为犯罪处理。

**一审裁判结果**

一审法院依照《中华人民共和国刑法》第234条第1款、第72条之规定，以故意伤害罪判被告人庄汉忠有期徒刑1年6个月，缓刑2年。

**二审诉辩情况**

一审宣判后，上诉人庄汉忠上诉称：（1）本案属自诉案件，不属检察院自侦案件，且被害人已撤诉，并已经和解，且又赔偿 17500 元，故程序错误；（2）认定上诉人致被害人轻伤证据不足，且被害人是多人殴打所致；（3）鉴定结论没有告知本人，故失去其合法性、真实性，故请求撤销原判，宣告无罪。

其辩护律师也认为该案认定庄汉忠殴打被害人左耳致轻伤证据不足，且一审判决书又没有采信法医鉴定结论这一证据。因此，请求二审法院宣告无罪。

### 二审裁判结果

二审法院依照《中华人民共和国刑事诉讼法》第 189 条第 1 项之规定，裁定如下：驳回上诉，维持原判。

### 二审裁判理由

法院生效判决认为：上诉人（原审被告人）庄汉忠身为国家司法工作人员，在处理治安案件时，采用暴力殴打当事人致轻伤，其行为已构成故意伤害罪。其上诉辩解没有打到被害人头部。经查，有被害人多次口供及法庭指证，有证人证言证实；上诉人亦供认在卷。其辩护律师的辩护意见及上诉人的辩解理由均不成立，故不予支持。原审法院认定事实清楚，定罪准确，量刑适当，审判程序合法，应予维持。

# 刑讯逼供罪办案依据集成

## 刑法条文

第二百四十七条 【刑讯逼供罪，暴力取证罪】司法工作人员对犯罪嫌疑人、被告人实行刑讯逼供或者使用暴力逼取证人证言的，处三年以下有期徒刑或者拘役。致人伤残、死亡的，依照本法第二百三十四条、第二百三十二条的规定定罪从重处罚。

## 立案标准

**1. 最高人民检察院《人民检察院直接受理立案侦查的渎职侵权重特大案件标准（试行）》**（2002年1月1日高检发〔2001〕13号）（节录）

三十六、刑讯逼供案

（一）重大案件

1. 致人重伤或者精神失常的；
2. 五次以上或者对五人以上刑讯逼供的；
3. 造成冤、假、错案的。

（二）特大案件

1. 致人死亡的；
2. 七次以上或者对七人以上刑讯逼供的；
3. 致使无辜的人被判处十年以上有期徒刑、无期徒刑、死刑的。

三十七、暴力取证案

（一）重大案件

1. 致人重伤或者精神失常的；
2. 五次以上或者对五人以上暴力取证的。

（二）特大案件

1. 致人死亡的；
2. 七次以上或者对七人以上暴力取证的。

**2. 最高人民检察院《关于渎职侵权犯罪案件立案标准的规定》**（2006年7月26日高检发释字〔2006〕2号）（节录）

二、国家机关工作人员利用职权实施的侵犯公民人身权利、民主权利犯罪案件

（三）刑讯逼供案（第二百四十七条）

刑讯逼供罪是指司法工作人员对犯罪嫌疑人、被告人使用肉刑或者变相肉刑逼取口供的行为。

涉嫌下列情形之一的，应予立案：

1. 以殴打、捆绑、违法使用械具等恶劣手段逼取口供的；
2. 以较长时间冻、饿、晒、烤等手段逼取口供，严重损害犯罪嫌疑人、被告人身体健康的；
3. 刑讯逼供造成犯罪嫌疑人、被告人轻伤、重伤、死亡的；
4. 刑讯逼供，情节严重，导致犯罪嫌疑人、被告人自杀、自残造成重伤、死亡，或者精神失常的；
5. 刑讯逼供，造成错案的；
6. 刑讯逼供3人次以上的；
7. 纵容、授意、指使、强迫他人刑讯逼供，具有上述情形之一的；
8. 其他刑讯逼供应予追究刑事责任的情形。

(四) 暴力取证案 (第二百四十七条)

暴力取证罪是指司法工作人员以暴力逼取证人证言的行为。

涉嫌下列情形之一的，应予立案：
1. 以殴打、捆绑、违法使用械具等恶劣手段逼取证人证言的；
2. 暴力取证造成证人轻伤、重伤、死亡的；
3. 暴力取证，情节严重，导致证人自杀、自残造成重伤、死亡，或者精神失常的；
4. 暴力取证，造成错案的；
5. 暴力取证3人次以上的；
6. 纵容、授意、指使、强迫他人暴力取证，具有上述情形之一的；
7. 其他暴力取证应予追究刑事责任的情形。

三、附则

(二) 本规定所称"以上"包括本数；有关犯罪数额"不满"，是指已达到该数额百分之八十以上的。

> **法律法规**

**1.《中华人民共和国国家安全法（2009年修正）》**（1993年2月22日）（节录）

第三十二条 国家安全机关工作人员玩忽职守、徇私舞弊，构成犯罪的，分别依照刑法有关规定处罚；非法拘禁、刑讯逼供，构成犯罪的，分别依照刑法有关规定处罚。

**2.《中华人民共和国人民警察法》**（1995年2月28日）（节录）

第二十二条 人民警察不得有下列行为：

(四) 刑讯逼供或者体罚、虐待人犯。

第四十八条（第一款） 人民警察有本法第二十二条所列行为之一的，应当给予行政处分；构成犯罪的，依法追究刑事责任。

**3.《中华人民共和国法官法（2001年修正）》**（1995年1月1日）（节录）

第三十二条 法官不得有下列行为：

（四）刑讯逼供；

第三十三条　法官有本法第三十二条所列行为之一的，应当给予处分；构成犯罪的，依法追究刑事责任。

**4.《中华人民共和国检察官法（2001年修正）》（1995年7月1日）（节录）**

第三十五条　检察官不得有下列行为：

（四）刑讯逼供；

第三十六条　检察官有本法第三十五条所列行为之一的，应当给予处分；构成犯罪的，依法追究刑事责任。

# 十七、虐待被监管人罪

### 164. 如何区分虐待被监管人罪与玩忽职守罪？

虐待被监管人罪与玩忽职守罪的区分在主体和客观方面均有体现。

在主体上，虐待被监管人罪的主体仅限于监狱、拘留所、看守所等监管机构的监管人员；玩忽职守罪的主体范围要远大于虐待被监管人罪，国家机关工作人员均为适格主体。在主观方面，虐待被监管人罪主观方面为故意，行为人对自己的虐待行为有明确的认识。玩忽职守罪主观方面为过失，行为人出于疏忽大意或者过于自信的心态，对于玩忽职守行为可能造成的危害应当预见而没有预见，或者已经预见但是轻信能够避免。

在客观方面，虐待被监管人罪一般要求行为人实施了暴力行为，即对被监管人进行殴打或者体罚虐待，如采取殴打、捆绑、非法适用械具等恶劣手段，或者对被监管人实行较长时间冻、饿、晒、烤等，行为方式一般较为残暴与不人道。而玩忽职守罪的行为方式可能多种多样，并不要求行为人一定采取暴力手段，只要危害后果往往是由于行为人擅离职守、未尽全责而引发的，均有可能构成玩忽职守罪。

### 165. 监狱监管人员发现被监管人绝食，劝导未果又未及时汇报，被监管人因气力不足引发死亡事故，监管人的责任如何定性？

上述情形宜认定为玩忽职守罪，原因如下：首先，虐待被监管人罪在客观上要求行为人实施了殴打或者体罚虐待行为。行为人对于绝食的被监管人未能尽力劝阻，虽然有违职责，但是手段上并未达到构成虐待被监管人罪所要求的严重程度。另外，构成虐待被监管人罪要求行为人具有主观故意，即殴打虐待行为是其有意为之的。被监管人绝食是其自由意志支配下作出的决定，行为人曾对被监管人进行劝导，更证明其对被监管人的绝食行为持反对态度，并不具有主观故意。

在上述情形中，面对被监管人绝食这一对正常监管秩序造成不良影响的行为，行为人作为国家工作人员，理应恪尽职守及时汇报处理。但其出于过失未及时汇报，造成被监管人意外死亡这一严重后果，符合玩忽职守罪的构成要件。故此上述情形认定为玩忽职守罪更为合理。

## 典型疑难案件参考

何祎超虐待被监管人案（河南省南阳市中级人民法院刑事裁定书〔2010〕南刑二终字第198号）

### 基本案情

被告人何祎超系河南省南阳监狱二监区五分监区副分监区长，其职责是负责分监区在押犯的管教工作。2010年4月30日，南阳监狱第二监区八分监区服刑人员郭跃锋因不参加劳动，南阳监狱第二监区将其调入五分监区隔离审查。2010年5月6日，何祎超负责五分监区的值班工作。当日，何祎超接监区通知后并于上午11时许向服刑人员郭跃锋宣布对其进行严管决定。郭跃锋的食物定量和作息时间也随之按规定被减少、缩短。郭跃锋因对被严管产生情绪，当日中午开饭时，服刑人员值班员宰某某给郭打饭后，郭拒绝进食。12时50分许，宰某某向何进行了汇报。何祎超获悉后，于13时30分，在服刑人员的值班员宰某某在场的情况下，对郭教育开导近一个小时。对于郭某某拒绝进食的情况，何祎超曾前往监区狱政科准备进行汇报，因未见到负责人员，之后也就未再向上级汇报郭跃锋绝食之事。当天下午6时30分开饭时，郭再次拒绝进食。晚上8时许，何祎超再次对郭跃锋进行开导，然后组织五分监区的服刑人员学习。晚上10时许，五分监区的服刑人员回到监室后，郭跃锋与同分监区的4名服刑人员到走廊上学习监规狱纪。晚上24时许，郭跃锋回到监室准备就寝。因郭睡在上铺，其上床时从上铺处摔下，头部和颈部着地。当晚，郭跃锋先行被送至南阳市第二人民医院行头部及颈部CT后，随被送到南阳市中心医院抢救治疗，2010年5月11日23时50分，郭跃锋因颈椎骨折导致心力衰竭、呼吸衰竭，经抢救无效死亡。事故发生后，经济损失部分经协商已作处理。

### 一审诉辩情况

检察机关河南省南阳市宛城区人民检察院认为：被告人何祎超对被害人郭跃峰进行体罚，致使其死亡，构成虐待被监管人罪，应当依法追究其刑事责任。

被告人何祎超辩称：其对被监管人按照相关严管规定执行，并不存在实施和扣减被监管人伙食和减少休息时间的行为，且无主观故意，检察机关指控的犯罪罪名不能成立。

### 一审裁判结果

河南省南阳市宛城区人民法院于2010年11月25日作出判决，认定被告人何祎超构成玩忽职守罪。但鉴于何祎超犯罪情节轻微，不需要判处刑罚，依照《中华人民共和国刑法》第397条、第37条之规定，判决被告人何祎超犯玩忽职守罪，免于刑事处罚。

### 一审裁判理由

一审法院河南省南阳市宛城区人民法院认为：起诉书指控何祎超虐待被监管人，结合检察机关及辩护人提交的证据和证人证言，均能证实何祎超对被监管人按照相关严管规定执行，并不存在实施和扣减被监管人伙食和减少休息时间的行为，且无主观故意，检察机关指控何祎超的犯罪罪名不能成立，被告人何祎超及辩护人对起诉书指控的辩解理由，予以采信。被告人何祎超作为南阳监狱二监区五分区的干警，在被监管人郭某某一天内两次拒绝进食的情况下，未能将出现的情况及时向单位汇报，只是对郭某某进行开导教育，没能作出应对可能出现事故的合理性决定，也未采取积极的防范措施，致使被监管人发生意外死亡，属不能认真履行职责。《中华人民共和国刑法》第397条第1款规定，国家机关工作人员玩忽职守。致使公共财产、国家和人民利益遭受重大损失的，处3年以下有期徒刑或者拘役。参照1998年11月23日下发的河南省高级人民法院、河南省人民检察院、河南省公安厅关于《印发我省适用新刑法有关条款中犯罪数额、情节规定的座谈会纪要》的通知中对重大损失的规定："死亡一人以上或者重伤三人以上，或者轻伤十人以上的"，何祎超的行为符合玩忽职守罪的法律构成要件，应以玩忽职守罪追究其刑事责任。对被告人、辩护人的无罪和不构成犯罪的辩解、辩护理由，法院不予采信。

### 二审诉辩情况

一审宣判后，被告人何祎超不服一审判决，提起上诉。被告人何祎超及其辩护人认为：一审法院认定上诉人构成玩忽职守罪，认定事实和适用法律均有错误。上诉人在值班期间，对郭某某拒绝进食的情况，进行了两次开导教育，郭某某属意外死亡，上诉人不存在不认真履行职责的情形。

被告人何祎超指出：一审法院径行以玩忽职守罪对上诉人定罪量刑，剥夺了上诉人的诉讼权利，属于程序违法。

### 二审裁判结果

河南省南阳市人民法院认为：原判认定事实清楚，证据确实充分，适用法律正确，量刑适当，审判程序合法。依据《中华人民共和国刑事诉讼法》第189条第1项之规定，于2011年3月15日作出终审裁定：驳回上诉，维持原判。

### 二审裁判理由

二审法院河南省南阳市人民法院认为：被告人何祎超作为南阳监狱二监区五分区的干警，在被监管人郭某某一天内两次拒绝进食的情况下，未能将出现的情况及时向单位汇报，只是对郭某某进行开导教育，没能作出应对可能出现事故的合理性决定，也未采取积极的防范措施，致使被监管人发生意外死亡，属不能认真履行职责，其行为符合玩忽职守罪的构成要件。原审法院依据《中华人民共和国刑事诉讼法》的规定开庭对本案进行了审理，保证了何祎超及其辩护人诉讼权利的行使，在原审中何祎超及其辩护人充分阐述了何祎超构不成犯罪的理由，不存在剥夺何祎超诉讼权利的情形，故何祎超的上诉理由及辩护人的辩护意见不能成立，不予采纳。

# 虐待被监管人罪办案依据集成

## 刑法条文

第二百四十八条 【虐待被监管人罪】监狱、拘留所、看守所等监管机构的监管人员对被监管人进行殴打或者体罚虐待，情节严重的，处三年以下有期徒刑或者拘役；情节特别严重的，处三年以上十年以下有期徒刑。致人伤残、死亡的，依照本法第二百三十四条、第二百三十二条的规定定罪从重处罚。

监管人员指使被监管人殴打或者体罚虐待其他被监管人的，依照前款的规定处罚。

## 立案标准

**1. 最高人民检察院《人民检察院直接受理立案侦查的渎职侵权重特大案件标准（试行）》**（2002年1月1日 高检发〔2001〕13号）（节录）

三十八、虐待被监管人案

（一）重大案件

1. 致使被监管人重伤或者精神失常的；

2. 对被监管人五人以上或五次以上实施虐待的。

（二）特大案件

1. 致使被监管人死亡的；

2. 对被监管人七人以上或七次以上实施虐待的。

**2. 最高人民检察院《关于渎职侵权犯罪案件立案标准的规定》**（2006年7月26日高检发释字〔2006〕2号）（节录）

二、国家机关工作人员利用职权实施的侵犯公民人身权利、民主权利犯罪案件

（五）虐待被监管人案（第二百四十八条）

虐待被监管人罪是指监狱、拘留所、看守所、拘役所、劳教所等监管机构的监管人员对被监管人进行殴打或者体罚虐待，情节严重的行为。

涉嫌下列情形之一的，应予立案：

1. 以殴打、捆绑、违法使用械具等恶劣手段虐待被监管人的；

2. 以较长时间冻、饿、晒、烤等手段虐待被监管人，严重损害其身体健康的；

3. 虐待造成被监管人轻伤、重伤、死亡的；

4. 虐待被监管人，情节严重，导致被监管人自杀、自残造成重伤、死亡，或者精神失常的；

5. 殴打或者体罚虐待3人次以上的；

6. 指使被监管人殴打、体罚虐待其他被监管人，具有上述情形之一的；

7. 其他情节严重的情形。

三、附则

（二）本规定所称"以上"包括本数；有关犯罪数额"不满"，是指已达到该数额百分之八十以上的。

### 其他办案依据

**1.** 最高人民法院、最高人民检察院、公安部、国家安全部、司法部、全国人大常委会法制工作委员会《关于刑事诉讼法实施中若干问题的规定》（1998年1月19日）（节录）

2. 中华人民共和国刑事诉讼法规定人民检察院管辖"国家工作人员的渎职犯罪"案件，修订后的刑法已将渎职罪的主体修改为国家机关工作人员。根据这一修改，人民检察院管辖的"渎职犯罪"，是指刑法分则第九章规定的渎职罪。另外，刑法分则第四章第二百四十八条规定的监管人员殴打、体罚、虐待被监管人罪，由人民检察院管辖。刑法分则第三章破坏社会主义市场经济秩序罪中规定的犯罪由公安机关管辖。

**2.** 全国人大常委会法制工作委员会、最高人民法院、最高人民检察院、司法部《关于劳教工作干警适用刑法关于司法工作人员规定的通知》（1986年7月10日法工委发文〔1986〕32号）

各省、自治区、直辖市高级人民法院、人民检察院、司法厅（局）：

近几年，有些司法机关在处理劳教工作干警体罚虐待劳教人员的犯罪案件时，对劳教工作干警是否适用刑法关于司法工作人员的规定有不同认识，影响对案件的处理。根据实践情况和需要，经研究认为：劳教工作干警担负着对劳教人员的管理、教育、改造工作，可适用刑法关于司法工作人员的规定。劳教工作干警违反监管法规，体罚虐待劳教人员，情节严重的，依照《刑法》第一百八十九条（指79刑法条文，相当于97刑法第248条。——编者注）的规定处理。

过去对这类案件已经作过处理，与本通知规定不符的，不再变更。

# 十八、煽动民族仇恨、民族歧视罪

**166. 如何区分煽动民族仇恨、民族歧视罪与一般不良言论?**

煽动民族仇恨、民族歧视罪属于煽动型犯罪,是一种特殊类型的犯罪。《刑法》第249条规定了煽动民族仇恨、民族歧视罪,即煽动民族仇恨、民族歧视,情节严重的,处3年以下有期徒刑、拘役、管制或者剥夺政治权利;情节特别严重的,处3年以上10年以下有期徒刑。该罪的主要特征是:(1)本罪侵害的客体是民族团结和民族平等。我国《宪法》第4条第1款规定:"中华人民共和国各民族一律平等。国家保障各少数民族的合法的权利和利益,维护和发展各民族的平等、团结、互助关系,禁止对任何民族的歧视和压迫,禁止破坏民族团结和制造民族分裂的行为。"因此,无论是出于何种动机、煽动民族仇恨、民族歧视的行为,都是对民族团结、民族平等的破坏,对其中情节严重的行为,必须用刑罚加以惩处。(2)本罪的客观方面表现为煽动民族仇恨、民族歧视的行为。"民族仇恨"是指不同民族之间基于政治、历史、文化传统、风俗习惯、经济发展等方面的差异而产生的仇视和对立情绪。"民族歧视"是指不同民族之间基于上述差异而产生的偏见和轻蔑。"煽动"是指以造谣、诽谤、怂恿、挑唆等方式鼓动、宣传和表达对某一民族的仇恨和歧视,以期他人也同样地产生民族仇恨和民族歧视。煽动的表现形式多种多样,既可以是当面直接进行煽动,也可以委托他人转达进行间接煽动。既可以是语言的形式(如发表演讲),也可以用文字的形式(如书字、张贴、散发标语、传单、印刷、散发书画、非法刊物,投寄、扩散书信,等等)。从煽动行为客观方面的特点来看,其行为方式只能是作为。(3)本罪的主观方面具有煽动民族仇恨、民族歧视的故意。结合本罪的犯罪构成分析，煽动民族仇恨、民族歧视罪与一般不良言论主要以下两方面区别：（1）主观方面不同。实施煽动行为的行为人主观上具有一定目的，并希望产生一定的后果，因而具有犯罪故意。而不良言论主要是对现状不满而发牢骚、抱怨，行为人主观上并无特定目的，也并不追求产生危害社会的后果。如果行为人因为不懂民族政策，不了解民族心理、民族风俗及社会发展状况，由于工作过失引起了民族间的仇恨和歧视的，不构成本罪。（2）客观表现不同。不良言论是否公之于众、扩散传播，是判定言论是否构成犯罪的重要界限之一。内心的思想通过言论表达出来，如果秘而不宣，或仅在很小的范围内发表不良言论，没有加以扩散传播，就不可能给社会造成实际上的危害。不管这些言论有多错误甚至多反动，也不影响其作为一般意义行为的性质，而不能因此上升为刑法意义上的行为对其追究刑事责任。但一旦表达思想的言论以"公然"方式进行，就有可能被纳入刑法调整的范畴，追究其刑事责任。

### 167. 怎样理解此罪中的"情节严重"？

《刑法》第249条及其他相关法律并未规定本罪情节严重的具体标准，但可从以下几方面考虑：煽动群众人数较多、范围较大、影响较大的；煽动数个民族之间的仇恨、歧视的；造成国内外重大政治影响的；引起事端，严重影响民族关系或正常的生产、工作与生活秩序，造成严重物质损害的。按照刑法规定，只有煽动民族仇恨、民族歧视情节严重的，才构成犯罪。对于情节不严重的行为，应按照一般违法行为处理。

**典型疑难案件参考**

孙元河煽动民族仇恨、民族歧视案

**基本案情**

被告人孙元河因仇视信奉伊斯兰教的民族，于2003年2月至5月期间，先后向北京市宣武区牛街清真寺阿訇、北京市回民中学、中央电视台某主持人、回民同事等单位及个人匿名撰写并邮寄8封含有歧视、侮辱、诋毁伊斯兰教和回族内容的信件。2003年8月29日，孙元河在其居住地石景山区地铁家园被抓获归案。经对孙元河进行司法精神医学鉴定孙元河具有完全责任能力。

### 诉辩情况

检察机关北京市石景山区人民检察院指控称：被告人孙元河的行为触犯了《中华人民共和国刑法》第249条的规定，已构成煽动民族仇恨、民族歧视罪，提请本院依法惩处。

孙元河的辩护人对指控孙元河犯煽动仇恨、民族歧视罪无异议，其辩护意见是：（1）孙元河的犯罪情节不是特别严重，邮寄的信件是针对特定的人，所发信件数量较少，没有造成特别严重的后果。孙元河犯罪是因为与回族同事、朋友发生矛盾，产生偏激情绪，因此主观恶性较小，手段一般。（2）孙元河作案时精神偏执。（3）孙元河认罪悔罪，系初犯，建议法院综合上述情况对孙元河进行从轻量刑。

### 裁判结果

一审法院北京市石景山区人民法院依照《中华人民共和国刑法》第249条的规定，判决如下：被告人孙元河犯煽动民族仇恨、民族歧视罪，判处有期徒刑2年。

### 裁判理由

北京市石景山区人民法院根据上述事实和证据认为：被告人孙元河无视国法，为泄私愤，对信奉伊斯兰教的民族产生仇视和歧视，采取匿名撰写、邮寄的手段，向清真寺的阿訇、回民子弟中学、中央电视台主持人等邮寄有歧视、侮辱、诋毁伊斯兰教和回族内容的信件，公然煽动民族仇恨、民族歧视，情节严重，其行为已构成煽动民族仇恨、民族歧视罪，应予惩处。北京市石景山区人民检察院指控被告人孙元河犯煽动民族仇恨、民族歧视罪的证据充分、指控罪名成立，但指控的犯罪时间有误，本院予以更正。孙元河的辩护人关于孙元河作案时精神偏执的辩护意见无证据证实，本院不予采纳；对孙元河犯罪不属情节特别严重，能认罪悔罪，系初犯的辩护意见予以采纳。

# 煽动民族仇恨、民族歧视罪办案依据集成

## 刑法条文

第二百四十九条 【煽动民族仇恨、民族歧视罪】煽动民族仇恨、民族歧视,情节严重的,处三年以下有期徒刑、拘役、管制或者剥夺政治权利;情节特别严重的,处三年以上十年以下有期徒刑。

## 法律法规

**1. 最高人民法院《关于审理破坏广播电视设施等刑事案件具体应用法律若干问题的解释》**(2011年6月13日 法释〔2011〕13号)(节录)

第七条 实施破坏广播电视设施犯罪,并利用广播电视设施实施煽动分裂国家、煽动颠覆国家政权、煽动民族仇恨、民族歧视或者宣扬邪教等行为,同时构成其他犯罪的,依照处罚较重的规定定罪处罚。

**2.《中华人民共和国宪法(2004年修正)》**(1982年12月4日)(节录)

第四条(第一款) 中华人民共和国各民族一律平等。国家保障各少数民族的合法的权利和利益,维护和发展各民族的平等、团结、互助关系。禁止对任何民族的歧视和压迫,禁止破坏民族团结和制造民族分裂的行为。

**3. 全国人大常委会《关于维护互联网安全的决定》**(2000年12月28日)(节录)

二、为了维护国家安全和社会稳定,对有下列行为之一,构成犯罪的,依照刑法有关规定追究刑事责任:

(三)利用互联网煽动民族仇恨、民族歧视,破坏民族团结。

# 十九、侵犯通信自由罪

### 168. QQ号码是不是刑法意义上的财物？

QQ号码不是刑法意义上的财物，不能作为侵犯财产罪的对象。首先，现行《刑法》第92条第4项规定的"其他财产"不能包括QQ号码。根据文意解释的原则，应当将此处的"其他财产"理解为与股份等并列而未罗列的其他财产权利凭证。QQ号码显然不是与股票相并列的财产权利凭证。其次，从刑法保护的财产属性来说，财产必须是具有使用价值且为人能所支配的有形物或无形物。权利人并不是从QQ号码本身来获取使用价值，而是通过QQ号码登录到腾讯公司计算机系统中，以获取腾讯公司的网络服务功能。因此，QQ号码不能成为盗窃罪的对象。

### 169. 盗卖QQ号码的行为应如何定罪？

在现行法律框架内，QQ号码不属于刑法意义上的财物，不能够成为刑法侵犯财产罪的犯罪对象。盗卖QQ号码，情节严重的，根据行为人盗取QQ号码的方式以及对象，可能构成其他犯罪。例如，如果行为人采取侵入腾讯公司计算机系统内，盗取QQ号码的，可能构成破坏计算机信息系统罪。如果行为人盗取他人正在使用中的QQ号码，并查阅、删改他人网络信息的，可能构成侵犯通信自由罪。

## 典型疑难案件参考

### 曾智峰、杨医男盗卖QQ号码侵犯通信自由案

**基本案情**

被害人腾讯公司于1999年2月推出即时通信软件（腾讯QQ软件）。腾讯QQ软件能够为注册用户提供文字语音通讯、传送文件、视音频交流、电子邮箱、网络硬盘、网络游戏等功能。被告人曾智峰于2004年5月31日受聘于腾讯公司，后被安排到公司安全中心负责系统监控工作。2005年3月初，被告人曾智峰与被告人杨医男合谋通过窃取他人QQ号出售获利。2005年3月至7月间，由被告人杨医男将随机选定的他人的QQ号（主要为5、6位数的号码）通过互联网发给被告人曾智峰。被告人曾智峰本人并无查询QQ用户密码保护资料的权限，便私下破解了腾讯公司离职员工柳某使用过但尚未注销的"ioio-liu"账号的密码（该账号拥有查看QQ用户原始注册信息，包括证件号码、邮箱等信息的权限）。被告人曾智峰利用该账号进入本公司的计算机后台系统，根据被告人杨医男提供的QQ号查询该号码的密码保护资料，然后将查询到的资料发回给被告人杨医男，由被告人杨医男将QQ号密码保护问题答案破解，并将QQ号的原密码更改后将QQ号出售给他人，造成QQ用户无法使用原注册的QQ号。经查，二被告人共计修改密码并卖出QQ号约130个，获利61650元，其中，被告人曾智峰分得39100元，被告人杨医男分得22550元。

**诉辩情况**

检察机关深圳市南山区人民检察院以被告人曾智峰、杨医男犯盗窃罪向深圳市南山区人民法院提起公诉。

**裁判结果**

深圳市南山区人民法院经审理查明：检察机关指控的事实和证据确凿，综合全案事实情节，判决：被告人曾智峰犯侵犯通信自由罪，判处拘役6个月；被告人杨医男犯侵犯通信自由罪，判处拘役6个月。

**裁判理由**

深圳市南山区人民法院经开庭审理查明：被告人曾智峰、杨医男采用篡改他人电子数据资料的方法，侵犯公民通信自由，情节严重，其行为构成侵犯通信自由罪，且系共同犯罪。检察机关指控的犯罪事实清楚，证据确实充分，但指控罪名不当。本院对检察机关指控的罪名予以纠正。辩护人所提不构成盗窃

罪的辩护意见，予以采纳，但认为不构成犯罪的意见不符合法律规定，不予采纳。在共同犯罪中，二被告人通过内外勾结实施犯罪行为，各有分工，作用相当，故不区分主从犯。二被告人销赃获利6万余元的行为虽不足以构成盗窃罪，但作为侵犯通信自由罪的量刑情节进行评价，并属违法所得，依法应予追缴。二被告人在庭审中均承认自己的行为错误，有一定的悔过表现，本院量刑时亦酌情考虑。

# 侵犯通信自由罪办案依据集成

## 刑法条文

第二百五十二条 【侵犯通信自由罪】隐匿、毁弃或者非法开拆他人信件,侵犯公民通信自由权利,情节严重的,处一年以下有期徒刑或者拘役。

## 司法解释

**最高人民检察院《关于非邮电工作人员非法开拆他人信件并从中窃取财物案件定性问题的批复》**(1989年9月15日 高检法发字〔1989〕第2号)

广东省人民检察院:

你院粤检法字〔1989〕64号文《关于对非邮电工作人员私拆他人信件窃取财物案件定性和处理意见的请示》收悉,经研究并商最高人民法院同意,现批复如下:

一、非邮电工作人员非法开拆他人信件,侵犯公民通信自由权利,情节严重,并从中窃取少量财物,或者窃取汇票、汇款支票,骗取汇兑款数额不大的,依照刑法关于侵犯公民通信自由罪的规定,从重处罚。

二、非邮电工作人员非法开拆他人信件,侵犯公民通信自由权利,情节严重,并从中窃取财物数额较大的,应按照重罪吸收轻罪的原则,依照刑法关于盗窃罪的规定从重处罚。

三、非邮电工作人员非法开拆他人信件,侵犯公民通信自由权利,情节严重,并从中窃取汇票或汇款支票,冒名骗取汇兑款数额较大的,应依照刑法关于侵犯公民通信自由罪和诈骗罪的规定,依法实行数罪并罚。

## 其他办案依据

**公安部《计算机信息网络国际联网安全保护管理办法》**(1997年12月30日 公安部令第33号)(节录)

第七条 用户的通信自由和通信秘密受法律保护。任何单位和个人不得违反法律规定,利用国际联网侵犯用户的通信自由和通信秘密。

第十九条 公安机关计算机管理监察机构应当负责追踪和查处通过计算机信息网络的违法行为和针对计算机信息网络的犯罪案件,对违反本办法第四条、第七条规定的违法犯罪行为,应当按照国家有关规定移送有关部门或者司法机关处理。

## 法律法规

**1.《中华人民共和国宪法(2004年修正)》**(1982年12月4日)(节录)

第四十条 中华人民共和国公民的通信自由和通信秘密受法律的保护。除因国家安全或者追查刑事犯罪的需要,由公安机关或者检察机关依照法律规定的程序对通信进行检查外，任何组织或者个人不得以任何理由侵犯公民的通信自由和通信秘密。

## 2.《中华人民共和国邮政法（2009 年修订）》(1987 年 1 月 1 日)（节录）

**第三条** 公民的通信自由和通信秘密受法律保护。除因国家安全或者追查刑事犯罪的需要，由公安机关、国家安全机关或者检察机关依照法律规定的程序对通信进行检查外，任何组织或者个人不得以任何理由侵犯公民的通信自由和通信秘密。

除法律另有规定外，任何组织或者个人不得检查、扣留邮件、汇款。

**第三十五条** 任何单位和个人不得私自开拆、隐匿、毁弃他人邮件。

除法律另有规定外，邮政企业及其从业人员不得向任何单位或者个人泄露用户使用邮政服务的信息。

**第七十一条** 冒领、私自开拆、隐匿、毁弃或者非法检查他人邮件、快件，尚不构成犯罪的，依法给予治安管理处罚。

**第八十二条** 违反本法规定，构成犯罪的，依法追究刑事责任。

**第八十四条（第一款）** 本法下列用语的含义：

（第七款）信件，是指信函、明信片。信函是指以套封形式按照名址递送给特定个人或者单位的缄封的信息载体，不包括书籍、报纸、期刊等。

## 3.《邮政法实施细则》(1990 年 11 月 12 日 国务院令第 65 号)（节录）

**第七条** 邮政企业应当为用户提供迅速、准确、安全、方便的邮政服务，保障用户使用邮政的合法权益。

任何单位或者个人均负有保护通信自由、通信秘密和邮件安全的责任；任何单位或者个人不得利用邮政业务进行法律、法规和政策所禁止的活动。

除因国家安全或者追查刑事犯罪需要，由公安机关、国家安全机关或者检察机关依法对通信进行检查外，邮件在运输、传递过程中，任何单位或者个人不得以任何理由检查、扣留。

**第四十条** 用户误收的邮件，应当及时退还邮政企业或者分支机构；用户误拆的邮件应当重封签章后退还邮政企业或者分支机构，并对误拆邮件的内容保守秘密。

**第四十一条** 单位收发人员接收给据邮件时，应当认真点核无误后，在相关清单上盖章签收。

收发人员对于各种邮件负有保护和及时传送的责任，不得私拆、隐匿、毁弃邮件或者撕揭邮票。

**第五十九条** 违反本细则第四十一条第二款规定的，依照《邮政法》第三十六条规定追究责任。

**第六十条** 违反本细则规定，构成犯罪的，由司法机关依法追究刑事责任。

**第六十一条** 误收、误拆他人信件不予退还或者已退还但泄露信件内容，侵犯他人通信自由权利的，依照《邮政法》第三十六条规定追究责任。

## 4. 全国人大常委会《关于维护互联网安全的决定》(2000 年 12 月 28 日)（节录）

四、为了保护个人、法人和其他组织的人身、财产等合法权利，对有下列行为之一，

构成犯罪的,依照刑法有关规定追究刑事责任:

(二)非法截获、篡改、删除他人电子邮件或者其他数据资料,侵犯公民通信自由和通信秘密。

# 二十、侵犯公民个人信息罪

**170. 如何认定出售、非法提供公民个人信息罪的犯罪对象?**

出售、非法提供公民个人信息是指国家机关或者金融、电信、交通、教育、医疗等单位或者其工作人员,违反国家规定,将本单位在履行职责或者提供服务过程中获得的公民个人信息,出售或者非法提供给他人,情节严重的行为。本罪的犯罪对象是公民个人信息。所谓公民个人信息是指依法应当受到保护而不应当向社会公众公开的公民个人的所有隐私内容。如姓名、职业、职务、年龄、联系方式、信用卡号码、指纹等能够识别公民个人身份的信息。如果是公众人物必须向社会公开的个人信息则不包括在内,如国家机关工作人员的财产状况、领导干部的家庭社会关系等。

**171. 手机定位信息是否属于公民个人信息?**

手机定位是指通过特定的定位技术来获取移动手机或终端用户的位置信息(经纬度坐标),在电子地图上标出被定位对象的位置的技术或服务。手机定位分为卫星定位和基站定位。通过对手机号码进行定位,定位人能够知道被定为人的大概位置,而且这个位置可能是变化的。手机定位虽然与传统的静态信息不同,但是此种信息对公民个人隐私至关重要,直接表明公民日常生活行进路线等信息。因此,手机定位信息与公民个人隐私密切相关,显然是公民不希望一般人知晓的,如果被侵害必然造成对公民个人生活和社会生活的影响,应属于《刑法》所保护的动态的公民信息。

## 172. 怎样判定出售公民个人信息的情节严重？

对于出售公民个人信息情节严重的判断，应根据具体案情综合分析。一般来说，这里的情节严重可能包括：出售公民个人信息获利较大的；出售多人信息的；多次出售公民个人信息的；给公民造成严重经济损失或者严重影响到公民个人的正常生活的；造成恶劣的社会影响；对国家安全以及社会民生造成影响的；将公民个人信息出售给境外机构或者个人的；公民个人信息被用于违法犯罪活动等情形。

### 典型疑难案件参考

#### 谢新冲出售公民个人信息案

**基本案情**

被告人谢新冲系北京京驰无限通信技术有限公司运维部经理。2009年3月至12月间，谢新冲利用中国移动通信集团北京有限公司授予其所在公司进行手机定位业务的权限，先后多次为被告人刘海亮、程春郊、张超英及他人提供的90余个手机号码进行定位，非法获利人民币9万元。被告人谢新冲作案后于2009年12月11日被公安机关查获归案。被告人刘海亮于2009年3月至12月案发期间，从被告人谢新冲处非法获取公民手机定位40余个，其中部分转卖给被告人程春郊。刘海亮还从程春郊处非法获取通话清单等公民个人信息近10条。被告人程春郊于2009年3月至12月案发期间，通过被告人刘海亮从被告人谢新冲处做手机定位30余个，后转卖给被告人刘红波等人或用于公司调查。程春郊还从刘红波处非法获取座机名址、移动手机名址等公民个人信息近10条，后转卖给被告人刘海亮。被告人张超英于2009年3月至12月案发期间，从被告人谢新冲处非法获取公民手机定位10余个。

**一审诉辩情况**

北京市人民检察院第二分院以被告人谢新冲犯出售公民个人信息罪、被告人刘海亮、程春郊、张超英犯非法获取公民个人信息罪，向北京市第二中级人民法院提起公诉。

谢新冲辩护人的辩护意见是：谢新冲系初犯，认罪态度好，揭发他人犯罪事实，未造成严重的社会危害后果，认罪悔罪，建议法院对其从轻处罚。

刘海亮辩护人的辩护意见是：刘海亮没有转卖给程春郊信息，归案后能如实供述犯罪事实，又系初犯，社会危害性较小，建议法院对其从轻处罚。

▶ 一审裁判结果 ◀

一审法院北京市第二中级人民法院经审理判决如下：被告人谢新冲犯出售公民个人信息罪，判处有期徒刑 2 年 2 个月，并处罚金人民币 26000 元。被告人刘海亮犯非法获取公民个人信息罪，判处有期徒刑 1 年 9 个月，并处罚金人民币 21000 元。被告人程春郊犯非法获取公民个人信息罪，判处有期徒刑 1 年 9 个月，并处罚金人民币 21000 元。被告人张超英犯非法获取公民个人信息罪，判处有期徒刑 1 年 5 个月，缓刑 1 年 5 个月，并处罚金人民币 17000 元。

▶ 一审裁判理由 ◀

北京市第二中级人民法院认为：被告人谢新冲作为电信单位工作人员，违反国家规定，将本单位在履行职责或者提供服务过程中获得的公民个人信息，出售给他人，情节严重，其行为已构成出售公民个人信息罪；被告人刘海亮、程春郊、张超英以买卖等方法非法获取公民个人信息，情节严重，其行为已构成非法获取公民个人信息罪。刘海亮与程春郊的部分行为构成共同犯罪。鉴于各被告人归案后能如实供述自己的罪行，故对各被告人从轻处罚。鉴于张超英的犯罪情节较轻，均有悔罪表现，没有再犯罪的危险，可对其宣告缓刑。

▶ 二审诉辩情况 ◀

一审宣判后，谢新冲认为原判量刑过重，提出上诉。

▶ 二审裁判结果 ◀

北京市高级人民法院经审理认为：原判定罪及适用法律正确，量刑及追缴违法所得及对随案移送款物的处理适当，审判程序合法，应予维持。依照《中华人民共和国刑事诉讼法》第 189 条第 1 项的规定，裁定驳回谢新冲的上诉，维持原判。

## 173. 如何认定非法获取公民个人信息情节严重？

非法获取公民个人信息情节严重具体包括获取多人信息；多次获取公民个人信息的；给公民造成严重经济损失或者严重影响到公民个人的正常生活的；造成恶劣的社会影响的；对国家安全

> 以及社会民生造成影响的；获取的公民个人信息被用于违法犯罪活动等情形。

## 典型疑难案件参考

霍某等非法获取公民个人信息案（上海市浦东新区人民法院刑事判决书〔2012〕浦刑初字第2092号）

### 基本案情

2009年3月26日至2011年6月21日，被告人霍某为谋取非法利益，注册成立上海舍予商务咨询有限公司（以下简称舍予公司），并于2011年3月至6月聘用被告人沙某某为该公司业务经理，从事非法获取、出售各类公民个人信息业务。其间，被告人霍某在互联网上发布舍予公司可接受调查公民个人信息的广告招揽客户后，利用QQ等网络平台低价向他人非法获取各类公民个人信息后，加价出售从中获利。现查实其中包括移动电话通话详单15张、户籍资料27份、宾馆住宿登记信息13份、航班信息3份、出入境记录1份、移动电话定位信息1份等。其中，被告人沙某某在被告人霍某指使下非法获取移动电话通话详单6张、宾馆住宿登记信息2份、移动电话定位信息1份等。

### 诉辩情况

检察机关认为被告人行为构成非法获取公民个人信息罪，应当依法追究其刑事法律责任。

被告人对自己的犯罪事实供认不讳。

### 裁判结果

审理法院依照《中华人民共和国刑法》第253条之一第1款、第2款、第25条第1款、第26条、第27条、第67条第3款、第72条、第73条、第53条、第64条之规定，判决如下：

一、被告人霍某犯非法获取公民个人信息罪，判处有期徒刑1年，缓刑1年，罚金人民币2万元；

二、被告人沙某某犯非法获取公民个人信息罪，判处拘役6个月，缓刑6个月，罚金人民币5000元；

三、查获的犯罪工具，予以没收。

**裁判理由**

法院经审理认为：被告人霍某、沙某某非法获取公民个人信息，情节严重，其行为均已构成非法获取公民个人信息罪。检察机关指控的罪名成立。在共同犯罪中，被告人霍某系主犯，被告人沙某某系起次要作用的从犯，依法对其从轻处罚。被告人霍某、沙某某如实供述罪行，且自愿认罪，依法从轻处罚。辩护人所提对被告人从轻处罚的相关意见，予以采纳。

## 侵犯公民个人信息罪办案依据集成

### 刑法条文

第二百五十三条之一 【出售、非法提供公民个人信息罪】国家机关或者金融、电信、交通、教育、医疗等单位的工作人员，违反国家规定，将本单位在履行职责或者提供服务过程中获得的公民个人信息，出售或者非法提供给他人，情节严重的，处三年以下有期徒刑或者拘役，并处或者单处罚金。

【非法获取公民个人信息罪】窃取或者以其他方法非法获取上述信息，情节严重的，依照前款的规定处罚。

单位犯前两款罪的，对单位判处罚金，并对其直接负责的主管人员和其他直接责任人员，依照各该款的规定处罚。

# 二十一、破坏选举罪

### 174. 怎样界定破坏选举罪成立的范围？

破坏选举行为，侵犯了人民管理国家的权利，应当受到法律的制裁。本罪所破坏的选举活动，必须是各级人民代表大会代表和国家机关领导人员的选举活动，包括选民登记、提出候选人、投票选举、补选、罢免、统计票数、宣布选举结果等各项选举活动。

### 175. 如何认定破坏选举罪的客观方面？

本罪犯罪的客观方面，表现为以暴力、威胁、欺骗、伪造选举文件、虚报选举票数等手段破坏选举或者妨害选民和代表自由行使选举权和被选举权，情节严重的行为。暴力破坏选举是指对选民、各级人民代表大会代表、候选人、选举工作人员等进行殴打、捆绑等人身伤害，或者以暴力破坏选举场所，使选举工作无法进行。"威胁"，是指以杀害、伤害、破坏名誉、损害财产等进行要挟，迫使选民、各级人民代表大会代表、候选人选举工作人员不能自由行使选举权和被选举权，或者在选举工作中不能正常履行职责。"欺骗"，是指编造严重不符合事实的情况或者捏造对选举有重大影响的事实，并加以散布、宣传，扰乱正常的选举活动。"伪造选举文件"，是指伪造选民证、选票等文件。"虚报选举票数"，是指选举工作人员对统计出来的选票数、赞成票数、反对票数进行虚报、假报（多报或少报）。"贿赂"，是指用金钱或者其他物质利益收买选民、人民代表、候选人、选举工作人员，使他们违反自己的真实意愿参加选举或者在选举工作中进行舞弊活动。按照法律规定，行为人只要实施了上述行为中的一种行为，就构成本罪。

### 176. 破坏选举罪的犯罪主体是否要求特殊主体？

本罪犯罪主体是一般主体，凡达到刑事责任年龄、具有刑事责任能力的自然人均可构成本罪。行为人既可以是有选举权和被选举权的人，也可以是无选举权和被选举权的人；既可以是选举工作人员，也可以是选民或者代表。

#### 典型疑难案件参考

玉廷等破坏选举案

**基本案情**

被告人玉廷因被组织列为正科级领导，干部考核落选后，即心怀不满。2006年10月4日中午，玉廷遂纠集被告人韦兰春、覃以飞、韦世锋策划要选本地人当乡长，有意把组织已选定为乡人大主任的莫修文推上政府乡长职位，授意指使韦兰春、覃以飞、韦世锋要加紧为莫修文拉选票，并拿出1000元人民币交给韦兰春、覃以飞作为活动经费，叫韦以其当上蔗管员的名义，请安东乡各村的人大代表吃饭，让代表们统一思想，要选莫修文当乡长。被告人韦兰春、覃以飞、韦世锋接受玉廷的旨意后，于2006年10月8日联络桃源、安东、国辉、新桥4个村委会的主要领导和人大代表蓝青武、黄树林、罗泽群、莫大春、麦美意、莫安文等9人吃饭。席间，韦世锋首先作主持讲话，强调在座各位不但要统一思想，回去以后还要负责做好本村各个人大代表的思想工作，要选本地人莫修文当乡长，在座的代表都作了赞同表态。致使2006年10月11日在安东乡第十届人大第一次会议的人大、政府班子的换届选举中，参加会议代表54名，莫修文以49票和36票的最高赞成票，既当选为乡人大主任，又当选为政府乡长这一不真实的选举结果。

**一审诉辩情况**

忻城县人民检察院指控称被告人的行为构成破坏选举罪，应依法承担刑事责任。

被告人玉廷辩称：其没有心怀不满和纠集韦兰春、覃以飞、韦世锋吃饭，也没有策划选莫修文当乡长。其给韦兰春1000元，是归还借款，不是活动经费；其将1000元给韦兰春时，其也不知道韦兰春当上蔗管员。

其辩护人的辩护意见是：指控玉廷破坏选举不符合"国家工作人员利用职权实施的破坏选举案"的立案标准，侦查程序违法，指控的罪名不成立，被告人玉廷无罪。

被告人辩护人的辩护意见是：（1）玉廷拿1000元出来，覃以飞并没有接受，而是韦兰春保管和支配；（2）乡长的空缺不能全部由4被告人承担；（3）覃以飞主观上没有恶意要破坏安东乡的政府选举。

### 一审裁判结果

一审法院忻城县人民法院判决：被告人玉廷犯破坏选举罪，判处有期徒刑3年；被告人韦兰春犯破坏选举罪，判处拘役6个月，缓刑6个月；被告人覃以飞犯破坏选举罪，剥夺政治权利1年；被告人韦世锋犯破坏选举罪，剥夺政治权利1年。

### 一审裁判理由

忻城县人民法院经审理认为：被告人玉廷、韦兰春、韦世锋、覃以飞无视国家法律，在选举国家机关领导人员时，采用贿赂人民代表的手段，破坏选举，妨害代表自由行使选举权和被选举权，情节严重，其行为已触犯我国刑律，构成破坏选举罪。检察机关指控被告人玉廷、韦兰春、韦世锋、覃以飞犯破坏选举罪成立。被告人玉廷在共同犯罪中起主要作用，是主犯，应当按照其所参与的全部犯罪处罚。被告人韦兰春、覃以飞、韦世锋在共同犯罪中起次要作用，是从犯，应当从轻处罚。对于被告人玉廷的辩护人提出的辩护意见。本院认为，国家机关工作人员利用职权实施的破坏选举案应由人民检察院立案侦查。本案中，被告人玉廷是国家机关工作人员，其曾任忻城县安东乡党委副书记，但其授意指使被告人韦兰春、覃以飞、韦世锋非法拉选票选莫修文当乡长时，其已调任忻城县红渡工业园区管委会副主任，不在安东乡任职，其就不存在利用职权实施破坏选举，因此本案就不应由人民检察院立案侦查。在安东乡人民政府换届选举乡长时，参加会议代表54名，投票后，莫修文获36票是事实，但这是经过拉选票后才得到的36票，这一结果是不真实的。由于选举结果的不真实，致使乡长一职空缺，是4被告人的行为造成的，因此对辩护人的这一辩护意见不予采纳。对于被告人覃以飞的辩护人提出，乡长的空缺不应全部由4被告人承担及要求对覃以飞免除刑事处罚。本院认为：在选举前，4被告人通过请代表吃饭，让代表们统一思想，选举莫修文当乡长，因而造成选举结果的不真实，致使乡长一职的空缺，是4被告人的行为造成的，故对辩护人的辩护意见不予采纳。被告人玉廷认罪态度较差，应从重处罚，被告人韦兰春、覃以飞、韦世锋认罪态度较好可以从轻处罚。

### 二审诉辩情况

上诉人（原审被告人）玉廷辩称：原判认定其破坏选举事实不清，证据不足；

其辩护人提出的辩护意见是：原判追究玉廷破坏选举的刑事责任，事实不清，证据不足。

### 二审裁判结果

二审法院来宾市中级人民法院判决如下：

一、维持忻城县人民法院〔2007〕忻刑初字第41号刑事判决第2、3、4项，即原审被告人韦兰春犯破坏选举罪，判处拘役6个月，缓刑6个月；原审被告人覃以飞犯破坏选举罪，剥夺政治权利1年；原审被告人韦世锋犯破坏选举罪，剥夺政治权利1年；

二、撤销忻城县人民法院〔2007〕年忻刑初字第41号刑事判第1项，即上诉人玉廷犯破坏选举罪判处有期徒刑3年；

三、上诉人（原审被告人）玉廷犯破坏选举罪判处有期徒刑1年。

### 二审裁判理由

广西壮族自治区来宾市中级人民法院经审理认为：上诉人玉廷因被列为正科级领导干部予以考核后不得应用，而对组织不满，遂组织原审被告人韦兰春、覃以飞、韦世锋在选举国家机关领导人时，采用贿赂人民代表的手段，妨害代表自由行使选举权，破坏选举，造成选举结果不真实，情节严重，其行为已触犯我国刑律，构成破坏选举罪。2006年10月8日，上诉人等在重庆永川饭店吃饭时，是韦兰春等原审被告人接受玉廷的犯罪旨意后，部署破坏选举的具体方法和步骤，即要一同进餐的村干和代表们统一思想，并让这些人去做更多人大代表的思想工作，进而为莫修文当选乡长拉票。罗泽吉、莫冠金等11人的证人证言证实要投票选莫修文当乡长，虽然没有任何证人证言证实系上诉人玉廷通过贿赂手段为莫修文当乡长拉选票，那是因为上诉人玉廷没有参加重庆永川饭店吃饭，没有亲口与在重庆永川饭店一同吃饭的村委干部和人大代表蓝青武、黄树林、罗泽群、莫春大、麦美意、莫安文等人要为莫修文拉选票，但是，他是通过韦兰春、覃以飞、韦世锋3人去实施为莫修文拉选票的意图，而且，韦兰春、覃以飞、韦世锋也按玉廷意图实施了为莫修文拉选票的行为。所以，罗泽吉、莫冠金等11人没有提到玉廷如何要求代表们为莫修文拉选票的证言，是客观的真实的。总之，上诉人玉廷于选举前，组织并授意原审被告人韦兰春、覃以飞、韦世锋用其给的1000元钱请黄树林等6名人大代表吃饭，并通过接受吃请的代表去做更多代表的工作，为莫修文拉选票，妨害代表自由行使选举权，致使选举时乡长等额候选人票数未超过半数而落选，组织意图未能实现。本案事实清楚，证据确实、充分，足以认定。上诉人玉廷及其辩护人提出的辩护意见。经查没有事实和法律依据，理由不当，不予采纳。原审法院根据上诉人玉廷及原审被告人韦兰春、覃以飞、韦世锋犯罪的事实、情节及对社会的危害程度，定性准确，对韦兰春、覃以飞、韦世锋量刑适当，审判程序合法，唯有对上诉人玉廷量刑过重。应予纠正。

### 177. 过失能否构成破坏选举罪？

依据现行《刑法》规定，过失不构成破坏选举罪。破坏选举罪在主观方面表现为故意。一般出于破坏选举或妨害选民、代表自由行使选举权利的目的。犯罪的动机是各种各样的，有的是出于给自己或自己亲友争取选票，有的是想阻止自己不满的候选人当选，也有的是对选举工作有意见等。不同的动机，不影响定罪。

### 178. 破坏选举在客观方面的表现与渎职行为有什么区别？

破坏选举在客观方面必须具有破坏选举或者妨害选民和代表自由行使选举权和被选举权的行为。至于破坏选举或妨害选民和代表自由行使选举权和被选举权的方式则多种多样，既可以表现为积极的作为如以暴力妨害，又可以表现为消极的不作为如故意漏登选民名单。而渎职是指国家工作人员在履行职责或者行使职权过程中，玩忽职守、滥用职权或者徇私舞弊，致使国家财产、国家和人民利益遭受重大损失的行为。

## 典型疑难案件参考

### 邓羽、朱齐荣破坏选举案

**基本案情**

2002年12月,瑞昌市第四届人大代表换届选举期间,被告人邓羽、朱齐荣受组织委派负责组织洪下乡第五选区联和片区选民的选举投票工作。该选区共推举两名市人大代表候选人,分别是瓜山村党支部书记杨能德和该村北徐小组组长徐世松。12月28日下午选举投票开始,因为时间紧,在朱齐荣未到之前,被告人邓羽即同该村村长邓必品带着选票,提着流动票箱,到瓜山村新屋邓小组组织选举投票,被告人邓羽为图省事,便将该组180张选票交由组长邓见雄发放给各选民填写。邓见雄仅召集邓见进、邓仁柱等少数村民在其家中进行代填,被告人邓羽未予制止。邓见雄、邓见进、邓仁柱等人将所发放的选票全部代填后投进流动票箱。朱齐荣到后,被告人邓羽带着选票,被告人朱齐荣提着流动票箱,由邓必品带路,到该村老屋邓小组组织选民投票。被告人邓羽将该组82张选票交由组长邓安湖发放给各选民填写。该组以同样方法,由邓安湖、邓仁学、邓见喜等少数村民在邓仁学家将所发放的大部分选票进行代填,并投进了流动票箱,二被告人仍未制止。少数选票由组长上门交给邓安金等人代填。翌日上午,被告人邓羽、朱齐荣在瓜山村北杨小组组织选举投票。被告人邓羽将该组207张选票发放给杨开朝,杨开朝即同杨开刚、杨开发等少数村民在村支书杨能德家,将大部分选票进行代填后,投进了被告人朱齐荣所掌管的流动票箱。被告人邓羽返回后,见还有少数选票未填写,便同被告人朱齐荣上门将余下选票交由杨开茂、杨能大、杨传财等人填写。选举投票结束后,二被告人将选票上报选区汇总,进行计票登记。当日选举结果产生,杨能德被该选区选举为市人大代表。后经瑞昌市人大常委会代表资格审查委员会审查,洪下乡第五选区选举程序违法,选举结果无效。该选区后未再重新补选市人大代表。

**诉辩情况**

瑞昌市人民检察院指控被告人邓羽、朱齐荣身为选区领导小组成员违反选举程序,组织少数村民代填选票,妨害选民自由行使选举权,破坏选举,致使选举结果无效,情节严重,其行为均触犯了《中华人民共和国刑法》第256条的规定,应以破坏选举罪追究其刑事责任,请依法予以判处。

被告人邓羽、朱齐荣均辩解称:不是其组织少数村民代填选票,起诉书认定其是选区领导小组成员不实。其主观上没有破坏选举的故意,只是因为时间紧才未认真履行工作职责，属渎职行为。被告人邓羽的辩护人提出的辩护意见是：该案事实不清，证据不足。因为检察机关当庭所举的证据有一部分是联合调查组的谈话笔录，虽有检察人员参加，但也是以联合调查组的名义进行的。后检察机关虽对这些材料进行过复核，但未作实质性核查，其实质上还是以联合调查组的谈话笔录作为本案的定案依据，这是不合法的。起诉书指控被告人邓羽组织少数村民代填选票，并填写了469张是不实的。被告人邓羽主观上没有破坏选举的故意，其客观上也没有实施破坏选举的行为，其只是对工作不负责任，属渎职行为。请法庭予以考虑。

### 裁判结果

法院根据《中华人民共和国刑法》第256条、第37条之规定，判决如下：

一、被告人邓羽犯破坏选举罪，免予刑事处罚；
二、被告人朱齐荣犯破坏选举罪，免予刑事处罚。

### 裁判理由

法院生效判决认为：对于被告人邓羽、朱齐荣提出的不是其组织少数村民代填选票，其不是村选举领导小组成员的辩解。经查，被告人邓羽、朱齐荣在整个选举投票过程中，选票均是发放给各组组长，由组长召集少数村民代填，二被告人只将余下少数还未填写的选票上门进行选举投票，故不能认定为是二被告人的组织行为。根据证人杨能德证实，瓜山村选举领导小组成员名单中没有被告人邓羽、朱齐荣。二被告人的辩解与上述查明的事实相符，本院予以采纳。

对于被告人邓羽、朱齐荣提出的其主观上没有破坏选举的故意，是渎职行为的辩解。经查，各组少数村民代填选票的行为均是当着二被告人的面进行的。二被告人明知这种做法违反了选举程序，属无效行为。无效行为自始无效，所代填的选票必然是无效选票，而二被告人隐瞒代填选票这一事实真相，仍将所代填的无效选票予以上报，进行计票登记，以致产生不真实的选举结果。故其主观上有明显故意，客观上有隐瞒代填选票的事实和将所代填的无效选票作为有效选票予以上报的虚报行为。至于其动机如何，不影响本罪成立。

综上所述，被告人邓羽、朱齐荣在负责瑞昌市洪下乡第五选区联和片区选民选举县级人民代表大会代表过程中，违反选举程序，放任少数村民代填选票，妨害了选民自由行使选举权。二被告人明知少数村民所代填的选票无效，仍予以隐瞒并作为有效选票上报，进行计票登记，以致产生不真实的选举结果，从而造成该选区选举结果无效，并导致该地区无市人大代表的严重后果，情节严重，其行为均已构成破坏选举罪。起诉书指控的罪名成立，本院予以确认。但被告人邓羽、朱齐荣在具体实施犯罪过程中，未指使少数村民代填选票，其犯罪手段及方法等情节轻微，二被告人行为所导致的违法结果未能最终成就，且在事情发生后积极配合有关部门调查，认罪态度好。

### 179. 破坏选举罪的主观罪过如何认定？

破坏选举罪的主观罪过是故意，即行为人明知自己的行为会破坏各级人大代表和国家机关领导人员的选举，明知自己的行为会侵犯了公民的选举权、被选举权以及正常的选举秩序，并希望这种结果发生的主观心理态度。行为人破坏选举的故意，可以从行为人所采取的暴力、威胁、欺骗、贿赂、伪造选举文件、虚报选举票数等手段进行综合考量认定。

## 典型疑难案件参考

姚二建等破坏选举案（河南省三门峡市中级人民法院刑事裁定书〔2009〕三刑终字第95号）

### 基本案情

2007年2月27日，三门峡市湖滨区会兴街道办事处上村选区的4个投票点依法进行湖滨区第十届人大代表选举。当日上午8时许，被告人姚二建（上村三组组长、上村选区选举工作领导小组成员）、陈平社与上村第三投票点其他工作人员从村委领取本组选民选票后，高某某以姚二建剥夺了其兄弟（高瑞某）媳妇侯某某的选举权为由，与姚二建发生争执、撕扯，并踩坏票箱。后侯某某、张某某等人堵住三组投票点，即老年俱乐部不让选举。会兴街道办事处及会兴村委两级干部进行劝解。当日11时许，高某某及其家人被做通工作后，选区领导小组通过村委广播通知三组村民到老年俱乐部进行选举，但被告人姚二建、陈平社将该组选票带走。此后，姚二建到陈平社家，二人商量下午一同上访。同时，选区领导小组决定下午组织三组村民进行选举。当日14时许，姚二建、陈平社携带本组选票到区、市两级人大反映问题。会兴街道办事处、上村村委两级干部柴某某、宋某某、王某某按照选区领导小组的意见让二被告人回村组织本组选民进行选举或者交出选票，但二被告人均予以拒绝。16时许，会兴街道办事处选举工作指导小组请示区人大后，及时组织人员在备用选票上重新加章并填写选民选票。选区领导小组组织两名工作人员在村干部的配合下，于17时40分到上村第三组选民家中进行入户选举。待选举结束将选举情况汇总后向湖滨区人民代表选举委员会上报选举结果时已超过法定时间。会兴街道上村选区选举失败。

▶ 一审诉辩情况

检察机关认为：被告人行为构成破坏选举罪，应当依法追究其刑事法律责任。

被告人及其辩护人认为被告人没有破坏选举的主观故意，亦没有实施破坏选举的危害行为，不构成破坏选举罪。

▶ 一审裁判结果

一审法院依照《中华人民共和国刑法》第256条、第25条第1款之规定，判决被告人姚二建犯破坏选举罪，判处有期徒刑1年3个月；被告人陈平社犯破坏选举罪，判处有期徒刑1年3个月。

▶ 一审裁判理由

一审法院认为：在三门峡市湖滨区第十届人大代表选举（会兴街道办上村选区选举人大代表）过程中，被告人姚二建（本选区领导小组成员、人大代表候选人）、陈平社作为本选区工作人员，在组织第三村民小组选举过程中，以高某某踩坏票箱和到区人大等处反映问题为由，在明知带走选票的行为会发生选举无法正常进行的危害后果，仍然携票离开投票点，带走选票，既不组织第三小组选民进行选举，又拒绝交出选票，破坏了选举活动的正常进行，妨害了选民依法及时行使选举权和被选举权，积极追求选举不能进行这种危害结果的发生，且导致该选区选举失败，情节严重，其行为均已构成破坏选举罪。

▶ 二审诉辩情况

被告人姚二建上诉称：（1）2007年2月27日上午8点半至12点是上村法定的投票时间，12点后的投票是无效的。上午8点半投票前，高某某以组里漏登其兄弟媳妇侯某某的选民资格为由，殴打自己、高某某伙同其亲属还将投票点的大门锁住、一直站在组长办公室外面，让自己没法出去，到12点其他3个组把选好的票箱抱到村委，自己才回家，自己回去时没见选票。事后听陈平社说，他把选票给了村委副书记宋某强，宋某强不要，他才把选票带回家。(2) 下午 2 点半自己和陈平社带着 3 组的全部选票到湖滨区人大，是去举报高某某在选举的时候打自己、踩踏票箱、锁大门没人管；还举报选区里刘某某及其家人把选票垄断、让家里人代填别的选民的选票。(3) 下午自己和陈平社到区人大举报后，村委干部宋某强、王某刚、街道办事处干部柴某某到区人大接我们，他们只说接我们回去，没有说向我们要选票，也没有说下午再选。村选举领导小组在票箱被踩踏后的 11 点多，没有再开会研究决定继续选举。到下午区领导见我们时天都快黑了，他们抱着票箱入户是违反选举法的。(4) 高某某的责任应当追究。(5) 2007 年 2 月 27 日选举失败后到 2007 年 10 月 14 日，为何时隔 7 个月公安机关才调查这个案件？为什么在公安机关调查后他的亲戚才把责任推到我身上。(6) 我有信心战胜刘国升当人大代表，我没有理由破坏选举，让选举失败等。其辩护人辩称：(1) 姚二建不构成破坏选举罪。姚二建没有破坏选举的犯罪故意和犯罪行为，判决书认定姚二建在区人大代表选举中的行为行为不符合《刑法》第 256 条破坏选举罪所列的犯罪行为，构不成破坏选举罪。(2) 姚二建、陈平社破坏选举案，是一起陷害案。请求二审依法撤销一审判决，宣告姚二建无罪等。

被告人陈平社上诉称：自己没有破坏选举，破坏选举的是高建良和他家人。自己当天下午到区人大是去举报高某某他们破坏选举的情况，一审判决对自己不公正。其辩护人辩称：(1) 破坏选举的是高某某和他家人，不是被告人姚二建和陈平社。(2) 上村选区选举程序违法。(3) 被告人陈平社没有参与破坏选举。陈平社到区人大是去举报高某某他们破坏选举的情况，会兴街道办干部柴某某一行 3 人并没有向被告人陈平社要过选票，只是劝说姚二建有啥事回去再说，姚二建也没有叫陈平社把选票交出。(4) 一审法院采信未到庭质证的证人证言，采信无效证据给被告人定罪。(5) 本案有政治背景，定破坏选举是对姚二建、陈平社的政治陷害。被告人陈平社无罪。

### 二审裁判结果

二审法院依照《中华人民共和国刑事诉讼法》第 189 条第 1 项之规定，裁定如下：驳回上诉，维持原判。

### 二审裁判理由

法院生效判决认为：关于原审被告人姚二建的第 1 个上诉理由。经查，有湖滨区选举委员会文件和会兴街道党工委、办事处和上村党支部、村委会以及村干部高某强、王某军、刘某良等人证明，上村选举区人大代表的法定时间是当天 24 时之前，故姚二建称"上午 8 点半至 12 点是上村法定的投票时间、12

点后的投票是无效"的上诉理由不能成立。关于其第2、3个上诉理由。经查,有二被告人在侦查阶段的供述和村委干部宋某强、王某刚、会兴街道办事处干部柴某某、三组村民高某庄等人证言、会兴街道党工委、办事处及会兴村党支部、村委会证明能够证实,在当天上午因高建良及其亲属与姚二建为漏登选民问题发生争执及高某某殴打姚二建、踩踏票箱等事件被平息后,选区领导小组决定下午继续组织三组选民选举的情况下,作为选举工作人员的二被告人拒不组织选举,而是经共谋后携带三组选票到湖滨区人大和三门峡市委"上访",在会兴街道办及村干部找到并劝其回村组织选民继续选举的情况下,仍拒绝交出选票、拒不组织选举,对最终导致选举结果超时无效具有不可推卸的责任。故该上诉理由不能成立。关于其第5个上诉理由,经查,会兴街道党工委、办事处已出具证明予以说明,在选举失败后的2007年3月和4月已有村民举报要求查究姚二建等人破坏选举的行为,卷中也有相关举报材料相印证。其辩护人辩称姚二建无破坏选举的故意和行为、判决书认定姚二建在区人大代表选举中的行为不符合《刑法》第256条破坏选举罪所列的犯罪行为,构不成破坏选举罪,经查,我国《刑法》第256条规定:破坏选举罪,是指在选举各级人民代表大会代表和国家机关领导人员时,以暴力、威胁、欺骗、贿赂、伪造选举文件、虚报选举票数等手段破坏选举或者妨害选民和代表自由行使选举权和被选举权,情节严重的行为,该条文所列举的几种情况并未穷尽破坏选举的手段,根据被告人姚二建伙同被告人陈平社在区人大代表选举中身为选举工作人员其明知仍能将选举进行下去的时候拒不组织选民选举、拒不交出选票并导致发生选举无效的结果,其行为应当属于破坏选举情节严重的行为,符合破坏选举罪的构成要件,构成破坏选举罪。其辩护人称,高某某、侯某某、张某某犯了破坏选举罪应当处理。经查,上述3人不属本院管辖范围。其辩护人称,姚二建陈平社破坏选举案是一起陷害案。经查,理由不足,不能成立。

关于原审被告人陈平社及其辩护人称陈平社没有破坏选举、破坏选举的是高某某和他家人。陈平社当天下午到区人大是去举报高建良他们破坏选举的情况,会兴街道办干部柴某某一行3人并没有向陈平社要过选票、只是劝说姚二建回去,姚二建也没有叫陈平社把选票交出,一审判决不公正的上诉理由和辩护意见。经查,有二被告人在侦查阶段的供述和村委干部宋某强、王某刚、会兴街道办事处干部柴某某等人证言、会兴街道党工委、办事处及会兴村党支部、村委会证明能够证实,在当天上午因高某某及其亲属与姚二建为漏登选民问题发生争执、殴打姚二建、踩踏票箱等事件被平息后,选区领导小组决定下午继续组织三组选民选举的情况下,作为选举工作人员的二被告人拒不组织选举,而是经共谋后携带三组选票到湖滨区人大和三门峡市委"上访",在会兴街道办及村干部找到并劝其回村组织选民继续选举的情况下,仍拒绝交出选票、拒不组织选举,其行为属于破坏选举,该行为对最终导致选举结果超时选举无效具有不可推卸的责任。故该上诉理由不能成立。

综上所述,二审法院认为:原审被告人姚二建作为本选区选举领导小组成员、人大代表候选人、原审被告人陈平社作为本选区工作人员,在组织第三小组选举湖滨区人大代表过程中,二人共谋后以高某某踩坏票箱和到区人大等部门反映选举出现的问题为由,擅自带走选票,后又在村委干部和会兴街道办干部要求其交出选票、回村组织选举的情况下,既不组织第三小组选民进行选举,又拒绝交出选票,破坏了选举活动的正常进行,妨害了选民依法及时行使选举权和被选举权,且导致该选区选举无效,情节严重,其行为已共同构成破坏选举罪。原判认定事实清楚,证据确实充分,定罪准确,量刑适当,审判程序合法。原审被告人姚二建、陈平社及其辩护人关于二原审被告人不构成破坏选举罪的上诉理由和辩护意见。经查,不能成立,法院不予支持。

### 180. 破坏选举罪的客观行为表现有哪些?

破坏选举罪的客观行为表现为以各种方式破坏了各级人民代表大会代表和国家机关领导人的选举。破坏选举的行为表现是:一是以暴力、威胁、欺骗、贿赂、伪造选举文件、虚报选举票数等手段破坏选举。其中,暴力、威胁、欺骗、贿赂的对象是选民、候选人以及选举工作人员。二是妨碍选民和代表自由行使选举权和被选举权,这是上述破坏选举各种行为方式的本质特征。

### 典型疑难案件参考

孙士忠等破坏选举案(浙江省台州市路桥区人民法院刑事判决书〔2007〕路刑初字第184号)

**基本案情**

2006年12月5日下午,董金宝(另案处理)为了顺利选上台州市路桥区人民代表大会代表,纠集被告人孙士忠、丁云玉等人,被告人孙士忠又纠集了被告人朱胜杰、郝小强、朱青坡,以贿买方式进行拉票。董金宝交给被告人丁云玉人民币70000元,并让被告人丁云玉将钱和被告人孙士忠、朱胜杰、郝小强、朱青坡送到路桥区峰江街道白枫岙村。在峰江街道白枫岙村，被告人丁云玉将70000元钱分给被告人孙士忠、朱胜杰、郝小强、朱青坡及"烂三"等人，并交代被告人孙士忠、朱胜杰、郝小强、朱青坡等分别跟着提选票箱的人在峰江街道白枫岙村几个小队里以50元1张选票的方法向选民购买选票，让选民将选票投给董金宝。当天下午16时许，董金宝因用于贿买选票的钱不够，即打电话给被告人丁云玉向丁借30000元，被告人丁云玉明知董将钱用于购买选票而将钱借给董。被告人孙士忠等人的行为造成此次路桥区峰江街道第一选区选举路桥区人大代表的秩序遭到破坏，致使该街道第一选区选举无效。

### 诉辩情况

检察机关认为被告人行为构成破坏选举罪，应当依法追究其刑事法律责任。

各被告人对自己的犯罪事实均供认不讳，请求法院从轻考虑处罚。

### 裁判结果

审理法院依照《中华人民共和国刑法》第256条、第25条第1款、第26条第1款、第4款、第27条、第65条第1款、第67条第1款、第72条第1款、第64条之规定，判决如下：

一、被告人孙士忠犯破坏选举罪，判处有期徒刑9个月。被告人朱胜杰犯破坏选举罪，判处有期徒刑9个月。被告人郝小强犯破坏选举罪，判处拘役5个月。被告人朱青坡犯破坏选举罪，判处拘役5个月。被告人丁云玉犯破坏选举罪，判处有期徒刑9个月，缓刑1年；

二、随案移送的赃款人民币8700元予以没收，上缴国库。

### 裁判理由

审理法院认为：被告人孙士忠、朱胜杰、郝小强、朱青坡、丁云玉在选举区级人民代表大会代表时，受人指使结伙以贿赂手段破坏选举，致使选举无法正常进行，导致此次选举无效，情节严重，其行为均已构成破坏选举罪。被告人孙士忠、丁云玉在共同犯罪中起主要作用，系主犯，应按其所参与的全部犯罪处罚；被告人朱胜杰、郝小强、朱青坡在共同犯罪中起次要作用，系从犯，依法予以从轻处罚。被告人朱胜杰在前科刑罚有期徒刑执行完毕后5年内又犯应处有期徒刑以上刑罚之罪，系累犯，依法予以从重处罚。被告人丁云玉案发后能自首，认罪态度好，确有悔罪表现，依法予以从轻处罚。5被告人归案后认罪态度较好，均酌情予以从轻处罚。检察机关的指控，事实清楚，罪名成立，适用法律正确。检察机关提出的被告人丁云玉能自首，依法可从轻处罚的意见和4辩护人提出被告人认罪态度好,可酌情从轻处罚的意见,均与事实相符,法院判决予以采纳。被告人孙士忠、丁云玉的辩护人认为两被告人在共同犯罪中的作用较小的意见,与事实不符,法院不予采纳。被告人郝小强的辩护人认为郝系从犯的意见,法院予以采纳;但认为郝系自首的意见与事实不符,法院不予采纳。

# 破坏选举罪办案依据集成

## 刑法条文

第二百五十六条 【破坏选举罪】在选举各级人民代表大会代表和国家机关领导人员时,以暴力、威胁、欺骗、贿赂、伪造选举文件、虚报选举票数等手段破坏选举或者妨害选民和代表自由行使选举权和被选举权,情节严重的,处三年以下有期徒刑、拘役或者剥夺政治权利。

## 立案标准

**1. 最高人民检察院《人民检察院直接受理立案侦查的渎职侵权重特大案件标准(试行)》**(2002年1月1日 高检发〔2001〕13号)(节录)

四十、国家机关工作人员利用职权实施的破坏选举案

(一)重大案件

1. 导致乡镇级选举无法进行或者选举无效的;

2. 实施破坏选举行为,取得县级领导职务或者人大代表资格的。

(二)特大案件

1. 导致县级以上选举无法进行或者选举无效的;

2. 实施破坏选举行为,取得市级以上领导职务或者人大代表资格的。

**2. 最高人民检察院《关于渎职侵权犯罪案件立案标准的规定》**(2006年7月26日 高检发释字〔2006〕2号)(节录)

二、国家机关工作人员利用职权实施的侵犯公民人身权利、民主权利犯罪案件

(七)国家机关工作人员利用职权实施的破坏选举案(第二百五十六条)

破坏选举罪是指在选举各级人民代表大会代表和国家机关领导人员时,以暴力、威胁、欺骗、贿赂、伪造选举文件、虚报选举票数或者编造选举结果等手段破坏选举或者妨害选民和代表自由行使选举权和被选举权,情节严重的行为。

国家机关工作人员利用职权破坏选举,涉嫌下列情形之一的,应予立案:

1. 以暴力、威胁、欺骗、贿赂等手段,妨害选民、各级人民代表大会代表自由行使选举权和被选举权,致使选举无法正常进行,或者选举无效,或者选举结果不真实的;

2. 以暴力破坏选举场所或者选举设备,致使选举无法正常进行的;

3. 伪造选民证、选票等选举文件,虚报选举票数,产生不真实的选举结果或者强行宣布合法选举无效、非法选举有效的;

4. 聚众冲击选举场所或者故意扰乱选举场所秩序,使选举工作无法进行的;

5. 其他情节严重的情形。

三、附则

（三）本规定中的"国家机关工作人员"，是指在国家机关中从事公务的人员，包括在各级国家权力机关、行政机关、司法机关和军事机关中从事公务的人员。在依照法律、法规规定行使国家行政管理职权的组织中从事公务的人员，或者在受国家机关委托代表国家行使职权的组织中从事公务的人员，或者虽未列入国家机关人员编制但在国家机关中从事公务的人员，在代表国家机关行使职权时，视为国家机关工作人员。在乡（镇）以上中国共产党机关、人民政协机关中从事公务的人员，视为国家机关工作人员。

### 法律法规

**《中华人民共和国全国人民代表大会和地方各级人民代表大会选举法（1995年修正）》**（1980年1月1日）（节录）

第五十二条 为保障选民和代表自由行使选举权和被选举权，对有下列违法行为的，应当依法给予行政处分或者刑事处分：

（一）用暴力、威胁、欺骗、贿赂等非法手段破坏选举或者妨害选民和代表自由行使选举权和被选举权的；

（二）伪造选举文件、虚报选举票数或者有其他违法行为的；

（三）对于控告、检举选举中违法行为的人，或者对于提出要求罢免代表的人进行压制、报复的。

# 二十二、暴力干涉婚姻自由罪

### 181. 如何理解暴力干涉婚姻自由罪所侵犯的法益？

暴力干涉婚姻自由罪，侵犯的犯罪客体是婚姻自由权利和身体自由权，即当事人的婚姻自由权利和身体自由权利。所谓婚姻自由权，是指符合法律规定的结婚条件的男女，对于是否结婚、与谁结婚的自主决定权，包括恋爱、结婚、离婚的决定权；所谓身体自由权，是指当事人自由支配自己身体的权利。行为人使用暴力干涉他人婚姻自由，往往同时要以暴力手段限制他人身体的自由，所以本罪既侵犯了他人的婚姻自由权，又侵犯了他人的身体自由权。

### 182. 怎样看待我国少数民族地区风俗习惯中的抢婚行为？

我国有的少数民族有抢婚这种习俗，而且视这种习俗为结婚的一种方式。这种习俗虽然从表面上看违反了婚姻法关于婚姻自由的基本原则，但是该种习俗是少数民族地区民族文化特色的具体体现，不应作为《刑法》上规制打击的对象。所以，对这种抢婚方式，不应作犯罪处理。但是，在实际生活中，有的向女方求婚遭到拒绝后，便纠集一些人，用暴力手段把女方抢到自己家中，其情节严重的，则应当认定这种抢婚行为与少数民族风俗不符，构成了《刑法》中的暴力干涉婚姻自由罪，依法处以刑罚。

### 典型疑难案件参考

#### 肉孜暴力干涉婚姻自由案

### 基本案情

被告人肉孜的父母和自诉人阿斯亚的父母商定让自诉人阿斯亚与被告人肉孜成亲，为此肉孜的父母给自诉人家送去了礼品。因自诉人阿斯亚不同意与被告人肉孜结婚，退回了礼品。2005年8月23日晚，自诉人阿斯亚和姐姐坐畜力车从姑姑家回家时，被告人肉孜及其朋友吾甫尔、喀迪尔、吾麦尔（在逃）等在中途阻止，不顾自诉人阿斯亚极力反抗，用摩托车、汽车强行把自诉人阿斯亚带到伽师县卧力脱格拉克乡、巴楚具等地，强迫自诉人阿斯亚同意与被告人肉孜结婚。在实施强抢过程中，阿斯亚右腿被摩托车排气管烫伤。自诉人的父母闻讯后向公安机关报案。当月25日凌晨，公安人员解救了自诉人阿斯亚，并将被告人肉孜抓获。自诉人阿斯亚右腿被烫伤，经法医鉴定，自诉人阿斯亚的损伤为轻微伤。

### 诉辩情况

自诉人阿斯亚诉称：被告人肉孜及其同伙吾甫尔、喀迪尔、吾麦尔等强迫我同意与被告人肉孜结婚，为此非法限制了我的人身自由，并将我致伤。被告人的犯罪行为，致使我身心遭受痛苦，并造成经济损失。请求法院对被告人肉孜的犯罪行为依法给予刑事处罚，并判令被告人肉孜赔偿医疗、误工费、护理费及交通费、鉴定费共计1427元。

被告人肉孜辩称：我没有实施不正当的行为，只是劝她与我结婚。我们已经具备结婚的条件，我想办理结婚证与她结婚。我同意赔偿自诉人的经济损失。对我的行为不应给予刑事处罚。其辩护人提出：被告人实施行为的时间很短，情节轻微，因此不构成犯罪。

### 裁判结果

伽师县人民法院判决如下：

一、被告人肉孜犯暴力干涉婚姻自由罪，判处有期徒刑6个月；

二、被告人肉孜赔偿自诉人阿斯亚医疗费、误工费、护理费、交通费、鉴定费损失1427元，于本判决生效之日起10日内支付。

### 裁判理由

伽师县人民法院经审理认为：公民享有婚姻自主权，禁止买卖、包办婚姻和其他干涉婚姻自由的行为。被告人肉孜明知其父母给自诉人家送去礼品后，自诉人阿斯亚不同意与被告人结婚，退回了礼品，仍伙同他人强行将自诉人带到伽师县卧力脱格拉克乡、巴楚县等地，强迫自诉人同意与其结婚，其行为构成暴力干涉婚姻自由罪。自诉人的控诉有事实根据和法律依据，本院予以支持。被告人的辩解和辩护人的辩护理由不成立，本院不予采纳。考虑被告人认罪态度、愿意赔偿自诉人经济损失等情节，酌情从轻处罚。

# 暴力干涉婚姻自由罪办案依据集成

## 刑法条文

**第二百五十七条** 【暴力干涉婚姻自由罪】以暴力干涉他人婚姻自由的,处二年以下有期徒刑或者拘役。

犯前款罪,致使被害人死亡的,处二年以上七年以下有期徒刑。

第一款罪,告诉的才处理。

## 法律法规

**1.《中华人民共和国婚姻法（2001年修正）》（1981年1月1日）（节录）**

第三条（第一款） 禁止包办、买卖婚姻和其他干涉婚姻自由的行为。禁止借婚姻索取财物。

**2.《中华人民共和国妇女权益保障法（2005年修正）》（1992年10月1日）（节录）**

第四十一条 国家保护妇女的婚姻自主权。禁止干涉妇女的结婚、离婚自由。

**3.《中华人民共和国老年人权益保障法（2009年修正）》（1996年10月1日）（节录）**

第十八条 老年人的婚姻自由受法律保护。子女或者其他亲属不得干涉老年人离婚、再婚及婚后的生活。

赡养人的赡养义务不因老年人的婚姻关系变化而消除。

第四十七条 暴力干涉老年人婚姻自由或者对老年人负有赡养义务、扶养义务而拒绝赡养、扶养,情节严重构成犯罪的,依法追究刑事责任。

# 二十三、重婚罪

### 183. 重婚罪的犯罪客体应当如何理解？

本罪侵犯的客体是一夫一妻制的婚姻关系。一夫一妻制是我国《婚姻法》规定的原则，重婚行为破坏了我国社会主义婚姻、家庭制度，必须予以刑事处罚。需要指出的是，本罪虽然属于侵犯公民人身权利的犯罪，但是一夫一妻这一法益同时涉及的公共法益。因此，即使公民承诺放弃这一个人法益，这一承诺也不能成为《刑法》上阻却犯罪的事由。也就是说，即使一方同意甚至怂恿配偶再次缔结婚姻关系的，再次缔结婚姻关系的行为人仍然构成重婚罪。

### 184. 行为人的动机是否影响重婚罪的构成？

重婚罪在主观方面表现为直接故意，即明知他人有配偶而与之结婚或自己有配偶而故意与他人结婚。如果没有配偶一方确实不知对方有配偶而与之结婚或以夫妻关系共同生活的，无配偶一方不构成重婚罪，有配偶一方则构成重婚罪。重婚的动机是多种多样的，有的是喜新厌旧；有的是出于贪图享乐；有的是封建思想作祟等。但动机不影响本罪的成立。

**典型疑难案件参考**

王艳重婚案

**基本案情**

自诉人杨国昌与被告人王艳于1993年11月1日登记结婚。1994年2月，自诉人杨国昌被其所在单位华德液压泵分公司派往日本进行劳务工作，期限2

年。1996年期满后,自诉人杨国昌非法滞留未归,至2002年12月20日被遣返回国。在自诉人杨国昌滞留日本期间,与被告王艳通信至1997年3月。自1996年7月至2000年9月,自诉人杨国昌一直给被告人王艳汇款,被告人王艳均查收。2001年11月20日,被告人王艳以其已于1996年5月起与自诉人杨国昌失去联系,杨国昌下落不明已满4年为由,向北京市丰台区人民法院申请,宣告自诉人杨国昌死亡。北京市丰台区人民法院经在《人民法院报》公告1年后,于2002年12月10日宣告杨国昌死亡。自诉人杨国昌2002年12月20日回国后,便主动打电话联系王艳,并到王艳父母家中寻找王艳未果。被告人王艳在其父母处得知杨国昌回国,仍不与杨国昌见面。2003年3月3日,自诉人杨国昌向北京市丰台区人民法院起诉与被告人王艳离婚。2003年3月10日,被告人王艳在北京市石景山区人民政府婚姻登记处,与胡宝柱登记结婚。被告人王艳在2003年3月12日、3月17日、3月19日连续3次的庭审中,隐瞒了自诉人杨国昌已被宣告死亡及其与他人结婚的事实。2003年3月27日,北京市丰台区人民法院判决自诉人杨国昌与被告人王艳离婚,并分割了双方共同财产。被告人王艳诉称杨国昌已于2002年12月10日被北京市丰台区人民法院宣告死亡的事实。后经北京市第二中级人民法院审理,依法撤销了北京市丰台区人民法院关于杨国昌与王艳离婚的判决,北京市丰台区人民法院遂于2003年7月7日撤销了宣告杨国昌死亡的判决。

### 一审诉辩情况

自诉人认为被告人王艳的行为构成重婚罪,要求追究被告人王艳的刑事责任。

被告人王艳辩称:自诉人杨国昌滞留日本是事实,其先向北京市丰台区人民法院起诉与自诉人离婚,法院让其宣告自诉人死亡。其在法院宣告自诉人死亡后,才与他人登记结婚,故认为其行为不构成重婚罪。

被告人王艳的辩护人郝保平的辩护意见是:自诉人非法滞留日本,后不知去向,被其单位开除,也被公安机关注销了户口,北京市丰台区人民法院在《人民法院报》上公告寻找自诉人,公告1年后仍没有联系上,后宣告其死亡。自宣告死亡起,其与王艳的婚姻关系自然消灭,王艳与他人登记结婚不构成重婚罪。

### 一审裁判结果

北京市石景山区人民法院作出判决如下:

一、被告人王艳犯重婚罪,判处拘役6个月,缓刑1年(缓刑考验期限自判决确定之日起计算）；

二、被告人王艳与胡宝柱的婚姻无效。

### 一审裁判理由

北京市石景山区人民法院根据上述事实和证据认为：被告人王艳在其与自诉人杨国昌婚姻关系存续期间，为达到解除其与杨国昌的婚姻和占有共同财产的目的，隐瞒其至2000年9月仍在收取自诉人杨国昌汇款的事实，编造自诉人杨国昌已于1996年起下落不明满4年的虚假事实和理由，恶意申请宣告自诉人杨国昌死亡。尤其是被告人王艳在其父母处得知自诉人杨国昌回国并在继续寻找其下落的情况下，不顾其与杨国昌的婚姻关系依然存在的客观事实，又与他人登记结婚，其行为已构成重婚罪，应依法惩处。根据其犯罪事实、性质、情节和对社会危害程度，并考虑其尚在哺乳期内，故对其适用缓刑。自诉人杨国昌指控王艳犯重婚罪的罪名成立。被告人王艳关于其行为不构成重婚罪的辩解不能成立，本院不予采信。被告人王艳的辩护人郝保平关于王艳的行为不属重婚罪的辩护意见，本院不予采纳。

### 二审诉辩情况

上诉人（原审被告人）王艳上诉理由及其辩护人的辩护意见均是王艳不构成重婚罪。

### 二审裁判结果

北京市第一中级人民法院经审理查明事实，依据《中华人民共和国刑事诉讼法》第189条第1项之规定，裁定：驳回上诉，维持原判。

### 二审裁判理由

北京市第一中级人民法院根据上述事实和证据认为：王艳在其与杨国昌婚姻关系存续期间，为达到解除其与杨国昌的婚姻和占有共同财产的目的，隐瞒其至2000年9月仍在收取杨国昌汇款的事实，编造杨国昌已于1996年起下落不明满4年的虚假事实和理由，恶意申请宣告杨国昌死亡。尤其是王艳在其父母处得知杨国昌回国并在继续寻找其下落的情况下，与他人登记结婚，其行为已构成重婚罪，依法应予惩处。对于王艳及其辩护人提出的王艳不构成重婚罪的辩解及辩护意见，不予采纳。原审法院根据王艳的犯罪事实、犯罪性质、情节和对社会的危害程度所作出的判决，定罪、适用法律正确，量刑适当，审判程序合法，应予维持。

### 185. 如何理解重婚罪构成要件中的重婚行为？

构成重婚罪，行为人在客观方面必须实施了重婚行为。所谓重婚行为是指行为人在原有婚姻关系尚未解除的情况下，又建立起新的婚姻关系的行为。重婚可以分为法律上的重婚和事实上的重婚。法律上的重婚是指有配偶的人又与他人办理结婚登记的行为；事实上的重婚是指已有配偶者与他人虽未登记，但确实以夫妻名义公开同居生活的行为。

### 186. 怎样界定重婚行为人的主观方面？

重婚行为人的故意包括两种情况：（1）有配偶者的重婚故意。（2）无配偶者的重婚故意。对于能够完全控制、支配自己行为的有配偶者，只要又与他人结婚，即构成重婚罪，强调的是法律规定性，只要有配偶者，未取得离婚的合法文件又与他人结婚，即推定其具有重婚的故意，以重婚罪论。但是对于并非出于主动而是被拐卖、被迫与他人结婚的有配偶者，则不以重婚罪论。对于无配偶者，必须在明知对方有配偶的情况下与之结婚的，才构成重婚罪。流动人口重婚行为人，具有先天性的信息残缺或不对称性，无配偶一方往往在有配偶一方的刻意隐瞒或掩饰下，对有配偶者的婚姻状况作出了错误判断。对于无配偶重婚行为人的主观方面，必须依照案件的具体客观事实来判断，不能简单地以行为人达到刑事责任年龄，对其强加必须在婚前审查清楚对方是否有配偶的义务，这样不但缺乏公正性，也令行为人在生活实践中无法操作，只能依照是否存在无配偶行为人确已获取对方的婚姻信息的证据来判断。

**典型疑难案件参考**

张蕾被控重婚宣告无罪案

**基本案情**

1993年5月，自诉人夏学红与被告人卜根六在原宣州市新田镇办理了结婚登记手续,并于当年生育一子卜文。由于婚后双方经常为生活琐事发生吵打,夫妻感情逐渐恶化。两人遂于2000年6月19日到新田镇法律服务所协议离婚,但未领取离婚证。被告人张蕾明知被告人卜根六有配偶,但其在未证实卜与夏学红是否确已解除夫妻关系的情况下,于2001年2月与卜根六在新田镇街道开设餐馆,并以夫妻名义共同生活。2001年8月,两被告人共同在宣城市九洲小区购置了商品房一套。

### 一审诉辩情况

自诉人夏学红及其诉讼代理人诉称:现要求追究两被告人重婚罪刑事责任。

被告人卜根六辩称:其与自诉人夏学红于2000年6月已在新田镇法律服务所协议离婚,与张蕾并未以夫妻名义共同生活。辩护人李有胜提出的辩护意见是指控被告人卜根六犯重婚罪的证据不足,请求法庭驳回自诉人的诉讼请求。

被告人张蕾辩称:未与被告人卜根六以夫妻名义共同生活,卜根六与夏学红已协议离婚,所以才与卜确定恋爱关系。

### 一审裁判结果

安徽省宣城市宣州区人民法院作出如下判决:
一、被告人卜根六犯重婚罪,判处拘役6个月;
二、被告人张蕾犯重婚罪,判处拘役3个月。

### 一审裁判理由

一审法院安徽省宣城市宣州区人民法院经审理认为:被告人卜根六虽与自诉人夏学红于2000年6月在新田镇法律服务所协议离婚,但未依法办理离婚手续,领取离婚证。故被告人卜根六与自诉人夏学红的夫妻关系仍然存在,被告人卜根六在原夫妻关系存续期间,又与被告人张蕾以夫妻名义共同生活,其行为已触犯刑律,构成重婚罪。被告人张蕾系已达到法定刑事责任年龄,具有刑事责任能力的自然人,在未确认卜根六与夏学红的婚姻关系是否解除的情况下,而草率地与其共同购置房产,并以夫妻名义同居生活的行为,亦已触犯刑律,构成重婚罪。故对两被告人辩解意见及辩护人李有胜的辩护意见均不予采信。关于自诉人指控两被告人早于1998年即以夫妻名义同居生活部分,因证据不充分,不予采信。

### 二审诉辩情况

上诉人（原审被告人）卜根六及其辩护人诉称：卜根六与夏学红已于2000年6月19日办理了离婚手续，主观上不具有重婚的直接故意，其与张蕾仅是朋友及合伙经营关系，未以夫妻名义共同生活，不构成重婚罪。

上诉人（原审被告人）张蕾及其辩护人诉称：张蕾与卜根六是合伙经营关系，其认识卜根六时，卜称其已与前妻离异，且卜的亲友、邻居均称卜已离婚，其内心确认卜是单身，随后与卜确立了恋爱关系，并不知道卜的婚姻情况，其未与卜根六以夫妻名义共同生活，不构成重婚罪。

原审自诉人夏学红及其诉讼代理人的答辩意见是：卜根六与夏学红未领取离婚证，协议离婚不能成立，卜根六与张蕾住在一个房间，张蕾也知道卜根六有妻子、孩子，两上诉人的上诉理由均不能成立。

### 二审裁判结果

安徽省宣城市中级人民法院依照相关法律的规定，作出如下判决：
一、撤销宣城市宣州区人民法院〔2002〕宣刑初字第106号刑事判决；
二、卜根六犯重婚罪，免予刑事处罚；
三、上诉人（原审被告人）张蕾无罪。

### 二审裁判理由

二审法院安徽省宣城市中级人民法院经审理认为：上诉人卜根六与原审自诉人夏学红于2000年6月在宣城市宣州区新田镇法律服务所协议离婚，签订了离婚协议，但未领取离婚证，不符合离婚的法定形式要件，双方的夫妻关系仍然存在。两上诉人认为他们未以夫妻名义同居生活的上诉理由均不能成立。上诉人卜根六在夫妻关系存续期间又与他人以夫妻名义同居生活，其行为构成重婚罪。上诉人卜根六认为其无罪的上诉理由不能成立，不予采信。上诉人卜根六在与上诉人张蕾以夫妻名义同居生活前已与原审自诉人夏学红签订了离婚协议，协议后，卜、夏经济上互相独立，不再共同生活，上诉人卜根六一直自认为其与夏已离婚，对离婚事实存在认识错误，其行为虽构成重婚罪，但其主观恶性较小，社会危害后果较轻。犯罪情节显著轻微，可以免予刑事处罚，对其辩护人要求对其减轻处罚的意见，予以采纳。上诉人张蕾在上诉人卜根六夫妻关系存续期间，与卜以夫妻名义同居生活的事实存在，但上诉人卜根六在与上诉人张蕾相识后告诉张自己已离婚，并向张出示了离婚协议，新田派出所不再将夏学红的姓名登记在卜根六的户口本上以及卜、夏签订离婚协议后经济独立，不再共同生活等事实，足以使上诉人张蕾确信上诉人卜根六已离婚，系单身,故上诉人张蕾主观上属不"明知他人有配偶"。上诉人张蕾在上诉人卜根六未出示离婚证的情况下即与其以夫妻名义同居生活,确系草率,但并不能由此必然得出上诉人张蕾明知上诉人卜根六有配偶的结论。上诉人张蕾虽客观上存在与有配偶的人以夫妻名义同居生活的事实,亦不应构成重婚罪。上诉人张蕾及其辩护人认为上诉人张蕾无罪的意见成立,予以采纳。

### 187. 重婚罪的行为表现形式有哪些?

重婚罪在客观方面表现为行为人实施了重婚行为。重婚行为是指行为人在原有婚姻关系尚未解除的情况下,又建立起新的婚姻关系的行为。重婚可以分为法定重婚和事实重婚。法定重婚是指行为人已经具有合法有效的婚姻关系,又与他人登记结婚的行为。事实重婚是指行为人已经具有合法有效的婚姻关系,又与他人以夫妻名义公开同居生活的行为。

### 典型疑难案件参考

华文海重婚案(河南省南阳市中级人民法院刑事裁定书〔2010〕南刑一终字第114号)

#### 基本案情

被告人华文海与被害人马玉琴于1993年9月3日在宛城区民政部门登记结婚,自2001年开始,被告人华文海在自己已婚没有依法解除与马玉琴合法婚姻关系的情况下与唐保红(另案处理)发生男女关系,于2001年8月18日生下长女华某,2005年华文海与唐保红在南阳市滨河路的风帆小区以夫妻名义一起生活,并以二人共有名义于2005年8月25日在南阳市风帆小区购买102.59平方米单元房一套,2005年10月20日在南阳市工业路173号购买64.69平方米单元房一套,2006年8月11日在南阳市卧龙乡王营村购买91.72平方米民房一套。二人于2006年8月6日生下次女华某某。

#### 一审诉辩情况

检察机关认为被告人华文海有配偶的情况下,仍与他人以夫妻名义同居生活,构成重婚罪,应当依法追究其刑事法律责任。

被告人辩解自己的行为是越轨行为,并非重婚罪。被告人的辩护人认为被告人的行为属于犯罪中止,且侦查机关违反管辖权的规定,取证程序违法。

### ▶一审裁判结果

一审法院依照《中华人民共和国刑法》第285条之规定,判决:被告人华文海犯重婚罪,判处有期徒刑1年6个月。

### ▶一审裁判理由

一审法院认为:被告人华文海在已婚情况下与唐保红以夫妻名义共同生活,并生下两个女儿,其行为已构成重婚罪。被告人及其辩护人辩称被告人华文海与唐保红系越轨行为,不构成重婚罪的辩解意见与事实不符,不能成立,辩护人在庭审中虽然提交了张秀斌、王梅、白玉安、唐丽华、王冬改等人的证言,但是检察机关和被害人对该证人证言均予以否认,该证言不能作为证明被告人无罪的充分证据,不予采信。辩护人提出被告人系犯罪中止的意见,因被告人在重婚犯罪过程中,已达到犯罪既遂状态,不属于犯罪中止,辩护人的该意见不能成立。辩护人称枣林派出所调查取证程序违法,宛城公安分局枣林派出所在接到报案后,依法调取相关证据在审查认为无管辖权的情况下,将该案移送到南阳市公安局卧龙分局管辖,其办案程序并无不当。

### ▶二审诉辩情况

上诉人华文海上诉称:(1)一审认定事实不清,证据不足,主要证据(5名证人证言)全部虚假。上诉人从未与唐保红以夫妻名义一起生活,上诉人与唐保红从未一起公开出入过,也从未对他人介绍过是夫妻,认识上诉人的人均不知唐保红的存在。5证人证言所述虚假,与事实不符,且取证程序违法,不能作为证据使用。一审对上诉人的律师提供的证据不予采信错误。(2)原审在审理过程中,没有通知证人到庭,未通知检察机关提供全部证据,也未同意上诉人的调查取证申请,程序违法。(3)即使认定上诉人有罪,原判量刑畸重,未考虑法定、酌定从轻、减轻情节。请求依法判决。

辩护人的辩护意见是:(1)公安机关调取的证人证言系非法证据。本案南阳市卧龙公安分局于2010年1月25日立案,而对证人的询问是2009年12月30日。虽然宛城区枣林派出所于2009年12月29日接到马玉琴的控告,但该局没有立案手续,在明知没有管辖权的情况下而询问证人,与《刑事诉讼法》的规定相悖,该证据不能作为指控犯罪的证据。(2)原判认定华文海犯重婚罪的证据不足,难以形成证据链条,无法做到证据确实充分。华文海与唐保红之间不属于事实婚姻。

被害人马玉琴认为华文海构成重婚罪,依法从重判处。其诉讼代理人意见：华文海和唐保红长年在一起以夫妻名义共同生活，并以二人共同名义购买房产，已构成重婚罪。

### 二审裁判结果

二审法院依照《中华人民共和国刑事诉讼法》第189条第1项之规定，裁定如下：驳回上诉，维持原判。

### 二审裁判理由

法院生效判决认为：上诉人（原审被告人）华文海在已婚情况下与唐保红以夫妻名义共同生活，并先后生下两个女儿，其行为已构成重婚罪。上诉人及其辩护人称"原判认定事实不清，证据不足，不构成重婚罪"的辩解、辩护理由。经查，华文海与马玉琴存在合法婚姻关系的情况下，与唐保红共同生育两个女儿，并以二人共有名义在南阳市购置3处房产。证人张恩、王群臣、阮燕、王康均证实"华文海与唐保红在南阳市滨河路的风帆小区以夫妻名义一起生活"，证人熊长青（当时的保姆）证实。小区人的都知道华文海与唐保红是夫妻关系。上述证据足以证实华文海与唐保红以夫妻名义共同生活的事实，故其本条上诉理由不能成立，本院不予支持。上诉及辩护称"证人证言取得程序违法"的理由。经查，2009年12月29日马玉琴到南阳市公安局枣林派出所控告华文海涉嫌犯重婚罪，该所对马玉琴制作了询问笔录，并制作接受刑事案件登记表。2009年12月30日枣林派出所办案人员到风帆小区调查询问了证人张恩、王群臣、阮燕、王康，2010年1月21日以主要犯罪地在风帆小区为由，将案件移送南阳市公安局卧龙分局管辖。卧龙分局于2010年1月25日立案，并对被害人马玉琴及证人熊长青进行询问，侦查机关的办案程序并无不当，其依法调取的证人证言可以作为证据使用。上诉称"原判量刑重"的理由，经查，原判根据上诉人华文海的犯罪事实、性质、情节，对其判处有期徒刑1年零6个月并无明显不当。综上所述，原判认定事实清楚，证据充分，定罪准确，量刑适当，审判程序合法。

### 188. 重婚罪的主观罪过如何认定？

重婚罪的主观罪过是故意，根据行为人是重婚者还是相婚者的不同，其主观方面的内容有所不同。重婚者是明知自己有配偶且婚姻关系尚未解除，又故意与他人结婚。如果行为人有合理的理由认为自己的配偶已经死亡的，则不构成重婚罪。相婚者是明

> 知他人有配偶而与之结婚或者以夫妻名义公开同居。如果相婚者确实不知道对方有配偶而与之结婚的，即使存在过失，也不构成重婚罪。

### 典型疑难案件参考

王玲玲重婚案（河南省延津县人民法院刑事判决书〔2010〕延刑初字第2号）

#### 基本案情

被告人王玲玲与山西省阳城县城关镇苏庄村村民栗小进于1993年登记结婚。王玲玲明知与栗小进的婚姻关系未依法解除，仍于1997年与延津县小潭乡胡堤村村民周某某以夫妻名义生活至今，并生有一女。

#### 诉辩情况

延津县人民检察院指控认为：被告人王玲玲有配偶而仍与他人以夫妻名义共同生活，其行为触犯了《中华人民共和国刑法》第258条的规定，应当以重婚罪追究其刑事责任。

被告人王玲玲对起诉书指控的犯罪事实无异议。辩护人的辩护意见是：对于起诉书指控被告人犯重婚罪无异议，但称被害人栗小进在与被告人共同生活期间有外遇，被告人在无耐的情况下才离家出走，与周某某同居生活。被害人栗小进对被告人王玲玲犯重婚罪也有一定的过错。被告人王玲玲当庭认罪态度较好，应酌情从轻处罚，建议法庭对其宣告缓刑。

#### 裁判结果

审理法院根据《中华人民共和国刑法》第258条之规定，判决如下：被告人王玲玲犯重婚罪，判处有期徒刑6个月。

#### 裁判理由

法院经审理认为：被告人王玲玲有配偶又与他人以夫妻名义同居生活，其行为已构成重婚罪。延津县人民检察院指控的罪名成立。被告人王玲玲当庭认罪态度较好，酌情从轻处罚。

# 重婚罪办案依据集成

## 刑法条文

**第二百五十八条** 【重婚罪】有配偶而重婚的，或者明知他人有配偶而与之结婚的，处二年以下有期徒刑或者拘役。

## 司法解释

**1. 最高人民法院《关于离婚案件的一方当事人在上诉期间与第三者另行结婚是否构成重婚罪问题的批复》**（1957年2月21日 研字第3580号）

江西省高级人民法院：

你院本年1月28日〔57〕研字第9号报告收悉。兹就所提问题答复如下：

一、离婚案件的一方当事人，在提起上诉的期间内（即自当事人接到判决书的次日起10天内）与第三者另行结婚。这种结婚行为是非法的，也是无效的。上诉审人民法院判决准予离婚后，如果他（她）仍愿和该第三者结婚，应当再依法向婚姻登记机关办理结婚登记手续。至于他（她）在上述期间内和第三者结婚的行为算不算是重婚犯罪行为，要不要给予刑事处分，须根据具体情况研究确定，不能一概而论。

二、由人民法院主持成立的调解，是在双方当事人自愿的基础上对所争执的权利和利益达成的协议，不发生不服调解而提起上诉的问题。如果当事人一方事后翻悔，原来进行调解的人民法院经审查后，如认为原调解确有错误，可以参照人民法院组织法第十二条第一款规定的审判监督程序处理（查阅《各级人民法院民事案件审判程序总结》第26页）；如认为原调解并无错误而无须重新处理时，当事人还可以向上级人民法院申诉。原来进行调解的人民法院也可以将当事人翻悔的情况报送上级人民法院审查处理，并通知当事人。

**2. 最高人民法院《关于如何认定重婚行为问题的批复》**（1958年1月27日）（节录）

我们认为，重婚是有配偶的人再与第三者建立夫妻关系。有配偶的人和第三者如已举行结婚仪式，这固然足以构成重婚；即使没有举行结婚仪式，而两人确是以夫妻关系同居的，也足以构成重婚。例如两个相互间是以夫妻身份相对待，对外也以夫妻自居的，即应认为是重婚。如果现在还有有配偶的人而娶"妾"的话，当然也应认为是重婚；反之，如两人虽然同居，但明明只是临时姘居关系，彼此以"姘头"相对待，随时可以自由拆散，或者在约定时期届满后即结束姘居关系的，则只能认为是单纯非法同居，不能认为是重婚。例如有配偶的男方到外地处理事务，与原来相识的女方相遇，在逗留该地的短期内，以通奸关系同居，离开该地后，就彼此不相闻问，在同居期间亦彼此了解只是临时姘居，这种同居就只能认为是临时非法同居，不能认为是重婚。至于某一具体案件是否构成重婚，抑或仅是单纯非法同居,这要根据具体案情认定,即如你院所举案例,判决认为是重婚,按照上述看法,也并不错误。我院去年4月15日法研字第7023号函复昆明铁路运输法院关于重婚问题的一点,只是要提醒他们:不要把任何非法同居都认为是重婚。另外,非法同居虽不一定都构成重婚,但在法律没有规定以前,我们的看法是,有的还可以认为构成妨害婚姻家庭罪。

**3. 最高人民法院《关于〈婚姻登记管理条例〉施行后发生的以夫妻名义非法同居的重婚案件是否以重婚罪定罪处罚的批复》**(1994年12月14日 法复〔1994〕10号)

四川省高级人民法院:

你院川高法〔1994〕135号《〈婚姻登记管理条例〉施行前后发生的事实上的重婚关系是否按重婚罪处理的请示》收悉。经研究,答复如下:

新的《婚姻登记管理条例》公布施行后,有配偶的人与他人以夫妻名义同居生活的,或者明知他人有配偶而与之以夫妻名义同居生活的,仍应按重婚罪定罪处罚。

### 其他办案依据

**1. 最高人民法院研究室《关于重婚案件的被告人长期外逃法院能否中止审理和是否受追诉时效限制问题的电话答复》**(1989年8月16日)

陕西省高级人民法院:

你院陕高法研〔1989〕35号《关于重婚案件的被告人长期外逃法院能否中止审理和是否受追诉时效限制问题的请示》收悉。经研究,答复如下:

同意你院意见,即胡应亭诉焦有枝、赵炳信重婚一案,在人民法院对焦有枝采取取保候审的强制措施后,焦有枝潜逃并和赵炳信一直在外流窜,下落不明的情况下,可参照最高人民法院法(研)复〔1988〕29号《关于刑事案件取保候审的被告人在法院审理期间潜逃应宣告中止审理的批复》的规定,中止审理,俟被告人追捕归案后,再恢复审理。关于追诉时效问题,根据刑法第七十七条②③指79刑法条文。——编者注的规定,对焦有枝追究刑事责任不受追诉期限的限制。对于赵炳信,只要他同焦有枝的非法婚姻关系不解除,他们的重婚犯罪行为就处于一种继续状态,根据刑法第七十八条②的规定,人民法院随时都可以对他追究刑事责任。此外,如果公安机关已对赵炳信发布了通缉令,也可以根据刑法第七十七条③的规定,对他追究刑事责任,不受追诉期限的限制。

**2. 最高人民法院研究室《关于重婚案件中受骗的一方当事人能否作为被害人向法院提起诉讼问题的电话答复》**(1992年11月7日)

广东省高级人民法院:

你院《关于重婚案件中受骗的一方当事人能否作为被害人向法院提起诉讼问题的请示》收阅。经研究,答复如下:

基本同意你院的第二种意见,即重婚案件中的被害人,既包括重婚者在原合法婚姻关系中的配偶,也包括后来受欺骗而与重婚者结婚的人。鉴于受骗一方当事人在主观上不具有重婚的故意，因此，根据你院《请示》中介绍的案情，陈若容可以作为本案的被害人。根据最高人民法院、最高人民检察院 1983 年 7 月 26 日《关于重婚案件管辖问题的通知》中关于"由被害人提出控告的重婚案件由人民法院直接受理"的规定，陈若容可以作为自诉人，直接向人民法院提起诉讼。

### 法律法规

**《中华人民共和国婚姻法（2001 年修正）》**（1981 年 1 月 1 日）（节录）

第三条（第二款） 禁止重婚。禁止有配偶者与他人同居。禁止家庭暴力。禁止家庭成员间的虐待和遗弃。

第十条 有下列情形之一的，婚姻无效：

（一）重婚的。

第四十五条 对重婚的，对实施家庭暴力或虐待、遗弃家庭成员构成犯罪的，依法追究刑事责任。受害人可以依照中华人民共和国刑事诉讼法的有关规定，向人民法院自诉；公安机关应当依法侦查，人民检察院应当依法提起公诉。

第四十六条 有下列情形之一，导致离婚的，无过错方有权请求损害赔偿：

（一）重婚的。

# 二十四、虐 待 罪

## 189. 如何判断虐待行为的"情节恶劣"？

"情节恶劣"是构成虐待罪客观方面的必备要件。实践中，判定行为人的行为是否属"情节恶劣"，一般要根据虐待持续的时间、虐待行为的次数、虐待的手段、虐待的后果等方面来认定。(1) 虐待行为持续的时间。虐待时间的长短，在相当程度上决定对被害人身心损害的大小。虐待持续的时间长，往往会造成被害人的身心受到较为严重的损害。相反，因家庭琐事出于一时气愤而对家庭成员实施了短时间的虐待行为，一般也不会造成什么严重后果。(2) 虐待行为的次数。虐待时间虽然不长，但行为次数频繁的，也容易使被害人的身心遭受难以忍受的痛苦，极易出现严重后果。(3) 虐待的手段。实践中，有的虐待手段十分残忍，例如，丈夫在冬天把妻子的衣服扒光推出门外受冻；儿女惨无人道地毒打年迈的父母等。使用这些残忍手段，极易造成被害人伤残和死亡，应以情节恶劣论处。(4) 虐待的后果是否严重。虐待行为一般都会程度不同地给被害人造成精神上、肉体上的痛苦和损害，其中有的后果严重。总之，虐待行为是否情节恶劣要结合案情反映的以上几点内容进行综合判断。

## 190. 虐待罪成立的范围是什么？

虐待罪是发生在家庭成员间的犯罪，行为人与被害人之间存在一定的亲属关系和扶养关系，如夫妻、父子、兄弟姐妹等。虐待非家庭成员的，不构成虐待罪。但如果因虐待行为直接给被害人造成严重后果，社会危害严重，构成其他犯罪的，可以按其他犯罪论处。

## 典型疑难案件参考

### 张孝双诉张凤虐待案

**基本案情**

被告人张凤于1994年2月收养了自诉人。从自诉人五六岁起，被告人张凤经常以自诉人不听话为由殴打自诉人，用电话线捆绑自诉人的双手，用钳子夹自诉人的耳朵，用木棒打自诉人的身体，致其身上多处受伤。在此期间，自诉人因被殴打于2001年3月离家出走，被菜巴扎的一维吾尔族老人收留一个月。后经菜巴扎居委会的工作人员出面做工作，由自诉人所在学校的老师将自诉人领到被告人处，要求被告人不要再殴打自诉人，并让自诉人去学校上学。但此后被告人并未让自诉人上学，而是让她看守公厕，直到2001年9月14日被其生母领回后复学。

**一审诉辩情况**

自诉人张孝双诉称被告人的虐待行为，造成自诉人头部、面部、眼、脚等多处受伤，身心受到折磨，故要求追究被告人虐待罪的刑事责任，并赔偿自诉人的经济损失。

被告人张凤辩称：我于1994年2月收养自诉人，在收养期间尽到了抚养教育的义务。我在个别时候打自诉人，是因其调皮不听话，目的是进行教育。自诉人身上的烫伤，是自诉人自己将水壶打翻造成的；头、面部伤是其自己碰伤所致，只有手部伤是我用电话线捆绑形成的。我有时打自诉人，真正的用意是教育自诉人，不应当认定我的行为构成了虐待罪。

其辩护人认为：被告人在收养自诉人期间，尽心抚养自诉人，偶尔殴打自诉人只是出于教育的目的，对其行为不应定虐待罪。

**一审裁判结果**

阿克苏市人民法院经审理依照相关法律作出判决：被告人张凤犯虐待罪，判处拘役4个月。

**一审裁判理由**

阿克苏市人民法院经审理认为：被告人张凤在收养自诉人期间，经常殴打自诉人，致自诉人头部、面部、躯干、肢体多处软组织损伤，造成自诉人精神上、肉体上的痛苦和损害，情节恶劣，其行为已构成虐待罪，应依法惩处。被告人及其辩护人辩解不构成犯罪，与本案事实和法律规定不相符合，故本院不予采纳。

### 二审诉辩情况

自诉人张孝双不服判决，上诉称：原审认定被告人虐待我的犯罪事实不完全，判决被告人拘役4个月也太轻，故请求二审法院改判，从重判决张凤有期徒刑。

被告人张凤对一审判决上诉称：自诉人常不听话，我有时一气之下殴打她，致使她身心受到伤害，这是我的错误，但法院因此判决我有罪不应当，对我处理太严，不公平，因此请求上级法院从轻处理我，不要判决我有罪。

### 二审诉辩情况

阿克苏地区中级人民法院确认的事实和证据与一审法院确认的事实和证据相同。阿克苏地区中级人民法院认为：上诉人张孝双与上诉人张凤能够互谅互让，可以进行调解。经调解，双方自愿协商达成了如下协议：

一、原审自诉人张孝双自愿放弃对原审被告人张凤刑事部分的指控；

二、原审被告人张凤同意原审自诉人张孝双由其生母领回抚养并愿意放弃要求补偿抚养费的权利。

2002年3月28日，阿克苏地区中级人民法院作出刑事附带民事调解书，对上述协议予以确认。

### 二审裁判理由

阿克苏地区中级人民法院在审理过程中，张凤承认自己殴打张孝双是犯罪行为，向张孝双和其生母表示赔礼道歉，并表示如果张孝双的生母将张孝双领回抚养，她同意并自愿放弃要求张孝双的生母给予抚养费补偿；张孝双及其法定代理人对张凤表示原谅，并表示放弃指控，不再要求追究张凤的刑事责任，也不再要求张凤承担民事赔偿责任。故阿克苏地区中级人民法院认为：上诉人张孝双与上诉人张凤能够互谅互让，可以进行调解。

## 191. 将家庭成员送往精神病院治疗能否构成虐待罪？

虐待罪在客观方面表现为剥夺家庭成员平等的生活权益，对其从肉体或者精神上进折磨、摧残情节恶劣的行为。首先，虐待行为本质是通过对家庭成员进行肉体或者精神上的折磨来剥夺其平等的生活权益。其次，虐待行为必须情节恶劣，即在量上要持续经常或者造成严重后果。将家庭成员送往精神病院治疗，如果该家庭成员确实患有精神疾病，且经过正常医疗程序进行诊治，则不构成虐待。如果行为人与医院医师共谋，将非精神病患者的家庭成员送往精神病院接受治疗，则可能构成虐待罪。

### 典型疑难案件参考

陈燕芳虐待案（广东省广州市中级人民法院刑事裁定书〔2007〕穗中法刑一终字第257号）

#### 基本案情

自诉人何锦荣和被告人陈燕芳于1985年1月4日登记结婚，1985年11月30日育有一子何旭彦。2005年12月20日晚上，被告人陈燕芳与自诉人何锦荣在广州市荔湾区和平西路回家途中发生争执，被告人陈燕芳遂到当地派出所求助，并在派出所与儿子何旭彦一起联系广州市脑科医院（又名广州市精神病医院），带该院医护人员到自诉人何锦荣所在和平西路50号之二4楼的家中将自诉人何锦荣强行送至该院接受治疗。入院后，被告人陈燕芳向该院医生提供了自诉人何锦荣的相关情况。该院的多位专家通过对自诉人何锦荣面诊及向自诉人何锦荣的多名亲友了解情况后，诊断结果是"偏执状态"，故对自诉人何锦荣进行治疗。

2006年1月16日及期后，因自诉人何锦荣病情好转，医院多次通知被告人陈燕芳为自诉人何锦荣办理出院手续，被告人陈燕芳则以自诉人何锦荣尚未治愈及其本人不配合治疗等为由，不同意自诉人何锦荣出院。1月20日，自诉人何锦荣由其母亲、兄长等亲友接出医院。

#### 一审诉辩情况

自诉人诉称：被告人利用精神病院管理漏洞强制其接受精神病治疗的行为，构成虐待罪，请求法院追究其刑事法律责任。

被告人认为自己是为自诉人治疗疾病，并没有虐待自诉人。

#### 一审裁判结果

一审法院依照《中华人民共和国刑事诉讼法》第162条第2项、《关于执行〈中华人民共和国刑事诉讼法〉若干问题的解释》第176条第3项之规定，判决被告人陈燕芳无罪。

### 一审裁判理由

一审法院认为：被告人陈燕芳作为自诉人的妻子，她将自诉人送院诊治的行为是正常的为夫求医行为，并无对自诉人的肉体或精神进行摧残和折磨，并非《刑法》上的虐待行为，并且被告人陈燕芳主观上无虐待的犯罪故意，因而其行为不构成虐待罪。

### 二审诉辩情况

自诉人提出的上诉意见是：（1）原判认定事实不清。根据本案证据，脑科医院并未向上诉人的亲友了解情况，仅听取被上诉人关于上诉人病情的陈述。（2）原判遗漏部分重要事实的认定：①上诉人于2005年12月20日晚被强行送入院治疗，上诉人家属闻讯赶到医院强烈要求放人，但医院以上诉人家属无亲属证明为由拒绝。12日21日，上诉人家属持亲属证明到医院要求办理出院，医院拒绝上诉人出院，理由是"第一监护人"陈燕芳不同意。上诉人的母亲下跪，证人莫国权打110报警，经警方调解无效，上诉人仍被收治。②陈燕芳多次拒绝上诉人出院及其亲友探视。③陈燕芳出具书面意见要求医院对上诉人"继续治疗"。④上诉人的入院专家会诊记录、出院诊断证明，对上诉人是否患精神病存疑，诊断结果为"偏执状态"，重庆市第一精神病医院门诊记录证实上诉人并未患精神病。（3）陈燕芳的行为构成虐待罪。①她有犯罪的动机。②有虐待上诉人的犯罪故意。③陈燕芳利用其为配偶的身份，捏造大量虚假事实，骗取医院对上诉人的收治。④多次拒绝上诉人出院和亲友的探视，致上诉人失去人身自由并与精神病人关在一起达30天被医院强行治疗，对上诉人的精神和肉体造成实际折磨与摧残，情节恶劣。

上诉人的诉讼代理人的意见是：陈燕芳强行将上诉人送往精神病院"医治"的行为属于"家庭暴力"行为，属于虐待行为，情节恶劣，构成虐待罪。其依据是：（1）陈燕芳利用我国精神病人收治规定方面的漏洞，强行将上诉人送精神病院"医治"，变相剥夺、限制上诉人的人身自由，且被迫服用和注射有各种副作用的精神治疗药物，对上诉人的身体健康造成伤害。（2）陈燕芳数次拒绝精神病院给上诉人的亲友办理上诉人的出院手续，致上诉人被强行收治达30天，陈燕芳的行为明显是持续性、经常性的家庭暴力，对上诉人的精神和肉体进行折磨和摧残。

### 二审裁判结果

二审法院依照《中华人民共和国刑事诉讼法》第189条第1项之规定，裁定如下：驳回上诉，维持原判。

**二审裁判理由**

对于上诉人何锦荣提出原判认定事实不清、原审被告人陈燕芳构成虐待罪及辩护人提出原审被告人陈燕芳强行将上诉人送往精神病院"医治"的行为属于虐待行为,情节恶劣,构成虐待罪的意见。经查,原审被告人陈燕芳作为上诉人何锦荣的妻子,在不具有医学专业知识的情况下,认为上诉人精神异常即请医院诊治并无不当。医院开始是根据原审被告人陈燕芳对上诉人的病情介绍而收治,初诊是偏执性精神病或人格障碍后决定留院治疗,并对上诉人进行了身体检查、仪器检测、专家会诊、药物治疗等,确诊为偏执性精神障碍,即要求上诉人继续住院治疗。医院在上诉人经过一段时间治疗病情稳定后即通知家人办理出院并转为门诊治疗,可见原审被告人将上诉人送到医院救治确属意识到上诉人精神上有异常,同时也是由具有专业知识的医护人员作出对上诉人接诊收治的决定。此外,证人何旭彦的证言证实,上诉人性格多疑,经常打原审被告人;证人冯桂艳的证言也证实上诉人在被送到医院治疗前一天下午来到原审被告人陈燕芳所经营的冷冻食品行,与陈燕芳说了几句话后动手将陈燕芳举起来,陈燕芳拚命挣扎才摆脱的事实,与原审被告人陈燕芳的陈述相互印证。综上可见,原审被告人陈燕芳仅是在丈夫的精神出现异常的情况下将其送往医院治疗,且由医院决定收诊,并未对上诉人实施任何肉体上和精神上的摧残和折磨行为。并且原审被告人陈燕芳在上诉人住院期间曾多次探望,已尽妻子义务。故上诉人何锦荣及辩护人的意见与事实不符,不予采纳。

法院认为:上诉人何锦荣与原审被告人陈燕芳因家庭事务发生争执,原审被告人陈燕芳感到上诉人精神异常,并与其子何旭彦一起将上诉人何锦荣送往广州市脑科医院诊治,该行为属于为家庭成员求医的正常行为,并未对上诉人实施肉体或精神的摧残和折磨,不构成《刑法》上的虐待行为;同时由医院的医护人员决定对上诉人进行住院治疗,因此,原审被告人陈燕芳主观上并无虐待上诉人何锦荣的故意,不构成虐待罪。原判认定事实清楚,证据确实、充分,定性和适用法律准确,审判程序合法。上诉人何锦荣的上诉意见,经查不能成立,法庭不予采纳。

## 192. 虐待罪与遗弃罪如何进行区分?

遗弃罪与虐待罪的区别如下:首先,两罪的犯罪对象不同。虐待罪的犯罪对象是任何一个家庭成员;遗弃罪的犯罪对象是行为人负有扶养义务的年老、年幼、患病或者其他没有独立生活能

> 力的人。其次，客观行为表现上有所不同。遗弃罪是行为人负有扶养义务而拒绝扶养，情节恶劣的行为，在本质上属于不作为犯罪。虐待罪是行为人对被害人进行肉体或精神上的摧残，是作为犯罪。最后，虐待罪的实行行为可能是经常一贯实施的，而遗弃行为则通常一次完成。

## 典型疑难案件参考

聂广文等虐待、遗弃案（河南省焦作市中级人民法院刑事判决书〔2010〕焦刑二终字第20号）

### 基本案情

自诉人聂广平系被害人聂绍岳与前妻婚生之子。后聂绍岳与毋秀兰结婚后，1985年农历2月，弟兄3人分家时立下字据，聂广平表示祖遗房屋财产分毫不要，让给聂广军、聂广文弟兄二人，每年给付老人赡养费；聂广军、聂广文分得房屋和财产，每年给付老人赡养费；老人在家看病药费多少都归聂广军、聂广文均摊；有病住院药费超过80元以外部分弟兄3人均摊，分单还写明了老人烧煤和粮食供给等事项。又写了两个老人不能做饭，父亲归聂广文照管，母亲归聂广军照管。1985年8月至2005年1月，聂绍岳曾以被告人聂广文不尽赡养义务为由两次向本院界沟法庭起诉。调解一次，撤诉一次。2006年11月，聂绍岳夫妇以年老体弱，无经济来源，聂广平、聂广军、聂广文3儿子不分摊医疗费、赡养费、粮食为由，将其3个儿子起诉到本院界沟法庭，要求3个儿子给付赡养费、粮食、煤，分摊医疗费等。后聂绍岳夫妇以已自行和解为由于2006年12月20日提出撤回起诉，本院依法裁定准许撤诉。后聂绍岳与被告人聂广文夫妇一起共同生活。在共同生活期间，被告人聂广文、柴继凤对聂绍岳生活照顾不周。聂绍岳需理发向聂广文要钱时，被告人聂广文说没钱；聂绍岳有病需买药向聂广文要钱时，被告人聂广文说没钱。被告人聂广文、柴继凤不能正常给聂绍岳做饭吃，致使聂绍岳在东内都村沿街讨饭。2007年10月10日左右的一天晚上，被告人柴继凤对聂绍岳进行殴打。后聂绍岳患病卧床不起，被告人聂广文、柴继凤只管做饭端到聂绍岳床前边桌子上，不管聂绍岳吃不吃，能不能吃，致使聂绍岳不能进食。2007年10月25日下午8时，聂绍岳被孙子聂红军（聂广平之子）等人送往博爱县人民医院治疗，经医生诊断：左尺桡骨远端陈旧性骨折；左股骨颈陈旧性骨折；高血压3级；褥疮。经过输液，26日下午4时出院。2007年10月28日中午，聂绍岳在东内都村家里去世（终年88岁）。

### 一审诉辩情况

检察机关认为：被告人行为构成虐待罪，应当依法追究其刑事法律责任。被告人对自己的犯罪事实供认不讳，请求从轻处罚。

### 一审裁判结果

一审法院认为：被告人柴继凤虐待家庭成员，情节恶劣，已构成虐待罪，以虐待罪判处被告人柴继凤有期徒刑6个月。

### 二审诉辩情况

一审宣判后，原审被告人柴继凤未上诉。原审自诉人聂广平、聂广军、聂广花、聂广玉不服，提出上诉。原审自诉人聂广平、聂广军、聂广花、聂广玉及其代理人上诉称：原审对被告人柴继凤判决量刑过轻，请求依法赔偿上诉人各项经济损失共计4739.05元（医疗费、检查费、特殊尸体停放费、验尸设备及服务费、解剖设备及服务费、鉴定费、老衣费）。

### 二审裁判结果

二审法院依照《中华人民共和国刑法》第72条第1款、《中华人民共和国刑事诉讼法》第189条第2项之规定，判决如下：

一、维持博爱县人民法院〔2009〕博刑初字第44-2号刑事判决书上对柴继凤的定罪部分；

二、撤销博爱县人民法院〔2009〕博刑初字第44-2号刑事判决书上对柴继凤的量刑部分；

三、被告人柴继凤犯虐待罪，判处有期徒刑6个月，缓刑1年。

### 二审裁判理由

法院生效判决认为：被告人柴继凤与聂广文父亲聂绍岳共同生活期间，对聂绍岳进行殴打；不能正常给聂绍岳饭吃，致使聂绍岳在东内都村沿街讨饭；聂绍岳有病时，被告人柴继凤和聂广文不予及时治疗。被告人柴继凤虐待家庭成员，情节恶劣，已构成虐待罪。原审定罪准确，审判程序合法。二审期间经调解，被告人柴继凤积极赔偿上诉人聂广平、聂广军、聂广花、聂广玉经济损失，得到4上诉人的谅解，4上诉人建议二审对柴继凤的量刑减轻处罚，法院予以采纳。被告人柴继凤有悔罪表现，对其适用缓刑确实不致再危害社会，可以宣告缓刑。

# 虐待罪
## 办案依据集成

### 刑法条文

第二百六十条 【虐待罪】虐待家庭成员，情节恶劣的，处二年以下有期徒刑、拘役或者管制。

犯前款罪，致使被害人重伤、死亡的，处二年以上七年以下有期徒刑。

第一款罪，告诉的才处理。

### 司法解释

**最高人民法院、最高人民检察院、公安部、司法部《关于依法惩治拐卖妇女儿童犯罪的意见》**（2010年3月15日）（节录）

五、定性

20. 明知是被拐卖的妇女、儿童而收买，具有下列情形之一的，以收买被拐卖的妇女、儿童罪论处；同时构成其他犯罪的，依照数罪并罚的规定处罚：

（3）非法剥夺、限制被收买妇女、儿童的人身自由，情节严重，或者对被收买妇女、儿童有强奸、伤害、侮辱、虐待等行为的；

七、一罪与数罪

25. 拐卖妇女、儿童，又对被拐卖的妇女、儿童实施故意杀害、伤害、猥亵、侮辱等行为，构成其他犯罪的，依照数罪并罚的规定处罚。

八、刑罚适用

28. 拐卖妇女、儿童，并对被拐卖的妇女、儿童实施故意杀害、伤害、猥亵、侮辱等行为，数罪并罚决定执行的刑罚应当依法体现从严。

### 法律法规

**1.《中华人民共和国婚姻法（2001年修正）》**（1981年1月1日）（节录）

第三条（第二款） 禁止重婚。禁止有配偶者与他人同居。禁止家庭暴力。禁止家庭成员间的虐待和遗弃。

第二十七条 继父母与继子女间，不得虐待或歧视。

继父或继母和受其抚养教育的继子女间的权利和义务，适用本法对父母子女关系的有关规定。

第四十三条 实施家庭暴力或虐待家庭成员，受害人有权提出请求，居民委员会、村民委员会以及所在单位应当予以劝阻、调解。

对正在实施的家庭暴力，受害人有权提出请求，居民委员会、村民委员会应当予以劝阻；公安机关应当予以制止。

实施家庭暴力或虐待家庭成员,受害人提出请求的,公安机关应当依照治安管理处罚的法律规定予以行政处罚。

**第四十五条** 对重婚的,对实施家庭暴力或虐待、遗弃家庭成员构成犯罪的,依法追究刑事责任。受害人可以依照中华人民共和国刑事诉讼法的有关规定,向人民法院自诉;公安机关应当依法侦查,人民检察院应当依法提起公诉。

## 2.《中华人民共和国残疾人保障法(2008年修订)》(1991年5月15日)(节录)

**第九条** 残疾人的法定扶养人必须对残疾人履行扶养义务。

残疾人的监护人必须履行监护职责,维护被监护人的合法权益。

残疾人的亲属、监护人应当鼓励和帮助残疾人增强自立能力。

禁止虐待和遗弃残疾人。

**第六十七条** 违反本法规定,侵害残疾人的合法权益,其他法律、法规规定行政处罚的,从其规定;造成财产损失或者其他损害的,依法承担民事责任;构成犯罪的,依法追究刑事责任。

## 3.《中华人民共和国未成年人保护法(2006年修订)》(1992年1月1日)(节录)

**第十条(第二款)** 禁止对未成年人实施家庭暴力,禁止虐待、遗弃未成年人,禁止溺婴和其他残害婴儿的行为,不得歧视女性未成年人或者有残疾的未成年人。

**第二十一条** 学校、幼儿园、托儿所的教职员工应当尊重未成年人的人格尊严,不得对未成年人实施体罚、变相体罚或者其他侮辱人格尊严的行为。

**第四十一条(第一款)** 禁止拐卖、绑架、虐待未成年人,禁止对未成年人实施性侵害。

**第四十三条(第三款)** 未成年人救助机构、儿童福利机构及其工作人员应当依法履行职责,不得虐待、歧视未成年人;不得在办理收留抚养工作中牟取利益。

**第六十条** 违反本法规定,侵害未成年人的合法权益,其他法律、法规已规定行政处罚的,从其规定;造成人身财产损失或者其他损害的,依法承担民事责任;构成犯罪的,依法追究刑事责任。

# 二十五、遗 弃 罪

**193. 不具有法定夫妻关系的男女长期非法同居，一方遗弃另一方的行为可否构成遗弃罪？**

男女双方长期以夫妻名义非法同居，一方对另一方的遗弃行为能否构成遗弃罪，关键在于对《刑法》第 261 条中规定的"负有扶养义务"的理解。"负有扶养义务"的主体，并不应当局限于家庭成员，原因如下：首先，《刑法》中并未明确规定遗弃罪的主体必须是共同生活的家庭成员。另外，从遗弃罪的设立旨在保护的法益来讲，其设立目的在于保障公民的生命权、健康权不因为公民自我保护能力的丧失而受到威胁。因此，对于负有扶养义务的成员，不应当做过于狭隘的理解。只要是事实上共同生活，并且一方因为缺乏独立生活能力而依赖于另一方，即可以认定为负有扶养义务。（正因如此，如现实中福利院抛弃扶养的老人、医院抛弃住院的垂危病人，亦可能构成遗弃罪。）

此外，即使将遗弃罪的主体严格解释为限于家庭成员之间，对于长期以夫妻名义非法同居的男女，依然可以构成本罪的适格主体。诚然，非法同居者在《婚姻法》的评价下并不具有真正意义上的婚姻关系，因而不属于家庭成员范畴。但是上已述及，《刑法》与《婚姻法》基于立场不同，对于婚姻的理解存在差异。《婚姻法》中对于婚姻效力的确定旨在维护符合社会伦理道德的社会秩序，而《刑法》上遗弃罪的规定在于保障公民的人身权利，基于此，在《刑法》上理解婚姻关系及家庭成员的内涵时，不应当囿于《婚姻法》上有关婚姻效力的规定。长期非法同居的男女，基于其共同生活建立的信赖关系，一方对另一方亦应当负有抚养义务，在病重时一方遗弃另一方，依然可能构成遗弃罪。

## 典型疑难案件参考

### 武法清遗弃案

**基本案情**

1998年左右,被告人武法清花钱(7700元)从别人处买下王贵州,在没有进行结婚登记的情况下,两人即以夫妻名义同居。其间(即2000年,2001年),王贵州因患盆腔炎、腹腔囊肿、宫外孕,武法清两次带王贵州住院治疗;王贵州还曾于2005年6、7月份,跑出去与他人同居一个多月,于2006年7月30日跑出去与他人同居至2006年12月底。王贵州两次跑出去与他人同居回来后,均继续与武法清同居。

2007年3月18日上午9时许,被告人武法清将因发烧住淮安市第二人民医院治病一天尚未痊愈的王贵州扶至该医院门口,见被告人王浩驾驶一牌号为苏HO7928富康出租车在医院门口等客,被告人武法清即扶王贵州上前对王浩说:"师傅,你把她带摆得了,我给你30元钱"。王浩先没有同意,后当武法清给其70元人民币时,王浩便接过该款,武法清遂将王贵州扶进王浩出租车的后排座位上,自己便回医院结账。被告人王浩独自载着王贵州寻找丢弃王贵州的地点,当其由南向北行驶至淮安市清浦区境内二河河堆处见路上无人,即停车把后门打开,将王贵州往车下拖。此时,王贵州讲要小便,王浩在帮王贵州拎裤子时顿起奸淫歹念,便将王贵州推倒在车内后排座位上。强行与王贵州发生了性关系。后被告人王浩驾车带着王贵州沿二河河堆继续向北行驶至清浦区武墩境内二河堆无人处将王贵州抛弃于路旁,自己驾车逃离现场,致使被害人王贵州因两肺粟粒性结核致呼吸循环衰竭而死亡。

**诉辩情况**

江苏省淮安市清浦区人民检察院指控称:被告人武法清和王浩经事前合谋,将病重的王贵州遗弃并致死亡,该行为构成遗弃罪。被告人王浩在实施遗弃行为的过程中违背王贵州的意志,强行与其发生性关系,该行为构成强奸罪。被告人王浩一人犯有两罪,应当实行数罪并罚。请依法予以判处。

被告人武法清的辩护人提出的辩护意见是:被告人武法清与被害人王贵州系非法同居关系,不是合法的夫妻,对王贵州没有法定的扶养义务,故不符合遗弃罪的犯罪主体,其行为不构成遗弃罪。

被告人王浩辩称:其在遗弃过程中仅是帮凶,不构成遗弃罪。被告人王浩的辩护人提出如下辩护意见:被告人王浩没有与武法清合谋,且与被害人王贵州没有任何关系,不是遗弃罪的主体,王浩的行为不构成遗弃罪。

> 裁判结果

淮安市清浦区人民法院经审理于 2007 年 9 月 4 日作出判决,依照《中华人民共和国刑法》第 261 条、第 236 条第 1 款、第 25 条第 1 款、第 69 条第 1 款的规定,判决被告人王浩犯遗弃罪,判处有期徒刑 6 个月,犯强奸罪,判处有期徒刑 6 年,决定执行有期徒刑 6 年。判决被告人武法清犯遗弃罪,判处有期徒刑 6 个月。

> 裁判理由

淮安市清浦区人民法院经审理认为:武法清、王浩将患病的被害人王贵州遗弃,致王贵州死亡,情节恶劣,其行为均已构成遗弃罪。被告人王浩在实施遗弃犯罪的过程中,利用王贵州患病之机,强行与王贵州发生性关系,违背了被害人的意志,其行为已构成强奸罪。被告人王浩一人犯有二罪,应当实行数罪并罚。

针对被告人武法清的辩护人提出的武法清不符合遗弃罪的犯罪主体,其行为不构成遗弃罪的辩护意见。经查:被告人武法清与被害人王贵州虽未经结婚登记,但确以夫妻名义共同生活近 9 年,在长达 9 年的共同生活中,互尽了权利义务。该事实,得到被告人武法清当庭供述、出庭证人武某某、武某某证言及淮安市清浦区和平镇越闸村民委员会出具的证明材料等相关证据的证实,足以认定,故被告人武法清与被害人王贵州之间形成了事实上和道义上的权利义务关系。当王贵州患病没有独立生活能力时,武法清在事实和道义上均有义务对王贵州进行扶养,而本案中被告人武法清于此不顾,对患病没有独立生活能力的王贵州不尽扶养义务,实施了遗弃行为,致王贵州被强奸,又因两肺粟粒性结核致呼吸循环衰竭而死亡,情节恶劣,为充分保护公民人身权利不受侵害,惩罚犯罪,应当以遗弃罪追究被告人武法清的刑事责任。综上,对被告人武法清的辩护人提出的辩护意见,不予采纳。

针对被告人王浩当庭提出的在遗弃过程中自己只是帮凶辩解,以及辩护人提出的王浩不构成遗弃罪的辩护意见。经查:被告人武法清以 30 元钱要求王浩将被害人"撂得了",王浩开始没同意,后见武法清给的是 70 元钱时,便同意了武法清的要求,并具体实施了遗弃行为,最终致王贵州因两肺粟粒性结核致呼吸循环衰竭而死亡,情节恶劣。这一事实得到被告人王浩、武法清供述、病历、物证鉴定书等相关证据的证实,足以认定。两被告人的遗弃犯罪属于一般共同犯罪,由武法清提出,并将被害人放进出租车后,再由王浩具体实施将被害人遗弃行为,王浩主观上是明知、故意的,且达到情节恶劣的程度,其行为符合遗弃罪的构成要件，被告人王浩及其辩护人提出的辩解和辩护意见不能成立，对此不予采纳。

### 194. 对出卖亲生子女这一行为应该怎样定性？

对于出卖子女行为的定性，我国现行相关法律、司法解释性文件均有明确规定。根据1991年《中华人民共和国收养法》第30条第2款、第3款的规定，出卖亲生子女，由公安部门处1000元以下罚款；情节恶劣构成犯罪的，依照《中华人民共和国刑法》（1979年）第183条（遗弃罪）追究刑事责任。1998年修正的《中华人民共和国收养法》第31条第3款对此作了一定的变动，主要表现在构成犯罪刑法条文的援引上：出卖亲生子女的，由公安部门没收非法所得，并处以罚款；构成犯罪的，依法追究刑事责任。

1999年10月27日最高人民法院《全国法院维护农村稳定刑事审判工作座谈纪要》（以下简称《纪要》）第2节第6项明确指出，对于出卖子女确属情节恶劣的，可按遗弃罪处罚。2000年3月20日最高人民法院、最高人民检察院、公安部、民政部、司法部、中华全国妇女联合会联合发布的《关于打击拐卖妇女儿童犯罪有关问题的通知》（以下简称《通知》）第4项规定，出卖亲生子女的，由公安机关依法没收非法所得，并处以罚款；以营利为目的，出卖不满14周岁子女，情节恶劣的……均应以拐卖儿童罪追究刑事责任。应明确的是，该《纪要》和《通知》在司法实务的适用中有着类似于司法解释的法律效力。

结合上述立法的规定，可知：出卖子女，一般属于违法行为，只有情节恶劣的，才构成犯罪。对于何谓情节恶劣，现有立法并没有作出明确的阐释，应以《刑法》第13条规定的原则精神掌握。对于构成犯罪的，适用刑法条文、构成的罪名则应区分犯罪对象、犯罪目的，即以营利为目的，出卖不满14周岁的子女，构成拐卖儿童罪。如果并非以营利为目的，则构成遗弃罪。立法对罪名的区分标准也符合两罪的犯罪构成要件。出卖亲生子

二十五、遗弃罪

> 女行为将导致父母对子女抚养义务的丧失，亦即将本人之义务转嫁他人，实际上是行为人不履行法定抚养义务，行遗弃之实，符合遗弃罪的犯罪构成要件。

### 典型疑难案件参考

#### 郑立东等遗弃案

**基本案情**

被告人郑立东、王兰英于2005年7月31日，经周广全（男，22岁，另案处理）授意，在本市海淀区西三旗西小口村58号出租房内，将周广全与左翠平（女，22岁）不满周岁的女儿抱走，后以4500元的价格贩卖给他人。2005年8月1日，被告人郑立东被抓获。同年8月17日，被告人王兰英被抓获。

**一审诉辩情况**

北京市海淀区人民检察院指控称：被告人的行为已构成犯罪，应对其追究刑事责任。

郑立东辩称：其交给周广全的钱是自己的，其在公安机关的笔录没有全看。

王兰英辩称：其没有说过帮郑立东要钱。

**一审裁判结果**

北京市海淀区人民法院作出判决如下：
一、郑立东犯拐卖儿童罪，判处有期徒刑5年，罚金人民币5000元；
二、王兰英犯拐卖儿童罪，判处有期徒刑5年，罚金人民币5000元。

**一审裁判理由**

北京市海淀区人民法院根据上述事实和证据认为：周广全以生活困难为由，授意被告人郑立东、王兰英出卖自己的亲生女儿，其行为已构成拐卖儿童罪。周广全作为周某的法定代理人，提议将其未满周岁的女儿周某出卖，并授意被告人郑立东、王兰英将周某转卖给他人，他们之间在主客观上已形成了内在联系，构成了共同犯罪。《中华人民共和国收养法》第30条第3款规定，出卖亲生子女的，依遗弃罪处罚；《中华人民共和国收养法》第31条规定：

出卖亲生子女，构成犯罪的，依法追究刑事责任。周广全提议出卖亲生子女的行为构成了拐卖儿童罪，被告人郑立东、王兰英的行为构成拐卖儿童罪的共犯，故起诉书指控被告人郑立东、王兰英的行为构成拐卖儿童罪成立。

经法庭质证，被告人郑立东、王兰英对当庭出示的证据及证明的事实提出异议；郑立东称其没有收买方的钱；王兰英称其联系孩子的事时，对方没有给钱。

对于被告人郑立东、王兰英的辩解，法庭认为：相关的证据已形成了相应的证据链条，能够证明被告人郑立东、王兰英伙同周广全在将周某卖给他人时就是为了钱财，周广全所得到的钱财是谁给付的，并不影响本罪的构成，故对被告人郑立东、王兰英的辩解，本院不予采信。鉴于被告人郑立东、王兰英是在被害人周某亲生父亲周广全的授意下联系他人，主观恶性相对较小，且周某在被告人的亲朋的协助下送还生母，本院综合考虑以上情节，对被告人郑立东、王兰英均酌予从轻处罚。

**二审诉辩情况**

上诉人王兰英（原审被告人）诉称：其只是想帮忙领养孩子，一审量刑过重。

其辩护人的辩护意见为：王兰英系基于友情亲情帮忙领养孩子，并无营利目的，其行为应构成收买被拐卖儿童罪。并向法庭提交了多份调查笔录证实王兰英一贯表现、家庭财产状况以及与张海涛等人的关系。

**二审裁判结果**

二审审理查明的事实、证据与一审相同，经审核后予以确认。据此，北京市第一中级人民法院作出判决如下：

一、维持北京市海淀区人民法院〔2007〕海法刑初字第830号刑事判决书第三项，即：扣押在案的人民币200元予以没收；

二、撤销北京市海淀区人民法院〔2007〕海法刑初字第830号刑事判决书第1、2项，即：被告人郑立东犯拐卖儿童罪，判处有期徒刑5年，罚金人民币5000元；被告人王兰英犯拐卖儿童罪，判处有期徒刑5年，罚金人民币5000元；

三、上诉人（原审被告人）王兰英犯遗弃罪，判处有期徒刑1年6个月；

四、原审被告人郑立东犯遗弃罪，判处有期徒刑2年。

**二审裁判理由**

北京市第一中级人民法院根据上述事实的证据认为：上诉人王兰英关于其

只是想帮忙领养孩子的上诉理由及其辩护人关于王兰英系基于友情亲情帮忙领养孩子，其行为构成收买被拐卖儿童罪的辩护意见。经查，王兰英与郑立东的目的在于帮助周广全出卖亲生子女，至于寻找买家的行为只是为了完成出卖行为的组成部分，故对上述理由和辩护意见，均不予采纳。

对于辩护人提交的调查笔录等证据材料。经查：由于上述调查笔录等均不能直接证实本案涉及的犯罪事实，故均不予采纳；但对于辩护人关于王兰英没有营利目的的辩护意见，予以采纳。

周广全作为未满周岁的周某的生父，负有抚养义务而拒绝抚养，并以生活困难为由，在王兰英和郑立东的协助下将周某出卖给他人，情节恶劣；上诉人王兰英伙同原审被告人郑立东的行为构成遗弃罪。原审人民法院判决认定郑立东、王兰英犯罪事实清楚、证据确实、审判程序合法。但原判对王兰英、郑立东所犯罪行定性不准，予以改判。鉴于案发后，王兰英的亲属协助将周某送还公安机关，故可对其酌情从轻处罚。

### 195. 怎样界定遗弃罪的主体范围？

我国《刑法》对遗弃罪主体范围的规定不够明确、具体，以致司法人员在理论上一般认为只有具有法定扶养义务的亲属遗弃被扶养人的，才能成为遗弃罪的特殊主体，将遗弃罪主体范围仅限于具有法定扶养义务的亲属间。对我国遗弃罪中的"扶养义务"应从广义上理解，它不仅包括夫妻和兄姐对弟妹间的扶养义务，也包括长辈即父母、祖父母、外祖父母对子女、孙子女、外孙子女的抚养义务，还包括晚辈即子女、孙子女、外孙子女对父母、祖父母、外祖父母的赡养义务。这些人的扶养、抚养、赡养义务是我国《婚姻法》所明确规定的，因此这些义务来自法律的规定。如果他们拒不履行扶养义务，遗弃被扶养人，情节恶劣的，无疑就要成为遗弃罪的主体，被追究遗弃罪刑事责任。除此之外，有的扶养义务还因道德、职责而产生。比如，实行全托制的幼儿园、精神病医院以及人民政府为给社会上那些年老、年幼或身有残疾的"三无"人员提供生活、治疗等救助而专门设立的诸如福利院等机构，他们虽然在法律上对这些对象没有扶养义务，但特定的职业道德和职责要求他们必须履行救助职责；如果他们有条件和能力履行这种救助职责而拒绝履行，应认为是遗弃行为,情节恶劣的,其负责人或其直接责任人就构成了遗弃罪主体,应依法追究其遗弃罪的刑事责任。

实际上,从我国《刑法》第261条规定的精神看,该条中所指的"扶养义务"是广义的,不仅包括亲属间的法定扶养义务,也包括职业道德、职责所要求必须履行的扶养义务。因为《刑法》在这里只是明确了对于年老、年幼、患病或者没有其他独立生活能力的人有扶养义务而拒绝扶养,情节恶劣的,即构成遗弃罪,而并没有明确必须是有法律上扶养义务的人实施遗弃行为才构成本罪。因此,从《刑法》第261条的立法精神来看,依特定的职业道德和职责应当对特定的对象履行救助职责而拒不履行的行为人,也可以构成遗弃罪的特殊主体。

## 典型疑难案件参考

### 王益民等遗弃案

**基本案情**

1996年至1999年8月间,被告人刘晋新、田玉莲、沙依丹·胡加基、于永枝,在乌鲁木齐市精神病福利院院长王益民的指派下,安排该院工作人员将精神病福利院的28名"三无"公费病人遗弃在甘肃省及新疆昌吉附近。经四病区科主任被告人刘晋新的认可和护士长田玉莲的参与,送走"三无"公费病人4次,病人19名。其中,1996年6月由该院工作人员王新、王子茂乘火车将病人王伟鹏、周宁、荣站、沙天山遗弃在甘肃省境内;1999年5月由被告人刘晋新、田玉莲将张桂堂、努尔别克、里提甫遗弃在新疆昌吉附近;1999年7月由王新乘火车将病人刘海生、单培义、郑世忠、王春、杜建新、无名遗弃在甘肃境内。经五病区科主任被告人沙依丹·胡加基的认可和护士长于永枝的参与,送走"三无"公费病人4次,病人9名。其中,1999年4月被告人沙依丹·胡加基与张凤玲大夫将病人罗诗珍遗弃在乌鲁木齐市红山附近;1999年5月被告人于永枝与张凤玲大夫将病人沙痴女遗弃在新疆昌吉附近;1999年8月被告人沙依丹·胡加基将磕头、库力帕汗、马文清、吴碧珍、吴站遗弃在新疆昌吉附近;1999年11月被告人沙依丹·胡加基、于永枝将病人曹伟、哑女遗弃在新疆昌吉附近。

以上被遗弃的"三无"公费病人中,只有杜建新已安全回到家中,其他27名被遗弃的病人均下落不明。

### ▶一审诉辩情况

新疆维吾尔自治区乌鲁木齐市新市区人民检察院指控称:被告人王益民、刘晋新、田玉莲、沙依丹·胡加基、于永枝5人的行为均已触犯《中华人民共和国刑法》第261条的规定,构成遗弃罪。

被告人王益民辩称:检察机关的指控与事实有出入。一是起诉书指控的"被告人王益民的同意和指派"与事实不符。事实是该精神病福利院副院长和四病区的主任向其反映病人多床位少问题后,经报请主管领导同意,对符合以下4种情况的病人,按病人地址,送病人回原籍:(1)病情稳定或病态消失;(2)自制力部分或完全恢复;(3)生活能够自理或社会适应;(4)工作、学习能力基本恢复的病人。二是送病人回原籍只对四病区而言,五病区发生的送病人回原籍的问题王益民不知。三是送病人回原籍是为减轻病房的压力。据此,被告人王益民认为自己的行为不构成犯罪。

被告人王益民的辩护人陈肃辩称:指控王益民"同意和安排下",事实不清,证据不足。

被告人刘晋新、沙依丹·胡加基辩称:病区所送出的病人,是遵照院长王益民的指示和安排进行的,病区无权作出决定。

被告人田玉莲、于永枝辩称:参与送病人,是按医嘱办理被护理的病人出院,同时遵照科主任的具体安排将病人送往指定地点或交给指定的人员。

### ▶一审裁判结果

一审法院乌鲁木齐市新市区人民法院作出如下判决:
一、王益民犯遗弃罪,判处有期徒刑2年缓刑3年;
二、刘晋新犯遗弃罪,判处有期徒刑1年缓刑2年;
三、沙依丹·胡加基犯遗弃罪,判处有期徒刑1年缓刑2年;
四、于永枝犯遗弃罪,判处有期徒刑1年缓刑2年。

### ▶一审裁判理由

新市区人民法院经审理认为:被告人王益民、刘晋新、田玉莲、沙依丹·胡加基、于永枝身为福利院的工作人员,对依赖于福利院生存、救助的"无家可归、无依无靠、无生活来源"的公费病人,负有特定扶养义务,应当依据其各自的职责,积极履行监管、扶养义务,而不应将被扶养成的28名病人遗弃,拒绝监管和扶养。被告人王益民、刘晋新、田玉莲、沙依丹·胡加基、于永枝的行为均已触犯我国《刑法》中关于对于年老、年幼、患病或者其他没有独立生活能力的人，负有扶养义务而拒绝扶养，情节恶劣的处5年以下有期徒刑的规定，构成了遗弃罪，应予惩处。检察机关的指控事实及指控的罪名成立，予以采纳。辩护人陈肃、宋冰、杨林英、艾尼瓦尔、张汭认为被告人王益民、刘晋新、田玉莲、沙依丹·胡加基、于永枝不具有犯罪主体资格，其行为不构成犯罪的辩护意见，与事实不符。遗弃罪的主体是指法律上对被遗弃者有扶养义务的人。本案中的被告人依据国家法律、行政法规，担负着对精神病福利院公费病人的监护、扶养的义务，与病人之间已形成了监护、扶养与被监护、扶养的关系，具备特定的扶养义务主体资格。同时，被告人的遗弃行为，在社会上造成了恶劣的影响，具有严重的社会危害性和刑事违法性，理应受到刑事处罚，因此对辩护人的辩护意见，不予采纳。被告人王益民、刘晋新、田玉莲、沙依丹·胡加基、于永枝对病人的遗弃，符合共同犯罪的特征，系共同犯罪。被告人王益民起主要作用，系主犯；被告人刘晋新、田玉莲、沙依丹·胡加基、于永枝起次要辅助作用，系从犯，应当从轻、减轻处罚。

### 二审诉辩情况

于永枝上诉称：原审判决认定事实不清。认为自己是一般医务人员，其行为不构成犯罪，不符合遗弃罪的犯罪主体，原审对其定罪处刑不正确。请求二审法院撤销原审对其定罪处刑的判决。

### 二审裁判结果

乌鲁木齐市中级人民法院依照《中华人民共和国刑事诉讼法》第189条第1款之规定，作出如下裁定：驳回上诉，维持原判。

### 二审裁判理由

乌鲁木齐市中级人民法院经审理认为：上诉人于永枝、原审被告人王益民、刘晋新、田玉莲、沙依丹·胡加基身为福利院的工作人员，将依赖于福利院生存救助的"三无"公费病人28人遗弃，其行为均构成了遗弃罪。上诉人于永枝的上诉要求和理由于事实不符，也无法律依据，故不予采纳。原判认定事实清楚，证据确实充分，定罪准确，量刑适当，审判程序合法，应予维持。

**196.** 家庭困难无力抚养，而出卖亲生子女并以所得资金垫付其医药费的行为，应当如何定性？

1999年10月27日最高人民法院《全国法院维护农村稳定刑事审判工作座谈会纪要》中规定，"对于买卖至亲的案件，要区别对待：以贩卖牟利为目的'收养'子女的，应以拐卖儿童罪处理；对那些迫于生活困难、受重男轻女思想影响而出卖亲生子女或收养子女的，可不作为犯罪处理；对于出卖子女确属情节恶劣的，可按遗弃罪处罚"。2000年3月20日最高人民法院、最高人民检察院、公安部、民政部、司法部、中华全国妇女联合会《关于打击拐卖妇女儿童犯罪有关问题的通知》中规定，"卖亲生子女的，由公安机关依法没收非法所得，并处以罚款；以营利为目的，出卖不满十四周岁子女，情节恶劣的，借收养名义拐卖儿童的，以及出卖捡拾的儿童的，均应以拐卖儿童罪追究刑事责任。"

可见，对于出卖亲生子女的情形，首先要区分情节是否严重，情节轻微的，由公安机关没收非法所得并处以罚款即可，不再追究刑事责任；情节严重构成犯罪的，则应当依据《刑法》有关规定定罪处罚。出卖子女以牟利的，构成拐卖儿童罪；迫于生活困难将子女卖予他人的，身为父母不履行对子女的抚养义务，构成遗弃罪。

**典型疑难案件参考**

董海涛拐卖儿童、金兵遗弃案（河南省开封市中介人民法院刑事判决书〔2012〕汴少刑终字第1号）

**基本案情**

被告人金兵的女友赵亚南未婚先孕于2009年4月28日在兰考县妇儿医院产下一名男婴（起名金鑫），因该婴儿身体虚弱于当日转入新生儿科治疗，共计花去医疗费16826.85元（其中该婴儿花去16062.75元，赵亚南花去764.10元）。被告人金兵欲将其子金鑫卖给他人抚养，同被告人董海涛联系后，董海涛以40000元的价格将金鑫卖给兰考县谷营乡代寨村村民王春枝，董海涛告诉金兵卖得20000元，并将其中的20000元给了金兵。

### 一审诉辩情况

河南省开封市兰考县人民检察院以被告人金兵犯拐卖儿童罪，向兰考县人民法院提起公诉。起诉书指控，被告人董海涛出卖儿童并试图从中牟利，其行为构成拐卖儿童罪，被告人金兵构成遗弃罪，应当依法定罪处罚。

### 一审裁判结果

河南省兰考县人民法院于2011年11月3日作出判决。依照《中华人民共和国刑法》第240条、第261条、第67条、第63条、第52条、第53条之规定，作出如下判决：

一、被告人董海涛犯拐卖儿童罪，判处有期徒刑3年，并处罚金人民币2000元；非法所得人民币19000元予以收缴，上缴国库；

二、被告人金兵犯遗弃罪，判处有期徒刑2年6个月。

### 二审诉辩情况

兰考县人民检察院抗诉认为：原审法院审理金兵遗弃一案中适用刑罚不当，量刑畸重，应当依法改判。理由是金兵认罪态度一直较好，且开庭时当庭自愿认罪，所得赃款绝大部分用于支付婴儿医疗费。

上诉人（原审被告人）金兵辩称：自己是出于家庭困难，无力抚养孩子才将孩子送人。所收的2万元好处费大部分用于支付医疗费。原审法院量刑过重，请求给予减轻或免除处罚。

### 二审裁判结果

河南省开封市中级人民法院于2012年3月1日作出判决。依照《中华人民共和国刑事诉讼法》第189条第1项、第2项、《中华人民共和国刑法》第240条、第261条、第67条、第63条、第52条、第53条、第72条、第73条之规定，判决如下：

一、维持河南省兰考县人民法院〔2011〕兰少刑初字第30号判决第一项即被告人董海涛犯拐卖儿童罪，判处有期徒刑3年，并处罚金人民币2000元；非法所得人民币19000元予以收缴，上缴国库；

二、撤销兰考县人民法院〔2011〕兰少刑初字第30号判决第二项即被告人金兵犯遗弃罪，判处有期徒刑2年6个月；

三、上诉人（原审被告人）金兵犯遗弃罪，判处有期徒刑1年，缓刑1年。（缓刑考验期，从判决确定之日起计算。）

**二审裁判理由**

河南省开封市中级人民法院认为：原审被告人董海涛以牟利为目的，明知金兵出卖自己的亲生子女，仍积极介绍，依法应当以拐卖儿童罪追究其刑事责任。上诉人（原审被告人）金兵负有抚养亲生子女的义务而拒绝抚养，将出生年仅1个多月的孩子出卖给他人，情节恶劣，构成遗弃罪。鉴于金兵主观上不是出于非法获利目的，而是迫于家庭困难才放弃对其亲生子的抚养义务，且收取的2万元绝大部分用于支付亲生子的医疗费，归案后认罪态度较好，可对其酌情从轻处罚。

**197. 遗弃罪的客观方面如何进行认定？**

遗弃罪客观方面表现为行为人对于年老、年幼、患病或者其他没有独立生活能力的人，负有扶养义务而拒绝扶养，情节恶劣的行为。在具体构成要件上包括以下三点：一是行为人负有扶养义务，包括《婚姻法》上规定的抚养、赡养和扶养义务。二是行为人有能力履行自己肩负的扶养义务。法律不强人所难，行为人有能力扶养是构成本罪的必要条件。三是行为人拒绝履行扶养义务，即行为人在事实上没有扶养自己应该扶养的没有独立生活能力的人。

**典型疑难案件参考**

王扣玛遗弃案（上海市第二中级人民法院刑事裁定书〔200〕沪二中刑终字第99号）

**基本案情**

被害人腾某原家住本市七浦路某弄某号。2006年10月许，王某（腾的儿子，被告人王扣玛的弟弟，七浦路某弄某号户主）等人与某有限公司就该户动迁达成拆迁补偿货币安置协议，其中腾某获得补偿款人民币27万元，并于2007年6月初由王某领取，腾某则随王某一起生活。6月19日，未参与动迁的家住本市江苏路某弄某号的被告人王扣玛找到王某，表示要母亲腾某与其一起生活并索要补偿款人民币27万元，因双方发生争执而报警。后王某在他人调解下将动迁款人民币27万元交给被告人王扣玛，腾金娣则由王扣玛接回家中扶养。其间，王扣玛将腾某的退休工资卡、医保卡、身份证取走。之后，被告人王扣玛以各种理由将腾某送回王某处，但经过多次送返后腾某仍与王扣玛一起生活。2007年10月11日17时许，被告人王扣玛将腾某以上访为由送到本市人民广场市政府门口，丢弃后即离去。当日，闸北区某街道在接到腾某后将腾暂时安置于辖区内的某旅社内，安排人员予以照料，同时联系被告人王扣玛及腾的其他子女要求领回腾未果。腾的其他子女均以腾金娣的动迁款已由王扣玛领取为由，不愿领回腾。腾在友放旅社孤独生活80余日。2008年1月5日16时许，被害人腾在友放旅社内因心脏病突发猝死。

### 一审诉辩情况

检察机关认为：被告人遗弃其年迈母亲的行为已经构成遗弃罪，应当依法追究其刑事法律责任。

被告人辩称：自己只是寻找母亲未果，并非有意遗弃，因此不构成遗弃罪。

### 一审裁判结果

一审法院依照《中华人民共和国刑法》第261条之规定，对被告人王扣玛犯遗弃罪，判处有期徒刑1年6个月。

### 二审诉辩情况

一审宣判后，被告人王扣玛上诉辩称：其因故与母亲走散寻找未果，并认为其行为不构成遗弃罪。辩护人认为：王扣玛主观上没有遗弃的故意，相关证据也证明了王扣玛对母亲是尽孝的；本案中王扣玛不是唯一的扶养人，故原判认定被告人王扣玛犯遗弃罪的证据不足。

上海市人民检察院第二分院认为：原审法院认定被告人王扣玛犯遗弃罪的事实清楚，证据确实、充分，且诉讼程序合法有效，建议驳回上诉，维持原判。

### 二审裁判结果

二审法院依照《中华人民共和国刑事诉讼法》第189条第1项之规定，裁定如下：驳回上诉，维持原判。

### 二审裁判理由

法院生效判决认为：被告人王扣玛在2007年10月11日17时许将腾某送到本市人民广场市政府门口后，连续80余日未采取任何积极的寻找措施；且在此期间被告人王扣玛拒不接听街道干部电话，应认定其有遗弃的行为。此外，证人王某、腾某的证言及被告人王扣玛书写的移交书均证实，被告人王扣玛以赡养被害人腾某为条件取得本不属于其的动迁款项，应认定被告人王扣玛负有主要的赡养义务。街道干部的临时救助行为，并不能隔断被告人王扣玛负有主要的赡养义务。相关证据证实，被告人王扣玛的遗弃行为，造成被害人腾某无人扶养、心情郁闷并因病猝死；应认定为情节恶劣。王扣玛的上诉理由不能成立。对辩护人的意见，法院不予采纳。综上所述，法院认为，原审法院对被告人王扣玛定罪和适用法律正确，量刑恰当，审判程序合法。上海市人民检察院第二分院意见正确。

# 遗弃罪办案依据集成

### 刑法条文

**第二百六十一条** 【遗弃罪】对于年老、年幼、患病或者其他没有独立生活能力的人,负有扶养义务而拒绝扶养,情节恶劣的,处五年以下有期徒刑、拘役或者管制。

### 司法解释

**最高人民法院、最高人民检察院、公安部、司法部《关于依法惩治拐卖妇女儿童犯罪的意见》(2010年3月15日)(节录)**

五、定性

17. 不是出于非法获利目的,而是迫于生活困难,或者受重男轻女思想影响,私自将没有独立生活能力的子女送给他人抚养,包括收取少量"营养费"、"感谢费"的,属于民间送养行为,不能以拐卖妇女、儿童罪论处。对私自送养导致子女身心健康受到严重损害,或者具有其他恶劣情节,符合遗弃罪特征的,可以遗弃罪论处;情节显著轻微危害不大的,可由公安机关依法予以行政处罚。

### 法律法规

**1.《中华人民共和国婚姻法(2001年修正)》(1981年1月1日)(节录)**

第三条(第二款) 禁止重婚。禁止有配偶者与他人同居。禁止家庭暴力。禁止家庭成员间的虐待和遗弃。

第二十一条 父母对子女有抚养教育的义务;子女对父母有赡养扶助的义务。

父母不履行抚养义务时,未成年的或不能独立生活的子女,有要求父母付给抚养费的权利。

子女不履行赡养义务时,无劳动能力的或生活困难的父母,有要求子女付给赡养费的权利。

禁止溺婴、弃婴和其他残害婴儿的行为。

第二十八条 有负担能力的祖父母、外祖父母,对于父母已经死亡或父母无力抚养的未成年的孙子女、外孙子女,有抚养的义务。有负担能力的孙子女、外孙子女,对于子女已经死亡或子女无力赡养的祖父母、外祖父母,有赡养的义务。

第二十九条 有负担能力的兄、姐,对于父母已经死亡或父母无力抚养的未成年的弟、妹,有扶养的义务。由兄、姐扶养长大的有负担能力的弟、妹,对于缺乏劳动能力又缺乏生活来源的兄、姐,有扶养的义务。

第四十四条 对遗弃家庭成员,受害人有权提出请求,居民委员会、村民委员会以及所在单位应当予以劝阻、调解。

对遗弃家庭成员，受害人提出请求的，人民法院应当依法作出支付扶养费、抚养费、赡养费的判决。

**第四十五条** 对重婚的，对实施家庭暴力或虐待、遗弃家庭成员构成犯罪的，依法追究刑事责任。受害人可以依照中华人民共和国刑事诉讼法的有关规定，向人民法院自诉；公安机关应当依法侦查，人民检察院应当依法提起公诉。

## 2.《中华人民共和国残疾人保障法（2008年修订）》（1991年5月15日）（节录）

**第九条** 残疾人的法定扶养人必须对残疾人履行扶养义务。

残疾人的监护人必须履行监护职责，维护被监护人的合法权益。

残疾人的亲属、监护人应当鼓励和帮助残疾人增强自立能力。

禁止虐待和遗弃残疾人。

**第六十七条** 违反本法规定，侵害残疾人的合法权益，其他法律、法规规定行政处罚的，从其规定；造成财产损失或者其他损害的，依法承担民事责任；构成犯罪的，依法追究刑事责任。

## 3.《中华人民共和国未成年人保护法（2006年修订）》（1992年1月1日）（节录）

**第十条（第二款）** 禁止对未成年人实施家庭暴力，禁止虐待、遗弃未成年人，禁止溺婴和其他残害婴儿的行为，不得歧视女性未成年人或者有残疾的未成年人。

**第六十条** 违反本法规定，侵害未成年人的合法权益，其他法律、法规已规定行政处罚的，从其规定；造成人身财产损失或者其他损害的，依法承担民事责任；构成犯罪的，依法追究刑事责任。

## 4.《中华人民共和国收养法（1998年修正）》（1992年4月1日）（节录）

**第三十一条（第二款）** 遗弃婴儿的，由公安部门处以罚款；构成犯罪的，依法追究刑事责任。

## 5.《中华人民共和国老年人权益保障法（2009年修正）》（1996年10月1日）（节录）

**第四条（第三款）** 禁止歧视、侮辱、虐待或者遗弃老年人。

**第四十七条** 暴力干涉老年人婚姻自由或者对老年人负有赡养义务、扶养义务而拒绝赡养、扶养，情节严重构成犯罪的，依法追究刑事责任。

# 二十六、拐骗儿童罪

**198. 拐骗儿童罪的主观方面如何认定？**

拐骗儿童罪的主观方面为故意。一般而言，拐骗儿童的行为人存在特定的主观目的，例如意欲收养儿童，或者供其奴役使唤。但是拐骗儿童罪并非目的犯。只要实施了拐骗儿童的行为，就是对儿童自由权利的侵犯，会对儿童及其亲人造成极大的精神痛苦，对于正常的社会秩序也会造成不良影响。基于此，对于拐骗儿童罪的认定，不需要以主观上有特定目的、动机为前提。只要行为人具有拐骗儿童使其脱离监护人监管的故意，即符合拐骗儿童罪的主观方面构成要件。

**199. 行为人将儿童带离其监护人但目的不明确的，应当如何定性？**

将儿童带离其监护人的监管，可能构成拐卖妇女儿童罪或者拐骗儿童罪。二者区分的关键在于判断行为人的主观目的。如果拐走儿童的目的在于贪图钱财、出卖牟利，则构成拐卖妇女儿童罪。如果不具有出卖的目的，只是为了收养或者奴役，则定为拐骗儿童罪。当然具备其他目的也可能构成其他犯罪，如拐骗儿童的目的在于胁迫其监护人归还财物或者交付钱财，则亦可能构成非法拘禁罪或者绑架罪。

拐卖妇女儿童罪是目的犯，构成该罪必须具备出卖儿童的目的。但是拐骗儿童罪并非目的犯，目的不明确亦可认定为该罪。因此行为人将儿童带离其监护人但目的不明确的，宜定性为拐骗儿童罪。

## 典型疑难案件参考

傅世海拐骗儿童案（重庆铁路运输检察院刑事判决书〔2008〕重铁刑初字第81号）

### 基本案情

2008年4月10日，被害人许某某（出生于2006年5月10日）跟随其外公和母亲在重庆火车站华康旅行社留宿。11日早上7时30分许，在母亲和外公上厕所时，许某某独自来到重庆火车站广场。被告人傅某在重庆火车站广场捡拾垃圾时发现许某某，趁四周无人，便抱起许某某迅速乘坐210路公交汽车到沙坪坝火车站。中午1时许，傅在沙坪坝火车站候车厅因形迹可疑被民警查获。

### 诉辩情况

重庆铁路运输检察院以被告人傅世海犯拐骗儿童罪，向重庆铁路运输法院提起公诉。指控其行为已触犯《中华人民共和国刑法》第262条之规定，应以拐骗儿童罪追究刑事责任。

被告人傅世海辩称：自己只是带小孩去找东西吃，没有拐骗小孩的目的。

### 裁判结果

重庆铁路运输检察院于2008年10月21日作出判决，依照《中华人民共和国刑法》第262条的规定，认定被告人傅世海犯拐骗儿童罪，判处有期徒刑10个月。

### 裁判理由

法院生效判决认为：被告人傅世海采取拐骗的手段，使不满14周岁的未成年人脱离监护人，其行为已触犯《中华人民共和国刑法》第262条之规定，构成拐骗儿童罪。重庆铁路运输检察院对被告人傅世海犯拐骗儿童罪的指控，事实清楚，证据确实、充分，该指控成立，予以支持。被告人傅世海关于自己没有拐骗儿童目的的辩解意见与庭审查明的事实和相关法律规定不符，经查，被告人傅世海带走被害人许某某，不论其带走被害人的目的，其行为已经造成了未满14周岁的未成年人脱离家庭或监护人的法律后果，构成了拐骗儿童罪，故对该辩解意见不予采纳。被告人傅世海系初犯、偶犯，量刑时酌情从轻处罚。

### 200. 拐骗儿童罪的主观罪过如何认定？

拐骗儿童罪的主观罪过是故意，即行为人明知自己的行为侵犯了儿童受监护权和家庭或者监护人的监护权，并且希望这种结果发生的主观心理态度。从主观目的上讲，拐骗儿童罪的主观目的一般是为了收养，但是也可能出于其他目的，包括奴役或者组织儿童从事违法活动。但如果行为人是出于出卖目的而拐骗儿童的，不构成本罪，应当以拐卖儿童罪论处。

**典型疑难案件参考**

姬信拐骗儿童案（河南省汝阳县人民法院刑事判决书〔2011〕汝少刑初字第10号）

**基本案情**

2011年3月23日上午，被告人姬信在汝阳县小店镇双丰村汝河滩碰到2011年3月21日从刘店镇刘店村走失的儿童×××（男，10岁）、×××（女，6岁）兄妹二人，姬信以帮助找其父母为由，将×××一人骗至家中，由于外界的压力，当晚将×××丢弃在马沟村自家房后的荒坡上，2011年3月24日14时许，×××在被丢弃的荒坡上被公安人员救获。

另查明，2011年7月4日经本院主持调解，被告人姬信之夫×××与被害人×××之父×××达成和解协议，除已付2000元外，再一次性赔偿各项经济损失9500元，被害方对姬信的违法行为表示谅解，请求本院对姬信从轻处罚。

**诉辩情况**

汝阳县人民检察院指控认为被告人行为构成拐骗儿童罪，应当依法追究刑事责任。

被告人姬信在开庭审理过程中，对起诉书指控其犯拐骗儿童罪的基本事实亦无异议，其辩解称：其行为是看到孩子可怜，为了救孩子造成的，表示认罪，请求对其从轻处罚。

辩护人的辩护意见是：检察机关出示的所有证据不能充分证明被告人姬信有拐骗儿童的主观故意，其行为不符合我国《刑法》第262条拐骗儿童罪的主客观要件，请求依法判处被告人姬信无罪。并当庭出示了和解协议书一份，证实被告人姬信家属除已付 2000 元外，又付给被害人经济损失 9500 元；被害人的监护人×××对被告人的违法行为表示谅解，要求法院对被告人从轻处罚。

### 裁判结果

审理法院根据被告人犯罪的事实、性质、情节以及对社会的危害程度，依照《中华人民共和国刑法》第 262 条之规定，判决如下：被告人姬信犯拐骗儿童罪，判处有期徒刑 6 个月。

### 裁判理由

法院经审理认为：被害人×××、×××走失后，其家人心急如焚，被告人姬信路遇二人后，以往家送为由，骗取信任，将×××骗至家中，致使×××与哥哥×××相分离，其明知是走失的儿童，而隐瞒事实真相，不仅给×××父母和亲人造成极大的精神痛苦，也给群众的正常生活秩序带来威胁，姬信的行为符合拐骗儿童罪的主客观要件，检察机关指控的罪名成立，本院予以支持。被告人姬信自愿认罪，其家人就民事赔偿部分与被害人的法定代理人达成和解协议，赔偿款已履行，得到被害人的谅解，可酌情从轻处罚。

## 201. 拐骗儿童罪的客观行为如何进行认定？

拐骗儿童罪的客观方面表现为拐骗不满 14 周岁的未成年人脱离家庭或者监护人的行为。拐骗的本质是在没有征得被拐骗儿童的家庭或者监护人同意的情况下，采用蒙蔽、欺骗、利诱甚至偷盗的方式将儿童带离家庭或者监护人的有效监护。因此，如果是以收养为目的，偷盗他人婴幼儿的，也符合本罪的构成要件。

### 典型疑难案件参考

聂婧宇等拐骗儿童案（河南省郑州市中级人民法院刑事判决书〔2009〕郑刑二终字第 378 号）

### 基本案情

2008 年 9 月份，被告人申凯营根据"小娜"（在逃）的安排，让被告人姚利朋带聋哑小孩到杭州偷东西。被告人姚利朋通过被告人聂婧宇让在郑州市聋哑学校上学的被告人王美美在学校找小孩出去从事非法活动。

2008年9月19日下午,被告人王美美以去图书超市为由将聋哑学校学生葛某某(12周岁)骗到郑州市二七区大学路,将其交给被告人聂婧宇。当日,被告人聂婧宇将葛某带至杭州火车站交给被告人姚利朋,由被告人姚利朋将其带到被告人申凯营的住处。

2008年10月17日12时许,被告人王美美以出去玩为由将聋哑学校学生刘某(13周岁)、冯某某(11周岁)骗到郑州市火车站,交给被告人聂婧宇和姚利朋,由被告人姚利朋将其二人带到杭州交给被告人申凯营。

2008年10月18日,公安人员接到被害人家属报警后在郑州市聋哑学校将被告人王美美抓获;2008年10月29日,公安人员根据王美美提供的QQ号码,在郑州市金水区一私人网吧内将被告人聂婧宇、姚利朋抓获;2008年10月30日,公安人员在聂婧宇、姚利朋的带领下,在杭州市都市水乡映苑小区11号楼1单元401号将被告人申凯营抓获。

### 一审诉辩情况

检察机关认为被告人行为构成拐骗儿童罪,应当依法追究其刑事法律责任。

被告人对自己的行为供认不讳,请求从轻处罚。

### 一审裁判结果

一审法院以拐骗儿童罪判处被告人被告人申凯营有期徒刑3年,并处罚金3000元;判处被告人聂婧宇有期徒刑2年4个月,并处罚金2000元;判处被告人姚利朋有期徒刑2年4个月,并处罚金2000元;判处被告人王美美有期徒刑2年6个月,并处罚金2500元。

### 二审诉辩情况

一审宣判后,郑州市二七区人民检察院提出抗诉。检察院抗诉认为:原判适用法律错误,量刑偏重。原审被告人聂婧宇上诉称,原判量刑重。原审被告人姚利朋上诉称,其系聋哑人,有立功表现,且系初犯,原判量刑重。

### 二审裁判结果

二审法院依照《中华人民共和国刑事诉讼法》第189条第2项、《中华人民共和国刑法》第262条第1款、第25条第1款、第26条第1款、第4款、第19条、第68条第1款之规定,判决如下:

一、撤销郑州市二七区人民法院〔2009〕二七刑初字第693号刑事判决;

二、原审被告人申凯营犯拐骗儿童罪，判处有期徒刑1年6个月。上诉人（原审被告人）聂婧宇犯拐骗儿童罪，判处有期徒刑1年。上诉人（原审被告人）姚利朋犯拐骗儿童罪，判处有期徒刑1年。原审被告人王美美犯拐骗儿童罪，判处有期徒刑1年。

▶ **二审裁判理由**

法院生效判决认为：关于郑州市二七区人民检察院的抗诉意见及上诉人（原审被告人）聂婧宇、姚利朋的上诉理由。经查，《中华人民共和国刑法》第262条规定，拐骗不满14周岁的未成年人，脱离家庭或者监护人的，处5年以下有期徒刑或者拘役。《中华人民共和国刑法修正案（七）》第8条规定，组织未成年人进行盗窃、诈骗、抢夺勒索等违反治安管理活动，处3年以下有期徒刑或者拘役，并处罚金；情节严重的，处3年以上7年以下有期徒刑，并处罚金。本案的案发时间在2008年9月至10月，而原判依据2009年2月28日公布实施《中华人民共和国刑法修正案（七）》的第8条予以定罪，并在该条规定的情节严重的幅度内量刑，违反了"法不溯及既往"和"罪刑法定"原则，且导致对4原审被告人量刑偏重，故抗诉意见及上诉理由成立。二审法院认为：上诉人（原审被告人）聂婧宇、姚利朋伙同原审被告人申凯营、王美美拐骗不满14周岁的未成年人脱离家庭或者监护人，其行为已构成拐骗儿童罪。原判认定事实清楚，证据确实、充分，审判程序合法，但适用法律错误，量刑不当，依法应当改判。

## 202. 拐骗儿童罪与拐卖儿童罪如何进行区分？

拐骗儿童罪与拐卖儿童罪存在以下区别：首先，两者的客观方面显著不同。拐骗儿童罪在客观方面表现为拐骗不满14周岁的未成年人脱离家庭或者监护人监护的行为；拐卖儿童罪则表现为以出卖为目的的，拐骗、绑架、收买、贩卖、接送或者中转儿童的行为。其次，主观目的也有所不同。拐骗儿童罪并没有出卖目的，只是出于收养或者奴役等目的实施拐骗儿童的行为；拐卖儿童罪是基于出卖目的而实施的上述各类型拐卖行为。

## 典型疑难案件参考

王金华等拐骗儿童案（湖南省湘潭市岳塘区人民法院刑事判决书〔2011〕岳刑初字第25号）

### 基本案情

2010年9月29日，被告人王金华授意被告人冯赛，要被告人冯赛帮其拐骗聋哑小孩至江西省景德镇进行扒窃牟利。2010年9月30日14时30时许，被告人冯赛从湘潭市特殊学校门口将被害人黄禹尧（男，12岁）拐骗至江西省景德镇交给被告人王金华，后被告人王金华、冯赛对黄禹尧采取威胁手段欲教唆其进行扒窃，黄禹尧不从，遂将其弃之不管。获知被害人黄禹尧的家属正在寻找黄禹尧，被告人王金华又指使他人帮助黄禹尧回家。二被告人的行为致使被害人黄禹尧脱离监护人监管达14日。

案发后，被告人冯赛的父亲冯传辉赔偿了被害人6000元。

### 诉辩情况

湘潭市岳塘区人民检察院指控认为被告人王金华、冯赛的行为构成拐骗儿童罪，提请本院依据《中华人民共和国刑法》第262条惩处。

被告人王金华、冯赛对检察机关指控的罪名和犯罪事实无异议。辩护人何潇湘、刘小平分别辩称被告人系聋哑人，依法可以从轻或减轻处罚。

### 裁判结果

审理法院根据被告人犯罪的事实、性质、情节和对社会的危害程度，依照《中华人民共和国刑法》第262条、第25条第1款、第26条第1款、第4款、第19条、第45条、第72条、第73条第2款、第3款之规定，判决如下：被告人王金华犯拐骗儿童罪，判处有期徒刑1年6个月，缓刑2年。被告人冯赛犯拐骗儿童罪，判处有期徒刑1年，缓刑1年。

### 裁判理由

法院经审理认为：被告人王金华、冯赛拐骗不满14周岁的未成年人，脱离家庭，其行为构成拐骗儿童罪，检察机关指控的罪名成立，本院予以确认。被告人王金华、冯赛在共同犯罪中均起主要作用，均系主犯。被告人王金华、冯赛均系聋哑人，依法可以从轻或者减轻处罚。辩护人何潇湘、刘小平的上述辩护意见，本院予以采纳。被告人冯赛的父亲冯传辉赔偿了被害人6000元，可酌情对被告人冯赛从轻处罚。被告人叶金华、冯赛犯罪后确有悔罪表现，适用缓刑不致再危害社会，可以宣告缓刑。

## 拐骗儿童罪办案依据集成

**刑法条文**

第二百六十二条 拐骗不满十四周岁的未成年人，脱离家庭或者监护人的，处五年以下有期徒刑或者拘役。

# 二十七、组织残疾人、儿童乞讨罪

**203. 如何理解组织残疾人、儿童乞讨罪中的"组织"?**

现行《刑法》中对于组织儿童乞讨罪的组织儿童人数并没有明确规定。但是考虑到组织的对象应该是多人,宜做3人或者3人以上的理解。最高人民法院、最高人民检察院在1992年公布的《全国人民代表大会常务委员会关于严禁卖淫嫖娼的决定》的若干问题解答的第2条规定:"组织他人卖淫的行为必须是控制多人。"该解答的第9条亦规定,"多人"的"多"是指3人以上的数(含本数)。由此看来,对于组织残疾人、儿童乞讨罪中的组织,应当指组织3人及以上。此外,该罪的组织行为应当还具有一定时间上的延续性及对于儿童、残疾人的指挥、控制性。如果控制残疾人、儿童时间非常短或者体现不出对其的控制性,则难以认定为对残疾人、儿童造成了身体、心理的强迫与控制,与"组织"的内涵不相符合。

**204. 如何认定组织残疾人、儿童乞讨罪中的"情节严重"?**

《刑法》第262条规定组织残疾人、儿童乞讨情节严重的,升格法定刑处罚。目前尚无司法解释对于组织残疾人、儿童乞讨罪中的"情节严重"进行规定。但认定"情节严重",可以从组织人数、造成后果、组织次数、违法所得各个方面相结合,进行综合判断。

## 典型疑难案件参考

唐顺林组织残疾人乞讨案（湖南省郴州市北湖区人民法院刑事判决书〔2011〕郴北刑初字第26号）

### 基本案情

2010年6月开始，被告人唐顺林纠集刘秋生（在逃）、李友良、阳小枚，由刘秋生和李友良负责接送、监视残疾人，阳小枚负责收取残疾人每天乞讨的收入，以暴力、胁迫的方式控制被害人邱德海、李昌文、郴青春3名残疾人，利用被害人郴青春、李昌文在街头人口密集处唱歌，被害人邱德海负责在旁边乞讨，从而博得过路群众的同情，分别在郴州、衡阳等地实施乞讨，被告人唐顺林等人从中非法谋利。

### 诉辩情况

检察机关湖南省郴州市北湖区人民检察院诉称：被告人唐顺林纠集刘秋生（在逃）、李友良、阳小枚，以暴力、胁迫的方式控制被害人邱德海、李昌文、郴青春3名残疾人，利用被害人郴青春、李昌文在街头人口密集处唱歌，被害人邱德海负责在旁边乞讨，从而博得过路群众的同情，分别在郴州、衡阳等地实施乞讨，被告人唐顺林等人从中非法谋利。其行为构成组织残疾人乞讨罪。

被告人唐顺林对起诉书的指控有异议，并辩解称其没有使用暴力、胁迫手段控制残疾人进行乞讨，也未控制残疾人身自由。

被告人唐顺林的辩护人辩解称：组织多名残疾人乞讨是对构成组织残疾人乞讨罪的定罪条件而不是量刑条件，本案组织残疾人乞讨罪的罪名成立，但不构成情节严重。

### 裁判结果

湖南省郴州市北湖区人民法院于2011年3月15日作出判决。依据《中华人民共和国刑法》第262条之1、第52条、第53条、第64条、第65条第1款、《中华人民共和国刑事诉讼法》第162条第1项之规定，判决如下：

一、被告人唐顺林犯组织残疾人乞讨罪，判处有期徒刑4年6个月，并处罚金5000元。（刑期从判决生效之日起计算。判决执行以前先行羁押的，羁押1日折抵刑期1日。即自2010年9月17日起至2015年3月16日止。罚金限本判决生效后30日内缴清）；

二、公安机关扣押的赃款437.3元依法予以没收，上缴国库。

**裁判理由**

法院生效判决认为：被告人唐顺林为了谋取非法利益，以暴力、胁迫手段组织多名残疾人多次进行乞讨，其行为已构成组织残疾人乞讨罪，且情节严重。被告人唐顺林刑满释放后5年内又犯新罪，系累犯，应当从重处罚。被告人唐顺林辩解称其没有使用暴力、胁迫手段控制残疾人进行乞讨，也未控制残疾人身自由。经查，被害人的陈述、证人证言、其他物证及被告人唐顺林自己在公安机关的供述都能证明其使用暴力、胁迫手段控制残疾人人身自由，逼迫残疾人乞讨，因此被告人唐顺林的辩解与事实不符，本院不予采信。被告人唐顺林的辩护人辩解称组织多名残疾人乞讨是对构成组织残疾人乞讨罪的定罪条件而不是量刑条件，本案组织残疾人乞讨罪的罪名成立，但不构成情节严重。虽然需组织多名残疾人乞讨才能构成本罪，但本案中被告人唐顺林控制多名残疾人在多个地方多次进行乞讨，仍然构成情节严重，故对被告人唐顺林的辩护人的辩解意见不予采信。

# 组织残疾人、儿童乞讨罪
## 办案依据集成

### 刑法条文

第二百六十二条之一 【组织残疾人、儿童乞讨罪】以暴力、胁迫手段组织残疾人或者不满十四周岁的未成年人乞讨的,处三年以下有期徒刑或者拘役,并处罚金;情节严重的,处三年以上七年以下有期徒刑,并处罚金。

### 其他办案依据

**最高人民法院、最高人民检察院、公安部、司法部《关于依法惩治拐卖妇女儿童犯罪的意见》(2010年3月15日)(节录)**

五、定性

20(第一款)明知是被拐卖的妇女、儿童而收买,具有下列情形之一的,以收买被拐卖的妇女、儿童罪论处;同时构成其他犯罪的,依照数罪并罚的规定处罚:

(5)组织、诱骗、强迫被收买的妇女、儿童从事乞讨、苦役,或者盗窃、传销、卖淫等违法犯罪活动的。

### 法律法规

**《中华人民共和国未成年人保护法(2006年修订)》(1992年1月1日)(节录)**

第四十一条(第二款) 禁止胁迫、诱骗、利用未成年人乞讨或者组织未成年人进行有害其身心健康的表演等活动。

第六十条 违反本法规定,侵害未成年人的合法权益,其他法律、法规已规定行政处罚的,从其规定;造成人身财产损失或者其他损害的,依法承担民事责任;构成犯罪的,依法追究刑事责任。